Direito Tributário Constitucional:
TEMAS ATUAIS RELEVANTES

Coordenadores
Marcos Aurélio Pereira Valadão
Liziane Angelotti Meira
Antônio de Moura Borges

DIREITO TRIBUTÁRIO CONSTITUCIONAL:
TEMAS ATUAIS RELEVANTES
© Almedina, 2015

COORDENADORES: Marcos Aurélio Pereira Valadão, Liziane Angelotti Meira, Antônio de Moura Borges
DIAGRAMAÇÃO: Almedina
DESIGN DE CAPA: FBA
ISBN: 978-858-49-3058-6

Dados Internacionais de Catalogação na Publicação (CIP)
(Câmara Brasileira do Livro, SP, Brasil)

Direito tributário constitucional: temas atuais relevantes/coordenadores Marcos Aurélio Pereira Valadão, Liziane Angelotti Meira, Antônio de Moura Borges. – São Paulo : Almedina, 2015.
Vários autores.
Bibliografia.
ISBN 978-85-8493-058-6
1. Brasil – Constituição (1988) 2. Direito tributário – Brasil 3. Direito tributário – Legislação – Brasil I. Valadão, Marcos Aurélio Pereira. II. Meira, Liziane Angelotti. III. Borges, Antônio de Moura.

15-07708   CDU-34:336.2(81)

Índices para catálogo sistemático:
1. Brasil : Direito tributário 34:336.2(81)

Este livro segue as regras do novo Acordo Ortográfico da Língua Portuguesa (1990).

Todos os direitos reservados. Nenhuma parte deste livro, protegido por copyright, pode ser reproduzida, armazenada ou transmitida de alguma forma ou por algum meio, seja eletrônico ou mecânico, inclusive fotocópia, gravação ou qualquer sistema de armazenagem de informações, sem a permissão expressa e por escrito da editora.

Outubro, 2015

EDITORA: Almedina Brasil
Rua José Maria Lisboa, 860, Conj.131 e 132, Jardim Paulista | 01423-001 São Paulo | Brasil
editora@almedina.com.br
www.almedina.com.br

APRESENTAÇÃO

O Direito Tributário brasileiro se caracteriza, frente ao Direito Tributário da maioria dos Estados da Sociedade Internacional, por ser fortemente constitucionalizado.

A Constituição Federal brasileira procede à discriminação de rendas entre as pessoas políticas, por meio de um sistema misto de partilha da competência tributária e do produto da arrecadação, e demarca ainda os limites do poder de tributar, com a previsão de princípios tributários e com o estabelecimento de proibição de uma gama de incidências sobre pessoas, coisas e certos eventos, a que a doutrina e a jurisprudência denominam de "imunidades tributárias".

Tal circunstância justifica a existência, no Programa de Pós-Graduação *Stricto Sensu* em Direito da Universidade Católica de Brasília, na linha de pesquisa específica em Direito Tributário, da disciplina Direito Tributário Constitucional.

Assim, a presente obra, que temos o júbilo e a honra de apresentar, constitui o produto de pesquisas realizadas no âmbito da disciplina Direito Tributário Constitucional, pelos corpos docente e discente do Programa de Pós-Graduação *Stricto Sensu* em Direito da Universidade Católica de Brasília.

Ressalte-se que, embora produzidos em ambiente acadêmico, justificando-se-lhes o perfil crítico, os capítulos que compõem o livro são de inegável interesse prático, pois os seus autores atuam também como advogados, procuradores e auditores fiscais.

Trata-se, pois, de trabalhos que foram brotados e desenvolvidos a partir da experiência prática e do exame crítico dos seus autores.

Apesar de o livro se destinar aos estudantes e aos profissionais do Direito como um todo, quaisquer propostas e recomendações nele constantes constituem a visão pessoal dos seus autores, motivo pelo qual não se destinam a ser adotadas de forma indiscriminada. Ademais, críticas às posições adotadas pelos Tribunais brasileiros perpassam vários capítulos que o compõem.

Destaque-se também que, embora se trate de coletânea formada por 20 (vinte) capítulos, concernentes aos princípios constitucionais tributários, às imunidades, a tributos específicos e a outros temas constitucionais gerais, inúmeros outros assuntos concernentes ao Direito Tributário Constitucional restaram não examinados. Espera-se que venham a constar de futuras obras em continuação à que ora vem a lume.

Não obstante isso, a cobertura é ampla o suficiente a fim de que o livro possa constituir base de estudo e guia sobre muitas questões práticas concernentes ao Direito Tributário Constitucional.

Por último, os coordenadores deste livro, em nome do Programa de Pós-Graduação *Stricto Sensu* em Direito da Universidade Católica de Brasília, expressam alegria e contentamento em realizar esforço conjunto com a conceituada Editora Almedina para a divulgação de trabalhos produzidos em seu âmbito, ao tempo em que recomendam a leitura da obra por todos aqueles interessados em temas atuais relevantes do Direito Tributário Constitucional brasileiro.

MARCOS AURÉLIO PEREIRA VALADÃO
LIZIANE ANGELOTTI MEIRA
ANTÔNIO DE MOURA BORGES

Nota: As opiniões dos coordenadores da obra, em relação aos temas analisados, não coincidem, necessariamente, com as opiniões expressas em cada capítulo, que são de inteira responsabilidade de seus autores.

SUMÁRIO

PARTE I – PRINCÍPIOS CONSTITUCIONAIS E TRIBUTAÇÃO 19

Capítulo I – O Artigo 146-A da Constituição Federal e os Princípios da Livre Concorrência e da Livre Iniciativa: Extrafiscalidade Explícita e Suas Consequências... 21
1. Introdução... 22
2. Contexto Histórico da Edição do Artigo 146-A: O Processo Legislativo... 24
3. Diálogo entre o Art. 146-A, Alguns Princípios Constitucionais e Outros Ramos do Conhecimento................................. 26
3.1. O caráter extrafiscal do art. 146-A..................................... 27
3.2. O art. 146-A da CF e os princípios da neutralidade tributária, da livre concorrência e da livre iniciativa 28
    3.2.1. Limites constitucionais ao poder de tributar e princípios da ordem econômica – efeitos.. 35
3.3. O art. 146-A, a economia e a defesa da concorrência 35
4. Entendendo o Art. 146-A 38
4.1. Possíveis interpretações do art. 146-A 42
5. Algumas Hipóteses de Aplicação do Art. 146-A 45
5.1. Descumprimento da legislação tributária 45
5.2. Imposto sobre lucros não distribuídos................................. 46
5.3. CIDE sobre atos de concentração 46
5.4. Indução à internalização de custos de atividades poluidoras 47
5.5. Indução às boas práticas concorrenciais 48
6. Propostas de Regulamentação do Art. 146-A........................... 48

7. Considerações Finais 55
8. Referências Bibliográficas e Documentais 57

Capítulo II – O Princípio da Legalidade e a Segurança Jurídica Tributária.... 61
1. Introdução... 61
2. O Princípio da Legalidade.. 62
3. Segurança Jurídica e Tributação..................................... 66
4. Judicialização 75
5. Considerações Finais 77
6. Referências Bibliográficas... 78

Capítulo III – Direitos Humanos e Tributação: Uma Análise do Cumprimento do Principio da Igualdade Tributária à Luz de Hannah Arendt.. 81
1. Introdução... 81
2. Princípios Constitucionais Tributários – O Princípio da Igualdade Tributária e os Direitos Humanos.................................. 84
3. O Princípio da Igualdade Tributária e o Direito ao Exercício dos Direitos Humanos à Luz de Hannah Arendt....................... 89
4. Considerações Finais 96
5. Referências Bibliográficas... 99

Capítulo IV – A Violação aos Princípios da Proteção à Propriedade Privada, Livre Iniciativa e Razoabilidade como Determinantes da Inconstitucionalidade da Multa Fiscal Excessivamente Onerosa............ 101
1. Introdução... 101
2. O Princípio da Vedação à Tributação com Efeito de Confisco 105
3. A Natureza Jurídica da Multa Fiscal e os Princípios a ela Aplicados 111
4. O Princípio da Proteção à Propriedade Privada, Livre Iniciativa e Razoabilidade 116
5. Conclusões 119
6. Referências Bibliográficas... 120

Capítulo V – O Princípio da Igualdade e as Imunidades Tributárias Subjetivas Referentes às Taxas: Uma Aproximação Inicial 123
1. Introdução... 124
2. O Princípio da Igualdade.. 124

2.1. Da igualdade como interdição geral de arbitrariedade (*Willkürformel*)
à concretização teleológica da isonomia 124
2.2. A justiça e a igualdade para John Rawls............................... 130
2.3. Uma concepção do princípio da igualdade a partir da Constituição....... 134
    2.3.1. Noção inicial de igualdade jurídica e de formação dos juízos
de igualdade 134
    2.3.2. O conteúdo do princípio da igualdade a partir da Constituição..... 136
        2.3.2.1. As normas expressas especificadoras do princípio da igualdade 137
        2.3.2.2. Os valores e os fins de justiça extraídos da Constituição 138
3. As Imunidades Tributárias 142
3.1. Algumas definições e conceitos de imunidade tributária 142
    3.1.1. As imunidades tributárias como limitações ao poder de tributar.... 144
    3.1.2. A imunidade tributária afirmada como princípio constitucional.... 144
    3.1.3. A imunidade tributária definida como hipótese de não-incidência
constitucionalmente qualificada 146
    3.1.4. A afirmação de que a imunidade tributária operaria a "exclusão"
ou "supressão" da competência tributária 147
3.2. As imunidades tributárias como instrumentos de proteção de direitos
fundamentais 147
3.3. Imunidade tributária e capacidade contributiva 150
3.4. Classificação das imunidades tributárias 152
4. Conclusões 152
5. Referências Bibliográficas.. 157

Capítulo VI – Os Princípios Constitucionais do Direito Adquirido
e da Irretroatividade das Normas que Prejudiquem os Beneficiários dos
Programas de Incentivo à Emissão de Nota Fiscal (O Caso do Programa
Nota Legal do DF).. 159
1. Introdução.. 159
2. Aspectos Estruturais do Programa "Nota Legal"....................... 160
3. O Decreto nº 33.963/12 e a Alteração do Programa Nota Legal
em Prejuízo do Beneficiário e seu Efeito Retroativo.................... 162
4. O Princípio Constitucional do Direito Adquirido e a Irretroatividade
das Leis 167
5. A ADI 646.477 em Trâmite no Tribunal de Justiça do Distrito
Federal – TJDF.. 169

6. Conclusões 173
7. Referências Bibliográficas 174

Capítulo VII – O Principio da Anterioriedae Nonagesimal e Efeitos de Medida Provisória que Majora IPI 177
1. Introdução 177
2. Considerações Acerca das Medidas Provisórias 178
3. Da Ausência de Efeitos de Medida Provisória que Majora IPI antes de Decorridos Noventa Dias 183
4. Considerações Finais 191
5. Referências Bibliográficas 193

PARTE II – IMUNIDADES 195

Capítulo VIII – A Imunidade Instituída pela Emenda Constitucional Nº 75/2013 (Imunidade Musical) e sua Caracterização no Ordenamento Jurídico Nacional 197
1. Introdução 198
2. As Limitações ao Poder de Tributar como Garantia Fundamental Constitucional 199
2.1. Noções Gerais acerca das limitações ao poder de tributar .. 199
    2.1.1. Princípios 202
    2.1.2. Imunidades 203
2.2. Classificação das imunidades 205
2.3. As imunidades e suas figuras afins 208
3. As Imunidades Tributárias como Instrumento de Intervenção do Estado no Domínio Econômico 213
3.1. Noções gerais acerca da intervenção do estado no domínio econômico ... 213
3.2. A classificação dos tributos quanto a sua finalidade: fiscal, parafiscal e extrafiscal 217
3.3. A função extrafiscal dos tributos e intervenção no domínio econômico ... 222
3.4. A instituição das imunidades tributárias como medida interventiva no domínio econômico 223
4. A Imunidade Instituída pela EC nº 75/2013 226
4.1. Noções gerais e antecedentes históricos 226

4.2. Objeto e extensão da imunidade 229
4.3. Classificação da imunidade de videogramas e fonogramas 232
5. Análise da Ação Direta de Inconstitucionalidade (ADI) nº 5058 233
6. Conclusões 239
7. Referências Bibliográficas 241

Capítulo IX – Imunidades Tributárias e Fatos Jurídicos Tributários: Crítica à Jurisprudência do Supremo Tribunal Federal 243
1. Introdução 243
2. Breve Histórico 245
3. Delimitação Semântica do Conteúdo Temático 250
4. Imunidades Tributárias e Jurisprudência do STF 252
5. A Limitação Contida no § 4º do Art. 150 Da CF/88 e a Separação das Hipóteses de Incidência ou Fatos Tributários 255
6. Considerações finais 259
7. Referências Bibliográficas 261

Capítulo X – Não Incidência de Contribuição Previdenciária Patronal Sobre Verbas de Natureza Indenizatória 263
1. Introdução 263
2. Breve Noção Sobre Tributos e Suas Espécies 266
3. Contribuições: Conceito e Espécies 269
4. Não Incidência de Contribuição Previdenciária Patronal Sobre Verbas de Natureza Indenizatória 272
4.1. A contribuição social e suas espécies 272
4.2. A contribuição social para a seguridade social incidente sobre a folha de salários paga pelo empregador 275
4.3. Não incidência da contribuição para a seguridade social sobre folha de salário sobre verbas de natureza indenizatória 277
    4.3.1. Terço de Férias 279
    4.3.2. Salário Maternidade 280
    4.3.3. Salário Paternidade 282
    4.3.4. Aviso prévio indenizado 282
    4.3.5. Quinze dias que antecedem o auxílio doença 284
5. Conclusões 286
6. Referências Bibliográficas 287

Capítulo XI – Possibilidade de Reconhecimento da Imunidade Tributária Recíproca à Empresa Privada Ocupante de Bem Público 289
1. O Instituto Da Repercussão Geral: Abstrativização 289
2. Tema 437 da Repercussão Geral 293
2.1. *Leading case* 294
2.2. Problemática.. 297
2.3. Teses sustentadas... 298
    2.3.1. Empresa privada... 298
    2.3.2. Município 298
3. Pressupostos para a Resolução do Problema 299
3.1. Análise do artigo 150, § 3º, da CF 299
3.2. Artigo 156, I, da CF.. 300
3.3. Artigos 173, § 2º 16 e 170, VI, da CF 302
4. Análise Jurisprudencial 303
5. Proposta de Solução 303
6. Referências Bibliográficas.. 304

PARTE III – OUTROS TEMAS CONSTITUCIONAIS 307

TEMAS GERAIS 307

Capítulo XII – A Elisão Abusiva como Afronta ao Dever de Pagar Tributos ... 309
1. Introdução.. 309
2. Brasil: Estado Social Democrático de Direito.......................... 310
3. Estado Fiscal de Direito, Garantia do Estado Social Democrático de Direito 312
4. A Imposição de Limites à Elisão como Fundamento ao Direito/Dever de Pagar Impostos... 316
5. Considerações Finais 325
6. Referências Bibliográficas.. 325

Capítulo XIII – O Dever Fundamental de Pagar Tributos e a Teoria do Limite dos Limites aos Direitos Fundamentais 329
1. Breves Considerações Acerca da Evolução do Paradigma Constitucional do Estado... 329
1.1. Estado liberal 330

1.2. Estado social... 331
1.3. Estado democrático de direito...................................... 332
2. Os Direitos e os Deveres Fundamentais 333
2.1. Direitos fundamentais.. 333
2.2. Deveres fundamentais.. 336
3. O Dever Fundamental de Pagar Tributos e a Teoria do Limite dos Limites aos Direitos Fundamentais............................. 339
4. Conclusões 344
5. Referências Bibliográficas... 344

Capítulo XIV – O Dever de Informação Acerca da Carga Tributária como Instrumento de Justiça Fiscal.. 347
1. Introdução.. 347
2. Dos Fundamentos da Justiça e Sua Extensão Fiscal e Tributária 349
2.1. Contornos históricos e ideológicos da concepção de justiça............. 349
2.2. Consciência e Cidadania sob uma Perspectiva Tributária 352
2.3. O Estado Fiscal e o Dever Fundamental de Pagar Tributos............... 354
2.4. O Estado Organizado como Garantidor dos Direitos Humanos 357
3. O Dever de Informação Acerca da Carga Tributária, Sua Positivação Constitucional e Instrumentalização Legal........................... 359
4. Pirâmide do Ideário de Justiça Fiscal 365
5. Ciclo Virtuoso da Justiça Fiscal 367
6. Conclusões 367
7. Referências Bibliográficas... 369
7.1. Fontes Digitais.. 370

Capítulo XV – As Decisões do Conselho Administrativo de Recursos Fiscais Desfavoráveis ao Fisco e o Acesso ao Poder Judiciário................. 371
1. Introdução.. 371
2. Processo e Procedimento Administrativo Tributário................... 374
3. Princípios Inerentes ao Processo Administrativo Fiscal.............. 377
4. Órgãos de Julgamento Administrativo Tributário no Brasil 379
5. Entendimento Doutrinário Sobre o Tema............................... 381
   a. Adeptos da possibilidade de recurso à via judicial................ 381
   b. Adeptos da não possibilidade de recurso à via judicial 387
6. Entendimento Jurisprudencial Sobre o Tema 395

7. A Ação Popular Como Meio de Desconstituição das Decisões Terminativas Proferidas Pelo Conselho Administrativo de Recursos Fiscais............ 397
8. Conclusões 398
9. Referências Bibliográficas... 399

Capítulo XVI – O Planejamento Tributário e o Propósito Negocial em Face do Princípio da Legalidade 403
1. Introdução... 403
2. Planejamento Tributário: Breves Considerações...................... 405
3. Doutrina do Propósito Negocial 410
4. Norma Geral Antielisiva Brasileira 414
5. Princípio da Legalidade 417
6. Propósito Negocial, Simulação e Dissimulação 420
7. Considerações Finais 425
8. Referências Bibliográficas... 427

TRIBUTOS ESPECÍFICOS 429

Capítulo XVII – A Não-Cumulatividade no PIS e na COFINS: O Alcance do Conceito Jurídico de Insumos 431
1. Introdução 431
2. Não-Cumulatividade: Breves Aspectos Gerais....................... 433
3. Não-Cumulatividade no PIS e COFINS............................ 437
4. Da Celeuma Jurisprudencial na Aplicação da Não-Cumulatividade do PIS e da COFINS: Amplitude e Variabilidade do Conceito Jurídico de Insumos 446
4.1. Insumos como bens e serviços que incorporam ao produto final 449
4.2. Insumos como bens e serviços expressa e taxativamente previstos na legislação tributária.. 450
4.3. Insumos como bens e serviços relacionados ao processo produtivo e consequente obtenção de receita – análise caso a caso 454
5. Da Hipótese Defendida... 456
6. Conclusões 464
7. Referências 466
7.1. Referências Eletrônicas 466
7.2. Referências Bibliográficas....................................... 467

CAPÍTULO XVIII – Aspectos Constitucionais da Tributação em Bases Universais do Imposto de Renda das Pessoas Jurídicas. 469
1. Introdução. 470
2. Conjunto das Normas de Transparência Fiscal Internacional 471
2.1. Lei nº 9.249/95 472
2.2. IN SRF nº 38/967 473
2.3. Lei nº 9.532/97. 475
2.4. Lei complementar nº 104/01 476
2.5. MP nº 2.158-35/01. 477
2.6. IN SRF nº 213/02. 478
3. A Tributação da Renda Versus a de Lucros, Rendimentos, Ganhos de Capital e Dividendos. 478
3.1. Da definição de renda. 480
3.2. Da definição de lucros 481
3.3. Da definição de rendimentos 482
3.4. Da definição de ganhos de capital. 483
3.5. Da definição de dividendos. 484
4. Alcance das Normas Brasileiras de Transparência Fiscal Internacional. . . . 485
4.1. Lei nº 9.249/95 485
4.2. IN nº 38/96. 486
4.3. Lei nº 9.532/97. 486
4.4. Lei complementar nº 104/2001 486
4.5. IN nº 213/2002. 487
4.6. Exame do artigo 74 da MP nº 2.158-35/2001 487
5. Análise do Voto de Cada Ministro no Julgamento da Nº 2.588-1/DF 493
5.1. Ministra Ellen Gracie 496
5.2. Ministro Nelson Jobin 499
5.3. Ministro Marco Aurélio 502
5.4. Ministro Sepúlveda Pertence 504
5.5. Ministro Ricardo Lewandowski. 505
5.6. Ministro Ayres Britto 506
5.7. Ministro Cezar Peluso 507
5.8. Ministro Eros Grau 508
5.9. Ministro Celso de Mello. 509
5.10. Ministro Joaquim Barbosa 510
6. As Principais Disposições Trazidas Pela Lei nº 12.973/2014. 513

7. Conclusões 514
7. Referências Bibliográficas 515

Capítulo XIX – ICMS e (In)Constitucionalidade do Protocolo CONFAZ 21/2011: Levantamento Descritivo das Teses Jurídicas Sustentadas na ADI 4.628/DF. 519
1. Introdução. 519
2. Panorama Normativo do ICMS no Comércio Eletrônico. 522
3. O Protocolo ICMS 21 de 01 de Abril de 2011 do Conselho Nacional de Política Fazendária, CONFAZ 527
4. Teses Jurídicas Sustentadas na Ação Direta de Inconstitucionalidade 4.628 DF 532
4.1. Manifestação CNC 532
 4.1.1. Violação ao art. 155, §2º, inciso VII, alínea b, CF 533
 4.1.2. Violação ao art. 150, inciso IV, CF. 533
 4.1.3. Violação ao art. 150, inciso V, CF 533
 4.1.4. Violação ao art. 150, §7º, CF 534
4.2. Manifestação estado de São Paulo como *amicus curiae* 534
4.3. Teses sustentadas pelos estados signatários do protocolo 21/2011, CONFAZ 534
 4.3.1. A realidade do comércio eletrônico e a lacuna constitucional para tributação do ICMS nas operações interestaduais 535
 4.3.2. O novo conceito de estabelecimento comercial, o virtual 536
 4.3.3. Efeitos do Protocolo 21/2011 e a sua similaridade com o Convênio 51/2000, CONFAZ 537
 4.3.4. A contrariedade aos princípios do federalismo, territorialidade e diminuição das desigualdades regionais com a incidência da tributação na origem sobre o comércio eletrônico nas operações interestaduais. 537
 4.3.5. A mutação constitucional como técnica hermenêutica 538
4.4. Manifestações da Advocacia Geral da União-AGU e MINISTÉRIO PÚBLICO FEDERAL-MPF 538
4.5. Decisão ministro Luiz Fux – análise do pedido cautelar 539
4.6. Julgamento do mérito da ADI 4.628. 540
5. Conclusões 540
6. Referências Bibliográficas 544

Capítulo XX – CIDE – Royalties: Um Tributo "Tipicamente" Brasileiro 547
1. Introdução 547
2. O Arcabouço Jurídico da CIDE 551
3. A Cide Royalties 556
4. O Problema a Ser Solucionado: A Falta de Desenvolvimento Tecnológico e Científico no Brasil 561
5. Conclusões 565
6. Referências Bibliográficas 567

# PARTE I

PRINCÍPIOS CONSTITUCIONAIS E TRIBUTAÇÃO

Capítulo I

O Artigo 146-A da Constituição Federal e os Princípios da Livre Concorrência e da Livre Iniciativa: Extrafiscalidade Explícita e suas Consequências

PRICILLA MARIA SANTANA*
MARCOS AURÉLIO PEREIRA VALADÃO**

Sumário: 1. Introdução. 2. Contexto Histórico da Edição do Artigo 146-A: O Processo Legislativo. 3. Diálogo entre o Art. 146-A, Alguns Princípios Constitucionais e Outros Ramos do Conhecimento; 3.1. O Caráter Extrafiscal do Art. 146-A; 3.2. O art. 146-A da CF e os princípios da neutralidade tributária, da livre concorrência e da livre iniciativa; 3.2.1. Limites constitucionais ao poder de tributar e princípios da ordem econômica – efeitos; 3.3. Art. 146-A, a economia e a defesa da con-

---

* Bacharel em Direito, Economia e História, especialista em políticas públicas e gestão governamental, com atuação no Sistema Brasileiro de Defesa da Concorrência enquanto Secretaria-Adjunta da Secretaria de Acompanhamento Econômico do Ministério da Fazenda.
** Doutor em Direito (SMU – EUA, 2005); Mestre em Direito Público (UnB, 1999); Especialista em Administração Tributária (UCG, 1992); MBA em Administração Financeira (IBMEC – DF, 1996); Professor e Pesquisador do Curso de Direito da Universidade Católica de Brasília (UCB) – Graduação e Mestrado. Presidente da 1ª Seção do Conselho Administrativo de Recursos Fiscais – CARF. E-mail: valadao@ucb.br

corrência. 4. Entendendo o Art. 146-A; 4.1. Possíveis Interpretações do Art. 146-A. 5. Algumas Hipóteses de Aplicação do Art. 146-A; 5.1. Descumprimento da legislação tributária; 5.2 Imposto sobre lucros não distribuídos; 5.3. Cide sobre atos de concentração; 5.4. Indução à internalização de custos de atividades poluidoras; 5.5. Indução às boas práticas concorrenciais; 6. Propostas de Regulamentação do Art. 146-A. 7. Considerações Finais. 8. Referências Bibliográficas e Documentais.

1. Introdução

Introduzido no ordenamento jurídico pátrio pela Emenda Constitucional nº 42, de 19 de dezembro de 2003, o art. 146-A, à Constituição de 1988, cuja literalidade é apresentada abaixo, em que pese contar com mais de dez anos de sua publicação, e da importante repercussão, ainda não apresenta uma bibliografia consolidada, justificando-se assim a necessidade do presente estudo. Diz o dispositivo:

> Art. 146-A. Lei complementar poderá estabelecer critérios especiais de tributação, com o objetivo de prevenir desequilíbrios da concorrência, sem prejuízo da competência de a União, por lei, estabelecer normas de igual objetivo.

A matéria carece ainda de norma regulamentadora e, em consulta às Cortes Superiores, não foi localizada a interposição de quaisquer questionamentos. Nem mesmo, como muito bem aponta Souza[1], o instrumento do direito comparado se presta a socorrer o presente estudo. Isso porque se trata de tema inédito, não havendo precedentes nas constituições pátrias anteriores, tampouco em constituições estrangeiras.

Assim, trata-se de estudo preliminar que, a partir do material bibliográfico disponível, visa discorrer sobre os principais elementos constitutivos do dispositivo, buscando explicitar sua natureza jurídica, o diálogo

---

[1] SOUZA, Hamilton Dias de. Critérios especiais de tributação para prevenir desequilíbrios da concorrência – Reflexões para a regulação e aplicação do art. 146-A da Constituição Federal. In: MARTINS FILHO, Ives Gandra da Silva; MEYER-PFLUG, Samantha Ribeiro (Orgs.) *A Intervenção do Estado No Domínio Econômico: Condições e Limites – Homenagem Ao Prof. Ney Prado"*. São Paulo: LTr, 2011, p. 385.

que realiza com outros princípios constitucionais, notadamente o da neutralidade tributária, da livre iniciativa e da livre concorrência.

A análise será estruturada em cinco seções, a começar pelo estudo do contexto histórico no qual se insere o art. 146-A e o processo legislativo de sua gênese. A seção seguinte se dedica à forma como o art. 146-A dialoga com outros princípios constitucionais e outros ramos do conhecimento, em especial, a Ciências Econômicas e mais especificamente a Defesa da Concorrência e seu referencial teórico-normativo.

Apresentados os principais diálogos travados pelo art. 146-A, a análise se volta para o estudo dos principais elementos normativos do art. 146-A, de sorte a permitir seu melhor entendimento. Para tanto, após uma pequena digressão acerca de seus aspectos essenciais, serão apresentadas as possíveis interpretações que o art. 146-A vem suscitando nos debates doutrinários.

A seção seguinte abandona os aspectos teóricos do art. 146-A e propõe um alinhamento entre a prática e a teoria, apresentando, para tanto, as principais possibilidades, vislumbradas pela doutrina, para aplicação do art. 146-A. Dentre elas, destaca-se a possibilidade de a norma tributária indutora atuar na coibição às condutas delituosas de agentes que praticam inadimplemento fiscal contumaz.

A quinta seção dedica-se ao estudo dos projetos de lei complementar atualmente em tramitação no Congresso Nacional e que visam regulamentar o art. 146-A. Foram identificados três projetos de lei complementar. Dois se encontram em tramitação na Câmara dos Deputados, respectivamente, Projeto de Lei Complementar nº 73, de 2007, e Projeto de Lei Complementar nº 121, de 2011; e um que é de iniciativa do Senado Federal, Projeto de Lei Complementar nº 161, de 2013, de autoria do Senador Delcídio do Amaral.

Por fim, são apresentadas as principais conclusões do capítulo, no qual se reconhece, a partir da análise do disposto no art. 146-A, a inquestionável legitimidade e, por que não dizer, dever de o Estado, enquanto agente normativo e regulador, de intervir sobre o domínio econômico para realinhar a atividade dos agentes econômicos aos limites pretendidos e defendidos pela Constituição da República, materializados pela observância ao princípio da livre concorrência.

2. Contexto Histórico da Edição do Artigo 146-A: O Processo Legislativo

O art. 146-A foi introduzido no texto constitucional por intermédio da Emenda Constitucional nº 42, de 2003. Originariamente, a EC nº 42/03 foi veiculada pela Proposta de Emenda Constitucional nº 41, de 2003, tendo sido submetida à apreciação do Congresso Nacional mediante a Exposição de Motivos Interministerial nº 84/MF/C.Civil, de 30 de abril de 2003. Essa Proposta representou mais uma tentativa do Poder Executivo de realizar a sonhada reforma estrutural do Sistema Tributário Nacional. Foram objeto da PEC nº 41, de 2003, diversas matérias tributárias, que podem sumarizadas como segue[2]:

1. Imposto sobre grandes fortunas – eliminação da necessidade de lei complementar;
2. ITR – manutenção da regulamentação por lei complementar; transferência da competência para cobrança dos Municípios para os Estados e o Distrito Federal, destinando aos Municípios parte da arrecadação; e estabelecimento da progressividade, como forma de desincentivar a manutenção de terras improdutivas;
3. ITCMD – estabelecimento da progressividade;
4. ICMS – uniformização da legislação (lei complementar e regulamento por órgão colegiado dos representantes das fazendas públicas estaduais e distrital – Conselho Nacional de Política Fazendária – CONFAZ), com o objetivo de apaziguar problemas econômicos gerados pela multiplicidade de regras, que, em última instância, causariam desequilíbrios concorrenciais e insegurança na definição de investimentos; uniformização das alíquotas, em até cinco anos, pelo Senado Federal, cabendo ao CONFAZ definir as mercadorias, os bens e os serviços a que trais alíquotas seriam aplicadas; definição da "origem" como regra de cobrança do ICMS; proibição de concessão de benefícios e incentivos fiscais ou financeiros, como forma de eliminar a competição predatória e entre os estados e aumentar a eficiência da arrecadação do imposto; desoneração das

---

[2] BRASIL. Câmara dos Deputados. Comissão de Constituição e Justiça e de Redação. Relatório Proposta de Emenda à Constituição nº 41, de 2003. Disponível em http://www.camara.gov.br/sileg/integras/148817.pdf, acesso em 12 de maio de 2014.

operações de exportação do ICMS, permitindo o aproveitamento ou manutenção dos créditos advindos dos insumos utilizados nos produtos a serem exportados;
5. ITBI – permissão de aplicação de alíquotas diferenciadas em função da localização e/ou uso dos imóveis;
6. Criação de contribuição sobre movimentação ou transmissão de valores e de créditos e direitos de natureza financeira semelhante à extinta CPMF;
7. Encargos sobre a folha de salários – possibilidade de substituição, parcial ou completa, da contribuição social incidente sobre a folha de salários por uma contribuição que incidiria sobre o faturamento de forma não-cumulativa;
8. Outras medidas de ordem financeira, pertinentes às regras de distribuição dos tributos arrecadados, bem como a instituição, pela União, de um programa de renda mínima, destinada a assegurar e manter a dignidade das famílias de baixa renda, mediante financiamento solidário e realização de convênios com os Estados, o Distrito Federal e os Municípios.

Interessante destacar que, da leitura da PEC nº 41/03 e da Exposição de Motivos Interministerial nº 84/MF/C.Civil, não foi possível identificar qualquer referência ao que passou a ser denominado art. 146-A da Constituição. De fato, a única referência encontrada na E.M.I. nº 84/MF/C.Civil que remetesse a desequilíbrios concorrenciais se deu por ocasião da justificativa adotada pelo Poder Executivo para propor a uniformização da legislação e alíquotas do ICMS, nos seguintes termos:

> Tais circunstâncias trazem prejuízos ao cumprimento das obrigações tributárias pelos contribuintes, dificultam a administração, a arrecadação e a fiscalização do imposto e remetem, ainda, a graves problemas econômicos, pois os diferentes tratamentos estabelecidos provocam, muitas vezes, desequilíbrios concorrenciais e insegurança na definição de investimentos.[3]

Também nas discussões ocorridas no bojo do processo legislativo dentro da Câmara dos Deputados não é possível encontrar nada além de

---
[3] Exposição de Motivos Interministerial nº 84, de 30 de abril de 2003, p. 5.

escassas remissões ao tema concorrencial. Como muito bem aponta Luís Brazuna[4], nenhuma das 466 emendas apresentadas ao texto original da PEC nº 41/03 trouxe, na sua literalidade, o art. 146-A. Em verdade, o art. 146-A só tomou forma em 3 de setembro de 2003 durante a discussão e votação, em primeiro turno, na Câmara dos Deputados da Emenda Aglutinativa Substitutiva Global de Plenário nº 27, concluída às duas horas e dez minutos do dia seguinte. A Emenda Aglutinativa foi elaborada pelas lideranças dos partidos PMDB, PP, PPS, PCdoB, PDT, PV, PL/PSL, PT e PTB desacompanhada de qualquer justificativa. Aparentemente, a redação do art. 146-A surge como um maná, caída do céu, sem que quaisquer debates mais profundos tenham sido travados sobre ela.

A leitura da transcrição dos debates daquela seção é surpreendentemente elucidativa no sentido de que, de fato, os senhores parlamentares desconheciam completamente o conteúdo do art. 146-A. Alguns trechos dos debates são transcritos na obra de Luís Brazuna[5] e é de dar perplexidade a constatação que diversos deputados, inclusive lideranças, não dispunham sequer da minuta do texto apresentado. Não obstante, a matéria foi votada e aprovada na Câmara dos Deputados vinte dias depois.

Submetida ao processo de debate no âmbito do Senado Federal, a reforma tributária foi objeto de parecer da Comissão de Constituição, Justiça e Cidadania, que, ao se debruçar sobre a redação do atual art. 146-A, limitou-se apenas a identificar seu conteúdo, não acrescentando qualquer comentário ou justificativa.

Assim, a análise do debate do processo legislativo, gênese do art. 146-A, não é muito esclarecedora. As seções seguintes dedicar-se-ão a apresentar, ainda que de modo sucinto, alguns debates que esse dispositivo tem suscitado na academia.

3. Diálogo entre o Art. 146-A, Alguns Princípios Constitucionais e Outros Ramos do Conhecimento

Independentemente do fato de o art. 146-A ter carecido do merecido debate, que teria tido, sem dúvida, forte caráter propedêutico, tem-se

---

[4] BRAZUNA, José Luis Ribeiro. *Defesa da Concorrência e Tributação à Luz do Artigo 146-A da Constituição*. Série Doutrina Tributária Vol. II, São Paulo: Quartier Latin, 2009, p. 57.
[5] Ibid., p. 58.

que o art. 146-A traz em si duas importantes características: a primeira, apresenta-se como um novo instrumento de utilização da tributação, qual seja, o de prevenir desequilíbrios concorrenciais. A segunda, por seu turno, representa a positivação do princípio da neutralidade tributária.

3.1. O caráter extrafiscal do art. 146-A

A tributação extrafiscal, ou seja, "aquela orientada para fins outros que não a captação de dinheiro para o Erário"[6], não chega a ser novidade. Historicamente, a tributação tem sido utilizada para efeitos de política fiscal, orientação de investimentos setoriais, redistribuição de renda, isso para ficarmos apenas em alguns exemplos. A essa característica da tributação dá-se o nome de extrafiscalidade, e tem sido utilizada cada vez mais pelos poderes tributantes, seja como forma de incentivar ou inibir setores econômicos ou mesmo comportamento individual dos indivíduos ou agentes econômicos[7]. De fato e para utilizar uma compreensão de Luiz Mélega[8], quando o Estado utiliza seu poder de tributar como instrumento de intervenção ou de regulação, está-se diante do predomínio da característica extrafiscal do tributo, que está contudo limitado pela própria Constituição.

É sabido que a finalidade primeira do tributo é a obtenção de recursos para as despesas gerais do Estado. Porém, a conjuntura econômica ou mesmo a necessidade de elaboração das mais diversas políticas públicas, sejam elas para promover redistribuição de renda ou desenvolvimento regional, podem levar os tributos a atuarem como veículos dessas políticas. Eduardo Schoueri[9], ao analisar a estrutura da norma tributá-

---

[6] OLIVEIRA, José Marcos Domingues de. Legalidade Tributária: o princípio da proporcionalidade e a tipicidade aberta. CARVALHO, Maria Augusta Machado de. (Coord.) *Estudos de direito tributário em homenagem à memória de Gilberto de Ulhôa Canto*. Rio de Janeiro: Forense, 1998, p. 207.

[7] VALADÃO, Marcos Aurélio Pereira. Intervenção no domínio econômico e tributação: extrafiscalidade – aspectos. In: RODRIGUES, Ana Cláudia Manso S. O. et al. (Org.). *Estudos de Direito Público: homenagem aos 25 anos de Mestrado em Direito da UnB*. v. 1, p. 223-248 1ed. Brasília – DF: Editora Brasília Jurídica, 2000.

[8] MÉLEGA, Luiz. O poder de tributar e o poder de regular. *Direito Tributário Atual*, vols. 7/8. São Paulo: Coedição IBDT e Ed. Resenha Tributária, 1987/1988, p. 1771-1813.

[9] SCHOUERI, Eduardo. *Normas tributárias indutoras e intervenção econômica*. Rio de Janeiro: Forense, 2005, p. 30-31.

ria comum, também identifica seu caráter extrafiscal. Para esse autor, a norma tributária comum teria duas ordens de expressão, uma primária, vinculada essencialmente à arrecadação de recursos para o Estado, e uma secundária, na qual o legislador vincula um tratamento tributário que induzirá o contribuinte a adotar o comportamento desejado pelo legislador. É o que Schoueri denomina de norma tributária indutora.

A simples leitura do art. 146-A parece deixar claro o interesse do legislador de, mediante a fixação de um conjunto de critérios, estimular um comportamento nos agentes econômicos que os induza a não adotar condutas ou modelos de negócios que possam de algum modo provocar desequilíbrios concorrenciais. Assim, resta evidente haver no citado dispositivo um permissivo constitucional para que a tributação, na forma de critérios, possa ser utilizada para corrigir ou mitigar eventuais distorções concorrenciais. A forma como esse permissivo será utilizado é que ainda carece de complementação.

3.2. O art. 146-A da CF e os princípios da neutralidade tributária, da livre concorrência e da livre iniciativa

Além, da ideia inerente de extrafiscalidade, o art. 146-A positiva ainda o princípio da neutralidade tributária. Embora não haja unanimidade entre os doutrinadores acerca do fato de o art. 146-A ter sido o primeiro dispositivo constitucional a consagrar o princípio da neutralidade tributária, não há dúvidas de que esse dispositivo é o primeiro a trazê-lo de modo tão expresso e positivado. Se é verdade que autores como Diego Bomfim[10] e Ives Gandra Martins[11] entendem que a necessidade de o Estado observar o princípio da neutralidade tributária pré-existe à edição da EC nº 42/2003, na medida em que este é um corolário dos princípios da livre concorrência e da livre iniciativa, sustentando Diego Bonfim que ainda antes de 2003 "quando a emenda constitucional foi editada, o Estado não poderia se portar como fomentador de desequilíbrios concorrenciais, inclusive mediante a tributação."[12] –, é igualmente verdadeiro que o art.

---

[10] BOMFIM, Diego. *Tributação e Livre Concorrência*. 1ª ed. São Paulo: Saraiva, 2011, p. 187-189.
[11] MARTINS, Ives Gandra da Silva. O desequilíbrio da concorrência, por distorções tributárias e a Emenda Constitucional nº 42/2003. *Repertório de Jurisprudência IOB* – 2ª quinzena de dezembro de 2005 – nº 24/2005 – volume I, p. 971-974.
[12] BOMFIM, Diego, op. cit., p. 58.

146-A foi, de fato, o responsável pela positivação expressa do princípio da neutralidade tributária.

Também nesse sentido estabelece um diálogo com outros princípios constitucionais, notadamente o da livre iniciativa e o da livre concorrência. Como ensina Sacha Calmon: "O que caracteriza os princípios é que não estabelecem um comportamento específico, mas uma meta, um padrão. Tampouco exigem condições para que se apliquem."[13]. Luís Brazuna[14] e Derzi[15] entendem que o art. 146-A traz consigo tanto uma regra constitucional, expressa pela competência legislativa de fixar critérios de tributação destinados a prevenir desequilíbrios concorrenciais, quanto um princípio, o da neutralidade tributária, explicitando o fato de que a tributação pode ser usada para prevenir distorções concorrenciais.

A começar pelo princípio da neutralidade tributária, pode-se afirmar que o art. 146-A deu forma à ideia de que a ação arrecadadora do Estado não pode provocar desequilíbrios na concorrência. Em outras palavras, a análise do dispositivo permite concluir que há um evidente reconhecimento de que o Estado, ao estabelecer tributos, deve fazê-lo de sorte a interferir minimamente na vida econômica dos contribuintes. Contudo, em uma acepção relativa da ideia da neutralidade tributária, é possível que o tributo altere as preferências de consumidores e produtores e, portanto, atue como agente indutor de determinado setor ou segmento.

Implicitamente o art. 146-A, em associação com outros dispositivos da Carta Magna de 1988, reconhece que a crença no mercado como um sistema livre, no qual a interação entre produtores e demandantes, dotados de comportamento racional e informação irrestrita, determinaria, de modo objetivo e impessoal, os preços dos produtos e serviços comercia-

---

[13] COÊLHO, Sacha Calmon Navarro. *Curso de direito tributário brasileiro*. 9ª ed. Rio de Janeiro: Forense, 2006, p. 95.
[14] BRAZUNA, José Luis Ribeiro, op. cit. nota nº 4, p. 60.
[15] DERZI, Misabel Abreu Machado. A concorrência tributária do ponto de vista da neutralidade econômica, da equidade entre os contribuintes, e da eficácia dos serviços públicos. A guerra fiscal e os princípios constitucionais tributários. *Revista Internacional de Direito Tributário*. nº 04. Jul/dez. 2005. Belo Horizonte: Editora Del Rey, p. 14-22.

lizados (posição adotada pela chamada Escola Clássica de Economia[16]) é um equívoco.

Não há dúvidas de que o art. 146-A incorpora a visão hoje dominante entre os economistas de que o modelo conceitual chamado de concorrência perfeita representa, nada mais, nada menos, do que isso: um modelo teórico. As experiências históricas, a mais recente é a crise financeira de 2008, demonstraram que as leis de mercado e a "mão invisível" de Adam Smith não foram suficientes para assegurar uma justa distribuição de riquezas e adequada alocação de recursos. É cediço que a interferência do Estado, seja por absorção, seja como agente indutor[17], participativo ou diretivo, é vital para a correção das imperfeições do mercado[18].

Dado esse novo contexto, nada mais razoável admitir que também a tributação se preste à implantação de políticas públicas do Estado. Assim, se era verdade que, à época do império das ideias econômicas clássicas (modelo de concorrência perfeita) a imposição de um tributo deveria ser necessariamente neutra sob o prisma concorrencial, ou seja, os tributos não deveriam distorcer os preços praticados pelas empresas dentro de um dado mercado, característica essa denominada de Princípio da Neu-

---

[16] Economia Clássica (ou Escola Clássica de Economia) – tem por expoentes principais Adam Smith e John Stuart Mill, Jean Baptiste Say, David Ricardo e Robert Malthus. A ideia central da economia clássica é a de concorrência. Embora os indivíduos ajam apenas em proveito próprio, os mercados em que vigora a concorrência funcionam espontaneamente, de modo a garantir (por um mecanismo abstrato designado por Smith como "a mão invisível" que ordena o mercado) a alocação mais eficiente dos recursos e da produção, sem que haja excesso de lucros. Por essa razão, o único papel econômico do Estado (além do básico, que é garantir a lei e a ordem) é a intervenção na economia quando o mercado não existe ou quando deixa de funcionar em condições satisfatórias, ou seja, quando não há livre concorrência. Segundo a teoria clássica, na economia concorrencial, a oferta de cada bem e de cada fator de produção tende sempre a igualar a procura. Em todos os mercados, o elemento que determina esse equilíbrio entre oferta e procura são os preços.

[17] Intervenção por indução "o Estado manipula os instrumentos de intervenção em consonância e na conformidade das leis que regem o funcionamento dos mercados", (GRAU, 2006, p. 149).

[18] A classificação por absorção, por participação, por direção e por indução é defendida por Eros Grau na obra *A ordem econômica na Constituição de 1998: interpretação e crítica*, p. 148-149. Por intervenção por absorção (art. 177 CF): "o Estado assume integralmente o controle dos meios de produção e/ou troca de determinado setor da atividade econômica em sentido estrito; atua em regime e monopólio", p. 148.

tralidade Econômica dos Tributos[19], hodiernamente e à luz do art. 146-A, admite-se a tributação atuando de modo mais contundente no mercado, seja para corrigir distorções, seja para preveni-las.

Isso se torna mais verdadeiro se se tem em mente o caráter extrafiscal dos tributos discutido há pouco. Como aponta Luís Brazuna[20], em nossa realidade, é constante o uso da tributação com efeitos indutores, onde a decorrência lógica dessa tendência é o afastamento em definitivo da ideia de uma neutralidade fiscal absoluta, pois a extrafiscalidade necessariamente conduziria à interferência do tributo na economia. Paulo Silveira[21] ensina que o objetivo essencial do princípio da neutralidade fiscal é propor um diálogo entre os antagônicos preceitos de equidade e eficiência, assim:

> a busca da neutralidade fiscal pretende ser uma forma de manutenção geral do equilíbrio da economia ou, dito de outra forma, da menor afetação possível que a tributação possa realizar em uma economia imperfeita.
> (...)
> O *sentido* da neutralidade fiscal está na ideia de que a tributação tem essencialmente um sentido cidadão de estabelecer a correta contribuição à manutenção da esfera pública e não um mecanismo de intervenção econômica. A tributação deve ser o mais neutra possível, ou seja, *não deve se constituir em um elemento fundamental de decisão do agente econômico nas suas escolhas de investimento*. Desse modo, a tributação não pode se constituir em um elemento de distorção do sistema econômico, de diminuição geral da eficiência e obstáculo ao desenvolvimento.
> A utilização da função *extrafiscal* do direito tributário deve ser residual, motivada e, se possível, temporária. O tributo não pode ser entendido como elemento fundamental de direção econômica, mas tão-somente como meio de regulação excepcional, limitado e justificado.[22] (Itálicos no original).

---

[19] SCAFF, Fernando Facury. ICMS, Guerra Fiscal e Concorrência na Venda de Serviços Telefônicos Pré-Pagos. *Revista Dialética de Direito Tributário*. nº 126. São Paulo: Dialética, 2006, p. 78.
[20] BRAZUNA, José Luis Ribeiro, op. cit. nota nº 4, p. 142.
[21] SILVEIRA, Paulo Antônio Caliendo Velloso da. *Direito tributário e análise econômica do direito: uma visão crítica*. Rio de Janeiro: Elsevier, p. 101 e pp. 117 e 118.
[22] Ibid., p. 117-118.

Fritz Neumark[23] trata com bastante propriedade o que deve ser a neutralidade perante o fenômeno concorrencial. Para o autor, deve-se evitar que a tributação interfira onde houver concorrência aproximadamente perfeita e cujos resultados não se contraponham às políticas econômicas e sociais do país. De outro modo, se a concorrência for imperfeita, se deve lançar mão de políticas fiscais de estímulo à concorrência, de sorte a mitigar efeitos indesejados, tanto econômicos quanto sociais.

Para Schoueri[24] a conciliação entre o amplo sistema extrafiscal previsto pela CF e o princípio da livre concorrência passa necessariamente pelo entendimento de que a neutralidade deve ser vista de maneira relativa, interagindo com os demais princípios da ordem econômica. Logo, a neutralidade não é absoluta ausência de interferência estatal na ordem econômica por meio dos tributos, mas sim deve ser entendida como a intervenção estatal realizada por meio da tributação com a finalidade de corrigir as deficiências das leis do mercado ou desvios de comportamento.No mesmo sentido são as palavras de Ricardo Lima[25]

A professora Mizabel Derzi defende a ideia de que o art. 146-A, ao trazer em sua essência o princípio da neutralidade tributária, constitui-se em uma autêntica garantia do contribuinte e integra o rol das limitações constitucionais ao poder de tributa, e desta forma o dispositivo serve de ponto de partida tanto para construção de uma regra (que autoriza o estabelecimento de critérios especiais de tributação) quanto de um princípio (da neutralidade tributária, limitando que a atividade estatal arrecadatória, de per se, crie distúrbios na livre concorrência)[26]. Porém, deve-se lembrar que o dispositivo permite um tratamento que pode miti-

---

[23] NEUMARK, Fritz. *Princípios de La imposición*. Introdución por Enrique Fuentes Quintana. Madrid: Instituto de Estúdios Fiscales, 1974, p. 317.

[24] SCHOUERI, Luís Eduardo. Livre concorrência e Tributação. In: ROCHA, Valdir de Oliveira (coord.). *Grandes Questões Atuais do Direito Tributário*. 11º volume. São Paulo: Dialética, 2007, p. 247-248.

[25] LIMA, Ricardo Seibel Freitas. Livre Concorrência e o Dever de Neutralidade Tributária. Dissertação de Mestrado. Faculdade de Direito da Universidade do Rio Grande do Sul. Porto Alegre, 2005, p. 73, 90, 117, 133 e 135.

[26] DERZI, Misabel Abreu Machado. Não cumulatividade, neutralidade, PIS e COFINS e a Emenda Constitucional nº 42/2003. In: ROCHA, Valdir de Oliveira (coord.). *Grandes questões atuais de direito tributário*. 8º volume. São Paulo: Dialética, 2004, p. 354.

gar a aplicação de outros princípios protetores dos contribuintes, quando se faz necessário dar mais relevância à livre concorrência.

Assim, além de positivar o princípio da neutralidade tributária (em uma acepção relativa) e de acordo com os doutrinadores pesquisados, o art. 146-A deixou cristalino a vontade constitucional de utilização da tributação para a realização dos princípios da livre concorrência e da livre iniciativa. Como lembra Hamilton Dias de Souza, o objetivo do dispositivo é o de deixar claro, ao legislador "a possibilidade de fixação de critérios especiais de tributação a determinados setores, como forma de assegurar a manutenção do regime de livre concorrência, que se erige como princípio fundamental da ordem econômica"[27]

Previsto no parágrafo único do art. 170 da Carta Magna, o princípio constitucional da livre iniciativa assegura a todos o livre exercício de qualquer atividade econômica, independentemente de autorização dos órgãos públicos, salvo nos casos previstos em lei. Nesses termos, a liberdade de iniciativa compreende tanto o direito de acesso ao mercado – início de atividade econômica – quanto o de término da atividade econômica. Por esse princípio, os agentes econômicos devem ser livres para produzir e colocar seus produtos no mercado, bem como para encerrar suas atividades.

Já por livre concorrência podemos entender como a possibilidade de os agentes econômicos atuarem sem embaraços juridicamente plausíveis, em um dado mercado, visando à produção, à circulação e ao consumo de bens e serviços, isto é, a livre concorrência procura garantir que os agentes econômicos tenham oportunidade de competir de forma justa no mercado. De certo modo, pode-se afirmar que a liberdade de concorrência é corolário da liberdade de iniciativa, constituindo mesmo a espinha dorsal de uma economia de mercado.

De acordo com Eros Grau[28], a positivação da livre concorrência decorreu de três motivos essenciais: econômico (necessidade de promover a eficiência econômica e o bem-estar social, a partir de uma adequada alocação de recursos, evitando-se distorções na distribuição do produto nacional, à medida que se garante o livre funcionamento dos mercados,

---

[27] SOUZA, Hamilton Dias de, op. cit. nota nº1, p.2.
[28] GRAU, Eros Roberto. A Ordem Econômica na Constituição de 1988 (Interpretação e Crítica). 3ª edição, São Paulo: Malheiros, 1997.

sem necessidade de intervenção direta do Estado na economia); sociológico (necessidade de legitimar a liberdade das decisões econômicas dos consumidores, empresários e trabalhadores. Aos consumidores, a concorrência propicia as necessárias condições para exercer, de forma livre e racional, o poder de decidir sobre as suas reais necessidades, escolhendo o que adquirir e a que preço; aos empresários, a liberdade de alocarem os recursos de que dispõem; e aos trabalhadores, a ampliação de oportunidades de emprego); e político (necessidade de submeter o poder econômico a um controle legal/normativo. A estreita correlação entre o poder econômico e poder político, muitas vezes reunidas em prol de interesses privados, pode vir a atentar contra a ordem política, em detrimento do interesse coletivo maior, daí a necessidade de se tutelar o poder econômico, que, no limite, pode vir a atentar até mesmo contra regime democrático de direito). Para o autor, a concorrência tem a função de preservar a forma democrática de governo, assegurando a independência do Poder Público em relação ao poder econômico.

O art. 146-A, ao positivar o princípio tributário da neutralidade fiscal, dialoga fortemente com o princípio da livre concorrência, isso porque ele promove uma verdadeira blindagem dos agentes econômicos em relação ao poder estatal de tributar, assegurando que o Estado "(...) não crie condições de desigualdade entre os agentes econômicos, inibindo o acesso de alguns deles ao livre mercado, em benefício de outros", havendo, também a complementariedade entre os princípios da neutralidade tributária, livre concorrência, livre iniciativa e isonomia[29]. Nessa mesma linha também é o entendimento de Fernando Scaff, quando sustenta que em nosso sistema jurídico o princípio da neutralidade econômica dos tributos pode ser encontrado "a partir do Princípio da Isonomia Fiscal (art. 150, II da CF/88) que veda ao Poder Público o tratamento desigual entre os contribuintes que se encontrem em situação equivalente, o que alcança, sem a menor sombra de dúvida, os aspectos concorrenciais."[30]

---

[29] BRAZUNA, José Luiz Ribeiro, op. cit. nota nº 4, p. 141.
[30] CAFF, Fernando Facury, op. cit. nota nº 19, p. 74.

3.2.1. Limites constitucionais ao poder de tributar e princípios da ordem econômica – efeitos

Outro aspecto importante diz respeito aos limites do uso da extrafiscalidade quando afeta o ambiente econômico, em face dos princípios constitucionais, assim considerados especialmente os princípios tributários e os princípios constitucionais que regem a ordem econômica. Há autores que entendem serem os limites apenas as limitações constitucionais ao poder de tributar (e.g., Paulo de Barros Carvalho), outros que entendem serem os limites somente aqueles que se dirigem à ordem econômica (e.g., José Casalta Nabais). Entende-se que nos casos de utilização de normas tributárias com efeitos extrafiscais, essas normas de intervenção econômica, por pertencerem aos dois sistemas, devem se submeter às limitações constitucionais ao poder do Estado presentes nos dois sistemas, i.e., atuam as limitações constitucionais ao poder de tributar e atuam os princípios da ordem econômica, na linha defendida por Marcus de Freitas Gouveia.[31]

3.3. O art. 146-A, a economia e a defesa da concorrência

É reconhecida a interdisciplinaridade entre Direito e Economia, sendo que esta última vem espraiando sua influência por diversos outros ramos do saber, por exemplo, a Sociologia, a Filosofia, a Ciência Política, a Geografia, a História etc. Exemplo dessa interação pode ser visto também no art. 146-A.

O citado dispositivo estabelece uma norma indutora de conduta humana a partir de um referencial teórico econômico por excelência, que é a ideia de que o mercado, a economia deve, preferencialmente, comportar-se como em um cenário de concorrência perfeita.[32] Ocorre que

---

[31] GOUVEIA, Marcus de Freitas. *A Extrafiscalidade no Direito Tributário Brasileiro*. Belo Horizonte: Del Rey, 2006, p. 245-272.

[32] Conforme já mencionado a ideia de concorrência perfeita representa um modelo teórico das ciências econômicas, no qual nenhum dos agentes econômicos teria poder de mercado suficiente para ditar unilateralmente preços e quantidades a serem ofertadas. Esses preços e quantidades seriam determinados naturalmente pelas forças do mercado (oferta e procura). As características essenciais de um modelo de concorrência perfeita seriam: atomização dos agentes, ou seja, multiplicidade de vendedores e compradores no mercado; automatismo, ou seja, os fatores de produção são dotados de razoável mobilidade, a fim de poderem reagir aos sinais indicativos, representados pelos preços, os quais

reconhecidamente a concorrência perfeita não existe. A realidade mostra que se não houver uma relativa intervenção do Estado, via regulação ou via indução, como é o caso da regra do art. 146-A, a economia tende a se comportar de modo bastante distinto da concorrência perfeita.

Monopólios, mercados concentrados, abusos de poder de mercado são estruturas de mercado e condutas bastante corriqueiras nos dias atuais. Deixado livremente, a experiência histórica demonstra que a tendência natural dos agentes econômicos é se de concentrarem, crescerem, adquirirem poder de mercado e, eventualmente, abusarem do poder de mercado adquirido, impondo a consumidores preços altos e produtos de baixa qualidade e a outros competidores inúmeras dificuldades, que, em geral, levam seus competidores a se retirarem do mercado, comprometendo ainda mais as condições de competição do mercado.

É para evitar situações como essa que o princípio da livre concorrência encontra abrigo no texto constitucional. A Constituição de 1988, ao mesmo tempo que reconhece a utopia liberal e aceita a possibilidade de que haja concentração econômica e a presença de poder econômico, impõe ao Estado a obrigação de reprimir o abuso no seu exercício[33]. Nesse sentido, o Estado Brasileiro se apresenta como o primeiro garantidor da livre concorrência, assumindo um papel de redistribuidor e garantidor

---

promoveriam em curto tempo os deslocamentos necessários a fim de se reverterem automaticamente certas situações indesejáveis (NUSDEO, Fábio, p. 139 – p. 67); homogeneidade de produtos, isto é, não pode haver diferenciação de produtos em função de embalagens, marcas etc. Apenas os preços determinariam as escolhas dos consumidores; acesso pleno às informações: todos os agentes teriam informações suficientes para determinar os preços e fixar as escolhas, promovendo o salutar encontro entre oferta e demanda; ausência de economias de escala, isto é, à medida que o volume de produção aumentasse os custos unitários iriam se reduzindo proporcionalmente; e ausência de externalidades, ou seja, inexistência de custos ou benefícios distintos daqueles que viriam da ordinária exploração da atividade econômica.

[33] O abuso do poder econômico pode ocorrer quando: o agente econômico visa dominar o mercado, utilizando-se de meios pouco éticos, ele bloqueia a renovação do mercado e impede o ingresso de novos agentes e/ou a expansão dos já existentes; o agente elimina a concorrência, na medida, em que determinado agente procura seus concorrentes para combinar preços ou dividir mercados, tornando a concorrência mero simulacro; e o agente aumenta arbitrariamente seus lucros – em claro prejuízo aos consumidores e à sociedade como um todo, o agente impõe preços desproporcionais a seus custos e investimentos só porque possui uma posição de dominância no mercado.

da igualdade de condições nas relações econômicas, em prol dos interesses dos consumidores, dos concorrentes e do interesse institucional da ordem concorrencial.[34]

Materialmente esse papel é desempenhado pelo chamado Sistema Brasileiro de Defesa da Concorrência (SBDC), disciplinado pela Lei nº 12.529, de 30 de novembro de 2011. O SBDC é formado pelo Conselho Administrativo de Defesa Econômica – CADE e pela Secretaria de Acompanhamento Econômico do Ministério da Fazenda. Ao CADE, enquanto órgão judicante com jurisdição em todo o território nacional, compete: i) decidir sobre a existência de infração à ordem econômica e aplicar as penalidades previstas em lei; ii) decidir os processos administrativos para imposição de sanções administrativas por infrações à ordem econômica; iii) ordenar providências que conduzam à cessação de infração à ordem econômica, dentro do prazo que determinar; iv) aprovar os termos do compromisso de cessação de prática e do acordo em controle de concentrações; v) apreciar processos administrativos de atos de concentração econômica, na forma desta Lei, fixando, quando entender conveniente e oportuno, acordos em controle de atos de concentração, dentre outros.

À Secretaria de Acompanhamento Econômico, por sua vez, compete a função de exercer a advocacia da concorrência. O exercício da advocacia da concorrência ou da *competition advocacy*, para usar a referência teórica anglicana, pode ser entendida como um conjunto de ações empreendidas pelas autoridades concorrenciais para divulgar a cultura, a filosofia da concorrência na sociedade. Nesse sentido, a advocacia da concorrência serve para esclarecer as melhores práticas para atuação competitiva no mercado, agir preventivamente no controle de condutas, indicar efeitos anticompetitivos nas regras regulatórias e atos normativos produzidos pelos órgãos públicos, bem como elucidar a sociedade civil sobre como reconhecer práticas anticompetitivas.

Além da atividade de advocacia, a defesa da concorrência no Brasil, enquanto garantia da livre concorrência, é exercida por intermédio de dois grandes tipos de controle, o controle preventivo (também chamado de controle de estruturas), que é exercido no âmbito dos processos admi-

---

[34] SALOMÃO FILHO, Calixto. *Direito Concorrencial – As Condutas*. São Paulo: Malheiros Editores, 2003, p.51–61.

nistrativos que tratam dos atos de concentração[35], e o controle repressivo, que são os processos sancionadores decorrentes da constatação de que determinado agente, em condutas específicas, abusou de posição dominante de mercado.

O art. 146-A, salvo melhor juízo, é mais um instrumento autorizado pelo legislador constituinte a auxiliar o Estado a promover a observância da livre concorrência e da livre iniciativa, além de todos aqueles autorizados pela Lei nº 12. 529, de 2011, e manejados pelo SBDC. A tributação, graças a sua função extrafiscal, também poderá ser utilizada no combate e prevenção aos desequilíbrios concorrenciais.

Assim, conforme Pereira[36], o art.146-A se constitui em verdadeiro ponto de confluência entre os subsistemas econômico e jurídico-tributário, onde o exercício da atividade legiferante e, posteriormente, a aplicação no caso concreto, além de atenderem ao conteúdo finalístico e teleológico do dispositivo constitucional, devem concomitantemente respeitar os objetivos fundamentais do Estado brasileiro, os princípios do modelo econômico adotados pelo Constituinte de 1988, as limitações constitucionais ao poder de tributar, bem como os princípios sacramentados na Carta Política e que norteiam toda a base do arcabouço normativo.

4. Entendendo o Art. 146-A

Entender o conteúdo normativo do art. 146-A se constitui um desafio, em face da pouca bibliografia disponível e a ausência de referências jurisprudenciais.

Luís Brazuna[37] ensina que o **primeiro elemento** normativo do art. 146-A é o fato de que se trata de norma de competência, ou seja, regra que outorga poder ao legislador, autorizando-o a estabelecer normas em um determinado sentido. Isso é claramente perceptível da leitura da seguinte parte do dispositivo: "(...)estabelecer critérios especiais de tributação, com o objetivo de prevenir desequilíbrios da concorrência (...)".

---

[35] Os atos de concentração são compreendidos como os atos, sob quaisquer formas manifestados, que possam limitar ou de qualquer forma prejudicar a livre concorrência, ou resultar na dominação de mercados relevantes de bens ou serviços.
[36] PEREIRA, Luiz Augusto da Cunha. *A Tributação, a Ordem Econômica e o Artigo 146-A da Constituição Federal de 1988*. Nova Lima: Faculdade de Direito Milton Campos, 2011, p. 76-77.
[37] BRAZUNA, José Luiz Ribeiro, op. cit. nota nº 4, p. 128.

Do ponto de vista formal, a materialização dessa competência dar-se-ia pela edição de uma lei complementar, conforme determina o próprio positivo. Ocorre que, embora seja claro a necessidade de lei complementar, salvo melhor entendimento, não está claro, no texto constitucional, a quem competiria editar a citada lei complementar.

De fato, os doutrinadores que trataram do tema parecem divergir. Por exemplo, Luiz Pereira[38] é do entendimento que a competência para edição da lei complementar é concorrente, isso porque o art. 24, inciso I, da Carta de 1988, estabelece haver competência concorrente entre União, Estados e Distrito Federal para legislar sobre Direito Econômico. Para esse autor, a leitura dos parágrafos 1º, 2º, 3º e 4º do art. 24 da CF/88 deixa claro que compete à União editar uma norma geral sobre a matéria, sendo reservada aos Estados a competência legislativa suplementar ou plena, neste último caso, na existência de norma editada pela União. Aos Municípios, por sua vez, remanesceria a competência prevista no art. 30, incisos I e II, da CF/88, ou seja, legislar sobre assuntos de interesse local e para suplementar a legislação federal e estadual, quando for o caso.

Luís Brazuna tem um entendimento diferente. Para ele, "(...) no que diz respeito à intervenção do Estado sobre a economia com o objetivo de defender a concorrência, preventiva e repressivamente, a competência para legislar sobre o tema sempre esteve centralizada na União".[39]

Superada a questão da competência para a edição da lei complementar, um **segundo ponto** a chamar a atenção refere-se à natureza da outorga contida no art. 146-A. A grande dúvida que permeia a mente dos doutrinadores é se a outorga ali referida é para edição de uma lei complementar de caráter geral, que conteria alguns parâmetros e diretrizes para a definição dos critérios ou se a lei complementar poderia, ela mesma, já enunciar/veicular os critérios?

Luís Brazuna[40] entende que a outorga em questão é direta, ou seja, o legislador, caso queira, poderá ele próprio fixar os tais critérios especiais de tributação[41]. Nesse sentido, não é necessária uma lei que defina

---

[38] PEREIRA, Luiz Augusto da Cunha, op. cit. nota nº 36, p. 98.
[39] BRAZUNA, José Luiz Ribeiro, op. cit. nota nº 4, p. 157.
[40] Ibid., p. 128-129.
[41] Para justificar sua posição, Luís Brazuna faz um estudo comparado de outros dispositivos constitucionais. Para ele, quando o constituinte entende se tratar de uma norma com

normas gerais sobre a forma de definição desses critérios especiais. A princípio, não faz muito sentido entender que estamos diante de uma lei destinada a outros legisladores. O melhor entendimento é que deverá ele próprio instituir as normas de conduta com o objetivo de prevenir desequilíbrios da concorrência.

Um **terceiro aspecto** a ser analisado para uma boa compreensão do conteúdo do art. 146-A relaciona-se ao tipo de intervenção estatal autorizada pelo dispositivo. É inequívoco o fato de que o dispositivo autoriza uma intervenção estatal; a literalidade da norma advoga essa tese. Mas qual seria a natureza dessa intervenção? Seria uma intervenção direta, por absorção, por participação ou por indução? Luís Brazuna[42] é categórico ao afirmar que se trata de uma autorização para uma intervenção por indução, vinculada ao estrito objetivo de prevenir desequilíbrios concorrências, mediante a fixação de critérios especiais de tributação. "Ou seja, trata-se de autorização para o legislador infraconstitucional utilizar **normas tributárias indutoras**, com o objetivo de prevenir tais desequilíbrios". Nessa esteira e no sentido do entendimento de Schoueri[43], a autorização em questão é para a definição de formas de tributação e não de um novo tributo. Logo, a princípio, não poderia ser criado um novo tributo com base no art. 146-A para fins de prevenir desequilíbrios concorrenciais.

Não obstante, trata-se de entendimento sobre o qual há divergência. Luís Brazuna[44], por exemplo, entende que a Constituição já autoriza a

---

caráter geral, ou seja, uma norma destinada a outros legisladores, ele utiliza expressões como: "Lei complementar poderá autorizar os Estados a legislar sobre questões específicas das matérias relacionadas neste artigo" (art. 22, parágrafo único, CF/88); "Lei complementar disporá sobre a elaboração, redação, alteração e consolidação das leis" (art. 59, parágrafo único); e "Lei complementar estabelecerá as normas gerais a serem adotadas na organização, no preparo e no emprego das Forças Armadas" (art. 142, § 1º). De outro modo, quando o constituinte entende que estamos diante de uma outorga direta, ele utilizar uma redação semelhante à adotada no art. 146-A. Por exemplo: "(...) a lei estabelecerá o procedimento para desapropriação por necessidade ou utilidade pública, ou por interesse social" (art. 5º, inc. XXIV); "Lei complementar estabelecerá outros casos de inelegibilidade e os prazos de sua cessação" (art. 14, § 9º).

[42] BRAZUNA, José Luiz Ribeiro, op. cit. nota nº 4, p. 131.

[43] "Com efeito, a expressão *critérios especiais de tributação* implica uma forma diferenciada para a tributação, não um novo tributo" SCHOUERI, 2007, op. cit. nota nº 9, p. 268.

[44] BRAZUNA, José Luiz Ribeiro, op. cit. nota nº 4, p. 132.

instituição de certas espécies tributárias com a explícita finalidade de intervir sobre a economia, como é o caso das contribuições para intervenção no domínio econômico.

O **quarto aspecto** de interessante intelecção no art. 146-A relaciona-se à ideia de definição de "critério especial de tributação". Sob o ponto de vista formal, pode-se dizer que "critério especial de tributação" é um modo distinto de cobrar tributos. Como Hamilton Dias de Souza[45] pontua, a lei complementar de que trata o art. 146-A poderá autorizar os entes tributantes a instituir não apenas formas diferencias de exigir os tributos em relação àquelas preconizadas no Código Tributário Nacional, mas também poderá alcançar as chamadas obrigações **acessórias especiais**, desde que observada a finalidade precípua que é assegurar a livre concorrência.[46] Há, desse modo, uma quebra da igualdade formal entre os sujeitos passivos do tributo, justificada pela necessidade de proporcionar, materialmente falando, tratamento uniforme a agentes econômicos que atuem em ambientes propícios a desequilíbrios competitivos em virtude, por exemplo, da alta carga tributária.

Ainda consoante Dias de Souza, os critérios especiais de tributação poderiam ser de duas espécies: i) critérios materiais – aqueles que interferem com os elementos estruturais da obrigação tributária. À guisa de exemplo, o autor menciona a tributação monofásica, a cobrança de tributo em momento anterior ao fato gerador, dentre outros; e ii) critérios formais – aqueles que, sem interferir no regime normal de recolhimento do tributo, criam deveres instrumentais adicionais para acompanhamento específico de determinados contribuintes. Por exemplo, a adoção de medidores de peso, volume e vazão; registro especial para fabricantes

---

[45] SOUZA, Hamilton Dias de. *Desvios concorrenciais tributários e a função da Constituição*. Disponível em www.conjur.com.br/2006. Acesso em 19 de maio de 2014.

[46] A possibilidade de as obrigações acessórias serem utilizadas como norma tributária indutora, nos termos do art. 146-A, não é consenso entre os doutrinadores. Para Brazuna (2009, p. 140), as obrigações acessórias não são o meio apropriado para a indução de comportamentos outros que não apenas o próprio cumprimento da chamada obrigação principal. Já Ricardo Seibel de Freitas Lima admite. Ver LIMA, Ricardo Seibel Freitas. Livre Concorrência e o Dever de Neutralidade Tributária. Dissertação de Mestrado. Faculdade de Direito da Universidade do Rio Grande do Sul. Porto Alegre, 2005, p. 111.

de cigarros; condicionamento de créditos tributários à comprovação de pagamento na etapa anterior etc.

Luís Brazuna entende que quaisquer dos elementos constitutivos do fato gerador do tributo pode ser enquadrado em determinado critério especial de tributação. Logo, tanto o elemento objetivo (situação descrita em lei), quanto o subjetivo (sujeitos ativo e passivo) podem ser escolhidos e gravados com algum critério especial de tributação. Da mesma forma, os elementos espacial (lugar), temporal (momento) e quantitativo (base de cálculo e alíquota) também podem ser eleitos para serem objetos de alteração e se transmutarem para atuar em prol do combate a desequilíbrios anticompetitivos[47]. Por outro lado, Schoueri[48] identifica nas isenções tributárias uma das principais formas de se construir normas de indução tributária, ou seja, de motivar o contribuinte a adotar o comportamento desejado pelo legislador.

4.1. Possíveis interpretações do art. 146-A

Apresentados os aspectos determinantes para a compreensão do art. 146-A, cumpre agora analisar as principais interpretações que a doutrina vem construindo acerca desse dispositivo constitucional.

Luís Brazuna[49] defende ser possível elaborar quatro interpretações acerca do art. 146-A. A **primeira interpretação** é no sentido de que o Congresso Nacional poderia estabelecer os tais critérios especiais de tributação incidindo sobre todos os tributos. Se forem tributos de competência de Estados, Distrito Federal e Municípios, deveria fazê-lo por meio de lei complementar. Se forem tributos da União, é suficiente a adoção de lei ordinária. Quais são os problemas com essa interpretação? O primeiro deles é o fato de que, a vigorar esse entendimento, o art. 146-A seria inconstitucional, isso porque uma lei federal, ainda que lei complementar, não pode interferir no exercício do poder de tributar dos demais entes federativos. Um segundo impedimento a essa interpretação apresentado por Luís Brazuna está contido na vedação às isenções heterônomas[50] (art.

---

[47] BRAZUNA, José Luiz Ribeiro, op. cit. nota nº 4, p. 133-135.
[48] SCHOUERI, Luiz Eduardo, op. cit. nota nº 9, p. 207.
[49] BRAZUNA, José Luiz Ribeiro, op. cit. nota nº 4, p. 148-149.
[50] Isenções heterônomas: O instituto da isenção heterônoma está previsto no art. 151, III, da Constituição Federal de 1988. Trata-se de medida protetiva que visa assegurar o pacto

151, III, CF/88). Considerando que o art. 146-A não é capaz de alterar a tributação de competência de outros entes políticos, parece óbvio que ele também não poderá ser manejado para aumentar ou reduzir a carga de tributária inerente a tributos não instituídos pela União, ainda que tenha por objetivo reequilibrar as condições de concorrência. Entender diversamente pode significar forte gravame ao pacto federativo.

A **segunda interpretação** advoga a tese de que lei complementar dos Estados, Distrito Federal ou Municípios poderia estabelecer os critérios especiais de tributação destinados a prevenir os desequilíbrios concorrenciais, sem prejuízo de a União, via lei ordinária, fazer o mesmo com os tributos de sua competência.

Por óbvio, essa interpretação não merece ser acolhida. Imagine o custo de *compliance* que se imporia aos agentes econômicos, isso porque, a prevalecer essa interpretação, cada Estado e cada Município, no limite, poderia estabelecer uma lei complementar com seus critérios especiais de tributação para os mais diversos setores econômicos. Embora preserve a competência de todos os entes da Federação, essa interpretação impõe à sociedade um ônus demasiado alto do ponto de vista da administração da burocracia tributária.

A **terceira possibilidade de interpretação** ventilada por Luís Brazuna admite que o Congresso Nacional poderia, por lei complementar, estabelecer parâmetros para Estados, Distrito Federal e Municípios fixarem por leis próprias os critérios especiais de tributação para prevenir desequilíbrios competitivos, o que também poderia ser feito pela União, por meio de lei ordinária e independentemente da edição de lei complementar. Luís Brazuna[51] refuta a prevalência dessa interpretação com os seguintes argumentos: i) "a norma do art. 146-A contém uma outorga de competência direta ao legislador, determinando ao destinatário dessa competência que, caso queira, estabeleça ele próprio os critérios especiais de tributação, necessários à construção da norma tributária indutora"; ii) Estados, Distrito Federal e Municípios não têm competência

---

federativo e evitar interferências indevidas por ente federativo no âmbito da competência tributária que não possui.Em outras palavras, é a vedação constitucional destinada a um determinado ente federativo, diferente daquele que detém a competência para instituir o tributo, conceda o benefício fiscal da isenção tributária.

[51] BRAZUNA, José Luiz Ribeiro, op. cit. nota nº 4, p. 164.

para legislar sobre direito da concorrência. A análise histórica das Constituições ulteriores aponta para o fato de costumeiramente compete à União legislar sobre esse tema, visto os interesses nacionais envolvidos; e iii) se cada Estado, Distrito Federal e Município puder legislar sobre concorrência haverá um inchaço normativo.[52]

A **quarta interpretação possível** defende a ideia de que, por meio de lei complementar, o Congresso Nacional poderia estabelecer critérios especiais de tributação, com o objetivo de prevenir desequilíbrios de concorrência, apenas quanto aos tributos de competência da União, que continuaria, por meio de lei ordinária, a poder utilizar outros instrumentos preventivos de defesa da livre concorrência.

Esse entendimento, como se percebe da leitura acima, preserva a competência da União para legislar sobre concorrência, sem afastar a possibilidade de que outros instrumentos sejam adotados na intervenção estatal no domínio econômico, além de ter a vantagem de obstar a edição de uma infinidade de normas indutoras estaduais, municipais e distrital.

Os doutrinadores que trataram do tema divergem acerca de qual seria a melhor interpretação. Luís Brazuna, por exemplo, advoga claramente em prol da quarta intepretação. Já Pereira[53] e Bomfim[54] defendem a terceira interpretação, ou seja, acreditam que Estados, Municípios e Distrito Federal podem, por leis próprias, estabelecer critérios especiais de tributação destinados a mitigar ou impedir desequilíbrios concorrenciais.

A matéria é complexa e vem gerando debates acadêmicos. Contudo, particularmente, e se tivéssemos que esposar uma interpretação, acreditamos que quarta seria a mais adequada. Os conceitos, econômicos e jurídicos, relacionados à defesa da concorrência não são de fácil compreensão. Em geral, envolve o desenvolvimento de estudos econômicos complexos. Não é tarefa trivial a identificar se determinado agente, ou grupo de agentes econômicos, está provocando desequilíbrio concorrencial em determinado mercado relevante ou se está sendo simplesmente mais eficiente e, por conseguinte, obtendo maior participação de mercado. Um mal diagnóstico acerca da conduta do agente ou da estrutura do mercado pode provocar perda de bem-estar, redução na qualidade

---

[52] BRAZUNA, José Luiz Ribeiro, op. cit. nota nº 4, p. 242.
[53] PEREIRA, Luiz Augusto da Cunha, op. cit. nota nº 36, p. 107-111.
[54] BOMFIM, Diego, op. cit. nota nº 10, p. 187-189.

dos serviços e perda de inovação naquele mercado. Em outras palavras, ao invés de corrigir os possíveis desequilíbrios concorrenciais, os tais critérios diferenciados de tributação poderão, na verdade, piorar a situação de determinado mercado local e afugentar investimentos.

Não se trata de menosprezar a capacidade de Estados e Municípios de diagnosticar o fenômeno concorrencial, mas sim de reconhecer a sua complexidade, além do fato de que, no mais das vezes, o desequilíbrio concorrencial tem caráter transfronteiriço. Em um cenário econômico no qual as empresas/os grupos econômicos espraiam-se por diversos estados, é necessária uma legislação que alcance as distintas jurisdições: nem sempre o desequilíbrio concorrencial sentido em uma localidade pode ser corrigido apenas ali; às vezes, é necessário alcançar a origem do desequilíbrio.

Por fim, não se pode esquecer que, de fato, uma multiplicidade de normas indutoras de tributação pode comprometer significativamente o ambiente de negócios, na medida em que o excesso de burocracia poderá levar os agentes econômicos à informalidade ou até mesmo à ilegalidade (sonegação fiscal). E considerando tributos como ISS e ICMS, isto pode gerar, problema de uniformidade da tributação e conflitos interfederativos.[55]

5. Algumas Hipóteses de Aplicação do Art. 146-A

Sem pretender esgotar as hipóteses possíveis de aplicação do art. 146-A, Luís Brazuna[56] enumera cinco delas, conforme se comenta adiante.

5.1. Descumprimento da legislação tributária

Aplicável à mais corriqueira das situações e consiste na possibilidade de se utilizar o art. 146-A, por intermédio, por exemplo, da imposição de obrigações tributárias acessórias, para coibir as condutas delituosas dos agentes que praticam o crime de sonegação fiscal ou ainda que praticam inadimplemento fiscal contumaz ou evasão fiscal. O descumprimento reiterado de obrigações tributárias é, talvez, o problema mais contundente de repercussão econômica no setor produtivo; seu reflexo se espraia por

---

[55] SOUZA, Hamilton Dias de. *Em defesa da boa concorrência*. Revista ETCO, Agosto 2005, nº 3, Ano 2, p. 38-39.
[56] BRAZUNA, José Luiz Ribeiro, op. cit. nota nº 4, p. 206-223.

toda a sociedade, que acaba por pagar um alto preço pelo retardo no adimplemento destas obrigações. Conforme Mizabel Derzi o "crescimento da informalidade e da sonegação não é fenômeno setorial ou geograficamente localizado, mas se revelou existente em toda parte".[57] (DERZI, 2005, p. 115-116).

5.2. Imposto sobre lucros não distribuídos

Luís Brazuna[58] traz essa possibilidade de aplicação tendo em mente a experiência norte-americana, que, no passado, empregou os chamados *undistributed-profit tax* para combater a concentração de poder econômico nas mãos dos grandes *trusts*. Era uma espécie uma espécie de adicional de imposto de renda das pessoas jurídicas, onde tributava-se progressivamente de 7% a 27% os lucros não distribuídos aos sócios. Ao forçar a distribuição de lucros e reservas, combate-se a formação de monopólios, visto que não haveria previamente a presença de grandes reservas financeiras que pudessem facilitar as eventuais aquisições.

5.3. CIDE sobre atos de concentração

Mesmo antes da edição do art. 146-A a doutrina, em especial Hugo de Brito Machado[59] (2001), já cogitava da possibilidade de se instituir uma contribuição de intervenção no domínio econômico quando da fusão ou incorporação de empresas concorrentes, cujo capital superasse algum valor a ser definido na lei de instituição da CIDE. A base de cálculo seria justamente o valor da operação de fusão. De acordo com essa doutrina, na medida em que a União pudesse cobrar essa contribuição de determinados setores, setores esses considerados sensíveis a problemas concorrenciais, estar-se-ia, desse modo, prestando homenagem ao princípio da livre concorrência, bem como reduzindo os incentivos econômicos dos agentes a se concentrarem de maneira indiscriminada.

---

[57] DERZI, Misabel Abreu Machado. Quebras da livre concorrência no ICMS, no IPI e PIS-COFINS: Corporativismo, Informalidade, Ampla Cumulatividade Residual e Substituição Tributária. *Revista Internacional de Direito Tributário*, nº 3. Jan/jun, 2005. Belho Horizonte: Editora Del Rey, PP.115-116.

[58] BRAZUNA, José Luiz Ribeiro, op. cit. nota nº 4, p. 217-219.

[59] É possível encontrar sugestão semelhante em seu artigo: Perfil Constitucional das Contribuições de Intervenção no Domínio Econômico. In: *Contribuições de intervenção no domínio econômico e figuras afins*. GRECO, Marco Aurélio (coord.). São Paulo: Dialética, 2001.

Luís Brazuna entende que melhor que uma CIDE seria a introdução de outra espécie tributária: o empréstimo compulsório associado à fixação de isenção, seria a espécie tributária mais adequada; em especial porque ele permitiria o ingresso, via investimento estatal direto, de outros agentes econômicos (o próprio Estado), que, paulatinamente, iriam rivalizar com os monopolistas/oligopolistas instalados e, aos poucos, um ambiente competitivo iria se instalando. Além do que, a presença agente novo (ainda que estatal) no mercado funcionaria como um fator impeditivo para o monopolista/oligopolista repassar os efeitos do empréstimo compulsório para os consumidores. Por fim, verificada a presença de concorrência, o Estado poderia se retirar, restituindo o valor do empréstimo compulsório e deixando o mercado funcionar normalmente.[60]

Particularmente, entende-se que a imposição de normas tributárias indutoras dessa natureza, seja CIDE, seja empréstimo compulsório, se não calibrada com o devido rigor, pode, sob o prisma econômico, conturbar o ambiente de negócios, bem como desestimular os agentes econômicos a realizar investimentos. Não se pode esquecer que, do ponto de vista econômico, a presença de posição dominante ou de elevado *market share* não representa per se uma ineficiência econômica. De fato, alguns setores econômicos, como por exemplo, os monopólios naturais, não comportam mais de uma agente econômico.

5.4. Indução à internalização de custos de atividades poluidoras

Trata da possibilidade de que seja introduzida norma tributária indutora para premiar setores econômicos não poluentes ou, o que seria mais adequado, punir as empresas que apresentassem maior potencial de degradação ambiental, fazendo que esses agentes internalizem, via tributação, o custo ambiental a que sujeitam a população. A denominada tributação pigouviana.

Como se verá na próxima seção existe atualmente o Projeto de Lei Complementar de autoria de Antônio Carlos Mendes Thame e Luiz Carlos Hauly[61] que vai justamente nesse sentido.

---

[60] BRAZUNA, José Luiz Ribeiro, op. cit. nota nº 4, p. 220-221.
[61] BRASIL. Câmara dos Deputados. Projeto de Lei Complementar nº 73/2007. Disponível em: HTTP://camara.gov.br/sileg/integras/468684.pdf, acesso em 11 de maio de 2014.

5.5. Indução às boas práticas concorrenciais

Por essa proposta haveria uma espécie de certificação das empresas sob o prisma concorrrencial, ou seja, as empresas possuiriam certificados de bom comportamento concorrencial. Quem primeiro cogitou dessa proposta foi Leandro Alexi Franco.[62]

6. Propostas de Regulamentação do Art. 146-A

Como mencionado, embora inserido no texto constitucional desde 2003, o art. 146-A ainda não foi regulamentado, ou seja, lei complementar ainda não definiu quais critérios especiais de tributação poderiam ser utilizados para prevenir desequilíbrios concorrenciais. Em consulta ao Poder Legislativo, foi possível localizar três projetos de lei complementar que visam regulamentar a matéria. Dois se encontram em tramitação na Câmara dos Deputados e um no Senado Federal.

São de iniciativa da Câmara dos Deputados o Projeto de Lei Complementar nº 73, de 2007, de autoria dos Senhores Antônio Carlos Mendes Thame e Luiz Carlos Hauly, e o Projeto de Lei Complementar nº 121, de 2011, de propositura do Senhor Anthony Garotinho. No Senado Federal, encontra-se o Projeto de Lei do Senado nº 161, de 2013 (Complementar), do Senador Delcídio do Amaral.

O Projeto de Lei Complementar nº 73 se diferencia dos outros dois pelo fato de propor uma reformulação tributária ecológica, onde por intermédio da regulamentação do art. 146-A, os deputados Mendes Thame e Hauly pretendem instituir os princípios da essencialidade e do diferencial tributário pela sustentabilidade ambiental e oneração das emissões de gases de efeito estufa. Para tanto, a proposta passa pela criação de uma taxação incidente sobre as emissões de carbono lançadas na atmosfera (*carbon tax*), na forma de uma Contribuição de Intervenção no Domínio Econômico, bem como institui um redutor tributário a ser aplicado aos tributos e contribuições daqueles setores considerados menos poluentes:

Por escapar ao objetivo precípuo desse capítulo, não analisaremos com maior profundidade a questão da instituição de um *carbon tax* no

---

[62] FRANCO, Leandro Alexi. Os limites operativos do direito e a regulação jurídica por incentivos para a redução da concorrência desleal. *Revista do IBRAC*, v. 12, nº 3, 2005.

Brasil. Não obstante, remanesce a dúvida se o art. 146-A seria o melhor dispositivo para veicular a adoção dessa Contribuição. Conforme mencionado anteriormente, a doutrina oscila sobremaneira acerca da possibilidade de se poder, com base e fundamento no art. 146-A, introduzir um novo tributo. Embora não possamos falar em uma doutrina dominante, até porque a matéria ainda se encontra em construção, o fato é que até o momento parece haver uma preponderância daqueles que advogam pela impossibilidade de o art. 146-A introduzir novo tributo. Como bem coloca Schoueri[63] a expressão *critérios especiais de tributação* implica uma forma diferenciada para a tributação, não um novo tributo, conforme se abstrai da presente proposta.

Na esteira de Schoueri, acreditarmos que o art. 146-A não deve ser utilizado para instituir tributos novos, até porque uma compreensão nesse sentido pode acarretar um excesso de legislações, estaduais e/ou municipais. Não se pode olvidar que não se encontra pacificada a matéria relativa à competência concorrente (ou não) prevista no art. 146-A. Nesses termos, melhor seria justificar a adoção do *carbon tax* com base na competência residual da União, conforme dispõe o art. 154, I, CF/88, sem buscar pegar "carona" no art. 146-A.

Particularmente, entendemos que melhor do que pegar "carona" no art. 146-A, a instituição de uma taxação sobre carbono deveria ter por justificativa normativo-constitucional o disposto no inc. VI do art. 170 da CF/88, também introduzido pela EC nº 42, de 2003, que autoriza o "tratamento diferenciado conforme o impacto ambiental dos produtos e serviços e de seus processos de elaboração e prestação".

No que tange especificamente ao redutor tributário proposto – art. 2º do PLP nº 73/2007, salta aos olhos alguns aspectos: i) a falta de precisão na identificação de quais tributos aplicar-se-ia o redutor. (É aplicável até mesmo aos tributos de competência estadual e municipal?); ii) a dificuldade de operacionalização, sob o prisma da administração tributária, da medida, visto que seria necessário um órgão, hoje inexistente, capaz de definir qual indústria é poluente e em que nível. Quem será o responsável pela elaboração do balanço dos gases de efeito estufa? Como será feito o acompanhamento das emissões e como ele será refletido nas alí-

---

[63] SCHOUERI, Luis Eduardo, op. cit. nota nº 24, p. 268.

quotas redutoras? iii) por fim, a possível inconstitucionalidade contida no parágrafo único do citado dispositivo, uma vez que permite ao Senado Federal proceder à fixação de alíquotas a serem cobradas por Estados e o Distrito Federal de modo diverso àquele previsto no art. 155, § 2º, inc. V, alíneas "a" e "b".

Reitere-se, não é que as normas tributárias não possam ter papel fundamental (no âmbito da atuação estatal) de intervenção no processo econômico, de modo a garantir o direito fundamental ao meio ambiente de forma mais eficaz e com menor prejuízo e custo ao Poder Público e dano aos direitos individuais atinentes à livre iniciativa, apenas entendemos que o art. 146-A deva ser regulamentado de modo mais amplo e abrangente; efetivamente, definindo critérios e regimes diferenciados de tributação.

Resta ainda analisar as outras propostas em debate no Parlamento: o Projeto de Lei Complementar nº 121, de 2011, e o Projeto de Lei do Senado nº 161, de 2013. O Projeto de Lei Complementar nº 121 principia por definir quais situações poderiam causar desequilíbrios concorrenciais. Grosso modo, são identificadas 4 situações: i) a dominância do mercado por uma determinada empresa ou por um pequeno grupo de empresas, seja a dominância por si só, seja o exercício abusivo; ii) o inadimplemento sistemático e isolado no cumprimento das obrigações tributárias, no caso de bens ou serviços em que o pagamento dos tributos incidentes sobre eles, inclusive os estaduais e municipais, represente parcela significativa na estrutura de custos; iii) a importação ou exportação de bens e serviços, que, pelas quantidades envolvidas ou características, impliquem dificuldades adicionais ao controle aduaneiro e/ou que, pela procedência, destino ou outra característica qualquer, possa permitir o subfaturamento ou superfaturamento do seu valor ou fraudes à legislação referente às regras de origem e aos direitos *antidumping* e compensatórios, desde que apurados em prévio processo administrativo; e iv) a concessão irregular de incentivo fiscal a empresa ou grupo econômico ou atuação da administração tributária que privilegie determinada empresa ou grupo econômico.

Será considerada concessão irregular de incentivo fiscal, o subsídio, a isenção, a redução de base de cálculo, a concessão de crédito presumido, a anistia ou a remissão estabelecidos em desacordo com os arts. 150, §6º, 155, § 2º, XII, "g", e § 6º, I, 156, § 3º, I e III, da Constituição Federal; o art.

88 do Ato das Disposições Constitucionais Transitórias; ou a Lei Complementar nº 24, de 7 de janeiro de 1975.

O Projeto de Lei excetua aquelas circunstâncias em que a conquista de mercado tenha sido resultado de processo natural fundado na maior eficiência do agente econômico; em que a dominância do mercado seja em função da magnitude dos ganhos em economia de escala, por conta das próprias características do mercado, onde o aumento do número de competidores seja inviável (casos de monopólio natural); e naquelas em que foi observada a concessão regular de incentivo fiscal.

O PLP prevê ainda a possibilidade de cobrança de Contribuição de Intervenção no Domínio Econômico e de estabelecimento de regimes especiais de controle. A CIDE proposta poderia incidir sobre bens e serviços ou sobre a lucratividade obtida com sua produção, comercialização ou prestação; seria aplicada a determinada empresa ou grupo econômico, com vistas a evitar a ocorrência de dominância de mercado injustificada e/ou a concessão irregular de incentivos fiscais; poderia ter alíquotas *ad valorem* ou específicas, fixas ou variáveis; bem como, estabelecer reduções, isenções ou não incidências de acordo com os preços praticados ou quantidades ofertadas.

De acordo com o PLP nº 121, verificada a cessação ou a mitigação do desequilíbrio da concorrência, a lei poderá prever a suspensão ou isenção do pagamento da contribuição. Especialmente para os casos em que o desequilíbrio concorrencial foi provocado pela presença de posição dominante injustificada, caberá aos órgãos federais de defesa da concorrência atestar a cessação do desequilíbrio e propor a suspensão ou isenção da Contribuição.

Já para os desequilíbrios concorrenciais provocados pela concessão irregular de incentivos fiscais, é necessário que essa situação seja reconhecida previamente pelo Supremo Tribunal Federal, ainda que em caráter liminar, ou pelo Senado Federal nos termos do art. 52, XV, da CF/88. Apenas para exemplificar, podemos utilizar o ICMS e a "guerra fiscal" que se trava em torno desse imposto. Pelo PLP nº 121, quando houver a concessão de benefício irregular do ICMS, o Senado poderá propor, em substituição à CIDE, a autorização para que os Estados prejudicados efetuem a glosa de créditos relativos ao incentivo inconstitucional, o que, além de recompor os cofres dos entes federativos afetados pela "guerra fiscal", restabeleceria também o equilíbrio concorrencial. A glosa de créditos seria decidida no âmbito do Conselho Nacional de Política Fazendária, com o quórum de maioria absoluta, com participação de pelo menos um Estado de cada região.

Analisando o PLP nº 121, de 2011, algumas considerações merecem ser apresentadas. A primeira delas refere-se ao fato de, a princípio, a opção do legislador foi por elaborar uma norma geral, dando contorno a possíveis critérios, que mediante lei ordinária posterior, seriam mais bem esmiuçados. Assim, diferentemente do que preconiza a doutrina, Brazuna é um deles, o entendimento aqui proposto é no sentido de que se abriria mão da outorga direta autorizada pelo art. 146-A, deixando a lei complementar, por ela própria, de elencar quais os critérios especiais de tributação poderiam ser utilizados para prevenir os desequilíbrios concorrenciais.

Outro aspecto refere-se ao importante tema da "concomitância de competências". O PLP nº 121 determina que caberá ao Poder Executivo elaborar e divulgar a lista dos bens ou serviços, cujos ônus impostos pela legislação tributária representem uma parcela significativa dos custos, e no qual o não pagamento dos tributos devidos confira uma vantagem insuperável ao sonegador em relação aos rivais. Interessante destacar que a lista em questão contemplará inclusive os tributos de competência estadual e municipal. Assim, a princípio e em uma leitura bastante superficial do PLP nº 121, a opção do legislador é pela não observância da competência concorrente, defendida, por exemplo, na terceira interpretação possível de que trata a seção 3.1 deste capítulo. Salvo melhor juízo, centraliza-se, no Poder Executivo, a obrigação de elencar os critérios especiais de tributação.

O Projeto de Lei do Senado nº 161, de 2013[64], por sua vez, diverge do PLP nº 121, da Câmara dos Deputados, primeiro porque logo em seu início deixa claro o respeito à ideia da "concomitância de competências". Sem pretender realizar uma análise exaustiva da proposta legislativa, analisaremos seus quatro primeiros artigos, visto que ali se encontra, respeitado entendimento divergente, a essência da proposta.

---

[64] BRASIL. Senado Federal. Projeto de Lei Complementar nº 161, de 2013. Disponível em http://www.senado.gov.br/atividade/materia/getPDF.asp?t=127269&tp=1. Acessado em 11 de maio de 2014.

A começar pelo art. 1º do projeto de lei complementar, temos ali a delimitação da competência dos entes tributantes, ao exigir lei específica para a adoção de critérios especiais de tributação, bem como restringe o campo de atuação do legislador aos critérios definidos em lei complementar que ora se pretende aprovar. Adicionalmente, esse dispositivo condiciona a instituição dos critérios especiais de tributação à ocorrência de desequilíbrios concorrenciais. Assim, as leis ordinárias que disponham sobre a matéria só serão legítimas se adotarem critérios especiais de tributação previstos na lei complementar e visarem prevenir desequilíbrios concorrenciais; do contrário, não.

O parágrafo único do art. 1º, por sua vez, ressalva a competência suplementar da União para adotar critérios diferenciados em relação aos tributos de sua alçada, quando insuficiente o regramento da lei complementar (lacuna normativa). Os demais entes políticos ficam integralmente sujeitos às disposições da lei complementar proposta.

O art. 2º do projeto, outro dispositivo que merece melhor avaliação, define os critérios especiais de tributação e os desequilíbrios concorrenciais causados por tributos (denominados desequilíbrios concorrenciais tributários), de modo a melhor permitir a identificação das situações fáticas sujeitas a controle e do tipo de medida passível de ser adotada para possibilitar o correto cumprimento das obrigações tributárias legalmente previstas. Assim, esse dispositivo conceitua critério especial de tributação como sendo a forma diferenciada de tributação, em relação ao regime aplicável aos contribuintes em geral, para cumprimento de obrigação tributária principal ou acessória. Perceba que pela simples definição do que venha a ser o critério especial de tributação, o projeto de lei complementar nº 161 já endereçou dois importantes temas que vinham suscitando debates na doutrina. O primeiro deles é a questão de o art. 146-A se prestar, ou não, para justificar a criação de imposto para combater desequilíbrio concorrencial. Pela leitura da definição apresentada, fica claro que os critérios especiais de tributação não se prestam à criação de tributos, mas sim para definir regimes diferenciados de tributação. O segundo trata da possibilidade de os critérios especiais de tributação alcançarem as obrigações acessórias. Mais uma vez, fica evidente que até mesmo as obrigações acessórias poderão ser objeto de práticas diferenciadas voltadas à prevenção dos desequilíbrios concorrenciais.

O art. 3º do projeto estabelece os instrumentos materiais e formais passíveis de serem adotados para prevenir desequilíbrios concorrenciais tributários. Materiais são aqueles que interferem nos elementos estruturais de obrigação tributária (incisos I a IV). Formais são os deveres instrumentais adicionais aos já existentes, instituídos no interesse da arrecadação ou da fiscalização de tributos (incisos V e VI).

Como critérios materiais, o PLC nº 161 elenca: i) a antecipação do fato gerador, inclusive mediante a substituição tributária; ii) a concentração da incidência do tributo em determinada fase do ciclo econômico; iii) pauta de valores mínimos na determinação da base de cálculo para fins de incidência de alíquota ad valorem, tendo em vista o preço normal do produto ou serviço, em condições de livre concorrência; e iv) a alíquota específica, tendo por base unidade de medida adotada. Os critérios formais são: i) a instalação obrigatória de medidores de peso, volume ou vazão; e ii) o regime especial de fiscalização e apuração de tributos.

Os §§ 1º e 3º do art. 3º estabelecem requisitos destinados à correta aplicação dos critérios previstos nos seus incisos, especialmente quanto à necessidade de atualização da pauta de valores mínimos e à observância do contraditório previamente aos atos que imponham a antecipação do fato gerador, a observância de regime especial de fiscalização, ou a cassação de registro especial para funcionamento de empresa.

O art. 4º do projeto regula a adoção dos critérios especiais de tributação pelos entes tributantes. O inciso I reitera a exigência de lei específica, facultando ao Poder Executivo executar medidas de acompanhamento específico dos agentes econômicos identificados como autores de desequilíbrios concorrenciais. O inciso II esclarece que pode haver combinação de vários critérios, o que é comum. O inciso III ressalva a possibilidade de utilização das técnicas de tributação previstas no art. 3º por razões meramente fiscais, quando autorizado na Constituição ou em lei complementar, como é o caso, por exemplo, das alíquotas específicas das contribuições previstas no art. 149, § 2º, III, "b", da Constituição. O inciso IV exige acordo específico para a adoção de critérios especiais de tributação, nas situações que envolvam interesses de mais de um ente federado, seguindo a fórmula do art. 9º da Lei Complementar nº 87, de 13 de setembro de 1996. O inciso V esclarece que os critérios especiais de tributação não interferem nas demais normas tributárias, salvo no que conflitarem.

7. Considerações Finais

A partir do estudo empreendido, é possível tecer algumas considerações finais. A primeira delas está no fato de a literalidade do art. 146-A da Carta de 1988 apontar para uma inquestionável legitimidade e, por que não dizer, dever de o Estado, enquanto agente normativo e regulador, intervir sobre o domínio econômico e realinhar a atividade dos agentes econômicos aos limites pretendidos e defendidos pela Constituição da República, valendo-se, para essa finalidade, inclusive de uma de suas principais ferramentas, que é o poder de cobrar tributos. Nesses termos, o Estado se apresenta como primeiro garantidor da livre concorrência.

O art. 146-A, cuja introdução na Constituição tem uma gênese um tanto obscura, explora a faceta extrafiscal da tributação e busca realizar os princípios da livre iniciativa e da livre concorrência, estabelecendo a possibilidade de que sejam aplicados regimes ou formas diferenciadas de tributação com o estrito objetivo de prevenir, mitigar, ou corrigir, as falhas de mercado, que impedem o exercício da livre concorrência. Em outras palavras, o art. 146-A ao mesmo tempo em que propõe a coexistência de princípios constitucionais relevantes, neutralidade tributária, livre iniciativa, livre concorrência, justiça fiscal, isonomia, dentre outros, permite pelo sopesamento dos valores inerentes a cada um deles, para só assim permitir a intervenção estatal na exata medida do desequilíbrio identificado. A intervenção autorizada pelo art. 146-A também deve ser vista como algo temporário, isto é, cessado o desequilíbrio concorrencial impõe-se de imediato o término dos efeitos na norma indutora validada pelo art. 146-A.

Outro aspecto importante relaciona-se com a ideia da neutralidade dos tributos. Se é verdade que o princípio da neutralidade tributária podia ser extraído da exegese de outros dispositivos constitucionais pré-existentes à Emenda Constitucional nº 42/2003, é igualmente verdadeiro que o art. 146-A foi o responsável por sua positivação expressa.

Embora existam doutrinadores que se posicionam pela "concomitância das competências", a complexidade da matéria relativa ao direito econômico-concorrencial, em especial, quando se busca diagnosticar o fenômeno do desequilíbrio concorrencial, que, no mais das vezes, tem caráter transfronteiriço, entende-se como mais adequada a posição daqueles que advogam pela preservação e concentração da competência para legislar sobre direito econômico pela União.

A partir das quatro possíveis interpretações para o art. 146-A desenvolvidas por Luís Brazuna, entende-se necessário abandonar algumas delas e defender a que o autor denomina quarta interpretação, onde caberia ao Congresso Nacional, por meio de lei complementar, estabelecer os critérios especiais de tributação, que seriam destinados à prevenção dos desequilíbrios da concorrência, apenas quanto aos tributos de competência da União, que continuará, por meio de lei ordinária, a poder utilizar outros instrumentos preventivos de defesa da livre concorrência. Esse entendimento preserva a competência da União para legislar sobre concorrência, sem afastar a possibilidade de que outros instrumentos sejam adotados na intervenção estatal no domínio econômico, além de ter a vantagem de obstar a edição de uma infinidade de normas indutoras estaduais, municipais e distrital.

Das propostas de regulamentação do art. 146-A que se encontram em debate no Congresso Nacional, o Projeto de Lei Complementar nº 161, de 2013, é, em nosso entender, aquele que melhor equaciona as questões debatidas neste capítulo. Ainda que preserve a competência de Estados e Municípios, ele o faz de modo bastante restritivo, delimitando a competência dos entes tributantes. Nos arts. 1º, 2º e 3º, por exemplo, apresentam-se os critérios especiais de tributação passíveis de serem utilizados para prevenir os desequilíbrios concorrenciais, bem como deixa claro que Estados, Distrito Federal e Municípios só podem legislar com estrita observância ao conteúdo da lei complementar. O parágrafo único do art. 1º ressalva a competência suplementar da União para adotar critérios diferenciados em relação aos tributos de sua alçada, quando insuficiente o regramento da lei complementar (lacuna normativa). Os demais entes políticos ficam integralmente sujeitos às disposições da lei complementar proposta.

Por fim, deve-se reconhecer que o art. 146-A encontra-se em pleno processo de construção. Há uma ebulição de ideias e propostas de leitura e interpretações, sendo imperativo, em homenagem à transparência normativo-regulatória e à segurança jurídica, que o Congresso Nacional, representante maior dos interesses da sociedade, dedique algum tempo de sua agenda para regulamentar o dispositivo.

8. Referências Bibliográficas e Documentais

Ávila, Humberto. *Sistema constitucional tributário: de acordo com emenda constitucional nº 42, de 19.12.03*. São Paulo: Saraiva, 2004.

Blanco, Patrícia. *O impacto da tributação na concorrência*. Disponível em www.etco.org.br. Acesso em 12 de abril de 2014.

Bomfim, Diego. *Tributação e Livre Concorrência*. 1ª ed. São Paulo: Saraiva, 2011.

Brasil. Senado Federal. Projeto de Lei Complementar nº 161, de 2013. Disponível em http://www.senado.gov.br/atividade/materia/getPDF.asp?t=127269&tp=1, acesso em 11 de maio de 2014.

Brasil. Câmara dos Deputados. Projeto de Lei Complementar nº 121, de 2011. Disponível em http://www.camara.gov.br/proposicoesWeb/prop_mostrarintegra;jsessionid=7421ACAE237CA483C4152B34F170083F.node1?codteor=964106&filename=Avulso+-PLP+121/2011, acesso em 11 de maio de 2014.

Brasil. Câmara dos Deputados. Projeto de Lei Complementar nº 73/2007. Disponível em: HTTP://camara.gov.br/sileg/integras/468684.pdf, acesso em 11 de maio de 2014.

Brasil. Câmara dos Deputados. Comissão de Constituição e Justiça e de Redação. Relatório Proposta de Emenda à Constituição nº 41, de 2003. Disponível em http://www.camara.gov.br/sileg/integras/148817.pdf, acesso em 12 de maio de 2014.

Brasil. Lei nº 12.529, de 30 de novembro de 2011. "Estrutura o Sistema Brasileiro de Defesa da Concorrência; dispõe sobre a prevenção e repressão às infrações contra a ordem econômica; altera a Lei no 8.137, de 27 de dezembro de 1990, o Decreto-Lei no 3.689, de 3 de outubro de 1941 – Código de Processo Penal, e a Lei no 7.347, de 24 de julho de 1985; revoga dispositivos da Lei no 8.884, de 11 de junho de 1994, e a Lei no 9.781, de 19 de janeiro de 1999; e dá outras providências." Disponível em http://www.planalto.gov.br/ccivil_03/_ato2011-2014/2011/Lei/L12529.htm, acesso em 18 de abril de 2014.

Brami-Celentano, Alexandrine & Carvalho, Carlos Eduardo. A reforma tributária do governo Lula: continuísmo e injustiça fiscal. *Rev. Katálysis*, vol. 10, nº Florianópolis, Jan/jun. 2007.

Brazuna, José Luis Ribeiro. *Defesa da Concorrência e Tributação à Luz do Artigo 146-A da Constituição*. Série Doutrina Tributária Vol. II, São Paulo: Quartier Latin, 2009.

Carvalho, Maria Augusta Machado de. (Coord.) *Estudos de direito tributário em homenagem à memória de Gilberto de Ulhôa Canto*. Rio de Janeiro: Forense, 1998.

Coêlho, Sacha Calmon Navarro. *Curso de direito tributário brasileiro*. 9ª ed. Rio de Janeiro: Forense, 2006.

Derzi, Misabel Abreu Machado. Quebras da livre concorrência no ICMS, no IPI e PIS-COFINS: Corporativismo, Informalidade, Ampla Cumulatividade Residual e Substituição Tributária. *Revista Internacional de Direito Tributário*, nº 3. Jan/jun. 2005. Belo Horizonte: Editora Del Rey, pp. 103-119.

— A concorrência tributária do ponto de vista da neutralidade econômica, da equidade entre os contribuintes, e da eficácia dos serviços públicos. A guerra fiscal e os princípios constitucionais tributários. *Revista Internacional de Direito Tributário*, nº 04. Jul/dez. 2005. Belo Horizonte: Editora Del Rey, pp. 14-22.

Franco, Leandro Alexi. Os limites operativos do direito e a regulação jurídica por incentivos para a redução da concorrência desleal. *Revista do IBRAC*, São Paulo, v. 12, n. 3, p. 13-50, 2005.

Fortes, Felipe Cianca & Bassoli, Marlene Kempfer. Análise econômica do direito tributário: livre iniciativa, livre concorrência e neutralidade fiscal. *Scientia Iuris*, v. 14, Londrina, 2010, pp. 235-253.

Grau, Eros Roberto. *A ordem econômica na constituição de 1988*. 11ª ed., rev. e atual. São Paulo: Malheiros Editores, 2006.

Gouveia, Marcus de Freitas. *A Extrafiscalidade no Direito Tributário Brasileiro*. Belo Horizonte: Del Rey, 2006.

Lima, Ricardo Seibel Freitas. Livre Concorrência e o Dever de Neutralidade Tributária. Dissertação de Mestrado. Faculdade de Direito da Universidade do Rio Grande do Sul. Porto Alegre, 2005.

Machado, Hugo de Brito. Perfil Constitucional das Contribuições de Intervenção no Domínio Econômico. In: GRECO, Marco Aurélio (coord.) *Contribuições de intervenção no domínio econômico e figuras afins*. São Paulo: Dialética, 2001.

Martins, Ives Gandra da Silva. O desequilíbrio da concorrência, por distorções tributárias e a Emenda Constitucional nº 42/2003. *Repertório de Jurisprudência IOB* – 2ª quinzena de dezembro de 2005 – nº 24/2005 – volume I, p. 971-974.

Mecelis, Adriana. Aspectos constitucionais da proteção da ordem econômica. Disponível em http://www.conteudojuridico.com.br/artigo,aspectos-constitucionais-da-protecao-da-ordem-economica,32411.html, acesso em 20 de maio de 2014.

Mélega, Luiz. O poder de tributar e o poder de regular. *Direito Tributário Atual*, vols. 7/8. São Paulo: Coedição IBDT e Ed. Resenha Tributária, 1987/1988, PP. 1771-1813.

NEUMARK, Fritz. *Princípios de La imposición*. Introdución por Enrique Fuentes Quintana. Madrid: Instituto de Estúdios Fiscales, 1974.

NUSDEO, Fábio. *Curso de economia. Introdução ao Direito Econômico*. 3ª ed. rev. e atual. São Paulo: Ed. Revista dos Tribunais, 2001.

PEREIRA, Luiz Augusto da Cunha. *A Tributação, a Ordem Econômica e o Artigo 146-A da Constituição Federal de 1988*. Nova Lima: Faculdade de Direito Milton Campos, 2011

OLIVEIRA, José Marcos Domingues de. Legalidade Tributária: o princípio da proporcionalidade e a tipicidade aberta. CARVALHO, Maria Augusta Machado de (Coord.) *Estudos de direito tributário em homenagem à memória de Gilberto de Ulhôa Canto*. Rio de Janeiro: Forense, 1998.

PILAGALLO, Oscar (org.). *Tributo ao mercado: desequilíbrio concorrencial tributário e a Constituição – um debate*. São Paulo: Saraiva: ETCO, 2010.

SALOMÃO FILHO, Calixto. *Direito Concorrencial – As Condutas*. São Paulo: Malheiros, 2003.

SCAFF, Fernando Facury. ICMS, Guerra Fiscal e Concorrência na Venda de Serviços Telefônicos Pré-Pagos. *Revista Dialética de Direito Tributário*. nº 126, p. 70-80.. São Paulo: Dialética, 2006.

SCHOUERI, Eduardo. *Normas tributárias indutoras e intervenção econômica*. Rio de Janeiro: Forense, 2005.

SCHOUERI, Luís Eduardo. Livre concorrência e Tributação. In: ROCHA, Valdir de Oliveira (coord.) *Grandes Questões Atuais do Direito Tributário*. 11º vol. São Paulo: Dialética, 2007, p. 247-248.

SILVEIRA, Paulo Antônio Caliendo Velloso da. *Direito tributário e análise econômica do direito: uma visão crítica*. Rio de Janeiro: Elsevier, 2009.

SOUZA, Hamilton Dias de. Critérios especiais de tributação para prevenir desequilíbrios da concorrência – Reflexões para a regulação e aplicação do art. 146-A da Constituição Federal. In: MARTINS FILHO, Ives Gandra da SilvA; MEYER-PFLUG, Samantha Ribeiro (Orgs.) *A Intervenção do Estado No Domínio Econômico: Condições e Limites – Homenagem Ao Prof. Ney Prado"*. P. 385-400. São Paulo: LTr, 2011. Pág 385-400 2011.

SOUZA, Hamilton Dias de. *Desvios concorrenciais tributários e a função da Constituição*. Disponível em www.conjur.com.br/2006. Acesso em 19 de maio de 2014.

VALADÃO, Marcos Aurélio Pereira. Intervenção no domínio econômico e tributação: extrafiscalidade – aspectos. In: RODRIGUES, Ana Cláudia Manso S. O. et al. (Org.). *Estudos de Direito Público: homenagem aos 25 anos de Mestrado em Direito da UnB*. v. 1, p. 223-248 1ed. Brasília – DF: Editora Brasília Jurídica, 2000.

Capítulo II

O Princípio da Legalidade e a Segurança Jurídica Tributária

JOSE ANTÔNIO LIRA BEZERRA*
ANTÔNIO DE MOURA BORGES**

Sumário: 1. Introdução; 2. O Princípio da Legalidade; 3. Segurança Jurídica e Tributação; 4. Judicialização; 5. Considerações Finais; 6. Referências Bibliográficas.

1. Introdução

Trata-se este capítulo de um estudo sobre o princípio da legalidade tributária, fazendo uma ligação com a segurança jurídica, tendo como roteiro para análise a doutrina de Roque Antônio Carrazza[1], além de referências a outros doutrinadores, buscando mostrar ao final que toda essa estrutura

---

* Mestre em Direito pela Universidade Católica de Brasília, Professor de Direito do Centro Universitário UNINOVAFAPI e Procurador da Fazenda Nacional.
** Procurador da Fazenda Nacional e Professor Doutor Pesquisador do Curso de Direito da Universidade Católica de Brasília.
[1] CARRAZZA, Roque Antonio. *Curso de Direito Constitucional Tributário.* 22. ed. São Paulo: Malheiros, 2006.

corre riscos em face do fenômeno da judicialização, também chamado de ativismo judicial.

O exame da temática, embora bastante demonstrado e discutido na doutrina tratando da matéria tributária, o assunto sobressai de importância e interesse visto que o princípio da legalidade e a segurança jurídica, aliado a aspectos jurisdicionais, constituem-se em pedra de toque no referente ao sistema democrático de uma sociedade organizada.

Este ensaio não tem o objetivo de aprofundar ou esgotar a matéria em vitrina, mas sim procurar apresentar uma amostragem sobre o assunto e suas perspectivas, inclusive com possibilidades de provocar ideias e caminhos que possam contribuir para o fortalecimento da ciência jurídica.

Com vistas a se alcançar o objetivo indicado parte-se, inicialmente, para uma demonstração do princípio da legalidade, com suas noções gerais e aplicáveis ao sistema jurídico nacional, abordagem acerca da lei e o tributo, lei ordinária e tributação, limitações ao princípio da legalidade e a relação entre lei e a faculdade regulamentar. Em seguida penetra-se no âmbito da segurança jurídica e tributação, tratando do paradigma da Constituição Brasileira, do Estado de Poder e Estado de Direito, a segurança jurídica da tributação e os princípios da tipicidade fechada, do exclusivismo, da vinculação do lançamento à lei, da interpretação estrita da lei, da igualdade, da confiança na lei fiscal e da boa-fé do contribuinte. Ainda, nesse item é tratado sobre a segurança jurídica e o "livre acesso" ao Poder Judiciário, a responsabilidade tributária por fato futuro, a segurança jurídica e as presunções, ficções e indícios e o sigilo bancário.

Por fim, é apresentada considerações acerca do fenômeno da judicialização, noções iniciais, características, causas e perigos para uma sociedade democrática navegando em pleno século XXI.

2. O Princípio da Legalidade

O histórico mundial da vivência de uma organização humana foi marcado pelo modo tirânico como era tratada a tributação. O "monarca 'criava' os tributos e os súditos deviam suportá-los"[2]. Em relação a esse fato é notório o episódio da Carta Magna de João Sem Terra, em 1215, na Ingla-

---

[2] CARRAZZA, Roque Antonio. *Curso de Direito Constitucional Tributário*. 22. ed. São Paulo: Malheiros, 2006, p. 237.

terra, onde o Rei teve que se submeter a limitações de poder perante os senhores feudais.

Com o aparecimento de uma nova formatação, dada com os estados modernos, surgiu o Estado de Direito estabelecendo limitações ao poder de tributar, consagrando o império da lei, como representação da vontade originária do povo.[3]

Para Carrazza a "lei, 'expressão da vontade geral' (Carré de Malberg), é o ato normativo primário por excelência, uma vez que, obedecidos apenas os ditames constitucionais, inova inauguralmente a ordem jurídica".[4]

Com o advento da supremacia do direito positivo em contraposição ao jusnaturalismo, mormente com o coroamento da norma escrita, vigora a lei, com características de generalidade, abstratividade e de igualdade para todos, sendo produzida pela estrutura do Estado, no caso, correspondente a sua função legislativa realizada pelo Poder Legislativo.

Outro ponto importante é o controle da constitucionalidade que Carrazza diz representar "o coroamento do princípio liberal, que pode ser traduzido na ideia de que o Estado deve reconhecer e assegurar os direitos invioláveis das pessoas, e do princípio democrático, que confere ao povo a soberania"[5].

No Brasil vigora o princípio da legalidade, estando estabelecido no Art. 5º, inciso II, da Constituição Federal, quando trata dos direitos e garantias fundamentais, que "ninguém será obrigado a fazer ou deixar de fazer alguma coisa senão em virtude de lei." Constitui-se, pois, não em um dispositivo exclusivamente tributário, mas abarcante de todos os setores da vida social, inclusive, por óbvio, a seara tributária.

No que respeita a lei e o tributo, Carrazza declara que o "princípio da legalidade é uma das mais importantes colunas sobre as quais se assenta o edifício do direito tributário"[6].

Com efeito, o art. 150, I, da Constituição da República, dispõe que "sem prejuízo de outras garantias asseguradas ao contribuinte, é vedado à União, aos Estados, ao Distrito Federal e aos Municípios (...) exigir ou

---

[3] CARRAZZA, Roque Antonio. *Curso de Direito Constitucional Tributário.* 22. ed. São Paulo: Malheiros, 2006, p. 238.
[4] Ibid., p. 238.
[5] Ibid., p. 239.
[6] Ibid., p. 242.

aumentar tributo sem lei que o estabeleça". É como salienta Carrazza: "o princípio da legalidade é um limite intransponível à atuação do fisco"[7].

Carrazza enfatiza a competência exclusiva do Poder Legislativo, consoante determinado expressamente na Constituição, para a criação e aumento de tributos, resultando a "ideia da autotributação", visto que os legisladores têm a representação legítima do povo. Nesse caminhar, o autor defende que esses atos tributários não têm fundamento em um mero princípio da legalidade, mas em um "princípio da estrita legalidade"[8].

Ressalta ainda, que apenas a lei tem o poder de disciplinamento de situações onde é estabelecida uma hipótese de incidência tributária, o sujeito ativo e passivo, a base de cálculo e a alíquota. Reforçando o ponto, o "tipo tributário (descrição material da exação) há de ser um conceito fechado, seguro, exato, rígido, preciso e reforçador da segurança jurídica"[9].

Sobre a especificidade da relação entre lei ordinária e tributação, Carrazza[10] entende que dentro de uma interpretação sistemática do art. 150, da Constituição Federal, com o estabelecimento da estrita legalidade, somente a lei ordinária pode criar ou aumentar tributos. E mais, os casos de exceção estão expressamente estabelecidos nos Arts. 148 e 154, I, da CF, quando prevê que serão instituídos por lei complementar os empréstimos compulsórios e os impostos residuais pela União, respectivamente.

No que se refere ao fato de medida provisória criar ou aumentar tributos, Carrazza é frontalmente contra, mormente, em decorrência do não atendimento à estrita legalidade bem como pelas considerações em torno da não definitividade desse instrumento normativo, asseverando que "a medida provisória não é lei; só se transforma em lei quando ratificada pelo Congresso Nacional. Não pode, pois, produzir efeitos que a Constituição reservou à lei e, assim, observado o *princípio da anterioridade*"[11].

---

[7] CARRAZZA, Roque Antonio. *Curso de Direito Constitucional Tributário*. 22. ed. São Paulo: Malheiros, 2006, p. 243.
[8] Ibid., p. 244.
[9] Ibid., p. 244-249.
[10] Ibid., p. 268-271.
[11] CARRAZZA, Roque Antonio. *Curso de Direito Constitucional Tributário*. 22. ed. São Paulo: Malheiros, 2006, p. 271-284.

Na verdade, o § 2º do art. 62, da CF, incluído pela Emenda Constitucional nº 32, de 2001, estatui a possibilidade de se ditar medida provisória para instituir ou majorar impostos, respeitando o fato de que só produzirá efeitos no exercício financeiro seguinte se houver sido convertida em lei até o último dia daquele em que foi editada, exceto os casos previstos nos arts. 153, I, II, IV, V, e 154, II, da CF.

Ives Gandra Martins[12], por sua vez, entende aplicável a medida provisória para instituir ou aumentar tributos, salientando o fato de que se a medida não for aprovada haverá a perda da eficácia com o efeito *ex tunc*, não resultando insegurança jurídica. Lembra o autor sobre a discussão, no mesmo sentido, engendrada quando da existência do decreto-lei, cuja possibilidade normativa tributária já era por ele defendida.

No que respeita à possibilidade de se criar ou aumentar tributos por meio de leis delegadas, Carrazza[13] também entende inaceitável, visto ferir a legalidade estrita prevista no art. 150, I, bem como fazendo uma interpretação sistêmica com o disposto no art. 153, § 3º, todos da Constituição Federal. Todavia, não se vislumbra tal impossibilidade, seja porque a lei delegada é lei, seja porque o § 1º do art. 68 da Constituição Federal não estabelece entre as situações incabíveis de serem objeto de delegação pelo Congresso Nacional a matéria tributária.

Carrazza[14] também indica que o princípio da legalidade sofre limitações, lembrando que esse princípio tem que cumprir requisitos de ordem formal e material, e afirma, ainda, encontrar-se tal limitação

> Embutida no art. 2º e explicitada nos arts. 44 a 75, 76 a 91 e 92 a 126, todos da CF, que, sistematicamente interpretados, exigem que só o legislador produza normas genéricas e abstratas, em oposição às individuais e concretas, que são os atos administrativos e as sentenças, de competência, respectivamente, dos Poderes Executivo e Judiciário.

---

[12] MARTINS, Ives Gandra. *O sistema tributário na Constituição*. 6ª ed. São Paulo: Saraiva, 2008, p. 256-261.
[13] CARRAZZA, Roque Antonio, op. cit., p. 292-294.
[14] Ibid., p. 349-350.

Sobre a norma regulamentar, Carrazza[15] lembra que a imposição de conduta tanto comissiva como omissiva é de competência da lei, cabendo aos regulamentos apenas os atos e situações de detalhamento e dependentes do regramento contido na lei. É cediço que, em regra, vigora no sistema jurídico nacional a impossibilidade dos denominados regulamentos autônomos, vingando, por outro lado, os denominados regulamentos de execução, na dicção do art. 84, IV, da Constituição da República: "Art. 84. Compete privativamente ao Presidente da República: (...) IV – sancionar, promulgar e fazer publicar as leis, bem como expedir decretos e regulamentos para sua fiel execução".

É verdade que o art. 84, VI, da CF, com a redação dada pela EC 32, de 11.09.2001, estatui que o Presidente da República pode:

> VI – dispor, mediante decreto, sobre:
> a) organização e funcionamento da administração federal, quando não implicar aumento de despesa nem criação ou extinção de órgãos públicos;
> b) extinção de funções ou cargos públicos, quando vagos

Todavia, é de se entender que tal dispositivo deve ser interpretado como uma exceção à regra geral estabelecida pela própria Constituição, e não se tem como afirma Carrazza,[16] qualquer amesquinhamento ao princípio da legalidade.

3. Segurança Jurídica e Tributação

Data de longe a ideia de que o homem não vive só no mundo. Pelo contrário, necessita para satisfazer suas necessidades físicas e emocionais de realizar interações com os seus semelhantes, perfazendo um só corpo social. Ora, esse ente social, a sociedade, fincada em um espaço geográfico e sob uma organização de poder, deve buscar meios que lhe possam garantir a paz, a segurança e o bem estar comum.

Para a organização dessa sociedade surge o Direito, que procura traçar normas de conduta e de estruturação, com vistas a que as pessoas pos-

---

[15] CARRAZZA, Roque Antonio. *Curso de Direito Constitucional Tributário*. 22. ed. São Paulo: Malheiros, 2006.
[16] Ibid., p. 355.

sam viver e conviver de modo satisfatório. O Direito tem como finalidade maior a justiça. Segundo Ulpiano[17]: "Justiça é a vontade constante e perpétua de dar a cada um o seu direito".

Pois bem, a "justiça e, consequentemente, o ordenamento, devem assegurar a cada ser humano estabilidade que permita desempenhar seu papel na sociedade de forma lícita, proba e em paz"[18]. É essencial que a pessoa humana sinta que possa viver em sociedade tendo os seus direitos respeitados e garantidos pela ordem jurídica vigorante.

Para arrematar o ponto, a "segurança jurídica é um bem devido aos cidadãos por imperativo de Justiça. De outro lado, a plenitude de Justiça exige segurança jurídica"[19].

Em face da estrutura dos estados modernos estar fundada em ventre constitucional, forçoso é lembrar a natureza paradigmática da Constituição Brasileira. Em outras palavras, a certeza de que a base jurídica de sustentação e sinalização da sociedade politicamente organizada no território pátrio tem como fundamento a norma constitucional.

A Constituição Federal brasileira possui a característica de ser extensa, com a ocorrência de normas de toda ordem, dispondo desde matérias que se poderiam considerar originalmente constitucionais, face o caráter de disposição estruturante da sociedade, até matérias que se constituem verdadeiras regras de conduta no âmbito das relações jurídicas ordinárias.

Também importa ressaltar que a Carta Constitucional brasileira tem um conteúdo ideológico híbrido. Por um lado defende direitos individuais e de têmpera capitalista, como o direito de propriedade, a livre iniciativa, a livre concorrência, o direto à intimidade. Por outro, são proclamados direitos e garantias fundamentais como a função social da propriedade, direito a educação, a saúde, à previdência social, tendo também a nossa norma fundamental uma coloração socialista.

O que parece não se ter dúvida é que o ideário social moderno não admite mais um Estado de Poder ou Estado de Polícia, onde os direitos individuais fossem inapelável e injustificadamente desrespeitados, e sim

---

[17] MONTORO, André Franco. *Introdução à ciência do Direito*. 25ª ed. São Paulo: Revista dos Tribunais, 2000, p. 39.
[18] VENOSA, Sílvio de Salvo. *Introdução ao estudo do Direito*. 2 ed. São Paulo: Atlas, 2008, p. 225.
[19] HERKEENHOFF, João Baptista. *Para gostar do Direito*. 7ª ed. Porto Alegre: Livraria do Advogado, 2010, p. 100.

um Estado de Direito, com o império da lei, respeitando-se os direitos fundamentais, sejam individuais ou coletivos. Portanto, qualquer relação jurídica tem que se submeter a tais pressupostos.

Nesse desenho constitucional complexo é colocada a tributação, onde terá que se ater a princípios constitucionais tanto gerais como específicos. Assim, Carrazza conceitua tributo como sendo "a relação jurídica que se estabelece entre o Fisco e o contribuinte (pessoa colhida pelo direito positivo) tendo por base a lei, em moeda, igualitária e decorrente de um fato lícito qualquer"[20].

Cabe nesse caminhar indicar alguns pontos – lembrados por Carrazza[21] – acerca do assunto como: a segurança jurídica da tributação e os princípios da tipicidade fechada, do exclusivismo, da vinculação do lançamento à lei, da interpretação estrita da lei, da igualdade, da confiança na lei fiscal e da boa-fé do contribuinte.

Vários dos itens acima aludidos têm relação direta com o princípio da legalidade, abordado antes, onde foram explanadas situações onde deixam claro que a segurança jurídica é essencialmente dependente do princípio da legalidade. Ou seja, se os elementos essenciais do tributo (hipótese de incidência, sujeito ativo, sujeito passivo, alíquota e base de cálculo), não estiverem estabelecidos abstratamente na lei, ou ainda fora dos parâmetros constitucionais, nunca se pode dizer que vigora nessa sociedade a segurança jurídica.

Sobre o princípio do exclusivismo, Carrazza alude que o mesmo também influencia na segurança jurídica, consoante a ideia da "proibição do emprego de normas indeterminadas, que, muito ao propósito, Nuno Sá Gomes chama de 'elásticas' ou 'de borracha'"[22].

Quanto ao lançamento, ato pelo qual fica declarada a existência de um crédito tributário, o mesmo ocorre de forma vinculada ao disposto na lei. Com efeito, o art. 142, do CTN, estatui que:

---

[20] CARRAZZA, Roque Antonio. *Curso de Direito Constitucional Tributário*. 22. ed. São Paulo: Malheiros, 2006, p. 380.
[21] Ibid., p. 413-425.
[22] CARRAZZA, Roque Antonio. *Curso de Direito Constitucional Tributário*. 22. ed. São Paulo: Malheiros, 2006, p. 417.

Art. 142. Compete privativamente à autoridade administrativa constituir o crédito tributário pelo lançamento, assim entendido o procedimento administrativo tendente a verificar a ocorrência do fato gerador da obrigação correspondente, determinar a matéria tributável, calcular o montante do tributo devido, identificar o sujeito passivo e, sendo caso, propor a aplicação da penalidade cabível.

Parágrafo único. A atividade administrativa de lançamento é vinculada e obrigatória, sob pena de responsabilidade funcional.

Na verdade, parece que a atual realidade tributária nacional – com fulcro em legislação posterior – mitigou o ato de lançamento descrito no dispositivo legal *supra*, visto que a maioria dos créditos tributários tem como ponto inicial a declaração feita pelo próprio contribuinte, como é o caso do Imposto de Renda (Pessoas Físicas e Jurídicas), PIS-COFINS, IPI, ICMS, e muitos outros. De qualquer modo, deve-se vincular ao procedimento estabelecido na norma de regência.

Já o princípio da igualdade é considerado por boa parte da doutrina[23] como sendo o mais importante de todos os princípios constitucionais. Portanto, para que vigore a segurança jurídica faz-se necessário que a lei de descrição do tributo esteja devidamente balizada dentro do estabelecido na isonomia.

A lei não está acima do bem e do mal, a mesma tem que cumprir sua função reguladora da sociedade na busca de um bem comum e, nesse contexto, "necessita tratar eqüitativamente todos os cidadãos"[24]. Sobre a significação do instituto da igualdade, Mello se reporta ao discurso de Aristóteles, estabelecendo que "a igualdade consiste em tratar igualmente os iguais e desigualmente os desiguais"[25].

A confiança na lei fiscal advém do fato do contribuinte ter conhecimento antecipado de seus direitos e obrigações, face o estabelecimento de regras claras, prévias e dentro dos demais requisitos inerentes ao princípio da legalidade. Portanto, para que ocorra realmente a segurança

---

[23] CARRAZZA, Roque Antonio. *Curso de Direito Constitucional Tributário*. 22. ed. Sao Paulo: Malheiros, 2006, p. 420-423.
[24] MELLO, Celso Antonio Bandeira de. *O conteúdo jurídico do princípio da igualdade*. 3. ed. São Paulo: Malheiros Editores, 2001, p. 10.
[25] Ibid., p. 10.

jurídica faz-se também necessário a formatação institucional e de instrumento acima referido.

Quanto ao princípio da boa-fé – princípio geral do Direito – Carrazza[26] considera que o mesmo também impera no âmbito do direito tributário, onde "irradia efeitos tanto sobre o fisco quanto sobre o contribuinte, exigindo que ambos respeitem as conveniências e interesses do outro e não incorram em contradição com sua própria conduta, na qual confia a outra parte".

Outro ponto que merece abordagem é o da relação entre a segurança jurídica e o livre acesso ao Poder judiciário. É fato que em um Estado democrático de Direito é imprescindível que possa o cidadão se defender, utilizando a estrutura do próprio Estado, de qualquer dano ou ameaça a direito. Nesse sentido, nosso arcabouço constitucional tem vários dispositivos a respeito, cabendo citar o art. 5º, incisos XXXV e LV, bem como art. 5º, LIV, face o princípio do devido processo legal estar atrelado à ampla defesa e, ainda, na qualidade de extensão do art. 93, X, também da Constituição Federal, o fato dos atos administrativo-tributários deverem ser fundamentados.

Para melhor explicitação devem ser observados os dispositivos citados:

> Art. 5º Todos são iguais perante a lei, sem distinção de qualquer natureza, garantindo-se aos brasileiros e aos estrangeiros residentes no País a inviolabilidade do direito à vida, à liberdade, à igualdade, à segurança e à propriedade, nos termos seguintes:
>
> XXXV – a lei não excluirá da apreciação do Poder Judiciário lesão ou ameaça a direito;
>
> LIV – Ninguém será privado da liberdade ou de seus bens sem o devido processo legal;
>
> LV – Aos litigantes, em processo judicial ou administrativo, e aos acusados em geral são assegurados o contraditório e ampla defesa, com os meios e recursos a ela inerentes;
>
> X – As decisões administrativas dos tribunais serão motivadas e em sessão pública, sendo as disciplinares tomadas pelo voto da maioria absoluta de seus membros;

---

[26] CARRAZZA, Roque Antonio. *Curso de Direito Constitucional Tributário*. 22. ed. São Paulo: Malheiros, 2006, p. 424.

Também em cerne de segurança jurídica, Carrazza[27] aponta a inconstitucionalidade da responsabilidade tributária por fato futuro ou substituição tributária "para frente", prevista no art. 150, §7º, da Constituição Federal, em decorrência da Emenda Constitucional nº 3, de 1993.

§ 7º A lei poderá atribuir a sujeito passivo de obrigação tributária a condição de responsável pelo pagamento de imposto ou contribuição, cujo fato gerador deva ocorrer posteriormente, assegurada a imediata e preferencial restituição da quantia paga, caso não se realize o fato gerador presumido.

O referido autor afirma que tributar um fato ainda não ocorrido, mas com grande possibilidade de ocorrer, fere direito individual fundamental estabelecido na Carta Maior, ou seja, de caracterizar-se a obrigação tributária apenas quando o fato imponível for realmente materializado. Havendo dita garantia como defende Carrazza, constituirá a substituição tributária de fato futuro em desobediência ao disposto no art. 60, § 4º, da CF, que veda emenda constitucional que descumpre direitos e garantias individuais. Por conseqüência, trataria então de desobediência a cláusula pétrea, e, portanto passível de reconhecimento de inconstitucionalidade.

Como reforço de argumento, Carrazza[28], citando Geraldo Ataliba, procura equiparar a situação em espécie com o direito penal, ficando a declaração de que ninguém pode ser punido por crime ainda não cometido. Parece haver exagero na analogia apresentada, vez que a situação não é essa e sim da descrição de um tipo tributário estabelecido até em sede constitucional. Lembre-se que no âmbito penal existe, por exemplo, o crime de ameaça (art. 147, CP), cujo tipo advém exatamente da ocorrência de uma situação fundada na previsão de um fato ainda não ocorrido.

Martins[29] também censura o §7º do Art. 150, CF, entendendo que o mesmo é contraditório, constituindo-se em "uma extraordinária eleva-

---

[27] CARRAZZA, Roque Antonio. *Curso de Direito Constitucional Tributário*. 22. ed. São Paulo: Malheiros, 2006, p. 439-444.
[28] Ibid., p. 442.
[29] MARTINS, Ives Gandra. Breves considerações sobre a responsabilidade tributária por antecipação. *Revista Dialética de Direito tributário*. São Paulo, Nº. 189, p. 74-76, Junho-2011.

ção do poder impositivo", mas indica que o Supremo Tribunal Federal já admitiu a constitucionalidade de tal dispositivo embora torça para que a suprema Corte reveja o seu entendimento.

Em que pese qualificada doutrina em contrário não se vê inconstitucionalidade no dito dispositivo, devendo se entender que a vida negocial dos tempos atuais, com novas tecnologias, onde a rapidez, a quantidade e a virtualização das relações jurídicas dão o tom do mundo contemporâneo, possuindo a tributação colada identificação com essas relações, existe, pois, a necessidade de que os procedimentos tributários acompanhem essa nova realidade. No mais, não se percebe ferimento ao direito de propriedade, visto que é assegurada preferencial restituição do que foi pago, caso não tenha ocorrido o fato presumido.

Outro ponto abordado por Carrazza[30] é o paralelo feito entre a segurança jurídica e as presunções, ficções e indícios. Presumir é supor a partir de um fato conhecido tendo em mente conseqüências e probabilidades outro desconhecido. O autor indicado admite a sua utilização, mas com parcimônia. Ficção é quando uma situação não verdadeira é tomada como sendo uma realidade. Já indício sugere a ideia de começo de prova embora não esteja devidamente finalizada e possa surtir os efeitos de sua completude. Carrazza considera que a ficção e os indícios são inaplicáveis para propiciar o nascimento de tributos.

Por fim, em sede de segurança jurídica, devem-se algumas palavras sobre o sigilo bancário. A discussão tomou estatura com o advento da Lei Complementar 105, de 2001, onde o seu art. 5º permitiu acesso por parte da administração tributária – para fins de fiscalização – o conhecimento das operações financeiras realizadas pelos contribuintes perante as instituições financeiras. Para melhor explicitação veja:

> Art. 5º O Poder Executivo disciplinará, inclusive quanto à periodicidade e aos limites de valor, os critérios segundo os quais as instituições financeiras informarão à administração tributária da União, as operações financeiras efetuadas pelos usuários de seus serviços.

---

[30] MARTINS, Ives Gandra. *Breves consideracoes sobre a responsabilidade tributaria por antecipacao*. Revista Dialética de Direito Tributário. São Paulo, No. 189, p. 74-76, Junho-2011, p. 444-459.

§ 1º Consideram-se operações financeiras, para os efeitos deste artigo:
I – depósitos à vista e a prazo, inclusive em conta de poupança;
II – pagamentos efetuados em moeda corrente ou em cheques;
III – emissão de ordens de crédito ou documentos assemelhados;
IV – resgates em contas de depósitos à vista ou a prazo, inclusive de poupança;
V – contratos de mútuo;
VI – descontos de duplicatas, notas promissórias e outros títulos de crédito;
VII – aquisições e vendas de títulos de renda fixa ou variável;
VIII – aplicações em fundos de investimentos;
IX – aquisições de moeda estrangeira;
X – conversões de moeda estrangeira em moeda nacional;
XI – transferências de moeda e outros valores para o exterior;
XII – operações com ouro, ativo financeiro;
XIII – operações com cartão de crédito;
XIV – operações de arrendamento mercantil; e
XV – quaisquer outras operações de natureza semelhante que venham a ser autorizadas pelo Banco Central do Brasil, Comissão de Valores Mobiliários ou outro órgão competente.

§ 2º As informações transferidas na forma do *caput* deste artigo restringir-se-ão a informes relacionados com a identificação dos titulares das operações e os montantes globais mensalmente movimentados, vedada a inserção de qualquer elemento que permita identificar a sua origem ou a natureza dos gastos a partir deles efetuados.

§ 3º Não se incluem entre as informações de que trata este artigo as operações financeiras efetuadas pelas administrações direta e indireta da União, dos Estados, do Distrito Federal e dos Municípios.

§ 4º Recebidas as informações de que trata este artigo, se detectados indícios de falhas, incorreções ou omissões, ou de cometimento de ilícito fiscal, a autoridade interessada poderá requisitar as informações e os documentos de que necessitar, bem como realizar fiscalização ou auditoria para a adequada apuração dos fatos.

§ 5º As informações a que refere este artigo serão conservadas sob sigilo fiscal, na forma da legislação em vigor.

Art. 6º As autoridades e os agentes fiscais tributários da União, dos Estados, do Distrito Federal e dos Municípios somente poderão examinar documentos, livros e registros de instituições financeiras, inclusive os referentes a contas de depósitos e aplicações financeiras, quando houver processo administrativo instaurado ou procedimento fiscal em curso e tais exames sejam considerados indispensáveis pela autoridade administrativa competente.

Parágrafo único. O resultado dos exames, as informações e os documentos a que se refere este artigo serão conservados em sigilo, observada a legislação tributária.

O sigilo bancário tem como base a relação ocorrida entre os bancos e os seus clientes. Na era atual a maioria dos negócios realizados e situações econômico-financeiras das pessoas passam pelas instituições financeiras. Assim pode-se saber, por exemplo, se uma pessoa está endividada ou bem financeiramente, quanto ganha e quanto gasta, enfim dar para se ter muitas informações sobre a vida dessa pessoa.

A Constituição Federal, no art. 5º, incisos X e XII, garante o direito à intimidade privada e ao segredo individual, o que fundamenta consoante boa parte da doutrina, o sigilo bancário, verdadeira garantia constitucional, não podendo ser desvirtuada por norma infraconstitucional. Observam-se abaixo os incisos do referido Art. 5º, da CF:

X – São invioláveis a intimidade, a vida privada, a honra e a imagem das pessoas, assegurado o direito a indenização pelo dano material ou moral decorrente de sua violação;

XII – É inviolável o sigilo da correspondência e das comunicações telegráficas, de dados e das comunicações telefônicas, salvo, no último caso, por ordem judicial, nas hipóteses e na forma que a lei estabelecer para fins de investigação criminal ou instrução processual penal;

No âmbito do sigilo bancário assim como em outros direitos e garantias irradiantes de princípios constitucionais existe a submissão à relatividade dos princípios. Com efeito, leia-se Robert Alexy, *in termos*:

Se dois princípios colidem – o que ocorre, por exemplo, quando algo é proibido de acordo com um princípio e, de acordo com outro, permitido –, um dos princípios terá que ceder. Isso não significa, contudo, nem que o princípio cedente deva ser declarado inválido, nem que nele deverá ser introduzida uma clausula de exceção. Na verdade, o que ocorre é que um dos princípios tem precedência em face do outro sob determinadas condições.

Sob outras condições a questão da precedência pode ser resolvida da forma oposta. Isso é o que se quer dizer quando se afirma que, nos casos concretos, os princípios têm peso diferentes e que o princípio com maior peso tem precedência. Conflitos entre regras ocorrem na dimensão da validade, enquanto que as colisões entre princípios – visto que só princípios validos podem colidir – ocorrem, para além dessa dimensão, na dimensão do peso[31].

Na verdade, a Constituição Federal de 1988, paralelamente à proteção da intimidade, estabelece também entre seus princípios fundamentais o da proteção do interesse público, prevendo inúmeros deveres do Estado como o de prover à saúde, a educação, a segurança, e para isso determina a participação de todos no provimento de recursos financeiros. Ora, isso passa então pelo próprio princípio da legalidade, da igualdade, da moralidade, da capacidade contributiva, visto que para o fisco poder medir a condição e efetividade do cumprimento pelas pessoas de suas obrigações tributárias, faz-se necessário o acompanhamento de tais fatos, o que se materializa com o fornecimento de informações.

Sobre a questão referente à constitucionalidade da LC 105/2001 é de se entender que não há qualquer inconstitucionalidade, visto que continua garantido o sigilo bancário, pois o acesso por autoridade da administração tributária de informações bancárias previstas na referida lei e mostrados acima, não caracteriza desobediência ao instituto normativo maior, visto que a qualidade das informações continua garantida, inclusive com status de sigilo fiscal, além do que tais informações têm requisitos e procedimentos rigorosamente estabelecidos em lei.

De qualquer modo a questão encontra-se sob apreciação do Supremo Tribunal Federal, que proximamente decidirá de modo definitivo o imbróglio.

4. Judicialização

Notadamente na parte final do século anterior passou-se a enfatizar uma situação que se tem propagado no mundo, caracterizando-se, entre outras denominações, como a judicialização da política. E isso se traduz numa relevância dada cada vez mais ao Poder Judiciário como fator nor-

---

[31] ALEXY, Robert. *Teoria dos direitos fundamentais*. Trad. Virgílio Afonso da Silva. São Paulo: Malheiros Editores, 2008, p. 93-94.

teante dos destinos e no desenho social e político dos estados democráticos na era atual.

Verifica-se que é

> fato que o ideal liberal, notadamente em ambientação pós-revolução francesa, propiciou o florescimento de uma teoria constitucional que alastrou o mundo ocidental. Decorreu daí a criação em número cada vez maior de tribunais com status de corte constitucional, passando a dar a última palavra sobre a interpretação e aplicação da norma máxima regente da sociedade e organização estatal, e, como, via de conseqüência, passou a controlar todos os outros denominados poderes do Estado. É pertinente ressaltar que alguns sistemas jurídicos estatais, além do controle concentrado da Constituição, adotam o controle difuso, caracterizado pelo fato de que juízes em geral, nas ações sob sua apreciação, podem considerar a inconstitucionalidade de lei ou ato administrativo.[32]

Importante ressaltar que essa suposta superioridade do Poder Judiciário – onde as questões mais importantes para a sociedade vêm sendo resolvidas por essa parcela funcional da estruturação de poder estatal – já apresenta vários contrapontos. Assim, Ingeborg Maus[33] coloca preocupação com o fato, a partir de suas análises sobre o funcionamento do Tribunal Constitucional Alemão.

A referida autora noticia que historicamente o judiciário alemão passou a decidir de forma claramente desligada de maiores formas de controle de sua atividade, estabelecendo-se um processo de autolegitimação. Ora, os riscos de que tal situação leve a uma ditadura do judiciário parece ser evidente.

No Brasil, e no concernente à matéria tributária, é de se ressaltar que nosso judiciário, e mais especialmente o Supremo Tribunal Federal, tem de forma reiterada tratado da discussão em matéria tributária, sendo inundada a Corte Suprema deste país com tais questões, seja sobre

---

[32] BEZERRA, Jose Antonio Lira. A natureza política da atividade jurisdicional: a dicotomia Direito e Moral em Ingeborg Maus. *Revista CEJ*, Brasília, Ano XIV, n. 51, p. 106-114, out./dez. 2010.

[33] MAUS, Ingeborg. *O Direito e a* política: teoria da democracia. Belo Horizonte: Del Rey, 2009.

no aspecto da modulação de efeitos de decisão judicial, seja em outros aspectos de discricionariedade processual, como indicam, por exemplo, Luis Alberto Barroso[34], Hugo de Brito Machado[35], e Leon Victor de Queiroz Barbosa[36], dentre outros.

Também, Marcos Faro de Castro[37] realiza uma pesquisa para estudar a judicialização da política no âmbito do Supremo Tribunal Federal, descobrindo que a matéria fiscal-tributária estava entre as mais decididas pela Suprema Corte, e mais: que era nessa matéria uma das poucas que os interesses privados prevaleciam sobre o público.

5. Considerações Finais

Em face de tudo antes tratado pode-se entender que o princípio da legalidade se constitui na base estrutural de uma sociedade democrática de direito, visto que o poder originado no próprio povo se expressa através da lei. Vigora então o império da lei. A análise no campo tributário passa por considerar o sentido estrito da legalidade, em decorrência de ser a matéria tributária de fundamental importância para o Estado poder funcionar, cumprindo então os anseios da sociedade.

Todavia, a sistemática jurídica constitucional antevê situações que, embora possa se entender, por um lado, ferir uma lei o direito fundamental estabelecido na Carta Magna, por outro, há de se verificar se o fundamento de tal lei não está protegido por outro mandamento constitucional de idêntico status legislativo. Seria a colisão de princípios que redundaria na aplicação do dispositivo que melhor se coadunasse com a concretude do fato.

Não há de se falar em quebra da segurança jurídica, vez que uma sociedade devidamente organizada, com suas estruturas institucionais

---

[34] BARROSO, Luís Roberto. Modulação dos efeitos temporais de decisão que altera jurisprudência consolidada. Quorum de deliberação. Brasília, 22.10 2008. Disponível em: <http://www.oab.org.br/arquivos/pdf/Geral/Cofins.pdf>. Acesso em 09.10.2010.
[35] MACHADO, Hugo de Brito. *Direito Tributário nas Súmulas do STF e do STJ*. São Paulo: Atlas, 2010.
[36] BARBOSA, Leon Victor de Queiroz. Ativismo judicial e federalismo fiscal: o comportamento do Supremo Tribunal Federal. 2010. Disponível em <http://cienciapolitica.servicos.ws/abcp2010/arquivos/12_7_2010_23_24_46.pdf>. Acesso em 21.10.2010.
[37] CASTRO, Marcos Faro de. O Supremo Tribunal Federal e a Judicialização da Política. *Revista Brasileira de Ciências Sociais*, São Paulo, v. 12, n. 34, 1997.

funcionando plenamente, possibilita a resolução dos problemas ocorridos dentro de uma normalidade sistêmica, previamente estabelecida.

O que põe em risco tal segurança seria, por exemplo, o fato de o judiciário muitas vezes tomar decisões contrárias às outras também proferidas por esse mesmo poder, criando assim uma atmosfera de incerteza e insegurança. A esse respeito, inclusive fortemente no âmbito tributário, é cediço que o Superior Tribunal de Justiça – STJ com seus trinta e três ministros, divididos em turmas e seções, tem se caracterizados ao longo dos anos, após sua criação com a Constituição Federal de 1988, por reiterar decisões contraditórias como acima indicado.

Por fim, merece nota o que se vivencia e se denomina por judicialização da política, nos moldes indicados neste capítulo, podendo ser aferido que tal fenômeno ocorrendo de forma extrema parece evidenciar que aquela estrutura institucional vigente em sociedade politicamente organizada sofre de uma crise estrutural grave.

Ora, se uma determinada função do Estado ou até mesmo alguma outra instituição dentro da sociedade não cumpre a sua parte no sistema, parece óbvio que possibilita a utilização desse espaço vazio por alguém achado mais preparado e, nesse caminhar haverá a supremacia de um sobre os demais. Talvez seja melhor se pensar mais seriamente nisso.

6. Referências Bibliográficas

ALEXY, Robert. *Teoria dos direitos fundamentais*. São Paulo: Malheiros Editores, 2008.

BALEEIRO, Aliomar. *Limitações constitucionais ao poder de tributar*. 7. ed. Rio de janeiro: Forense, 2001.

BARBOSA, Leon Victor de Queiroz. Ativismo judicial e federalismo fiscal: o comportamento do Supremo Tribunal Federal. 2010. Disponível em <http://cienciapolitica.servicos.ws/abcp2010/arquivos/12_7_2010_23_24_46.pdf>. Acesso em 21.10.2010.

BARROSO, Luís Roberto. Modulação dos efeitos temporais de decisão que altera jurisprudência consolidada. Quorum de deliberação. Brasília, 22.10 2008. Disponível em: <http://www.oab.org.br/arquivos/pdf/Geral/Cofins.pdf>. Acesso em 09.10.2010.

BEZERRA, Jose Antonio Lira. A natureza política da atividade jurisdicional: a dicotomia Direito e Moral em Ingeborg Maus. *Revista CEJ*, Brasília, Ano XIV, n. 51, p. 106-114, out./dez. 2010.

BONAVIDES, Paulo. *Curso de Direito Constitucional*. 10. ed. São Paulo: Malheiros, 2000.

CARRAZZA, Roque Antonio. *Curso de Direito Constitucional Tributário*. 22ª ed. – São Paulo: Malheiros, 2006.

CARVALHO, Ernani Rodrigues de. Em busca da judicialização da política no Brasil: apontamentos para uma nova abordagem. *Revista de Sociologia e Política*. Nº 23. p. 115-126 Nov. 2004, Curitiba.

CASTRO, Marcos Faro de. O Supremo Tribunal Federal e a Judicialização da Política. *Revista Brasileira de Ciências Sociais*, São Paulo, v. 12, n. 34, 1997.

COÊLHO, Sacha Calmon Navarro. *Comentários à Constituição de 1988*. 8. ed. Rio de Janeiro: Forense, 1999.

HERKEENHOFF, João Baptista. *Para gostar do Direito*. 7. ed. Porto Alegre: Livraria do Advogado, 2010.

MACHADO, Hugo de Brito. *Direito Tributário nas Súmulas do STF e do STJ*. São Paulo: Atlas, 2010.

MACIEL, Débora Alves; KOERNER, Andrei. Sentidos da judicialização da política: duas análises, in: *Revista Lua Nova*, N. 57, p.113-133, 2002.

MARTINS, Ives Gandra. *O sistema tributário na Constituição*. 6ª ed. – São Paulo: Saraiva, 2008.

—. Breves considerações sobre a responsabilidade tributária por antecipação. *Revista Dialética de Direito tributário*. São Paulo, No. 189, p. 74-76, Junho-2011.

MATOS, Juliano Cardoso Matos. Judicialização da política e politização da justiça: noções gerais e distinções conceituais. In: LIMA, F. M. M; PESSOA, R. S. (Org.). *Constitucionalismo, Direito e Democracia*. Rio de Janeiro: GZ, 2009, v., p. 169-178.

MAUS, Ingeborg. *O Direito e a política: teoria da democracia*. Belo Horizonte: Del Rey, 2009.

—. Judiciário como superego da sociedade: o papel da atividade jurisprudencial na 'sociedade órfã'. *Novos Estudos CEBRAP*. São Paulo, n. 58, p. 183-202, nov. 2000.

MELLO, Celso Antonio Bandeira de. *O conteúdo jurídico do princípio da igualdade*. 3ª ed. São Paulo: Malheiros Editores, 2001.

MONTORO, André Franco. *Introdução à ciência do Direito*. 25. ed. – São Paulo: Revista dos Tribunais, 2000.

NADER, Paulo. *Introdução ao estudo do Direito*. 32. ed. Rio de Janeiro: Forense, 2010.

TATE, C. Neal; VALLINDER, Torbjorn. *The Global Expansion of Judicial Power*, New York, New York University Press, 1995.

VALADÃO, Marcos Aurélio Pereira. *Limitações Constitucionais ao Poder de Tributar e Tratados Internacionais*. Belo Horizonte: Editora Del Rey, 2000.

VENOSA, Sílvio de Salvo. *Introdução ao estudo do Direito*. 2 ed. – São Paulo: Atlas, 2008.

VIANNA, Luiz Werneck et allii. *A judicialização da política e das relações sociais no Brasil*. Rio de Janeiro: Revan: setembro de 1999.

Capítulo III

Direitos Humanos e Tributação: Uma Análise do Cumprimento do Principio da Igualdade Tributária à Luz de Hannah Arendt

LEILA REGINA PAIVA DE SOUZA*

Sumário: 1. Aspectos Introdutórios; 2. Princípios Constitucionais Tributários – O Princípio da Igualdade Tributária e os Direitos Humanos; 3. O Princípio da Igualdade Tributária e o Direito ao Exercício dos Direitos Humanos à Luz de Hannah Arendt; 4. Considerações Finais. 5. Referências Bibliográficas

1. Introdução

O objetivo desse capítulo é propiciar o aprofundamento da análise sobre a eficácia de normas aplicadas cujo embasamento é o Princípio da Igualdade Tributária, como garantidoras de direitos humanos, à luz do pensa-

---

* Bacharela em Direito, Advogada, atuando na área dos Direitos Humanos e gestão de projetos sociais na esfera pública e privada, com foco em direitos da Criança e do Adolescente. especialista em Direito Público e processo penal pela Universidade de Fortaleza e mestranda em Direito pela Universidade Católica de Brasília Compôs a equipe de elaboração do plano Nacional de Direitos Humanos – terceira edição- PNDH 3. Atualmente é coordenadora da área de Representação Institucional da União Marista do Brasil e consultora do Instituto Projectus.

mento de Hannah Arendt. Sabe-se que esse não é o objetivo único posto da norma tributária.

Aoelaborar a norma tributária, certamente, o legislador leva em conta os Princípios Constitucionais Tributários cumprindo a obrigação constitucional de garantir os direitos assumidos pelo país nos tratados de direitos humanos internacionais. Além disso, talvez a maior motivação de tais normas, seja a de limitar o poder de tributação do estado, para que não ocorram desrespeitos aos direitos. O que se propõe é realmente outro exercício de análise. De certa forma, pode-se dizer nova, ou com um novo olhar, que articule a necessidade de assegurar o exercício dos direitos humanos com a atividade tributária, tecida com base nos princípios constitucionais.

A intenção é repensar a abordagem feita sobre o tema dos Princípios Constitucionais Tributários a partir da lógica dos direitos humanos dos contribuintes ou daqueles que são excluídos da relação tributária, para construir a possibilidade de atuação direta do ente tributante como impulsionador da redução das desigualdades sociais e, portanto, pensando a atividade tributária como partícipe da obrigação do estado de garantir os direitos humanos e nesse caso em especial, o Princípio da Igualdade, como um valor, pois como afirma Lafer[1]: "O 'valor' da pessoa humana como 'valor-fonte' da ordem da vida em sociedade encontra a sua expressão jurídica nos direitos humanos".

Para cumprir esse propósito, divide-se a abordagem da relação entre normas que compõem o sistema tributário nacional e os princípios de direitos humanos em três etapas: 1. Princípios Constitucionais Tributários; 2. O Princípio da Igualdade e a eficácia igualitária à luz de Hannah Arendt e 3. Considerações finais.

Dito isto, cabe explicitar qual o impulsionador da necessidade de aprofundar os estudos sobre a tributação e os direitos humanos com um novo foco.

Na leitura um pouco mais detalhada e realizada a partir do lugar de um defensor dos direitos humanos sobre o tema, continuamente encontram-se autores preocupados com a limitação do poder de tributação do

---

[1] LAFER, Celso. *Hannah Arendt: pensamento, persuasão e poder.* – 2. ed. rev. ampl. – São Paulo: Paz e Terra, 2003, p. 112.

Estado como o único método para, no direito tributário, garantir-se o respeito aos Princípios Constitucionais Tributários incluindo o Princípio da Igualdade Tributária. Como ensina Miranda, os princípios tributários previstos na Constituição Federal constituem-se instrumentos de defesa do contribuinte frente à voracidade do Estado no campo tributário.[2] Essa linha de pensamento é acompanhada também por Machado[3], que afirma que tais princípios existem para proteger o cidadão contra os abusos do Poder. Em face do elemento teleológico, portanto, o intérprete, que tem consciência dessa finalidade, busca nesses princípios a efetiva proteção do contribuinte e segundo Torres[4], por Aliomar Baleeiro, "entre nós, já no titulo do livro clássico, utilizou a expressão 'Limitações Constitucionais ao poder de Tributar' e, sem defini-la atribuiu-lhe como conteúdo as imunidades, os princípios constitucionais tributários e alguns aspectos sistêmicos dos tributos."

Quando o estudo se apropria da necessária interdisciplinaridade para aprofundar o tema, pode-se chegar à conclusão que da forma como o sistema tributário brasileiro tem executado sua política, mesmo que explicitamente nos documentos normativos, em especial a partir da Constituição Federal[5], faça clara alusão ao princípio da igualdade, o que percebemos é a sua contribuição para acirrar o processo de exclusão social e o direito de exercer os direitos humanos.

Assim, propõe-se uma abstração do que tem sido considerada uma consequência da limitação do poder de tributar para aprofundar e pensar em possibilidadesa partir da constatação da exclusão social, econômica e cultural, propiciada pela lógica do sistema tributário atual, para ações tributárias indutoras de igualdade e garantidoras dos direitos humanos.

---

[2] MIRANDA, 2009. *Revista Virtual Direito Brasil* – Volume 3 – nº 1.
[3] MACHADO, Hugo de Brito. *Curso de direito tributário*. São Paulo: Malheiros, 2013, p. 32.
[4] TORRES, Ricardo Lobo. *Os Direitos Humanos e a Tributação: imunidades e isonomia*. Rio de Janeiro: Renovar, 1995, p. 20-21.
[5] BRASIL, 1998. Art. 150. Sem prejuízo de outras garantias asseguradas ao contribuinte, é vedado à União, aos Estados, ao Distrito Federal e aos Municípios: I – exigir ou aumentar tributo sem lei que o estabeleça; II – instituir tratamento desigual entre contribuintes que se encontrem em situação equivalente, proibida qualquer distinção em razão de ocupação profissional ou função por eles exercida, independentemente da denominação jurídica dos rendimentos, títulos ou direitos.

Seria importante garantir o direito de sustentar o Estado para tornar-se credor das contrapartidas estatais mínimas para a garantia dos direitos humanos?

2. Princípios Constitucionais Tributários – O Princípio da Igualdade Tributária e os Direitos Humanos

Tanto a legislação quanto a doutrina pátriatratam os Princípios Constitucionais Tributários como elementos fundamentais para a garantia da liberdade democrática. São eles que garantem a normatização da ação do estado junto aos cidadãos. No âmbito do Direito Tributário, a Constituição Brasileira[6] prevê sete princípios:

Princípio da Legalidade – Princípio da Legalidade (Artigo 150, I, CF). É vedado à União, aos Estados, ao Distrito Federal e aos Municípios exigir ou aumentar tributo sem lei que o estabeleça.

Princípio da Igualdade – (Art. 150, II, CF/88). A igualdade jurídica dos cidadãos é proclamada no art. 5º, I da CF, que afirma que todos são iguais perante a Lei, sem distinção de qualquer natureza.

Princípio da Anterioridade – (Art. 150, III, "b", CF). É vedada cobrança de tributo no mesmo exercício financeiro em que haja sido publicada a lei que os instituiu ou aumentou.

Princípio da Irretroatividade Tributária – (Art. 150, III, "a", CF). Não se pode cobrar tributo relativo a situações ocorridas antes do início da vigência da lei que o tenha definido, ou seja, a lei sempre se aplicará a fatos geradores ocorridos após o início da sua vigência.

Princípio da Competência- (Art. 145, §1º, CF). A entidade tributante há de restringir sua atividade em matéria tributária àquela matéria que lhe foi constitucionalmente destinada.

Princípio da Capacidade Contributiva – (Art. 145, §1º, CF). Sempre que possível, os impostos terão caráter pessoal e serão graduados segundo a capacidade econômica do contribuinte (...).

Princípio da Vedação do confisco – (Art. 150, IV, CF). É vedada a utilização do tributo com efeito de confisco.

---

[6] BRASIL. Constituição (1988). Constituição da República Federativa do Brasil. Disponível em: http://www.planalto.gov.br/ccivil_03/constituicao/constituicaocompilado.htm. Acesso em 28 de setembro de 2014.

Princípio da Liberdade de tráfego – (Art. 150, V, da CF). Veda às diversas entidades tributantes o estabelecimento de limitações ao tráfego de pessoas ou bens, por meio de tributos interestaduais ou intermunicipais.

Como se pode constatar, os princípios são claras demonstrações de utilização do direito positivado como forma de defesa contra o arbítrio do Estado. São, portanto, encarados de forma comparativa a uma arma de defesa contra o Estado, entendido sempre como opressor, nocivo, agressor e, portanto, atentatório por excelência aos direitos humanos. Nesse sentido, assevera Machado[7]:

> O Direito é um instrumento de defesa contra o arbítrio e a supremacia constitucional, que alberga os mais importantes princípios jurídicos, é por excelência um instrumento do cidadão contra o Estado.

Igualmente importante a afirmação que Valadão[8] explicita. Para esse autor:

> Partindo-se do Direito a liberdade, que é um direito humano de primeira geração, só se viabiliza o Estado de direito, onde, além de um sistema normativo positivado (ordenamento jurídico) que preserve esse direito (a liberdade), haja garantias contra a tirania dos detentores do poder – o que pressupõe um Estado democrático, ainda que não seja uma república. Para que exista tal Estado, este há que ser financiado pelos seus cidadãos. Ou por outra via os cidadãos têm que sustentar o estado para que este lhes garanta a liberdade.

Para o presente estudo, interessa aprofundar o Princípio da Igualdade Tributária, previsto no art. 150, II, CF/88, como especificação do princípio explicitado no art. 5º do mesmo instrumento legal:

> Art. 5º CF/88. Todos são iguais perante a lei, sem distinção de qualquer natureza, garantindo-se aos brasileiros e aos estrangeiros residentes no País

---

[7] MACHADO, Hugo de Brito. *Curso de direito tributário*. São Paulo: Malheiros, 2013. p. 32.
[8] VALADÃO, Marcos Aurélio Pereira. Direitos humanos e tributação – uma concepção integradora. *Revista Direito em Ação*, Brasília, V.2, N.1. 2001.

a inviolabilidade do direito à vida, à liberdade, à igualdade, à segurança e à propriedade (...).

Art. 150. CF/88. Sem prejuízo de outras garantias asseguradas ao contribuinte, é vedado à União, aos Estados, ao Distrito Federal e aos Municípios:

II – instituir tratamento desigual entre contribuintes que se encontrem em situação equivalente, proibida qualquer distinção em razão de ocupação profissional ou função por eles exercida, independentemente da denominação jurídica dos rendimentos, títulos ou direitos;

A igualdade jurídica encontra lugar nas constituições e, com muita força, na Constituição Federal do Brasil. Na verdade, essa tem sido uma busca histórica incessante no mundo e uma grande responsabilidade dos sistemas normativos.

Já na Declaração de Viena de 1993[9], que teve 171 nações signatárias, entre elas o Brasil, o parágrafo 5º diz:

> Todos os Direitos do homem são universais, indivisíveis, interdependentes e interrelacionados. A comunidade internacional tem de considerar globalmente os Direitos do homem, de forma justa e equitativa e com igual ênfase. Embora se devam ter sempre presente o significado das especificidades nacionais e regionais e os antecedentes históricos, culturais e religiosos, compete aos Estados, independente dos seus sistemas político, econômico e cultural, promover e proteger todos os Direitos do homem e liberdades fundamentais.

De fato, a regulação que as normas podem impor em uma sociedade, certamente, são estratégias ou caminhos para garantir tratamento igualitário àqueles historicamente desiguais. Espera-se que a norma jurídica não seja apenas reguladora, de determinadas áreas ou atividades, mas que possa ser reguladora da vida social. Assim, pensando na norma como esse instrumento facilitador da vida social harmônica, ela precisa tratar de forma imparcial todas as pessoas.

Esse é o conteúdo ideológico assimilado pela norma constitucional e extraído do princípio da isonomia, legalizado pelo texto constitucional.

---

[9] http://www.ohchr.org/EN/ProfessionalInterest/Pages/Vienna.aspx . Acesso em 08 de junho de 2014.

Assim, quando se cumpre uma lei, todos os envolvidos por ela têm de receber tratamento uniforme, sendo ainda imperioso destacar quenão é permitida à própria regra legal conferir prescrições distintas em situações equivalentes.

A Constituição Federal, já em seu preâmbulo, explicita que todos os seus dispositivos serão regidos pelo princípio da Igualdade, deixando claro que em quaisquer das áreas esse princípio deve ser observado:

> Nós, representantes do povo brasileiro, reunidos em Assembléia Nacional Constituinte para instituir um Estado Democrático, destinado a assegurar o exercício dos direitos sociais e individuais, a liberdade, a segurança, o bem-estar, o desenvolvimento, a igualdade e a justiça como valores supremos de uma sociedade fraterna, pluralista e sem preconceitos, fundada na harmonia social e comprometida, na ordem interna e internacional, com a solução pacífica das controvérsias, promulgamos, sob a proteção de Deus, a seguinte CONSTITUIÇÃO DA REPÚBLICA FEDERATIVA DO BRASIL.

Pode-se, portanto, inferir que no Direito Tributário a norma maior trouxe de forma específica os preceitos da isonomiano art. 5º e no princípio constitucional da igualdade tributária, prevista no art. 150, II.

É fato que não é uma tarefa fácil para a norma tributária garantir essa igualdade. Como alerta, uma vez mais, Machado[10]: "há problema em se saber se a regra de isenção fere, ou não, o princípio da isonomia".

Observa-se que a norma pretende, quando prevê tratamento diferenciado para contribuintes com baixa renda, garantir o princípio da isonomia; quer-se aqui discutir se essa e outras regras criadas no Sistema Tributário Brasileiro, à guisa de corresponder ao princípio da igualdade tributária ou da isonomia, corroboraainda mais com a desigualdade social quando exclui uma parcela da população.

Torres[11] estabelece uma relação entre o poder de tributar e o limite estabelecido pelos direitos humanos. Deixa claro que o poder de tributar do Estado se limita à lacuna aberta entre o típico exercício de arrecadar, para inclusive garantir políticas básicas oriundas da segunda dimen-

---

[10] MACHADO, Hugo de Brito. *Curso de direito tributário*. São Paulo: Malheiros, 2013, p.39.
[11] TORRES, Ricardo Lobo. *Os Direitos Humanos e a Tributação: imunidades e isonomia*. Rio de Janeiro: Renovar, 1995, p. 13.

são dos direitos humanos, e a obrigação de garantir os direitos humanos. Assim como outros autores já citados, afirma que é preciso limitar o direito de tributar do Estado para garantir que esse não extrapole em suas ações e acabe por ser opressor e, portanto, transgressor dos direitos humanos dos cidadãos.

Observa-se já nesse estudo que, na verdade, essa tem sido a tônica da bibliografia sobre o tema. Sempre que se vê análises sobre os princípios constitucionais e os direitos humanos a relação adotada é essa, ou seja, é preciso garantir limites ao poder de tributar do Estado como forma de garantir os direitos humanos dos cidadãos. Sem sombra de dúvida, essa preocupação expressa na doutrina não emerge por acaso. A relação jurídica tributária entre o fisco e o contribuinte é uma relação de força, de obrigação e de poder, que pode sim atentar contra os direitos humanos, sobretudo nos casos dos crimes tributários. Nesse caso, vale o esclarecimento que Machado faz sobre esse tema:

> Não fere o princípio da igualdade, antes o realiza com absoluta adequação, o imposto progressivo. Realmente, aquele que tem maior capacidade contributiva deve pagar imposto maior, pois só assim estará sendo igualmente tributado. A igualdade consiste, no caso, na proporcionalidade da incidência à capacidade contributiva, em função da utilidade marginal da riqueza.[12]

Como se constata a partir do comentário desse autor, a doutrina tem ficado muito atenta para a atuação do Estado em matéria tributária, muito mais para verificar se este extrapolou seu limite do que para observar se essa atuação pode ser ativa no sentido de, além de garantir direitos humanos, contribuir para uma sociedade mais igualitária. O foco, ao que tudo indica, teria maior relevância social se ao invés de vigiar se o Estado fere ou não determinado princípio, não prescindindo, por óbvio, das limitações constitucionais necessárias, verificasse como sua política tributária poderia ser fortemente relevante se também usada na estratégia de efetivação da obrigação do estado de garantir o direito de exercer os direitos humanos.

---

[12] MACHADO, Hugo de Brito. *Curso de direito tributário*. São Paulo: Malheiros, 2013. p. 52-58.

3. O Princípio da Igualdade Tributária e o Direito ao Exercício dos Direitos Humanos à Luz de Hannah Arendt

A concepção de direitos humanos tal como assumimos neste capítulo, como uma sequência positivada de direitos e liberdades básicas de todos os seres humanos, englobando, sobretudo o direito à livre expressão de pensamento, a igualdade perante aleie o acesso a estes direitos, surge de um documento internacional no período pós duas grandes guerras mundiais, na Declaração Universal dos Direitos Humanos de 1948 e ratificada na Declaração dos Direitos Humanos de Viena de 1993.

Para Flores,[13] os "direitos humanos compõem a nossa racionalidade de resistência, na medida em que traduzem processos que abrem e consolidam espaços de luta pela dignidade humana. Realçam, sobretudo, a esperança de um horizonte moral, pautada pela **gramática da inclusão**, refletindo a plataforma emancipatória de nosso tempo".

Destaca-se que a concepção trazida pela Declaração Universal dos Direitos Humanos e pela Declaração dos Direitos Humanos de Viena de 1993surge com a necessidade de internacionalizar posturas, especialmente as doEstado perante o ser humano, com a intenção de desenvolver um sistema universalmente respeitado. Isso por conta das grandes violações vividas durante as duas guerras mundiais. Emerge, portanto, apartir da concepção do estado como um grande violador de direitos, segundo assevera Piovesan:[14]

> Esta concepção é fruto do movimento de internacionalização dos direitos humanos, que constitui um movimento extremamente recente na história, surgindo, a partir do pós-guerra como resposta às atrocidades e aos horrores cometidos pelo nazismo.

Trata-se aqui, portanto, dos direitos humanos com as características afirmadas nos dois documentos mundiais já citados[15]:

---

[13] FLORES, Joaquim Herrera. *Direitos humanos, interculturalidade e racionalidade de resistência*, mimeo. 2005, pg.7.
[14] PIOVESAN, Flávia. *Código de Direito Internacional de Direitos Humanos Anotado*. Coordenação Geral de Flávia Piovesan. São Paulo: DPJ. 2008, p.5.
[15] A Declaração Universal dos Direitos Humanos de 1948 e a Declaração dos Direitos Humanos de Viena de 1993.

1. Historicidade: são históricos, construídos historicamente;
2. Inalienabilidade: são direitos intransferíveis e inegociáveis;
3. Imprescritibilidade: não deixam de ser exigíveis em razão do não uso;
4. Inviolabilidade: nenhuma lei constitucional nem nenhuma autoridade podem desrespeitar os direitos fundamentais de outrem;
5. Irrenunciabilidade: nenhum ser humano pode abrir mão da existência desses direitos;
6. Universalidade: devem ser respeitados e reconhecidos no universo dos seres humanos;
7. Limitabilidade: não há nenhuma hipótese de direito humano absoluto, eis que todos podem ser ponderados com os demais;
8. Complementaridade: os direitos humanos fundamentais não devem ser interpretados isoladamente, mas sim de forma conjunta, com a finalidade da sua plena realização.

O que se propõe é discutir o conceito de exclusão defendido por Hannah Arendt e, a partir das características dos direitos humanos, sua relação com a tributação e mais especificamente com a justificativa trazida pelos doutrinadores da área e formuladores de políticas públicas, para justificar as isenções de cunho social.

Como ressalta Piovesan[16],"para HannahArendt,"os direitos humanos não são um dado, mas um construído, uma invenção humana em constante processo de construção e reconstrução". Assim, partindo-se desse pressuposto, estes precisam ser reconstruídos a partir das realidades e necessidades sociais, embasados pelos princípios trazidos pelos documentos internacionais que os positivam.Daí a constatação de que se seres humanos não nascem iguais e livres do ponto de vista do exercício de direitos, como afirma o art. 1º da Declaração Universal dos Direitos do Homem da ONU. É preciso que a coletividade a que se pertence afirme esses direitos. É essa decisão conjunta, positivada, que efetiva os direitos e garante a todos direitos iguais.

---

[16] Piovesan, Flávia. *Código de Direito Internacional de Direitos Humanos Anotado*. Coordenação Geral de Flávia Piovesan. São Paulo: DPJ. 2008, p. 4.

De acordo com LAFER[17], o fator igualador de acordo com o pensamento Arendtiano não surge da natureza humana, mas é determinado de elementos exteriores, deve ser buscado como construção conjunta. É claro que se refere aqui não só à postura pessoal de acessar direitos, mas de reivindicá-los de forma organizada.

Para ARENDT[18], existe uma contraposição entre a igualdade – entendendo-se aqui a efetiva igualdade política entre as pessoas – e a exclusão:

> O homem pode perder todos os chamados Direitos do Homem sem perder a sua qualidade essencial de homem, sua dignidade humana. Só a perda da própria comunidade é que o expulsa da humanidade.

Assim, ao ser excluído de alguma forma da relação social, no caso em epígrafe, da participação no sistema tributário, o homem perde a essência dos direitos. Nos seus ensinamentos, a mestre deixa claro que, a seu modo de pensar a política de direitos, o direito a ter direitos é a única via de acesso aos direitos humanos.

Tais reflexões são principalmente para propor o diálogo entre o que Hannah Arendt traz na sua concepção sobre a efetivação dos diretos humanos – o direito a exercer direitos – e as premissas dos princípios constitucionais tributários como garantidores do respeito por parte do estado aos direitos humanos dos cidadãos.

Por essa concepção, ter direitos é estar em uma determinada comunidade ou associação ou grupo e viver nela de forma igualitária, portanto, com acesso aos mesmos direitos. Ser eleito para um grupo que ficará fora desses grupos é reflexo de exclusão, o que implica em perda do direito de exercer todos os direitos humanos. Ficar fora das regras, no caso em epígrafe, fora do sistema tributário, é sair de uma comunidade e, assim, ficar excluído de qualquer relação com os demais direitos humanos.

Por todos estes argumentos, entende-se que a ideia de igualdade na concepção Arendtiana constitui-se naturalmente da ideia de coletivo, de participação igualitária. Tais premissas vão de encontro às justifica-

---

[17] LAFER, Celso. A reconstrução dos direitos humanos: um diálogo com o pensamento deHannah Arendt. São Paulo: Companhia das Letras, 1991, p. 150;
[18] Hannah ARENDT. *Origens do Totalitarismo*. Tradução Roberto Raposo. Companhia de Bolso. 2012.Parte 2, Cap 5, Seção 2, p. 405.

tivas dos sistemas tributários de garantir a igualdade pela exclusão. Para Arendt, o ser humano não existe enquanto detentor de direitos, se isolado, excluído. A rigor, o conceito de política, condição humana da pluralidade a partir das reflexões dessa autora, associa-se à esfera em que as pessoas manifestam o seu pensamento e por meio do discurso agem em público. De acordo com Dantas[19], "por meio da ação a pessoa se religa em sua condição humana, sob o desígnio da pluralidade; capacidade de as pessoas agirem como iguais". A pluralidade, nessas condições, como afirma Arendt[20] "é a condição da ação humana porque somos todos iguais".

A grande crítica de Hannah Arendt aos direitos humanos é que uma vez tratados como inerentes às pessoas, eles carregam uma dimensão ideológica pré-política. Para a autora, os seres humanos não são iguais por natureza, razão pela qual temos vários grupos excluídos do convívio social como os apátridas e as minorias, que perderam seus direitos por circunstâncias socialmente construídas. Por isso que Lafer[21], ao refletir sobre direitos humanos na perspectiva Arendtiana, afirma que: "nos tornamos iguais como membros de uma coletividade em virtude de uma decisão conjunta que garante a todos direitos iguais. A igualdade não é um *dado* – ele não é *physis*, nem resulta de um absoluto transcendente externo à comunidade política" (itálicos do autor).

É possível pensar que grupos como estes perderam sua condição de detentores de direitos porque decisões políticas não consideram a participação efetiva como condição para a igualdade. A igualdade, a liberdade e a livre expressão, além do exercício dos direitos humanos, considerando todas as suas dimensões, só têm condições de acontecer na esfera pública se construídas e legitimadas pelos pares e se garantir a efetiva participação igualitária.

Ora, se não nascemos detentores dos mesmos direitos e é a possibilidade de exercê-los de forma conjunta que nos aproxima da igualdade sonhada e positivada no princípio da igualdade que reverbera no princí-

---

[19] DANTAS, Lúcio Gomes. *A escola e a opção pelos pobres*. 251f. Tese (Doutorado em Educação) – Faculdade de Educação. Universidade de Brasília, Brasília, 2014, p. 198.
[20] ARENDT, Hannah. *A Condição Humana*. Tradução de Roberto Raposo. Rio de Janeiro: Forense Universitária, 2013, p. 9-10.
[21] LAFER, Celso. *A reconstrução dos Direitos Humanos: um diálogo com o pensamento de Hannah Arendt*. – 6. reimp. – São Paulo: Companhia das Letras, 2006. p. 150.

pio da igualdade tributária, é possível deduzir que ser excluído do sistema tributário por meio das isenções, especialmente as de caráter social, pode significar não a garantia da igualdade, mas a exclusão do grupo social que contribui e, portanto, exerce seu direito de exigir do estado a contrapartida social devida.

É nesse contexto que se estabelece a igualdade construída socialmente. No Direito Tributário, ela, portanto, deve também ser embasada na premissa de que só poderá ser plenamente atingidase propiciar igual distribuição do exercício dos direitos.

Para Torres[22], "As Declarações de Direitos e os grandes textos internacionais proclamam os direitos do homem diante da tributação". Portanto, é preciso ficar atento às regras estabelecidas nos sistemas tributários para o respeito e garantia dos direitos humanos. Aqui se cuida com especificidade de alertar para a contradição entre deixar de tributar a renda de parcelas sociais e assim desrespeitar o direito à igualdade tributária, prevista na Constituição Federal, iluminada pelos documentos internacionais garantidores de direitos humanos.

Torres[23] defende ainda que ao instituir-se imunidades tributárias não se procura garantir o direito humano à igualdade, mas sim da impossibilidade objetiva de tributar esses direitos, intributabilidade. Para o autor[24], nesse caso não se fala em autolimitação do Estado, pois, "As discriminações fiscais são desigualdades infundadas que prejudicam a liberdade do contribuinte". Qualquer *discrimem* desarrazoado, que implique excluir alguém da regra tributária geral ou de um privilégio não-odioso, constituirá ofensa aos seus direitos humanos, visto que desrespeitará a igualdade assegurada no art. 5º da CF". O mesmo autor continua:

> A liberdade relativa limita o poder tributário por meioas proibições de tratamento desigual, que se traduzem em vedações de privilégios odiosos e discriminações infundadas.

---

[22] TORRES, Ricardo Lobo. *Os Direitos Humanos e a Tributação: imunidades e isonomia*. Rio de Janeiro: Renovar, 1995.p. 411.
[23] Ibid., p. 416-7.
[24] Ibid., p. 419.

A liberdade relativa tolera a tributação igual, que consiste em tratar igualmente os iguais e desigualmente os desiguais, pelo que alguma desigualdade sempre existe na equação da isonomia fiscal.

A desigualdade que ofende o princípio constitucional da igualdade, a liberdade relativa e os direitos humanos é a que radica em escolhas arbitrárias, afastadas da razoabilidade e da proporcionalidade. Igualdade fiscal para a Constituição é proibição de arbitrariedade, excesso ou desproporção.

O princípio da igualdade é vazio, recebendo o conteúdo dos diversos valores (justiça, segurança e liberdade) e harmonizando-lhes as comparações intersubjetivas. A igualdade fiscal significará vedação das desigualdades consubstanciadas na injustiça, na iniquidade, na insegurança e na opressão dos direitos, que ofendem a liberdade relativa e a propriedade privada.

A injustiça social consiste na desigual consideração das condições da capacidade contributiva, do custo/benefício, do desenvolvimentoeconômico e da redistribuição de rendas".

Trata-se, portanto, de observar a relação do Direito Tributário com os direitos humanos sob uma nova ótica, a partir do direito do contribuinte de participar da vida social de forma igual a todos os outros e de exigir a contrapartida do estado, em forma de políticas públicas sociais, garantidoras de direitos humanos, aqui considerados os direitos humanos de 1ª a 4ª geração[25].

É importante observar que não se trata de todas as políticas tributárias, haja vistao cuidado expressado diversas vezes com a liberdade. Para Reale[26]:

---

[25] Os direitos humanos a partir de seu surgimento são elencados em gerações: 1ª – Direitos Individuais: "Impõe limites ao Estado, garante a proteção do direito à liberdade, à vida, à propriedade, à manifestação, à expressão, ao voto, entre outros" 2ª – Direitos Sociais, Econômicos e Culturais: "Passa a exigir do Estado sua intervenção direta para que seja garantido o direito ao trabalho, à saúde, à educação, à greve, dentre outros" 3ª – Direitos dos Povos (Fraternidade): "Voltados para a proteção da coletividade, tratam da preocupação com o meio ambiente, da conservação do patrimônio histórico e cultural, etc." 4ª – Direitos relativos à biossegurança, à biotecnologia e à bioengenharia, e deliberando sobre vida e morte. Ressalte-se que *Paulo Bonavides, aponta 4ª dimensão tutela o direito à democracia, o direito à informação e o direito ao pluralismo jurídico, para que a sociedade aberta ao futuro seja materializada, maximizando a universalização.*

[26] REALE, Miguel. "Saudação ao Tributarista do Ano". In: NOGUEIRA, Ruy Barbosa. Imu-

Sendo essencialmente discriminatório o direito tributário, só a distinção odiosa ou desarrazoada, apoiada em circunstâncias estranhas a capacidade contributiva, ao custo/benefício, ao desenvolvimento econômico, aos direitos humanos (sexo, cor, religião, etc.) é que fere a liberdade e se torna inconstitucional. As discriminações reversas – cometidas contra os ricos e os fortes em favor dos pobres e dos fracos – são legítimas.

As discriminações, sendo exceções à regra tributária geral, podem aparecer também como a face oculta ou negativa dos privilégios odiosos ou como omissão parcial da norma que concede o privilégio não-odioso.

A interpretação das discriminações parte da presunção que a desigualdade é odiosa.

Para Torres[27]:

> O Direito Tributário constitui, por certo, a disciplina de contrapartida econômica que o Estado exige dos membros da comunidade, mas representa muito mais a dimensão do indivíduo perante o Fisco, a salvaguarda dos valores individuais e dos direitos fundamentais do homem perante o poderio estatal".

Nota-se, pela vasta doutrina que aborda a necessidade de limitar o poder do Estado, para que esse não invada o direito do cidadão, que essa foi sempre a grande preocupação, razão pela qual, em nossa análise, deixou-se de observar o risco de produzir desigualdade a partir da exclusão do direito de participar da relação entre o fisco e o contribuinte, como é o caso das isenções em razão da insuficiência de renda.

Nesse sentido, é razoável pensar como respeitar o Princípio Constitucional da Igualdade, excluindo uma parte significativa da população dessa relação.

Analisando sob a ótica dos ensinamentos em Arendt[28], trata-se de liberdade negativa, quando exercida de forma isolada:

---

nidades contra Impostos na Constituição Anterior e sua Disciplina Mais Completa na Constituição de 1988. São Paulo: IBDT – Resenha Tributária, 1990, p. 294.

[27] TORRES, Ricardo Lobo. *Os Direitos Humanos e a Tributação: imunidades e isonomia*. Rio de Janeiro: Renovar, 1995, p. 419.

[28] ARENDT, Hannah. *Sobre a revolução*. São Paulo: Companhia das Letras, 2010, p. 59.

A razão dessa insistência sobre vínculo entre liberdade e igualdade no pensamento político grego repousava no fato de que a liberdade era entendida como um traço que se manifestava apenas em algumas atividades humanas, e não, de maneira alguma, em todas elas, e que essas atividades apareceriam e seriam reais somente quando fossem vistas, julgadas e lembradas por outros. A vida de um homem livre exigia a presença dos outros. A própria liberdade, portanto, exigia um lugar onde as pessoas pudessem se reunir- a ágora, a praça ou a pólis, o espaço político propriamente dito.

Libera-se da participação enquanto contribuinte, em razão, por exemplo, da baixa renda em nosso país, mas não necessariamente se promove ainserção essencial deste cidadão nas relações sociais e políticas. Isso porque essa inclusão somente acontece por meio do acesso à participação na gestão das políticas de uso comum.

Na percepção defendida no presente estudo, é esse *status* de participação que garante a liberdade preceituada nos documentos internacionais de direitos humanos. Ou seja, a garantia do direito à liberdade usada para construção do sistema tributário excludentepode estar atentando contra o direito à igualdade que também é um direito humano positivado. Considerando-se que os direitos humanos possuem como característica a indivisibilidade, pode-se dizer que seria coerente a inclusão, respeitando-se a capacidade contributiva, de toda a população, sem exclusões. Essa poderia ser a forma mais próxima da legalidade mais coerente de respeitar o Princípio da Igualdade Tributária.

4. Considerações Finais

Como referido nas considerações iniciais do presente capítulo, a pretensão era realmente trazer a discussão do tema da participação da população de baixa renda no Brasil como forma de legitimá-la para a maior exigência na contrapartida do Estado em políticas sociais garantidoras dos direitos humanos universalmente aceitos.

Certamente a primeira resposta de qualquer pessoa isenta do pagamento de determinados tributos em razão de ausência de renda, quando arguidas sobre seu desejo de contribuir, seria negativa. É exatamente na representação social que esse questionamento instiga. Fazendo o mesmo exercício, seria salutar pesquisar o grau de satisfação dessa parcela da população com a contrapartida do Estado, ou ainda o quanto estes se sentem legitimados a cobrar do Estado a melhoria dessa contrapartida.

A princípio pode parecer simplista, mas essa representação é muito forte em outras fatias sociais, especialmente, quando falamos das horizontalmente acima da população isenta. Ainda que não necessitem diretamente de todos os serviços públicos disponibilizados como contrapartida estatal para o cumprimento dos direitos humanos assumidos por instrumentos internacionais, estes se sentem muito mais legitimados a reclamar e exigir seus direitos, ainda que a arrecadação do Estado por esta via seja bem menor do que o custo necessário para um serviço de qualidade.

Demonstra-se oportuna a proposição de discutir o quanto o ser humano precisa ter acesso ao direito de exercer seu direito para sentir-se realmente detentor desse direito.

Mas o que mais instiga, e espera-se provocar, é o exercício dos responsáveis pela formulação de políticas públicas a iniciar um processo de repensar a estratégia de garantia do direito à igualdade por meio da isenção tributária. Esse certamente não é um diálogo apenas nacional, tanto que associações de tributação e direitos humanos têm surgido e o tema só tende a ser cada vez mais presente no meio jurídico e social.

O diálogo se dá em torno da relação entre as políticas de tributação e o aprofundamento da desigualdade e exclusão. Uma vez que o problema da sonegação não tem sido equacionado, propiciando grandes fortunas, e por outro lado o estado tem sido enfraquecido com a redução da arrecadação e empobrecimento da capacidade de responder aos desafios sociais, cada vez mais graves, discute-se o a real condição do sistema tributário de cumprimento dos princípios da isonomia e igualdade.

Há que se iniciar um processo de estudos sobre a real relação entre exclusão tributária, a econômica e a exclusão social. Em outras áreas do conhecimento já se comprovou o quanto a participação legitimada de determinados grupos gera compromisso com o coletivo.

O momento que se vive hoje de políticas públicas deslegitimadas precisa de alguma forma denunciar a ineficácia e distância entre os seus objetivos e os resultados alcançados. Considerando ainda, que as políticas tributárias determinam o grau de arrecadação necessária para que o estado execute suas políticas sociais, é fundamental investigar o quanto a política tributária brasileira tem gerado condições para que o estado devolva esse montante como contrapartida no formato de políticas públicas garantidoras de direitos humanos.

Importante ressaltar, que em nenhum momento se afirma que o Estado esperava esse resultado, que tenha sido desenhada a exclusão de parte da população a partir de sua política tributária. Essa é realmente uma (des)construção social do sistema.

O fato é que o Estado, para estabelecer a contrapartida segura dos direitos humanos para toda a população,talvez tenha que considerar todos como contribuintes e, portanto, detentores do direito de exigir qualidade na contrapartida.

Ao analisar a doutrina atualvê-se que a maioria dos autores considera que as limitações constitucionais ao direito de tributarsão ditadas pelos direitos humanos, já que impedem a livre ação do fisco junto ao contribuinte,e se efetivam por meio de isenções, imunidades e as proibições de tratamento desigual.

Partindo-se do Direito à liberdade, que é um direito humano de primeira geração, só se viabiliza o Estado de direito, onde além de um sistema normativo positivado (ordenamento jurídico) que preserve esse direito (a liberdade).

O sistema tributário brasileiro no modelo atual, ao conceder isenção ou imunidade tributária uma parcela considerável da população, à guisa de beneficiar ou garantir a igualdade, cumprindo o preceito constitucional trazido de forma principiológico, com o princípio da igualdade tributária, ao contrário do objetivo almejado, exclui.

As reflexões oriundas de Arendt e Torres nos levama entender que os direitos humanos só se efetivam pelo exercício direto dos direitos. Assim, é possível fazer um paralelo didático afirmando que se compra o exercício do direito ao se tornar contribuinte. Essa tem sido uma forma tácita ou simbólica de exclusão e não de garantia da igualdade.

Notadamente em virtude das consequências vividas hoje é importante intensificar os estudos sobre o tema. Estabelecer a dúvida, sobretudo nos gestores públicos responsáveis por garantir os princípios constitucionais tributários, aprofundar a relação entre as imunidades e isenções tributárias e a efetivação dos direitos humanos.

5. Referências Bibliográficas

ARENDT, Hannah. *A Condição Humana*.Tradução de Roberto Raposo. Rio de Janeiro: Forense Universitária, 2013.

BOBBIO, Norberto. *Era dos direitos*.Tradução de Carlos Nelson Coutinho. Rio de Janeiro: Campus, 1988.

FLORES, Joaquim Herrera. *Direitos humanos, interculturalidade e racionalidade de resistência*. Mimeo, 2005.

MACHADO, Hugo de Brito. *Curso de direito tributário*. São Paulo: Malheiros, 2013.

MELO, Celso Antonio Bandeira. *O Conteúdo Jurídico do Princípio da Igualdade*. São Paulo: Malheiros, 2013.

MIRANDA, Maria Bernadete. *Revista Virtual Direito Brasil*, vol. 3, nº 1, 2009.

NOGUEIRA, Alberto. *A Reconstrução dos Direitos Humanos*. Rio de Janeiro: Renovar, 1997.

PIOVESAN, Flávia. *Código de Direito Internacional de Direitos Humanos Anotado*. Coordenação Geral de Flávia Piovesan. São Paulo: DPJ, 2008.

REALE, Miguel. "Saudação ao Tributarista do Ano". In: NOGUEIRA, Ruy Barbosa. *Imunidades contra Impostos na Constituição Anterior e sua Disciplina Mais Completa na Constituição de 1988*. São Paulo: IBDT – Ed. Resenha Tributária, 1990.

TORRES, Ricardo Lobo. *Os Direitos Humanos e a Tributação: imunidades e isonomia*. Rio de Janeiro: Renovar, 1995.

CARVALHO, Francisco Geraldo Freitas. *Introdução à Metodologia do Estudo e do Trabalho Científico*. Fortaleza: Expressão Gráfica e Editora, 2011.

Capítulo IV
A Violação aos Princípios da Proteção à Propriedade Privada, Livre Iniciativa e Razoabilidade como Determinantes da Inconstitucionalidade da Multa Fiscal Excessivamente Onerosa

LEONARDO J. F. NEIVA[*]

Sumário: 1 Introdução; 2 O Princípio da Vedação à Tributação com Efeito de Confisco; 3 A Natureza Jurídica da Multa Fiscal e os Princípios a Ela Aplicados; 4 O Princípio da Proteção à Propriedade Privada, Livre Iniciativa e Razoabilidade; 5. Conclusões; 6 Referências Bibliográficas.

1. Introdução

Sempre existiu controvérsia doutrinário-jurisprudencial a respeito da aplicabilidade ou não dos princípios constitucionais limitadores do poder de tributar para as multas fiscais. A questão voltou a se destacar recentemente com novas decisões do STF, que, em 14 de agosto de 2012, decidiu

---

[1] *Professor do Instituto Federal de Educação, Ciência e Tecnologia do Piauí. Mestrando em Direito na Universidade Católica de Brasília.

no sentido de reconhecer a aplicabilidade dos princípios tributários na imposição de multas fiscais, especificamente o princípio da vedação do tributo com efeito de confisco, da seguinte forma:

> AG. REG. NO RECURSO EXTRAORDINÁRIO 632.315 PERNAMBUCO. RELATOR:MIN. RICARDO LEWANDOWSKI. AGTE.(S): MUNICÍPIO DO RECIFE. ADV.(A/S): OSWALDO NAVES VIEIRA JUNIOR. AGDO.(A/S) :COLÉGIO SANTA MARIA. ADV.(A/S):ANDRÉ DE SOUZA MELO TEIXEIRA. EMENTA: AGRAVO REGIMENTAL EM RECURSOEXTRAORDINÁRIO. TRIBUTÁRIO. PRINCÍPIO DO NÃO CONFISCO.APLICABILIDADE ÀS MULTAS TRIBUTÁRIAS. INOVAÇÃO DEMATÉRIA EM AGRAVO REGIMENTAL. IMPOSSIBILIDADE. AGRAVOIMPROVIDO.
>
> I – A vedação à utilização de tributos com efeito de confisco (art. 150, IV, da Constituição) deve ser observada pelo Estado tanto na instituição de tributos quanto na imposição das multas tributárias.
>
> II – A questão referente à não demonstração, pelo recorrido, do caráter confiscatório da multa discutida nestes autos, segundo os parâmetros estabelecidos pela jurisprudência desta Corte, não foi argüida no recurso extraordinário e, desse modo, não pode ser aduzida em agravo regimental. É incabível a inovação de fundamento nesta fase processual.
>
> III – Agravo regimental improvido[1].

Em 28 de maio de 2013, a 2ª Turma do STF decidiu por unanimidade que a multa fiscal de 120% do valor do tributo, é inconstitucional ante o seu caráter confiscatório. Eis um fragmento do voto do Ministro Relator Ricardo Lewandowski:

> Como destacado na decisão ora agravada, é certo que esta Corte já fixou entendimento no sentido de que lhe é possível examinar se determinado tributo ofende, ou não, a proibição constitucional do confisco em matéria tributária, nos termos do art. 150, IV, da CF, e que esse princípio deve ser observado ainda que se trate de multa fiscal resultante do inadimplemento pelo contribuinte de suas obrigações tributárias, a exemplo do que se deci-

---

[1] BRASIL. Supremo Tribunal Federal. Ag. Reg. no Recurso Extraordinário 632.315 Pernambuco. Município do Recife. Colégio Santa Maria. Relator: Min. Ricardo Lewandowski. Acórdão Eletrônico: DJe 14/09/2012

diu nos seguintes feitos: ADI 1.075-MC/DF, Rel. Min. Celso de Mello; ADI 551/RJ, Rel. Min. Ilmar Galvão; e ARE 637.717-AgR/GO, Rel. Min. LuizFux.

Além disso, a jurisprudência deste Tribunal, com base na vedação ao confisco, firmou-se no sentido de que são inconstitucionais as multas fixadas em índices de 100% ou mais do valor do tributo devido[2].

Em decisão mais recente, levando mais adiante sua posição, a corte adotou o seguinte posicionamento:

> 22/10/2013. SEGUNDA TURMA. AG.REG. NO RECURSO EXTRAORDINÁRIO 754.554 GOIÁS. RELATOR:MIN. CELSO DE MELLO. AGTE.(S) :ESTADO DE GOIÁS. PROC.(A/S)(ES): PROCURADOR-GERAL DO ESTADO DE GOIÁS. AGDO.(A/S) :COMERCIAL DE ALIMENTOS MALAGONI LTDA. ADV.(A/S): ROBERTO NAVES DE ASSUNÇÃO E OUTRO(A/S). E M E N T A: RECURSO EXTRAORDINÁRIO – ALEGADA. VIOLAÇÃO AO PRECEITO INSCRITO NO ART. 150, INCISO IV, DA CONSTITUIÇÃO FEDERAL – CARÁTER SUPOSTAMENTE CONFISCATÓRIO DA MULTA TRIBUTÁRIA COMINADA EM LEI – CONSIDERAÇÕES EM TORNO DA PROIBIÇÃO CONSTITUCIONAL DE CONFISCATORIEDADE DO TRIBUTO – CLÁUSULA VEDATÓRIA QUE TRADUZ LIMITAÇÃO MATERIAL AO EXERCÍCIO DA COMPETÊNCIA TRIBUTÁRIA E QUE TAMBÉM SE ESTENDE ÀS MULTAS DE NATUREZA FISCAL – PRECEDENTES – INDETERMINAÇÃO CONCEITUAL DA NOÇÃO DE EFEITO CONFISCATÓRIO – DOUTRINA – PERCENTUAL DE 25% SOBRE O VALOR DA OPERAÇÃO – "QUANTUM" DA MULTA TRIBUTÁRIA QUE ULTRAPASSA, NO CASO, O VALOR DO DÉBITO PRINCIPAL – EFEITO CONFISCATÓRIO CONFIGURADO – OFENSA ÀS CLÁUSULAS CONSTITUCIONAIS QUE IMPÕEM AO PODER PÚBLICO O DEVER DE PROTEÇÃO À PROPRIEDADE PRIVADA, DE RESPEITO À LIBERDADE ECONÔMICA E PROFISSIONAL E DE OBSERVÂNCIA DO CRITÉRIO DA RAZOABILIDADE – AGRAVO IMPROVIDO[3].

---

[2] Brasil. Supremo Tribunal Federal. Ag. Reg. no Recurso Extraordinário 657.372 Rio Grande do Sul. Estado do Rio Grande Do Sul. Staff Veículos e Autopeças LTDA. Relator: Min. Ricardo Lewandowski. Acórdão Eletrônico: DJe-108 10/06/2013.

[3] Brasil. Supremo Tribunal Federal. Ag. reg. no Recurso Extraordinário nº 754.554 Goiás. Estado de Goiás. Comercial de Alimentos Malagoni LTDA. Relator: Min. Celso de Mello. Acórdão Eletrônico: DJe-234.

Na decisão acima referida, o Ministro Relator Celso de Melo, esclarece em seu voto que "a multa aplicada à empresa ora recorrida em percentual de 25% sobre o valor da mercadoria não se mostra razoável, configurando, na espécie o caráter confiscatório da penalidade pecuniária."[4] Assim, numa só vez, o ministro reitera o entendimento da corte no sentido da aplicação do princípio do não-confisco às multas ficais e ao mesmo tempo estabelece que o valor de 25% sobre o valor da operação, superior ao montante de tributo a ser pago, já seria suficiente para caracterizar o confisco. Mais adiante, esclarece que é completamente pacificado na corte o entendimento no sentido da aplicação do princípio tributário da "proibição do uso de tributo com efeito de confisco" às multas fiscais.

A tributação com efeito de confisco, continua o Ministro, observa-se pelo valor excessivo da multa ou do tributo que, fixados de modo irrazoável, venham a comprometer o patrimônio do indivíduo, ou que excedam sua capacidade contributiva. Em outra parte do voto, Celso de Melo remete a outras questões de suma relevância, tais como justiça fiscal, mínimo existencial, liberdade de exercício de qualquer profissão, nos seguintes termos:

> A proibição constitucional do confisco em matéria tributária nada mais representa senão a interdição, pela Carta Política, de qualquer pretensão governamental que possa conduzir, no campo da fiscalidade – trate-se de tributos não vinculados ou cuide-se de tributos vinculados (ou respectivas multas) –, à injusta apropriação estatal, no todo ou em parte, do patrimônio ou dos rendimentos dos contribuintes, comprometendo-lhes, pela insuportabilidade da carga tributária, o exercício do direito a uma existência digna, a prática de atividade profissional lícita e a regular satisfação de suas necessidades vitais (educação, saúde e habitação, por exemplo)[5].

---

[4] BRASIL. Supremo Tribunal Federal. Ag. reg. no Recurso Extraordinário nº 754.554 Goiás. Estado de Goiás. Comercial de Alimentos Malagoni LTDA. Relator: Min. Celso de Mello. Acórdão Eletrônico: DJe-234.

[5] BRASIL. Supremo Tribunal Federal. Ag. reg. no Recurso Extraordinário nº 754.554 Goiás. Estado de Goiás. Comercial de Alimentos Malagoni LTDA. Relator: Min. Celso de Mello. Acórdão Eletrônico: DJe-234.

Como visto, as decisões acima referidas demonstram a evolução da jurisprudência do Supremo Tribunal Federal no sentido de conferir maior proteção aos direitos do cidadão frente à atuação do fisco, não somente sujeitando a multa fiscal ao princípio da vedação ao tributo com efeito de confisco, mas também estabelecendo certos limites ao afirmar que uma multa 25% do valor da mercadoria ou 100% do tributo a ser pago já pode ser entendida como confisco.

O reconhecimento de que tais multas tenham o efeito de confisco é, sem sombra de dúvidas, um grande avanço na proteção dos direitos fundamentais do contribuinte. Entretanto, há entendimento doutrinário muito bem fundamentado no sentido da impossibilidade de aplicação dos princípios tributários às multas ficais. Essa também é nossa posição.

Entendemos que não se pode aplicar o princípio da vedação a tributação com efeito de confisco às multas porque multa fiscal não é tributo. No entanto, isso não significa que o Estado possa aplicar multas fiscais de 300% sobre o valor da operação, como é comum nas legislações fiscais de todas as esferas federativas, pois há proteção constitucional contra tais abusos. Na verdade, a multa fiscal excessivamente onerosa fere os princípios da livre iniciativa, da proteção à propriedade e da razoabilidade. Demonstraremos nesse trabalho, mais precisamente na terceira seção, que este é o melhor entendimento.

Na seção a seguir examinaremos o princípio da vedação à tributação com efeito de confisco, princípio que fundamenta as decisões do STF e o entendimento de parte da doutrina. Em seguida, examinaremos detalhadamente a natureza jurídica da multa fiscal e os fundamentos científicos de ambas as correntes, tanto a que defende a aplicação dos princípios tributários àquela espécie de sanção como a que entende inaplicáveis tais garantias. Por fim, trataremos da proteção constitucional da propriedade privada, da livre iniciativa e da razoabilidade, princípio que, em nosso entendimento, são violados pela multa fiscal excessivamente onerosa, o que termina por torná-la inconstitucional.

2. O Princípio da Vedação à Tributação com Efeito de Confisco

Em certos casos, a presença da tributação com efeito de confisco se mostra bastante clara, em outros, todavia, é bastante difícil afirmar onde se inicia o efeito confiscatório da tributação, o que torna o princípio de difícil conceituação e de alcance incerto. Nos diversos estudos sobre o tema, sempre se relaciona o princípio da vedação à tributação com efeito de confisco com outros princípios tributários, especialmente com princípio da capacidade contributiva, justiça fiscal e o princípio da progressividade. Não há como falar no primeiro sem falar nos demais, pois este é visto como um aspecto daqueles ou como seu limite.

Dito em outros termos, para entendermos o que é a tributação com efeito de confisco, qual seu significado e alcance, temos de recorrer ao conceito dos princípios acima referidos[6].

Conforme leciona o professor Maurin Almeida Falcão[7] o princípio da capacidade contributiva surgiu em meio ao conflito entre a nascente classe trabalhadora urbana e o capitalismo industrial, por conta das distorções provocadas pelo Estado liberal. "As forças do mercado se revelaram incapazes de promover a justa distribuição da renda e o devido equilíbrio da produção, afetando, dessa forma, o bem-estar dos indivíduos e contrariando, talvez, o contrato social que sucedeu ao Estado natureza".

As tradicionais bases da tributação foram contestadas nas principais revoltas populares dos séculos XVIII e XIX, as classes menos favorecidas da sociedade passaram a clamar por uma tributação justa e por serviços públicos, levando o Estado a ser mais e mais intervencionista, financiando os novos serviços pela ampliação das bases tributária, pela criação de novas modalidades de tributo, e pela tributação progressiva. No início, somente as camadas mais pobres da sociedade pagavam tributos, mas, como resultado desse processo histórico de contestação, a tributação deixou de ser um mero instrumento de dominação e passou a ser o pilar de sustentação da grande sociedade solidária, "a qual se encarregaria de promover a igualdade de todos pelo tributo e diante do tributo"[8]. O princípio do consentimento, ou seja, o início da participação da vontade do povo na formação do tributo, manifestada pelo voto, teve grande importância nesse processo de mudança. Abandonou-se de vez a o princípio da equivalência idealizado pelos liberais, segundo o qual haveria a reparti-

---

[6] HORVATH, Estevão. *O Limite Frágil entre a Capacidade Contributiva e a Vedação ao Confisco no Sistema Constitucional Tributário*. São Paulo: Dialética, 2002. p. 32
[7] FALCÃO, Maurin Almeida. *O mito da progressividade*. XVII CONPEDI, p. 01-25, 2008. p. 05.
[8] FALCÃO, Maurin Almeida; MACHADO, Ieda. *O Limite Frágil entre a Capacidade Contributiva e a Vedação ao Confisco no Sistema Constitucional Tributário*. Nomos, Fortaleza, v. 321, p. 91-105, jan. 2012. Semestral.

ção proporcional da tributação como preço pago pelos benefícios que o cidadão recebe do Estado.

Segundo o princípio da capacidade contributiva, fruto da evolução da sociedade e do tributo, o ônus de manter os serviços públicos deve ser partilhado por todos, de acordo com a possibilidade econômica que cada cidadão tem de contribuir, em outras palavras, o sacrifício fiscal deve aumentar conforme aumenta a renda do indivíduo. O efeito confiscatório da tributação ocorre, então, quando a carga tributária passa a exceder a capacidade contributiva do indivíduo, exigindo-lhe mais do que pode efetivamente pagar.

Entretanto, os problemas para desvendar o real alcance do não-confisco tributário não se encerram nesse ponto, pois também não é tarefa fácil definir onde termina a capacidade contributiva, ou seja, encontrar seu real alcance econômico depende de muitas considerações. Não há um limite formal em qualquer ponto da Constituição Federal. Em verdade, a doutrina afirma que há uma zona cinzenta no que se refere ao limite dos dois conceitos. Cabe ao Poder Judiciário apreciar quando uma lei formalmente perfeita termina por fixar tributo excessivo, incorrendo em inconstitucionalidade por violação do Artigo 150, IV, da Carta Magna.

O problema se mostra bastante sério quando se observa a carga tributária total imposta aos indivíduos, principalmente devido aos efeitos adversos da tributação indireta. Em outros termos, quando se soma a tributação direta, que atinge a renda, com a tributação indireta, que atinge muito fortemente o consumo, sobra muito pouco para se traduzir em efetivo potencial econômico[9].

A carga tributária líquida no Brasil é muito alta, segundo o Ministério da Fazenda, o poder público arrecadou em tributos 35,85% do PIB no ano de 2012[10]. Esse percentual não para de crescer, segundo o IBPT, Instituto Brasileiro de Planejamento e Tributação, projeta-se que a conta final da

---

[9] FALCÃO, Maurin Almeida; MACHADO, Ieda. O Limite Frágil entre a Capacidade Contributiva e a Vedação ao Confisco no Sistema Constitucional Tributário. *Nomos,*Fortaleza, v. 321, p.91-105, jan. 2012, p. 95.
[10] BRASIL. Ministério da Fazenda. Secretaria de Política Econômica. *Carga Tributária Líquida*. Brasília-DF, 2013.

carga tributária do ano de 2013 atingirá 36,42% do PIB[11]. Mas isso não é tudo a se saber sobre a carga tributária atual, resta destacar que a tributação no Brasil é fortemente regressiva, ou seja, os mais pobres e a classe média é que efetivamente pagam a conta da manutenção do Estado.

A regressividade da carga tributária acontece porque a estrutura do sistema tributário brasileiro está voltada principalmente para a tributação do consumo e não da renda, e a quase totalidade da renda disponível das classes mais baixas se destina ao consumo. Os mais ricos, por sua vez, conseguem poupar boa parte de seus rendimentos, constituindo um patrimônio que é muito pouco tributado no Brasil.

Segundo estatísticas do BID, em 2010, somente 7,07% das receitas de impostos vieram da tributação da renda das pessoas físicas, o que representa 2,4% do PIB, enquanto a tributação sobre o consumo gerou 44,98% do total arrecadado na mesma época, totalizando 15,38% do PIB. A tributação sobre o patrimônio gerou míseros 3,56% das receitas, arrecadou-se somente 1,22% do PIB com essa base econômica[12]. Como resultado desse quadro, dados do CDES apontam que as famílias que ganham até 2 salários mínimos gastam 48,8% de sua renda com tributos, enquanto aquelas com renda acima de 30 salários mínimos gasta apenas 26,3% de seus rendimentos com tributos.[13]

Dessa forma, diante de um quadro de carga tributária tão elevada, considerando o peso tanto da tributação direta como da tributação indireta, pode-se concluir que estamos muito próximo de uma situação confiscatória no Brasil. Qualquer aumento na carga tributária tem o condão de atingir fortemente o patrimônio do indivíduo. Mesmo considerando que a sanção fiscal não é tributo e, portanto, a ela não se aplicam os princípios ficais, entendemos que o Estado deve certamente considerar esse

---

[11] INSTITUTO BRASILEIRO DE PLANEJAMENTO E TRIBUTAÇÃO (Brasil). AMARAL, Gilberto Luiz do. OLENIKE, João Eloi. AMARAL, Letícia Mary Fernandes Do (Org.). *Evolução da Carga Tributária Brasileira e Previsão para 2013*. Curitiba. dez. 2013.

[12] AFONSO, José Roberto Rodrigues; SOARES, Julia Morais; DE CASTRO, Kleber Pacheco. *Avaliação da estrutura e do desempenho do sistema tributário Brasileiro*. Banco Interamericano de Desenvolvimento. 2013.

[13] BRASIL. Conselho de Desenvolvimento Econômico e Social – CDES. ALBUQUERQUE, Esther Bemerguy de. *Indicadores de Iniquidade do Sistema Tributário Nacional*. Relatório de Observação nº 2. 2ª Edição. Brasília. 2011.

panorama na aplicação da multa fiscal, pois o direito não pode se esquecer da realidade e o legislador deve atentar para o impacto negativo que uma multa abusiva representa na economia.

O princípio da vedação de tributação com efeito de confisco também é relacionado com a noção de justiça tributária. A capacidade contributiva, a generalidade e universalidade da tributação dos rendimentos, a progressividade da tributação, e a igualdade perante o tributo, todos estes se constituindo sub-princípios da isonomia, são vistos como aspectos da justiça fiscal[14]. A vedação ao tributo com efeito de confisco é tida como mais um aspecto da justiça tributária, ou seja, a injusta cobrança de tributo configura efeito de confisco.

Ocorre que o sistema tributário brasileiro é extremamente injusto, além da já demonstrada regressividade acentuada, há muito pouca transparência, excessiva burocracia, incidência cumulativa de tributos, preponderância da mascarada tributação indireta, tudo isso levando a um sentimento de que a tributação é injusta, verdadeiro confisco por parte do Estado.

Esse sentimento de injustiça é amplificado pelo baixíssimo nível de contraprestação estatal, em outras palavras, a tributação é injusta e confiscatória quando o tributo não se reverte em serviços públicos de qualidade[15]. Pode-se mensurar o quão injusta é a tributação brasileira pelo tamanho das manifestações populares que ocorreram em julho de 2013, onde centenas de milhares de pessoas clamavam exatamente por melhores serviços públicos, como transporte público, educação e saúde.

Para colocar essa dissintonia entre a tributação e os serviços públicos em números, recente estudo do Instituto Brasileiro de Planejamento e Tributação[16] concluiu que "entre os 30 países com a maior carga tributá-

---

[14] HORVATH, Estevão. *O Princípio do Não-confisco no Direito Tributário*. São Paulo: Dialética, 2002

[15] FALCÃO, Maurin Almeida; MACHADO, Ieda. O Limite Frágil entre a Capacidade Contributiva e a Vedação ao Confisco no Sistema Constitucional Tributário. *Nomos*, Fortaleza, v. 321, p.91-105, jan. 2012. Semestral.

[16] INSTITUTO BRASILEIRO DE PLANEJAMENTO E TRIBUTAÇÃO – IBPT (Brasil). AMARAL, Gilberto Luiz do. OLENIKE, João Eloi. AMARAL Letícia Mary Fernandes Do(Org.). *CÁLCULO DO IRBES (Índice de Retorno de Bem Estar à sociedade). Estudo sobre a Carga Tributária/PIB x IDH*. Curitiba. Abril. 2013.

ria, o Brasil continua sendo o que proporciona o pior retorno dos valores arrecadados em prol do bem estar da sociedade". A pesquisa relaciona a carga tributária do país como IDH, que serve de parâmetro para o bem-estar da população. Com uma carga tributária de mais de 36% do PIB, o país apresenta o pior IDH (índice de desenvolvimento humano) dentre os países pesquisados, atingindo 0,730 numa escala que vai até 1. Os três primeiros países do ranking, Estados Unidos da América, Austrália e Coréia do Sul, apresentam um IDH acima de 0,9 enquanto sua carga tributária está pouco acima de 25% do PIB.

Mesmo em países com posições próximas ao Brasil no ranking a situação pode ser diferente, os países nórdicos como Suécia e Dinamarca apresentam elevadíssima carga tributária, acima de 44% do PIB, mas o seu IDH é bastante elevado, acima de 0,90 passa aos cidadãos uma sensação de justiça fiscal. Dito de outro modo, a tributação pode ser vista como justa se os serviços públicos tiverem qualidade, mesmo que a carga seja muito elevada. A Suécia, que ocupa a 24ª no ranking, tem um dos maiores PIB per capita do mundo, e oferece certos serviços públicos que países como os Estados Unidos, o primeiro do ranking, não oferecem, seus programas sociais e serviços públicos, são de extrema qualidade e universais, ou seja, proporcionam benefícios a todos, independentemente da riqueza e renda, o que lhes confere amplo apoio popular, ou seja, sentimento de justiça fiscal[17]. Diferentemente dos brasileiros, os suecos acreditam que fazem um ótimo negócio ao pagar impostos.

O efeito de confisco também é apontado como o limite para a progressividade da tributação. A tributação progressiva surgiu com o liberalismo econômico, que acreditava que tributando mais pesadamente as rendas mais altas poderiam ser abolidos os tributos sobre o consumo, entrave para o livre comércio. Num segundo momento, a tributação progressiva da renda passou a ser utilizada como mais um instrumento tributário a serviço da grande sociedade solidária. Todas as correntes ideológicas enxergavam na progressividade a solução para todos os males dos sistemas tributários, entretanto, a progressividade vem perdendo espaço em razão da realidade da competição econômica entre as nações, o mundo

---

[17] STEINMO, Sven. Bucking the trend? The welfare state and the global economy: the Swedish case up close. *New Political Economy*. v. 8. n. 1. p. 31-48. 2003.

globalizado impôs limitações aos ideais de redistribuição da renda. E mais, detectou-se também que a progressividade, quando em excesso, causa efeitos adversos como a fuga de capitais, a perda de eficiência econômica por desestímulo para o setor produtivo, e o aumento do custo do trabalho mais especializado. Dessa forma, quando a progressividade se mostra excessiva, afetando negativamente as atividades empresárias do indivíduo ou privando-lhe de seu patrimônio, então, resta caracterizado o confisco[18].

Pode-se argumentar também que o princípio da proibição da tributação confiscatória, que serviu de base para a decisão do STF no sentido de considerar abusiva a multa fiscal de 25% sobre o valor da operação, decorre da constitucional proteção à propriedade privada, tanto que em muitos países o primeiro princípio é feito como construção doutrinário-jurisprudencial a partir do segundo. "A tributação deve respeitar a propriedade do contribuinte, constituindo-se verdadeira garantia a esse direito"[19].

A tributação não pode restringir os direitos fundamentais ao ponto de afetar seu núcleo essencial. O Estado, ao tributar, também deve ter mente sua obrigação de manter as atividades do contribuinte e não perturbar sua propriedade além do estritamente necessário, deve assim atentar para o direito de livre iniciativa e de liberdade de exercício de qualquer profissão. Enfim, o poder de tributar envolve, na verdade, o dever de conservar os direitos de propriedade, exercício de qualquer profissão, a dignidade da pessoa humana e os direitos sociais. Nesse sentido, o tributo confiscatório é o que obsta o exercício de tais prerrogativas individuais.[20]

3. A Natureza Jurídica da Multa Fiscal e os Princípios a ela Aplicados

A multa fiscal é a sanção consistente na obrigação de pagar certa quantia em dinheiro, aplicada quando o sujeito passivo não cumpre a obrigação tributária principal ou a obrigação tributária acessória, ou seja, quando não efetua o pagamento do tributo no prazo devido ou quando não rea-

---

[18] FALCÃO, Maurin Almeida. *O mito da progressividade*. XVII CONPEDI, p. 01-25, 2008.
[19] HORVATH, Estevão. *O princípio do não-confisco no direito tributário*. São Paulo: Dialética, 2002, p. 44.
[20] ÁVILA, Humberto. *Sistema constitucional tributário*. 4. ed. São Paulo, SP: Saraiva, 2010, p. 337- 340.

liza alguma atividade material normalmente destinada a facilitar o procedimento de fiscalização, atividade esta exigida por lei. A multa pode representar um percentual da obrigação principal, um percentual sobre o tributo a ser pago, ou um valor fixo a depender da infração e do diploma legal em que for prevista.

Denomina-se de multas moratórias aquelas resultantes do não-pagamento do tributo (ou pagamento fora do prazo) e "multas formais ou isoladas" as que decorrem de violação a alguma obrigação tributária acessória, constituindo-se ambas na aplicação de um dano patrimonial a quem não cumpriu a norma[21].

Da mesma forma que o tributo, a multa consiste numa prestação pecuniária, também é compulsória e obrigatoriamente instituída por meio de lei. A diferença entre a multa e o tributo é que a hipótese necessária para a ocorrência da primeira é a realização de conduta ilícita, como, por exemplo, deixar de registrar uma operação, enquanto a obrigação de pagar tributo decorre da realização de conduta lícita, como o ato de vender uma mercadoria, por exemplo. Também há diferença econômica entre tributo e multa, vez que o tributo se destina a gerar receitas para o Estado e a multa não, como sanção que é, a multa se destina a punir o indivíduo que comete o ilícito.

Sobre a natureza das multas, Cláudio Renato do Canto Farág[22] afirma que a multa tributária tem como bases filosóficas um caráter repressivo e retributivo, na medida em que se presta para impedir a sonegação e desestimular o pagamento em atraso, mas também há um caráter ressocializador, pois a lei deve possibilitar ao contribuinte infrator que pague a multa sem que sua atividade econômica seja inviabilizada. A existência da pena deve ser acessória e servir somente para induzir a observância do dever principal, não para arrecadar, função que pertence aos tributos. Nosso sistema, conclui o autor, não respeita essas finalidades filosóficas.

---

[21] COÊLHO, Sacha Calmon Navarro. *Teoria e pratica das multas tributarias*. 2.ed. Rio de Janeiro: Forense, 1995, p. 39
[22] FARÁG, Cláudio Renato do Canto. *Multas fiscais: Regime jurídico e limites de gradação*. São Paulo: Juarez de Oliveira, 2001, p. 29.

Sacha Calmon Navarro Coêlho[23] também entende que a multa não tem natureza indenizatória, ou arrecadatória, mas somente sancionatória.

As controvérsias sobre a aplicação ou não dos princípios tributários às multas fiscais surgem com o Artigo 113, § 3º, do Código Tributário Nacional, que afirma que caso não se realize a obrigação acessória esta se transforma em obrigação tributária principal, ou seja, o CTN afirma que a multa fiscal é obrigação tributária principal. Ora, se a multa não é tributo, mas é ao mesmo tempo obrigação tributária principal, o que isso significa? Quais princípios são aplicados às multas, somente os princípios de direito administrativo ou também os princípios de direito tributário?

Uma vez que os atos da "Administração Tributária" são todos atos administrativos, os atos de fiscalização, o lançamento tributário e os seus outros atos são regidos por princípios próprios de direito tributário, mas também se sujeitam às normas do direito administrativo, tais como os princípios da legalidade, impessoalidade, moralidade, razoabilidade e proporcionalidade e outros. Dessa forma, não resta dúvida de que tais princípios de Direito Administrativo aplicam-se às multas fiscais. A dúvida aqui pertinente é se os princípios de direito tributário, mais precisamente o princípio da vedação à tributação com efeito de confisco, aplicam-se ou não somente aos atos relativos a tributos, mas também às multas. Existem dois entendimentos doutrinários distintos.

A primeira posição doutrinária, aceita pelos ministros Ricardo Lewandowski e Celso de Melo, que proferiram as decisões alhures mencionadas, consistindo também no entendimento pacificado no Supremo Tribunal Federal, é defendida pelo doutrinador Cláudio Renato do Canto Farág[24]. Tal corrente afirma que deve haver uma unidade de princípios para todo o sistema, não se admitindo que haja um sistema de princípios para a obrigação principal e outro para a acessória (que depois se torna principal), pois "uma regra que obriga um elemento principal deve ser válida também para os elementos acessórios". Entendimento contrário, segundo o último doutrinador referido, levaria à possibilidade de se violar facilmente as garantias dos contribuintes pela imposição de mul-

---

[23] COÊLHO, Sacha Calmon Navarro. *Teoria e pratica das multas tributarias*. 2.ed. Rio de Janeiro: Forense, 1995, p. 72.
[24] FARÁG, Cláudio Renato do Canto. *Multas fiscais: Regime jurídico e limites de gradação*. São Paulo: Juarez de Oliveira, 2001.

tas excessivamente onerosas. Assim, às multas ficais seriam aplicados os princípios de direito tributário, inclusive a vedação à tributação com efeito de confisco presente no Artigo 150, IV, da Constituição Federal.

Embora sem se debruçar na controvérsia, mas reconhecendo efetivamente a aplicação dos princípios da vedação ao tributo com efeito de confisco e capacidade contributiva às multas tributárias, Zelmo Denari[25] afirma que é justamente no capítulo das sanções tributárias que mais freqüentemente os contribuintes são agredidos e fragilizados pela violação desses princípios. Por sua vez, Paulo de Barros Carvalho[26] afirma que uma multa que atinge os 300% caracteriza verdadeiro confisco, o que junto com a "capacidade contributiva das pessoas, diretriz responsável pela caracterização da própria igualdade", bastaria para demonstrar a incompatibilidade entre tal prática e os fins do Estado dispostos na carta magna, pois a ninguém interessaria o desaparecimento de uma unidade produtiva em razão de tributação excessivamente onerosa.

Por outro lado, existe uma segunda corrente que apresenta sólidos argumentos que contrariam a tese de nossa Suprema Corte. Para Estevão Horvath[27] multa não é tributo, e o princípio do não-confisco tributário se reporta aos tributos e não às multas, ou seja, os princípios que regem a tributação seriam distintos dos que regem as multas. O CTN teria igualado multa e tributo somente para efeito de cobrança da obrigação tributária principal. Então, a multa excessiva estaria abrigada pelo princípio da proteção do direito à propriedade, que veda o confisco em geral.

Por sua vez, Sacha Calmon Navarro Coêlho[28] afirma que o CTN teria se expressado de forma equivocada, e que, na verdade, a intenção do legislador no Artigo 113, § 3º, seria conferir à multa os mesmos privilégios do crédito tributário quanto à sua cobrança, somente isso. Uma obrigação de fazer não poderia se transformar numa obrigação de dar (pagar), por isso, seria "cientificamente é impossível transmudar multa

---

[25] DENARI, Zelmo. *Curso de direito tributário*. 9. ed. São Paulo: Atlas, 2007. p. 261.
[26] CARVALHO, Paulo de Barros. *Curso de direito tributário*. 22. ed. São Paulo: Saraiva. 2010. p. 620.
[27] HORVATH, Estevão. *O princípio do não-confisco no direito tributário*. São Paulo: Dialética, 2002, p. 115.
[28] COÊLHO, Sacha Calmon Navarro. *Teoria e pratica das multas tributarias*. 2. ed Rio de Janeiro: Forense, 1995. p. 43

em tributo". O autor ainda afirma que alguns princípios do direito penal se aplicam à interpretação e à aplicação das infrações meramente tributárias, tais como os princípios da tipicidade e ampla defesa. Lidia Maria Lopes Rodrigues Ribas e Gérson Mardine Fraulob[29] seguem essa mesma linha de raciocínio, "se os mesmos privilégios da administração pública quanto ao tributo se aplicam à cobrança da multa tributária, tal não implica que estejam ambos submetidos ao mesmo regime de proteção constitucional".

Ainda quanto às multas excessivamente onerosas, o renomado autor Sacha Calmon Navarro Coêlho[30] afirma que não cabe ao Estado confiscar bens ou impedir atividades de seus cidadãos, pelo simples fato de terem descumprindo deveres fiscais. Liberdade e propriedade devem ser respeitadas. Como não há limites formais para o percentual da multa, estas legalmente podem atingir 300% do tributo devido, entretanto, uma multa excessiva ultrapassando o razoável pra dissuadir ações ilícitas e para punir os transgressores (caracteres punitivo e preventivo da penalidade) caracteriza uma maneira indireta de burlar o dispositivo constitucional que proíbe o confisco. Então, uma "lei sobre fazer leis", uma norma geral, deveria criar um limite para as multas, limite este que os legisladores deveriam observar nas três esferas de governo. Enquanto isso, caberia ao Judiciário criar padrões de limite, baseado no "princípio da não-confiscatoriedade da multa fiscal"[31].

Concordamos com esse entendimento. Se multa fiscal e tributo são coisas bem distintas, decorrendo a multa de ato ilícito e o tributo de ato lícito, então, não podemos concordar com a tese de que os princípios tributários aplicam-se às multas, mais especificamente, não concordamos que se possa afastar a aplicabilidades das multas com base no princípio da vedação à tributação com efeito de confisco.

Por outro lado, é inaceitável que o Estado aplique multas em patamares superiores a 100% do valor da operação tributável, pois tal conduta

---

[29] RIBAS, Lidia Maria Lopes Rodrigues. FRAULOB, Gérson Mardine. Confisco e Limites Das Sanções Tributárias: Aspectos Constitucionais. *Revista Tributária e de Finanças Públicas*. vol. 77. p. 202. 2007. Doutrinas Essenciais de Direito Tributário. vol. 1. p. 325. 2011
[30] COÊLHO, Sacha Calmon Navarro. *Teoria e pratica das multas tributarias*. 2. ed Rio de Janeiro: Forense, 1995. p.67
[31] Ibid., p. 68.

é certamente inconstitucional porque contraria os princípios da proteção da propriedade e da livre iniciativa, além da razoabilidade. Em outras palavras, são as regras da razoabilidade e regra da genérica vedação ao confisco, como atentado ao patrimônio do cidadão ou a liberdade econômica da empresa, que torna inconstitucionais as multas excessivamente onerosas. O Supremo Tribunal Federal, então, decidiu de maneira correta ao afastar as multas abusivas, mas o fez pelas razões jurídicas erradas.

Nesse mesmo sentido se manifesta Eduardo Marciel Ferreira Jardim[32], quando afirma que "a fixação de penalidades não poderia jamais de tornar um instrumento de expropriação ou de confisco". Multas de 100 a 200% seriam inconstitucionais por violar o direito de propriedade, constituindo um verdadeiro locupletamento ilícito por parte da Fazenda Pública. O autor também sustenta que multas excessivas violam o princípio do livre exercício de qualquer atividade, oficio ou profissão ou atividade econômica, o que consistiria numa burla ao Estado Democrático, uma grave afronta à Constituição.

4. O Princípio da Proteção à Propriedade Privada, Livre Iniciativa e Razoabilidade

Demonstrado quais os princípios constitucionais que realmente se prestam a afastara as multas tributárias excessivas, resta-nos esclarecer a natureza e o alcance desses princípios, pois sobre essas questões também há controvérsia.

A Declaração dos Direitos do Homem e do Cidadão, de 1789, já afirmava que a propriedade é um direito inviolável e sagrado, protegido de qualquer ataque, mesmo estatal, exceto se houvesse relevante razão pública e prévia indenização. A constituição imperial e a primeira constituição republicana asseguravam a proteção à propriedade "em toda sua plenitude". O exercício da propriedade somente passa a ser efetivamente condicionado ao interesse coletivo a partir da Constituição Federal de 1946[33].

---

[32] JARDIM, Eduardo Marcial Ferreira. *Manual de direito financeiro e tributário*. 11. ed. São Paulo, SP: Saraiva, 2007. p. 424.
[33] FACHIN. Da Propriedade Como Conceito Jurídico. *Revista dos Tribunais*. vol. 621. p. 16. Jul de 1987.

Quanto à Constituição Federal de 1988, logo no *caput* do Artigo 5º, consagra-se a proteção da liberdade e da propriedade como dois dos direitos mais fundamentais do cidadão, sendo que ambos os princípios decorrem do princípio da liberdade, o mais básico de todos. A atuação do Estado deve ser, portanto, dirigida no sentido de conservar-lhes a efetividade o máximo possível.

A proteção da propriedade privada encontra sua base filosófica nas teorias do contratualismo. Para explicar os fundamentos da sociedade, do sacrifício fiscal, e da manutenção da ordem jurídica, os contratualistas remetem a um tempo em que não havia sociedade organizada, o "estado de natureza". Nesse período sem lei cada indivíduo era senhor de si, livre por natureza, e atuava do modo que bem entendesse para atender suas necessidades pessoais, sua felicidade, seu fim maior era a auto-preservação. Segundo Hobbes, era uma guerra de todos contra todos.

John Locke, um dos maiores pensadores liberais, discorda de Hobbes em seu livro Segundo Tratado do Governo Civil, de 1690, ao afirmar que mesmo no "estado de natureza" a liberdade não seria ilimitada, haveria um "código moral" a limitar a ação dos indivíduos. Haveria igualdade e harmonia entre as pessoas. Segundo sua teoria, o direito á liberdade é o mais fundamental dos direitos naturais, e ninguém é escravo de outra pessoa por natureza, porque, se cada um pode se dedicar à sua própria felicidade, isso significa que ninguém pode ser obrigado a dedicar-se à felicidade alheia.

Nessa perspectiva, um indivíduo adquire a propriedade original de um bem quando emprega seu trabalho naquela coisa, de forma que quando outra pessoa se apropria daquele bem há o mesmo efeito de escravizar o primeiro indivíduo. Nas duas situações o resultado final é mesmo, a pessoa trabalha, mas termina por ficar sem o bem. A liberdade natural ao homem não lhe permite atacar o direito alheio. Nesse sentido, a proteção do cidadão contra atos que venham a violar sua propriedade, como a multa fiscal excessiva, então, decorre do próprio direito de liberdade.[34]

Claro que existem abusos na concentração excessiva da propriedade, nos dias de hoje é amplamente reconhecido que a propriedade privada

---

[34] WAGNER, Richard E; RACHETER, Donald P (Coord.). *Politics, taxation, and the rule of law*: the power to tax in constitutional perspective. Boston: Kluwer Academic Publishers. 2002.

possui uma função social. Entretanto, se o Estado quer redistribuir a riqueza na sociedade, os meios adequados são justamente a tributação progressiva e observância da capacidade contributiva, as multas fiscais não são tributo, não se prestam para arrecadar, não podem, portanto, ter valor tão aviltante como 300% do tributo a ser pago ou 25% do valor da mercadoria, tais percentuais exagerados claramente violam a propriedade privada.

A proteção da propriedade leva à questão da proteção do direito de livre iniciativa. A propriedade se legitima pelo trabalho e se constitui instrumento de trabalho, o empresário depende de sua propriedade para gerar renda para si e para sua família. Tão importante que é para o desenvolvimento econômico e social, a Constituição Federal protege a livre iniciativa já em seu preâmbulo, e também em seu Art. 170, onde assegura a todos o livre exercício da atividade econômica, e outra vez no Art. 5º, que garante o livre exercício de qualquer profissão.

A livre iniciativa consiste na faculdade do cidadão de iniciar uma empresa e geri-la de forma autônoma, e o Estado deve colocar o mínimo de entraves possíveis, e deve incentivar, se possível, pois o amplo respeito à livre iniciativa gera bem estar para a população. "O regime jurídico da propriedade e do contrato constitui o núcleo das condições para a atividade econômica"[35], ou seja, a proteção legal da propriedade da empresa é fundamental para sua manutenção. Ora, se os valores das multas fiscais atualmente previstas na legislação são tão altos que, não raro os empresários entram em inadimplência e até fecham suas empresas, então, resta evidente que estas têm de fato o efeito de confiscar a propriedade e inviabilizar a atividade empresarial. A multa fiscal deve punir o empresário que infringir a lei, mas jamais pode asfixiar seu negócio.

Ressalte-se que há posição doutrinária discordante desse entendimento. Lidia Maria Lopes Rodrigues Ribas e Gérson Mardine Fraulob[36] entendem que a multa fiscal elevada exerce importante papel para inibir a concorrência desleal, pois o sonegador teria vantagem injustificada sobre

---

[35] VIDIGAL, Geraldo de Camargo. A propriedade privada como princípio da atividade econômica. *Revista de Direito Constitucional e Internacional*. vol. 9. p. 42. Out. 1994.

[36] RIBAS, Lidia Maria Lopes Rodrigues. FRAULOB, Gérson Mardine. Confisco e Limites Das Sanções Tributárias: Aspectos Constitucionais. *Revista Tributária e de Finanças Públicas*. vol. 77. p. 202. 2007. Doutrinas Essenciais de Direito Tributário. vol. 1. p. 325. 2011.

seus concorrentes que recolhem a totalidade dos tributos. Afirmam os autores que "é a sanção quem protege a livre iniciativa e não o contrário". Não haveria, segundo os autores, proteção absoluta ao direito de propriedade privada. Não podemos concordar tal raciocínio, pois, repetimos, a multa não se presta a condenar a empresa à morte, mas serve apenas para punir o empresário transgressor, de modo que este volte a cumprir com suas obrigações fiscais. O encerramento das atividades da empresa não se constitui finalidade estatal.

Por fim, todos os autores estudados, assim como os ministros do STF, afirmam não ser razoável a exigência de tais multas excessivas. A razoabilidade é o mais vago dos princípios, serve para interpretar outras normas. Dentre diversas acepções possíveis, a razoabilidade pode ser entendida como proibição da arbitrariedade. Nesse sentido, a Administração e o legislador devem sempre buscar a solução ponderada, comedida, a que menos constranja os direitos do cidadão[37]. Humberto Ávila chama atenção para um dos possíveis significados da razoabilidade, a "razoabilidade-congruência", que consiste na obrigação de que se leve em consideração o mundo real quando da criação e aplicação da norma jurídica. "Quando se adota medida com base em causa inexistente, então, há neste caso uma arbitrariedade, o que viola o Estado de Direito"[38]. A arbitrariedade se mostra evidente na aplicação de multas em percentuais excessivamente elevados, que terminam por impor até o fechamento da empresa.

5. Conclusões

No presente capítulo analisamos os fundamentos jurídicos das mais recentes decisões do Supremo Tribunal Federal que reconheceram a aplicação do princípio da vedação à tributação com efeito de confisco, constante do Artigo 150, IV, da Constituição Federal, às multas ficais fixadas em valor excessivo, bastando para caracterizar o excesso que a multa ultrapasse o valor do tributo devido. A última decisão considerou que a multa fiscal de 25% do valor da mercadoria já se configuraria confisco.

---

[37] HORVATH, Estevão. *O princípio do não-confisco no direito tributário*. São Paulo: Dialética, 2002.
[38] ÁVILA, Humberto. *Sistema constitucional tributário*. 4. ed. São Paulo: Saraiva, 2010. p. 425.

Estudamos na segunda seção o real alcance da vedação à tributação com efeito de confisco. Trata-se de um princípio de difícil definição, fortemente ligado à noção de justiça fiscal, capacidade contributiva e progressividade.

O princípio da vedação à tributação de efeito de confisco não serve como fundamento para o afastamento de multas fiscais excessivas. Como demonstrado na terceira seção, multa e tributo têm conceitos jurídicos muito diferentes, portanto, não se podem aplicar à multa fiscal os princípios tributários. Na verdade, a multa fiscal superior ao valor do tributo a ser pago é inconstitucional por infringir os princípios da proteção à propriedade privada, livre iniciativa e razoabilidade.

Por fim, na última seção estudamos o real alcance dos princípios jurídicos que realmente obstam a multa excessivamente onerosa. Entendemos que a propriedade é direito natural que se legitima pelo trabalho, não podendo o Estado violá-la sem justa motivação. O papel da multa fiscal é punir e prevenir novas infrações, e não arrecadar, de modo que nada justifica tamanho ataque à propriedade privada. A livre iniciativa, essencial para o desempenho da economia e a elevação do nível de renda também é ferida de morte por multas irrazoavelmente elevadas. A razoabilidade é a proibição da arbitrariedade, e nada mais arbitrário que uma multa de 300% sobre o valor da mercadoria, sanção dessa monta pode conter oculta finalidade arrecadatória.

6. Referências Bibliográficas

AFONSO, José Roberto Rodrigues; SOARES, Julia Morais; DE CASTRO, Kleber Pacheco. *Avaliação da estrutura e do desempenho do sistema tributário Brasileiro*. Banco Interamericano de Desenvolvimento. 2013.

ÁVILA, Humberto. *Sistema constitucional tributário*. 4. ed. São Paulo, SP: Saraiva, 2010.

BRASIL. Conselho de Desenvolvimento Econômico e Social – CDES. ALBUQUERQUE, Esther Bemerguy de. *Indicadores de Iniquidade do Sistema Tributário Nacional*. Relatório de Observação nº 2: 2ª Edição. Brasília-DF. mar. 2011. Disponível em: <http://www.cdes.gov.br/documento/2651756/indicadores-de-iniquidade-do-sistema-tributario-nacional-relatorio-de-observacao-n-2.html. Acesso em abril de 2014>.

BRASIL. Ministério da Fazenda. Secretaria de Política Econômica. *Carga Tributária Líquida*. Brasília-df, 2013. Disponível em: <http://www1.fazenda.gov.

br/spe/publicacoes/destaques/2013_12/SPE_Carga_Tributa%CC%81ria_Li%CC%81quida2012.pdf. Acesso em abril de 2014>.

BRASIL. Supremo Tribunal Federal. Ag. Reg. no Recurso Extraordinário 632.315 Pernambuco. Município do Recife. Colégio Santa Maria. Relator: Min. Ricardo Lewandowski. Acórdão Eletrônico: DJe 14/09/2012.

BRASIL. Supremo Tribunal Federal. Ag. Reg. no Recurso Extraordinário 657.372 Rio Grande do Sul. Estado do Rio Grande Do Sul. Staff Veículos e Autopeças LTDA. Relator: Min. Ricardo Lewandowski. Acórdão Eletrônico: DJe-108 10/06/2013.

BRASIL. Supremo Tribunal Federal. Ag. reg. no Recurso Extraordinário nº 754.554 Goiás. Estado de Goiás. Comercial de Alimentos Malagoni LTDA. Relator: Min. Celso de Mello. Acórdão Eletrônico: DJe-234.

CARVALHO, Paulo de Barros. *Curso de direito tributário*. 22. ed. São Paulo: Saraiva. 2010.

COÊLHO, Sacha Calmon Navarro. *Teoriae pratica das multas tributarias*. 2.ed. Rio de Janeiro: Forense, 1995.

DENARI, Zelmo. *Curso de direito tributário*. 9. ed. São Paulo: Atlas, 2007.

FACHIN. *Da Propriedade Como Conceito Jurídico*. Revista dos Tribunais. vol. 621. p. 16. Jul de 1987.

FALCÃO, Maurin Almeida; MACHADO, Ieda. O Limite Frágil entre a Capacidade Contributiva e a Vedação ao Confisco no Sistema Constitucional Tributário. *Nomos*,Fortaleza, v. 321, p. 91-105, jan. 2012. Semestral.

FALCÃO, Maurin Almeida. *O mito da progressividade*. XVII CONPEDI, p. 0001--00025, 2008.

FARÁG, Cláudio Renato do Canto. *Multas fiscais: Regime jurídico e limites de gradação*. São Paulo: Juarez de Oliveira, 2001.

HORVATH, Estevão. *O princípio do não-confisco no direito tributário*. São Paulo: Dialética, 2002.

INSTITUTO BRASILEIRO DE PLANEJAMENTO E TRIBUTAÇÃO – IBPT (Brasil). AMARAL, Gilberto Luiz do. OLENIKE, João Eloi. AMARAL Letícia Mary Fernandes do (Org.). *CÁLCULO DO IRBES (Índice de Retorno de Bem Estar à sociedade). Estudo sobre a Carga Tributária/PIB x IDH*. Curitiba. Abr. 2013. Disponível em: <https://www.ibpt.org.br/>. Acesso em abril de 2014.

INSTITUTO BRASILEIRO DE PLANEJAMENTO E TRIBUTAÇÃO – IBPT (Brasil). AMARAL, Gilberto Luiz do. OLENIKE, João Eloi. AMARAL Letícia Mary Fernandes Do (Org.). *Evolução da Carga Tributária Brasileira e Previsão para 2013*. Curitiba. dez. 2013. Disponível em: <https://www.ibpt.org.br/>. Acesso em abril de 2014.

JARDIM, Eduardo Marcial Ferreira. *Manual de direito financeiro e tributário*. 11. ed. São Paulo, SP: Saraiva, 2010.

RIBAS, Lidia Maria Lopes Rodrigues. FRAULOB, Gérson Mardine. Confisco e Limites das Sanções Tributárias: Aspectos Constitucionais. *Revista Tributária e de Finanças Públicas*. vol. 77. p. 202. 2007. Doutrinas Essenciais de Direito Tributário. vol. 1. p. 325. 2011.

STEINMO, Sven. Bucking the trend? The welfare state and the global economy: the Swedish case up close. *New PoliticalEconomy*. v. 8. n. 1. p. 31-48, 2003.

VIDIGAL, Geraldo de Camargo. A propriedade privada como princípio da atividade econômica. *Revista de Direito Constitucional e Internacional*. vol. 9. p. 42. Out/1994.

WAGNER, Richard E; RACHETER, Donald P (Coord.). *Politics, taxation, and the rule of law:* the power to tax in constitutional perspective. Boston, MA: Kluwer Academic Publishers. 2002.

Capítulo V
O Princípio da Igualdade e as Imunidades Tributárias Subjetivas Referentes às Taxas: Uma Aproximação Inicial

MARCOS ROBERTO DE OLIVEIRA*

Sumário: 1 Introdução. 2 Princípio da Igualdade; 2.1. Da igualdade como interdição geral de arbitrariedade (*Willkürformel*) à concretização teleológica da isonomia; 2.2. A justiça e a igualdade para John Rawls; 2.3. Uma concepção do princípio da igualdade a partir da Constituição; 2.3.1. Noção inicial de igualdade jurídica e de formação dos juízos de igualdade; 2.3.2. O conteúdo do princípio da igualdade a partir da Constituição: 2.3.2.1. As normas expressas especificadoras do princípio da igualdade; 2.3.2.2. Os valores e os fins de justiça extraídos da Constituição. 3. As Imunidades Tributárias; 3.1. Algumas definições e conceitos de imunidade tributária; 3.1.1. As imunidades tributárias como limitações ao poder de tributar; 3.1.2. A imunidade tributária afirmada como princípio Constitucional; 3.1.3. A imunidade tributária definida como hipótese de não-incidência constitucionalmente qualificada; 3.1.4 A afirmação de que a imunidade tributária operaria a "exclusão" ou "supressão" da competência tributária; 3.2. As imunidades tributárias como instrumentos de proteção de direitos fundamentais; 3.3. imunidade tributária e capacidade contributiva; 3.4. Classificação das imunidades tributárias. 4 Conclusões. 5 Referências Bibliográficas.

---

* Mestre em Direito Econômico, Financeiro e Tributário pela Universidade Católica de Brasília – UCB. Especialista em Direito Público pela Universidade de Brasília – UNB. Procurador da Fazenda Nacional

1. Introdução

As normas veiculadoras de imunidades tributárias são predispostas à desigualação, pois retiram do terreno comum da atuação impositiva tributante dos entes políticos determinadas pessoas, objetos, fatos e situações, os quais estarão a salvo do princípio da generalidade da tributação.

Em uma visão de sistema e de unidade normativa da Constituição Federal, essas normas exonerativas devem harmonizar-se como os demais preceitos, como os valores e interesses tutelados constitucionalmente, sob pena de laborar o legislador em incoerência sistêmica e tornar inoperável o próprio ordenamento jurídico.

O principal elemento balizador e de aferição dessa compatibilidade é o princípio da isonomia, posto que as normas de imunidades são concebidas exatamente a partir de juízos de (des)igualdade, dos quais serão instituídos tratamentos de paridade e de disparidade, que devem se adequar aos ditames desse postulado constitucional.

Questão de relevância ímpar é a de perquirir e afirmar a legitimidade dos critérios de diferenciação e dos tratamentos de desigualação em face do conteúdo jurídico-material do princípio da igualdade. Tal conteúdo há que ser preenchido pela leitura sistêmica dos valores e dos interesses tutelados pela Carta da República, segundo uma concepção político-jurídica.

Com a pretensão de uma compreensão inicial do tema, neste capítulo, o autor busca desenvolver esse juízo de legitimidade em relação à imunidades tributárias específicas subjetivas previstas pelo artigo 5º, incisos LXXIV e LXXVII, e pelo parágrafo 2º do artigo 230 da Constituição Federal.

2. O Princípio da Igualdade

2.1. Da igualdade como interdição geral de arbitrariedade (*Willkürformel*) à concretização teleológica da isonomia

Extrai-se dos estudos acerca do tema que, durante boa parte do século XX, a doutrina e os tribunais, especialmente os estrangeiros, desenvolveram teses e fórmulas para o princípio da igualdade que partiam de uma noção absoluta desse postulado, o que restringia, consideravelmente, o seu conteúdo e a sua abrangência normativa, limitando-o a um preceito formal ou procedimental, de caráter argumentativo, de controle da atuação do legislador pelos órgãos Judiciários.

Anderei Pitten Velloso discorre acerca das principais correntes doutrinárias e jurisprudenciais de índole formal.[1] Uma das teorias mais difundidas da igualdade ao longo dos tempos é a da *interdição de arbitrariedade*, consistente em uma mera proibição de medidas arbitrárias pelo Estado, de desigualações irrazoáveis, sem justificativa. Os tratamentos díspares que poderiam ser controlados pelos tribunais seriam somente aqueles que constituíssem injustiças evidentes.

Essa teoria foi desenvolvida, especialmente durante o século XX, em diversas cortes constitucionais, no controle de arbitrariedades manifestas cometidas pelo Legislativo, como na *Corte Constituzionale italiana*, no Tribunal Constitucional espanhol, no *Conseil Constitutionnel* francês, na *Cour de Cassation* da Bélgica, no Tribunal Constitucional português e, fortemente, no Tribunal Constitucional Federal alemão.

Em um primeiro momento, a igualdade estaria respeitada bastando que o legislador não cometesse arbitrariedades (a discriminação deveria resultar da natureza das coisas), estas tidas como injustiças evidentes, agravadas (aspecto material da teoria). Por essa vertente, a liberdade conferida ao legislativo era extremamente ampla, posto que os juízes e tribunais não poderiam sobrepor a sua noção de igualdade e de justiça àquela do legislador, mas apenas controlar as discriminações consistentes em injustiças manifestas (seu aspecto formal).

Em uma segunda fase, a concepção de igualdade se apega à noção de essencialidade (igualdade essencial), ou seja, deve-se ter em conta as características fundamentais dos objetos de comparação ou indivíduos envolvidos para se aferirem a razoabilidade e a justiça da discriminação. Ocorre que a concepção de igualdade essencial, pela sua indeterminação e vagueza, mostra-se de difícil concretização, o que leva o Tribunal Constitucional alemão, segundo o autor, a recorrer, mais uma vez, à noção de interdição de arbitrariedade legislativa para preenchê-la nos casos concretos.

Pitten Velloso aponta algumas impropriedades fatais da teoria da interdição de arbitrariedade para compreender, explicar e aplicar o princípio da igualdade. Uma delas está no equívoco de buscar preencher o conteúdo do princípio da igualdade pela técnica de controle de consti-

---

[1] VELLOSO, Andrei Pitten. *O princípio da isonomia tributária: da teoria da igualdade ao controle das desigualdades impositivas*. Porto Alegre: Livraria do Advogado, 2010, p. 33/80.

tucionalidade da atividade estatal com suporte nesse mesmo princípio, o que demonstra apenas o aspecto formal do postulado. Depois, dispensa os pares de comparação de pessoas, fatos e situações, sobrelevando a ideia de arbitrariedade, chegando ao ponto de tratar como problema de igualdade aquilo que se mostra como mera arbitrariedade ou arbitrariedade absoluta.[2]

Materialmente, entende o autor, essa teoria legitima injustiças e até mesmo lesões ao próprio princípio da igualdade. Com efeito, ao considerar como quebra do princípio da isonomia apenas as arbitrariedades manifestas ou injustiças flagrantes, perceptíveis a toda e a qualquer pessoa, termina por permitir desigualações mais sofisticadas, não abonadas pelas exigências constitucionais de igualdade.[3]

Por outro lado, confere uma ampla discricionariedade ao Legislativo na definição de tratamento legal desigual, bem como restringe excessivamente o controle jurisdicional sobre a atividade legislativa, tornado-o um controle de evidências. Assim, entende o autor que a teoria em comento constitui, em verdade, uma compreensão minimalista do princípio da igualdade.

Na seara tributária não é diferente, mostrando-se a teoria da interdição de arbitrariedade insuficiente e inadequada, ainda mais Bfrente aos instrumentos de que dispõe o Direito Tributário para a concretização da igualdade, como o princípio da generalidade da tributação, o da capacidade contributiva nos impostos, o da equivalência *lato sensu* e do benefício econômico para as taxas e contribuições de melhoria.[4]

Fácil de perceber, assim, que a teoria da interdição geral de arbitrariedades demonstrou, efetivamente, apenas parte da compreensão e aplicação do princípio da igualdade, um mínimo da sua essência, abrangência e exigência.

Afirma Velloso que, na tentativa de apartar o princípio da igualdade da noção de arbitrariedade, surgiram teorias, também de índole formal, que preconizavam uma mera exigência de coerência sistêmica ou mesmo um caráter acessório para o princípio em estudo. Essas teorias também

---

[2] VELLOSO, Andrei Pitten. *O princípio da isonomia tributária: da teoria da igualdade ao controle das desigualdades impositivas*. Porto Alegre: Livraria do Advogado, 2010, p. 46/47.
[3] Ibid., p. 48/49.
[4] Ibid., p. 49.

procuraram desvincular o princípio da igualdade da ideia de justiça e dos critérios de comparação baseados na noção do justo, distanciando-se da fórmula aristotélica de tratamento paritário para os iguais e díspar para os desiguais.

As teorias que entendiam o princípio da igualdade como acessório defendiam que a violação desse postulado somente ocorreria quando fossem violados outros princípios constitucionais, como o do Estado de Direito, do Estado Social, do Estado Federal, o princípio democrático ou o da separação de poderes.

Já os defensores do primado da isonomia como coerência sistêmica afirmavam que o legislador estaria obrigado, no estabelecimento de tratamentos paritários e díspares, a guardar uma harmonia formal com as premissas do sistema normativo, não podendo incidir em incoerências internas. Entretanto, pouco ou nada lhe era exigido quanto a uma vinculação material à igualdade e aos valores tutelados constitucionalmente.

Essas teorias, embora tivessem a virtude de combater a vinculação da igualdade à ideia de uma justiça metajurídica, rechaçaram em demasia a realização do justo mediante os juízos comparativos típicos da noção de igualdade, desconsiderando a possibilidade e a necessidade de preenchimento da concepção de justiça a partir dos valores positivados constitucionalmente. Por outro lado, não preencheram o conteúdo jurídico autônomo do princípio da igualdade, fazendo-o depender de outros preceitos constitucionais.

Mais uma vez, também nessas noções, o princípio da igualdade carece de um preenchimento do seu conteúdo jurídico e da vinculação material aos interesses e valores protegidos constitucionalmente, o que tende a desaguar na quebra da igualdade substancial e não em seu respeito.

Registra Andrei Velloso que algumas outras teorias procuraram desvincular do princípio da igualdade a regulação dos tratamentos díspares ou, em concepção menos radical, identificaram a essência da igualdade no tratamento paritário.[5]

Minimizando a radicalização da teoria que extrai uma exigência de paridade jurídica absoluta do princípio da igualdade, nessa última noção,

---

[5] VELLOSO, Andrei Pitten. *O princípio da isonomia tributária: da teoria da igualdade ao controle das desigualdades impositivas.* Porto Alegre: Livraria do Advogado, 2010, p. 56.

a igualdade estaria a exigir tratamentos paritários dos fatos, situações e pessoas sempre que não se encontrassem fundamentos suficientes a justificar os tratos desiguais. Assim, o princípio isonômico serviria mais como um suporte argumentativo a justificar as regulações paritárias.

Em outro momento, coforme Pitten Velloso[6], como resposta às severas críticas à aplicação do princípio da igualdade vinculada simplesmente à noção de interdição de arbitrariedades, o Tribunal Constitucional Federal alemão apresentou uma nova fórmula que agregava à igualdade a ideia de proporcionalidade, exigindo que houvesse uma relação de adequação entre o tratamento diferenciador e o fundamento justificador da desigualação. Passou-se a ponderar a índole e a importância do traço diferenciador que viesse a justificar a desequiparação jurídica, como método de aferição da observância do princípio isonômico.

Essa fórmula passou a ser aplicada pelo Tribunal Constitucional Federal da Alemanha especialmente quando as diferenciações se relacionassem com os direitos e as garantias fundamentais, seguindo, ainda, a noção da interdição de arbitrariedades para os demais casos. Assim, a integração da proporcionalidade ao princípio da igualdade serviu para tornar mais exigente o controle de constitucionalidade sobre as desigualações legislativas, restringindo o campo de discricionariedade do legislador e ampliando o de atuação do Tribunal.

Relata o autor que várias críticas foram lançadas sobre essa ideia de princípio da igualdade. Inicialmente, por constituir mais um instrumento ou um método de análise da aplicação do postulado frente às disparidades jurídicas do que, propriamente, uma definição material do mesmo, pois não oferece elementos substanciais para a determinação prévia da igualdade e da desigualdade.[7]

Por outro lado, ao limitar a aplicação da fórmula às possíveis restrições das liberdades fundamentais, parece desconsiderar o caráter autônomo do princípio, pois tais restrições poderiam ser combatidas simplesmente mediante a aferição do respeito ou não àquelas liberdades e direitos constitucionais em face da proporcionalidade das desigualações.

---

[6] VELLOSO, Andrei Pitten. *O princípio da isonomia tributária: da teoria da igualdade ao controle das desigualdades impositivas*. Porto Alegre: Livraria do Advogado, 2010, p. 60.
[7] Ibid., p. 62.

Outra crítica que se faz a tal teoria é a de incluir em um único princípio e em uma única fase de aplicação os postulados da igualdade e da proporcionalidade, já que são ideias que não se confundem. A primeira se relaciona à análise das equivalências, semelhanças, analogias e diferenças entre os indivíduos, os fatos e as situações para se estabelecerem tratamentos paritários ou díspares; já a segunda, em seu sentido amplo, se refere à relação de adequação, necessidade e proporcionalidade *stricto sensu* dos meios utilizados para o alcance de determinados fins jurídicos.

Por fim, há também que se ter em conta a teoria da concretização teleológica da igualdade. Essa teoria defende que a aferição da observância ou não do princípio da igualdade deve se dá segundo a finalidade da regulação normativa, do fim da medida de desigualação. Em verdade, essa noção já era percebida na construção da própria fórmula aristotélica, pois aquele filósofo também defendia a variedade dos critérios de diferenciação, legitimando-se o tratamento jurídico paritário ou díspar conforme a finalidade da medida (melhor flauta ao melhor flautista, ainda que não fosse o mais belo ou nobre; poder político ao mais hábil, ainda que não fosse o mais atlético).[8]

Ocorre que essa teoria restringia o controle da igualdade à compatibilidade da medida adotada ao fim da regulação, deixando de fora da atuação do princípio isonômico a constitucionalidade dos meios e dos fins adotados, pois o controle, nessa parte, tomava como referência outros princípios constitucionais, o que aproxima a noção puramente teleológica da ideia da igualdade da teoria da coerência sistêmica e do mandado de proporcionalidade.

Embora firme premissa correta (controle pelo fim da regulação), essa teoria, por apenas exigir adequação do meio ao fim escolhido, sem se preocupar com a escolha do fim, abre um campo de arbítrio perigoso ao legislador na definição dos fins a serem alcançados. Ora, tal intelecção da igualdade também incide no equívoco da não definição, do não preenchimento do conteúdo jurídico material do princípio da igualdade, especialmente com suporte nos valores constitucionais, determinando critérios

---

[8] VELLOSO, Andrei Pitten. *O princípio da isonomia tributária: da teoria da igualdade ao controle das desigualdades impositivas.* Porto Alegre: Livraria do Advogado, 2010, p. 66.

que também vinculem o legislador na escolha dos fins e dos meios das medidas jurídicas de desequiparação e de igualação.

As teorias expostas até aqui se contentaram com uma concepção formal do princípio da isonomia, especialmente por adotarem o caráter absoluto tradicional, não admitindo a sua relativização ou ponderação com outros princípios e direitos constitucionais, o que não se compatibiliza com as teorias contemporâneas do princípio da igualdade. Essa adoção da índole absoluta enfraquece o princípio, pois a única maneira de concretizá-lo será mediante exigências de mera compatibilidade e de coerência sistêmica, sem lhe preencher o conteúdo material informado pelos valores e interesses tutelados constitucionalmente.

Assim, entender e aceitar a relativização da igualdade como da essência do correlato princípio é um pressuposto de sua densificação e de sua construção como princípio jurídico autônomo, o que foi buscado a partir das concepções materiais do postulado da isonomia. Mencionemos algumas dessas teorias.

2.2. A justiça e a igualdade para John Rawls

Em 1971, em sua obra *A theory of justice*, o Professor de Harvard, John Rawls, propôs a sua teoria acerca da justiça e da igualdade, na qual tratava da justiça da estrutura básica de uma sociedade e não simplesmente de um conjunto de normas. O jurista Marciano Seabra de Godoi oferece-nos feliz explanação acerca dessa teoria em seu livro Justiça, igualdade e Direito Tributário, da qual faremos uso neste tópico.[9]

Em Rawls, a sociedade é tida como uma associação de indivíduos que se aproxima da autossuficiência. Essas pessoas, nas relações que desenvolvem entre si, reconhecem como obrigatórias as regras de comportamento definidas, as quais conduzem a um sistema de cooperação social, que é concebido para realizar o bem comum daqueles indivíduos. A sociedade caracteriza-se por uma identidade de interesses (pela cooperação social se vive melhor do que se se vivesse isoladamente) e por um conflito de interesses permanente (os indivíduos discordam, pelas mais

---

[9] GODOI, Marciano Seabra. *Justiça, igualdade e Direito Tributário.* São Paulo: Dialética, 1999, p. 41/63.

diversas razões, dos modos de repartição dos benefícios e dos ônus e da consequente parcela que lhes cabe).

Exatamente nesse ponto é que Raws apresenta a sua teoria dos princípios de justiça social, como uma forma de construção de uma concepção pública de justiça, que contenha elementos comuns acordados, de forma consciente, entre os indivíduos com experiências concretas de vida distintas, inclusive de justiça.

A teoria que propõe tem nítida feição substancial e não meramente formal, pois busca a justiça na atribuição de direitos e liberdades fundamentais, bem como a existência de efetiva igualdade de oportunidades econômicas e de condições sociais nas diversas camadas da sociedade.

O seu autor propõe a construção ou escolha dos princípios de justiça a partir de uma situação inicial, um ponto de partida hipotético e não real, em que todos os indivíduos vivem em uma mesma situação social de total equidade. Esses indivíduos desconhecem completamente a posição social ou o *status* econômico que ocuparão na sociedade, não sabem dos dotes e habilidades físicas e mentais que terão, as propensões psicológicas e ideias próprias do bem.

Nessas condições, as pessoas escolherão os princípios de justiça social e toda decisão futura sobre igualação ou desigualação terá que ser pensada de acordo com essa posição original, deverá guardar harmonia com esse ponto de partida, passando por verdadeiro teste de legitimação.

Em um exemplo: não passaria pelo teste a atribuição de maiores liberdades fundamentais aos que ganhassem acima de determinado valor, ou que ocupassem determinada posição social ou exercessem determinada profissão, já que os indivíduos não aprovariam tal regra na posição de partida, pois desconhecem quanto ganharão, que profissão exercerão e quais as habilidades profissionais terão.

Explica Marciano Seabra que Raws entendeu que os indivíduos, estando na posição original de equidade comum, escolheriam dois princípios básicos de justiça, em uma relação serial ou de prioridade: 1º) por um lado, a exigência de uma igualdade radical na atribuição entre os indivíduos das liberdades e dos direitos fundamentais básicos; 2º) as desigualdades socioeconômicas entre os indivíduos somente serão consideradas justas se: i) for garantida uma igualdade equitativa efetiva de oportunidades e ii) se tais desigualdades resultarem em benefícios para todos os indivíduos, em especial os menos favorecidos (somente assim se justificam os maiores benefícios concedidos a alguns, sob pena de serem injustos e não passarem pelo teste com a posição original).[10]

Essa escolha de princípios parte de uma posição ética fundamental: ninguém pode ser considerado "melhor" moralmente por ter nascido com dotes físico-mentais aprimorados ou ainda por ter encontrado para si, na sociedade, uma posição privilegiada. Assim, todos os valores sociais básicos, como liberdade, oportunidades, renda, riquezas, bases sociais de auto-estima individual, devem ser distribuídos de forma igual, a não ser que uma desequiparação beneficie a todos.

As liberdades básicas a que se refere Rawls nesse primeiro princípio são aquelas que estão no alicerce da constituição política de uma sociedade, como as liberdades políticas, de consciência, de pensamento e de expressão, de reunião, liberdade individual de não ser agredido em sua integridade física e/ou moral, a liberdade de possuir propriedade (individual), de não ser privado arbitrariamente em sua liberdade e ir e vir etc.

Um dos pontos principais da índole substancial da teoria de Rawls, como afirmado por Marciano de Godoi[11], é a amarra que ele realiza quando explana sobre *a igual participação política dos cidadãos na condução da coisa pública*, que é o cerne do seu primeiro princípio, especialmente porque daí virão as decisões fundamentais para a sociedade já formada. Nessa parte, John Rawls afirma a imprestabilidade das concepções formais de direitos políticos e, por consequência, das instituições político-democráticas da forma como daí advindas (sufrágio universal, cargos políticos abertos a todos, eleições livres, periodicidade dos mandatos, direito de oposição política e de defesa de minorias etc.).

Após definir e reconstruir, filosoficamente, essas instituições políticas básicas, Rawls afirma que o valor da liberdade política e a medida do respeito a essa igual participação não estão na existência formal dessas instituições, mas sim na existência efetiva de condições materiais que garantam a todos os cidadãos oportunidades equitativas de participação e de poder de influência no processo político. A não ser assim, essa

---

[10] GODOI, Marciano Seabra. *Justiça, igualdade e Direito Tributário*. São Paulo: Dialética, 1999, p. 45.
[11] GODOI, Marciano Seabra. *Justiça, igualdade e Direito Tributário*. São Paulo: Dialética, 1999, p. 50.

situação não se legitimará na escolha dos princípios e valores realizada na posição inicial de isonomia entre os indivíduos.

Entre os instrumentos que o Estado deverá utilizar para garantir essa igualdade substancial de participação estão as politicas tributárias de redistribuição da riqueza e da propriedade, a destinação de verbas públicas para os programas de incentivo às discussões públicas das questões políticas, destinação de verbas públicas aos partidos políticos com vistas a torná-los menos dependentes do poder econômico privado e mais representativos dos interesses comuns da coletividade.

Tanto no primeiro quanto no segundo princípio, Rawls trata da distribuição do que denomina *bens sociais primários* (não se confundem com as *necessidades primárias*). No primeiro princípio, que tem preponderância sobre o segundo, estão as liberdades básicas, especialmente as políticas, norteadas pelas condições materiais de oportunidades efetivas. A exigência de distribuição igual desses bens é mais rígida do que no segundo princípio.

No segundo, estão os poderes, as prerrogativas de autoridade, as rendas, as riquezas e até mesmo a auto-estima individual. Aqui, há certa tolerância nas diferenças de distribuição, de aquinhoamento, desde que tais desequiparações favoreçam a todos, especialmente os menos favorecidos. As desigualdades na distribuição das posições de maior influência e autoridades somente serão admitidas se os cargos de maior comando estiverem abertos e acessíveis a todos, segundo uma igualdade equitativa de oportunidades garantida por condições materiais igualitárias.

De modo contrário, os termos vigentes da convivência social não seriam tidos como aceitáveis naquela posição original de equidade, pois ninguém anuiria que a sua própria miséria fosse o contributo para a felicidade alheia.

Godoi menciona que Ronald Dworkin, em sua teoria da igualdade distributiva, que também é de cunha material, assim como a de Rawls, parte de uma situação de isonomia inicial (náufragos em um ilha deserta, sem habitantes nativos, sem possibilidade de resgate, lá chegam em igualdade de condições e encontram uma abundância de recursos). Estabelece critérios de distribuição desses recursos entre os náufragos, os quais devem ser tratados como iguais, pois possuem o mesmo valor intrínseco. Propõe o "teste da inveja", o leilão dos recursos a partir de condições monetárias iguais, a diferenciação entre "sorte bruta" e "sorte escolhida", o leilão hipotético de seguros etc.[12]

Ocorre que a teoria de Dworkin se refere a um aspecto da igualdade, qual seja, o da distribuição dos recursos, não tratando da igualdade política, no que se mostra mais limitada do que a teoria de John Rawls. De outra banda, Dworkin dispensa tratamento às preferências, ambições e atitudes que definem para uma pessoa como é a sua vida desejável, o que não faz Rawls, pois a sua teoria dispensa tratamento às classes de indivíduos formadoras da estrutura básica da sociedade.

2.3. Uma concepção do princípio da igualdade a partir da Constituição

2.3.1. Noção inicial de igualdade jurídica e de formação dos juízos de igualdade

É algo corrente entre os estudiosos do Direito que a igualdade jurídica não se confunde com a mera identidade, com a igualdade em seus termos absolutos. A formulação de juízos de igualdade que envolvem fatos, pessoas e situações se mostra parcial, flexível, aderente aos valores e interesses de dada sociedade. Trata-se de uma conceituação cultural e política.

Se no mundo da mera identidade atua o *"determinismo natural"*, no campo da igualdade jurídica, verifica-se o *"determinismo artificial"*, na linha de raciocínio de Alfredo Augusto Becker.[13]

Na formulação dos juízos de igualdade, há sempre que se partir de critérios de diferenciação, de determinadas propriedades e seu grau de relevância para o Direito ou para a finalidade da medida a ser adotada.[14] Nesse processo, certas desigualdades são abstraídas; objetos, situações e fatos desiguais são igualmente sopesados, avaliados, tudo em face das propriedades eleitas e do grau de relevância jurídica que a elas se atribui. Assim a isonomia jurídica se mostra como equivalência

---

[12] GODOI, Marciano Seabra. *Justiça, igualdade e Direito Tributário*. São Paulo: Dialética, 1999, p. 85/86.

[13] BECKER, Alfredo Augusto. *Teoria geral do Direito Tributário*. 4ª ed. – São Paulo: Noeses, 2007, p. 56.

[14] BALEEIRO, Aliomar. *Limitações constitucionais ao poder de tributar*. 8ª ed. atualizada por Misabel Abreu Machado Derzi. – Rio de Janeiro: Forense, 2010, p. 851.

em determinadas propriedades relevantes para a função do Direito e não como mera identidade.[15]

Os juízos de igualdade são, destarte, eminentemente *valorativos*, não lhes servindo os juízos meramente *descritivos*. Não servirá, portanto, à formulação dos preceitos jurídicos a fórmula que venha a afirmar que *"A e B são verdadeiramente distintos, assim não devem receber tratamento isonômico"*, pois esse juízo descritivo não estaria respeitando a definição das propriedades de comparação e da sua relevância jurídica, recaindo, nesse rumo, na pretensão naturalista de, simplesmente, extrair um "dever ser" de um "ser".

Como adverte Pitten Velloso[16], os juízos valorativos, considerados idôneos à formulação dos preceitos jurídicos, são *triádicos*, pois exigem, além dos pares de comparação, a eleição de propriedades relevantes em face das quais se realizam as comparações (*tertium comparationis*). Assim, tais juízos poderiam ser assim enunciados: *"A e B são iguais ou desiguais relativamente à propriedade P (ou às propriedades P^1, P^2...)"*.

Por isso as teorias, eminentemente formais, que construíam o princípio da isonomia como uma mera exigência de argumentação, sem a definição de pares de comparação e de propriedades relevantes juridicamente, não se mostraram idôneas a explicar toda a pujança da igualdade, pois nem mesmo lhe preenchiam o conteúdo jurídico material e não predefiniam os critérios de diferenciação a vincular o legislador. Nesse grupo, colocaram-se as teorias da interdição geral de arbitrariedades e da coerência sistêmica, dentre outras.

Dessa exigência de formação de pares de comparação e de definição das propriedades juridicamente relevantes, aliada às características de abstração e de generalidade das normas jurídicas, surge a conclusão de que devem ser formados *grupos ou categorias de pessoas ou situações* típicas na conformação da regra jurídica a partir do princípio da igualdade, sempre se jungindo à finalidade da medida legislativa. Esses grupos são constituídos a partir da presença (ou do grau da presença) de determinada(s) característica(s), ou seja, a partir dos critérios de diferenciação.

---

[15] ÁVILA, Humberto. *Teoria da igualdade tributária*. 2ª ed. – São Paulo: Malheiros Editores, 2009, p. 43.
[16] VELLOSO, Andrei Pitten. *O princípio da isonomia tributária: da teoria da igualdade ao controle das desigualdades impositivas*. Porto Alegre: Livraria do Advogado, 2010, p. 85.

Um exemplo está na consideração da propriedade "capacidade de contribuir" em sujeitos que passam a ser iguais perante a finalidade de participar do custeio dos gastos públicos, formando, assim, o "grupo dos contribuintes". Ocorre que essa característica pode se manifestar com maior intensidade em determinados contribuintes, surgindo como critério de diferenciação o grau de capacidade contributiva, para, então, formar outros grupos menores perante a finalidade de pagar os impostos pessoais, como o Imposto de Renda, alocando-os em patamares progressivos de alíquotas.

Essas propriedades ou características relevantes, bem como as finalidades das regulações mediantes as normas jurídicas devem ser investigadas à luz da Constituição Federal, a norma suprema que serve de condicionante e de fundamento de validade para as demais e que congrega todo o conjunto dos valores e interesses eleitos pela sociedade como merecedores da maior proteção e de diversas garantias.

2.3.2. O conteúdo do princípio da igualdade a partir da Constituição

As primeiras noções indispensáveis à concretização do princípio da igualdade são as de sistema e de unidade normativa da Constituição. Graça em evidente equívoco quem pretende interpretar e aplicar isoladamente o postulado isonômico, pois até mesmo a concretização efetiva da própria Constituição pressupõe a sua interpretação sistemática.

Ora, as normas e princípios constitucionais formam um *sistema* jurídico-constitucional, constituindo uma unidade normativa, um todo composto de elementos que se intercomunicam, que se inter-relacionam e influenciam, reciprocamente, a aplicação uns dos outros.

Uma dogmática do princípio da igualdade somente será legítima se considerar, na sua concretização, as normas expressas na Constituição, a axiologia fundamental que ali se encontra, como os interesses tutelados e valores positivados, bem como a finalidade que a Carta Magna dispõe para toda regulação normativa.

Outra premissa a ser salientada e afirmada desde os autores clássicos, já externada neste capítulo, é o incindível elo entre igualdade e justiça, o que é perceptível a qualquer pessoa, ainda que intuitivamente, confundindo, em muitas situações, o igual como o justo e o desigual como o injusto.

Com efeito, a igualdade faz parte do núcleo da justiça. Mas é a ideia de justiça que norteia a construção de qualquer concepção de igualdade jurídica, tornando-se essencial ao preenchimento do conteúdo material do princípio isonômico. Sigamos.

2.3.2.1. As normas expressas especificadoras do princípio da igualdade
Além de enunciar o princípio geral da igualdade, as Constituições costumam estabelecer mandados específicos de isonomia, sob a forma de interdições de discriminações ou de desfavorecimentos, que fazem parte do núcleo rígido, especificador do mandado geral de igualdade.

Essas cláusulas específicas de igualdade, como pondera Andrei Pitten[17], possuem o caráter de verdadeiras *regras* jurídicas, pois apresentam, em seu enunciado, uma hipótese específica e um consequente determinado, expedindo um mandado definitivo, pois já foram sopesadas pelo legislador constituinte as possibilidades fáticas e jurídicas da sua observância. Nesse aspecto, o princípio da igualdade também possui a dimensão de *regra*.[18]

Nas interdições de discriminações, o constituinte já elegeu certas características ou propriedades que não podem servir como critérios de diferenciação só por si, daí também serem chamadas de interdições de diferenciações, exigindo um tratamento jurídico paritário quando a referência forem essas características isoladamente, o que decorre até mesmo da igual pretensão à liberdade e à dignidade humana, hoje reconhecida a todos.

Das interdições gerais de discriminações ou de diferenciações resulta, por exemplo, a impossibilidade do tratamento tributário favorecido ou mais gravoso em virtude, puramente, da raça, do sexo ou da opção religiosa de dado grupo, como se verificou na Alemanha nazista com o agravamento dos encargos tributários exigidos dos judeus. Das interdições específicas resultam proibições mais direcionadas, como aquela extraída do artigo 150, inciso II, da Constituição Federal, impedindo a tributa-

---

[17] VELLOSO, Andrei Pitten. *O princípio da isonomia tributária: da teoria da igualdade ao controle das desigualdades impositivas*. Porto Alegre: Livraria do Advogado, 2010, p. 97.
[18] ÁVILA, Humberto. *Teoria da igualdade tributária*. 2ª ed. – São Paulo: Malheiros Editores, 2009, p. 163.

ção favorecida em razão da ocupação profissional ou da função exercida, como já se outorgou, antes, a juízes e a servidores públicos.

Também não se pode negar que há princípios especificadores do postulado da igualdade, pois apresentam diretrizes mais determinadas do seu conteúdo, como ocorre, no caso da tributação, com os princípios da generalidade, da uniformidade e da capacidade contributiva.

Todavia, o conteúdo material do princípio isonômico não se resume aos comandos constitucionais expressos (muito longe disto), sob pena de se negar o próprio conteúdo autônomo desse postulado, pois as prescrições a ele atribuídas já dimanariam dessas normas explícitas. O legislador e o aplicador do direito deverão ter em conta as diretrizes implícitas da Carta Suprema, extraídas do seu complexo sistema axiológico, descortinando os valores e os interesses tutelados constitucionalmente e em que proporção o são.

Problema dos mais graves a respeito do princípio da igualdade diz respeito exatamente à sua especificação geral material, ou seja, à determinação dos critérios gerais de diferenciação a serem observados pelo aplicador do Direito e, especialmente, pelo legislador. Sem a definição desse conteúdo jurídico material, o princípio se resume ao seu aspecto formal, conferindo ampla liberdade ao legislador na formulação dos juízos de (des)igualdade e pouca amplitude de atuação no controle a ser realizado pelo Judiciário.

Apegada a esse argumento, boa parte da doutrina acusa o princípio da igualdade de ser vazio, pois não detalharia que igualdades e desigualdades seriam juridicamente relevantes, que critérios são idôneos à definição dos tratamentos de (des)igualdade.

Embora sejam corretas e até óbvias tais ponderações, não se pode mais admitir que, em um ambiente de amadurecimento do constitucionalismo e de força normativa da Constituição, seja tomada como verdade a afirmação da falta de um conteúdo jurídico material para o princípio da igualdade.

Há sim, em uma noção de sistema e de unidade normativa da Constituição, critérios a orientarem a atuação do legislador, e o consequente controle judicial, na formulação dos juízos de (des) igualdade e na construção das normas jurídicas de paridade e de disparidade de tratamento, como a concepção constitucional de justiça, o sistema e a teleologia da regulação normativa, os ditames legislativos, as orientações nucleares do

Estado Social e Democrático, os fundamentos e os valores do Estado concebido constitucionalmente.

2.3.2.2. Os valores e os fins de justiça extraídos da Constituição
A importância da análise e da concretização teleológica do princípio da igualdade, já aqui afirmada, é inegável e sempre defendida pela doutrina e pelos tribunais. Com efeito, a definição dos critérios de diferenciação (ou das igualdades e desigualdades juridicamente relevantes) deve corresponder aos fins da regulação normativa.

Ocorre que de nada valeria a exigência do postulado isonômico se for conferida ampla e descontrolável liberdade ao legislador para definir os fins da regulação, em função dos quais serão determinados os critérios de diferenciação.

Assim, a distinção entre os fins e os critérios de sua definição são elementos indispensáveis para o preenchimento do conteúdo jurídico material do princípio da igualdade e para a sua concretização. Nessa missão, a noção constitucional de justiça se mostra como um caminho do qual não se pode desviar. Em verdade, o princípio em estuado já constitui, por si só, em sua essência, um *mandado de justiça*.

Com efeito, é incontendível a constatação de que os juízos de igualdade devem ser formulados segundo critérios de justiça para, daí, definirem-se tratamentos jurídicos com suporte na isonomia.

Os critérios de justiça legitimam e dão a própria medida à igualdade. Na seara tributária, a capacidade contributiva funciona como um critério de justiça a preencher o conteúdo da isonomia, determinando os fins da regulação e contribuindo para a concretização do mandado geral de justiça da igualdade.

E de onde se extrairia essa noção de justiça a orientar o preenchimento do conteúdo jurídico material do princípio da igualdade? Por certo que há de vir da Constituição Federal, dos valores e interesses tutelados pela Carta Suprema.[19]

Não se pode negar que o termo *justiça* se mostra extremamente vago e polissêmico, o que tende a tornar complexa a tarefa de definir os critérios

---

[19] GODOI, Marciano Seabra. *Justiça, igualdade e Direito Tributário*. São Paulo: Dialética, 1999, p. 107.

de justiça antes mencionados e, por consequência, de explicar o princípio da igualdade como um *mandado de justiça*. Contudo, essa dificuldade não pode desanimar o exegeta na tarefa de preencher o conteúdo jurídico material desse postulado com suporte na concepção de justiça, pois a ideia contrária ou a negação desse vínculo se mostra demasiadamente perigosa, como nos alerta Andrei Pitten.[20]

O que se mostra ilegítimo e extremamente nocivo é a definição da ideia de justiça a partir de concepções subjetivas, particulares, corporativistas, circunstanciais, mutáveis e arbitrárias. Também ilegítima é a construção do conteúdo da igualdade isolada de uma ideia jurídica sistêmica de justiça, pois exatamente esse caminho que tem feito com que exegetas e aplicadores do Direito se conformem com os argumentos mais débeis e impertinentes a justificar os tratamentos desiguais entre pessoas e situações, aceitando a violação do próprio postulado da isonomia.

No Direito Tributário, uma área em que esse risco se intensifica é o da extrafiscalidade, no qual os operadores do direito podem se satisfazer com justificativas frágeis para as medidas de desigualação somente porque não viola outros preceitos constitucionais, sem se atentarem para o conteúdo do princípio da igualdade a partir da noção de justiça. Mas que concepção de justiça seria esta?

Há inúmeras propostas doutrinárias a tentar oferecer resposta a tal questionamento, defendendo o recurso a conceitos *jusnaturalistas* de justiça ou a concepções dominantes no seio da sociedade ou mesmo segundo os valores jurídico-constitucionais.[21]

A utilização do conceito *jusnatural* de justiça para preencher o conteúdo jurídico da igualdade não se mostra eficiente por diversas razões. Com efeito, a construção eminentemente racional ou concreta do conceito de justiça mostra-se inviável, insuficiente e de utilidade prática muito limitada. Ademais, muito das conclusões essenciais das teorias *jusnaturais* já se encontra positivado atualmente nas Constituições, especialmente no cardápio dos direitos fundamentais. Por outra, como o conceito *jusnatural* de justiça se alimenta, em muito, de uma ideia de igualdade pura, esse processo da definição da concepção de justiça pelo *jusnatura-*

---

[20] VELLOSO, Andrei Pitten. *O princípio da isonomia tributária: da teoria da igualdade ao controle das desigualdades impositivas.* Porto Alegre: Livraria do Advogado, 2010, 105.
[21] Ibid., p. 106.

lismo tende a se tornar um raciocínio circular inadequado e de pouca utilidade prática.

Muito sedutora se mostra a proposta de definição do conceito de justiça pelas concepções gerais de justiça predominantes e consolidadas na sociedade. Embora tenha a virtude da intensificação da democracia, essa posição termina por afastar a construção do conceito de justiça do sistema constitucional já positivado e dos valores que se extraem do mesmo. Em verdade, as noções gerais de justiça presentes no contexto social devem alimentar a axiologia e a positivação na própria Constituição.

Assim, a concepção de justiça que contribuirá para o preenchimento do conteúdo jurídico da igualdade deve ser também jurídica, extraída do próprio ordenamento, especialmente do conjunto de valores e interesses tutelados constitucionalmente[22], com destaque para os direitos fundamentais.

E não se pode negar que, nesse conteúdo constitucional, está plasmado muito das ideias *jusnaturais* e das concepções sociais de justiça. Chegaremos, com facilidade, a tal constatação ao perquirirmos a axiologia constitucional, descortinando as exigências da dignidade da pessoa, do livre e pleno desenvolvimento da personalidade, do Estado Social e do Estado Democrático, dos objetivos e fundamentos definidos para o Estado, da solidariedade geral e da solidariedade fiscal, dentre outros.

Como se vê, igualdade e justiça são conceitos e formam institutos imbrincados, de inter-relação íntima inegável[23], encontrando-se a igualdade no próprio núcleo da justiça e nesta um elemento de concretização daquela, existindo, assim, uma identidade parcial dos seus conteúdos. Contudo, não se confundem. Prova disto está na constatação de que há algo de particular da igualdade, que é a sua constante vinculação a pares e critérios de comparação, como antes já afirmado, o que a faz distinta da noção geral de justiça.

Essa especificidade da igualdade em relação à ideia geral de justiça pode até mesmo causar tensões entre uma e outra, como, por exemplo, quando a justiça se realiza no caso concreto pelo seu elemento segurança

---

[22] ÁVILA, Humberto. *Teoria da igualdade tributária*. 2ª ed. – São Paulo: Malheiros Editores, 2009, p. 140.
[23] BALEEIRO, Aliomar. *Limitações constitucionais ao poder de tributar*. 8ª ed. atualizada por Misabel Abreu Machado Derzi. – Rio de Janeiro: Forense, 2010, p. 848.

jurídica e a (des)igualdade juridicamente relevante resulte, no mesmo caso, de elemento diverso da segurança jurídica.

Assim, a noção geral ou absoluta de justiça não se apresenta apta, em todas as situações e hipóteses, para especificar o conteúdo da igualdade, necessitando de uma delimitação ou adequação à luz da isonomia. Isso impõe reconhecer que a dimensão da justiça que especifica a igualdade também deve vincular-se aos pares e critérios de comparação, a um contexto de proporcionalidade e correspondências, de relações entre indivíduos e grupos. Essa dimensão é a da *justiça relacional*.[24]

A justiça relacional constitui uma especificação ou um conteúdo parcial da noção de justiça absoluta. Enquanto esta se relaciona à justiça do ato em si, da medida considerada isoladamente; aquela sempre estará se referindo à justiça da paridade ou disparidade de tratamento havida entre pessoas e situações diversas.

Mas a justiça relacional em nada deixa de ser justiça, pois se mostra apenas como uma adequação da noção mais geral desta, por uma exigência da sistemática do princípio da igualdade. Assim, também será extraída de uma perquirição sistemática do conjunto de valores e interesses tutelados constitucionalmente.

Feitas algumas reflexões acerca do princípio da igualdade, vejamos, agora, algumas considerações básicas sobre os institutos das imunidades tributárias.

3. As Imunidades Tributárias

3.1. Algumas definições e conceitos de imunidade tributária

Observando as definições e manifestações doutrinárias acerca das imunidades tributárias, podemos extrair diversas concepções do que seja esse instituto para os estudiosos do tema, do que seja a sua natureza jurídica. Vejamos alguns desses entendimentos.

Aliomar Baleeiro afirmava ser a imunidade tributária a exclusão da competência de tributar proveniente da Constituição.[25] Pontes de

---

[24] VELLOSO, Andrei Pitten. *O princípio da isonomia tributária: da teoria da igualdade ao controle das desigualdades impositivas*. Porto Alegre: Livraria do Advogado, 2010, p. 109.
[25] BALEEIRO, Aliomar. *Limitações constitucionais ao poder de tributar*. 8ª ed. atualizada por Misabel Abreu Machado Derzi. – Rio de Janeiro: Forense, 2010, p. 472.

Miranda prelecionava tratar-se de direito fundamental, definindo-a como a limitação constitucional à competência de editar regras jurídicas de imposição.

Para Amílcar de Araújo Falcão, uma forma qualificada ou especial de não- incidência, por supressão, na Constituição, da competência impositiva ou do poder de tributar, quando se configuram certos pressupostos, situações ou circunstâncias previstos no Estatuto Supremo.[26]

Marcos Aurélio Pereira Valadão pontifica: "Relativamente à imunidade, reporta-se a uma previsão específica contida no texto constitucional, excluindo a possibilidade da cobrança de determinadas exações de natureza tributária", identificando-a, logo depois, como uma espécie do gênero limitações ao poder de tributar.[27]

Já Ricardo Lobo Torres, afirma que "a imunidade tributária, do ponto de vista conceptual, é uma relação jurídica que instrumentaliza os direitos fundamentais, ou uma qualidade da pessoa que lhe embasa o direito público subjetivo à não-incidência tributária ou uma exteriorização dos direitos da liberdade que provoca a incompetência tributária do ente público".[28]

Por fim, para Regina Helena Costa, imunidade tributária é "a exoneração, fixada constitucionalmente, traduzida em norma expressa impeditiva da atribuição de competência tributária ou extraível, necessariamente, de um ou mais princípios constitucionais, que confere direito público subjetivo a certas pessoas, nos termos por ela delimitados, de não se sujeitarem à tributação".[29]

Constata-se, assim, que diversas são as opiniões de qual seja, efetivamente, o caráter jurídico das imunidades tributárias. Vejamos, brevemente, algumas reflexões acerca das concepções antes indicadas.

---

[26] *Apud* COSTA, Regina Helena. *Imunidades tributárias: teoria e análise da jurisprudência do STF*. 2ª ed. – São Paulo: Malheiros Editores, 2006, p. 33.

[27] VALADÃO, Marcos Aurélio Pereira. *Limitações constitucionais ao poder de tributar e tratados internacionais*. Belo Horizonte: Del Rey, 2010, p. 25.

[28] TORRES, Ricardo Lobo. *Os direitos humanos e a tributação: imunidades e isonomias*. Rio de Janeiro: Renovar, 1995, p. 44.

[29] COSTA, Regina Helena, op. cit., p. 52.

3.1.1. As imunidades tributárias como limitações ao poder de tributar

Em um estudo, ainda que não aprofundado, acerca das imunidades tributárias, mesmo que pela simples leitura dos dispositivos constitucionais reguladores da matéria, não se pode olvidar a conclusão de que a limitação ao poder de tributar é um dos efeitos das normas imunizantes. Contudo, tal efeito limitativo não advém apenas das imunidades.

Com efeito, as limitações ao poder de tributar formam um conjunto de princípios e demais regras que disciplinam a definição e o exercício da competência tributária, como as normas que atribuem a competência tributária aos entes políticos, os princípios constitucionais e as próprias imunidades tributárias. Aliomar Baleeiro sentenciava que toda imunidade é uma limitação constitucional ao poder de tributar, embora a recíproca não seja verdadeira.[30]

Assim, a afirmação das imunidades como limitações constitucionais de tributar, nada obstante se apresente correta, apresenta a desvantagem da vagueza quanto à integralidade dos temas, posto que estão contidas nessa expressão outras categorias jurídicas que não se confundem com as imunidades.

3.1.2. A imunidade tributária afirmada como princípio constitucional

Regina Helena Costa lembra que, para Bernardo Ribeiro de Moraes, a imunidade não apenas complementa princípios albergados na Constituição, mas também constitui um princípio constitucional próprio, ligado que se acha à estrutura política, social e econômica do país; é um princípio constitucional de vedação impositiva.[31]

Para Ricardo Lobo Torres, as imunidades se mostram como princípios (princípios que declaram direitos fundamentais do cidadão e do contribuinte vinculados à ideias de liberdades, como na proteção de valores e direitos que exercem as imunidades do art. 150, VI) ou regras (ao limitar

---

[30] BALEEIRO, Aliomar. *Limitações constitucionais ao poder de tributar*. 8ª ed. atualizada por Misabel Abreu Machado Derzi. – Rio de Janeiro: Forense, 2010, p. 372.

[31] COSTA, Regina Helena. *Imunidades tributárias: teoria e análise da jurisprudência do STF*. 2ª ed. – São Paulo: Malheiros Editores, 2006, p. 36.

as competências dos entes políticos), o que dependerá do seu grau de positivação ou das circunstâncias de sua aplicação.[32]

Em linha oposta, Marco Aurélio Greco entende que, embora ambos (princípios e imunidades) disponham sobre o exercício do poder de tributar, fazem-no de modo oposto. Com efeito, os princípios, encerrando diretrizes *positivas* a serem observadas no exercício do poder de tributar, indicam algo que o constituinte quer ver *alcançado*. Já as imunidades (com a sua natureza de limitações) têm função *negativa*, indicando algo que o constituinte quer ver *não atingido, protegido*. Em resumo: princípios indicam um caminho a seguir; imunidades (limitações) determinam para onde não seguir.[33]

Regina Helena Costa se contrapõe ao pensamento de Bernardo de Moraes afirmando, além do pensamento de Marco Greco, que a imunidade encerra norma que, por definição, deve ser específica, regulando situações determinadas; já os princípios, em sua essência, são dotados de intensa generalidade e abstração.

Entende a autora que as imunidades, embora não se confundam com os princípios, são manifestações de um princípio geral implícito na Constituição, que pode ser definido como *"princípio da não-obstância do exercício de direitos fundamentais por via da tributação"*, buscando evitar, pela via da tributação, a minimização ou subtração do exercício de direitos constitucionalmente garantidos, posto que o poder de tributar atua sobre o direito de liberdade e o direito de propriedade dos cidadãos.[34]

Não há dúvidas de que imunidades e princípios compõem o âmbito do exercício da competência tributária atribuída pela Constituição Federal. Aquelas demarcando a própria amplitude da competência; estes norteando, condicionando o seu exercício. Contudo, imunidades e princípios não se confundem.[35] Princípios são dotados de intensa generalidade e abstração, cumprindo a função de orientar, pelo seu conteúdo

---

[32] TORRES, Ricardo Lobo. *Os direitos humanos e a tributação: imunidades e isonomias*. Rio de Janeiro: Renovar, 1995, p. 49/50.

[33] *Apud* COSTA, Regina Helena. *Imunidades tributárias: teoria e análise da jurisprudência do STF*. 2ª ed. – São Paulo: Malheiros Editores, 2006, p. 37.

[34] COSTA, Regina Helena, op. cit., p. 37-38.

[35] BALEEIRO, Aliomar. *Limitações constitucionais ao poder de tributar*. 8ª ed. atualizada por Misabel Abreu Machado Derzi. – Rio de Janeiro: Forense, p. 379.

axiológico, a interpretação e aplicação de outras normas. Imunidades são normas voltadas a situações específicas, perfeitamente identificáveis.

Os princípios pressupõem a existência da competência, pois orientam o seu adequado exercício; já as imunidades implicam a inexistência, a amputação da competência. Assim, em regra, poder-se-ia afirmar que onde há a imunidade não há que se falar em aplicação dos princípios constitucionais, posto que não há exercício de competência. Contudo, há imunidades (ontológicas) que advêm de clara aplicação de princípios, embora não necessariamente tributários, como o caso das imunidades recíprocas, decorrentes do princípio federativo.[36]

Conclui-se, assim, que não se mostra de rigor técnico ter as imunidades tributárias como princípios, ainda que como princípios constitucionais tributários.

3.1.3. A imunidade tributária definida como hipótese de não-incidência constitucionalmente qualificada

A compreensão da imprecisão dessa definição deve partir da classificação das regras jurídicas em *regras de comportamento* e em *regras de estrutura*. Segundo Paulo de Barros Carvalho, as primeiras são aquelas que regulam diretamente a conduta das pessoas, em suas relações intersubjetivas; as regras de estrutura regulam o relacionamento entre as normas de conduta, bem como a sua produção, modificação e extinção.[37] Ambas as espécies são encontradas no texto constitucional.

As regras de comportamento, como regulam a conduta das pessoas, possuem sempre um suporte fático, um fato apreendido do mundo que, uma vez realizado, ensejará a incidência da norma. Nessa senda, incidência é o efeito ou a atuação concreta da norma assim que se verifica, no mundo exterior, a realização do fato descrito em sua hipótese.

Se assim o é, o que seria, então, a não-incidência? Teria algum relevo jurídico? Seria uma categoria jurídica? Seria a não verificação da atuação da norma jurídica sobre determinado fato, por ser indiferente para aquela norma. Então, está afirmada a sua irrelevância jurídica, seria uma

---

[36] BALEEIRO, Aliomar. *Limitações constitucionais ao poder de tributar*. 8ª ed. atualizada por Misabel Abreu Machado Derzi. – Rio de Janeiro: Forense, p. 373.
[37] CARVALHO, Paulo de Barros. *Direito tributário, linguagem e método*. 3ª ed. – São Paulo: Noeses, 2009, p. 351.

categoria extrajurídica, não se configuraria como um fato jurídico. Esse o primeiro inconveniente da definição sob análise: utilizar uma categoria extrajurídica (não-incidência) para apreender um fenômeno jurídico (imunidades tributárias).[38]

O segundo inconveniente estaria na constatação de que "incidência" e "não-incidência" são conceitos que se relacionam com as regras de comportamento. Ocorre que as normas imunizantes são normas de estrutura, pois atuam sobre a produção de outras normas (o exercício da competência tributária) e não sobre fatos realizados no mundo fenomênico.[39]

Assim, o exercício da competência tributária, pela via legislativa, somente será válido se observadas as regras de estrutura extraídas das normas imunizantes. Não se verifica, aqui, uma situação de incidência ou não-incidência.

3.1.4. A afirmação de que a imunidade tributária operaria a "exclusão" ou "supressão" da competência tributária

Definir a imunidade como fenômeno de "exclusão" ou "supressão" da competência tributária apresenta o inconveniente de pressupor a preexistência da competência em relação às normas imunizantes, como se houvesse uma sucessão cronológica destas últimas relativamente àquelas.

Entretanto assim não ocorre, pois, tratando-se ambas de obra do legislador constituinte, há uma simultaneidade entre tais normas, pois a competência tributária já nasce com os limites impostos pelas imunidades. Ambas contribuem, simultaneamente, para formarem o desenho da competência tributária, as primeiras de modo positivo e as segundas de forma negativa.

3.2. As imunidades tributárias como instrumentos de proteção de direitos fundamentais

Para Regina Helena Costa, as imunidades tributárias apresentam dúplice natureza ou regime jurídico: *norma constitucional demarcatória da competên-*

---

[38] COSTA, Regina Helena. *Imunidades tributárias: teoria e análise da jurisprudência do STF*. 2ª ed. – São Paulo: Malheiros Editores, 2006, p. 41.

[39] CARVALHO, Paulo de Barros. *Direito tributário, linguagem e método*. 3ª ed. – São Paulo: Noeses, 2009, p. 352.

cia tributária (hipóteses de intributabilidade) e *direito público subjetivo* das pessoas direta ou indiretamente por ela favorecidas.[40]

O primeiro aspecto evidencia o aspecto *formal* da imunidade, excepcionando o princípio da generalidade da tributação (todos os que realizam os fatos tidos pela lei como hipóteses de incidência estão obrigados, sem discriminação, a pagar o tributo). Já no segundo, vislumbra-se o seu aspecto *material*, direito das pessoas a não se sujeitarem à tributação nos moldes da norma constitucional exonerativa.

Em seu conceito, a autora destaca, propositalmente, o que chamou de aspecto material da imunidade tributária, ou seja, o direito público subjetivo à exoneração fiscal, demonstrando que entende ser esse aspecto essencial e não simples efeito reflexo do instituto, pois o constituinte busca, pela imunização de determinados bens, pessoas e situações, alcançar certas finalidades constitucionalmente eleitas, incentivando atividades voltadas para o interesse público.[41]

Verifica-se, assim, que essa linha de intelecção se harmoniza em vários pontos com a de Ricardo Lobo Torres, especialmente na identificação do aspecto material das imunidades como direito público subjetivo e no entendimento de que as imunidades tributárias servem de instrumentos para a realização de diversos direitos fundamentais.[42]

Com efeito, como antes afirmado, Regina Costa entende que as imunidades são aplicação de um princípio implícito na sistemática constitucional, qual seja, o *"princípio da não-obstância do exercício de direitos fundamentais por via da tributação"*.[43] Esse princípio, implícito na Constituição, é extraído das normas que afirmam os diversos direitos e liberdades individuais e coletivos, combinadas com aquelas que regram a atividade tributante. É dizer: essa atividade não pode implicar a indevida minimização ou inviabilização do exercício dos direitos fundamentais.

Na aplicação desse postulado, estão os próprios princípios tributários que protegem o exercício de direitos fundamentais, como a proibição de

---

[40] COSTA, Regina Helena. *Imunidades tributárias: teoria e análise da jurisprudência do STF*. 2ª ed. – São Paulo: Malheiros Editores, 2006, p. 51.
[41] Ibid., p. 52.
[42] TORRES, Ricardo Lobo. *Os direitos humanos e a tributação: imunidades e isonomias*. Rio de Janeiro: Renovar, 1995, p. 45.
[43] COSTA, Regina Helena, op. cit., p. 79.

confisco pela tributação (direito de propriedade), limitação de trafego de pessoas ou bens (liberdade de ir e vir) etc.

Mas também as imunidades tributárias, reafirma a autora, representam aplicação desse princípio, à medida que tutelam o exercício de direitos fundamentais, como o mínimo vital e a dignidade da pessoa, a liberdade de culto, de informação, de pensamento, de expressão, o acesso à cultura, a educação e a assistência social, dentre outros, funcionando, assim, como um *instrumento de proteção* desses direitos fundamentais, como uma sua *garantia*.[44]

No magistério de José Eduardo Sabo, confirmamos essa linha de intelecção. Assim se manifesta o jurista, *verbum ad verbum*: "Por tudo isso, existe a tendência, por parte dos poderes públicos, a fomentar cada vez mais o movimento fundacional e de entidades de interesse social, mediante a concessão de benefícios de ordem tributária, em virtude de as atividades desenvolvidas por essas entidades complementarem as do Estado".[45]

Essa função de proteção dos direitos fundamentais já foi afirmada pelo Supremo Tribunal Federal em várias ocasiões, sendo uma das emblemáticas em matéria tributária o julgamento proferido na ADIN (939-7), que tratou da não sujeição do IPMF (EC 03/93) ao princípio da anterioridade e às imunidades recíprocas, quando vários ministros reconheceram a função de garantia de direitos fundamentais exercida pelas imunidades.

Por todos, tomemos as palavras do Ministro Celso de Mello naquele julgado, o qual, afirmando não se tratar de um fim em si mesmo, qualificou as imunidades como garantias ou instrumentos de tutela das liberdades públicas ou de direitos básicos, destinando-se "*a conferir efetividade a determinados direitos e garantias fundamentais reconhecidos e assegurados às pessoas e às instituições*".

Recentemente, em fevereiro do ano em curso, no RE nº 636.941/RS, o Supremo Tribunal Federal, em sessão plenária e com reconhecimento e aplicação do regime da repercussão geral, chamado a se pronunciar sobre os requisitos e a regulamentação das imunidades tributárias reconhecidas às entidades de educação e de assistência social sem fins lucrativos,

---

[44] COSTA, Regina Helena. *Imunidades tributárias: teoria e análise da jurisprudência do STF*. 2ª ed. – São Paulo: Malheiros Editores, 2006, p. 82.
[45] PAES, José Eduardo Sabo. *Fundações, associações e entidades de interesse social: aspectos jurídicos, administrativos, contábeis, trabalhistas e tributários*. 8ª ed. Rio de Janeiro: Forense, 2013, p. 815.

em especial quanto à Contribuição ao PIS, reconheceu a esse instituto a índole de direitos ou garantias fundamentais, por servirem à concretização de fins públicos estabelecidos pela Constituição.

Vale salientar, nesse ponto e de forma breve, que, dentre os fundamentos axiológicos das imunidades tributárias, a doutrina identifica a presença de vários que guardam íntima relação com essa função de proteção de direitos fundamentais. A própria Regina Costa afirma que a preservação de valores relevantes para a sociedade e para o Estado constitui o seu fundamento genérico de natureza político-valorativa.[46] Já Ricardo Lobo Torres pontua que, dentre os fundamentos das imunidades tributárias, estão as condições de exercício das liberdades e de direitos fundamentais, inclusive direitos sociais, e a justiça fiscal, existindo uma "reserva de direitos humanos diante da fiscalidade".[47]

Assim, as imunidades tributárias, a par de serem limitações constitucionais ao poder de tributar, normas demarcadoras da própria competência estatal, podem ser entendidas como garantias tributárias dos próprios contribuintes, como, aliás, se verifica expressamente no *caput* do artigo 150, como, também, podem ser compreendidas como instrumentos de concretização de direitos fundamentais, inclusive e especialmente dos não contribuintes dos tributos alcançados pelas normas constitucionais de desoneração. Tudo isso realça a riqueza e a multifuncionalidade desse instituto.

3.3. Imunidade tributária e capacidade contributiva

O princípio da capacidade contributiva se destaca como instrumento jurídico de realização do postulado da isonomia tributária, manifestando a sua essência de justiça fiscal.

A capacidade contributiva, quer em sua feição objetiva (mero signo presuntivo de riqueza), quer em sua vertente subjetiva (aptidão particular para contribuir conforme o perfil econômico do indivíduo), pressupõe a existência de capacidade econômica. A aptidão para contribuir exige, contudo, uma capacidade econômica qualificada ou gravável.

---

[46] COSTA, Regina Helena. *Imunidades tributárias: teoria e análise da jurisprudência do STF*. 2ª ed. – São Paulo: Malheiros Editores, 2006, p. 68.
[47] TORRES, Ricardo Lobo. *Os direitos humanos e a tributação: imunidades e isonomias*. Rio de Janeiro: Renovar, 1995, p. 74/80.

As imunidades, mormente relacionadas aos tributos desvinculados de prestação estatal direta e imediata, pressupõe a existência da capacidade econômica, pois, ausente tal capacidade, desnecessária a norma imunizante, já que a situação estaria naturalmente fora da tributação, seria um irrelevante tributário, haveria atipicidade. Estaria ausente a capacidade contributiva já em sua feição objetiva.

Embora detentores de capacidade econômica, o que se verifica, em muitos casos de imunidades, entre os sujeitos imunes, é a ausência da capacidade contributiva subjetiva (imunidades ontológicas – ex. recíproca).[48] Já em outros casos, embora presente a capacidade contributiva, as situações consideradas e os sujeitos, segundo o seu perfil institucional e constitucional, são imunizados em virtude de estarem vinculados à satisfação de interesses tutelados constitucionalmente (imunidades políticas – ex. templos, partidos políticos).

Essa busca da realização de valores e diretrizes constitucionais legitima a desconsideração da capacidade econômica como aptidão para contribuir ou mesmo justifica as imunidades diante da existência de capacidade contributiva. O que se verifica é uma efetiva qualificação constitucional da capacidade contributiva à luz dos valores políticos eleitos pela sociedade e acolhidos pelo Estado.[49]

Assim, pode-se afirmar que, nesses casos, é a sociedade a beneficiária mediata das imunidades tributárias, já que usufrui dos seus efeitos (liberdade de expressão de pensamento, de culto, prestações educacionais e assistenciais etc.).

Mas há também situações em que os membros da sociedade são beneficiados diretamente pelas imunidades, o que se verifica, comumente, nas imunidades relacionadas aos tributos contraprestacionais em senso estrito, como as taxas. Nesses casos, em várias hipóteses, diversamente do que ocorre naqueles mencionados anteriormente, o constituinte tem como parâmetro a própria ausência ou minimização da capacidade econômica dos beneficiários para imunizar-lhes da tributação, como faz para

---

[48] BALEEIRO, Aliomar. *Limitações constitucionais ao poder de tributar*. 8ª ed. atualizada por Misabel Abreu Machado Derzi. – Rio de Janeiro: Forense, p. 403.
[49] COSTA, Regina Helena. *Imunidades tributárias: teoria e análise da jurisprudência do STF*. 2ª ed. – São Paulo: Malheiros Editores, 2006, p. 89.

os reconhecidamente pobres, elegendo a proteção do mínimo existencial e a promoção da dignidade humana.

3.4. Classificação das imunidades tributárias

A doutrina se utiliza dos mais diversos critérios para conceber variadas classificações às imunidades tributárias. Mencionam, entre as espécies, as imunidades ontológicas e políticas; explícitas e implícitas; incondicionadas e condicionadas; genéricas e específicas, bem como as imunidades objetivas, mistas e subjetivas.

Importa, aqui, firmar que, enquanto as imunidades objetivas ou reais são concedidas em função de determinados fatos, situações ou bens, as imunidades subjetivas ou pessoais são outorgadas em virtude das características de determinadas pessoas, de sua condição ou de seu perfil. Há autores que entendem não possuírem capacidade contributiva as pessoas beneficiadas pelas normas de imunidades subjetivas.[50]

As hipóteses de imunidades destacadas no presente capítulo são classificadas, pela doutrina, como de índole subjetiva, pois, em sua concepção, há a formação de um juízo de igualdade suportado por uma propriedade ou característica juridicamente relevante relativa aos seus beneficiários. Vejamos a sua relação com o princípio da igualdade a partir do que até agora se expôs neste articulado.

4. Conclusões

É discussão superada na doutrina a possibilidade e a existência de imunidades tributárias relacionadas à espécie "taxa", como se colhe das lições de Luciano Amaro[51], Marcos Aurélio Pereira Valadão[52] e Paulo de Barros Carvalho[53]. Já Roque Carraza, que antes não concebia tal possibilidade, alterou o seu posicionamento.[54]

---

[50] Costa, Regina Helena. *Imunidades tributárias: teoria e análise da jurisprudência do STF.* 2ª ed. – São Paulo: Malheiros Editores, 2006, p. 126.

[51] Amaro, Luciano. *Direito tributário brasileiro.* 16ª ed. – São Paulo: Saraiva, 2010, p. 184.

[52] Valadão, Marcos Aurélio Pereira. *Limitações constitucionais ao poder de tributar e tratados internacionais.* Belo Horizonte: Del Rey, 2010, p. 27.

[53] Carvalho, Paulo de Barros. *Direito tributário, linguagem e método.* 3ª ed. – São Paulo: Noeses, 2009, p. 376.

[54] Carraza, Roque Antonio. *Curso de Direito Constitucional Tributário.* 28ª ed. – São Paulo: Malheiros Editores, 2012, p. 922.

De outra forma não poderia ser, pois a Constituição Federal congrega diversas hipóteses de desoneração dessa espécie tributária, contemplando variados interesses tidos pelo Constituinte como dignos da tutela em *status* supremo.

Com efeito, há as imunidades para taxas no exercício do direito de apresentar petições e de obter certidões junto aos órgãos públicos, buscando possibilitar e facilitar a defesa de direitos, especialmente daqueles fundamentais, bem como atuar no combate das ilegalidades e do abuso de poder por partes das autoridades públicas, como se extrai do inciso XXXIV, alíneas "a" e "b", do artigo 5º da Carta da República.

Ainda nesse artigo, mais precisamente nos incisos LXXIII e LXXVII, ainda reforçando os objetivos constitucionais pretendidos na norma imunizante do inciso XXXIV e evidenciando natureza e finalidade políticas, o legislador primeiro afastou a competência dos entes políticos para instituírem taxas sobre os serviços de processamento das ações popular, de *habeas corpus* e de *habeas data*, bem como em face da prática de outros atos necessários ao exercício da cidadania.

No parágrafo 1º do artigo 226, foi reconhecida a imunidade à taxa que poderia ser instituída para fazer face aos custos da celebração do casamente civil, prestigiando a valoração e a proteção que o Constituinte dispensou à família, considerada base e célula *mater* da sociedade, como se extrai dos artigos 226 a 230.

Essas imunidades específicas, além de externarem medida de perceptível índole política, apresentam outro traço comum, qual seja, a sua natureza objetiva, pois o legislador constitucional não estabeleceu condições pessoais para o seu gozo, mas tão somente requisitos externos ao perfil do beneficiário.

Já em outras hipóteses de imunidades específicas referentes ao tributo taxa, o constituinte vinculou o seu exercício à verificação de traços característicos do beneficiário, firmando verdadeiras imunidades subjetivas.

Assim podemos concluir ao nos determos nas normas imunizantes do artigo 5º, em seus incisos LXXIV ("O Estado prestará assistência jurídica integral e gratuita ao que comprovarem insuficiência de recursos") e LXXVI, alíneas "a" e "b" ("São gratuitos, para os reconhecidamente pobres, na forma da lei: a) o registro civil de nascimento; b) a certidão de óbito"). Respeitando parte significativa da doutrina, não se pode olvidar que há os autores que ainda identificam uma imunidade com traço subjetivo na previsão do parágrafo 2º do artigo 230 ("Aos maiores de 65 anos é garantida a gratuidade dos transportes coletivos urbanos").[55]

Com suporte no que expusemos neste trabalho acerca do princípio da isonomia e das imunidades tributárias, mostra-se possível identificar vários elementos de concretização do postulado da igualdade nessas hipóteses de imunidades subjetivas.

De início, há que salientar que, por estarem tais normas insertas em incisos do artigo 5º da Carta Republicana, já constituem, por disposição expressa, instrumentos ou aplicações do princípio da isonomia. Com efeito, firmou o constituinte, nesse artigo, *litteris*: "Todos são iguais perante a lei, [...] garantindo-se aos brasileiros e aos estrangeiros residentes no País a inviolabilidade do direito [...] à igualdade [...], nos termos seguintes: [...]". Assim, tais imunidades se mostram como expressões da igualdade estabelecida pelo legislador originário, desigualando formalmente para igualar materialmente.

Na linha proposta neste capítulo, conectando-se à exposição acerca da formação dos juízos de igualdade, não há como negar que, nas imunidades em evidência, o legislador desenvolveu um *juízo triádico*, pois se utilizou de pares de comparação em função de propriedades ou características juridicamente relevantes para formar o seu juízo de des(igualdade) e estabelecer os tratamentos díspares.

Com efeito, o constituinte isolou o grupo dos desfavorecidos economicamente ("os reconhecidamente pobres") da categoria daqueles indivíduos que possuem consideráveis condições de fazerem face aos custos dos serviços estatais específicos e divisíveis. Assim também o fez com o grupo daqueles que estão em idade considerada avançada em comparação com os demais de menor idade dentro do grupo maior dos contribuintes em potencial.

Definiu o legislador da Carta Magna, como propriedades juridicamente relevantes para o fim da regulação que estabelecera, os critérios ou características do "grau de capacidade econômica" e da "idade", considerando as consequências advindas de cada uma delas. Destarte, atuou

---

[55] BARRETO, Aires F. e BARRETO, Paulo Ayres. *Imunidades tributárias: limitações constitucionais ao poder de tributar*. 2ª ed. – São Paulo: Dialética, 2001, p. 101.

segundo o enunciado "Grupo A e grupo B são desiguais relativamente à propriedade P", ou seja, segundo um juízo valorativo e triádico.

Também não se poderá negar que o constituinte laborou em juízo de (des)igualdade parcial, aderente aos valores e interesses da sociedade, segundo uma conceituação cultural e política, o que é típico da igualdade em sua materialidade.

Nessa senda, há que se concluir, na linha proposta de preenchimento do conteúdo jurídico-material do princípio da igualdade, que o legislador atuou segundo a axiologia disposta na Constituição Federal e em nome de uma concepção jurídica de justiça, ou seja, extraindo os fins de justiça da própria compostura constitucional, conferindo tratamento às exigências da dignidade da pessoa, protegendo o mínimo indispensável a uma existência digna, bem como às exigências dos objetivos e dos fundamentos definidos para o Estado, às condições do livre e pleno desenvolvimento da personalidade, às perspectivas do Estado Social e Democrático, às possibilidades da solidariedade geral e da solidariedade fiscal, dentre outros.

Nesse rumo, o próprio preâmbulo da Constituição já anuncia que os representantes do provo se reuniram para instituir "um Estado Democrático, destinado a assegurar o exercício dos direito sociais e individuais [...], o bem-estar, o desenvolvimento, a igualdade e a justiça como valores supremos de uma sociedade fraterna [...]". A desigualação realizada naquelas normas imunizantes guarda harmonia com tais proposições valorativas.

O artigo 1º da Carta Suprema lança como uma dos pilares fundamentais da República a dignidade da pessoa, exigindo, em seu artigo 3º que o Estado trabalhe, permanentemente, para alcançar os objetivos de uma sociedade justa e solidária, erradicando a pobreza e a marginalização e promovendo o bem-estar de todos. Não se poderá negar que as imunidades em comento caminham de mãos dadas com esses preceitos nucleares do Estado brasileiro.

O artigo 5º lista uma série de direitos individuais, com eficácia imediata, dentre os quais o direito de propriedade e a proteção à integridade física e contra tratamento desumano ou degradante. O artigo 6º estabelece vários direitos sociais de toda e qualquer pessoa, como o direito à saúde, à alimentação, à moradia, à assistência aos desamparados. Ora, a tributação poderá atuar como um instrumento de violação dessas garantias se não respeitar o mínimo para uma existência digna.

O artigo 23, em seu inciso X, dispõe que é da competência de todos os entes políticos o combate das causas da pobreza e os fatores de marginalização, devendo os mesmos promover a integração social dos setores desfavorecidos. A tributação, em sua função extrafiscal de redistribuição de rendas, constitui um instrumento à disposição do Estado para a execução desse *mister*, inclusive mediante normas exonerativas, como as imunizantes.

Em seu artigo 193, a Carta da República firma que a ordem social tem como objetivos o bem-estar de todos e a justiça social. Em outros dispositivos, elege como valores e metas do Estado a proteção da família, da infância e das pessoas de idade avançada, inclusive mediante as atuações de assistência social (exemplo no artigo 203, I, II e V), inclusive permitindo a vinculação de receitas tributárias às despesas com tais tarefas (artigo 204, parágrafo único). Para essas categorias de pessoas dispõe, em capítulo próprio (artigos 226/230) e em termos gerais, acerca das políticas públicas sua proteção e de seu desenvolvimento pleno, estabelecendo vários deveres para o Estado e para a sociedade.

Ora, a política tributária caminharia na contramão das diretrizes constitucionais se não relevasse juridicamente a não afetação do patrimônio dos menos favorecidos economicamente e daqueles considerados idosos, segundo as suas necessidades e carências, ainda que nas exações de índole contraprestacional, observando as determinações constitucionais de proteção desses grupos e, mediatamente, da família.

Concretiza-se, nesse contexto, a própria norma basilar do respeito à capacidade contributiva subjetiva, ao perfil pessoal dos potenciais contribuintes. A despeito de se harmonizar mais com a sistemática dos impostos diretos, esse princípio supremo de justiça fiscal não pode ser desconsiderado diante das situações flagrantes de incapacidade de contribuir sem o comprometimento das condições mínimas de uma existência digna, ainda que na exigência de tributos vinculados a uma prestação estatal específica e divisível. Assim, as normas imunizantes em destaque também satisfazem ao primado da capacidade contributiva.

Por fim, na aferição do princípio da igualdade pelas normas de imunidade tributária em referência, não se pode olvidar o desenho que o legislador constituinte concebeu ao sistema constitucional tributário, fundado, também, nas funções de solidariedade e de redistribuição de rendas, contribuindo aqueles que mais podem com a satisfação material dos desfavorecidos, tudo, ao fim e ao cabo, por exigência do sistema de valores e interesses eleitos pela sociedade e tutelados constitucionalmente.

Portanto, o primado da isonomia, nos termos aqui propostos, foi devidamente observado pelas normas imunizantes em referência. Com as ponderações, proposições e conclusões expostas neste articulado, buscou-se nada mais que uma reflexão inicial e instigativa acerca dos temas estudados, sem qualquer pretensão de sua exaustão e de uma posição inflexível.

5. Referências Bibliográficas

AMARO, Luciano. *Direito tributário brasileiro*. 16ª ed. – São Paulo: Saraiva, 2010.

ÁVILA, Humberto. *Teoria da igualdade tributária*. 2ª ed. – São Paulo: Malheiros Editores. 2009.

BALEEIRO, Aliomar. *Limitações constitucionais ao poder de tributar*. 8ª ed. atualizada por Misabel Abreu Machado Derzi. – Rio de Janeiro: Forense. 2010.

BARRETO, Aires F. e BARRETO, Paulo Ayres. *Imunidades tributárias: limitações constitucionais ao poder de tributar*. 2ª ed. – São Paulo: Dialética. 2001.

BONAVIDES, Paulo. *Curso de Direito Constitucional*. 21ª ed. São Paulo: Malheiros, 2007.

BECKER, Alfredo Augusto. *Teoria geral do Direito Tributário*. 4ª ed. – São Paulo: Noeses. 2007.

BRASIL. *Constituição da República Federativa do Brasil* (1988). Disponível em: http://www.planalto.gov.br/ccivil_03/Constituicao/Constituiçao.htm. Acessado em: 20 jun. 2013.

BRASIL. Supremo Tribunal Federal. *Ação Direta de Inconstitucionalidade nº 939-7/DF*. Tribunal Pleno. Requerente: Confederação Nacional dos Trabalhadores no Comércio. Requeridos: Presidente da República e Congresso Nacional. Relator: Ministro Sydney Sanches. 15 de dezembro de 1993. In: SUPREMO TRIBUNAL FEDERAL: Ementário nº 1737-02, DJ 18/03/94.

BRASIL. Supremo Tribunal Federal. *Recurso Especial nº 636.941/RS*. Tribunal Pleno. Recorrente: União. Recorrido: Associação Pró-ensino em Santa Cruz do Sul – APESC. Relator: Ministro Luiz Fux. 13 de fevereiro de 2014. Disponível em: http://www.stf.jus.br/portal/processo/verProcessoAndamento. asp?incidente=4046759. Acessado em: 25 de julho de 2014.

CARRAZA, Roque Antonio. *Curso de Direito Constitucional Tributário*. 28ª ed. – São Paulo: Malheiros Editores. 2012.

CARVALHO, Paulo de Barros. *Direito tributário, linguagem e método*. 3ª ed. – São Paulo: Noeses. 2009.

COSTA, Regina Helena. *Imunidades tributárias: teoria e análise da jurisprudência do STF*. 2ª ed. – São Paulo: Malheiros Editores. 2006.

GODOI, Marciano Seabra de. *Justiça, igualdade e Direito Tributário*. São Paulo: Dialética. 1999.

NABAIS, José Casalta. *O dever fundamental de pagar impostos: contributo para a compreensão constitucional do estado fiscal contemporâneo*. Coimbra: Almedina, 2009.

PAES, José Eduardo Sabo. *Fundações, associações e entidades de interesse social*: aspectos jurídicos, administrativos, contábeis, trabalhistas e tributários. 8ª ed. – Rio de Janeiro: Forense, 2013.

TORRES, Ricardo Lobo. *Os direitos humanos e a tributação: imunidades e isonomias*. Rio de Janeiro: Renovar. 1995.

VALADÃO, Marcos Aurélio Pereira. *Limitações constitucionais ao poder de tributar e tratados internacionais*. Belo Horizonte: Del Rey, 2010.

VELLOSO, Andrei Pitten. *O princípio da isonomia tributária: da teoria da igualdade ao controle das desigualdades impositivas*. Porto Alegre: Livraria do Advogado. 2010.

Capítulo VI

Os Princípios Constitucionais do Direito Adquirido e da Irretroatividade das Normas que Prejudiquem os Beneficiários dos Programas de Incentivo à Emissão de Nota Fiscal (O Caso do Programa Nota Legal do DF)

CARLOS TADEU DE CARVALHO MOREIRA[*]

Sumário: 1. Introdução; 2. Aspectos Estruturais do Programa "Nota Legal"; 3. O Decreto nº 33.963/12 e a Alteração do Programa Nota Legal em Prejuízo dos Beneficiários do Programa e seu Efeito Retroativo; 4. O Princípio Constitucional do Direito Adquirido; 5. A ADI 646.477 em Trâmite no Tribunal de Justiça do Distrito Federal – TJDF; 6. Conclusões; 7. Referências.

1. Introdução

O presente capítulo atende à necessidade de uma análise mais aprofundada da indeclinável aplicação do Princípio Constitucional do Direito Adquirido e a consequente irretroatividade das normas que prejudiquem

---

[*] Mestre em Direito pela Universidade Católica de Brasília – UCB, Especialista em Direito Civil, Coordenador do Núcleo de Prática Jurídica da UNB, Professor de Direito Civil na Universidade Católica de Brasília – UCB.

as vantagens dos beneficiários do chamado "Programa Nota Legal", tendo como paradigma concreto a Ação Direta de Inconstitucionalidade – ADI 646.477 (Processo 2013.00.2.000164-6) – que tramita no Tribunal de Justiça do Distrito Federal – TJDF.

2. Aspectos Estruturais do Programa "Nota Legal"

O programa de concessão de créditos para adquirentes de mercadorias ou bens e tomadores de serviços do Distrito Federal, popularmente conhecido como Programa Nota Legal, foi criado pela Lei Distrital 4.159/08 e regulamentado pelo Decreto 29.396/08.

Estruturalmente o programa tem como substrato o recebimento de créditos do Tesouro do Distrito Federal em benefício da pessoa física ou jurídica adquirente de mercadoria, bem ou serviço de transporte interestadual de contribuintes do Imposto sobre Operações Relativas à Circulação de Mercadorias e sobre Prestações de Serviços de Transporte Interestadual e Intermunicipal e de Comunicação – ICMS ou tomadora de serviço dos contribuintes do Imposto sobre Serviços de Qualquer Natureza – ISS.

O adquirente ou tomador dos serviços, portanto beneficiário do programa, tem direito ao valor de até 30% (trinta por cento) do ISS ou do ICMS recolhido pelo estabelecimento prestador ou fornecedor. Tendo a seu favor estes créditos, o beneficiário pode utilizá-los para obtenção de abatimento do débito do Imposto sobre a Propriedade Predial e Territorial Urbana – IPTU e do Imposto sobre a Propriedade de Veículos Automotores – IPVA. No ano de 2012, os créditos do Programa foram disponibilizados e convertidos em dinheiro, a quem assim optasse, atendendo a todas as faixas de renda da população, sejam ou não proprietários de imóveis ou veículos automotores.

O programa não é novidade, pois outros Estados já estabeleceram anteriormente ao Distrito Federal, sistemas idênticos ou similares, por exemplo, o programa "Nota Fiscal Paulista" criado pelo Estado de São Paulo (Lei Estadual 12.685/2007).

O Programa Nota Legal tornou-se popular entre a população do Distrito Federal[1] por devolver, sob a forma de descontos em outros tributos,

---

[1] http://www.correiobraziliense.com.br/app/noticia/cidades/2011/09/15/interna_cidadesdf, 269946/governo-do-df-evita-sancionar-projeto-que-amplia-programa-nota-legal.shtml

conforme explanado, até 30% do ICMS e do ISS efetivamente recolhido por estabelecimentos comerciais e prestadores de serviço a seus consumidores. Assim, há um estímulo à exigência do documento fiscal.

Para ilustrar a popularidade do programa, vejamos o crescimento do número de pessoas que indicaram ao menos um bem para o uso dos créditos e abatimento do valor do imposto a pagar e a própria evolução dos descontos concedidos[2]:

Ano	Consumidores que efetuaram a indicação	IPVA Nº veículos	IPVA Valor em reais	IPTU Nº imóveis	IPTU Valor em reais	Total utilizado em reais
2010	18.295	13.872	350.950,46	3.098	110.709,09	461.659,55
2011	106.216	75.290	17.289.536,12	20.245	5.762.509,57	23.052.045,69
2012	256.182	181.394	60.180.450,01	53.378	18.474.675,67	78.655.125,68
2013	330.633	248.819	71.444.863,87	63.543	19.053.872,17	90.498.736,04

Assim, desde a sua entrada em vigor, aludido programa já deu descontos no pagamento de tributos a 2.875.516 consumidores[3].

Impende notar que o consumidor não está obrigado a pedir a nota fiscal, mas, estimulado pelo Programa Nota Legal, acaba pedindo a sua emissão, ensejando maior arrecadação para os cofres do Distrito Federal.

Desde o início, até julho de 2012, o benefício só era aproveitado por quem tinha que pagar o Imposto Predial e Territorial Urbano (IPTU) e o Imposto sobre a Propriedade de Veículos Automotores (IPVA). Neste sentido, Projeto de Lei de iniciativa da Câmara Legislativa estendendo o benefício ao restante da população, ainda que não possuidores ou proprietário de veículo automotor ou imóvel, por meio de créditos em dinheiro depositados em conta bancária, foi vetado pelo Governador do Distrito Federal Agnelo Queiróz, veto que foi posteriormente rejeitado pela Câmara Legislativa Distrital, redundando na aprovação da Lei 4.886, de 13 de julho de 2012.

---

[2] Site do programa nota legal. http://www.notalegal.df.gov.br//area.cfm?id_area=783
[3] Site do programa nota legal. http://www.notalegal.df.gov.br/

Por outro lado, a relação jurídica existente entre os adquirentes de mercadorias e tomadores de serviços sobre os quais incide ICMS e/ou ISS (beneficiários) e o Distrito Federal é de natureza administrativa, inexistindo qualquer vínculo de Direito Tributário entre eles.

Não obstante esta constatação, a conformação dada à aquisição e à consolidação dos créditos do programa nota legal guarda semelhança com institutos típicos de Direito Tributário: a obrigação tributária e o lançamento. Esse fato não causa surpresa, uma vez que o programa foi instituído pela Secretaria da Fazenda, órgão que lida diretamente com aquele ramo do Direito.

Sem ter a pretensão de exaurir as características do Programa Nota Legal, estas são as principais características do sistema.

3. O Decreto nº 33.963/12 e a Alteração do Programa Nota Legal em Prejuízo do Beneficiário e seu Efeito Retroativo

Para esclarecer melhor a matéria objeto da presente análise, mostra-se relevante trazer à colação o teor dos atos normativos impugnados na citada ADI 646.477:

> Decreto nº 33.963, de 29 de outubro de 2012
>
> Altera o Decreto nº 29.396, de 13 de agosto de 2008, que regulamenta a Lei nº 4.159, de 13 de junho de 2008, que dispõe sobre a criação do Programa Nota Legal.
>
> O GOVERNADOR DO DISTRITO FEDERAL, no uso das atribuições que lhe confere o art. 100, inciso VII, da Lei Orgânica do Distrito Federal, e considerando o disposto no art. 7º da Lei nº 4.159, de 13 de junho de 2008, e no art. 2º da Lei nº 4.886, de 13 de julho de 2012,
>
> DECRETA:
>
> Art. 1º O Decreto nº 29.396, de 13 de agosto de 2008, passa a vigorar com as seguintes alterações:
>
> I – fica acrescentado o § 3º ao art. 3º com a seguinte redação:
>
> "Art. 3º (...)
>
> § 3º Atendidas as demais condições previstas na Lei nº 4.159, de 13 de junho de 2008, Secretaria de Estado de Fazenda do Distrito Federal definirá o percentual de que trata o caput em razão da atividade econômica preponderante, do regime de apuração do imposto, do porte econômico ou da localização do fornecedor ou prestador." (AC)

II – fica acrescentado o art. 6º-A com a seguinte redação:

"Art. 6º-A As pessoas físicas ou jurídicas não contribuintes dos impostos a que se refere o art. 6º poderão receber os créditos por meio de depósito em conta corrente ou poupança, mantida em instituição financeira do Sistema Financeiro Nacional e indicada pelo beneficiário cadastrado no programa, na forma e nas condições estabelecidas pela Secretaria de Estado de Fazenda do Distrito Federal." (AC)

Art. 2º Os créditos do Programa Nota Legal, de que trata a Lei nº 4.159, de 13 de junho de 2008, lançados para os beneficiários do programa no período de 15 de janeiro de 2011 a 30 de junho de 2011, poderão ser utilizados de 1º a 30 de junho de 2013, na forma do art. 6º-A do Decreto nº 29.396/2008.

Parágrafo único. Encerrado o prazo previsto no caput, os créditos não utilizados serão cancelados e estornados à conta do tesouro do Distrito Federal.

Art. 3º A Secretaria de Estado de Fazenda do Distrito Federal poderá efetuar recadastramento para validar dados cadastrais informados pelos adquirentes de mercadorias ou bens e tomadores de serviços no âmbito do Programa Nota Legal.

Art. 4º Este Decreto entra em vigor na data de sua publicação, produzindo efeitos, em relação ao art. 1º, I, a partir de 1º de maio de 2012. (g.n.).

Art. 5º Revogam-se as disposições em contrário.

Brasília, 29 de outubro de 2012.

124º da República e 53º de Brasília

AGNELO QUEIROZ

PORTARIA Nº 187, DE 22 DE NOVEMBRO DE 2012.
Publicada no DODF nº 237, de 23/11/2012 – Pags. 5 a 9.

Altera a *Portaria nº 323, de 13 de agosto de 2008*, e a *Portaria nº 4, de 4 de janeiro de 2012*, que estabelecem procedimentos relativos ao cronograma de implantação de atividades e à concessão, à consolidação e à utilização de créditos do Programa Nota Legal.

O SECRETÁRIO DE ESTADO DE FAZENDA DO DISTRITO FEDERAL, no uso de suas atribuições, tendo em vista o disposto no § 3º do art. 3º do Decreto nº 29.396, de 13 de agosto de 2008, RESOLVE:

Art. 1º O Anexo Único da *Portaria nº 323, de 13 de agosto de 2008*, passa a vigorar com a redação constante no Anexo Único desta Portaria.

Art. 2º Fica instituído o Fator de Multiplicação para o Cálculo do Crédito – FMCC, a ser utilizado na consolidação do cálculo do crédito de documento fiscal a que se refere o programa de concessão de créditos para adquirentes de mercadorias ou bens e tomadores de serviços do Distrito Federal, instituído pela *Lei nº 4.159, de 13 de junho de 2008.*

Art. 3º O FMCC será utilizado na consolidação do cálculo do crédito de documento fiscal mediante a multiplicação do fator correspondente ao enquadramento por atividade econômica preponderante (CNAE principal), estabelecido na forma do Anexo Único da *Portaria nº 323/2008*, pelo percentual de 30% (trinta por cento) do recolhimento das receitas tributárias abrangidas pelo Programa Nota Legal, decorrente da operação ou prestação promovida pelo contribuinte do ICMS ou do ISS.

§ 1º A consolidação do cálculo do crédito, a que se refere o caput, aplica-se a documento fiscal emitido a partir de maio de 2012. (g.n.).

§ 2º Às operações ou prestações de contribuintes optantes do Regime Especial Unificado de Arrecadação de Tributos e Contribuições – Simples Nacional, previsto na *Lei Complementar Federal nº 123, de 14 de dezembro de 2006*, será aplicado o FMCC igual a 1 (um) no cálculo do crédito.

Art. 4º Fica acrescido o seguinte § 7º ao art. 14 da *Portaria nº 4, de 4 de janeiro de 2012*:

"Art.14...

§ 7º (...)

Art. 5º Esta Portaria entra em vigor na data da sua publicação.

Art. 6º Revogam-se as disposições em contrário.

ADONIAS DOS REIS SANTIAGO

A lei instituidora do Programa Nota Legal, estabelecia inicialmente que o crédito utilizado no abatimento do pagamento do IPTU e IPVA (posteriormente também crédito em dinheiro) seria no percentual de até 30% (trinta por cento) do imposto, e o decreto regulamentador – Decreto nº 29.396/2008 – instituía que a outorga do crédito seria de 20% (vinte por cento). Posteriormente, o Decreto nº 30.328/2009 fixou o percentual de 30% (trinta por cento) para o abatimento.

Em outubro de 2012, o Decreto nº 33.963/12 autorizou a Secretaria de Fazenda do Distrito Federal a definir o percentual de 30% (trinta por cento) em razão da atividade econômica preponderante e do regime de apuração do imposto, do porte econômico ou localização do fornecedor ou prestador, produzindo efeitos retroativos a partir de primeiro de maio de 2012, e o que resultou na edição da Portaria 187/12, que criou uma fórmula de cálculo, denominada como Fator de Multiplicação para Cálculo do Crédito – FMCC, a ser utilizado na consolidação do crédito de documento fiscal, mediante a multiplicação do fator correspondente ao enquadramento por atividade econômica preponderante, estabelecido na forma do Anexo Único da referida portaria, e com efeitos a partir de maio de 2012.

Portanto, de acordo com esse dispositivo, o crédito passaria a ser obtido mediante a multiplicação desse percentual por um índice que o Distrito Federal elegeria, a seu exclusivo juízo, para determinadas categorias de serviços ou compras de bens.

Tais modificações no sistema de apuração e cálculo do Nota Legal produzia redução do valor do desconto obtido pelos beneficiários do Programa, com efeitos retroativos a maio de 2012, aparentemente infringindo a cláusula constitucional que trata do Direito Adquirido.

Nestes termos, vejamos o parecer lançado pela Promotoria de Justiça de Defesa da Ordem Tributária nos autos do processo ADI 646.477[4] em análise:

(...)
a relação jurídica existente entre os beneficiários do programa e o Distrito Federal é de natureza estatutária. Dessa forma, não existe qualquer óbice à alteração das normas que regem o programa, não se admitindo alegação de direito adquirido ao regime jurídico existente anteriormente à publicação da Portaria 187.

Esta constatação, contudo, não significa que de relações jurídicas estatutárias não possam surgir direitos adquiridos. Para que isso ocorra, basta que os requisitos para a aquisição do direito tenham sido preenchidos de acordo com a legislação vigente. A jurisprudência elenca diversos exemplos de aquisição de direitos em relações estatutárias, como a incorporação de quintos por servidores públicos ou o direito de aposentação.

(...)
No caso do programa Nota Legal, como exaustivamente explanado, a aquisição do direito ocorre com o preenchimento dos requisitos legais.

---

[4] Processo 20130020001646ADI em trâmite no Tribunal de Justiça do Distrito Federal e Territórios.

A partir deste momento, há ato jurídico perfeito, de forma que o regime jurídico a ele aplicável não poderá mais ser alterado por leis ou atos normativos posteriores, sob pena de violação da garantia do direito adquirido, prevista constitucionalmente.

É por esta razão que a forma de calcular os créditos do programa é aquela prevista nas normas vigentes no momento da aquisição dos créditos (ato jurídico perfeito) e não no do seu cálculo (consolidação).

O mesmo entendimento foi consagrado no Supremo Tribunal Federal, ao julgar que os proventos de aposentadoria devem ser calculados de acordo com as normas vigentes no momento em que preenchidos os requisitos legais para a aposentação (aquisição do direito), e não pelas normas vigentes no momento em que o direito é efetivamente exercido. Assim, a superveniência de ato normativo que altere a forma de calcular os proventos de aposentadoria não poderá retroagir para prejudicar o direito adquirido.

No presente caso, a Portaria 187, publicada em 23 de novembro de 2012, dispôs que o FMCC produzirá efeitos retroativos, uma vez que "A consolidação do cálculo do crédito, a que se refere o caput, aplica-se a documento fiscal emitido a partir de maio de 2012" (art. 3º, § 1º). Ao fazê-lo, o Distrito Federal promoveu substancial redução dos créditos adquiridos nos meses de maio a novembro de 2012, medida que violou a garantia constitucional de respeito ao direito adquirido.

Mesmo que se considerasse que após o preenchimento de todos os requisitos previstos na lei, não há ato jurídico perfeito, hipótese cogitada apenas a título argumentativo, a produção retroativa de efeitos pela mencionada portaria continuaria a ser ilícita, haja vista a violação ao princípio da proteção da confiança, decorrente dos princípios da segurança jurídica e da moralidade administrativa.

Com efeito, o Distrito Federal criou programa de combate à sonegação fiscal, conclamou a população a participar, mas, no momento em que o apoio popular ganhou força, com ativa participação das pessoas, o GDF voltou atrás e mudou as regras do programa com efeitos retroativos, causando prejuízo substancial aos beneficiários.

Ao agir dessa forma, o Distrito Federal frustrou expectativas legítimas da população, ao surpreender os beneficiários do programa que confiavam que os créditos que já tinham adquirido teriam seu valor calculado em conformidade com as normas vigentes.

A tutela da boa-fé e da confiança é aplicável à Administração Pública, razão pela qual não pode o administrador ignorar a necessidade de estabilidade nas relações sociais.

Desta forma, nos termos do Parecer da Promotoria de Justiça de Defesa da Ordem Tributária, apesar da possibilidade de alteração do programa a qualquer tempo, modificando o cerne do programa, inclusive no que diz respeito ao percentual de descontos incidentes sobre o IPTU e o IPVA, há que se preservar o princípio do direito adquirido previsto no artigo 5º inciso XXXVI da Constituição da República, lavrado nos seguintes termos:

> Art. 5º Todos são iguais perante a lei, sem distinção de qualquer natureza, garantindo-se aos brasileiros e aos estrangeiros residentes no País a inviolabilidade do direito à vida, à liberdade, à igualdade, à segurança e à propriedade, nos termos seguintes:
> (...)
> XXXVI – a lei não prejudicará o direito adquirido, o ato jurídico perfeito e a coisa julgada;
> (...)

4. O Princípio Constitucional do Direito Adquirido e a Irretroatividade das Leis

Não se pode deslembrar que no ordenamento jurídico pátrio inexiste definição de direito adquirido, apesar da previsão constitucional do artigo 5º inciso XXXVI. Conforme Moraes[5] (...) "de difícil conceituação, o direito denomina-se adquirido quando consolidada sua integração ao patrimônio do respectivo titular, em virtude da consubstanciação do fator aquisitivo previsto na legislação".

Como salientado por Limongi França (2002 apud MORAES, p. 298), "a diferença entre a expectativa de direito e direito adquirido está na existência, em relação a este, de fato aquisitivo específico já configurado por completo".

---

[5] MORAES, Alexandre de. *Constituição do Brasil interpretada e legislação constitucional*. Sao Paulo: Atlas, 2002, p. 298.

Desta forma, ato jurídico perfeito é aquele que reuniu todos os seus elementos constitutivos exigidos pela lei, aplicando-se a todas as leis e atos normativos.

Conforme Maximiliano[6]:

> (...) se chama adquirido o direito que se constitui regular e definitivamente e a cujo respeito se completam os requisitos legais e de fato para integrar no patrimônio do respectivo titular, quer tenha sido feito valer, quer não, antes de advir norma posterior em contrário.

Bastos[7] ressalta que o direito adquirido

> (...) constitui-se num dos recursos de que se vale a Constituição para limitar a retroatividade da lei. Com efeito, esta está em constante mutação (...) a utilização da lei em caráter retroativo, em muitos casos, repugna porque fere situações jurídicas que já tinham por consolidadas no tempo, e esta é uma das fontes principais da segurança do homem na terra.

Assim, o direito adquirido consagra o princípio da segurança jurídica ao preservar as situações devidamente constituídas na vigência de lei pretérita, porque em regra, a lei nova só projeta seus efeitos para o futuro, sendo fator que marca a segurança e a certeza das relações jurídicas na sociedade. É uma garantia da própria convivência social.

Qualquer tentativa de mudança desse ato, notadamente *in pejus*, torna-se impossível, pois, seria uma violação à situação então consolidada. Seria uma agressão à cláusula pétrea constitucional garantidora de tal direito.

A Lei de Introdução ao Código Civil, por seu turno, declara que se "consideram adquiridos os direitos que o seu titular, ou alguém, por ele, possa exercer, como aqueles cujo começo do exercício tenha termo prefixo ou condição preestabelecida inalterável, a arbítrio de outrem" (art. 6º, parágrafo 2º).

---

[6] MAXIMILIANO, Carlos. *Direito intertemporal*. Rio de Janeiro: Freitas Bastos, 1946.
[7] BASTOS, Celso. *Dicionário de direito constitucional*. Sao Paulo: Saraiva, 1994.

Segundo Silva[8]:

(...) é um direito exercitável segundo a vontade do titular e exigível na via jurisdicional quando seu exercício é obstado pelo sujeito obrigado à prestação correspondente. Se tal direito é exercido, foi devidamente prestado, tornou-se situação jurídica consumada. (...) A lei nova não tem o poder de desfazer a situação jurídica consumada.

Como salvaguarda da tutela do direito adquirido surge o princípio da irretroatividade das leis, impregnado de grande força, podemos sentir com luminosa clareza seu vetor imediato, qual seja a realização do primado da segurança jurídica[9].

Conforme salientado pelo já citado Parecer do Ministério Público lançado nos autos da ADI 646.477, a possibilidade de retroação dos efeitos da legislação superveniente, ao alterar substancialmente o cálculo dos descontos no IPTU e IPVA "(...) frustra expectativas legítimas da população, ao surpreender os beneficiários do programa que confiavam que os créditos que já tinham adquirido teriam seu valor calculado em conformidade com as normas vigentes (...)".

5. A ADI 646.477 em Trâmite no Tribunal de Justiça do Distrito Federal – TJDF

Em julgamento de liminar na ação direta de inconstitucionalidade – ADI – proposta pela OAB-DF, com o objetivo de assegurar a manutenção dos créditos outorgados aos beneficiários do Programa Nota Legal, o Conselho Especial do Tribunal de Justiça do Distrito Federal e Territórios, por maioria, concedeu medida cautelar.

De acordo com o Tribunal de Justiça:

(...) o programa incentiva o adquirente de mercadorias e o tomador de serviços no Distrito Federal a solicitar a emissão de documentos fiscais para se beneficiar da concessão de crédito para abatimento no IPTU e no IPVA, no percentual de trinta por cento do valor recolhido a título de ICMS e ISS,

---

[8] SILVA, Jose Afonso da. *Curso de Direito Constitucional Positivo*. Sao Paulo: Malheiros, 2007, p. 434.
[9] CARVALHO, Paulo de Barros. *Curso de direito tributário*. Sao Paulo: Saraiva, 1993, p. 93.

no período de 1º de maio de 2012 a 22 de novembro de 2012, em conformidade com o Decreto 30.328/2009. Em outubro de 2012, o Decreto nº 33.963/12 autorizou a Secretaria de Fazenda do Distrito Federal a definir o percentual do ICMS ou do ISS a ser concedido como crédito no Programa Nota Legal, o que resultou na edição da Portaria 187/2012 que reduz o mencionado percentual, com efeitos retroativos a 1º de maio de 2012. O Conselho Seccional da OAB no Distrito Federal defendeu a imediata suspensão da eficácia do art. 4º do Decreto 33.963/2012 e, por arrastamento, do art. 3º, § 1º da Portaria 187/2012 e, no mérito, a declaração de inconstitucionalidade por ofensa ao princípio da irretroatividade e ao direito adquirido expressos na Lei Orgânica do DF e da Constituição da República (...).

Nesse contexto, o voto majoritário entendeu que a LODF, ao estabelecer a observância aos princípios constitucionais federais, acabou por incluí-los integralmente em seu texto, erigindo-os à condição de princípios implícitos, o que viabiliza o manejo da ADI contra ato regulamentador que os teria violado. Quanto ao pedido liminar, o voto vencedor observou que o Distrito Federal:

> (...) frustrou expectativas legítimas da população, ao surpreender os beneficiários do programa com novas regras para cálculo dos créditos já adquiridos, configurando violação aos princípios da irretroatividade e da segurança jurídica. Dessa forma, diante da plausibilidade do direito e do perigo da demora, o Colegiado, por maioria, assegurou a manutenção dos créditos outorgados no percentual de trinta por cento, nos termos do anterior Decreto 30.328/2009 (...).

Com a alteração posterior da legislação que trata do modo de cálculo do desconto dos benefícios ligados ao programa, sem dúvida, o Governo Distrital incidiu em afronta direta e literal ao Princípio do Direito Adquirido, pois reduziu de modo significativo direitos já estabelecidos dos participantes do programa.

Tais modificações no sistema de apuração e cálculo do programa Nota Legal produziria diminuição relevante do valor do desconto obtido pelos beneficiários do Programa, com efeitos retroativos a maio de 2012, infringindo, portanto, a cláusula constitucional que trata do Direito Adquirido.

Neste sentido, decidiu o Egrégio Tribunal de Justiça do Distrito Federal e Territórios:

> AÇÃO DIRETA DE INCONSTITUCIONALIDADE – EXCEPCIONAL URGÊNCIA RECONHECIDA – DECRETO Nº 33.963/12 – PORTARIA 187/12 – PROGRAMA NOTA LEGAL – APURAÇÃO DE CRÉDITOS – ALTERAÇÃO – RETROAÇÃO DOS EFEITOS – PRINCÍPIOS DA IRRETROATIVIDADE E SEGURANÇA JURÍDICA – LIMINAR – SUSPENSÃO DOS DIPLOMAS LEGAIS. 1. Reconhecida a excepcional urgência da matéria, o Conselho Especial pode dispensar a manifestação dos órgãos e autoridades responsáveis pela edição dos atos normativos impugnados, e proceder ao imediato exame do pleito liminar. 2. A recente alteração na forma de cômputo dos créditos devidos aos beneficiários inscritos no Programa Nota Legal, com efeitos retroativos ao mês de maio de 2012, e a sua iminente disponibilização em rede de computadores, com a necessária indicação de sua utilização pelos contribuintes, enseja a suspensão da eficácia dos atos normativos, ante a configuração, em sede de cognição sumária, de violação aos princípios da irretroatividade das normas e da segurança jurídica.
> 3. Medida cautelar concedida.

Ao explicitar as razões da concessão da medida cautelar no bojo dos autos do processo ADI 646.477, o Desembargador Getúlio de Moraes Oliveira, relator da ação, aduziu:

> (...) Em outubro de 2012, o Decreto nº 33.963/12, que é o combatido na ADI, autorizou à Secretaria de Fazenda do Distrito Federal a definição do percentual de 30% (trinta por cento) em razão da atividade econômica preponderante, do regime de apuração do imposto, do porte econômico ou da localização do fornecedor ou prestador, produzindo efeitos retroativos a partir de 1º de maio de 2012 (fl. 24), o que resultou na edição da Portaria 187/12, que criou uma fórmula de cálculo, denominada de Fator de Multiplicação para o Cálculo do Crédito – FMCC, a ser utilizado na consolidação do crédito de documento fiscal, mediante a multiplicação do fator correspondente ao enquadramento por atividade econômica preponderante, estabelecido na forma do Anexo Único da referida portaria, e com efeitos a partir de maio de 2012 (fl. 25).

Portanto, de acordo com esse dispositivo, o crédito é obtido mediante a multiplicação desse percentual por um índice que o Distrito Federal elege, a seu talante, para determinadas categorias de serviços ou compras de bens.

Nada mais correto, a meu ver, do que se permitir ao Distrito Federal escolher as áreas em que pretende implementar o programa, estimulando a arrecadação maior naquelas, como, por exemplo, no setor de vestuário. No entanto, conferiu efeitos retroativos a maio de 2012, uma vez que o Decreto é de outubro de 2012. Sobre essa retroação, e não sobre a prospecção da lei, veio a ADI, que repudia a retroação ao mês de maio de 2012, gerando insegurança aos contribuintes que já haviam, inclusive, sido aquinhoados com o crédito, ou que participaram do programa acreditando que seriam contemplados com um valor "x". Na realidade, essa retroação implicou redução, em alguns casos, para menos da metade, como é o caso, por exemplo, de compras em supermercados, lojas de departamento, etc.

(...)

Afirma o autor que a incidência do índice FMCC resultou na transferência de menos créditos aos contribuintes por força da referida Portaria, sendo que as mercadorias e serviços adquiridos em empresas e cujas atividades foram atribuídas o cômputo do FMCC resultaram em decréscimo na ordem de 10 a 70% (setenta por cento) dos créditos até então vigentes.

Argumenta a ofensa aos princípios da irretroatividade, ao direito adquirido, ao da segurança jurídica e da proteção da confiança. Menciona o disposto na Súmula 544 do Supremo Tribunal Federal, no artigo 178 do CTN, e defende que o beneficiário do Programa Nota Legal tem o direito de usufruir da isenção tributária relativa ao IPTU e IPVA pelo abatimento dos créditos outorgados adquiridos, calculados em 30% do valor recolhido a título de ICMS e ISS no período de 1.05.12 a 22.11.12.

(...)

De início, e sem prejuízo de posterior reexame em sede meritória, vislumbro no Decreto nº 33.963, de 29.10.2012, coeficiente mínimo de generalidade, abstração e impessoalidade, de forma a autorizar o manejo da via do controle abstrato de constitucionalidade, porquanto o ato normativo visa estabelecer normas gerais e abstratas quanto à retroação da modificação no cômputo dos créditos relativos ao Programa Nota Legal, alcançando parcela significativa da população, composta pelos beneficiados pelo referido programa.

De igual forma, verifico, em sede de cognição sumária, a adequação da via eleita, uma vez que a alegada inconstitucionalidade reside nos efeitos retroativos conferidos pelo Decreto nº 33.963/12, o que, segundo sustenta o Autor, violaria o disposto nos artigos 1º, *caput*, e 100, inciso VII, da Lei Orgânica do Distrito Federal, fazendo expressa alusão aos princípios da irretroatividade, ao direito adquirido, ao da segurança jurídica e da proteção da confiança.

(...)

Ocorre que a recente alteração na forma de cômputo dos créditos devidos aos inscritos no referido programa, com efeitos retroativos ao mês de maio de 2012, configura, em sede de cognição sumária, violação ao princípio que veda a retroação das normas, em prejuízo dos administrados; e contraria o princípio da segurança jurídica, ante a abrupta mudança retroativa nos cálculos dos créditos, que, segundo sustenta o Autor, enseja decréscimo em sua apuração.

Embora se afigure legal a instituição do Fator de Multiplicação para o Cálculo do Crédito – FMCC, a retroação de seus efeitos ao mês de maio de 2012 frustra a legítima expectativa dos participantes do Programa Nota Legal de auferirem o cômputo de seus créditos nos moldes legais anteriores, quando ocorreram as suas inscrições. Não se pode olvidar que "*a lei não prejudicará o direito adquirido*" (artigo 5º, inciso XXXVI, da CF).

Ademais, sendo a instituição do IPVA e IPTU da esfera de competência do Município (art. 155, inciso III e art. 156, inciso I, da CF), cabe ao Distrito Federal a sua instituição (art. 147, da CF), bem como que "*as isenções, anistias, remissões, benefícios e incentivos fiscais que envolvam matéria tributária e previdenciária ... só poderão ser concedidos ou revogados por meio de lei específica*" (artigo 131, inciso I, da L.O.D.F.), o que, no caso de alteração da forma de cômputo de benefício fiscal, impõe a subsunção aos princípios da irretroatividade das leis e da segurança jurídica, dentre outros.

(...)"

Assim, ao conceder a liminar que retirou da ordem jurídica os efeitos retroativos do Decreto 33.963/2012 e da Portaria Distrital 187/2012, o Tribunal de Justiça do Distrito Federal entendeu que o Princípio Constitucional do Direito Adquirido deve prevalecer em tal hipótese.

6. Conclusões

Abstraindo-se a possibilidade ou não de ingresso da ação direta de inconstitucionalidade na hipótese concretamente considerada, e que não é objeto do presente estudo, verifica-se que a decisão que concedeu a liminar aplicou o princípio Constitucional do Direito Adquirido impedindo a retroação da alteração legislativa posterior que, de algum modo, pudesse suprimir as vantagens estabelecidas aos beneficiários do Programa Nota Legal.

Conforme salientado por José Afonso da Silva[10] "(...) a lei nova não tem o poder de desfazer a situação jurídica consumada (...)".

Não se trata, portanto, da questão da irretroatividade da lei, mas tão só do limite de sua aplicação. A lei nova não se aplica a situação objetiva constituída sob o império da lei anterior.

Desta forma, a lei nova pode surtir efeitos retroativos desde que resguardados os direitos adquiridos e as situações consumadas definitivamente.

Assim, os programas de incentivo ao pedido de nota fiscal podem ser alterados, ou mesmo suprimidos, desde que a alteração ou supressão não atinjam direitos já incorporados ao patrimônio do participante do programa.

7. Referências Bibliográficas

BASTOS, Celso. *Dicionário de direito constitucional*. São Paulo: Saraiva, 1994.

CARVALHO, Paulo de Barros. *Curso de direito tributário*. São Paulo: Saraiva, 1993.

MAXIMILIANO, Carlos. *Direito intertemporal*. Rio de Janeiro: Freitas Bastos, 1946.

MORAES, Alexandre de. *Constituição do Brasil interpretada e legislação constitucional*. São Paulo: Atlas, 2002.

SILVA, José Afonso da. *Curso de Direito Constitucional Positivo*. São Paulo: Malheiros, 2007.

BRASIL. *Constituição Da República Federativa do Brasil de 1988*. Diário Oficial da União, Brasília, DF, 05 out. 1988.

DISTRITO FEDERAL. *Lei Distrital nº 4.159, de 13 de junho de 2008*. Dispõe sobre a criação do programa de concessão de créditos para adquirentes de mercadorias ou bens e tomadores de serviços, nos termos que especifica. Disponível em <http://www.fazenda.df.gov.br//aplicacoes/legislacao/legislacao/TelaSaidaDocumento.cfm?txtNumero=4159&txtAno=2008&txtTipo=5&txtParte=COMPILADO>. Acesso em 30/03/2013.

---

[10] SILVA, Jose Afonso da. *Curso de Direito Constitucional Positivo*. Sao Paulo: Malheiros, 2007, p. 434.

DISTRITO FEDERAL. *Portaria Distrital nº 04 de 04 de janeiro de 2012.* Estabelece procedimentos relativos à concessão, à consolidação e à utilização de créditos no âmbito do programa instituído pela Lei 4.159, de 13 de junho de 2008, e dá outras providências. Disponível em <http://www.fazenda.df.gov.br/aplicacoes/legislacao/legislacao/TelaSaidaDocumento.cfm?txtNumero=4&txtAno=2012&txtTipo=7&txtParte=>. Acesso em 30/03/2013.

DISTRITO FEDERAL. *Programa Nota Legal.* <http://www.notalegal.df.gov.br//area.cfm?id_area=783>. Acesso em 30/03/2013.

DISTRITO FEDERAL. *Portaria Distrital Portaria nº 187, de 22/11/12* – DODF de 23/11/12. Disponível em <http://www.fazenda.df.gov.br/aplicacoes/legislacao/legislacao/Portaria>. Acesso em 30/03/2013.

http://www.correiobraziliense.com.br/app/noticia/cidades/2011/09/15/interna_cidadesdf, 269946/governo-do-df-evita-sancionar-projeto-que-amplia-programa-nota-legal.shtml. Acesso em 30/03/2013.

TRIBUNAL DE JUSTIÇA DO DISTRITO FEDERAL E TERRITÓRIOS. Disponível em <http://tjdf19.tjdft.jus.br/cgi-in/tjcgi1?SELECAO=1&ORIGEM=INTER&TitCabec=2%AA+Inst%E2ncia+%3E+Consulta+Processual&CHAVE=2013.00.2.000164-6&COMMAND=ok&NXTPGM=plhtml02>. Acesso em 30/03/2013.

Capítulo VII

O Principio da Anterioriedae Nonagesimal e Efeitos de Medida Provisória que Majora IPI

MÁRCIO GONÇALVES MOREIRA*

Sumário: 1. Introdução; 2. Considerações Acerca das Medidas Provisórias; 3. Da Ausência de Efeitos de Medida Provisória que Majora IPI antes de Decorridos Noventa Dias; 4. Considerações Finais; 5. Referências Bibliográficas.

1. Introdução

A nossa Constituição Federal estabelece logo de inicio, isto é, em seu artigo 2º que "São Poderes da União, independentes e harmônicos entre si, o Legislativo, o Executivo e o Judiciário". Tal preceito é a expressão

---

* Advogado e Professor titular da disciplina "Direito Eleitoral" da Faculdade Serra do Carmo – Palmas/TO desde AGO/2011. Graduado em DIREITO pela Universidade Federal do Tocantins (2003). Especialista em DIREITO PROCESSUAL CIVIL e DIREITO ELEITORAL. Mestrando em Direito Tributário pela Universidade Católica de Brasília. Membro do Tribunal de Ética e Disciplina da Ordem dos Advogados do Brasil/Seccional do Tocantins – triênios: 2010/2012 e 2013/2015. Conselheiro Suplente da Ordem dos Advogados do Brasil/Seccional do Tocantins – triênio: 2013/2015. Membro da comissão de Direito Tributário da Ordem dos Advogados do Brasil/Seccional do Tocantins – triênio: 2013/2015.

do princípio federativo, vez que os poderes da República Federativa do Brasil devem atuar de forma independente, com atribuições e competências distintas.

Inobstante isso, a Constituição Federal prevê algumas formas de intromissão de um poder no outro, melhor dizendo, ocorre a usurpação de poder. Isso, a princípio, representa uma anomalia no sistema de tripartição de poderes.

Tais situações ocorrem quando um poder, de forma atípica, entra na esfera de competência de outro poder, a exemplo do que ocorre com a Medida Provisória, pois é ato legislativo emitido pelo poder executivo, usurpando a competência típica do poder legislativo.

A Medida Provisória embora esteja prevista na Constituição Federal como espécie de processo legislativo não é tipicamente lei porque editada não pelo legislador, mas pelo executivo.

Dentre as matérias, a Medida Provisória pode dispor sobre tributo, mais precisamente a partir da aprovação da Emenda constitucional nº 32, ainda que a Constituição Federal exija lei para dispor sobre o assunto (princípio da legalidade).

Tal previsão está direcionada para os tributos que têm caráter regulatório, uma vez que cumprem uma função extrafiscal, dentre eles o IPI.

Entretanto, a Emenda Constitucional nº 45, que reforçou o princípio da anterioridade ao estabelecer a noventena para alguns impostos, não ressalvou o IPI, isto, tal imposto deve observar a anterioridade nonagesimal para ser cobrado, razão pela qual ainda que majorado por Medida Provisória deve respeitar o transcurso de noventa dias para ser cobrado.

2. Considerações Acerca das Medidas Provisórias

A Medida Provisória não foi uma criação da nossa Constituição Federal de 1988, haja vista que a Constituição Italiana de 1947 já previu instrumento similar.

A bem da verdade a Medida Provisória foi prevista na Constituição Federal de 1988 para substituir o malfadado *Decreto – Lei* instituído pela Constituição de 1969, época que ficou conhecida como "os anos de chumbo" por ser o período mais repressivo da ditadura militar que teve início com o AI-5 em dezembro de 1968.

Assim dispunha a Constituição Federal de 1969:

Art. 55. O Presidente da República, em casos de urgência ou de interêsse público relevante, e desde que não haja aumento de despesa, poderá expedir decretos-leis sôbre as seguintes matérias:

I – segurança nacional;

II – finanças públicas, inclusive normas tributárias; e

III – criação de cargos públicos e fixação de vencimentos.

§ 1º – Publicado o texto, que terá vigência imediata, o decreto-lei será submetido pelo Presidente da República ao Congresso Nacional, que o aprovará ou rejeitará, dentro de sessenta dias a contar do seu recebimento, não podendo emendá-lo, se, nesse prazo, não houver deliberação, aplicar-se-á o disposto no § 3º do art. 51. (Redação da pela Emenda Constitucional nº 22, de 1982)

§ 2º A rejeição do decreto-lei não implicará a nulidade dos atos praticados durante a sua vigência.

Art. 56. A iniciativa das leis cabe a qualquer membro ou comissão da Câmara dos Deputados ou do Senado Federal, ao Presidente da República e aos Tribunais Federais com jurisdição em todo o território nacional.

Parágrafo único. A discussão e votação dos projetos de iniciativa do Presidente da República terão início na Câmara dos Deputados, salvo o disposto no § 2º do artigo 51.

Apesar de a atual Carta Magna ter extirpado o indesejado *Decreto – Lei* da ordem jurídica, não deixou o Poder Executivo desnudo e lhe conferiu o poder de editar "Medida Provisória", prevista como um instrumento legislativo, embora seja editado, exclusivamente, pelo Poder Executivo.

Entende-se como processo legislativo o procedimento que resulta em um ato do Poder Legislativo. Inobstante isso, a Constituição Federal em seu art. 59 discriminou no rol do processo legislativo as "medidas provisórias", mesmo não sendo ato emanado exclusivamente do Poder Executivo.

As medidas provisórias podem ser editadas sem muitos critérios, porque o art. 62 da Constituição Federal exige apenas a *relevância e urgência,* requisitos por demais subjetivos.

Ao tratar das Medidas Provisórias, assenta Michel Temer[1] que:

---

[1] TEMER. Michel. *Elementos de Direito Constitucional.* 18 ed. rev. ampl. Malheiros: São Paulo, 2002. p. 151.

É exceção ao princípio de que ao Legislativo incumbe editar atos que obriguem. A medida provisória não é lei, é ato que tem "força de lei". Por que não é Lei? Lei é ato nascido no Poder Legislativo que se submete a um regime jurídico predeterminado na Constituição, capaz de inovar, originariamente, a ordem jurídica, ou seja, criar direitos e obrigações. Notem a primeira afirmação: "é ato nascido no Poder Legislativo", capaz de criar direitos e obrigações. A medida provisória também cria direitos e obrigações, também obriga, porque o constituinte permitiu exceção ao princípio doutrinário, segundo o qual legislar incumbe ao Legislativo. Não é lei, porque não nasce no Legislativo. Tem força de lei, embora emane de uma única pessoa, é unipessoal, não é fruto de representação popular, estabelecida no art. 1º, Parágrafo Único ("todo poder emana do povo"). Medida provisória não é lei.

No mesmo diapasão, leciona Carraza[2] que "medidas provisórias não são lei. São sim, atos administrativos *lato sensu*, dotados de alguns atributos da lei, que o Presidente da República pode expedir em casos de *relevância* e *urgência*".

Na mesma toada, pontua Joel de Menezes Niebuhr[3]:

A medida provisória poderia até ser *aceitável*, se o texto do artigo 62 da Constituição Federal fosse interpretado de modo *aceitável*, destinando a medida provisória apenas a casos de extrema e efetiva relevância e urgência, sem reedições (mesmo antes da Emenda Constitucional nº 32), com o controle político do Legislativo e jurídico do Judiciário. Entretanto, num Estado cuja tradição institucional é autoritária, que foi marcado, desde a independência, por golpes, violações aos direitos fundamentais, desmandos, minimização do Poder Legislativo, a Medida Provisória entremostra-se como o grilhão autoritário de uma Constituição que declara, prescreve e pretende realizar a democracia.

---

[2] CARRAZA, Roque Antônio. *Curso de direito constitucional tributário*. 29 ed. rev. ampl. e atual até a Emenda Constitucional n. 72/2013. Malheiros: São Paulo: 2013.
[3] NIEBUHR, Joel de Menezes. *O novo regime constitucional da medida provisória*. São Paulo: Dialética, 2001.

Ao analisar as características da Medida Provisória, como sempre, com mestria, pontuou Celso Antônio Bandeira de Mello[4]:

> 2. Convém desde logo acentuar que as medidas provisórias são profundamente diferentes das leis –
> e não apenas pelo órgão que as emana. Nem mesmo se pode dizer que a Constituição foi tecnicamente precisa ao dizer que têm "força de lei". A compositura que a própria Lei Magna lhes conferiu desmente a assertiva ou exige que seja recebida *cum grano salis*.
> A *primeira diferença* entre umas e outras reside em que as medidas provisórias correspondem a uma forma *excepcional* de regular certos assuntos, ao passo que as leis são a via normal de discipliná-los.
> A *segunda diferença* está em que as medidas provisórias são, por definição, *efêmeras*, de vida curtíssima, enquanto as leis, além de perdurarem normalmente por tempo indeterminado, quando temporárias têm seu prazo por elas mesmo fixado, ao contrário das medidas provisórias cuja duração máxima já está preestabelecida na Constituição: 30 dias.
> A *terceira diferença* consiste em que as medidas provisórias são *precárias*, isto é, podem ser infirmadas pelo Congresso a qualquer momento dentro do prazo em que deve apreciá-las, em contraste com a lei cuja persistência só depende do próprio órgão que as emanou (Congresso).
> A *quarta diferença* resulta de que a medida provisória não confirmada, isto é, não transformada em lei, perde sua eficácia desde o início; esta, diversamente, ao ser revogada, apenas cessa seus efeitos *ex nunc*.
> Por tudo isto se vê que a força jurídica de ambas *não é a mesma*.
> Finalmente, a *quinta e importantíssima diferença* procede de que a medida provisória, para ser expedida, depende da ocorrência de certos pressupostos; especificamente os de "relevância e urgência", enquanto, no caso da lei, a relevância da matéria *não é condição para que seja produzida*; antes, passa a ser de direito relevante tudo o que a lei houver estabelecido. Demais disso, inexiste o requisito de urgência.

---

[4] MELLO, Celso Antônio Bandeira de. *Perfil constitucional das medidas provisórias*. São Paulo: *Revista dos Tribunais*, 1990. Trimestral.

Desconsideradas as críticas, a Medida Provisória é fato, pois criada pela Constituição Federal de 1988, e vem sendo amplamente utilizada, mas em muitas vezes de forma descomedida.

A Constituição Federal estabelece dois requisitos para edição de Medida Provisória, quais sejam: relevância e urgência. Tais requisitos são subjetivos e ficam a critério do chefe do executivo os avaliar.

Imperioso colacionarmos os ensinamentos de Humberto Bergman Ávila[5] sobre os pressupostos de edição de Medida Provisória:

> Os pressupostos materiais de relevância e urgência devem ser analisados de acordo com o sistema constitucional, o que lhes atribui um sentido mínimo.
>
> *Relevância* qualifica a situação cuja gravidade ultrapassa os riscos normais da vida social, e que impõe ao Poder Executivo a edição de ato indispensável e imediatamente necessário à preservação da ordem pública.
>
> *Urgência* indica as hipóteses em que o Estado é confrontado com situações extraordinárias, não reguladas no sistema constitucional de maneira autônoma, para cuja regulação os instrumentos legais, inclusive aquelas que abreviam o procedimento legislativo, revelam-se inidôneos para evitarem os danos causados pelo retardamento. No plano constitucional, um conceito objetivo de caso de urgência é aquele que precisa ser regulado em menos de 45 dias.

Inobstante isso o STF entende que "A verificação pelo Judiciário dos requisitos de relevância e urgência para a adoção de medida provisória só é possível em caráter excepcional, quando estiver patente o excesso de discricionariedade por parte do Chefe do Poder Executivo". (RE 550652 AgR, Relator(a): Min. RICARDO LEWANDOWSKI, Segunda Turma, julgado em 17/12/2013, ACÓRDÃO ELETRÔNICO DJe-029 DIVULG 11-02-2014 PUBLIC 12-02-2014). "A atuação do Judiciário no controle da existência dos requisitos constitucionais de edição de Medidas Provisórias em hipóteses excepcionais, ao contrário de denotar ingerência contramajoritária nos mecanismos políticos de diálogo dos outros Poderes, serve à manutenção da Democracia e do equilíbrio entre os três

---

[5] ÁVILA, Humberto Bergman. *Medida provisória na Constituição de 1988*. Porto Alegre: Sérgio Antônio Fabris, 1997.

baluartes da República". Precedentes (ADI 1910 MC, Relator(a): Min. SEPÚLVEDA PERTENCE, Tribunal Pleno, julgado em 22/04/2004; ADI 1647, Relator(a): Min. CARLOS VELLOSO, Tribunal Pleno, julgado em 02/12/1998; ADI 2736/DF, rel. Min. CEZAR PELUSO, Tribunal Pleno, julgado em 8/9/2010; ADI 1753 MC, Relator Min. SEPÚLVEDA PERTENCE, Tribunal Pleno, julgado em 16/04/1998). (ADI 4029, Relator(a): Min. LUIZ FUX, Tribunal Pleno, julgado em 08/03/2012, ACÓRDÃO ELETRÔNICO DJe-125 DIVULG 26-06-2012 PUBLIC 27-06-2012).

"Os políticos (homens que dirigem o estado), precisando atender às necessidades financeiras do poder público, usam do direito como instrumento do desígnio de abastecer o estado de dinheiro"[6]. A colocação do mestre Ataliba é pertinente porque estabelecer tributos por meio de Medida Provisória é ir de encontro à sistemática constitucional no que pertine ao limites do poder de tributar.

O estatuto do contribuinte traz como limitação ao poder de tributar a exigência que tributo para ser exigido deve ser previsto em lei com ampla discussão pelos representantes do povo.

É possível afirmar que somente há urgência a embasar a expedição de uma medida provisória quando comprovadamente inexistir tempo suficiente para que determinada matéria, sem grandes e irreparáveis prejuízos ao povo, venha a ser tratada por meio de lei.

3. Da Ausência de Efeitos de Medida Provisória que Majora IPI antes de Decorridos Noventa Dias

O Sistema constitucional tributário brasileiro é indiscutivelmente complexo. Porém, se a opção foi ou não boa, não será objeto de apreciação. E por ser um sistema complexo, existem regras e princípios limitadores ao poder de tributar, o que impõe ao Fisco a observância desses limitadores, restringindo o poder exacional.

Ocorre que em 2001 o legislador constituinte derivado reformador editou a Emenda Constitucional nº 32, e previu a possibilidade de Medida Provisória tratar sobre matéria tributaria, inclusive instituindo e majorando tributos, cuja Emenda tem a seguinte redação, no que pertine à matéria tributária:

---

[6] ATALIBA, Geraldo. *Hipótese de incidência tributária*. 6 ed. 8 tir. São Paulo: Malheiros, 2006. p. 29.

Art. 62. Em caso de relevância e urgência, o Presidente da República poderá adotar medidas provisórias, com força de lei, devendo submetê-las de imediato ao Congresso Nacional. *(Redação dada pela Emenda Constitucional nº 32, de 2001)*

§ 2º Medida provisória que implique instituição ou majoração de impostos, exceto os previstos nos arts. 153, I, II, IV, V, e 154, II, só produzirá efeitos no exercício financeiro seguinte se houver sido convertida em lei até o último dia daquele em que foi editada. *(Incluído pela Emenda Constitucional nº 32, de 2001)*

Constata-se que o § 2º do artigo 62 da Constituição Federal já ressalvou alguns impostos da observância do principio da anterioridade, dentre eles o IPI. Tais impostos, na dicção deste parágrafo, podem ser exigidos imediatamente à edição da Medida Provisória.

Posteriormente, em 2003, o mesmo poder constituinte derivado reformador alterou novamente a Constituição Federal, reforçando o estatuto do contribuinte, impondo mais limitações ao poder de tributar, instituiu os principio da anterioridade nonagesimal para alguns tributos. Vejamos:

Art. 150. Sem prejuízo de outras garantias asseguradas ao contribuinte, é vedado à União, aos Estados, ao Distrito Federal e aos Municípios:

I – exigir ou aumentar tributo sem lei que o estabeleça;

II – ...;

III – cobrar tributos:

a) em relação a fatos geradores ocorridos antes do início da vigência da lei que os houver instituído ou aumentado;

b) no mesmo exercício financeiro em que haja sido publicada a lei que os instituiu ou aumentou;

c) antes de decorridos noventa dias da data em que haja sido publicada a lei que os instituiu ou aumentou, observado o disposto na alínea b; (Incluído pela Emenda Constitucional nº 42, de 19.12.2003)

§ 1º A vedação do inciso III, b, não se aplica aos tributos previstos nos arts. 148, I, 153, I, II, IV e V; e 154, II; e a vedação do inciso III, c, não se aplica aos tributos previstos nos arts. 148, I, 153, I, II, III e V; e 154, II, nem à fixação da base de cálculo dos impostos previstos nos arts. 155, III, e 156, I. (Redação dada pela Emenda Constitucional nº 42, de 19.12.2003)

Ante as duas Emendas Constitucionais retromencionadas, dois problemas surgiram: i) se é constitucional a Emenda 32 possibilitar a instituição e majoração de tributos por meio de Medida Provisória em vista da exigência de legalidade prevista no art. 150 da Constituição Federal inserto em seu texto original; ii) e se é possível exigir IPI majorado por Medida Provisória antes de decorridos 90 dias, já que a EC 42 ao tratar da regra da noventena não fez quaisquer ressalvas.

Apenas para efeito de registro, Carraza[7] obtempera que:

> Pensamos que, ainda assim, a medida provisória não pode ser admitida. De fato, como estes impostos não estão submetidos ao princípio da anterioridade, nada impede que o Presidente da República apresente projeto de lei, para ser apreciado em regime de urgência, majorando (ou diminuindo) esses tributos ou estabelecendo, para eles, alíquotas mínimas e máximas. E o Congresso Nacional, em, no máximo 90 dias, aprovará, querendo, lei ordinária agasalhando a pretensão presidencial. Logo, os impostos apontados nos incisos I, II, IV e V do art. 153 da Constituição Federal não podem ser nem apreciados, nem aumentados, por meio de Medidas Provisórias.

Isso se deve ao fato que a Emenda Constitucional 32, no que tange às medidas provisórias, ultraja o princípio da legalidade tributária e, por via de consequência, também a autonomia e independência do Poder Legislativo. Afronta, pois, a *cláusula pétrea* prevista no art. 60, parágrafo III, que estabelece que nenhuma emenda constitucional poderá sequer objetivar a abolir a separação de Poderes.

Como se isso não bastasse, a mesma EC n. 32/2001 – sempre no que concerne às medidas provisórias – ignorou o direito fundamental dos contribuintes de só serem obrigados a pagar tributos que tenham sido adequadamente consentidos por seus representantes imediatos: os legisladores. Aplicável, também, na espécie, a cláusula pétrea do art. 60, parágrafo 4º, IV, da CF, que veda o amesquinhamento, por meio de emenda constitucional, dos direitos e garantias individuais.

---

[7] CARRAZA, Roque Antônio. *Curso de direito constitucional tributário*. 29 ed. rev. ampl. e atual até a Emenda Constitucional n. 72/2013. Malheiros: São Paulo: 2013.

Posta a questão, embora existam dois problemas, iremos tratar apenas da possibilidade da exigência de IPI instituído ou majorado por Medida Provisória antes de decorridos os 90 dias de sua edição. Isto porque o Supremo Tribunal Federal já sedimentou o entendimento pela possibilidade de Medida Provisória criar ou majorar tributos.

O legislador constituinte derivado reforçou as limitações constitucionais ao poder de tributar ao instituir a regra da noventena para alguns impostos. Não se trata de regra que substitui a regra da anterioridade, mas cumulativa com esta. Tal reforço veio para ampliar o campo de abrangência do estatuto do contribuinte contra a tributação de inopino, a fim de resguardar o principio da segurança jurídica e da não surpresa, cujas garantias foram previstas pela Emenda Constitucional 42.

Os princípios da segurança jurídica e da não surpresa são corolários do Estado Democrático de Direito, de modo que não podem sofrer cortes ou rupturas, pois garantem os contribuintes contra a tributação inopinada do fisco.

O *estatuto do contribuinte* vem sendo entendido pela doutrina como um complexo de direitos fundamentais, compreendendo, em sua maior parte, um misto de direitos de defesa e de direitos a regras e procedimentos. É uma garantia do contribuinte contra o poder exacional do Estado.

É sabido que os contribuintes ao planejarem suas ações e ao efetuarem contratos levam em consideração a carga tributária existente naquele momento. Então, se esta carga tributária vier a ser alterada é preciso que o contribuinte tenha um tempo razoável para se preparar e planejar suas ações frente ao novo cenário.

Ocorre que existem alguns impostos, os chamados de regulatórios, que podem ser alterados de maneira abrupta com a finalidade de intervir na economia, já que sua finalidade precípua não é arrecadar, mas regular o mercado.

A isso se dá o nome de extrafiscalidade, que é a intervenção do Estado na economia para atingir outros fins que não simplesmente arrecadar. Ao abordar a extrafiscalidade, pontua Marcos Valadão[8]:

---

[8] VALADÃO, Marcos Aurélio Pereira. *Limitações constitucionais ao poder de tributar e tratados internacionais*. Del Rey: Belo Horizonte, 2000.

A extrafiscalidade refere-se ao aspecto não fiscal (fiscal no sentido de obtenção de receita) do tributo. Assim, o Estado atinge objetivos de outra natureza, que não a arrecadação, simplesmente se utilizando da oneração ou desoneração tributária, como por exemplo, o desenvolvimento de certo setor da economia, a proteção de um setor produtivo contra praticas predatórias de exportadores estrangeiros (fazendo o tributo as vezes de direito *antidumping*) etc.

Se por um lado pode-se dizer que a parafiscalidade é forma mais antiga de tributação, pois na antiguidade criavam-se tributos específicos à medida que surgiam as necessidades especificas do Estado, o aspecto da extrafiscalidade é fenômeno relativamente novo e surgiu com a necessidade cada vez maior de o Estado intervir na Economia, fenômeno que recrudesceu a partir do inicio deste século.

O mestre Hugo de Brito Machado[9], ao discutir a função do IPI, obtempera que:

> Embora utilizado como instrumento de função extrafiscal, sendo, como é, por força de dispositivo constitucional, um imposto seletivo em funda da essencialidade do produto (CF, art. 153, § 2º, inc. IV), o imposto sobre produtos industrializados tem papel da maior relevância no orçamento da União Federal, dos Estados, do Distrito Federal e dos Municípios. Foi, até há pouco tempo, o tributo de maior expressão como fonte de receita, posição que vem sendo ocupada atualmente pelo imposto de renda, provavelmente em razão de substanciais reduções operadas nas alíquotas do IPI, muitas das quais foram reduzidas a zero.
>
> Pretendeu-se que o IPI funcionasse como tributo de função extrafiscal proibitiva, tributando pesadamente os denominados artigos de luxo, ou supérfluos, como os perfumes, por exemplo, e também aqueles de consumo desaconselhável, como as bebidas e os cigarros. Todavia, parece que essa função "proibitiva" jamais produziu os efeitos desejados. Ninguém deixou de beber ou fumar porque a bebida ou fumo custasse mais caro, em razão da incidência exarcebada do imposto.

---

[9] MACHADO, Hugo de Brito. *Curso de direito tributário*. 35 ed. rev. atual. e ampl. São Paulo: Malheiros, 2014. p. 335.

Dessas colocações, é possível afirmar, de forma incontestável, a predominância no IPI, da função fiscal – arrecadatória – inobstante deva ser um imposto seletivo em razão da essencialidade do produto. É uma exação de competência da União Federal, de forte interesse fiscal, haja vista que representa considerável fatia no orçamento público.

Em virtude dessa característica predominantemente arrecadatória, então, não se justifica a cobrança de imediato do IPI eventualmente majorado por Medida Provisória. Não existe urgência a fundamentar a edição de Medida Provisória para uma tributação repentina.

O professor Marcos Valadão[10], ao defender a aplicabilidade imediata do Decreto que majora o IPI, pontuou:

> O que a doutrina e a jurisprudência faziam, e faziam de maneira equivocada, era "pendurar" a possibilidade do decreto que majore a alíquota do IPI entrar em vigor e ter eficácia na data da publicação, nos dispositivos contidos no art. 150, inciso III, "b", e em seu § 1º, da CF/88 (que dispõe sobre a anterioridade e sua exceção respectivamente). Ocorre que esse raciocínio é incorreto. A norma que se vincularia ao princípio da anterioridade seria a lei majorante e não o decreto. Porém, como a tradição é entender que o princípio da anterioridade e sua exceção se aplicariam também ao decreto (que pode reduzir a zero a alíquota ou majorá-lo até 30 pontos percentuais) – o que se reputa um erro – surgiu o também equivocado entendimento de que os decretos que majorem o a alíquota do IPI (dentro dos limites legais) estariam sujeitos à novel noventena instituída pela EC 42/2003, já que neste caso a lei que majore alíquota do IPI não está ao abrigo da exceção constitucional.

Embora a vertente analisada não se trate especificamente da majoração da alíquota do IPI por lei, mas por decreto e dentro da faixa permitida pela lei, extrai-se que essa lei se vincularia ao princípio da anterioridade. Então, se a lei que é precedida de processo legislativo rígido e editada pelo Poder Legislativo (tipicamente dotado para tanto) se submete à anterioridade, quiçá a Medida Provisória, ato oriundo do Poder Executivo, no exercício de função atípica.

---

[10] VALADÃO, Marcos Aurélio Pereira. Da Noventena Constitucional e da Majoração de Alíquotas do IPI por Decreto do Poder Executivo. *Revista Fórum de Direito Tributário*, Belo Horizonte – MG, v. 4, n. 22 p. 147-158, 2006.

Pondera-se que não estamos tratando de alteração de alíquotas dentro das faixas permitidas por lei, pois se podem ser alteradas por decreto, não existiria razão entender que não poderiam ser modificadas por medida provisória, instrumento legislativo dotado de alguns requisitos constitucionais, ao passo que o decreto é ato conferido ao poder executivo, também, mas sem qualquer exigência constitucional.

Parece-nos que devemos fazer uma interpretação sistemática dos dispositivos alterados pelas Emendas Constitucionais 32 e 45. São normas constitucionais de mesma hierarquia, razão pela qual deve prevalecer aquela editada por último, já que podemos dizer que a matéria foi tratada de modo diverso, sem, contudo, desprezar a congruência das normas.

Ademais, se fosse a intenção do legislador atribuir efeito imediato à Medida Provisória que majora IPI, teria feito a ressalva quando editou a Emenda Constitucional nº 45, porém, não o fez.

Então, as regras inseridas pelas sobreditas Emendas Constitucionais devem ser interpretadas sistematicamente, e levando em consideração a ponderação de interesses, que ao nosso sentir, deve prevalecer aquele que mais beneficia o contribuinte, já que as limitações constitucionais ao poder de tributar são normas fundamentais de defesa do cidadão perante o fisco.

O poder de tributar não pode se furtar do dever de cumprir as regras previstas na Constituição Federal, ainda que o Estado faça o uso da tributação com caráter extrafiscal para resguardar o mercado.

Os entes federativos detêm competência tributária pra criar tributos, cujo rol encontra-se previsto na Constituição Federal. Entretanto, para evitar que o contribuinte fique a mercê do arbítrio do poder estatal em matéria tributária, o exercício da competência tributária deve seguir as regras minuciosamente traçadas pela Carta Magna.

A cobrança do IPI deve preceder a um processo legislativo ordinário elaborado com todas as cautelas necessárias e pelo poder competente (legislativo), inclusive estar adstrito à regra na noventena. Então, com mais razão, é possível afirmar que a Medida Provisória também não pode ser base legal para cobrar IPI antes de decorridos os 90 dias.

Destarte, eventual Medida Provisória que majore o IPI somente poderá ser aplicada depois de decorridos 90 dias da data de sua edição, em respeito ao princípio, ou melhor, regra constitucional da anterioridade nonagesimal.

Nesse sentido, vale destacar os ensinamentos de Eduardo Sabbag[11] ao discorrer sobre o principio da anterioridade tributária e a emenda constitucional nº 32/2001:

> O curioso é perceber que, no caso específico do IPI, majorado por MP, a incidência ficará postergada para o 91º dia a contar da publicação do instrumento majorador, à semelhança do ocorrido com as contribuições social-previdenciárias, como se verá, oportunamente.
>
> O parágrafo § 1º do art. 150 da Constituição Federal não excepcionou o IPI da regra da noventena, ou seja, o referido tributo tem que respeitar noventa dias, da data da lei que criou ou majorou, para ser cobrado.
> Verifica-se que o § 2º do art. 62 já garantiu a observância da anterioridade, ao dispor que a Medida Provisória só produzirá efeitos no exercício financeiro seguinte se houver sido convertida em lei até o último dia daquele em que foi editada. Ocorre que esse parágrafo excepcionou da regra os impostos extrafiscais: II, IE, IPI, IOF e IEG.
> Percebe-se que o legislador ao editar a EC 42 já ressalvou o IPI da exceção da noventena, isto é, determinou que deve respeitar 90 dias para cobrança, mesmo sendo conhecedor que se trata de imposto regulatório. Ora, se houvesse tanta relevância e urgência o poder constituinte derivado teria ressalvado o IPI da observância da regra da noventena, mas não o fez.
> Este conflito aparente de normas deve ser resolvido levando em consideração o estatuto do contribuinte, que são limitações constitucionais ao poder de tributar, cujas exceções somente podem ocorrer de forma expressa.
> Uma das bases do poder exacional do Estado é a *autotributação*, ou seja, para se cobrar um tributo é preciso que o povo – contribuinte – autorize por meio de seus representantes.
> Esta *autotributação* tem suas bases no principio da legalidade, que é fundado nos ideais de justiça e segurança jurídica indispensáveis ao Estado Democrático de Direito. "Esse princípio é multissecular tendo sido consagrado, na Inglaterra, na Magna Carta de 1215, do Rei João Sem

---

[11] SABBAG, Eduardo. *Manual de direito tributário*. São Paulo: Saraiva, 2009, p. 81.

Terra, a quem os barões ingleses impuseram a necessidade de obtenção prévia de aprovação dos súditos para a cobrança de tributos (*no taxation without representation*)"[12].

O IPI não é, tecnicamente, um imposto para regular o comercio exterior. Embora tenha natureza híbrida (fiscal e regulatória) prevalece a natureza arrecadatória. Em virtude disso é que o Imposto sobre Produto Industrializado não pode ser exigido de imediato, pois os contribuintes precisam de tempo razoável para adequar às novas alíquotas, vez que a surpresa na majoração da tributação pode até mesmo levar uma empresa à bancarrota.

Se não é tecnicamente direcionado a regular o comercio exterior, não há riscos que não se possa aguardar 90 dias a justificar sua cobrança imediata, pois tem natureza extrafiscal voltada ao mercado interno. Ora, o interesse público se justificaria caso o IPI fosse direcionado a resguardar a economia contra o mercado externo, ou seja, como uma medida *antidumping*. Para tanto existem outros impostos.

Não podemos esquecer que as empresas exercem relevante função social em favor do país, pois geram riquezas e criam postos de trabalho. Então, são as empresas que impulsionam a economia, motivo pelo qual se deve evitar o elemento surpresa na tributação a fim dos contribuintes poderem reorganizar suas atividades quando há majoração de determinado tributo.

4. Considerações Finais

Dessume-se deste capítulo que a outorga de poder ao Poder Executivo para editar ato típico do Poder Legislativo é uma deformação do sistema de tripartição de poderes.

A Medida Provisória – de competência exclusiva do poder executivo – foi criada para substituir o malfadado *Decreto – Lei* instituído pela Constituição de 1969.

No nosso sistema tributário vige o principio da legalidade para instituir e majorar tributos, salvo algumas exceções.

---

[12] AMARO, Luciano. *Direito Tributário Brasileiro*. 11 ed. rev. e atual. São Paulo: Saraiva, 2005. p. 111.

Em 2001 o legislador constituinte derivado reformador editou a Emenda Constitucional nº 32, e previu a possibilidade de Medida Provisória tratar sobre matéria tributaria, inclusive instituindo e majorando tributos.

Tal previsão foi alvo de sérias críticas porque ultraja o princípio da legalidade tributária e, por via de consequência, também a autonomia e independência do Poder Legislativo. Afronta, pois, a *cláusula pétrea* prevista no art. 60, parágrafo III, que estabelece que nenhuma emenda constitucional poderá sequer objetivar a abolir a separação de Poderes.

Apesar de a Constituição Federal exigir como pré-requisitos para edição da Medida Provisória a *relevância e urgência,* o STF tem entendido que tais pressupostos somente serão analisados quando estiver patente o excesso de discricionariedade por parte do Chefe do Poder Executivo, de modo que a edição de Medidas Provisórias fica ao talante do chefe do executivo.

Vimos que uma das bases do poder exacional do Estado é a *autotributação*, ou seja, para se cobrar um tributo é preciso que o povo – contribuinte – autorize por meio de seus representantes, que tem suas bases no principio da legalidade, que é fundado nos ideais de justiça e segurança jurídica indispensáveis ao Estado Democrático de Direito. Esse princípio é multissecular tendo sido consagrado, na Inglaterra, na Magna Carta de 1215, do Rei João Sem Terra.

Inobstante a previsão de majoração de IPI por meio de Medida Provisória, entendemos que, se isto ocorrer, a referida exação somente poderá ser cobrada depois de transcorridos noventa dias.

Em que pese o Artigo 62 da Constituição Federal possibilitar a cobrança imediata de alguns impostos majorados por Medida Provisória, dentre eles o IPI, referido tributo deve respeitar a noventena porque o artigo 150, § 1º da Constituição Federal, com redação dada pela EC 45, não ressalvou o IPI da regra, ou seja, deve respeitar o lapso de noventa dias para ser cobrado.

Destarte, interpretando os artigos da Constituição Federal de forma sistêmica, de levando em consideração o estatuto do contribuinte, é possível afirmar que a Medida Provisória que majora o IPI não tem aplicabilidade antes de decorridos noventa dias.

5. Referências Bibliográficas

AMARO, Luciano. *Direito Tributário Brasileiro.* 11 ed. rev. e atual. São Paulo: Saraiva, 2005.

ATALIBA, Geraldo. *Hipótese de incidência tributária.* 6 ed. 8 tir. São Paulo: Malheiros, 2006, p. 29.

ÁVILA, Humberto Bergman. *Medida provisória na Constituição de 1988.* Porto Alegre: Sérgio Antônio Fabris, 1997.

BRASIL. Supremo Tribunal Federal. Recurso Extraordinário nº 550652. Relator: Min. RICARDO LEWANDOWSKI. Brasília, DF, 17 de dezembro de 2013. *Diário de Justiça Eletrônico.* Brasília, 12 fev. 2014.

BRASIL. Supremo Tribunal Federal. ADI nº 4029. Relator: Min. LUIZ FUX. Brasília, BRASÍLIA, 08 de março de 2012. *Diário de Justiça Eletrônico.* Brasília, 27 jun. 2012.

BRASIL. Constituição Federal de 05 de outubro de 1988. *Diário Oficial da União.* Brasília, DF, Emenda Constitucional 77, de 11.2.2014. Disponível em: <http://www.planalto.gov.br/ccivil_03/constituicao/constituicaocompilado.htm>. Acesso em: 10 abr. 2014.

CARRAZA, Roque Antonio. *Curso de direito constitucional tributário.* 29 ed. rev. ampl. e atual até a Emenda Constitucional n. 72/2013. São Paulo: Malheiros, 2013.

MACHADO, Hugo de Brito. *Curso de direito tributário.* 35 ed. rev. atual. e ampl. Malheiros: São Paulo, 2014.

MELLO, Celso Antônio Bandeira de. Perfil constitucional das medidas provisórias. São Paulo: *Revista dos Tribunais,* 1990. Trimestral.

NIEBUHR, Joel de Menezes. *O novo regime constitucional da medida provisória.* São Paulo: Dialética, 2001.

SABBAG, Eduardo. *Manual de direito tributário.* São Paulo: Saraiva, 2009.

VALADÃO, Marcos Aurélio Pereira. *Limitações constitucionais ao poder de tributar e tratados internacionais.* Belo Horizonte: Del Rey, 2000.

—. *Da Noventena Constitucional e da Majoração de Alíquotas do IPI por Decreto do Poder Executivo.* Revista Fórum de Direito Tributário, Belo Horizonte – MG, v. 4, n. 22 p. 147-158, 2006.

TEMER, Michel. *Elementos de Direito Constitucional.* 18 ed. rev. ampl. São Paulo: Malheiros, 2002.

PARTE II

IMUNIDADES

Capítulo VIII

A Imunidade Instituída pela Emenda Constitucional nº 75/2013 e sua Caracterização no Ordenamento Jurídico Nacional

RICARDO VICTOR FERREIRA BASTOS*

Sumário: 1. Introdução. 2. As Limitações Ao Poder de Tributar como Garantia Fundamental Constitucional; 2.1 Noções Gerais acerca das limitações ao poder de tributar; 2.2 Princípios 2.3. Imunidades; 2.4. Classificação das imunidades; 2.5 As imunidades e suas figuras afins. 3. As Imunidades Tributárias como Instrumento de Intervenção do Estado no Domínio Econômico; 3.1. Noções gerais acerca da intervenção do estado no domínio econômico; 3.2. A classificação dos tributos quanto a sua finalidade: fiscal, parafiscal e extrafiscal; 3.3. A função extrafiscal dos tributos e intervenção no domínio econômico; 3.4. A instituição das imunidades tributárias como medida interventiva no domínio econômico. 4. A Imunidade Instituída pela EC nº 75/2013; 4.1. Noções gerais e antecedentes históricos; 4.2. Objeto e extensão da imunidade; 4.2. Classificação da imunidade de videogramas e fonogramas; 5. Análise da Ação Direta de Inconstitucionalidade (ADI) nº 5058. 6. Conclusões. 7. Referências Bibliográficas.

---

* Advogado e Instrutor de cursos do BRB – Banco de Brasília. Possui MBA em Direito Tributário pela Fundação Getúlio Vargas – RJ. Pós Graduado em Direito Empresarial e Contratos pelo UNICEUB – DF. Mestrando em Direito Tributário pela Universidade Católica de Brasília. Professor de Pós Graduação junto no Instituto Tecnológico de Capacitação Profissional (ITCP). Professor de curso de Extensão da Universidade de Brasília (UNB).

1. Introdução

O presente capítulo tem como objetivo principal desenvolver a recente alteração da Constituição Federal realizada pela Emenda Constitucional nº 75/2013 que instituiu a chamada "imunidade da música" a qual retira carga de impostos sobre os fonogramas (obras artística de produção de som) e videofonogramas (obras artística de produção de som e imagem) musicais ou literomusicais de autores brasileiros e/ou obras em geral interpretadas por artistas brasileiros, bem como os suportes materiais ou arquivos digitais que os contenham, bem como o meio físico que veiculam tais obras.

O texto constitucional ressalva dessa regra a replicação das mídias sem as obras dos artistas, ou seja, sem as musicas e vídeos, o que nos mostra que a regra prevista no art. 150, IV, "e" tem um objetivo que se visualiza imediatamente que é reduzir o custo das obras musicais de som e de som e imagem de modo que haja um maior desenvolvimento desse setor cultural brasileiro.

Tal regra imunizante passou a ser válida desde o dia 16 de outubro de 2013 e possui alguns aspectos que merecem ser abordados diante da peculiaridade do regime jurídico que institui no mercado de produção musical de CDs e DVDs, tendo em vista que o objetivo principal do projeto apresentado foi fortalecer a produção musical brasileira diante da crescente realidade do mercado de contrafação de obras musicais de áudio e vídeo, bem como da proliferação de troca de arquivos, por meio da internet, dessa espécie de arquivos.

O propósito com a regra imunizante em comento, numa visão finalística do seu teor, é reduzir a carga tributária incidente sobre a produção musical, de modo que os valores das obras musicais de vídeo áudio, bem como as que tenham conteúdo literomusicial sejam reduzidos, o que desestimularia o mercado cada vez mais crescente da produção das chamadas "obras piratas" que consiste numa grande gerador de riquezas sem qualquer controle de sua destinação ou mesmo arrecadação de tributos de tais valores.

Do texto de sua justificação, quando do encaminhamento da proposta extrai-se que a única restrição a tal projeto seria o fato de que as contenham músicas compostas ou gravadas por autores ou artistas brasileiros, o que pode dá ensejo a grandes discussões acerca da sua abrangência, principalmente quando se busca identificar o teor do que ela institui, devendo ser investigado acerca do âmbito de alcance tanto das produções das obras quanto das mídias de armazenamento, inclusive dos arquivos digitais.

Para a análise de tal regra imunizante é importante levar em consideração as noções basilares acerca das imunidades como limitação constitucional ao poder de tributar, uma visão acerca da intervenção no domínio econômico por meio das imunidades, sua distinção com figuras afins e infralegais, analisando a existência da ADI nº 5058 proposta pelo governador do amazonas contra o texto do art. 150, inc. VI, "e" da Constituição Federal que busca, segundo o teor de sua petição inicial, resguardar os benefícios tributários existentes na Zona Franca de Manaus.

Assim, deve-se ter de modo bem especificado qual a aplicação prática de tal regra, de maneira que se tenha ma real noção do que realmente será imune e quais os requisitos de sua aplicação, cabendo ressaltar que essa nova imunidade, como as demais previstas no texto constitucional, referem-se a espécie tributária dos impostos. Como uma real limitação constitucional ao poder de tributar, tal preceito instituído pelo poder constituinte derivado deve ser entendido em todo o seu contexto, entendendo as origens de sua criação, realizando uma interpretação histórica de seu teor e buscando se definir seu objeto de sentido e alcance, tendo em vista o curtíssimo tempo de vigência do novo dispositivo constitucional.

2. As Limitações ao Poder de Tributar como Garantia Fundamental Constitucional

2.1. Noções Gerais acerca das limitações ao poder de tributar

Historicamente, as limitações constitucionais ao poder de tributar possuem relevante tratamento pelos Estados modernos, entretanto, desde a concepção do Estado Romano, discute-se o tema, como bem sintetiza o prof. Roque CARRAZA apud VALADÃO[1]:

> No passado, a tributação era realizada de modo tirânico: o monarca 'criava' os tributos e os súditos deviam suportá-los. Mesmo mais tarde, com o fim do

---

[1] VALADÃO, Marcos Aurélio Pereira. *Limitações constitucionais ao poder de tributar*. Belo Horizonte. Del Rey, 2000, p. 115

feudalismo, quando ela passou a depender dos 'Conselhos do Reino' ou das 'Assembléias Populares', os súditos não ficam totalmente amparados contra o arbítrio . Foi só com o surgimento dos modernos Estados de Direito – como melhor verificaremos no próximo capítulo [que trata da segurança jurídica e tributação] – que começaram a ser garantidos, de modo efetivo, os direitos dos contribuintes. A partir daí, 'o poder de tributar' passou a sofrer uma série de limitações, dentre as quais destacamos seu exercício por meio de lei.

A Constituição Federal de 1988 como norma máxima do ordenamento jurídico de nosso país, assim como nos demais ramos do direito, tem as bases normativas e principiológicas do direito tributário. Especificamente, no titulo VI da Constituição Federal encontra-se as disposições acerca da tributação e do orçamento dentro das quais está a seção II que trata das limitações constitucionais ao poder de tributar.

A nossa Constituição Federal estatui as principais limitações ao exercício da competência tributária, mas não de forma exaustiva, pois esse ponto é, conforme apontado por ÁVILA[2]. um sistema normativo aberto. De acordo com a leitura do art. 150 da CF, dispositivo que inaugura a Seção denominada "Das limitações do poder de tributar", observa-se que a redação do texto constitucional não exclui outras proteções quando diz *"sem prejuízo de outras garantias asseguradas ao contribuinte, é vedado à União, aos Estados, ao Distrito Federal e aos Municípios"*.

Essas matérias tratadas nas disposições constitucionais referentes às limitações constitucionais ao poder de tributar estão divididas em dois grandes vetores[3]: os princípios constitucionais tributários e as imunidades tributárias, sendo ambos normas que são veículos de proteção do cidadão e que constituem, em sua grande maioria, cláusulas pétreas por serem classificadas como garantias fundamentais dos contribuintes.

---

[2] ÁVILA, Humberto. *Sistema constitucional tributário*. 4· ed., rev. atual. São Paulo: Saraiva, 2010.

[3] É oportuno esclarecer que as imunidades tributárias estão espalhadas por toda a constituição, não estando apenas no titulo da tributação e do orçamento, havendo regra de imunidade no art. 5º do texto constitucional diz em seu inciso XXXIV: são a todos assegurados, independentemente do pagamento de taxas: a) o direito de petição aos Poderes Públicos em defesa de direitos ou contra ilegalidade ou abuso de poder.

VALADÃO[4] possui passagem elucidativa acerca dessa abrangência:

> Limitações ao poder de tributar são os dispositivos constitucionais que interferem na atividade exacional do Estado, de forma a conter sua ação. Distinguem-se, assim, as limitações ao poder de tributar, stricto senso, das normas que delimitam a própria competência tributária (normas pré-instituidoras das exceções), ou seja, as normas que determinam a discriminação das rendas tributárias. Contudo, estas normas contém características limitadores ao poder de tributar (no caso, a própria competência). Assim, é correto o entendimento de que as limitações ao poder tributar, sem sentido amplo, abarcam, também, a discriminação das rendas tributárias.
> (...)
> Neste sentido, as limitações ao poder de tributar correspondem ao gênero do qual a imunidade tributária é espécie. As limitações constitucionais ao poder de tributar, no mais das vezes, decorrem de princípios insertos na Constituição, como, como princípios da legalidade tributária e tem, portanto, escopo ampliado em relação ás imunidades.

Nesse ponto cabe um esclarecimento que será adiante desenvolvido com maior profundidade. As regras de imunidade estão previstas no texto constitucional muitas vezes com palavras variadas como não incidência como ocorre no art. 149, 2º I, da CF[5], entretanto, toda regra prevista no texto da Constituição Federal que impeça o exercício da competência tributária é imunidade independentemente da palavra utilizada para tratar o assunto.

---

[4] VALADÃO, Marcos Aurélio Pereira. *Limitações constitucionais ao poder de tributar*. Belo Horizonte. Del Rey, 2000, p. 115

[5] Art. 149. Compete exclusivamente à União instituir contribuições sociais, de intervenção no domínio econômico e de interesse das categorias profissionais ou econômicas, como instrumento de sua atuação nas respectivas áreas, observado o disposto nos arts. 146, III, e 150, I e III, e sem prejuízo do previsto no art. 195, § 6º, relativamente às contribuições a que alude o dispositivo. § 2º As contribuições sociais e de intervenção no domínio econômico de que trata o *caput* deste artigo: (Incluído pela Emenda Constitucional nº 33, de 2001) I – não incidirão sobre as receitas decorrentes de exportação.

Em relação a esse ponto e demonstrando a ideia que o fundamenta cabe trazer passagem colacionada por Sacha Calmon[6] citando Mizabel Derzi na qual há uma importante abordagem sobre princípios e imunidades:

> Princípios e imunidades são institutos jurídicos diversos, embora certos princípios expressos façam brotar ou rebrotar imunidades (implícitas). A prof. Mizabel derzi, pelo manejo profundo dos princípios constitucionais, brinda – nos com o primo de raciocínio que se dá transcrito: 'A consagração de uma imunidade expressa é, às vezes, conseqüência lógica de um principio fundamental. Do principio federal resulta a imunidade recíproca, dedutível mesmo na ausência de recepção literal do texto, porque expressão da autonomia relativa dos entes estatais e de sua posição isonômica, logicamente dedutíveis. (...)

2.1.1. Princípios

Os chamados princípios constitucionais, não obstante as discussões acerca de sua caracterização como regras ou princípios, são conceituados, numa visão bem sucinta, como regras de alicerce do sistema tributário nacional, podendo ser explícitos ou não, possuindo grande relevância dentro do ordenamento jurídico nacional, com grande caráter diretivo de condutas, sejam elas no âmbito legislativo, sejam elas no âmbito das relações entre contribuintes, numa perspectiva horizontal do assunto ou seja nas relações envolvendo o fisco em sua perspectiva vertical.

Na visão clássica de Mello[7]:

> (...) é, por definição, mandamento nuclear de um sistema, verdadeiro alicerce dele, disposição fundamental que se irradia sobre diferentes normas compondo-lhes o espírito e servindo de critério para sua exata compreensão e inteligência exatamente por definir a lógica e a racionalidade do sistema normativo, no que lhe confere a tônica e lhe dá sentido harmônico.

---

[6] Coelho, *Sacha Calmon* Navarro. *Curso de Direito Tributário.* 10. ed. Rio de Janeiro. Forense, 2010, p. 171.
[7] Mello, Celso Antônio Bandeira de. *Curso de Direito Administrativo.* 24. ed. São Paulo: Malheiros, 2009, p. 747-748

Na mesma linha, CARRAZA[8] leciona que:

> O principio possui, pois uma função especificadora dentro do ordenamento jurídico; ele é de grande valia, como vimos, para a exegese e perfeita aplicação assim dos simples atos normativos, que dos próprios mandamentos constitucionais. O menoscabo por um principio importa a quebra de todo o sistema jurídico.

Como exemplo de princípios constitucionais tributários tem-se; a legalidade tributária que determina as matérias que devem ser tratadas por lei em sentido estrito, por atos normativos equivalentes ou por atos de inferior hierarquia normativa levando em conta a definição do sentido de legislação tributária[9]; principio da anterioridade que determina a lei aplicável quando da ocorrência do fato gerador, principio da capacidade contributiva que determina a adequação da carga tributária de forma isonômica entre os sujeitos, dentre outros.

2.1.2. Imunidades

Juntamente com essa primeira vertente das limitações ao poder de tributar está tema, diretamente ligado ao ponto central de nosso estudo, ou seja a imunidade tributária.

Para o correto entendimento do que seria essa imunidade e como se dá sua aplicação, é importante entender a sua ligação com o exercício da competência tributária, posto que servem como verdadeiros limitadores desse exercício. A competência tributária de acordo com a visão de AMARO[10] deve ser entendida:

---

[8] CARRAZZA, Roque Antonio. *Curso de Direito Constitucional Tributário*. 29.ed. São Paulo. Malheiros, 2013, p. 57.

[9] Importante ressaltar a definição prevista no art. 96 do CTN que "legislação tributária" compreende as leis, os tratados e as convenções internacionais, os decretos e as normas complementares que versem, no todo ou em parte, sobre tributos e relações jurídicas a eles pertinentes., o que impõe a necessidade de separar legalidade em sentido estrito e legalidade lato senso, sendo aquela matérias reservadas a lei entendida como ato legislativo e esta como sendo atos que obedeçam a legalidade de forma genérica e compreendendo diversas espécies normativas diferentes das leis em si.

[10] AMARO, Luciano. *Direito Tributário Brasileiro*. 18. ed. São Paulo. Saraiva, 2012., p. 135.

o poder de criar tributos é repartido entre os vários entes políticos, de modo que cada um tem competência para impor prestações tributárias, dentro da esfera que lhe é assinalada pela Constituição. Temos assim a competência tributária — ou seja, a aptidão para criar tributos — da União, dos Estados, do Distrito Federal e dos Municípios. Todos têm, dentro de certos limites, o poder de criar determinados tributos e definir o seu alcance, obedecidos os critérios de partilha de competência estabelecidos pela Constituição. A competência engloba, portanto, um amplo poder político no que respeita a decisões sobre a própria criação do tributo e sobre a amplitude da incidência, não obstante o legislador esteja submetido a vários balizamentos.

Nesse contexto, as normas que veiculam imunidades impedem que as normas de tributação atuem, especificamente, blindando determinado sujeito, objeto ou relação do âmbito de incidência da norma que fixa o dever de pagar o tributo, devendo ser fixado desde logo que são regras de previsão constitucional, não podendo ser veiculada por norma de hierarquia inferior. Como ensina CARRAZZA[11]:

> a imunidade tributária é um fenômeno de natureza constitucional. As normas constitucionais que, direta e indiretamente, tratam do assunto fixam, por assim dizer, a incompetência das entidades tributantes para onerar, com exceções, certas pessoas, seja em função de sua natureza jurídica, seja porque coligadas a determinados fatos, bens ou situações jurídicas. Encerram limitações, postas na própria Constituição Federal, à ação estatal de criar tributos.

Na mesma direção tem-se o posicionamento de COSTA[12] dizendo que a imunidade tributária é a:

> (...) exoneração, fixada constitucionalmente, traduzida em norma expressa impeditiva da atribuição de competência tributária ou extraível, necessariamente, de um ou mais princípios constitucionais que confere direito público subjetivo a certas pessoas, nos termos por ela delimitados, de não se sujeitarem à tributação.

---

[11] CARRAZZA, Roque Antonio. *Curso de Direito Constitucional Tributário*. 29.ed.São Paulo. Malheiros, 2013, p. 656.
[12] COSTA, Regina Helena. *Imunidades Tributárias*. São Paulo: Dialética, 2001, p. 115.

Como se percebe as imunidades são normas de natureza constitucional que mitigam diretamente as regras de competência tributária, de modo que não será cobrado tributo de quem recebe essa proteção constitucional, tendo em vista o impedimento de atuação das normas de tributação. É importante observar que as leis afastadas pela regras de imunidade são aquelas que instituem tributos das diversas espécies existentes, levando em consideração que diversas espécies tributárias são atingidas por regras imunizantes como ocorre com os impostos, com as taxas e contribuições, por exemplo.

2.2. Classificação das imunidades

É lição básica das ciências de um modo geral que nenhuma classificação é equivocada, tem-se que elas podem ser desnecessárias dependendo do critério que utiliza para tanto. Em relação às imunidades tributárias, observa-se uma certa dose de homogeneidade nos critérios utilizados para sua classificação, sendo elas separadas com base em critérios subjetivos, objetivos e mistos caso se refiram a pessoas, coisas ou ambos.

Não obstante tal posição supra, o professor Roque CARRAZZA[13] possui entendimento bem peculiar acerca do tema:

> Pensamos que esta classificação é útil e até a empregamos mais adiante. Todavia, parece-nos que, em termos rigorosamente técnicos, a imunidade é sempre subjetiva, já que invariavelmente beneficia pessoas, quer por sua natureza jurídica, quer pela relação que guardam com determinados fatos, bens ou situações. O que estamos querendo expressar é que mesmo a chamada imunidade objetiva alcança pessoas, só que não por suas qualidades, características ou tipo de atividade que desempenham, mas porque relacionadas com determinados fatos, bens ou situações(...)

Acerca de tal ponto observa-se que, sem e tratando de sujeição passiva tributária, sempre haverá um beneficiário que seja pessoa física ou jurídica, entretanto, o critério de definição para o enquadramento e individualização desse beneficiário da regra imunizante é o próprio sujeito,

---

[13] CARRAZZA, Roque Antonio. *Curso de Direito Constitucional Tributário*. 29.ed. São Paulo. Malheiros, 2013, p. 817.

quando a imunidade será subjetiva, um elemento objetivo específico ou mesmo a conjugação de ambos. É claro que os beneficiários de uma imunidade sempre serão os sujeitos passivos da obrigação tributária, mas o que deve ser entendido é que a característica do sujeito passivo é apenas um dos critérios que a definem para incidir no mundo concreto, logo, o que determina a sua existência é o elemento sujeito, algum elemento objetivo ou mesmo ambos.

Assim, as imunidades segundo a doutrina majoritária podem ser classificadas:

a) Quanto ao parâmetro para concessão: imunidades subjetivas, objetivas e mistas. Tal classificação é a mais difundida e mais comum entre as previstas constitucionalmente, tendo em vista que ela se refere ou ao sujeito passivo da obrigação tributária ou ao objeto da relação ou a conjugação dos dois. Aqui, a característica que define a espécie de imunidade é a pessoa, a coisa imune ou as duas.

Como exemplo de imunidade subjetiva tem-se a que incide sobre o patrimônio, renda ou serviços dos entes políticos prevista no art. 150, VI, "a", da Constituição Federal. Como dito, o sujeito beneficiário pela regra é o que define sua aplicação, no caso, os entes políticos. No que se refere à imunidade objetiva, pode-se citar àquela relacionada aos livros, jornais periódicos e o papel destinado à sua impressão prevista no art.150, VI, *d*). Vê-se que aqui não importa quem é o sujeito passivo da obrigação tributária, mas sim o objeto atingido.

Por último, a imunidade mista pode ser exemplificada com aquela que impede a incidência do Imposto sobre a Propriedade Territorial Rural (ITR) sobre pequenas glebas rurais, assim definidas em lei, quando as explore o proprietário que não possua outro imóvel conforme previsão no art. 153, § 4, II da Constituição Federal.

b) Quanto à origem podem ser ontológicas e políticas. As primeiras seriam aquelas que teriam um caráter fundamental para a observância do principio da isonomia, especificamente, na sua vertente da capacidade contributiva e ao pacto federativo. Já as segundas seriam aquelas que, na visão de ALEXANDRE[14]: "visam à proteção de outros princípios em virtude

---

[14] ALEXANDRE, Ricardo. *Direito Tributário Esquematizado*. 8ª. ed. São Paulo. Método, 2013, p. 214.

de uma opção política do legislador ·constituinte, como é o caso da imunidade dos templos de qualquer culto".

c) Quanto à forma de previsão podem ser explícitas ou implícitas. Sem necessidades de maiores explanações, tendo em vista a clareza dessa classificação, tem-se como exemplos de imunidades explicitas aquelas previstas nas alíneas do inciso VI do art. 150 da Constituição Federal. Já as implícitas são estranhas ao ordenamento jurídico nacional, tendo em vista o fato de nossa constituição ser analítica, podendo ser observada na Constituição Americana como tratado no caso do McCulloch vs. Maryland[15].

d) Quanto ao alcance: genéricas e específicas. Analisando o art. 150, VI, da CF/1988, observa-se a imunidade que impede que qualquer ente político institua qualquer imposto sobre patrimônio, renda e serviços das diversas entidades previstas nas alíneas *a*, *b* e *c*, bem como sobre os objetos constantes na alínea *d* (livros, jornais, periódicos e o papel destinado à sua impressão), o que nos demonstra que há um caráter genérico dessa regra, não havendo nenhuma peculiaridade ou restrição para sua incidência, tendo como fundamento para sua instituição, valores maiores, como o pacto federativo, por exemplo.

Por outro lado, observa-se a existência de critério específico de incidência da imunidade através do qual o legislador na visão de ALEXANDRE[16] "restringe a aplicação da imunidade a um determinado tributo de competência de determinada pessoa política, de forma a atender a certa conveniência ou a determinado e restrito valor".

Tal critério classificatório termina adotando como elemento central de identificação, não apenas o alcance, pois também escolhe como critério

---

[15] No início do sec. XIX, o governo norte-americano criou uma final do Banco dos EUA em Maryland. James W. McCulloch, diretor do banco em Maryland, se recusou a pagar os impostos cobrados pelo Estado em relação ao banco. Maryland entrou com uma ação contra ele buscando a cobrança dos tributos, o que deu origem à histórica decisão da Suprema Corte Americana (McCulloch vs. Maryland) na qual o juiz Marshall afirmou que "o poder de tributar envolve o poder de destruir", não se podendo permitir que os serviços e instrumentos de uma esfera de governo fiquem à mercê de outra.. Tal leading case demonstra que, no direito norte-americano, a imunidade tributária recíproca é implícita e decorre diretamente do pacto federativo.

[16] ALEXANDRE, Ricardo. *Direito Tributário Esquematizado*. 8ª. ed. São Paulo. Método, 2013, p. 188.

identificador a própria espécie tributária ou mesmo o ente instituidor da exação. Cabe ressaltar que a diferença principal entre a generalidade e a especificidade é a questão da abrangência da regra imunitória ou mesmo a separação de critérios bem pontuais de enquadramento.

e) Quanto à necessidade de regulamentação podem ser incondicionadas e condicionadas. Nessa ultima hipótese de classificação, o ponto central de identificação do beneficiário da regra é a necessidade de regulação por diplomas normativos inferiores que estabelecem requisitos a serem preenchidos pelos que serão por ela atingidos, de modo que presentes os critérios elegidos por norma inferior possa ser fruído o benefício. Aspecto diretamente relacionado a essa classificação é o conceito de norma de eficácia limitada estabelecido por José Afonso da Silva[17] no qual a norma constitucional exige normas inferiores para que possa ter seus efeitos concretos.

Assim, as imunidades condicionadas são aquelas que se assemelham às normas de eficácia limitada as quais exigem regulamentação infraconstitucional para que possam ter eficácia. Já as incondicionadas não possuem essa exigência, surtindo seus efeitos de forma assemelhada às normas de eficácia plena que estão aptas a exercerem seus efeitos de forma regular.

2.3. As imunidades e suas figuras afins

Ponto de igual importância refere-se à distinção do instituto da imunidade com outros afins, posto que muita confusão conceitual é feita, especificamente, com os institutos da não incidência, em seu sentido lato, isenção e alíquota zero.

A primeira cisão encontrada na doutrina de ALEXANDRE[18] e que deve ser feita exige o entendimento de que a hipótese de não incidência como

---

[17] O professor José Afonso da silva classificou as normas constitucionais segundo sua auto aplicabilidade. Sua classificação é conhecida de toda doutrina constitucionalista divide as normas em de eficácia contida, limitada e plena. As normas de eficácia plena não precisam de regulamentação infraconstitucional para sua eficácia. As normas de eficácia limitada são originariamente válida da forma como ocorre com as de eficácia plena, diferindo daquela pois há a redução do alcance da norma por norma infraconstitucional. Já as normas de eficácia contida exigem a regulamentação infraconstitucional para que possam exercer seus efeitos.

[18] ALEXANDRE, Ricardo. *Direito Tributário Esquematizado*. 8ª ed. São Paulo. Método, 2013.

uma situação na qual um fato não é alcançado pela tributação, seja por opção do ente tributante que pode instituir a exação e não o faz, seja pelo fato de não dispor de competência tributária para tanto, ou seja, pelo fato de a própria constituição retirar o exercício dessa competência em determinada situação, consistindo essa última hipótese no que se conhece por imunidade. De acordo com o que se vê, tem,-se que nos dois primeiros exemplos ocorreram casos de não incidência *pura e simples,* também denominada de não incidência *tout court* por parte da doutrina. Na última hipótese, tem-se uma espécie de não incidência constitucionalmente qualificada, que configura a própria definição de imunidade.

Outra distinção muito importante, até pela confusão feita pela própria Constituição Federal[19], refere-se às distinções entre as hipóteses de imunidade e de isenção. Nos termos da doutrina de AMARO[20]:

> A imunidade e a isenção distinguem-se em função do plano em que atuam. A primeira opera no plano da definição da competência, e a segunda atua no plano da definição da incidência. Ou seja, a imunidade é técnica utilizada pelo constituinte no momento em que define o campo sobre o qual outorga competência. Diz, por exemplo, o constituinte: "Compete à União tributar a renda, exceto a das instituições de assistência". Logo, a renda dessas entidades não integra o conjunto de situações sobre que ode exercitar--se aquela competência. A imunidade, que reveste a hipótcse excepcionada, atua, pois, no plano da definição da competência tributária. Já a isenção se coloca no plano da incidência do tributo, a ser implementada pela lei (geralmente ordinária) por meio da qual se exercite a competência tributária.

Nesse sentido, cabe trazer as claras diferenciações entre não incidência, isenção e imunidade consignada por RUI BARBOSA NOGUEIRA[21]:

---

[19] Mais uma vez é importante chamar atenção para a terminologia equivocada e muitas vezes utilizadas na constituição quando trata de suas imunidades. Assim, mesmo que a constituição fale em isenção como ocorre no § 5º do art. 184 (São isentas de impostos federais, estaduais e municipais as operações de transferência de imóveis desapropriados para fins de reforma agrária), a hipótese tratada em seu texto é de imunidade.
[20] AMARO, Luciano. *Direito Tributário Brasileiro*. 18. ed. São Paulo. Saraiva, 2012., p. 142.
[21] NOGUEIRA, Ruy Barbosa. *Imunidades: contra impostos na Constituição anterior e sua disciplina mais completa na Constituição de 1988*. São Paulo: Saraiva, 1992.

[...] os campos de incidência e isenção cabem ao legislador ordinário. Este, dentro de sua competência, tem a faculdade de traçar o círculo da incidência e excepcionar a isenção. O da não incidência ficou fora do círculo da incidência. Em princípio a área de incidência ou de isenção podem ser aumentadas ou diminuídas pelo competente legislador ordinário, porém jamais ultrapassar a barreira da imunidade, porque esta é uma vedação constitucional.

A isenção, regulada toda pelo Código Tributário Nacional[22], numa lição mais básica do instituto, pode ser entendida como uma dispensa legal do pagamento do tributo, diferindo da imunidade por dois fatores que podem ser bem delimitados: o primeiro é que apenas o texto constitucional trata das imunidades, apesar de, no caso das que são condicionadas, haver tratamento legal que regule as condições a serem obedecidas; já a segunda, refere-se ao fato de que a imunidade é um bloqueio da própria competência tributária, sendo que sequer há a possibilidade

---

[22] Cabe ressaltar que a isenção, como uma das hipóteses de exclusão do crédito tributário possui regramento previsto no art. 176 e seguintes do Código Tributário Nacional que possuem a seguinte redação textual.
 Art. 176. A isenção, ainda quando prevista em contrato, é sempre decorrente de lei que especifique as condições e requisitos exigidos para a sua concessão, os tributos a que se aplica e, sendo caso, o prazo de sua duração.   Parágrafo único. A isenção pode ser restrita a determinada região do território da entidade tributante, em função de condições a ela peculiares.
Art. 177. Salvo disposição de lei em contrário, a isenção não é extensiva:
I – às taxas e às contribuições de melhoria;
II – aos tributos instituídos posteriormente à sua concessão.
Art. 178 – A isenção, salvo se concedida por prazo certo e em função de determinadas condições, pode ser revogada ou modificada por lei, a qualquer tempo, observado o disposto no inciso III do art. 104.
Art. 179. A isenção, quando não concedida em caráter geral, é efetivada, em cada caso, por despacho da autoridade administrativa, em requerimento com o qual o interessado faça prova do preenchimento das condições e do cumprimento dos requisitos previstos em lei ou contrato para sua concessão.
§ 1º Tratando-se de tributo lançado por período certo de tempo, o despacho referido neste artigo será renovado antes da expiração de cada período, cessando automaticamente os seus efeitos a partir do primeiro dia do período para o qual o interessado deixar de promover a continuidade do reconhecimento da isenção.
§ 2º O despacho referido neste artigo não gera direito adquirido, aplicando-se, quando cabível, o disposto no artigo 155.

de exação, ao passo que a isenção há a possibilidade de exercício da competência tributária mas, por opção de política pública há uma lei que dispensa o pagamento do tributo.

Em síntese elucidativa tem-se a seguinte passagem apresentada por MACHADO [23]:

> Não se há de confundir imunidade com isenção. Apesar de ambas resultarem no não pagamento do tributo, a isenção é instituída pela Lei, a imunidade pela Constituição.
>
> A isenção, por ser concedida por lei, pode também, por lei, ser revogada. Não tendo sido concedida por prazo determinado e sob determinadas condições, pode ser retirada a qualquer tempo, nada podendo fazer o contribuinte.
>
> A imunidade, por sua vez, é garantida pela Constituição. Não pode o Estado, por exemplo, sob qualquer pretexto, instituir tributos sobre livros e jornais. Esta imunidade não pode ser revogada sequer por emenda à Constituição, pois constitui proteção à direito fundamental, a liberdade de expressão, não podendo ser objeto de emendas. (CF/88, art. 60, §4º, IV). São também exemplos de imunidades protetoras de direitos fundamentais a imunidade dos partidos políticos, por preservar a democracia, e a imunidade dos templos, por preservar a liberdade de consciência e de crença.

O professor SACHA CALMON[24] trata do assunto com bastante profundidade ensinando que:

> Sob o ponto de vista do Direito Positivo, a imunidade e a isenção são declarações expressas do legislador sobre fatos ou aspectos fáticos, negando-lhes efeitos tributários. Dessarte a definição das "situações-base" dos tributos caracteriza-se pela modificação continua de seus termos, comportando inevitável delimitação da realidade social subjacente. Isto advém dos critérios de avaliação postos a disposição do legislador, senhor da oportunidade, inoportunidade conveniência ou inconveniência da tributação em relação a determinado número de aspectos da "situação-base" do tributo.

[23] MACHADO SEGUNDO, Hugo de Brito. *Imunidades e isenções. Jus Navigandi*, Teresina, ano 4, n. 28, 1 fev. 1999. Disponível em: <http://jus.com.br/artigos/1302>. Acesso em: 26 abr. 2014.
[24] COELHO, *Sacha Calmon* Navarro. *Curso de Direito Tributário*. 10. ed. Rio de Janeiro. Forense, 2010, p. 330.

Não obstante as o trato um tanto uniforme da doutrina nacional quanto a realização de um paralelo entre o instituto da imunidade e da isenção, com a realização de traços distintivos, cabe apresentar as ideias defendidas por CARVALHO[25] na qual ele não concorda com a realização de estudo conjunto nem coma realização de paralelos entre tais institutos:

> Visão dessa ordem não se coaduna com a devida compreensão do papel sistemático que a norma de imunidade e a de isenção desempenham na fenomenologia juridico-tributária em nosso país. O paralelo não se justifica. São proposições normativas de tal modo diferentes na composição do ordenamento positivo que pouquíssima as regiões de contato.
>
> (...)
>
> O preceito de imunidade exerce a função de colaborar, de uma forma especial, no desenho das competências impositivas. São normas constticionais. Não cuidam de problemas de incidência, atuando em instant6e antecedente na lógica do sistema, ao momento da percussão tributária. Já a isenção se dá no plano da legislação ordinária. Sua dinâmica pressupõe um encontro normativo, em que ela regra de isenção, opera como expediente redutor do campo de abrangência dos critérios da hipótese ou da conseqüência da regra matriz do tributo.

Por último, continuando as distinções necessárias para que se possa situar a imunidade instituída pela Emenda Constitucional nº 75/2013, faz-se necessária a sua diferenciação com o que se conhece por "alíquota zero" que ocorre quando o ente tributante, do mesmo modo que a isenção, possui a competência tributária para criação do tributo, exerce essa competência e, apesar da ocorrência do fato gerador da obrigação tributária aplica-se alíquota igual a zero, ou seja, a aplicação de um dos elementos da relação tributária, no caso a alíquota, não implica em pagamento de tributo, pois é igual a zero.

---

[25] CARVALHO, Paulo de Barros. *Curso de Direito Tributário*. 24. ed. São Paulo: Saraiva, 2012.

O prof. RICARDO ALEXANDRE[26] trás quadro bem didático acerca do assunto no qual se observa um resumo acerca dos pontos abordados no presente tópico:

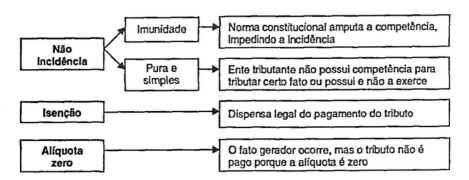

É importante frisar que a classificação aqui tratada não é adotada de forma unanime pela doutrina, tendo em vista a existência de divergência quanto ao enquadramento e amplitude de um e de outro instituto. Não obstante essa ausência de consenso, observa-se que a essência dos institutos da imunidade, isenção e alíquota zero foram tratadas acima, sendo essa ideia apresentada para que se possa ter uma noção entre os institutos e propiciar o entendimento correto da amplitude e definição da imunidade criada pela Emenda Constitucional nº 75/2013, bem como sua contextualização dentro do nosso ordenamento jurídico.

3. As Imunidades Tributárias como Instrumento de Intervenção do Estado no Domínio Econômico[27]

3.1. Noções gerais acerca da intervenção do estado no domínio econômico

É de fundamental importância que seja compreendido como se dá a atuação do Estado na ordem econômica nacional, de modo que seja possível entender essa conduta reguladora que se apresenta de diversas formas ao longo da historia, possuindo enfoques diversos que variam com o

---

[26] ALEXANDRE, Ricardo. *Direito Tributário Esquematizado*. 8ª. ed. São Paulo. Método, 2013.
[27] Tal assunto já foi abordado por mim em Trabalho de Conclusão de curso da Pós graduação em Direito Empresarial, sendo tal capitulo similar ao que lá foi escrito.

momento do país, com uma postura mais passiva, em um dado período, e mais ativa em outro.

O Ministro Eros Roberto Grau[28] bem aborda essa caracterização e enquadramento do estado intervindo na economia:

> A afirmação de que até o momento neoconcorrencial ou "intervencionista" estava atribuída ao Estado a função de produção do direito e segurança – bem assim a de que o direito deixa de meramente prestar-se à harmonização de conflitos e à legitimação do poder, passando a funcionar como instrumento de implementação de políticas públicas. O Estado moderno nasce sob a vocação de atuar no campo econômico. Passa por alterações, no tempo, penas o seu modo de atuar, inicialmente voltado à constituição e à preservação do modo de produção social capitalista, posteriormente à substituição e compensação do mercado.

Observando a passagem acima colacionada, extrai-se que esse processo de atuação do ente estatal na economia é marcado por uma mudança de postura ao longo da historia. Inicialmente, tinha-se o conhecido estado liberal, o qual era marcado por uma postura mais passiva em relação às atividades econômicas, sendo característica desse período uma maior valorização da livre iniciativa com uma ênfase na liberdade de atuação dos particulares na diversas atividades econômicas. Nesse período, acreditava-se que o mercado, na visão preconizada por Adam Smith, tinha a capacidade de se autoregular, o que veio a ser ponderado com o tempo.

Após esse período, conforme FIGUEIREDO[29] inicia-se a fase do Estado intervencionista a qual é composta por três períodos: intervencionismo econômico, social e socialista. A primeira consiste numa forma de intervenção voltada para ação do Estado como inibidor do exercício abusivo e pernicioso do liberalismo, sendo baseada na Teoria dos Jogos de Jonh

---

[28] GRAU, Eros Roberto. *A Ordem Econômica na Constituição de 1988*. 13.ed. São Paulo: Malheiros, 2010.
[29] FIGUEIREDO, Leonardo Vizeu. *Lições de Direito Econômico*. 7ª ed. Rio de Janeiro: Forense, 2012, p. 10.

Von Neumann[30] que visa, primordialmente, analisar o comportamento dos agentes privados num ambiente de concorrência.

A segunda fase, segundo aponta o Autor:

> Trata-se de uma nova forma de intervencionismo estatal, na qual o Estado preocupa-se com a coletividade e com os interesses transindividuais, ficando mitigados os interesses pessoais de cunho individualista. É também conhecida como Estado do bem estar social.[31]

Já a terceira fase, se caracteriza por ser uma forma de intervenção do estado numa proporção bem maior na qual ele age através de uma política econômica planificada, com ênfase na coletividade sobre as pessoas consideradas em si.

A atual fase é marcada pelo Estado atuando como regulador, resgatando as bases do Estado liberal com adoção das regras do "Equilíbrio de Nash"[32] que nada mais é do que a assertiva que diz que a maximização dos resultados de um agente econômico não pode ser em detrimento da estratégia ou da subsistência de dos outros agentes. Esse período é marcado pelo estado atuando na economia através do seu poder normativo, agindo, segundo, aponta Grau[33], através da intervenção por absorção ou participação, intervenção por direção e por indução.

A intervenção por absorção ocorre quando o estado atua em regime de monopólio, chamando para si a exploração de determinada atividade econômica. Na Constituição Federal observam-se tal espécie de intervenção no art. 177 que diz:

---

[30] Teoria dos jogos, numa visão bem simplista, é um ramo da matemática que estuda situações estratégicas relacionada a ações e reações dos jogadores, ou seja, o comportamento das pessoas dentro de uma situação concreta,,levando em conta o que cada um pode fazer em relação a postura do outro.
[31] FIGUEIREDO, Leonardo Vizeu. *Lições de Direito Econômico*. 7ª ed. Rio de Janeiro: Forense, 2012. p. 10
[32] Equilíbrio de Nash pde ser entendido de forma bem sucinta como uma situação em que, em um jogo nenhum dos participantes (jogadores) jogador tem a ganhar mudando sua estratégia unilateralmente.
[33] GRAU, Eros Roberto. *A Ordem Econômica na Constituição de 1988*. 13.ed. São Paulo: Malheiros, 2010.

Art. 177. Constituem monopólio da União:

I – a pesquisa e a lavra das jazidas de petróleo e gás natural e outros hidrocarbonetos fluidos;

II – a refinação do petróleo nacional ou estrangeiro;

III – a importação e exportação dos produtos e derivados básicos resultantes das atividades previstas nos incisos anteriores;

IV – o transporte marítimo do petróleo bruto de origem nacional ou de derivados básicos de petróleo produzidos no País, bem assim o transporte, por meio de conduto, de petróleo bruto, seus derivados e gás natural de qualquer origem;

V – a pesquisa, a lavra, o enriquecimento, o reprocessamento, a industrialização e o comércio de minérios e minerais nucleares e seus derivados, com exceção dos radioisótopos cuja produção, comercialização e utilização poderão ser autorizadas sob regime de permissão, conforme as alíneas b e c do inciso XXIII do **caput** do art. 21 desta Constituição Federal.

No que se refere à intervenção por participação, tem-se o Estado atuando ao lado dos particulares na exploração e atuação direta na atividade econômica. Tal forma de atuação estatal na economia está diretamente relacionada com a atividade das chamadas "Empresas Estatais", Sociedades de Economia Mista (SEM) e Empresas Públicas. Essa atuação caracteriza-se pelo Estado agir como empresário, explorando, juntamente com a iniciativa privada, diversas espécies de atividades empresárias.

Outra forma de atuação é a conhecida atuação por direção que se caracteriza pela intervenção estatal por meio da utilização de diplomas normativos, consistindo numa atuação indireta atravessa da pressão em determinados setores da economia, sendo essa a que marca a utilização da tributação como forma de intervenção no domínio econômico, pois o Estado, através da utilização da legislação tributária[34] intervém em determinados segmentos que exigem tal conduta..

A ultima forma de intervenção apresentada por Eros Grau é a atuação por indução, na qual o Estado concede alguns benefícios ou incentivos para o desenvolvimento de determinado setor da economia, fomentando

---

[34] GRAU, Eros Roberto. *A Ordem Econômica na Constituição de 1988*. 13. ed. São Paulo: Malheiros, 2010.

determinadas atividades, através de incentivos fiscais, linhas de crédito, investimento em infraestrutura, etc. Em passagem bem elucidativa enfatiza que:[35]

> (...) Intervenção indica, em sentido forte (isto é, na sua conotação mais vigorosa), no caso, atuação estatal em área de titularidade do setor privado; atuação estatal, simplesmente, ação do Estado tanto na área de titularidade própria quanto em área de titularidade do setor privado. Em outros termos, teremos que intervenção conota atuação estatal no campo da atividade em sentido estrito; atuação estatal, ação do Estado no campo da atividade econômica em sentido amplo.

3.2. A classificação dos tributos quanto a sua finalidade: fiscal, parafiscal e extrafiscal

Analisando essas formas de intervenção estatal na economia, extrai-se que a tributação pode ser uma forma especifica de atuação do estado no domínio econômico, posto que, não obstante sua função fiscal e principal fonte de financiamento do Estado [36] ser a regra geral, a utilização da tributação como forma de atuação na economia, que caracteriza sua função extrafiscal ou regulatória, é de grande importância para o estimulo ou desestimulo de determinado setor da economia.

Acerca dessas funções dos tributos[37], cabe destacar o estudo realizado por VALADÃO em sua obra "Limitações Constitucionais ao poder de Tri-

---

[35] GRAU, Eros Roberto. *A Ordem Econômica na Constituição de 1988*. 13.ed. São Paulo: Malheiros, 2010, p. 35

[36] O ilustre ALIOMAR BALEEIRO em sua obra, Uma Introdução à Ciência das Finanças, apresenta a forma ou meios que os governantes possuem para financiar o estado, apresentado importante noção acerca das funções dos tributos: Para auferir o dinheiro necessário à despesa pública, os governos, pelo tempo afora, socorrem-se de uns poucos meios universais: a) realizam extorsões sobre outros povos ou deles recebem doações voluntárias; b) recolhem as rendas produzidas pelos bens e empresas do Estado; c) exigem coativamente tributos ou penalidades; d) tomam ou forçam empréstimos; e) fabricam dinheiro metálico ou de papel. Todos os processos de financiamento do Estado se enquadram nestes cinco meios conhecidos há séculos. Essas fontes de recursos oferecem méritos desiguais e assumem importância maior ou menor, conforme a época e as contingências

[37] Paulo de Barros Carvalho aborda o assunto, resumindo bem a utilização das leis tributárias de acordo com a função dos tributos: "Os signos fiscalidade, extrafiscalidade e parafiscalidade são termos usualmente empregados no discurso da Ciência do Direito, para

butar e os tratados internacionais" quando bem analisa as funções dos tributos quanto ao parâmetro da arrecadação, discorrendo sobre a função fiscal, parafiscal e extrafiscal. Ao analisar a fiscalidade dos tributos, o ilustre mestre afirma que: "O aspecto fiscal dos tributos é a motivação primeira do sistema tributário – ou seja, é a arrecadação de receitas derivadas para custear o Estado e suas ações". Do mesmo modo discorre acerca da parafiscalidade ensina que:[38]

> (...)
> O termo parafiscalidade designa a tributação voltada para atividades específicas, seja prestada pelo estado diretamente, seja através de autarquias, mas nem sempre se trata de prestação de serviço, *stricto senso,* mas de atividade organizativa voltada para determinados setores ou categorias.

Afirma ainda o Autor que a função parafiscal está diretamente relacionada às contribuições sociais ainda que nas de interesse das categorias profissionais e econômicas, discorrendo que ela:

> é exercida através de contribuições, que não se confundem com as taxas, cuja contraprestação é pessoal, específica e indivisível, nem com a contribuição de melhoria, que se refere a retribuição por valorização imobiliária decorrente de obra pública e nem com os impostos, cuajs receitas não têm por natureza, destinação específica.

AMARO[39] bem trata do assunto ao delimitar as três espécies de função dos tributos que estão relacionadas a atuação do estado na economia:

> Conforme o sujeito ativo da obrigação tributária seja ou não o Estado (União, Estados-membros, Distrito Federal ou Municípios), o tributo diz-se fiscal ou parafiscal; o imposto de renda é um tributo fiscal; a contribui-

---

representar valores finalísticos que o legislador imprime na lei tributária, manipulando as categorias jurídicas postas à sua disposição.

[38] VALADÃO, Marcos Aurélio Pereira. *Limitações constitucionais ao poder de tributar.* Belo Horizonte. Del Rey, 2000, p. 77.

[39] AMARO, Luciano. *Direito Tributário Brasileiro.* 18. ed. São Paulo. Saraiva, 2012.

ção sindical e a contribuição à Ordem dos Advogados do Brasil são tributos parafiscais.

Segundo o objetivo visado pela lei de incidência seja (a) prover de recursos a entidade arrecadadora ou (b) induzir comportamentos, diz-se que os tributos têm finalidade arrecadatória (ou fiscal) ou finalidade regulatória (ou extrafiscal). Assim, se a instituição de um tributo visa, precipuamente, a abastecer de recursos os cofres públicos (ou seja, a finalidade da lei é arrecadar), ele se identifica como tributo de finalidade arrecadatória. Se, com a imposição, não se deseja arrecadar, mas estimular ou desestimular certos comportamentos, por razões econômicas, sociais, de saúde etc., diz-se que o tributo tem finalidades extrafiscais ou regulatórias119. A extrafiscalidade, em maior ou menor grau, pode estar presente nas várias figuras impositivas.

PAULSEN[40] possui passagem bem elucidativa acerca do assunto:

> Os tributos figuram, na Constituição Federal brasileira, como meios para a obtenção de recursos por parte dos entes políticos. Ademais, como na quase totalidade dos Estados modernos, a tributação predomina como fonte de receita, de modo que se pode falar num Estado Fiscal ou num Estado Tributário.
> Os tributos são, efetivamente, a principal receita financeira do Estado, classificando-se como receita derivada (porque advinda do patrimônio privado) e compulsória (uma vez que, decorrendo de lei, independem da vontade das pessoas de contribuírem para o custeio da atividade estatal).
> Possuem, portanto, em geral, caráter predominantemente fiscal, devendo pautar-se, essencialmente, pelos princípios da segurança, da igualdade e da capacidade contributiva.
> Mas, por onerarem determinadas situações ou operações, acabam por influenciar as escolhas dos agentes econômicos, tendo, pois, também efeitos extrafiscais.

Para a correta compreensão da noção de extrafiscalidade, última das funções precípuas atribuídas pela doutrina aos tributos, é importante ter

---

[40] PAULSEN, Leandro. *Direito tributário constituição e código tributário*. 15.ed.São Paulo. Livraria do Advogado, 2013, p. 225.

a noção de que, através dos tributos que possuem essa característica,[41] a arrecadação de recursos possui um trato secundário, tendo em vista que o objetivo primário de um tributo com característica marcantemente extrafiscal é atuar em determinado segmento econômico, estimulando ou desestimulando certas atividades ou mesmo determinado setor da economia. Um bom exemplo de tributos com essa natureza é o imposto de importação (II) e o imposto de exportação (IE) os quais são considerados como importantes instrumentos de política econômica do Estado regulando a entrada e saída de bens de dentro de nosso território.

Ingressando de forma mais profunda no tem, é imperioso observar as lições do ilustre professor Marcos Valadão[42], diversas vezes citado no presente estudo, quando aborda o assunto de forma detida, partindo sua análise da resposta negativa à seguinte pergunta: "todo efeito secundário decorrente da cobrança de um tributo é caracterizador de sua extrafiscalidade?" Esse ponto de partida nos mostra que, apesar do impacto econômico de toda exação tributária, essa finalidade específica não se mostra como automática, devendo ser perseguida pelo legislador.

Citando a doutrina de Fabio Fanucchi aponta que uma das maneiras de se identificar a existência de extrafiscalidade seria verificar a existência de possibilidade de escolha alternativa de uma maior ou menor tributação, ou mesmo de inexistência de cobrança, caso atue de um

---

[41] É importante ter a noção de que a função fiscal dos tributos, não obstante ser regra o fim arrecadatório que eles possuem, não é vazia de caráter interventivo, posto que as mais diversas formas de exação sempre irão ter reflexo, ainda que indireto nas atividades econômicas, pois estão diretamente relacionada aos custos de produção ou mesmo de manutenção de qualquer setor produtivo. Do mesmo modo, observa-se que tributos que eram predominantemente extrafiscais, atualmente, possuem igual força arrecadatória como ocorre com o IPI que possui natureza tipicamente extrafiscal e hoje é uma das maiores fontes de arrecadação da união. Cabe trazer ainda o exemplo elucidativo apresentado pelo prof. RICARDO ALEXANDRE acerca dessa confusão entre as funções dos tributos : "Também nos casos de tributos com finalidade fiscal, a finalidade extrafiscal, não obstante secundária, far-se-á presente. Analise-se, a título de exemplo, o imposto de renda. Trata-se um tributo claramente fiscal, mas a progressividade das alíquotas, apesar de ter uma finalidade arrecadatória (exigir mais de quem pode contribuir mais) acaba trazendo um efeito social interessante".

[42] VALADÃO, Marcos Aurélio Pereira. *Limitações constitucionais ao poder de tributar*. Belo Horizonte. Del Rey, 2000.

ou de outro modo previsto no diploma legal que trata do tributo com essa característica.

Para o ilustre professor, os tributos que mais se prestam a essa função extrafiscal são os impostos, tendo em vista sua característica principal de não possuírem arrecadação vinculada a nenhum fim específico ou destinação específica ou mesmo não ocorrendo retirada de recursos de nenhuma área específica ou de nenhum serviço público que seja custeado diretamente por esse tributo, levando-se em conta também o fato de que a ocorrência de uma maior do que a que normalmente ocorre não significa excesso de arrecadação para uma atividade estatal específica.

Ao contrário dos impostos, em relação às taxas, observa-se que não há a mesma situação descrita no parágrafo anterior, tendo em vista a característica do próprio tributo que é a sua vinculação a um serviço específico e divisível, prestado de forma efetiva ou potencial ou o exercício do poder de polícia do Estado. Assim, não há que se fala em aumento de carga tributária que não seja relacionada a serviço público prestado ou mesmo ao exercício do poder de poder de polícia a que se refira, o que limita essa função extrafiscal que prescinde, em regra, qualquer vinculação a atividades ligadas ao tributo.

No que se refere às contribuições de melhoria, informa que não há caráter extrafiscal a essa espécie tributária. Em relação aos empréstimos compulsórios[43] aponta que apenas há essa característica no caso de eles serem instituídos para atenderem investimentos públicos relevantes e urgentes, ressaltando que, se o investimento for em serviço próprio do Estado, não haverá tal caráter.

A ultima espécie tributária a ser analisada são as contribuições que apresentam, nos últimos tempos, um caráter extrafiscal, mesmo existindo contribuições que são tipicamente parafiscais e possuem vinculação às despesas com seguridade social. Cabe destacar o caráter essencialmente extrafiscal das Contribuições sobre o domínio econômico (CIDE) que são instituídas exatamente para desenvolverem ou mesmo serem utilizadas em determinados setores da economia.

---

[43] Em decorrência da necessidade de Lei Complementar para instituição dessa espécie tributária (art. 148 da Constituição Federal) e de sua sujeição ao princípio da anterioridade é de difícil concretização a efetivação desse caráter extrafiscal dos empréstimos compulsórios.

3.3. A função extrafiscal dos tributos e intervenção no domínio econômico

De acordo com o que se viu acima, observa-se que a função extrafiscal dos tributos está diretamente ligada com a atuação do Estado no domínio econômico, pois é a partir dessa espécie de tributação que os entes políticos estimulam ou desestimulam determinados setores da economia, de maneira que se tenha uma finalidade econômica com determinada medida legal-tributária.

Essa atuação ocorre na grande maioria das vezes através da alteração ou diminuição de alíquota de determinado tributo que possua atuação extrafiscal. O Imposto de Importação, por exemplo, pode ter alíquota majorada ou diminuída caso se tenha por objetivo o aumento ou a diminuição da importação de determinado bem. Pode correr a elevação aumento do preço do produto e o conseqüente desestímulo ao seu consumo ou mesmo realizando conduta inversa, com a diminuição de alíquota o que tende a ocasionar a diminuição do preço, o que pode aumentar o aumento do consumo no mercado interno.

Colacionando os ensinamentos de VALADÃO[44] tem-se importante passagem acerca do assunto, na qual ensina que a extrafiscalidade não apenas atua na manipulação de obrigações principais, mas também na liberação de determinadas obrigações acessórias:

> Vale ressaltar que a extrafiscalidade revela-se não só na intervenção direta via tributo. Há também a forma de intervenção por meio de favores fiscais via de regra, por renuncia de receita, podendo se da também por dispensa de obrigação acessória. Com relação a esta forma de função extrafiscal das exações fiscais (favores fiscais), pode-se dizer que é genérica, permeando todas as modalidades. A extrafiscalidade pode ser efetivada não só com a obrigação principal (que reapresenta pecúnia, ou seja, pagamento de tributo), mas também por intermédio de obrigação acessória-, caso clássico das microempresas (art. 179 da Constituição Federal) que além de redução de tributos pagos, tem também a documentação simplificada- o que seria extrafiscalidade implementada via obrigação acessória.

---

[44] VALADÃO, Marcos Aurélio Pereira. *Limitações constitucionais ao poder de tributar.* Belo Horizonte. Del Rey, 2000, p. 110.

Como se vê, a atuação estatal por meio da tributação extrafiscal é muito ampla e possui grande poder de manipulação de determinado segmento da economia, consistindo na atuação indireta do estado na economia, por meio da adoção de posturas que tratem da majoração ou diminuição de obrigações principais, bem como da diminuição ou desoneração das conhecidas obrigações acessórias.

É importante ter a noção de que essa extrafiscalidade de alguns tributos, muitas vezes, se apresenta, como visto acima, por meio da estipulação de medidas de isenção ou mesmo de alíquota zero, o que tem como objetivo o desenvolvimento de determinado setor da economia com o incentivo econômico na retirada de carga tributária de determinado produto ou serviço.

3.4. A instituição das imunidades tributárias como medida interventiva no domínio econômico

Levando-se em conta tudo que fora dito acima, o ponto destacado por nós acerca da possibilidade de atuação do estado na economia de um país, seja de forma direta como atuante em determinados setores, seja de forma indireta com a adoção de normas indutivas, é o fato de que essa atuação pode ocorrer através do aumento da carga tributária ou através da sua redução.

As imunidades trazem consigo uma grande carga de intervenção estatal em determinado segmento econômico, sendo o meio previsto na Constituição Federal de delimitar o exercício da competência tributária e incentivar determinadas atividades elencadas, tanto pelo legislador originário, quanto pelo legislador derivado como de grande importância para os setores a que se refiram.

É através das imunidades que se limita o poder de tributar do Estado de setores considerados relevantes e merecedores de incentivo através da retirada da exação tributária que normalmente receberiam, de modo que aspectos principiológicos ou mesmo cultuais que transcendam os valores ordinários de uma sociedade sejam preservados ou mesmo desenvolvidos de forma mais ampla.

Para a correta visualização desse grau de influencia das imunidades em determinados setores econômicos ou culturais é imperioso exemplificar algumas dessas imunidades tributárias existentes no texto constitucional, o que nos dará um bom arcabouço teórico da estrutura e funcionamento dessas limitações ao poder de tributar, especificamente, daquela estabelecida pela Emenda Constitucional nº 75/2013 que é objeto de nosso estudo.

A primeira a ser abordada é a que impede a tributação das receitas decorrentes de exportação, seja dos serviços que sejam exportados, sejam de mercadorias com destinação ao exterior, as quais são previstas em diversos artigos da Constituição Federal de 1988 conforme se vê abaixo:

> Art. 149. Compete exclusivamente à União instituir contribuições sociais, de intervenção no domínio econômico e de interesse das categorias profissionais ou econômicas, como instrumento de sua atuação nas respectivas áreas, observado o disposto nos arts. 146, III, e 150, I e III, e sem prejuízo do previsto no art. 195, § 6º, relativamente às contribuições a que alude o dispositivo.
>
> § 2º As contribuições sociais e de intervenção no domínio econômico de que trata o *caput* deste artigo:
>
> I – não incidirão sobre as receitas decorrentes de exportação;
>
> Art. 156. Compete aos Municípios instituir impostos sobre:
>
> (...)
>
> III – serviços de qualquer natureza, não compreendidos no art. 155, II, definidos em lei complementar. (Redação dada pela Emenda Constitucional nº 3, de 1993)
>
> IV -
>
> (...)
>
> § 3º Em relação ao imposto previsto no inciso III do *caput* deste artigo, cabe à lei complementar:
>
> (...)
>
> II – excluir da sua incidência exportações de serviços para o exterior.
>
> Art. 155. Compete aos Estados e ao Distrito Federal instituir impostos sobre:
>
> (..)
>
> II – operações relativas à circulação de mercadorias e sobre prestações de serviços de transporte interestadual e intermunicipal e de comunicação, ainda que as operações e as prestações se iniciem no exterior
>
> § 2º O imposto previsto no inciso II atenderá ao seguinte

X – não incidirá:

a) sobre operações que destinem mercadorias para o exterior, nem sobre serviços prestados a destinatários no exterior, assegurada a manutenção e o aproveitamento do montante do imposto cobrado nas operações e prestações anteriores

Da simples leitura dos dispositivos constitucionais acima elencados, observa-se que a imunidade prevista no seu textos tem como objetivo primordial incentivar a atividade de exportação, seja por meio da desoneração direta de mercadorias e serviços, seja pela desoneração de receita de empresas que trabalhem com essa atividade, de modo que se faça valer a máxima de exportar produtos e serviços e não tributos, o que torna o país mais competitivo no mercado internacional.

Outras regras imunizantes que nos mostram com bastante clareza a intenção de influenciar determinados setores da econômica com a retirada da carga tributária dos impostos são as regras previstas nas diversas alíneas do inciso VI do art. 150 do texto constitucional[45], sem o acréscimo realizado pela Emenda nº 75/2013. Analisando apenas a alínea "c" e "d" observa-se o interesse em incentivar a criação de entidades filantrópicas de educação e assistência social, bem como promover ao cesso a cultura com a desoneração dos impostos sobre livros jornais e periódicos.

Assim, está demonstrado que a imunidade não é um instituto desprovido de finalidade econômico-tributária, pois possui, além da simples intenção de vedar a cobrança de tributos, promover determinados valores adotados pela constituição como de grande importância para a própria estruturação do país e para o melhor desenvolvimento dos cidadãos nas mais diversas relações a que se refiram.

---

[45] Art. 150. Sem prejuízo de outras garantias asseguradas ao contribuinte, é vedado à União, aos Estados, ao Distrito Federal e aos Municípios: (...) VI – instituir impostos sobre:a) patrimônio, renda ou serviços, uns dos outros; b) templos de qualquer culto;c) patrimônio, renda ou serviços dos partidos políticos, inclusive suas fundações, das entidades sindicais dos trabalhadores, das instituições de educação e de assistência social, sem fins lucrativos, atendidos os requisitos da lei;d) livros, jornais, periódicos e o papel destinado a sua impressão.

4. A Imunidade Instituída pela EC nº 75/2013

4.1. Noções gerais e antecedentes históricos

No dia 16/10/2013 foi publicada no Diário Oficial da União a 75ª[46] Emenda Constitucional que incluiu mais uma das hipóteses de imunidade tributária no texto constitucional incluindo a alínea "e" no inciso VI do art. 150 da Constituição Federal com a seguinte redação:

> Art. 150. Sem prejuízo de outras garantias asseguradas ao contribuinte, é vedado à União, aos Estados, ao Distrito Federal e aos Municípios:
> (...)
> VI – instituir impostos sobre:
> a) patrimônio, renda ou serviços, uns dos outros;
> b) templos de qualquer culto;
> c) patrimônio, renda ou serviços dos partidos políticos, inclusive suas fundações, das entidades sindicais dos trabalhadores, das instituições de educação e de assistência social, sem fins lucrativos, atendidos os requisitos da lei;
> d) livros, jornais, periódicos e o papel destinado a sua impressão.
> **e) fonogramas e videofonogramas musicais produzidos no Brasil contendo obras musicais ou literomusicais de autores brasileiros e/ou obras em geral interpretadas por artistas brasileiros bem como os suportes materiais ou arquivos digitais que os contenham, salvo na etapa de replicação industrial de mídias ópticas de leitura a laser.** (destaques não originais)

Tal alteração do texto constitucional nos evidencia uma característica já conhecida das garantias constitucionais dos contribuintes que é a não taxatividade das limitações constitucionais ao poder de tributar

---

[46] É importante esclarecer que essa ordem de Emendas Constitucionais não inclui as seis emendas de revisão que ocorreram no ano de 1993/1994 que tem natureza específica e distinta das emendas que podem ser chamadas de ordinárias, principalmente, por terem sido previstas no art. 3º do Ato das Disposições Constitucionais Transitórias para ocorrer cinco anos após a Constituição Federal: "*A revisão constitucional será realizada após cinco anos, contados da promulgação da Constituição, pelo voto da maioria absoluta dos membros do Congresso Nacional, em sessão unicameral*".

que podem ser ampliadas pelo constituinte derivado reformador, o que ocorre até com uma certa frequência no ordenamento jurídico nacional.

A imunidade em tela decorreu de um projeto de emenda constitucional apresentado no ano de 2007 de autoria do deputado Otavio Leite (PSDB/RJ), possuindo as seguintes ideias que funcionam como base de sua implementação e estão presentes em sua justificação apresentada ao Congresso Nacional: a) tentativa de diminuição ou extinção da contrafação, conhecida como "pirataria"; b) o fortalecimento e a revitalização revigoramento do mercado brasileiro; c) o acesso desse mercado musical pelas pessoas de baixa renda.

Da justificativa apresentada pelo Deputado autor da proposta tem –se o ponto principal da intenção da emenda que aqui se discute:

> (...)
> É urgente a implantação de medidas que fortaleçam a produção musical brasileira, diante da avalanche cruel de pirataria e da realidade inexorável da rede mundial de computadores (internet). A proposta de emenda constitucional em apreço cuida de estabelecer imunidade tributária para a produção musical brasileira bem como a comercialização de seus suportes físicos e digitais tendo como única restrição para sua imunidade que estes contenham músicas compostas ou gravadas por autores ou artistas brasileiros, medida que nos parece poder vir a contribuir para reverter o atual quadro de favorecimento da industria da pirataria, que vemos se solidificar a cada dia em detrimento dos produtos legalmente produzidos e comercialização.

Em outro momento da justificativa apresentada, observa-se que a proposta teve como meta conciliar a concorrência entre o produto pirata e o original que foi classificada como impraticável pelo autor do projeto. A intenção, com a alteração o texto constitucional, é diminuir a carga de impostos que recaem sobre o produto original que o torna mais oneroso do que os seus "concorrentes" objeto de contrafação ou do que comumente conhecemos como pirataria.

Resumindo bem o objetivo do então projeto de emenda, colhe-se transcrição extraída da justificativa de apresentação da proposta:

> (...)
> Acreditamos que a instituição de imunidade tributária para a produção e a comercialização da música composta e/ou gravada por artista brasilei-

ros e comercializada em seus diversos suportes, a exemplo do que já ocorre com "livros, jornais, periódicos e o papel destinado a sua impressão", pode atenuar sensivelmente a barreira econômica que pesa sobre o produto original, tomando-o mais acessível ao consumo popularizando mais ainda seu acesso às classes menos privilegiada do país, difundindo e consolidado este importante alicerce da cultura brasileira e, por isso mesmo, dando a música a condição de retomar um merecido lugar de destaque na economia nacional.

É notória a intenção do legislador constituinte originário em criar uma emenda com a mesma natureza das imunidades prevista no art. 150, VI, "d" da Constituição Federal que imunizou os livros, jornais, periódicos e o papel destinado a sua impressão, cabendo ressaltar a divergência pelo fato da imunidade de que essa imunidade dos papeis objetiva incentivar a disseminação cultural por meio da leitura ao passo que a novel imunidade prevista na alínea "e" visa a incentivar a cultura de músicas, bem como aquecer a industria de CDs e DVDs musicais e literomusicais.

Em parecer da Comissão de Constituição e Justiça do Senado Federal foi observada a necessidade de correção da ementa do projeto, tendo em vista que a redação original falava em imunidade tributária sobre os fonogramas e videogramas, de modo que passasse a constar que a imunidade fosse de impostos incidentes, sendo a seguinte a sugestão da comissão para a redação: "*substitua-se, na redação da ementa da proposta de Emenda à Constituição nº 123, de 2011, o adjetivo "tributária" pela expressão "a impostos incidentes*" a qual não foi acolhida conforme redação da ementa do texto aprovado.

Aspecto que merece ser mencionado refere-se ao fato de que houve uma tentativa de emenda ao então projeto na qual se buscou acrescentar à imunidade em tela outras atividades culturais como os espetáculos de teatro e musicais em geral, o que foi rejeitado pois o objetivo da nova imunidade seria combater a "pirataria" apontada em diversos pontos do processo legislativo como diretamente relacionada ao crime organizado em suas mais diversas vertentes.

Outro aspecto histórico da tramitação do projeto de emenda aqui mencionado foi a convocação de uma audiência pública buscando discutir aspectos relacionados e eventuais desdobramentos da futura imunidade. Tal momento teve a participação de um representante da Receita Federal do Brasil, um representante da Confederação Nacional da Industria, um do Sindicato das Industrias dos Meios magnéticos e fonográficos do Estado do Amazonas, um representante da Confederação Nacional dos Trabalhadores Metalúrgicos, em representante da Associação Brasileira de Músicos Independentes e um representante da Associação Brasileira de Produtos de Disco.

4.2. Objeto e extensão da imunidade

De tudo que se viu e da leitura do texto da emenda aqui discutida observa-se que o seu objeto é a imunidade de impostos sobre os fonogramas[47], videogramas[48] musicais produzidos no Brasil que contenham obras musicais ou literomusicais[49] de autores brasileiros e/ou obras em geral que tenham interpretes brasileiros. Do mesmo modo, obteve o mesmo benefício os suportes materiais ou arquivos digitais que contenham as músicas ou imagens de musicas.

Nesse ponto, é imperioso que se faça uma cisão nos objetos abrangidos pela imunidade aqui discutida. O primeiro ponto a ser observado refere-se aos meios físicos[50] que serão envolvidos na imunidade,o que representa o caráter objetivo da regra: em linguagem coloquial, tem-se que serão imunes a impostos todo meio físico relacionadas à gravação de musica e de shows em mídia óptica, os conhecidos CDs, DVDs e blu rays, desde que essas duas mídias tenham conteúdo literário e musical, seja

---

[47] O dicionário eletrônico Aurélio define fonograma como sendo: *Registro exclusivamente sonoro em suporte material, como disco, fita magnética, etc.* A lei de direitos autorais, lei nº 9610/98 define fonograma em seu art. 5º, X, como:" *toda fixação de sons de uma execução ou interpretação ou de outros sons, ou de uma representação de sons que não seja uma fixação incluída em uma obra audiovisual*";
[48] Define também fonograma como sendo *o produto da fixação exclusiva de imagem em suporte material.*
[49] O mesmo dicionário define a palavra literomusical com três significados: Relativo à literatura e à música. .Que participa da natureza de uma e da outra. Diz-se de espetáculo, ou reunião social em que se leem trechos literários, se declamam poemas, e em que há, tb., apresentações musicais. Pode-se entender literomusical, por sua vez, as músicas com letras, em contraposição às músicas apenas instrumentais ou sem letras.
[50] A palavra disco é o gênero que compreende as diversas formas de armazenamentos de informações, devendo ser ressaltados os discos de vinil, disquetes, discos rígidos e os recentes e mais modernos chamados discos ópticos, sendo esses compreendidos os CDs, DVDs e o novo Blu-ray se, sem prejuízos das inovações tecnológicas que substituam essas mídias já conhecidas.

em suporte material ou digital (arquivos no formato MP3 comprados e baixados de um site, por exemplo).

O segundo ponto dessa regra refere-se a uma vertente subjetiva da abrangência da imunidade, ou seja, refere-se a quem será beneficiado por essa regra que nada mais são do que aqueles que estejam ligados a essa produção musical, como os compositores e/ou artistas brasileiros. Nesse ponto, identifica-se a primeira controvérsia acerca do tema debatido por nós que pode ser externalizada por meio da seguinte pergunta: qual a abrangência da expressão *"de autores brasileiros e/ou obras em geral interpretadas por artistas brasileiros"*? Uma resposta a tal indagação e que parece mais condizente com a intenção do legislador constituinte derivado seria que tal expressão se refira a brasileiros, que sejam cantores, que gravem seus trabalhos (musicas) em Cds e/ou DVDs (shows), bem como utilizem essas mídias para conjugar literatura e música, seja compondo, apenas interpretando ou ambos.

Outro aspecto relevante para o entendimento da imunidade recentemente chegada em nosso ordenamento jurídico é aquele relacionado ao local da produção dos fonogramas e videogramas posto que o novo texto da alínea "e" do art. 150, VI da CF exige que eles sejam produzidos no Brasil, não havendo espaço para imunidade daqueles produzidos no exterior, o que nos mostra a intenção de proteger os produtos nacionais.

Uma questão a ser considerada refere-se à concretização da imunidade aqui debatida no que se refere a expressão *"como os suportes materiais ou arquivos digitais que os contenham*. Especificamente, a dúvida refere-se a amplitude do que seriam esses arquivos digitais e como seria a incidência da imunidade a eles referentes, posto que divergentes do objetivo da imunidade em questão, já tratado em linhas anteriores, que seria de incentivar a indústria da música e combater a pirataria.

Acerca desse ponto, a redução de custos de arquivos digitais contendo musicas, *shows*, clipes ou obras literomusicais pode causar efeito reverso do buscado, enfraquecendo a indústria de fonogramas e videogramas no Brasil, levando em conta que é cada vez mais comum que as pessoas utilizem de meios físicos que contenham musicas ou seus shows preferidos.

A evolução tecnológica deve ser considerada nesse ponto: é cada vez mais comuns que as pessoas que tenham hábitos de ouvir suas músicas ou ver seus vídeos musicais preferidos busquem esse conteúdo em um computador, notebook, tablet ou mesmo nas próprias televisões que possuem acesso a internet, as chamadas smart tvs, o que está contribuindo para uma diminuição crescente das compras de CDs, DVDs, blu rays ou afins. Assim, a retirada da carga de impostos sobre arquivos digitais estimulará o mercado de musicas e vídeos adquiridos no comercio eletrônico por meio dessas mídias digitais e poderá enfraquecer a industria da musica relacionada ao meio físico de armazenamento desse conteúdo de entretenimento.

Acerca da abrangência de tal imunidade encontra-se importante resumo da cadeia de produção das mídias aqui mencionadas[51] e de quais tributos incidem sobre essa cadeia de produção e comercialização ligada à atividade musical:

> Primeira etapa de produção dos CDs, DVDs e Blu-Rays – contratação de estúdio, músico, mixagem, produção fonográfica e videofonográfica – IR e ISS: via de regra, a imunidade destes impostos terá reflexo primeiro no *preço dos serviços*, que em tese será menor haja vista não haver esse custo por parte das empresas que o realizam.
>
> Segunda etapa: replicação dos CDs, DVDs e Blu-Rays (fabricação) – ICMS e IPI: serão normalmente tributáveis.
>
> Terceira etapa: distribuição e venda dos CDs, DVDs e Bu-Rays – ICMS e IR: esta etapa será imune do ICMS e do IR gerado na venda desses produtos.

É importante que se observe que a imunidade implementada pela Emenda Constitucional nº 75/2013 possui forte carga de incentivo a um segmento econômico que estava sendo "soterrado" pela venda de produtos objeto de contrafação, conhecida como "indústria da pirataria" que diminuiu consideravelmente a venda de mídias ligadas a musicas. Assim, a retirada da carga dos impostos acima especificados tende a reduzir o

---

[51] Num dos poucos artigos sobre o assunto, encontra-se uma separação de etapas da cadeia de produção de uma mídia até a sua entrega ao consumidor final, bem como a especificação de quais tributos incidem sobre cada uma dessa etapa, o que nos permite uma visualização, ainda que inicial e superficial, da redução dessa carga tributária sobre o mercado de música e gravação de shows. Carolina Botosso e Eduardo Behar. Imunidade tributária dos CDs e DVDs – análise da EC 75/13. Disponível em http://www.migalhas.com.br/dePeso/16,MI191564,101048-imunidade+tributaria+dos+CDs+e+DVDs+analise+da+EC+7513. Acesso em 30 de abr. de 2014.

preço final desse produto, o que poderá propiciar uma enfraquecimento da venda dos seus concorrentes "piratas".

Ponto de grande importância acerca da abrangência da imunidade dos videogramas e fonogramas musicais ou literomusicais é o que está contido no final do dispositivo que a prevê, ou seja, não serão imunes a impostos os dispositivos físicos que ainda não tenham recebido arquivos, musicais ou literomusicais posto que o dispositivo constitucional exclui da regra da imunidade a *"etapa de replicação industrial de mídias ópticas de leitura a laser"*. A importância desse ponto reside no fato de que os meios físicos de armazenamento puro e simples, especificamente, a produção de CDs, DVDs e blu rays sem conteúdo (conhecidos vulgarmente como virgens) não será imune. [52]

4.3. Classificação da imunidade de videogramas e fonogramas

Como é do conhecimento de todos, as imunidades são classificadas em regras como objetivas, subjetivas e mistas, levando em consideração os sujeitos beneficiários dessa não incidência. As imunidades objetivas são aquelas que levam em conta para sua instituição fatos, bens ou situações e se referem a coisas, embora seus beneficiários, sejam pessoas, como ocorre com a imunidade recíproca, na qual um ente político não pode instituir tributação em desfavor do outro. A outra classificação existente é aquela referente às imunidades subjetivas na qual o critério adotado para sua incidência é o sujeito escolhido para fruição do benefício, como ocorre com a imunidade conferida às autarquias, por exemplo.

Levando em conta aspectos relacionados ao sujeito e ao objeto, tem-se as imunidades ditas como mistas que levam em consideração esses dois elementos, como ocorre com aquela prevista no art. 153, § 4º, da CF, que veda a cobrança de Imposto Territorial Rural para *"pequenas glebas*

---

[52] Como será visto adiante, tramita no congresso nacional uma Ação Direta de Inconstitucionalidade (ADI nº 5058 proposta pelo Governador do Amazonas) acerca de eventual prejuízo que a Zona Franca de Manaus sofrerá com a imunidade sob a alegação de que as industrias de mídias lá estabelecidas sairiam da região norte, pois teriam imunidade em qualquer local do país. O principal argumento de quem se manifesta pela improcedência dos pedidos da Adin está exatamente nessa parte final do texto constitucional que excluiria a situação das industrias estabelecidas na zona franca de Manaus.

rurais, definidas em lei, quando as explore, só ou com sua família, o proprietário que não possua outro imóvel".

Tidas essas noções preliminares, observa-se que a emenda constitucional nº 75/13 instituiu uma regra de imunidade puramente objetiva[53] tendo em vista que isentou fonogramas e videogramas produzidos no Brasil, levando em conta para sua implementação objetos de armazenamento de som e imagem com natureza física ou digital.

Em síntese, a redação da nova alínea "e", VI do art. 150[54] da Constituição federal deve ser lida com um corte semântico que nos permita entender cada uma das expressões segmentadas conforme quadro de visualização abaixo colacionado:

5. Análise da Ação Direta de Inconstitucionalidade (ADI) nº 5058

No dia 18/10/2013 foi ajuizada Ação Direta de Inconstitucionalidade de nº 5058 de autoria do Governador do Estado do Amazonas contra o texto da Emenda nº 75/2013 na qual o autor da demanda busca como pedido de mérito a declaração de inconstitucionalidade do novo texto constitucional. Como pedido subsidiário pleiteia que seja dada interpretação conforme a Constituição à alínea "e" do inc., VI do art. 150 da CF para limitar a imunidade tributária à Zona Franca de Manaus durante o prazo de vigência do art. 40 do ADCT de 1988 e reduzir a interpretação da expressão "suportes materiais" às mídias ópticas de leitura a laser para que ela abranja apenas os CDs e DVDs, excluindo outros suportes como computadores, celular, ipod, etc.

---

[53] Cabe sempre ressaltar que as imunidades por mais que adotem um critério objetivo como requisito para sua ocorrência, ela sempre terá um beneficiário, o que lhe confere um viés subjetivo de realização concreta, até porque é sempre o sujeito tributário passivo que irá deixar de sofrer determinada exação tributária.

[54] Art. 150. Sem prejuízo de outras garantias asseguradas ao contribuinte, é vedado à União, aos Estados, ao Distrito Federal e aos Municípios: VI – instituir impostos sobre: e) fonogramas e videofonogramas musicais produzidos no Brasil contendo obras musicais ou literomusicais de autores brasileiros e/ou obras em geral interpretadas por artistas brasileiros bem como os suportes materiais ou arquivos digitais que os contenham, salvo na etapa de replicação industrial de mídias ópticas de leitura a laser.(Incluída pela Emenda Constitucional nº 75, de 15.10.2013)

Tal demanda aponta como violados os artigos 5º, inciso XXXVI[55]; artigo 60, § 4º[56], e artigo 151, I[57], todos da Constituição Federal de 1988, bem como os artigos 40[58] e 92-A[59] do Ato das Disposições Constitucionais Transitórias, sob a alegação de que essa nova imunidade esvaziou, drasticamente, o modelo de incentivo estabelecido com a instituição da Zona Franca de Manaus.

Na inicial da demanda em questão[60] se extrai elucidativa passagem que demonstra, claramente, o objetivo com a ação proposta:

(...)
Ao conceder a imunidade tributária aos fonogramas e videofonogramas e aos suportes materiais ou arquivos digitais que os contenham, a emenda acaba por violar princípios e dispositivos que resguardam a Zona Franca de Manaus, causando o grave desequilíbrio regional que o constituinte originário pretendeu evitar. Isso porque a ressalva atinente às etapas de replicação industrial de mídias ópticas de leitura a laser, além de representar um casuísmo, não é suficiente para resguardar o modelo da Zona Franca de Manaus.

---

[55] XXXVI – a lei não prejudicará o direito adquirido, o ato jurídico perfeito e a coisa julgada;

[56] § 4º – Não será objeto de deliberação a proposta de emenda tendente a abolir: I – a forma federativa de Estado; II – o voto direto, secreto, universal e periódico; III – a separação dos Poderes; IV – os direitos e garantias individuais.

[57] Art. 151. É vedado à União: I – instituir tributo que não seja uniforme em todo o território nacional ou que implique distinção ou preferência em relação a Estado, ao Distrito Federal ou a Município, em detrimento de outro, admitida a concessão de incentivos fiscais destinados a promover o equilíbrio do desenvolvimento sócio-econômico entre as diferentes regiões do País;

[58] Art. 40. É mantida a Zona Franca de Manaus, com suas características de área livre de comércio, de exportação e importação, e de incentivos fiscais, pelo prazo de vinte e cinco anos, a partir da promulgação da Constituição. Parágrafo único. Somente por lei federal podem ser modificados os critérios que disciplinaram ou venham a disciplinar a aprovação dos projetos na Zona Franca de Manaus.

[59] Art. 92-A. São acrescidos 50 (cinquenta) anos ao prazo fixado pelo art. 92 deste Ato das Disposições Constitucionais Transitórias.   (Incluído pela Emenda Constitucional nº 83, de 2014)

[60] Processo eletrônico referente a ADI nº 5058 disponível em <http://www.stf.jus.br/portal/processo/verProcessoAndamento.asp?incidente=4483024>. Acesso em 05 de abril de 2014.

Por outro lado, demonstrar-se-á que a Emenda Constitucional nº 75/2013 merece, alternativamente, uma interpretação conforme que garanta a primazia da vontade do Constituinte Originário diante das características asseguradas à Zona Franca de Manaus por cláusula pétrea, enquanto perdurar o regime do art. 40 do ADCT, e, portanto, impassíveis de emenda (art. 60, § 4º da CF/88)

Em outro ponto da demanda ajuizada pode-se observar que:

(...)
A norma introduzida pela Emenda Constitucional nº 75/2013, apesar de não conter sem eu texto nenhuma disposição expressa referindo-se a Zona Franca de Manaus, pode ensejar a interpretação segundo a qual, por ser norma "maior" (mais abrangente, por tratar de incentivo setorial) que a legislação da ZFM, prevaleceria sobre esta.

(...)
Assim e com base no raciocínio exposto, comparando a disposição constitucional do art. 40 do ADCT (prorrogado pelo art. 92, também do ADCT) com a norma da alínea "e" do inciso VI do art. 150 da CF, introduzida pela Emenda Constitucional nº 75, concluir-se-á que elas guardam características semelhantes, só que em linha invertida.

Concluindo acerca da inconstitucionalidade, sustenta que:

(...)
Estas diretrizes não foram observadas pela Emenda Constitucional nº 75/2013, daí decorrendo sua inconstitucionalidade por afronta aos arts. 40 e 92 do ADCT da CF. Com efeito, ao outorgar imunidade aos fonogramas e videogramas, a referida emenda deferiu um favor fiscal de máxima extensão ao segmento, de modo a não permitir qualquer gradação que assegure aos empreendimentos localizados na ZFM incentivos uma posição de vantagem àqueles instalados em outros pontos do território nacional.

Da leitura da justificação e pareceres referente ao processo legislativo de tramitação do projeto que deu origem a Emenda nº 75 extrai-se trecho demonstra a preocupação do legislador à época com a possibilidade de a nova imunidade atingir de alguma forma a Zona Franca de Manaus:

(...)

O que se pretende, então, com certo atraso, é dar tratamento semelhante à industria de CDs e DVDs no tocante à divulgação de fonogramas e videofonogramas musicais de autores e intérpretes brasileiros, valendo frisar que a parte final da alínea que se busca incluir no art. 150, VI, da CF, resguarda a produção industrial de CDs e DVDs na Zona Franca de Manaus, com a manutenção da exclusividade do benefício fiscal atualmente concedido na etapa da replicação às industrias localizadas naquela região.

(...)

No processo de jurisdição constitucional aqui debatido já foram prestadas as informações pelo Senado Federal, já houve manifestação da Advocacia Geral da União, sendo ambas defendendo a constitucionalidade do ato normativo sob o principal fundamento da inexistência de direito adquirido a regime jurídico tributário, o que permitiria a alteração, pelo legislador constituinte derivado, das normas relacionadas ao regime jurídico tributário da Zona Franca de Manaus, bem como que a própria ressalva da imunidade relacionada a etapa de replicação de mídias ópticas já protege a Zona Franca.

Do mesmo modo já foi apresentada a manifestação do Procurador Geral da República (PGR)[61] que opinou pela improcedência dos pedidos contidos na demanda ajuizada com os seguintes argumentos conclusivos:

> Primeiro, porque a norma constitucional que estabelece imunidade tributária não teria o condão de reduzir ou eliminar o alcance das normas definidoras do regime jurídico da Zona Franca de Manaus como área de livre-comércio, de exportação e importação, e de incentivos fiscais. A imunidade tributária é vedação constitucional de instituição de tributos, destinada às entidades políticas que detêm competência tributária. 5 Os incentivos fiscais, por sua vez, são renúncias de receitas públicas por desonerações tributárias definidas em lei (CF, art. 150, § 6º), incidentes sobre obrigações

---

[61] O parecer de lavra do Excelentíssimo Sr. Procurador Geral da República, no qual a PGR se manifesta pela improcedência dos pedidos, encontra-se acostado aos autos do processo eletrônico referente a ADI nº 5058 no endereço eletrônico http://www.stf.jus.br/portal/processo/verProcessoAndamento.asp?incidente=4483024. Acesso em 05 de abril de 2014.

tributárias já surgidas e têm por finalidade estimular o desenvolvimento de certas atividades econômicas ou regiões.

(...)

Segundo, porque, mesmo que se reconheça que o art. 40 do ADCT de 1988 assegura, como característica essencial da Zona Franca de Manaus, um regime de incentivos fiscais mais vantajoso que o concedido para outras regiões do país, tal proteção constitucional é direcionada contra a ação do legislador ordinário e não do legislador constituinte reformador.

(...)

Terceiro, porque a imunidade instituída pela Emenda Constitucional 75/2013 não viola o alegado direito adquirido da Zona Franca de Manaus a regime tributário mais vantajoso. As imunidades tributárias previstas nas alíneas do inciso VI do art. 150 da CF abrangem, exclusivamente, os impostos. O regime fiscal da Zona Franca de Manaus, portanto, permanece mais benéfico, pois as empresas ali instaladas gozarão tanto da imunidade dos impostos, quanto da isenção ou suspensão de algumas contribuições sociais, tais como o PIS/Pasep e Cofins nas operações internas e de importação.

(...)

Além disso, estariam abrangidos pela imunidade tributária instituída pela EC 75/2013 todos os impostos incidentes na cadeia produtiva das mídias ópticas de leitura a laser (CDs, DVDs e Blu-Rays), exceto a etapa de replicação industrial de mídias. A ressalva contida na parte final da alínea "e" do inciso VI do art. 150 da CF quanto à fase de replicação industrial visou preservar o regime de tributação diferenciado da Zona Franca de Manaus, a partir de acordo com a bancada do Estado de Amazonas durante a tramitação da proposta de emenda constitucional.

Quarto, porque o argumento no sentido de que a imunidade tributária criada pela EC 75/2013 teria o efeito de reduzir drasticamente o modelo de incentivo fiscal da Zona Franca de Manaus não se reduziria à imunidade constante da alínea "e" do inciso VI do art. 150 da CF. Alcançaria todas as imunidades tributárias que, direta ou indiretamente, beneficiassem setores de interesse da região, a ponto de restringir-se o alcance de todas as imunidades tributárias à Zona Franca de Manaus enquanto perdurar sua proteção constitucional (ano de 2023), o que não se afigura consentâneo com o sistema tributário desenhado pela Constituição Federal.

Na petição inicial da ADI nº 5058 há interessante passagem que refuta expressamente, em alguns parágrafos, as assertivas colacionadas anteriormente, entendendo o Autor da ação que a exclusão feita pelo último trecho da alínea "e", do inciso VI do art. 150 da CF não seria suficiente para manutenção da sobrevivência da Zona Franca de Manaus:

> (...)
> É que, no caso da indústria fonográfica, o custo envolvido na etapa de "replicação industrial de mídias ópticas de leitura a laser"-única ressalva na parte final da alínea "e" do art. 105 [sic], VI da CF- é o menos representativo na composição do preço do produto final. Assim, assegurar a vantagem da ZFM apenas nas atividades de replicação industrial sequer será suficiente para cobrir os custos envolvidos com logística para os grandes centros consumidores.
>
> A relevância da diferença comparativa da ZFM se dava na fase comercial- e que agora foi integralmente aniquilada pela EC 75-, pois ali é que a tributação passa a ser representativa, já que parte substancial do preço final do fonograma ou do videofonograma decorre da margem de lucro das gravadoras, dos direitos autorais etc., os quais são agregados após a industrialização.
>
> Aliás, como a industrialização não está imune, mas a comercialização sim, as gravadoras tenderão a reduzir ao máximo as margens envolvidas na fase indistrial, já que esta é passível de tributação, e de outro lado, compensá-las na fase de distribuição, que estaria imune.
>
> Assim a indústria fonográfica hoje existente na ZFM será fatalmente atingida, pois (i) além dos incentivos a ele concedidos não serem suficientes para compensar os custos envolvidos com a produção industrial no Norte do país, (ii) haverá um natural processo de compensação das margens na fase industrial, fazendo ainda mais improvável a sobrevivência desse segmento industrial no pólo industrial de MANAUS.

Segundo ele afirma, a exclusão que é feita da incidência da imunidade em relação a etapa de replicação de CDs e DVDs não seria suficiente para resguardar a subsistência e/ou proteger as industrias instaladas na Zona Franca de Manaus. Não obstante as argumentações apresentadas e levadas ao Supremo Tribunal Federal não está definido exatamente o que o autor da demanda quer dizer com essa afirmação transcrita acima, posto que o que se tem de conhecimento acerca da participação da ZFM na indústria relacionada a musica é a produção de mídias de armazenamento, ou seja, a produção de CDs, DVDs e afins, sendo os desdobramentos da cadeia de produção por ele apontado, alheios ao objeto da Zona Franca.

Dessa forma, analisando a extensa documentação relacionada ao processo legislativo de tramitação da EC nº 75/2013, bem como toda a documentação acostada aos autos da ADI nº 5058, não se visualiza, pelo menos por tudo que lá se encontra, qualquer inconstitucionalidade material[62] da emenda em tela, tendo em vista que a atividade objeto da emenda e que está diretamente relacionada a Zona Franca de Manaus é expressamente excluída do raio de abrangência da imunidade quando o texto constitucional ressalva a etapa de replicação de mídias ópticas.

6. Conclusões

Ante todo o exposto no presente capítulo é possível verificar que as imunidades tributárias possuem grande atuação dentro da implementação das políticas econômicas do Estado Brasileiro, de modo que diversos valores e garantias fundamentais sejam preservados ou mais ainda, sejam incentivados com a retirada da carga de impostos que normalmente teriam. Essa forma de redução da carga tributária possui características próprias e cunho estritamente constitucional, servindo como uma forma de retirada da própria competência tributária, visto que o ente político que não pode exercer seu poder de tributar por determinação da própria constituição.

A Emenda Constitucional nº 75/2013 correspondeu a um incremento no rol já existente das imunidades tributárias que teve claro objetivo de fortalecer a industria da música no Brasil, incrementando a venda, por meio da redução de preços, dos CDs, DVDs e Blu rays, de maneira que se reduza a ocorrência da contrafação, popularmente conhecida como pirataria, desses produtos.

---

[62] Cabe destacar que não foram analisados, nem na ADI nº 5058, nem esse foi o objetivo do presente trabalho discutir qualquer vicio formal na emenda, tendo sido mantido o foco do trabalho nos aspectos materiais da EC nº 75/2013.

Caracterizada como imunidade do tipo objetivo, a emenda aqui debatida eliminará a carga de impostos sobre os videograma e fonogramas, (CDs, DVDs e afins) musicais que sejam produzidos no território brasileiro e contenham obras musicais ou literomusicais oriundas de de autores brasileiros e/ou obras em geral que sejam interpretadas por artistas brasileiros, bem como os meios físicos ou digitais que os contenham, ressalvando dessa não incidência a replicação industrial dessas mídias ópticas de leitura a laser.

É importante para entendimento da abrangência dessa imunidade que os suportes materiais ou digitais armazenem videogramas e fonogramas, bem como os videogramas e fonogramas em si, contenham obra produzida no Brasil, que seja interpretada ou de autoria de artista brasileiro.

Tal imunidade possui cunho objetivo não exigindo nenhuma característica subjetiva relacionada ao sujeito para que ela se concretize, apenas possui os requisitos de a obra contida tanto nos videogramas e fonogramas armazenados em meio físico ou digital sejam de autoria de brasileiro ou interpretada por artista brasileiro e produzida no Brasil.

Não obstante a aparente clareza do dispositivo alguns pontos merecem uma maior reflexão, tendo em vista a necessidade de delimitação de alguns conceitos. O primeiro ponto que causa pequena dúvida refere-se ao alcance da expressão "obras em geral" contida no texto constitucional, cabendo interpretação no sentido de que essa expressão é desnecessária posto que os tipos de obras a que se refere a EC nº 75/2013 estão delimitados. Outro ponto é o que se deve entender como "produzido no Brasil", sendo a melhor interpretação aquela eu nos mostra que os videogramas e fonogramas sejam feitos no país, ou melhor, os CDs e DVDs sejam gravados em território nacional.

Uma questão que deve ser pontuada é que a busca de incentivo da indústria da música com a tentativa de aquecimento das vendas de CDs, DVDs e afins, reduzindo a carga de impostos desses objetos, pode não ocorrer da forma como planejada pelo autor do projeto que deu a criou, pelo menos do ponto de vista normalmente conhecido, posto que o avanço de tecnologia está criando um hábito nos brasileiros que não passa pela compra e guarda de mídias ópticas de leitura a laser, mas sim de download de musicas e vídeos.

Os meios de tecnologia mais modernos como os tablets, as smart tvs, os mp3 player, etc., reproduzem arquivos em formato digital de música consistindo num novo hábito de armazenamento de arquivos digitais de musica e de musica e imagens (shows) em meios diferentes das mídias ópticas de leitura a laser. A relação de tal mudança de postura, de modo mais especifico, é com a retirada da carga de impostos dos meios digitais de armazenamento dos videogramas e fonogramas, o que pode incentivar a aquisição dessa espécie de arquivo e desestimular a utilização dos conhecidos CDs e DVDs.

A emenda aqui tratada, a despeito de sua repercussão, está sendo combatida por meio da ADI nº 5058 promovida pelo Governador do Amazonas sob o fundamento de que ela esvaziaria os benefícios estabelecidos quando da instituição da Zona Franca de Manaus, posto que as industrias relacionadas à musica não teriam mais interesse em se manter na região norte do país, não sendo a exclusão da etapa de replicação das mídias ópticas de leitura a laser suficientes para garantir o tratamento diferenciado e benéfico a quem se estabeleça na Zona Franca de Manaus.

De todas as manifestações contidas no processo relacionado a ADI nº 5058 (Senado Federal, Advocacia Geral da União e Procuradoria Geral da República) extrai-se a mensagem oposta a defendida pelo Governador do Amazonas, no sentido de que a nova imunidade não prejudica a estruturação da Zona Franca como área de livre comércio que possui benefícios relacionados a diversos tributos, seja pela inexistência de direito adquirido a imutabilidade de regime jurídico tributário ante a ausência de trato constitucional dos benefícios fiscais da Zona Franca que consistem em isenções, seja pela ressalva da etapa de replicação feita no texto da norma.

O objetivo da imunidade em tela de desestimular a contrafação de produtos musicais (pirataria), bem como incentivar a cultura através da música é muito válida, entretanto, representa uma questão bem controversa, pois alguns acreditam que existiriam mercados bem mais carentes de uma emenda constitucional que institua desoneração por meio de uma imunidade, como os medicamentos, por exemplo.

7. Referências Bibliográficas

ALEXANDRE, Ricardo. *Direito Tributário Esquematizado*. 8. ed. São Paulo. Método, 2013.

AMARO, Luciano. *Direito Tributário Brasileiro*. 18. ed. São Paulo. Saraiva, 2012.

ÁVILA, Humberto. *Sistema constitucional tributário*. 4. ed., rev. atual. São Paulo: Saraiva, 2010.

BALEEIRO, Aliomar. *Limitações constitucionais ao poder de tributar*. 7. ed. Atualizado por Mizabel Abreu Machado Derzi. Rio de Janeiro: Forense, 2001.

BARRETO, Aires F; BARRETO, Paulo Ayres Barreto. *Imunidades Tributárias: limitações constitucionais ao poder de tributar*. 2. ed. São Paulo, Dialética, 2001.

BRASIL. Constituição (1988). *Constituição da República Federativa do Brasil*. Disponível em: http://www.planalto.gov.br/ccivil_03/constituicao/constituicao.htm. Acesso em 10 marc. 2013.

— LEI Nº 5.172, DE 25 DE OUTUBRO DE 1966. *Dispõe sobre o código tributário nacional*. Disponível em: <http://www.planalto.gov.br>. Acesso em: 20 abr. 2014.

CARRAZZA, Roque Antonio. *Curso de Direito Constitucional Tributário*. 29. ed.São Paulo. Malheiros, 2013.

CARVALHO, Paulo de Barros. *Curso de Direito Tributário*. 24. ed. São Paulo: Saraiva, 2012.

COELHO, Sacha Calmon Navarro. *Curso de Direito Tributário*. 10. ed. Rio de Janeiro. Forense, 2010.

COSTA, Regina Helena. *Imunidades Tributárias*. São Paulo: Dialética, 2001.

FIGUEIREDO, Leonardo Vizeu. *Lições de Direito Econômico*. 7. ed. Rio de Janeiro: Forense, 2012.

GRAU, Eros Roberto. *A Ordem Econômica na Constituição de 1988*. 13. ed. São Paulo: Malheiros, 2010.

MACHADO, Hugo de Brito. *Curso de Direito Tributário*. 31. ed. São Paulo: Malheiros Editores, 2010.

MELLO, Celso Antônio Bandeira de. *Curso de Direito Administrativo*. 24. ed. São Paulo: Malheiros, 2009.

NOGUEIRA, Ruy Barbosa. *Imunidades: contra impostos na Constituição anterior e sua disciplina mais completa na Constituição de 1988*. São Paulo: Saraiva, 1992.

PAULSEN, Leandro. *Direito tributário constituição e código tributário*. 15. ed. São Paulo. Livraria do Advogado, 2013.

SABBAG, Eduardo. *Manual de Direito tributário*. 5. ed. São Paulo. Saraiva, 2014.

VALADÃO, Marcos Aurélio Pereira. *Limitações constitucionais ao poder de tributar*. Belo Horizonte. Del Rey, 2000.

Capítulo IX
Imunidades Tributárias e Fatos Jurídicos Tributários: Crítica à Jurisprudência do Supremo Tribunal Federal

CLEYBER CORREIA LIMA*

Sumário: 1. Introdução; 2. Breve Histórico; 3. Delimitação Semântica do Conteúdo Temático; 4. Imunidades Tributárias e Jurisprudência do STF; 5. A Limitação Contida no § 4º do Art. 150 da CF/88 e a Separação das Hipóteses de Incidência ou dos Fatos Jurídicos Tributários; 6. Conclusões; 7. Referências Bibliográficas.

1. Introdução

O sistema constitucional brasileiro prescreve normas estruturais que delimitam o campo de atuação legislativa para a criação de tributos, sejam em âmbito federal, estadual ou municipal.

Primeiramente, a Constituição Federal de 1988 possibilita à União, Estados, Distrito Federal e Municípios a instituição de impostos, taxas

---

* Mestrando em Direito Tributário pela Universidade Católica de Brasília – UCB. Especialista em Direito Tributário pelo Instituto Brasileiro de Estudos Tributários – IBET. Graduado em Direito pelo Centro Universitário UNIEURO. Professor de Direito Tributário e Coordenador do Núcleo de Prática Jurídica no Centro Universitário UNIEURO. Advogado. Contato: cleybercl@gmail.com

e contribuições de melhoria. Em pontos esparsos, confere competência aos entes federativos para instituição de outros tributos, como empréstimo compulsório, contribuições sociais ou ainda o instituto da competência residual.

Noutro momento, traça limites ao poder de tributar, no intuito de assegurar a harmonia na relação entre Estado e contribuintes. Para isso, a Constituição separa seção específica para tratar do que chamou de "Limitações do Poder de Tributar"[1]. Esta seção se ocupa de normas principiológicas e regras de competência, as quais regulam a atuação estatal na instituição de tributos.

Com o intuito de isolar o tema a ser tratado e aprofundar com maior vigor ao estudo proposto, nos preocuparemos com a segunda parte das Limitações do Poder de Tributar, especificamente quanto às imunidades tributárias.

Não se tem a pretensão de exaurir o tema deste ensaio, mesmo porque o assunto merece tratamento bastante extenso, o que afastaria ao propósito deste capítulo, estando mais próximo de um projeto de dissertação ou de uma tese. Todavia, busca-se nova perspectiva quanto ao alcance de certas imunidades, com a análise da restrição deixada pelo próprio constituinte e dos fatos jurídicos tributários, estes de modo separado e independente.

Com isso, deixaremos uma observação crítica ao atual entendimento do Supremo Tribunal Federal – STF, no sentido de delimitar o campo de incidência da norma de imunidade, com fundamento no próprio texto Constitucional. O caráter absoluto de tais normas, empregado por grande parte da doutrina e também pela jurisprudência nacional, está a interferir na competência dos entes federados, cuja autonomia é constitucionalmente assegurada.

Não é de hoje a defesa da afetação de outras hipóteses de incidência em razão da aplicação da renda nas atividades finalísticas da entidade sem fins lucrativos ou entidade religiosa. No atual entendimento jurisprudencial e de grande parte dos estudiosos, a utilização da renda nas atividades

---

[1] Além desta seção, a Constituição Federal possui outras normas espalhadas em seu texto que também delimitação a competência do Estado. Como exemplo, cita-se o art. 195, § 7º, que trata da imunidade à entidades beneficentes de assistência social quanto a contribuição para a seguridade social.

fins destas entidades reflete nos demais tributos, afastando, por exemplo, a incidência do imposto sobre a propriedade imóvel de unidade alugada para terceiro.

No clássico exemplo citado, que inclusive é parte de enunciado sumular do STF[2], tende a provocar conflitos de competência entre os entes federados, uma vez que o órgão fazendário municipal estará impedido de exercer seu poder tributário em razão de fato futuro e incerto a ocorrer no campo do imposto sobre a renda, ou seja, tributo atrelado ao poder da União.

Observem, portanto, que nosso tema está circunscrito à análise de fatos jurídicos de tributos incidentes sobre o patrimônio, a renda e os serviços das entidades imunes prescritas na Carta Constitucional, valorizando o enunciado do § 4º do art. 150 da CF/88, sobretudo a fraseologia "necessidades essenciais das entidades nelas mencionadas"[3].

2. Breve Histórico

Os primeiros relatos do instituto da imunidade tributária na humanidade estão sempre vinculados a privilégios concedidos pelo Estado a determinadas classes sociais ou ainda à Igreja, especialmente o catolicismo.

Classes como a nobreza nos tempos de império eram agraciadas pela não interferência estatal na vida financeira da família. Durante este período o estado era mantido por atividades econômicas próprias, ou pela classe sem privilégios[4], ou ainda pelos produtores de riqueza, como a burguesia capitalista.

O clero também foi parte da proteção do estado, mesmo porque a participação política da Igreja era intensa, o que naturalmente aumentava seu poder frente aos demais gestores públicos.

No Brasil, torna-se possível o estudo científico de normas jurídicas próprias a partir da chegada da Família Real em 1808. Antes disso, a sociedade existente na Terra de Santa Cruz vivia abandonada à própria sorte, sujeita à tirania dos capitães donatários que interpretavam as ordenações

---

[2] BRASIL. Supremo Tribunal Federal. Súmula nº 724.
[3] Constituição Federal de 1988. Artigo 150, § 4º.
[4] Se diz sem privilégios porque nem todas as famílias nobres eram ricas. Em sua maioria sim, mas havia aquelas detentoras de títulos e honras sem grande poder econômico.

do reino de acordo com seus interesses[5]. Assim, a chegada de Dom João VI marca o início da independência social da colônia, que embora ainda sujeita ao mesmo Rei, passa a ter meios próprios de sobrevivência e organização social.

No ano de 1824, sob a monarquia de Dom Pedro I, foi outorgada a "Constituição Política do Império do Brazil", a primeira constituição brasileira. Esta Carta não dispunha de tratamento tributário extenso como visto na atual Constituição Federal. Em síntese, o art. 36 previa a competência privativa da Câmara dos Deputados para a iniciativa sobre impostos e o Título 7º, em apenas 8 (oito) artigos, tratava da "Administração e Economia das Provincias"[6].

Portanto, não havia expressa menção às imunidades tributárias no texto constitucional. Pelo contrário, dizia o art. 179, inciso XV que "Ninguem será exempto de contribuir pera as despezas do Estado em proporção dos seus haveres"[7]. Mas hoje visto como antagonismo, o mesmo texto previa a total manutenção da Família Imperial, fazendo confusão entre o patrimônio do estado e o patrimônio da família real. Em relação à Igreja, esta não apenas ficou fora da contribuição ao estado, como era por este mantida, como prescrito no art. 102, inciso II[8], ao prever ser atribuição principal do Imperador a nomeação de bispos e o fornecimento de benefícios eclesiásticos. Já no campo fático, além das abertas concessões a família real e a igreja, não era novidade o tratamento privilegiado à nobreza e a alta burguesia.

Na Constituição da República dos Estados Unidos do Brasil de 1891[9], o legislador constituinte deixa de nomear a religião do Estado e proibi estabelecer, subvencionar ou embaraçar a prática de cultos religiosos[10]. Com isso, retira a Igreja Católica da estrutura do Estado e deixa de sub-

---

[5] Dividido em capitanias hereditárias, por tempos a sociedade provinciana viveu ao mando e desmando de capitães nomeados pelo Rei. À época, não havia médicos, escolas e muito menos universidades. O povo dependia da sabedoria popular para o apoio em suas necessidades básicas.
[6] Constituição do Império do Brazil. Título 7º Foi preservada a escrita da época.
[7] Op. cit. Art. 179, XV. Foi preservada a escrita da época.
[8] Op. cit. Art. 102, II.
[9] Constituição da República dos Estados Unidos do Brasil de 1891.
[10] Op. cit. Art. 11, parágrafo 2º.

sidiá-la com verbas públicas. Quanto à imunidade, o artigo 10 inicia de forma tímida a hoje conhecida imunidade recíproca, proibindo os Estados de tributar bens, rendas ou serviços federais e reciprocamente.

As Constituições de 1934[11] e 1937[12] apresentam significativo avanço em matéria tributária, ao disporem sobre hipóteses de incidência (importação, exportação, consumo, renda, propriedade) e delimitarem a competência dos Estados e da União. No que se refere às imunidades, além da proibição de cobrança de tributos quanto aos bens, rendas e serviços uns dos outros, passa a prescrever situações sobre as quais não haverá a incidência de tributos, tais como combustíveis produzidos no País para motores de explosão (art. 17, inciso VIII); tributos que perturbem a livre circulação de pessoas ou bens (art. 17, inciso IX); imposto sobre a profissão de escritor, jornalista ou professor (art. 113, parágrafo 36); dentre outros.

A Carta Constitucional de 1946[13] marca a volta do estado democrático e o retorno de garantias individuais presentes em 1934, mas retirada da Constituição Vargas. Sua evolução tem marcas no direito tributário, especialmente a imunidade de templos religiosos, partidos políticos, instituições de educação e de assistência social (art. 31, inciso V, *b*); do papel destinado à impressão de jornais, periódicos e livros (art.31, inciso V, *c*); além da imunidade recíproca (art. 31, inciso V, *a*). O § 1º do art. 15 desta norma fundamental previa caso interessante de imunidade, embora empregado o termo isenção. O referido enunciado dispõe sobre a não-incidência de imposto de consumo sobre "artigos que a lei classificar como o mínimo indispensável à habitação, vestuário, alimentação e tratamento médico das pessoas de restrita capacidade econômica".

Em 1967, apesar da ruptura na forma de governo, a Constituição[14] manteve as imunidades contidas na Carta anterior (ver art. 20, inciso III da CF/67), ampliou a imunidade de livros, jornais e periódicos, não restringindo ao papel destinado a impressão e ainda acrescentou situações, como a propriedade de pequena gleba rural (art. 22, § 1º). Embora conhe-

---

[11] Constituição da República dos Estados Unidos do Brasil de 1934.
[12] Constituição dos Estados Unidos do Brasil de 1937.
[13] Constituição dos Estados Unidos do Brasil de 1946.
[14] Constituição da República Federativa do Brasil de 1967.

cida por alguns como nova constituição, a Emenda Constitucional nº 1[15] não realizou alteração substancial no quadro de imunidades tributárias.

Chegando à Constituição Cidadã[16], já mencionado na parte introdutória, há previsão específica das limitações ao poder de tributar, além de enunciados esparsos, que delimitam o campo de atuação tributária dos entes federados. De se notar que as imunidades que hoje se estudam têm origem nas Cartas Constitucionais pretéritas, ora ampliando o alcance de tais normas, ora restringindo ou até suprimindo.

Desta percussão histórica é possível notar que a concessão de privilégios advém de momentos sociais, ou seja, nem sempre se reputam a princípios, objetivos ou direitos fundamentais. E assim se repete nas demais Constituições brasileiras, que por hora preveem imunidades a certas situações ou pessoas e noutro momento as excluem do texto fundamental.

Por vezes, se apresentam como liberalidade do constituinte originário, que por razões históricas, políticas ou sociais, entende pela proteção a alguns fatos ou pessoas. Tudo isto leva a crer que as imunidades, ditas aqui como impróprias, poderiam sofrer mutações em decorrência de evolução política e social, ou ainda em detrimento de situações de maior relevância para determinado momento histórico.

Mas parte da doutrina advoga no sentido do caráter fundamental das imunidades tributárias, erigindo-as à condição de clausulas pétreas. Costumam empregar que a finalidade da norma constitucional de não-incidência é assegurar o exercício de garantias fundamentais, como a forma federativa, a liberdade religiosa, de expressão, o pluralismo político etc., de modo a não haver intervenção do estado fiscal. Vejamos:

> Nem a emenda constitucional pode anular ou restringir as situações de imunidade contempladas na Constituição.
>
> (...)
>
> Em termos mais precisos, o direito à imunidade é uma garantia fundamental constitucionalmente assegurada ao contribuinte, que nenhuma lei, poder ou autoridade pode anular.[17]

---

[15] Emenda Constitucional nº 01, de 17 de outubro de 1969.
[16] Constituição da República Federativa do Brasil de 1988.
[17] CARRAZZA, Roque Antônio. *Curso de Direito Constitucional Tributário*. São Paulo: Malheiros, 2013, p. 822 e 823.

Ousamos discordar. Em regra, a tributação equânime, homogênea e calcada na estrita legalidade não pode significar obstáculo a garantias fundamentais. Até concordamos com a proteção e estabilidade da imunidade recíproca. Mas em relação à imunidade de templos de qualquer culto; jornais, livros e periódicos; pequena gleba rural etc.; é um tanto forçoso cogitar a imutabilidade. Para estes casos, pensamos inicialmente que a tributação seria prejudicial somente se houvesse diferenciação a depender da religião ou ainda do conteúdo literário ou cientifico, de modo a privilegiar parcela dos cristãos ou leitores.

O Prof. Marcos Valadão[18], em comentário à ADI nº 939-7/DF, que tratou da inconstitucionalidade da Emenda nº 3 e da Lei Complementar nº 77/93, que instituíram o IPMF (imposto provisório sobre a movimentação financeira), já afirmava:

> Não se pode concordar que o princípio da anterioridade e as imunidades tributárias genéricas (nestas não se inclui a imunidade recíproca) sejam garantias fundamentais, imutáveis, 'clausulas pétreas'. Primeiro, a consideração exagerada de cláusulas pétreas implícitas, consequência de interpretação ampliativa do § 4º do art. 60, leva a uma imobilização quase total da Constituição, o que vai de encontro à sua própria estabilidade, sendo, portanto, uma interpretação contra a Constituição.

Com razão o Professor de Brasília, principalmente pela instabilidade que provoca a exacerbação das clausulas imutáveis. Ao invés de privilegiar a segurança jurídica do sistema constitucional, a ampliação desmedida das clausulas pétreas engessam o texto maior, a ponto de torná-lo ineficaz em razão da mera evolução social. Com isso, para qualquer alteração que se pretenda fazer, seria necessária verdadeira revolução, com o rompimento do sistema constitucional até então vigente.

Mas este pensamento merece um trabalho específico, talvez como tema da próxima produção acadêmica. Por hora, iremos nos apegar ao alcance da norma de imunidade, descrevendo as limitações impostas pelo próprio texto constitucional.

---

[18] VALADÃO, Marcos Aurélio Pereira. Comentários sobre as Alterações Tributárias à Constituição Brasileira de 1988. *Ciência e Técnica Fiscal*. Lisboa, v. 413, p. 07-133, 2004.

3. Delimitação Semântica do Conteúdo Temático

Dentre o sistema normativo brasileiro, o estudo do direito tributário pressupõe a análise detida e pormenorizada na norma constitucional atual. A Constituição Federal de 1988 dedica extensa parte de seu texto para tratar da organização do estado fiscal, de modo a conceber toda a trilha do ente federado no exercício de sua competência tributária.

O sistema constitucional tributário trabalha com a incidência de espécies normativas distintas, descritas pela ciência do direito como norma de comportamento e norma de competência. A primeira diz respeito às proposições prescritivas que regulam a conduta humana nas relações jurídicas instauradas. São estruturas normativas que permitem, obrigam ou proíbem determinada atuação do contribuinte e/ou do fisco.

Quanto a norma de competência, a descreveremos com maior rigor técnico, por ser parte indissociável deste estudo, dividindo mesma importância com a análise dos fatos jurídicos a seguir disposta.

A Carta Constitucional vigente delimita de modo exaustivo a competência dos entes federados para a instituição de tributos. É na Carta Constitucional que se encontra a definição das espécies de tributos; hipóteses de incidência; princípios tributários; e claro, o poder conferido à União, aos Estados, ao Distrito Federal e Municípios.

Nesta última parte, o texto constitucional confere competência tributária aos membros da federação, já prevendo as linhas limítrofes da atuação estatal, com fundamento no próprio sistema tributário indicado pelo constituinte originário. Com isso, para estabelecer exações, o estado deve se ater ao princípio federativo, à legalidade, à anterioridade, capacidade contributiva, segurança jurídica, isonomia etc., e às chamadas imunidades tributárias.

É possível verificar que o constituinte traça detalhadamente o caminho a ser percorrido pela entidade tributante, uma vez indicar de modo expresso o quê, quem e como instituir. Observe que a prescrição constitucional define a regra-matriz do tributo (o quê), estabelece a pessoa competente a instituí-lo (quem) e o modo para sua criação (como). Destarte, a norma de competência se completa com a união de prescrições positivas e negativas, ou seja, depende da junção das proposições que conferem o poder tributário com as proposições que limitam o alcance da atividade de criação.

As imunidades tributárias, portanto, fazem parte do arcabouço normativo tecnicamente denominado de competência tributária. São prescrições do tipo negativa, tendo em vista estabelecerem limites à atuação estatal, selecionando situações (fatos ou pessoas) sobre as quais o poder tributário não incidirá.

Não raras as vezes em que a doutrina emprega o termo imunidade como exclusão da competência tributária, supressão, ou mesmo norma de incompetência, nas palavras da Professora Misabel Derzi[19]:

> Podemos conceituar as imunidades como regra expressa da Constituição (ou implicitamente necessária), que estabelece a não-competência das pessoas políticas da Federação para tributarem certos fatos e situações, de forma amplamente determinada, delimitando negativamente, por meio de redução parcial, a norma de atribuição de poder tributário.

No entanto, a norma jurídica em sentido estrito depende da junção de enunciados prescritivos dispersos, que, separadamente, não gozam de sentido completo. O jus filósofo alemão Karl Engish[20] afirma ser necessário "reconduzir a um todo unitário os elementos ou partes de um pensamento jurídico-normativo completo que, por razões 'técnicas', encontram-se dispersos – para não dizer violentamente separados".

Assim, embora concordamos com o efeito negativo das imunidades, preferimos a ideia de estas serem apenas parte da norma constitucional de competência tributária. Significa dizer que as imunidades não excluem a competência conferida aos membros da federação. Pelo contrário! As imunidades, juntamente com as demais proposições autorizativas, enunciados impositivos e princípios, definem e delimitam a competência tributária, formando em conjunto a denominada norma de competência tributária.

As imunidades podem ser vistas, portanto, como proposições normativas dirigidas ao legislador ordinário, com o propósito de estabelecer, em conjunto com outras prescrições constitucionais, o poder tributário

---

[19] BALEEIRO, Aliomar. *Limitações Constitucionais ao Poder de Tributar*. Notas de Misabel Abreu Machado Derzi. 7ª edição. Rio de Janeiro: Forense, 1997. P. 16.
[20] ENGISH, Karl *apud* GAMA, Tácio Lacerda. *Competência Tributária: fundamentos para uma teoria da nulidade*. 2ª edição. São Paulo: Noeses, 2011. P. 59.

dos entes políticos. "São expedientes de técnica legislativa utilizados para talhar, com zelo e segurança, a via por onde deverão fluir as medidas inovadoras daquela pessoa, no que tange aos assuntos tributários"[21].

Uma vez conceituado o instituto, é importante apresentar outras características das imunidades dispostas nos parágrafos do artigo 150 da Constituição Federal. Estes enunciados contêm disposições que retiram o caráter absoluto das situações descritas como imunes.

A exemplo do § 4º do citado artigo 150, a vedação quanto a instituição de impostos sobre templos de qualquer culto, partidos políticos, entidades sindicais, instituições de educação e de assistência social está circunscrita ao patrimônio, a renda e serviços destas entidades, e desde que tais situações estejam relacionadas com suas finalidades essenciais.

Então qual a limitação da extensão das imunidades destas entidades? Se o próprio texto constitucional prevê a relativização do instituto, quais razões para afetar a incidência de imposto sobre o patrimônio em detrimento da renda oriunda deste bem ser aplicada na entidade? Ou ainda a vedação do imposto sobre serviço não relacionado à atividade fim, mas cuja renda obtida seja destinada às finalidades da entidade?

O Supremo Tribunal Federal possui respostas a estas indagações, com entendimento bastante extensivo, do qual ousaremos discordar no tópico subsequente.

4. Imunidades Tributárias e Jurisprudência do STF

O tema debatido neste capítulo já foi analisado pelo plenário da Suprema Corte brasileira em algumas oportunidades. Será dado maior destaque a dois julgados, tidos por paradigmas na discussão ora proposta. Tratam-se dos Recursos Extraordinários número 237.718[22] e 325.822-2[23].

---

[21] CARVALHO, Paulo de Barros. *Direito Tributário: linguagem e método*. 4ª edição. São Paulo: Noeses, 2011. P. 339.

[22] BRASIL. Supremo Tribunal Federal. Recurso Extraordinário nº 237.718/SP. Disponível em http://redir.stf.jus.br/paginadorpub/paginador.jsp?docTP=AC&docID=255915. Acessado em 28/05/2014.

[23] Supremo Tribunal Federal. Recurso Extraordinário nº 325.822-2/SP. Disponível em http://redir.stf.jus.br/paginadorpub/paginador.jsp?docTP=AC&docID=260872. Acessado em 28/05/2014.

O primeiro julgado tinha por objeto a incidência de IPTU sobre imóveis pertencentes a instituição de assistência social, mas alugado a terceiro que explorava atividade empresarial. Na ocasião, o Min. Sepúlveda Pertence, então relator, afirmou ser a tendência daquele Tribunal preferir pela interpretação teleológica, com o fito de ampliar o quanto possível a dimensão das imunidades[24].

Desse modo, o Plenário decidiu por maioria no sentido de "preexcluir a incidência do IPTU sobre imóvel de propriedade de entidade imune, ainda quando alugado a terceiro, sempre que a renda dos alugueis seja aplicada em suas finalidades institucionais".[25]

Passando para o segundo julgado, embora também referente à incidência do IPTU sobre imóveis locados, tinha por objeto a imunidade de templos religiosos. Nesta oportunidade, discutia-se a extensão da imunidade a todos os imóveis da Mitra Diocesana de Jales, Município de São Paulo.

Este processo coube à relatoria do Min. Ilmar Galvão, o qual votou pelo não conhecimento do recurso interposto pela entidade religiosa, sob o fundamento de que o conceito de "templo" não abrangeria lotes vagos ou imóveis comerciais dados em locação. Para o referido Ministro, a imunidade de templos religiosos não deve ser interpretada com a mesma extensão da imunidade às entidades beneficentes, uma vez que estas atuam no interesse da sociedade, por vezes com a exploração de serviço que deveria ter sido prestado pelo estado.

No entanto, o Ministro Gilmar Mendes abriu voto de divergência, sustentando, em síntese, a equiparação das alíneas *b* e *c* do inciso VI do artigo 150 da CF/88, levando o julgado ao mesmo caminho do RE 237.718 citado. Nestes termos, a imunidade de templos religiosos divide a mesma interpretação dada à imunidade de entidades beneficentes e, consequentemente, goza da ampliação concedida ao instituto, bastando que a vantagem econômica obtida seja aplicada na manutenção do templo.

---

[24] O Min. Pertence afirmava ser necessário a interpretação extensiva para maximizar o potencial de efetividades de tais normas, as quais garantiam ou estimulavam a concretização de valores constitucionais.

[25] Foram estes os termos da ementa do acórdão proferido no RE nº 237.718/SP.

Para este segundo caso, o Plenário manteve sua interpretação extensiva, vencendo o voto dissidente, inaugurado pelo Ministro Gilmar Mendes.

Em confirmação à sua jurisprudência, a Suprema Corte aprovou, em novembro de 2003, o enunciado sumular nº 724[26], com o seguinte texto: "ainda quando alugado a terceiros, permanece imune ao IPTU o imóvel pertencente a qualquer das entidades referidas pelo art. 150, VI, "c", da Constituição, desde que o valor dos aluguéis seja aplicado nas atividades essenciais de tais entidades".

Não é difícil perceber que o Supremo Tribunal Federal delimita seu entendimento no conceito de "templo" e na destinação do rendimento obtido, ou seja, para a satisfação da imunidade, bastaria o patrimônio ou o serviço ser parte do templo (em conceito amplo), ou ainda a renda obtida ser utilizada para a manutenção de suas finalidades, independente da exploração de atividade não essencial.

Com isso, a interpretação conferida ao § 4º sobreleva a hipótese "renda" em detrimento do patrimônio e do serviço. Isto porque o patrimônio poderia ser utilizado para outros fins, como a locação a terceiro. E o serviço poderia consistir em atividade avessa às finalidades religiosas, como a exploração de estacionamento. Para estes casos, se a renda auferida com a locação ou com o serviço prestado for alocada às atividades precípuas do templo religioso, a imunidade se estenderia ao patrimônio e à renda.

Mas se assim o fosse, qual razão para o legislador constituinte prever de modo separado os termos patrimônio, renda e serviços e ainda acrescer a necessidade de estarem relacionados com as finalidades essenciais da entidade?

É certo que o texto legislado comporta lacunas, omissões e até confusões. A linguagem prescritiva utilizada no ato de enunciação depende da descrição a ser realizada pela ciência do direito, valendo-se das instâncias da semiótica (sintaxe, semântica e pragmática).

---

[26] Brasil. Supremo Tribunal Federal. Súmula nº 724. Disponível em: http://www.stf.jus.br/portal/jurisprudencia/listarJurisprudencia.asp?s1=724.NUME.%20NAO%20S.FLSV.&base=baseSumulas. Acesso em 28/05/2014.

Porém, também é verdade que não existe termo inútil ou sem sentido no direito posto, mesmo que eivado de alta carga política. O direito positivo há de ser analisado a partir dos termos e conectivos empregados, sem jamais excluir ou preferir palavras.

Quando o Supremo Tribunal Federal concedeu maior importância à renda, é como se suprimisse os termos patrimônio e serviços, os quais são hipóteses juridicamente qualificadas referentes a impostos distintos. Em nosso pensar, os fatos jurídicos tributários que provocam a incidência do imposto sobre o patrimônio ou sobre o serviço em momento algum se comunicam com o fato de auferir renda. Imaginar o contrário é aceitar a afetação da regra-matriz de incidência de um imposto em razão de outro, sendo o núcleo fático deste último de ocorrência ainda incerta, pois futura.

5. A Limitação Contida no § 4º do Art. 150 Da CF/88 e a Separação das Hipóteses de Incidência ou Fatos Tributários

São duas as razões que nos levam a discordar do atual entendimento do STF: primeiro a limitação imposta pelo constituinte, conforme dicção do § 4º do art. 150 da CF/88; e segundo a impossibilidade de afetação de um imposto em decorrência de outro.

Em linhas atrás, assentamos não haver texto inútil no comando prescritivo das leis (em sentido amplo). Em verdade, a atividade a ser explorada pelo jurista tem origem nos enunciados legais, a quem compete interpretá-los à luz do ordenamento vigente e conforme metodologia inicialmente empregada. Na visão do professor Paulo de Barros Carvalho[27]:

> O objeto da Ciência do Direito há de ser precisamente o estudo desse feixe de proposições, vale dizer, o contexto normativo que tem por escopo ordenar o procedimento dos seres humanos na vida comunitária. O cientista do Direito vai debruçar-se sobre o universo das normas jurídicas, observando-as, investigando-as, interpretando-as e descrevendo-as segundo determinada metodologia.

---

[27] CARVALHO, Paulo de Barros. *Curso de Direito Tributário*. 23ª edição. São Paulo: Saraiva, 2011, p. 35.

Em momento seguinte, conclui o professor paulista[28]: "o direito positivo forma um plano de linguagem de índole *prescritiva*, ao tempo em que a Ciência do Direito, que o relata, compõe-se de uma camada de linguagem fundamentalmente *descritiva*." (grifos no original)

Verifica-se que o conteúdo a ser analisado pelo cientista do direito é o direito positivo, sobre o qual cabe debruçar-se e esmiuçar suas formas, com o objetivo de extrair significações do texto, até então, ainda no campo da abstração. Assim, o direito posto é o ponto de partida para a atividade do profissional do direito, não podendo dele dissentir no momento de sua aplicação. Veja que a linguagem a ser utilizada pela ciência do direito é do tipo descritiva, ou seja, deve descrever aquilo que foi prescrito (estabelecido) pelo legislador.

Estas ponderações possuem relevância ainda mais aparente quando da análise do texto constitucional. Por se tratar da norma superior, texto maior ou ainda lei das leis, a interpretação de seu conteúdo está umbilicalmente ligada à vontade do constituinte e à realidade social do seu povo.

De forma ainda mais restritiva, aparecem as normas de estrutura previstas pela constituição, que funcionam como delimitação da atividade do estado frente ao particular. Normas de tal índole não devem ser ampliadas, seja para restringir o poder estatal, seja para aumentar a garantia que lhe é própria. Isso porque seu campo de incidência costuma estar fielmente delimitado, não havendo margem para divagações prescindíveis.

O referido § 4º contém regra limitadora das imunidades previstas nas alíneas "b" e "c" (templos religiosos, e partidos políticos e entidades beneficentes), prevendo que as respectivas vedações somente alcançariam o patrimônio, a renda e os serviços relacionados com as finalidades essências das entidades.

Observe que a vontade do constituinte foi limitar a imunidade concedida a estas entidades, circunscrevendo a amplitude da sua incidência aos impostos sobre o patrimônio, sobre a renda e/ou sobre serviços e desde que, tais situações, estejam afetadas pela atividade essencial da instituição.

---

[28] CARVALHO, Paulo de Barros. *Curso de Direito Tributário*. 23ª edição. São Paulo: Saraiva, 2011, p. 36.

Com isso, o legislador constitucional separa as hipóteses tributárias, inclusive em respeito à competência para criar e cobrar tributos, pensando na autonomia dos membros da federação.

Basta lembrar que o imposto sobre a renda é de competência da União, enquanto os impostos sobre o patrimônio e serviços são parte da competência conferida aos Municípios[29] e aos Estados.

Como exemplo, vejamos a regra-matriz de incidência do imposto de renda – IR: auferir renda; no território nacional ou fora dele (por residente no Brasil); até o último dia do período de competência; cujo imposto será exigido pela União; devido pelo titular da renda; tendo por base de cálculo a renda auferida e a alíquota variável, conforme o valor da renda.

Em relação à renda, sendo esta oriunda de templo religioso ou de instituição beneficente e desde que aplicada nas finalidades essenciais destas, o fato jurídico – auferir renda – está sob o manto da regra de imunidade, constitucionalmente qualificada. Não haverá incidência tributária, haja vista a incidência da norma imunizante em momento anterior à própria competência.

Passando para a propriedade territorial urbana – IPTU: ser proprietário de imóvel urbano; situado na zona urbana de município; em 1º de janeiro de cada ano; a ser cobrado pelo respectivo Município; devido pelo proprietário; tendo por base cálculo o valor venal do imóvel e alíquota a ser fixada pelo legislador municipal.

Mas em se tratando de imóvel pertencente à entidade religiosa ou instituição beneficente e desde que sua utilização esteja vinculada às atividades essenciais destas, não haverá incidência do IPTU sobre esta unidade imóvel, considerando a norma de incidência, que tem aplicação anterior à incidência do tributo.

Agora em relação ao imposto sobre serviços – ISS, teremos a seguinte regra-matriz: prestar serviço de qualquer natureza, excluído aqueles que compõem a regra-matriz do ICMS; no território nacional ou por pessoa residente no Brasil; considerado o fato no momento da prestação do serviço; instituído e cobrado pelo Município onde situado o prestador;

---

[29] Cumpre ressalvar o imposto sobre a propriedade territorial rural, que é parte da competência da União, mas que poderá ser fiscalizado, cobrado e arrecadado pelos Municípios.

devido pelo prestador do serviço; com base de cálculo consoante o valor do serviço e alíquota fixada pelo ente municipal.

Para este caso, se o fato jurídico for praticado por templo de qualquer culto ou entidade beneficente, o serviço não servirá de núcleo da regra-matriz de incidência tributária, em razão da imunidade concedida às pessoas mencionadas.[30]

Após singela apresentação de impostos incidentes sobre os fatos previstos no mencionado § 4º, resta claro a incomunicabilidade das hipóteses de incidência prescritas para cada um dos tributos. A renda auferida não se comunica com a propriedade, assim como a propriedade não se comunica com o serviço e, por sua vez, o serviço não se comunica com renda. São regras-matrizes completamente distintas, incidentes em situação e momentos diferentes e cobrados por entes federativos diversos.

Então pensamos: como vincular a atividade do fisco municipal, proibindo-o de efetuar o lançamento do IPTU sobre imóvel alugado a terceiro, em razão da renda a ser auferida no decorrer daquele ano, oriunda do contrato de aluguel, ser declarada no ano seguinte, ao fisco federal, como utilizada na manutenção da entidade? Se a resposta for afirmativa, então é imprescindível considerar a mitigação da competência tributária do Município, que estará sujeita a fato jurídico futuro de competência da União.

Ao que já vimos, é neste sentido a orientação jurisprudencial do STF, para quem o critério da renda se sobrepõe ao patrimônio e ao serviço.

Mas se imaginarmos situação contrária, porém semelhante: pense em um serviço prestado por um templo religioso, como o sacramento do batismo. Este fato não poderá ser fundamento para a cobrança de ISS, tendo em vista se tratar de serviço relacionado à finalidade essencial da entidade. No entanto, o valor cobrado não foi aplicado no templo ou em qualquer atividade correlata. Digamos que a renda decorrente do sacramento do batismo tenha sido distribuída entre membros da Igreja, tal qual dividendos. Situação bastante esdrúxula, mas que revela a imagem refletida da orientação da Suprema Corte. Ora, se o contrário é verdade – a aplicação da renda afeta a incidência de outros impostos –, em atenção

---

[30] Poderíamos mencionar outros impostos, como o IPVA, ITR, IOF etc. No entanto, as descrições feitas são suficientes à completa cognição do pensamento pretendido.

à coerência cognitiva, seria possível a afetação da renda em razão do serviço de origem constituir atividade essencial. Portanto, seguindo a linha argumentativa do STF, mesmo que a renda seja fatiada para membros da entidade, não haveria incidência de imposto sobre a renda, considerando que o serviço essencial afetaria a tributação da renda.

Não é difícil concluir pela fragilidade do entendimento do STF, que, a nosso ver, fantasia linha de comunicação entre hipóteses tributárias completamente distintas e que devem ser analisadas pelo ente competente do respectivo tributo, sem a interferência de qualquer outro.

Destarte, ao Município caberá verificar, por exemplo, se o imóvel está ou não atrelado às atividades essências da entidade. Caso não esteja, o agente competente deve lançar o tributo, sem nenhuma relevância neste âmbito a destinação da renda. Do mesmo modo em relação à União, a quem compete refutar tão somente a vinculação da renda, independente de sua origem.

Em suma, a imunidade das alíneas "b" e "c" do inciso VI, do artigo 150 da Constituição precisa ser analisada à luz do § 4º do mesmo artigo, o qual contém proposição que delimita a vedação imposta, completando a regra constitucional de não-incidência. As situações prescritas pelo legislador constituinte (patrimônio, renda e serviços) merecem análise individualizada, a ser realizada pelo ente tributante competente. Assim, nem ao Município compete inquirir o destino da renda e nem à União compete verificar a origem.

6. Considerações Finais

No início deste capítulo pudemos identificar a origem do instituto das imunidades e sua ligação com fatos políticos e sociais, não necessariamente atrelados ao exercício de garantias fundamentais, como querem alguns estudiosos.

Nessa linha cognoscente, não há razão para a concessão de interpretações extensivas às imunidades consideradas impróprias (entidades religiosas e/ou beneficentes), seja por se tratarem de técnica legislativa discricionária, consistente em momento histórico, seja pela limitação já imposta no Texto Constitucional.

Da análise da jurisprudência da Suprema Corte, extrai-se que a preocupação dos Ministros era determinar o alcance do termo "templos religiosos", se haveria equiparação com a imunidade de instituições beneficentes, além da confusão estabelecida entre hipóteses tributárias completamente distintas.

Primeiro, discutir o significante do termo "templos" em nada auxilia na delimitação da eficácia das imunidades, mesmo porque a isto já se debruçou o constituinte originário ao traçar os limites da vedação. Vale ressaltar que o enunciado das imunidades é considerado como proposição de estrutura, sendo parte da norma de competência tributária. Tal fato leva à conclusão de serem enunciados com sentido completo e eficácia imediata, ou seja, prescindem de interpretação ampliativa ou restritiva.

Do mesmo modo a equiparação das alíneas "b" e "c" do artigo 150, VI da CF/88. Essa discussão, que nasce da junção das referidas proposições no § 4º do mesmo dispositivo constitucional, também não modificam o plano de incidência das respectivas imunidades. Não se refuta que são dispositivos diferentes, talvez separados por significarem situações sociais diversas, sendo um, clara liberalidade do legislador e o outro, para estimular a prática de serviços essências à sociedade. Mas independente de equiparação, a limitação das imunidades está expressa na Constituição.

As imunidades privilegiadas neste estudo podem ser alocadas no conceito de imunidade mista, acentuado por Roque Antônio Carrazza[31] como aquela que "alcança pessoas por sua natureza jurídica e porque relacionadas com determinados fatos, bens ou situações". Nesse sentido, o alcance da vedação constitucional imposta ao estado dependerá não apenas da qualidade do sujeito, mas, de igual importância, da verificação pragmática das situações elencadas no enunciado.

Então o patrimônio, a renda e os serviços, dispostos no já citado § 4º, devem ser objeto de refutação no campo das provas, a fim de incidir de forma individual e concreta o regramento da imunidade.

No entanto, essas situações serão verificadas pelo ente competente para a cobrança do tributo específico. O imposto a incidir sobre o patrimônio não se revela e nem se completa com a hipótese de incidência do imposto sobre a renda, e assim sucessivamente. Sequer a competência do Município, por exemplo, o permite ultrapassar os limites que lhe são

---

[31] CARRAZZA, Roque Antônio. *Curso de Direito Constitucional Tributário*. 29ª edição. São Paulo: Malheiros, 2013, p. 818.

próprios, com a finalidade de verificar situação de competência de Estado ou da União. E o contrário também se repete.

Tudo isso esclarece que as hipóteses tributárias das situações prescritas na Constituição não dependem uma da outra. A verificação pragmática do fato imponível (portanto já no campo da aplicação normativa) ficará a cargo da autoridade responsável pela arrecadação daquele imposto específico, e que resumirá sua atuação no plano da competência constitucionalmente delimitada.

7. Referências Bibliográficas

AMARO, Luciano. *Direito Tributário Brasileiro*. 19ª edição. São Paulo: Saraiva, 2013.

ATALIBA, Geraldo. *Hipótese de Incidência Tributária*. 6ª edição. São Paulo: Malheiros, 2013.

BALEEIRO, Aliomar. *Limitações Constitucionais ao Poder de Tributar*. 7ª edição. Rio de Janeiro: Forense, 1997.

BONAVIDES, Paulo. *Curso de Direito Constitucional*. 27ª edição. São Paulo: Malheiros, 2012.

CARRAZZA, Roque Antônio. *Curso de Direito Constitucional Tributário*. 29ª edição. São Paulo: Malheiros, 2013.

—. *Reflexões Sobre a Obrigação tributária*. São Paulo: Noeses, 2010.

CARVALHO, Paulo de Barros. *Direito Tributário: linguagem e método*. 4ª edição. São Paulo: Noeses, 2011.

—. *Curso de Direito Tributário*. 23ª edição. São Paulo: Saraiva, 2011.

—. *Direito Tributário: fundamentos jurídicos da incidência*. 9ª edição. São Paulo: Saraiva, 2012.

DANELI FILHO, Eloi Cesar. *As Constituições Brasileiras e a Imunidade Tributária de Templos de Qualquer Culto*. Disponível em: http://www.conpedi.org.br/manaus/arquivos/anais/fortaleza/3676.pdf. Acesso em 23/05/2014.

FERRAGUT, Maria Rita. *Presunções no Direito Tributário*. 2ª edição. São Paulo: Quartier Latin, 2005.

GAMA, Tácio Lacerda. *Competência Tributária: fundamentos para uma teoria da nulidade*. 2ª edição. São Paulo: Noeses, 2011.

MACHADO, Hugo de Brito. *Curso de Direito Constitucional Tributário*. São Paulo: Malheiros, 2012.

PEIXOTO, Marcelo Magalhães; CARVALHO, Cristiano. (coord). *Imunidade Tributária*. São Paulo: MP, 2005.

Santos Junior, Fernando Lucena Pereira dos. *A imunidade tributária como instrumento de alcance às finalidades do Estado: análise teleológica do instituto à luz da doutrina e jurisprudência*. Disponível em: http://www.ambitojuridico.com.br/site/index.php?n_link=revista_artigos_leitura&artigo_id=10626#_ftnref2. Acesso em 23/05/2014.

Scaff, Fernando Facury. *Cidadania e Imunidade Tributária*. Disponível em: http://www.mppr.mp.br/arquivos/File/3civel/estudos/Cidadania.doc. Acesso em 23/05/2014.

Silva, José Afonso. *Curso de Direito Constitucional Positivo*. 30ª edição.São Paulo: Malheiros, 2008.

Valadão, Marcos Aurélio Pereira. Comentários sobre as Alterações Tributárias à Constituição Brasileira de 1988. *Ciência e Técnica Fiscal*. Lisboa, v. 413, p. 07-133, 2004.

Capítulo X
Não Incidência de Contribuição Previdenciária Patronal Sobre Verbas de Natureza Indenizatória

THIAGO PEREZ RODRIGUES DA SILVA*

Sumário: 1. Introdução. 2. Breve Noção Sobre Tributos e Suas Espécies. 3. Contribuições: Conceito e Espécies. 4. Não Incidência de Contribuição Previdenciária Patronal Sobre Verbas de Natureza Indenizatória; 4.1. A contribuição social e suas espécies; 4.2. A contribuição social para a seguridade social incidente sobre a folha de salários paga pelo empregador; 4.3. Não incidência da contribuição para a seguridade social sobre folha de salário sobre verbas de natureza indenizatória; 4.3.1. Terço de férias; 4.3.2. Salário maternidade; 4.3.3. Salário paternidade; 4.3.4. Aviso prévio indenizado; 4.3.5. Quinze dias que antecedem o auxílio doença; 5. Conclusões. 6. Referências Bibliográficas.

1. Introdução

É inegável a alta carga tributária brasileira que, no ano de 2013, atingiu 37,65% do Produto Interno Bruto – PIB Nacional.[1] Países como Dina-

---

* Advogado Tributarista e Professor de Direito Tributário no CEULP/ULBRA. É aluno especial do mestrado em Direito da Universidade Católica de Brasília, especialista em Direito Tributário pela Universidade Anhanguera/Uniderp, bem como possui Extensão Universitária em Direito Tributário pela Fundação Getúlio Vargas – FGV.
[1] BECK, Martha. *Carga tributária bate recorde e chega a 37,65% do PIB, diz estudo.* Jornal O Globo. Disponível em < http://oglobo.globo.com/economia/carga-tribu

marca, França e Finlândia possuem carga tributária superior à brasileira, no entanto, apresentando maior e melhor contra prestação estatal. Destaca-se a pesquisa realizada pelo Instituto Brasileiro de Planejamento Tributário – IBPT, no ano de 2013 (AMARAL, 2013, S/P) que comparou o Índice de Desenvolvimento Humano – IDH dos 30 países com a maior carga tributária, figurando o Brasil entre estes, sendo que no comparativo Carga Tributária x IDH, o Brasil fica em último lugar no ranking.[1]

A alta carga tributária reflete em diversas fontes, em especial sobre a folha de pagamentos realizadas pelo empregadores. Mauricio Alvarez da Silva, em artigo explica:

> Olhando pelo lado dos empregadores a carga tributária sobre a folha de pagamento pode superar a casa dos 35%. Vejamos como exemplo os estabelecimentos industriais, que são taxados com a contribuição patronal de 20%, o salário educação de 2,5%, o seguro acidente que pode superar os 3%, o Fundo de Garantia por Tempo de Serviço de 8%, as contribuições ao sistema "S" (SESC, SEBRAE, SENAI E SENAC) que equivalem a 3,10% e a contribuição para o INCRA, no percentual de 0,2% sobre a folha. Se não bastasse, os empregadores ainda arcam anualmente com a Contribuição Confederativa Patronal.[2]

A alta carga tributária sobre a folha de pagamentos possui dois resultados negativos para a economia em geral: (I) a resistência do empregador em efetuar novas contratações e (II) o desestímulo à concessão de aumentos ao empregado, uma vez que além do próprio aumento que gera novo ônus ao empregador, há os reflexos no campo tributário.

---

taria-bate-recorde-chega-3765-do-pib-diz-estudo-11433593>. Acesso realizado em 01º mai. 2014.

[1] AMARAL, Gilberto Luiz e outros (Coordenador). *Cálculo do IRBES: Estudo sobre a Carga Tributária/PIB x IDH*. Instituto Brasileiro de Planejamento Tributário – IBPT, 2013. Disponível em < https://www.ibpt.org.br/img/uploads/novelty/estudo/787/ESTUDOFINALSOBRECARGATRIBUTARIAPIBXIDHIRBESMARCO2013.pdf>. Acesso em: 28 abr. de 2014.

[2] SILVA, Maurício Álvarez. *Nós Trabalhadores e Consumidores é que Pagamos a Conta!* Disponível em < http://www.portaltributario.com.br/artigos/nospagamosaconta.htm>. Acesso em 01º de mai. 2014.

Em meio a toda a dificuldade suportada pelo empregador, têm-se verificado que a interpretação errônea da Constituição Federal, bem como de leis ordinárias, tem resultado na exação indevida do contribuinte patronal. Trata-se da interpretação do artigo 195, I, a, da Constituição Federal – CF, que assim dispõe:

> Art. 195. A seguridade social será financiada por toda a sociedade, de forma direta e indireta, nos termos da lei, mediante recursos provenientes dos orçamentos da União, dos Estados, do Distrito Federal e dos Municípios, e das seguintes contribuições sociais:
> I – do empregador, da empresa e da entidade a ela equiparada na forma da lei, incidentes sobre:
> a) a folha de salários e demais rendimentos do trabalho pagos ou creditados, a qualquer título, à pessoa física que lhe preste serviço, mesmo sem vínculo empregatício;
> (...).

Destaca-se que se trata de uma contribuição previdenciária incidente sobre a folha de pagamento, cuja alíquota é de 20% (vinte por cento) sobre a folha de salários, nos termos constitucionais transcritos.

No entanto, a determinação constitucional que a contribuição previdenciária sobre folha de pagamentos, também chamada de contribuição patronal ou cota patronal, incide sobre a "folha de salários e demais rendimentos pagos ou creditados, a qualquer título", que nos remete, em princípio, a ideia de qualquer valor pago ao empregado comporá a base de cálculo.

Ocorre que, dentre os valores creditados aos empregados, existem verbas que indicam não possuir natureza remuneratória, mas sim, indenizatória, como, por exemplo, os valores pagos a título de terço de férias, os 15 (quinze) dias que antecedem o auxílio doença, aviso prévio indenizado, entre outros, valores estes que os empregadores são compelidos a inserir na base de cálculo da referida contribuição, aumentando, ainda mais, a carga tributária sobre a folha de pagamento.

Neste sentido, o presente capítulo visa demonstrar o entendimento da doutrina, bem como da jurisprudência do Superior Tribunal de Justiça – STJ sobre as verbas que, segundo a referida corte, devem ou não compor a base de cálculo da contribuição previdenciária patronal.

Para atingir este objetivo, demonstrar-se-á a classificação dos tributos, posteriormente sobre as contribuições e suas espécies, destacando-se as contribuições previdenciárias. Ao final, passa-se a defender a não incidência da contribuição previdenciária sobre folha de salários, conhecida por contribuição patronal, sobre verbas que possuam natureza indenizatória, demonstrando-se o posicionamento da jurisprudência sobre as principais verbas debatidas em sede do STJ.

2. Breve Noção Sobre Tributos e Suas Espécies

Para que se possa melhor compreender o objeto do presente estudo, necessário se faz tecer considerações sobre o que é tributo, seu conceito e previsão legal, bem como as suas diversas espécies.

O fundamento do conceito de tributo é encontrado no Código Tributário Nacional (CTN), em seu artigo 3º, que assim dispõe:

> Art. 3º Tributo é toda prestação pecuniária compulsória, em moeda ou cujo valor nela se possa exprimir, que não constitua sanção de ato ilícito, instituída em lei e cobrada mediante atividade administrativa plenamente vinculada.

Com base no presente fundamento legal, a doutrina tem apresentado os conceitos sobre a amplitude da definição de tributo. Paulo de Barros Carvalho explica que:

> A menção à norma jurídica que estatui a incidência está contida na cláusula *"instituída em lei"*, firmando o plano abstrato das formulações legislativas. Por outro ângulo, ao explicitar que a prestação pecuniária compulsória não pode constituir sanção de ato ilícito, deixa transparecer, com hialina clareza, que haverá de surgir de um evento lícito e, por via oblíqua, faz alusão ao fato concreto, acontecido segundo o modelo da hipótese.[3]

Em uma análise constitucional da definição de tributo, Leandro Paulsen assevera que é possível extrair da Carta Magna uma definição de tri-

---

[3] CARVALHO, Paulo de Barros. *Curso de Direito Tributário*. 17ª Edição. São Paulo: Saraiva, 2005, p. 24.

buto, em razão das competências por ela fixada, bem como da limitação de poder e da repartição de receitas tributárias. Segundo o doutrinador, fundado na Constituição Federal (CF), tributo seria prestação pecuniária compulsória, tal qual a definição do CTN. No entanto, acrescenta que a exação é exercida por um ente político, em desfavor daquele que demonstra capacidade contributiva ou que possua relação, direta ou indireta, com a atividade estatal, no intuito de financiar as atividades da administração pública.[4]

O tributo, sendo uma prestação pecuniária compulsória, nos termos da legislação e doutrina elencadas, apresenta diversas espécies. A Constituição Federal de 1988, em seu artigo 145, elenca claramente 03 espécies, sendo elas os impostos, as taxas e a contribuição de melhoria.

Frise-se que o CTN, em 1966, em seu artigo 5º, também previa as mesmas 03 espécies tributárias, prevalecendo a Teoria Tripartite, também chamada de tripartida ou tricotômica. Sobre tal teoria, afirma Eduardo Sabbag:

> Diga-se, em tempo, que esta teoria, que *"sempre gozou de grande prestígio entre os tributaristas"*, foi influenciada pelo Código Tributário Alemão de 1919, estando presente já na Constituição Federal de 1946, na posterior Emenda Constitucional n. 18/65 e, após, no art. 5º do CTN, culminando com a inserção no atual texto constitucional (art. 145, CF).[5]

No entanto, a atual doutrina e jurisprudência são pacíficas no sentido de que há, em que se pesem os dispositivos da CF e CTN elencados, 05 espécies tributárias, sendo estas os impostos, taxas, contribuição de melhoria, empréstimo compulsório e as contribuições.

Nesta classificação, adotando a teoria pentapartida, ou pentapartite, verificamos a afirmação de Regina Helena Costa, que assim assevera:

> Assim, sem abandonarmos a classificação constitucionalmente contemplada, entre tributos vinculados e não vinculados a uma atuação esta-

---

[4] PAULSEN, Leandro. *Direito Tributário: Constituição e Código Tributário à Luz da Doutrina e da Jurisprudência*. 10ª Edição. Porto Alegre: Livraria do Advogado; ESMAFE, 2008, p. 620.
[5] SABBAG, Eduardo. *Manual de Direito Tributário*. 4ª Edição. São Paulo: Saraiva, 2012, p. 398.

tal (arts. 145, I a III), podemos visualizar, no Texto Fundamental, cinco regimes jurídicos distintos, que apontam para as categorias do imposto, da taxa, da contribuição de melhoria, do empréstimo compulsório e das demais contribuições.[6]

Desta feita, no que tange à classificação atualmente pacificada, necessárias se fazem breves considerações sobre cada uma delas.

O imposto, fundado no art. 145, I, CF e art. 16, CTN, possui como principal característica a sua não vinculação a qualquer atividade estatal. Sua função precípua é angariar fundos para que a Administração Pública utilize a receita de acordo com seus critérios de conveniência e oportunidade, sendo vedada a sua vinculação, exceto quanto no que tange à determinação do art. 167, CF, que permite a repartição para a saúde, educação entre outros.

Em verdade, o surgimento da obrigação de se pagar impostos decorre de uma conduta do contribuinte que, ao demonstrar certa riqueza, em consonância com o princípio da capacidade contributiva (art. 145, § 1º, CF), é chamado a contribuir com o tesouro público, para que tais recursos sejam aplicados em despesas públicas gerais ou universais.

Diferentemente dos impostos, a taxa é um tributo vinculado a uma prestação estatal, subdividindo-se em duas formas: as taxas em razão do poder de polícia e as taxas em razão da prestação de um serviço específico e divisível, efetivamente fruído pelo contribuinte ou a ele posto à disposição, conforme verificamos dos artigos 145, II, CF e 77, do CTN. Neste sentido, leciona Paulo de Barros Carvalho:

> Taxas são tributos que se caracterizam por apresentarem, na hipótese da norma, a descrição de um fato revelador de uma atividade estatal, direta e especificamente dirigida ao contribuinte. Nisso diferem dos impostos, e a análise de suas bases de cálculo deverá exibir, forçosamente, a medida da intensidade da participação do Estado.[7]

---

[6] COSTA, Regina Helena. *Curso de Direito Tributário: Constituição e Código Tributário Nacional*. 3ª Edição. São Paulo: Saraiva, 2013, p. 128.
[7] CARVALHO, Paulo de Barros. *Curso de Direito Tributário*. 17ª Edição. São Paulo: Saraiva, 2005, p. 38.

A terceira espécie tributária apresentada pelo rol do artigo 145, da CF, bem como pelo artigo 5º, do CTN é a Contribuição de Melhoria, cujo regramento específico está nos artigos 81 e 82, do CTN. Trata-se de um tributo vinculado à atividade estatal, mais especificamente a uma obra pública que resulte em valorização do imóvel do contribuinte, diferente do imposto e da taxa, conforme é possível se verificar da afirmação de Hugo de Brito Machado:

> É o tributo cuja obrigação tem como fato gerador a valorização de imóveis decorrente de obra pública. Distingue-se do imposto porque depende de atividade estatal específica, e da taxa porque a atividade estatal de que depende é diversa. Enquanto a taxa está ligada ao exercício regular do poder de polícia, ou a serviço público, a contribuição de melhoria está ligada a realização de obra pública. Caracteriza-se, ainda, a contribuição de melhoria por ser seu fato gerador instantâneo e único.[8]

Outra espécie tributária é o empréstimo compulsório. A princípio, a sua natureza jurídica causou vastas discussões, chegando a ser editada a Súmula 418, do Supremo Tribunal Federal (STF), afirmando que não se tratava de tributo. No entanto, com o passar do tempo, o STF modificou seu posicionamento, admitindo os Empréstimos Compulsórios como forma de tributo, posicionamento ratificado pela doutrina.

A última espécie tributária que resta ser analisada, as Contribuições, em razão de sua relevância para o presente capítulo, será abordada no capítulo subsequente.

Desta feita, é possível verificar que do conceito de tributo, previsto no artigo 3º, do CTN, podemos concluir que não só possui natureza tributária as 3 (três) espécies indicadas pelo artigo 145, CF (impostos, taxas e contribuições de melhoria), como também os empréstimos compulsórios e as contribuições.

---

[8] MACHADO, Hugo de Brito. *Curso de Direito Tributário*. 29ª Edição. São Paulo: Malheiros, 2008, p. 63.

3. Contribuições: Conceito e Espécies

As contribuições, também chamadas de contribuições parafiscais, paraestatais ou contribuições especiais, são uma espécie tributária não prevista no rol do artigo 145, CF, ensejando, a princípio, tal qual nos empréstimos compulsórios, certa divergência doutrinária.

Quanto à identificação da espécie tributária que envolvem as contribuições, existiam posicionamentos divergentes, conforme se pode verificar da doutrina transcrita:

> Entretanto, permanecia o dissenso em relação à identificação da espécie de tributo à qual pertenciam as contribuições, havendo aqueles, como Ruy Barbosa Nogueira e Aliomar Baleeiro, que atrelavam as contribuições, por eles chamadas de "parafiscais", a tributos que oscilavam entre as taxas e os impostos, não sendo propriamente uma espécie autônoma; outros, como Hugo de Brito Machado, preconizavam que as contribuições possuíam especificidade e características próprias, de tal ordem que, na verdade, constituíam-se uma espécie distinta e autônoma de tributo.[9]

O doutrinador Kyioshi Harada apresenta também a indicada divergência doutrinária, *in verbis*:

> Muita controvérsia doutrinária existe acerca da natureza jurídica das contribuições sociais. Para alguns autores, elas teriam natureza de imposto ou de taxa; para outros, seriam meros impostos com destinação específica; para outros, ainda, elas não teriam natureza tributária, apesar de sua compulsoriedade. Estes últimos classificam as exações compulsórias em tributárias e não tributárias.[10]

Muito embora a divergência apresentada, atualmente, a doutrina e jurisprudência se mostram pacíficas no sentido das contribuições serem uma espécie autônoma de tributo, possuindo por característica a consecução de determinados valores constitucionais, em especial o social e o econômico, no cumprimento das políticas de governo.[11]

---

[9] SABBAG, Eduardo. *Manual de Direito Tributário*. 4ª Edição. São Paulo: Saraiva, 2012, p. 497.
[10] HARADA, Kiyoshi. *Direito Financeiro e Tributário*. 15ª Edição. São Paulo: Atlas, 2006, p. 33.
[11] SABBAG, Eduardo, op. cit., p. 503.

Em razão de tal finalidade, que vai além da mera arrecadação fiscal, a contribuição é classificada como um tributo parafiscal. É neste mesmo sentido que se posiciona Regina Helena Costa, senão vejamos:

> (...) sua instituição está autorizada para que funcione como instrumento de atuação da União, estando atrelada ao atendimento de uma das finalidades constitucionalmente apontadas. Na lição de Roque Carrazza, as contribuições constituem, assim, tributos qualificados constitucionalmente por sua finalidade.[12]

Dentre as divergências doutrinárias que existem sobre as contribuições, a mais nítida é quanto à sua classificação, o que por vezes decorre das emendas constitucionais que introduzem novas espécies de contribuições.

O artigo 149, CF, indica expressamente três espécies de contribuições, quais sejam: (I) contribuições sociais, (II) contribuições de intervenção no domínio econômico e (III) contribuições das categorias profissionais ou econômicas, sendo todas estas de competência exclusiva da União.

Eduardo Sabbag adota estas 03 classificações, subdividindo as contribuições sociais em (I) contribuições sociais gerais (correspondente ao salário educação e as contribuições destinadas ao Sistema "S"); (II) contribuições de seguridade social (previstas nos art. 195, I-IV) e (III) outras contribuições sociais (decorrentes da competência residual que a União possui para instituir novas contribuições – art. 195, §4º, CF). Fora de qualquer destas classificações, o autor indica ainda a contribuição para o serviço de iluminação pública – COSIP (art. 149-A, CF)[13]. Tal classificação é acompanhada por Regina Helena Costa.[14]

Paulo de Barros Carvalho classifica as contribuições em: (I) contribuição Social; (II) contribuição interventiva e (III) contribuição corporativa. O doutrinador divide a contribuição Social em: (I) contribuição social genérica (art. 149, CF) e (II) contribuição social destinada ao custeio da

---

[12] COSTA, Regina Helena. *Curso de Direito Tributário: Constituição e Código Tributário Nacional.* 3ª Edição. São Paulo: Saraiva, 2013, p. 148.
[13] SABBAG, Eduardo. *Manual de Direito Tributário.* 4ª Edição. São Paulo: Saraiva, 2012, p. 521 e 541.
[14] COSTA, Regina Helena, op. cit., p. 147-159.

seguridade social (art. 149 e §1º, bem como 195, CF). Igualmente, o autor não insere a COSIP em nenhuma dessas classificações, limitando-se a indicar que se trata de uma nova modalidade de contribuição.[15]

O objeto do presente estudo reside em uma das classificações da Contribuição, qual seja, a Contribuição Social, mais especificamente quanto a uma das fontes de custeio, representada pela base de cálculo indicada no artigo 195, I, a, CF, conforme será melhor demonstrada no capítulo seguinte.

4. Não Incidência de Contribuição Previdenciária Patronal Sobre Verbas de Natureza Indenizatória

4.1. A contribuição social e suas espécies

Para melhor compreensão do presente estudo, faz-se necessário breve esclarecimento sobre a contribuição social, sua função, previsão legal e espécies.

Como visto, dentre as espécies de contribuições previstas no artigo 149, CF, está a contribuição social, também denominada de contribuições para a seguridade social. Segundo Regina Helena Costa:

> As contribuições sociais constituem instrumento de atuação da União na área social. Para delimitar-se o domínio dentro do qual se autoriza a instituição de contribuições dessa natureza, impõe-se a remissão a título da Ordem Social no Texto Fundamental (arts. 193 a 232). Assim, as contribuições sociais podem ser instituídas para alcançar finalidades relativas à seguridade social, à educação, à cultura e ao desporto, à ciência e a tecnologia, à comunicação social, ao meio ambiente, à família, à criança, ao adolescente, ao idoso e aos índios.[16]

Como se verifica, trata-se de tributo relevante nas mais diversas ordens sociais, motivo pelo qual mereceu especial atenção do constituinte,

---

[15] CARVALHO, Paulo de Barros. *Curso de Direito Tributário*. 17ª Edição. São Paulo: Saraiva, 2005, p. 44.
[16] COSTA, Regina Helena. *Curso de Direito Tributário: Constituição e Código Tributário Nacional*. 3ª Edição. São Paulo: Saraiva, 2013, p. 150.

sendo o regime jurídico que "tem suas bases mais bem definidas na constituição vigente"[17].

Quanto à relevância das contribuições sociais, assevera Sabbag:

(...) as contribuições sociais destacam-se como as mais importantes, tanto do ponto de vista do volume de arrecadação, quanto do ponto de vista acadêmico. Elas são "as relevantes, as que pesam nos bolsos e recheiam os cofres dos Estados".[18]

O volume de arrecadação pode ser verificado da própria quantidade de espécies de contribuições sociais existentes. O referido doutrinador indica a classificação das contribuições sociais com base no voto do Ministro Carlos Velloso, do STF, emitido em 1º de julho de 1992, no Recurso Extraordinário 138.284-8/CE, sendo estas as (I) contribuições sociais gerais, (II) outras contribuições sociais, também chamadas de contribuições residuais, e as (III) contribuições de seguridade social.[19]

Quanto às contribuições sociais gerais, estas decorrem da Lei Complementar 110/2001, recebendo tal denominação após o voto do Ministro Relator Moreira Alves, do STF, no julgamento da Medida Cautelar da ADI nº 2.556-2, vinculando tal espécie de contribuição social ao regramento do art. 149, CF e não às contribuições para a seguridade social do art. 195, CF.[20]

As contribuições sociais gerais, segundo a classificação doutrinária, apresenta duas espécies: I – as contribuições ao salário educação e II – as contribuições destinadas aos serviços sociais autônomos.

A primeira delas, as contribuições ao salário educação, está prevista no art. 212, § 5º, CF, com o escopo de financiar a educação básica pública, composta pela educação infantil, ensino fundamental e médio, sendo custeada pelas empresas.

Quanto às contribuições destinadas aos serviços sociais autônomos, fundada no art. 240, CF, são aquelas destinadas em benefício do Sistema

---

[17] MACHADO, Hugo de Brito. *Curso de Direito Tributário*. 29ª Edição. São Paulo: Malheiros, 2008, p. 414.
[18] SABBAG, Eduardo. *Manual de Direito Tributário*. 4ª Edição. São Paulo: Saraiva, 2012, p. 520.
[19] Ibid., p. 521.
[20] Ibid., p. 522.

"S" (SESI, SENAI, SESC, SEBRAE etc.), com atuação, em especial, na formação profissionalizantes.

Entretanto, há que se destacar o posicionamento e crítica de Hugo de Brito Machado, ao questionar se seria possível a União instituir contribuição que não decorram de CIDE, de interesse de categorias profissionais ou econômicas, ou mesmo de seguridade social:

> É certo que uma interpretação simplesmente literal do art. 149 pode autorizar uma resposta afirmativa. E tal resposta, infelizmente, já vem contando com o apoio do Supremo Tribunal Federal. Não nos parece, porém, razoável admitir essa espécie de contribuições sociais, porque isto implica admitir uma fonte de recursos que, fora do alcance de muitas das limitações constitucionais ao poder de tributar, e como instrumento exclusivo da União Federal, terminará por destruir o sistema tributário nacional e toda a própria federação.[21]

As chamadas "outras contribuições sociais", decorrem da competência residual da União para instituir, prevista no artigo 195, §4º, CF.

A terceira espécie de contribuição a ser analisada é a contribuição de seguridade social. Para compreensão deste relevante tributo, especialmente para o presente capítulo, faz-se necessário entender o conceito de seguridade social, o qual é indicado em nossa Carta Magna, em seu artigo 194, senão vejamos:

> Art. 194. A seguridade social compreende um conjunto integrado de ações de iniciativa dos Poderes Públicos e da sociedade, destinadas a assegurar os direitos relativos à saúde, à previdência e à assistência social.

Sobre a Seguridade Social, afirma Paulsen:

> A Seguridade Social é a área de atuação do Poder Público que abrange a saúde, a assistência social e a previdência social. Não se trata, pois, de um órgão da Administração Direta ou Indireta de quaisquer das esferas políti-

---

[21] MACHADO, Hugo de Brito. *Curso de Direito Tributário*. 29ª Edição. São Paulo: Malheiros, 2008, p. 416.

cas. Vários são os órgãos e pessoas políticas que se ocupam da seguridade social, como, no âmbito federal, a Administração Direta da União, através do Ministério da Saúde, e o INSS (regime geral de previdência social), os Estados e Municípios.[22]

Desta forma, para custear as atividades decorrentes da seguridade social, necessário se faz a instituição de tributos, especialmente aqueles de natureza vinculada, para que se possa dar destinação específica à arrecadação.

Destaca-se o volume das arrecadações das contribuições sociais para a seguridade social, uma vez que vige o princípio da solidariedade, onde toda a sociedade deve contribuir para seguridade social, independentemente se são pessoas naturais ou jurídicas.

O art. 195, CF, traz as fontes de custeio da seguridade social, sendo possível verificar que será custeado pelos empregadores (inciso I), pelos trabalhadores (inciso II), sobre a receita de concursos de prognósticos (inciso III), bem como pelo importador (inciso IV).

No presente estudo, dentre as fontes de custeio, será aprofundado no art. 195, I, a, CF, ou seja, a contribuição social para a seguridade social pagas pelo empregador incidente sobre a folha de salário.

4.2. A contribuição social para a seguridade social incidente sobre a folha de salários paga pelo empregador

O artigo 195, I, a, CF, traz uma das fontes de custeio da seguridade social, em especial a chamada contribuição patronal, ou cota patronal, cuja fonte de custeio é o cerne do presente capítulo, assim determinando:

> Art. 195. A seguridade social será financiada por toda a sociedade, de forma direta e indireta, nos termos da lei, mediante recursos provenientes dos orçamentos da União, dos Estados, do Distrito Federal e dos Municípios, e das seguintes contribuições sociais:
>
> I – do empregador, da empresa e da entidade a ela equiparada na forma da lei, incidentes sobre:

---

[22] PAULSEN, Leandro. *Direito Tributário: Constituição e Código Tributário à Luz da Doutrina e da Jurisprudência*. 10ª Edição. Porto Alegre: Livraria do Advogado; ESMAFE, 2008, p. 440.

a) a folha de salários e demais rendimentos do trabalho pagos ou creditados, a qualquer título, à pessoa física que lhe preste serviço, mesmo sem vínculo empregatício;

(...)

Sobre o histórico da referida exação, ensina Leandro Paulsen:

> Inicialmente, a contribuição sobre a folha de salários foi disciplinada pela Lei 7.787/89; após, pela Lei 8.212/91, com redação quase idêntica no particular. Ocorre que tais leis extrapolaram a base econômica possível sob a égide da redação original ao fazerem incidir e ser calculada não apenas sobre a folha de salários, mas também sobre o pagamento a autônomos, administradores e avulsos. Declarada inconstitucional a incidência sobre a remuneração de autônomos, administradores e avulsos, foi editada a LC nº 84/96, no exercício da competência residual da União, ensejando tal existência de forma válida, como uma nova contribuição de custeio da seguridade social. Não se fazendo mais necessária lei complementar, após a EC 20/98, para determinar a incidência sobre as remunerações não decorrentes de relação de emprego, sobreveio a Lei 9.876/99, dando nova redação à Lei 8.212/91 e revogando a LC 84/96.[23]

Como se pode verificar, houve diversas modificações normativas em torno do tema, em especial pela busca da ampliação da base de cálculo, seja em torno do conceito de rendimentos e proventos, seja na ampliação de empregados e trabalhadores.

Conforme se verifica do texto constitucional, a base de cálculo do referido tributo é a "folha de salários e demais rendimentos do trabalho pagos ou creditados, a qualquer título, à pessoa física que lhe preste serviço, mesmo sem vínculo empregatício".

Primeiramente, cumpre destacar, ainda que suscintamente, quem é a pessoa física que presta serviço, ainda que sem vínculo empregatício, ao empregador, empresa ou entidade equiparada. Por exclusão, verificamos que tal contribuição não incidirá sobre pessoas jurídicas, ainda que seja uma cooperativa. Destaca-se, ainda, que tal pessoa física não precisa ter

---

[23] PAULSEN, Leandro. Direito Tributário: *Constituição e Código Tributário à Luz da Doutrina e da Jurisprudência*. 10ª Edição. Porto Alegre: Livraria do Advogado; ESMAFE, 2008, p. 448.

vínculo empregatício nos termos do 3º da Consolidação da Lei dos Trabalho – CLT.

A Lei nº 8.212/91, conforme anteriormente transcrito da doutrina de Leandro Paulsen, regula a organização da Seguridade Social. Em seu artigo 22, determina:

> Art. 22. A contribuição a cargo da empresa, destinada à Seguridade Social, além do disposto no art. 23, é de:
> I – vinte por cento sobre o total das remunerações pagas, devidas ou creditadas a qualquer título, durante o mês, aos segurados empregados e trabalhadores avulsos que lhe prestem serviços, destinadas a retribuir o trabalho, qualquer que seja a sua forma, inclusive as gorjetas, os ganhos habituais sob a forma de utilidades e os adiantamentos decorrentes de reajuste salarial, quer pelos serviços efetivamente prestados, quer pelo tempo à disposição do empregador ou tomador de serviços, nos termos da lei ou do contrato ou, ainda, de convenção ou acordo coletivo de trabalho ou sentença normativa.
> (...)

Como se pode verificar, trata-se de tributo, na modalidade contribuição especial de seguridade social, possuindo como fato gerador o pagamento (folha de salários), cuja base de cálculo é, em tese, o total de remunerações pagas, devidas ou creditadas ao empregado, trabalhador avulso ou contribuinte individual, e a alíquota é de 20%.

4.3. Não incidência da contribuição para a seguridade social sobre folha de salário sobre verbas de natureza indenizatória
Muito embora a previsão constitucional (art. 195, I, a, CF) e legal (art. 22, Lei nº 8.212/91), ao determinarem a incidência da contribuição patronal sobre "a folha de salários e demais rendimentos do trabalho pagos ou creditados, a qualquer título", necessário se faz a compreensão, bem como a extensão do termo, "rendimento".

Conforme se verifica do texto constitucional e da lei específica, os valores devem ter sido pago em razão do "trabalho", sendo ainda mais específica a legislação infraconstitucional ao determinar que as verbas devem ser destinadas "a retribuir o trabalho", mostrando, nitidamente, o intuito do legislador e do constituinte de buscar como base de cálculo qualquer verba devida ou paga de natureza remuneratória. No entanto, nem todas as verbas pagas a um trabalhador, necessariamente se enquadra na natureza remuneratória.

Neste sentido os professores Fernando Facury Scaff e Edson Benassuly Arruda, citam Amauri Mascaro Nascimento:

> Existem várias obrigações trabalhistas de natureza não salarial. O título exemplificativo enumere-se, dentre as obrigações não salariais, indenizações, ressarcimento de gastos para exercício da atividade, diárias e ajuda de custos próprias, verbas de quilometragem e representação, participação nos lucros ou resultados desvinculada do salário, programas de alimentação e transporte, treinamento profissional, abano de férias não excedente de 20 dias, clubes de lazer (...).[24]

Assim, remuneração é gênero, do qual o salário é espécie, incidindo o referido tributo apenas sobre verbas com tal natureza. Neste sentido, esclarecem Scaff e Arruda:

> Com isso, resta evidente que os valores percebidos pelos empregados de natureza indenizatória, assim como os encargos sociais, não possuem natureza jurídica de salário/remuneração, logo, não constituem fato gerador da contribuição previdenciária patronal calculada sobre a folha de salários, tão pouco há que se falar na obrigação tributária das empresas recolherem o aludido tributo sobre estas parcelas.[25]

Desta feita, faz-se necessário esclarecer quais verbas pagas pelo empregador, empresa ou entidade equiparada não podem compor a base de cálculo das contribuições previdenciárias patronais sobre a folha de pagamento.

---

[24] SCAFF, Fernando Facury e ARRUDA, Edson Benassuly. *A não incidência de contribuição previdenciária sobre verbas trabalhistas de natureza indenizatória e eventual*. Atualidades Jurídicas: Revista do Conselho Federal da Ordem dos Advogados do Brasil – OAB. Belo Horizonte, ano 02, n. 02, jan/jun 2012, p. 04.

[25] SCAFF, Fernando Facury e ARRUDA, Edson Benassuly. *A não incidência de contribuição previdenciária sobre verbas trabalhistas de natureza indenizatória e eventual*. Atualidades Jurídicas: Revista do Conselho Federal da Ordem dos Advogados do Brasil – OAB. Belo Horizonte, ano 02, n. 02, jan/jun 2012, p. 05.

Importante destacar que a jurisprudência tem se modificado ao longo dos anos sobre a matéria, existindo relevante e didático julgado do Superior Tribunal de Justiça (STJ), de relatoria do Ministro Mauro Campbell Marques, publicado em 13/11/2012, na ação movida por Hidro Jet Equipamentos Hidráulicos Ltda. em face da Fazenda Nacional (Recurso Especial nº 1.230.957 – RS), julgamento este que será utilizado como referência no presente capítulo, especialmente sua fundamentação jurisprudencial, uma vez que foi objeto de análise em recurso repetitivo, nos termos do artigo 543-C, do Código de Processo Civil (CPC).

4.3.1. Terço de Férias

A Constituição Federal prevê, em seu artigo 7º, XVII, o direito do empregado a férias anuais remuneradas, remuneração esta que deve ser acrescida, ao menos, de 1/3 do valor percebido pelo empregado.

Segundo Sérgio Pinto Martins:

> A Constituição inovou quanto à remuneração (art. 7º, XVII), afirmando que o empregado tem direito a um terço a mais do que o salário normal. O TST entende que o terço é devido não só quando as férias são gozadas, mas também quando são indenizadas, sejam integrais ou proporcionais (S. 328 do TST), pois, caso contrário, se estaria desvirtuando sua finalidade, que é proporcionar remuneração maior ao empregado.[26]

Entende a jurisprudência pacífica que o valor equivalente ao terço de férias não compõe a base de cálculo para a contribuição previdenciária sobre a folha de salários, uma vez que não constitui ganho habitual do empregado, possuindo natureza indenizatória/compensatória.

Sobre o tema, assim se manifestou o ministro do STJ, Ministro Mauro Campbell Marques:

> A Primeira Seção/STJ, no julgamento do AgRg nos EREsp 957.719/SC (Rel. Min. Cesar Asfor Rocha, DJe de 16.11.2010), ratificando entendimento das Turmas de Direito Público deste Tribunal, adotou a seguinte orientação: "Jurisprudência das Turmas que compõem a Primeira Seção desta Corte

---

[26] MARTINS, Sergio Pinto. *Direito do Trabalho*. 21ª Edição. São Paulo: Atlas, 2005, p. 576.

consolidada no sentido de afastar a contribuição previdenciária do terço de férias também de empregados celetistas contratados por empresas privadas" (Recurso Especial nº 1.230.957 – RS).

Assim, constata-se a impossibilidade de incidência da contribuição previdenciária patronal sobre o adicional de um terço do salário no período de férias.

4.3.2. Salário Maternidade

Tema atualmente controvertido é a incidência da contribuição previdenciária sobre a folha de salários do empregador sobre o salário pago à empregada gestante com fulcro no artigo 7º, XVIII, da Constituição Federal, bem como no artigo 392, da Consolidação das Leis do Trabalho – CLT, usualmente denominado de salário maternidade.

Dispõe a Constituição Federal que "homens e mulheres são iguais em direitos e obrigações" (art. 5º, I), assegurando, desta forma o princípio da isonomia. No entanto, fato é que uma conduta isonômica nem sempre será tratar todos iguais de forma indistinta, mas também, em um pensamento aristotélico, tratar os desiguais de forma desigual.

O salário maternidade, inicialmente, era suportado pelo empregador, o que, por certo, gerava um prejuízo na contratação de mulheres, a demonstrar uma ofensa ao mandamento constitucional de que se deve dar especial proteção do mercado de trabalho da mulher (art. 7º, XX).

Leciona Martins:

> Somente com a edição da Lei nº 6.136, de 7-11-74, é que o salário maternidade passou a ser uma prestação previdenciária, não mais tendo o empregador que pagar o salário da empregada que vai dar à luz. O custeio do salário maternidade era de 0,3% (art. 4º da Lei nº 6.136/74), que foi extinto pela Lei nº 7.787/89, pois ficou englobado no percentual de 20% que a empresa deve recolher sobre a folha de pagamento (§1º do art. 3º da Lei nº 7.787/89). Essa orientação foi repetida no inciso I do art. 22 da Lei nº 8.212/91.[27]

---

[27] MARTINS, Sergio Pinto. *Direito do Trabalho*. 21ª Edição. São Paulo: Atlas, 2005, p. 596.

Sobre o salário maternidade e sua forma de pagamento, elucida Valentin Carrion:

> A *licença-maternidade* passou a ser benefício previdenciário que é custeado pelas contribuições patronais calculadas sobre a folha de pagamento; o empregador paga à gestante os salários devidos e os desconta dos recolhimentos habituais devidos à Previdência Social (L. 6.136/74 [...] modificada pela L. 6.332, de 18.5.76, que deu nova redação ao art. 2º). [28]

Quanto à devida ou indevida inclusão do salário maternidade na base de cálculo do tributo em comento, faz-se necessário esclarecer que existia pacífico entendimento no sentido da incidência da contribuição patronal sobre tais verbas até o 08/03/2013, data da publicação da decisão do Recurso Especial nº 1.322.945-DF de relatoria do Ministro Napoleão Nunes Maia Filho, inseriu novo pensamento no STJ, ainda que atualmente não seja majoritário.

Entendia aquela corte, e ainda entende em sua maioria, que o salário maternidade tem natureza remuneratória e, o fato da transferência do encargo à Previdência Social, não seria o suficiente para afastar sua natureza e a consequente incidência da contribuição previdenciária.

Na decisão do Recurso Especial nº 1.230.957-RS, de relatoria do Ministro Mauro Campbell Marques, este se posiciona a favor da incidência da contribuição patronal sobre o salário maternidade, indicando diversos julgados em consonância com seu pensamento, *in verbis*:

> A incidência de contribuição previdenciária sobre salário maternidade encontra sólido amparo na jurisprudência deste Tribunal, sendo oportuna a citação dos seguintes precedentes: REsp 572.626/BA, 1ª Turma, Rel. Min. José Delgado, DJ de 20.9.2004; REsp 641.227/SC, 1ª Turma, Rel. Min. Luiz Fux, DJ de 29.11.2004; REsp 803.708/CE, 2ª Turma, Rel. Min. Eliana Calmon, DJ de 2.10.2007; REsp 886.954/RS, 1ª Turma, Rel. Min. Denise Arruda, DJ de 29.6.2007; AgRg no REsp 901.398/SC, 2ª Turma, Rel. Min. Herman Benjamin, DJe de 19.12.2008; REsp 891.602/PR, 1ª Turma, Rel. Min. Teori

---

[28] CARRION, Valentin. *Comentários à Consolidação das Leis do Trabalho*. 33ª Edição. São Paulo: Saraiva, 2008, p. 264.

Albino Zavascki, DJe de 21.8.2008; AgRg no REsp 1.115.172/RS, 2ª Turma, Rel. Min. Humberto Martins, DJe de 25.9.2009; AgRg no Ag 1.424.039/DF, 2ª Turma, Rel. Min. Castro Meira, DJe de 21.10.2011; AgRg nos EDcl no REsp 1.040.653/SC, 1ª Turma, Rel. Min. Arnaldo Esteves Lima, DJe de 15.9.2011; AgRg no REsp 1.107.898/PR, 1ª Turma, Rel. Min. Benedito Gonçalves, DJe de 17.3.2010.

Em contraponto a este posicionamento, indica-se a referida decisão do Ministro Napoleão Nunes Maia Filho (REsp 1.322.945-DF), sustentando a natureza de benefício do salário maternidade, uma vez que é pago em momento em que a gestante está afastada do trabalho. Aduz, ainda, que a incidência da contribuição previdenciária violaria art. 7º, XX, CF, quanto à proteção do mercado de trabalho da mulher, uma vez que geraria um ônus ao empregador que não existiria em caso de contratação de homens, desestimulando a contratação daquelas.

Portanto, verifica-se o posicionamento predominante no sentido da incidência da contribuição sobre o salário maternidade, posicionamento que começa a ser repensado em uma evolução do pensamento daquela corte, seja em razão dos argumentos apontados no REsp 1.322.945-DF, seja em razão da nítida necessidade de desoneração da folha de salários em nosso país.

4.3.3. Salário Paternidade

Com fundamento nos artigos 7º, XIX, da CF e 473, III, CLT, trata-se do afastamento remunerado de 5 (cinco) dias a qual assiste direito o pai após o nascimento de seu filho.

O entendimento pacífico no STJ tem sido no sentido de incidir a contribuição previdenciária patronal sobre tais valores, uma vez que este é pago diretamente pelo empregador, não se tratando de benefício previdenciário, conforme se verifica do REsp 1.230.957-RS, Relator Ministro Mauro Campbell Marques, Primeira Seção, julgado em 26/02/2014, DJe 18/03/2014.

4.3.4. Aviso prévio indenizado

O contrato firmado com o trabalhador poderá ser por prazo determinado ou indeterminado. Sendo esta última a forma do contrato, certo é supor a prorrogação do contrato no tempo, motivo pelo qual, em caso de interesse de rompimento da relação contratual, há que manifestar a parte que pretende rescindir o contrato à outra, no intuito que esta não seja surpreendida com o abrupto término do contrato.

Tal instituto jurídico é o aviso prévio, previsto no artigo 7º, XXI, CF e artigo 487, CLT. Quanto ao conceito do Aviso Prévio, ensina Martins "aviso prévio é a comunicação que uma parte do contrato de trabalho do contrato de trabalho deve fazer à outra de que pretende rescindir o referido pacto sem justa causa, de acordo com o prazo previsto em lei, sob pena de pagar indenização substitutiva"[29].

Quanto ao aviso prévio, destaca-se para o presente trabalho as situações em que o empregador decide dispensar o empregado, sem justa causa, não o informando com a antecedência legal do rompimento do contrato. Nesses casos, aplica-se a previsão do art. 487, §1º, CLT, o qual determina que "a falta do aviso prévio por parte do empregador dá ao empregado o direito aos salários correspondentes ao prazo do aviso, garantida sempre a integração desse período no seu tempo de serviço".

Nitidamente, tal verba possui natureza indenizatória, pois visa compensar um período em que o trabalhador deveria ter sido informado sobre o rompimento da relação contratual. Neste sentido, sustenta Carrion:

> O *caráter indenizatório* que se concede ao pagamento do aviso prévio não trabalhado, que a lei denomina erradamente salário, não lhe retira uma diferença que a realidade impõe: o de seu caráter eminentemente alimentar, o que não acontece com as demais tipicamente indenizatórias.[30]

Conforme demonstrado, as verbas de natureza indenizatórias não estão inseridas no conceito de remuneração, conceito necessário para a incidência da contribuição patronal previdenciária. É neste mesmo sentido que sustenta o Ministro Napoleão Nunes Maia Filho (REsp 1.322.945-DF):

> Desse modo, o pagamento decorrente da falta de aviso prévio, isto é, o aviso prévio indenizado, visa a reparar o dano causado ao trabalhador que

---

[29] MARTINS, Sergio Pinto. *Direito do Trabalho*. 21ª Edição. São Paulo: Atlas, 2005, p. 404.
[30] CARRION, Valentin. *Comentários à Consolidação das Leis do Trabalho*. 33ª Edição. São Paulo: Saraiva, 2008, p. 396.

não fora alertado sobre a futura rescisão contratual com a antecedência mínima estipulada na Constituição Federal (atualmente regulamentada pela Lei 12.506/2011). Destarte, não há como se conferir à referida verba o caráter remuneratório pretendido pela Fazenda Nacional, por não retribuir o trabalho, mas sim reparar um dano. Ressalte-se que, "se o aviso prévio é indenizado, no período que lhe corresponderia o empregado não presta trabalho algum, nem fica à disposição do empregador. Assim, por ser ela estranha à hipótese de incidência, é irrelevante a circunstância de não haver previsão legal de isenção em relação a tal verba" (REsp 1.221.665/PR, 1ª Turma, Rel. Min. Teori Albino Zavascki, DJe de 23.2.2011).

O referido julgado ainda traz indicação de outros que corroboram a tese, *in verbis*:

> Precedentes: REsp 1.198.964/PR, 2ª Turma, Rel. Min. Mauro Campbell Marques, DJe de 4.10.2010; REsp 1.213.133/SC, 2ª Turma, Rel. Min. Castro Meira, DJe de 1º.12.2010; AgRg no REsp 1.205.593/PR, 2ª Turma, Rel. Min. Herman Benjamin, DJe de 4.2.2011; AgRg no REsp 1.218.883/SC, 1ª Turma, Rel. Min. Benedito Gonçalves, DJe de 22.2.2011; AgRg no REsp 1.220.119/RS, 2ª Turma, Rel. Min. Cesar Asfor Rocha, DJe de 29.11.2011.

Assim, não deve compor a base de cálculo da contribuição prevista no art. 195, I, a, CF, a contribuição previdenciária patronal, as verbas creditadas ao trabalhador a título de aviso prévio indenizado.

4.3.5. Quinze dias que antecedem o auxílio doença

Previsto nos artigos 476 e 476-A, CLT, o auxílio doença é aquela verba paga ao empregado enfermo, incapaz de exercer suas funções laborativas, que acaba por se afastar de suas atividades por período superior a 15 (quinze) dias. O tema é abordado na doutrina trabalhista entre as causas de interrupção e suspensão do contrato de trabalho.

Sustenta Carrion:

> *Os primeiros* 15 dias de doença são de interrupção e remunerados pelo empregador; daí em diante o ônus pertence à Previdência Social (L. 8.213/91, art. 60, red. L. 9.876/99 e D. 3.048/99). Após os primeiros 15 dias, a inter-

rupção se transforma em suspensão do contrato de trabalho e o empregado é considerado pela empresa como licenciado (L. 8.213/91, art. 63).[31]

Desta forma, os primeiros 15 dias em que o empregado ficará afastado será de ônus do empregador e, o tempo subsequente, será a cargo da Previdência Social, momento em que a empresa não pagará mais salários.[32]

Como não há pagamento por parte do empregador, questiona-se a incidência da contribuição previdenciária patronal apenas sobre os 15 primeiros dias, período arcado pelo empregador. Entende-se que não incide tal contribuição, uma vez que as verbas pagas não correspondem a nenhum trabalho exercido pelo empregado, não caracterizando uma remuneração, mas sim uma indenização.

No REsp 1.322.945-DF, de relatoria do Ministro Napoleão Nunes Maia Filho, assim é sustentado:

> Não obstante nesse período haja o pagamento efetuado pelo empregador, a importância paga não é destinada a retribuir o trabalho, sobretudo porque no intervalo dos quinze dias consecutivos ocorre a interrupção do contrato de trabalho, ou seja, nenhum serviço é prestado pelo empregado. Nesse contexto, a orientação das Turmas que integram a Primeira Seção/STJ firmou-se no sentido de que sobre a importância paga pelo empregador ao empregado durante os primeiros quinze dias de afastamento por motivo de doença não incide a contribuição previdenciária, por não se enquadrar na hipótese de incidência da exação, que exige verba de natureza remuneratória.
>
> Nesse sentido: AgRg no REsp 1.100.424/PR, 2ª Turma, Rel. Min. Herman Benjamin, DJe 18.3.2010; AgRg no REsp 1074103/SP, 2ª Turma, Rel. Min. Castro Meira, DJe 16.4.2009; AgRg no REsp 957.719/SC, 1ª Turma, Rel. Min. Luiz Fux, DJe 2.12.2009; REsp 836.531/SC, 1ª Turma, Rel. Min. Teori Albino Zavascki, DJ de 17.8.2006.

Portanto, não haverá incidência de contribuição previdenciária sobre a folha de salários quanto aos valores creditados a título dos 15 (quinze) primeiros dias do auxílio doença.

---

[31] CARRION, Valentin. *Comentários à Consolidação das Leis do Trabalho*. 33ª Edição. São Paulo: Saraiva, 2008, p. 357.
[32] MARTINS, Sergio Pinto. *Direito do Trabalho*. 21ª Edição. São Paulo: Atlas, 2005, p. 346.

5. Conclusões

Como visto, as espécies tributárias se dividem em imposto, taxa, contribuições de melhoria, empréstimos compulsórios e contribuições. Por sua vez, esta última, que foi objeto do presente capítulo, se divide em contribuições sociais, residuais (ou outras de seguridade social), contribuição para o custeio da iluminação pública e as contribuições de seguridade social.

Dentre as contribuições para a seguridade social, destacou-se no presente capítulo a contribuição paga pelas empresas incidentes sobre a sua folha de salários, prevista no artigo 195, I, a, da Constituição Federal, que possui como base de cálculo a "folha de salários e demais rendimentos pagos ou creditados, a qualquer título" para o empregado ou a ele equiparado. Tal contribuição, também conhecida por contribuição patronal previdenciária, possui alíquota de 20% sobre a referida base de cálculo, conforme previsão do artigo 22, da Lei nº 8.212/91.

Foi demonstrado que deve existir a adequada interpretação do texto constitucional e da legislação específica, quando é afirmado que a incidência recai sobre rendimentos pagos a qualquer título, sustentando, respaldado na doutrina e jurisprudência, que no conceito de remuneração não se incluem os valores pagos a título de verbas que possuam natureza indenizatória.

Dentre as verbas indicadas no trabalho, que são aquelas que constantemente são submetidas à apreciação do Poder Judiciário, mais especificamente do Superior Tribunal de Justiça (STJ), estão as verbas creditadas a título de terço de férias, salário maternidade, salário paternidade, aviso prévio indenizado e os 15 dias que antecedem o auxílio doença. Das verbas indicadas, como visto, aquela Corte entende incidir a contribuição patronal apenas sobre as verbas pagas a título de salário paternidade e maternidade, existindo recente corrente divergente sobre esta última, entendendo pela não incidência da contribuição sobre o salário maternidade, posicionamento este do Ministro Napoleão Nunes Maia Filho no REsp 1.322.945-DF.

Ante o reiterado entendimento do STJ sobre a maioria das verbas indicadas, poderá o contribuinte propor medida judicial, visando à declaração de inexigibilidade da inclusão dos valores na base de cálculo da contribuição previdenciária incidente sobre a folha de salários, cabendo pedido de antecipação de tutela, bem como requerer a restituição ou compensação (indicando-se esta última em razão de sua celeridade) dos últimos 05 anos pagos indevidamente.

6. Referências Bibliográficas

AMARAL, Gilberto Luiz e outros (Coordenador). *Cálculo do IRBES: Estudo sobre a Carga Tributária/PIB x IDH*. Instituto Brasileiro de Planejamento Tributário – IBPT, 2013. Disponível em < https://www.ibpt.org.br/img/uploads/novelty/estudo/787/ESTUDOFINALSOBRECARGATRIBUTARIAPIBXIDHIRBESMARCO2013.pdf>. Acesso em: 28 abr. de 2014.

BECK, Martha. *Carga tributária bate recorde e chega a 37,65% do PIB, diz estudo*. Jornal O Globo. Disponível em < http://oglobo.globo.com/economia/carga-tributaria-bate-recorde-chega-3765-do-pib-diz-estudo-11433593>. Acesso realizado em 01º mai. 2014.BRASIL. *Constituição da República Federativa do Brasil de 1988*. Disponível em: <http://www.planalto.gov.br/ccivil_03/constituicao/constituicao.htm>. Acesso em: 12 mar. 2014.

—. *Decreto-Lei nº 5.452, de 1º de maio de 1943. Aprova a Consolidação das Leis do Trabalho*. Disponível em: <http://www.planalto.gov.br/ccivil_03/decreto-lei/del5452.htm>. Acesso em: 23 abr. 2014.

—. *Lei nº 5.172, de 25 de outubro de 1966. Dispõe sobre o Sistema Tributário Nacional e Institui Normas Gerais de Direito Tributário Aplicáveis à União, Estados e Municípios*. Disponível em <http://www.receita.fazenda.gov.br/Legislacao/CodTributNaci/ctn.htm>. Acesso em: 12 mar. 2014.

—. *Lei nº 5.869, de 11 de janeiro de 1973. Institui o Código de Processo Civil*. Disponível em <http://www.planalto.gov.br/ccivil_03/leis/l5869compilada.htm>. Consulta realizada em 12 de mai. 2014.

—. *Lei nº 8.212/91, de 24 de Julho de 1991. Dispõe sobre a organização da Seguridade Social, institui Plano de Custeio, e dá outras providências*. Disponível em <http://www.planalto.gov.br/ccivil_03/leis/L8212compilado.htm>. Acesso em: 12 mar. 2014.

CARRION, Valentin. *Comentários à Consolidação das Leis do Trabalho*. 33ª Edição. São Paulo: Saraiva, 2008.

CARVALHO, Paulo de Barros. *Curso de Direito Tributário*. 17ª Edição. São Paulo: Saraiva, 2005.

COSTA, Regina Helena. *Curso de Direito Tributário: Constituição e Código Tributário Nacional*. 3ª Edição. São Paulo: Saraiva, 2013.

HARADA, Kiyoshi. *Direito Financeiro e Tributário*. 15ª Edição. São Paulo: Atlas, 2006.

MACHADO, Hugo de Brito. *Curso de Direito Tributário*. 29ª Edição. São Paulo: Malheiros, 2008.

MARTINS, Sergio Pinto. *Direito do Trabalho*. 21ª Edição. São Paulo: Atlas, 2005.

PAULSEN, Leandro. *Direito Tributário: Constituição e Código Tributário à Luz da Doutrina e da Jurisprudência*. 10ª Edição. Porto Alegre: Livraria do Advogado; ESMAFE, 2008.

SABBAG, Eduardo. *Manual de Direito Tributário*. 4ª Edição. São Paulo: Saraiva, 2012.

SILVA, Maurício Álvarez. *Nós Trabalhadores e Consumidores é que Pagamos a Conta!* Disponível em < http://www.portaltributario.com.br/artigos/nospagamosaconta.htm>. Acesso em 01º de mai. 2014.

SCAFF, Fernando Facury e ARRUDA, Edson Benassuly. *A não incidência de contribuição previdenciária sobre verbas trabalhistas de natureza indenizatória e eventual.* Atualidades Jurídicas: Revista do Conselho Federal da Ordem dos Advogados do Brasil – OAB. Belo Horizonte, ano 02, n. 02, jan/jun 2012.

Capítulo XI
Possibilidade de Reconhecimento da Imunidade Tributária Recíproca à Empresa Privada Ocupante de Bem Público

BRUNA RIBEIRO GANEM*

Súmario: 1. O Instituto da Repercussão Geral: Abstrativização; 2. Tema 437 da Repercussão; 2.1. *Leading Case*; 2.2 Problemática; 2.3 Teses Sustentadas; 2.3.1. Empresa Privada; 2.3.2 Município; 3 Pressupostos para a Resolução do Problema; 3.1. Análise do Artigo 150, § 3º, da CF; 3.2. Artigo 156, I, da CF; 3.3 Artigos 170, VI, e 173, § 2º, Da CF; 4 Análise Jurisprudencial; 5 Proposta de Solução; 6 Referências.

1. O Instituto Da Repercussão Geral: Abstrativização

Em decorrência do crescente volume de processos em tramitação nos Tribunais pátrios, bem como em razão da progressiva morosidade na tramitação de processos judiciais, o legislador constituinte derivado pro-

---

* Mestranda em Direito Tributário pela Universidade Católica de Brasília. Pós-graduada em Direito Tributário pelo IBET. Pós-graduada em Direito Processual Civil pelo Uniceub.

moveu, por meio da Emenda Constitucional 45/2004[1], a denominada Reforma do Judiciário.

Nesse contexto, na Exposição de Motivos 204/2004[2], o Ministério da Justiça formalizou a proposição de um "Pacto de Estado em favor de um Judiciário mais Rápido e Republicano", decorrente de tratativas realizadas pelos três Poderes do Estado, com o objetivo de implementar tanto as medidas trazidas na EC 45/2004 quanto outras tendentes a reduzir a morosidade dos processos judiciais e a baixa eficácia de suas decisões, situações que retardavam o desenvolvimento nacional, desestimulavam investimentos, propiciavam a inadimplência, geravam impunidade e solapavam a crença dos cidadãos no regime democrático.

Dentre as importantes inovações trazidas na mencionada reforma, está o instituto denominado Repercussão Geral, previsto no artigo 102, parágrafo 3º, da CF[3], que representa um novo filtro processual de admissibilidade de recursos extraordinários.

Segundo informações trazidas no sítio eletrônico do STF[4], os recursos extraordinários interpostos a partir de 3 de maio de 2007 (data da promulgação da Emenda Regimental 21/STF, a qual regulamentou internamente o processamento os dispositivos constitucionais e do Código de Processo Civil pertinentes) deverão apresentar preliminar

---

[1] Brasil. *EMENDA CONSTITUCIONAL 45*, publicada em 31 de dezembro de 2004. Disponível em: < http://www.planalto.gov.br/ccivil_03/constituicao/Emendas/Emc/emc45.htm>. Acesso em 23/9/2014.

[2] Brasil. *EXPOSIÇÃO DE MOTIVOS/MJ 204/2004*, publicado do DOU 241, de 16 de dezembro de 2004. Disponível em: <http://www2.camara.leg.br/legin/fed/expmot/2004/exposicaodemotivos-204-15-dezembro-2004-592098-exposicaodemotivos-117162-mj.html>. Acesso em 23/9/2014.

[3] Brasil. *CONSTITUIÇÃO da República Federativa do Brasil*, promulgada em 2 de outubro de 1988. Disponível em: <http://www.planalto.gov.br/ccivil_03/Constituicao/ConstituicaoCompilado.htm>. Acesso em: 17/6/2013: "Art. 102, § 3º No recurso extraordinário o recorrente deverá demonstrar a repercussão geral das questões constitucionais discutidas no caso, nos termos da lei, a fim de que o Tribunal examine a admissão do recurso, somente podendo recusá-lo pela manifestação de dois terços de seus membros. (Incluída pela Emenda Constitucional nº 45, de 2004)".

[4] Sítio eletrônico do Supremo Tribunal Federal. Em: <http://www.stf.jus.br/portal/cms/verTexto.asp?servico=jurisprudenciaRepercussaoGeral&pagina=apresentacao> Acesso em: 23/9/2014.

formal de repercussão geral que demonstre a relevância da questão constitucional controvertida.

Isso representa uma delimitação da competência do STF ao julgamento de recursos extraordinários cujas questões de mérito suscitadas (i) representem violação direta à Constituição da República (vedada apreciação de matéria infraconstitucional), (ii) possuam relevância social, política, econômica ou jurídica, e (iii) transcendam os interesses subjetivos da própria causa. Segundo o Tribunal:

> A existência da repercussão geral da questão constitucional suscitada é requisito necessário para o conhecimento de todos os recursos extraordinários, inclusive em matéria penal.
> Exige-se preliminar formal de repercussão geral, sob pena de não ser admitido o recurso extraordinário.
> A verificação da existência da preliminar formal é de competência concorrente do Tribunal, Turma Recursal ou Turma de Uniformização de origem e do STF.
> A análise sobre a existência ou não da repercussão geral, inclusive o reconhecimento de presunção legal de repercussão geral, é de competência exclusiva do STF.

Com efeito, o instrumento em apreço objetiva: (a) delimitar a competência do STF ao julgamento de recursos extraordinários cujas questões constitucionais são relevantes e transcendem os interesses subjetivos da causa; (b) uniformizar a interpretação da Corte sobre uma determinada questão constitucional por meio do julgamento de um único processo paradigma, cujo acórdão servirá como parâmetro decisório aos demais casos idênticos, evitando-se decisões contraditórias; (c) diminuir o número de processos em tramitação na Corte; (d) promover a celeridade no julgamento de processos em tramitação na Corte Suprema, pois os acórdãos decididos nos casos paradigmas (em que se reconheceu a existência de repercussão geral) servirão como parâmetro decisório para os demais Tribunais apreciarem recursos extraordinários que tratem de matéria idêntica, evitando, assim, que sejam remetidos à Corte Suprema; e (e) garantir a racionalidade dos julgamentos e a segurança jurídica dos jurisdicionados.

Feita essa breve digressão, passe-se à análise do objeto de estudo deste capítulo: o debate a respeito dos fundamentos jurídicos a serem apreciados pelo STF quando do julgamento do Tema 437 da Repercussão Geral. Nesse âmbito, ressalta-se que as questões a serem aqui analisadas, ao invés de estarem diretamente concentradas no caso concreto, concentram-se na matéria constitucional da repercussão geral.

Isso porque a repercussão geral representa uma "abstrativização" do controle difuso com o intuito de que a decisão de mérito do recurso extraordinário tenha efeitos *erga omnes* e caráter vinculante, como ocorre no controle abstrato, uma vez que a matéria constitucional apreciada transcende o interesse das partes envolvidas.[5] Isso significa que, apesar de o recurso extraordinário com repercussão geral ter como pressuposto um caso concreto, o seu julgamento deverá ser orientado por técnicas de generalização do caso concreto, de modo que as teses adotadas em seu julgamento sejam aplicáveis a hipóteses mais abrangentes.

Assim, a apreciação de recurso extraordinário deve cumprir, preliminarmente, os requisitos constitucionais e legais atinentes à repercussão geral, quais sejam: (1) art. 102, § 3º, da Constituição Federal; (2) Art. 543-A do Código de Processo Civil[6]; e (3) art. 322, Parágrafo único, do Regimento Interno do Supremo Tribunal Federal[7].

---

[5] Araújo, Marcelo Labanca Côrrea; Barros, Luciano José Pinheiros. O Estreitamento da Via Difusa no Controle de Constitucionalidade e a Repercussão Geral nos Recursos Extraordinários. *Revista da Procuradoria do Banco Central*, Brasília, vol. 1, n. 1, pp. 53-76, dezembro 2007.

[6] Brasil. Lei 5.869, de 11 de janeiro de 1973. *Código de Processo Civil*. Disponível em: http://www.planalto.gov.br/ccivil_03/leis/L5869compilada.htm>. Acesso em: 15.06.2013: "Art. 543-A O Supremo Tribunal Federal, em decisão irrecorrível, não conhecerá do recurso extraordinário, quando a questão constitucional nele versada não oferecer repercussão geral, nos termos deste artigo. (Incluído pela Lei nº 11.418, de 2006). § 1º Para efeito da repercussão geral, será considerada a existência, ou não, de questões relevantes do ponto de vista econômico, político, social ou jurídico, que ultrapassem os interesses subjetivos da causa. § 2º O recorrente deverá demonstrar, em preliminar do recurso, para apreciação exclusiva do Supremo Tribunal Federal, a existência da repercussão geral. § 3º Haverá repercussão geral sempre que o recurso impugnar decisão contrária a súmula ou jurisprudência dominante do Tribunal. § 4º Se a Turma decidir pela existência da repercussão geral por, no mínimo, 4 (quatro) votos, ficará dispensada a remessa do recurso ao Plenário. § 5º Negada a existência da repercussão geral, a decisão valerá para todos os recursos sobre matéria idêntica, que serão indeferidos liminarmente, salvo revisão da tese, tudo

2. Tema 437 da Repercussão Geral

O *leading case* deste tema é o Recurso Extraordinário 601.720, de Relatoria do Ministro Ricardo Lewandowski, em que a Corte decidiu que a matéria dos autos "ultrapassa os interesses subjetivos das partes". Isso porque a matéria dos autos possui: (a) *relevância jurídica*, uma vez que é (i) importante definir "(...) o alcance da imunidade tributária recíproca, prevista no art. 150, VI, "a", da Constituição Federal, aos imóveis que, embora pertencentes aos entes públicos, são utilizados por concessionários ou permissionários para a exploração de atividades econômicas com fins lucrativos", e (ii) necessário analisar a "(...) possibilidade de particulares integrarem a relação jurídico-tributária na qualidade de contribuintes do IPTU que eventualmente recaia sobre esses imóveis"; e (b) *repercussão econômica*, porque a solução a ser aqui adotada poderá "ensejar relevante impacto financeiro no orçamento dos diversos municípios que se encontram em situação semelhante à do recorrente".[8]

Segundo o Tribunal Supremo, discute-se nesse recurso extraordinário se a imunidade tributária recíproca alcança, ou não, bem imóvel de propriedade da União cedido à empresa privada que explora atividade econômica. A matéria desse tema ficou assim intitulada: "Reconhecimento de imunidade tributária recíproca a empresa privada ocupante de bem público".

Ocorre que, apesar das teses acima delineadas estarem concentradas no debate acerca da extensão da imunidade tributária recíproca, contata-

---

nos termos do Regimento Interno do Supremo Tribunal Federal. § 6º O Relator poderá admitir, na análise da repercussão geral, a manifestação de terceiros, subscrita por procurador habilitado, nos termos do Regimento Interno do Supremo Tribunal Federal. § 7º A Súmula da decisão sobre a repercussão geral constará de ata, que será publicada no Diário Oficial e valerá como acórdão."
[7] BRASIL. Supremo Tribunal Federal. *Regimento Interno*. Disponível em: < http://www.stf.jus.br/arquivo/cms/legislacaoRegimentoInterno/anexo/RISTF_Maio_2013_versao_eletronica.pdf>. Acesso em: 14.06.2013: "Art. 322 O Tribunal recusará recurso extraordinário cuja questão constitucional não oferecer repercussão geral, nos termos deste capítulo. Parágrafo único. Para efeito da repercussão geral, será considerada a existência, ou não, de questões que, relevantes do ponto de vista econômico, político, social ou jurídico, ultrapassem os interesses subjetivos das partes."
[8] BRASIL. *Supremo Tribunal Federal*. Manifestação proferida pelo Ministro Relator no RE 601.720/Rio de Janeiro, DJe de 28/6/2011, p. 3.

-se, pela análise do acórdão recorrido, que a questão de mérito do recurso é diversa. É o que se pretende discorrer no tópico seguinte por meio da análise do caso concreto.

2.1. *Leading case*

Trata-se de recurso extraordinário interposto com fundamento no art. 102, III, "a", da CF/88 pelo Município do Rio de Janeiro em face de acórdão do Tribunal de Justiça estadual que confirmou os termos da sentença que julgara procedente ação anulatória de débito fiscal para declarar a inexistência de relação jurídico-tributária de IPTU entre a Fazenda Pública carioca e o particular ao fundamento de que a Barrafor Veículos Ltda. (empresa do ramo de comercialização de veículos) não é contribuinte nem responsável tributário pela exação, pois não detém nem o domínio nem a posse sobre o bem público em questão, o qual é de propriedade da União e foi apenas cedido à empresa por meio de contrato oneroso de concessão de uso. No mais, o Tribunal de origem decidiu que o bem imóvel da União possui imunidade tributária, ainda que tenha sido entregue para exploração econômica por empresa privada.

Ainda com relação a esse julgado, o Relator, Desembargador Antonio José Azevedo Pinto, dissertou em seu voto que, nos termos da sentença, a parte autora "não é contribuinte do Imposto Predial e Territorial Urbano, eis que o fato econômico do imposto referenciado, como sabido, é a propriedade de imóvel". No mais, afirmou que "quem não é proprietário, como não o é a autora ora apelada, não tem a titularidade do chamado domínio útil não se afigurando qualificada pelo fato da posse, de modo que não pode figurar na relação jurídica de natureza tributária" (fls. 308-309 dos autos). Esse voto foi acompanhado, por unanimidade, pela Terceira Câmara Cível do Tribunal.

Já no STF, o Ministério Público Federal, em seu parecer assinado pelo Procurador-Geral da República, Rodrigo Janot Monteiro de Barros, opinou pelo desprovimento do recurso extraordinário, ao argumento de que a jurisprudência do STF já se firmou no sentido de que "o mero detentor de posse precária e desdobrada, decorrente de direito pessoal, fundada em contrato de concessão de uso, não pode figurar no polo passivo da obrigação tributária do IPTU, cujo titular do domínio seja a União". E como fundamento desse posicionamento, citou, no que interessa, os seguintes precedentes:

EMENTA: AGRAVO REGIMENTAL NO RECURSO EXTRAORDINÁRIO. IPTU. IMÓVEL DE PROPRIEDADE DA UNIÃO. CONTRATO DE CONCESSÃO DE USO. POSSE PRECÁRIA. PÓLO PASSIVO DA OBRIGAÇÃO TRIBUTÁRIA. IMUNIDADE RECÍPROCA. ART. 150, VI, "A", DA CONSTITUIÇÃO DO BRASIL. IMPOSSIBILIDADE DA TRIBUTAÇÃO. 1. O Supremo Tribunal Federal, em caso análogo ao presente, o RE n. 451.152, Relator o Ministro Gilmar Mendes, DJ de 27.4.07, fixou entendimento no sentido da impossibilidade do detentor da posse precária e desdobrada, decorrente de contrato de concessão de uso, figurar no pólo passivo da obrigação tributária. Precedentes. 2. Impossibilidade de tributação, pela Municipalidade, dos terrenos de propriedade da União, em face da imunidade prevista no art. 150, VI, "a", da Constituição. Precedentes. Agravo regimental a que se nega provimento. (RE 599417 AgR/RJ – RIO DE JANEIRO, Relator(a): Min. EROS GRAU, Órgão Julgador: Segunda Turma, DJe de 23/10/2009)

EMENTA: Recurso Extraordinário. 2. IPTU. Imóvel da União destinado à exploração comercial. 3. Contrato de concessão de uso. Posse precária e desdobrada. 4. Impossibilidade de a recorrida figurar no pólo passivo da obrigação tributária. Precedente. Recurso extraordinário a que se nega provimento. (RE 451152/RJ – RIO DE JANEIRO, Relator(a): Min. GILMAR MENDES, Órgão Julgador: Segunda Turma, DJe de 27/4/2007)

Esse mesmo posicionamento foi também adotado pelo Superior Tribunal de Justiça no julgamento do Resp 1.022580-RJ (Rel. Min. ELIANA CALMON, Segunda Turma, DJe de 25/9/2009[9]), em que ficou consignado, por base em reiterada jurisprudência da Corte Superior, que, com relação ao IPTU, "somente é contribuinte o possuidor que tenha animus domini, (...), de forma que jamais poderá ser taxada de contribuinte do aludido imposto o concessionário, uma vez que não exerce nenhum direito de propriedade sobre o imóvel.". Eis a ementa do julgado:

---

[9] BRASIL. *Superior Tribunal de Justiça*. RESP 1.022580-RJ, Rel. Min. ELIANA CALMON, Segunda Turma, DJe de 25/9/2009. Disponível em: < https://ww2.stj.jus.br/processo/pesquisa/?tipoPesquisa=tipoPesquisaNumeroRegistro&termo=200800096625&totalRegistrosPorPagina=40&aplicacao=processos>. Acesso em 23/9/2014.

PROCESUAL CIVL E TRIBUTÁRIO – IPTU – USO DE BEM DA UNIÃO – INAPLICABILDADE DO ART. 34 DO CTN – PRECEDENTES.
1. A jurisprudência de ambas Turmas da Primeira Seção desta Corte assentado o entendimento de que somente é contribuinte do IPTU o possuidor que tem *animus domini*.
2. O cessionário não pode ser taxado de contribuinte do aludido imposto, por não exercer nenhum direito de propriedade sobre o imóvel.
3. Recurso especial não provido.

No entanto, o recurso extraordinário sustenta ter havido violação ao art. 150, VI, "a", §§ 2º e 3º, da Constituição Federal, ao argumento de que a imunidade tributária recíproca não pode ser aplicada ao caso, pois se trata de imóvel da União que é administrado por empresa pública (Infraero) e está sendo utilizado por empresa privada para a realização de atividade com fins lucrativos. Como se constata, o município recorrente nada argumentou a respeito do principal fundamento decisório do acórdão, que é justamente a inexistência de relação jurídico-tributária entre os litigantes porque a empresa recorrida (a) não pratica o fato gerador do IPTU, e (b) nem mesmo possui responsabilidade tributária pelo pagamento do imposto.

Como se vê, os dispositivos apontados pela municipalidade não guardam nenhuma relação com o objeto central do acórdão recorrido (sujeição passiva do IPTU, art. 156, I, da CF/88, e art. 34 do Código Tributário Nacional), de modo que, por apresentar razões recursais logicamente dissociadas do julgado impugnado, o extraordinário não poderia nem mesmo ter sido conhecido, muito menos ter a repercussão geral reconhecida, por aplicação em analogia da Súmula 284/STF *(É inadmissível o recurso extraordinário, quando a deficiência na sua fundamentação não permitir a exata compreensão da controvérsia.)*.

Pois bem, diante dessa constatação de deficiência recursal, a sugestão seria a substituição do RE 601.720 por outro processo que esteja bem instruído e represente a mesma situação jurídica objeto deste tema da repercussão geral ou, em caso de impossibilidade, que este tema seja considerado prejudicado sem julgamento de mérito.

Por oportuno, destaca-se que a definição do Tema 437 trazida pelo Ministro Relator não condiz com a situação dos autos, uma vez que a matéria atribuída ao tema (*Reconhecimento de imunidade tributária recíproca *a empresa privada ocupante de bem público*.) não condiz com os fundamentos do acórdão recorrido. Como se constata, o Ministro Relator, ao invés de se ater à causa decidida no Tribunal de origem, em rigor ao princípio da vedação de supressão de instância, aproximou-se dos fundamentos trazidos no recurso extraordinário, os quais dissociados do acórdão recorrido, como já demonstrado acima.

Por fim, com a finalidade de que a problemática trazida no Tema 437 seja efetivamente estudada em sua completude, este capítulo se propõe a superar as deficiências apresentadas para, apenas a título doutrinário, elaborar uma proposta de resolução no mérito das questões aqui analisadas, em especial, as seguintes: (a) identificação do sujeito passivo do IPTU, se apenas o proprietário do bem, ou também aquele que detém o seu domínio útil ou a posse; (b) o particular que celebra contrato de concessão de uso com ente federativo para a utilização de bem público pode ser considerado contribuinte da exação, ou mesmo responsável pelo pagamento do imposto municipal; (c) em caso de a resposta ao item "b" seja afirmativa, a imunidade tributária recíproca insculpida na Carta Magna é extensível ao particular, que utiliza o bem para o exercício de atividades com fins econômicos; e (d) o ente federativo, quando celebra contrato de concessão de uso de bem público, atua em regime de concorrência com empresas do ramo imobiliário na locação de bens imóveis.

2.2. Problemática

A questão central é saber: é possível o reconhecimento da imunidade tributária recíproca à Empresa Privada ocupante de bem público?

O tema abordado, sob o prisma da problemática, foi argumentado tanto pela Empresa privada, quanto pelo Município. Ocorre que, no entanto, a solução transcende o interesse das partes, pois alcançará os bens públicos da União, dos Estados, do Distrito Federal e dos Municípios quando ocupados a título oneroso, seja por contrato de concessão de uso, aluguel, arrendamento, entre outros.

Além disso, o resultado deste estudo repercutirá na arrecadação, dos Municípios e Distrito Federal, que poderá ser aumentada ou diminuída, bem como nas pessoas jurídicas de direito privado ocupantes desses bens públicos que poderão ou não ser consideradas contribuintes.

2.3. Teses sustentadas

2.3.1. Empresa privada

A defesa da empresa privada alega que apesar de ter celebrado um contrato de concessão de uso, esta não exerce o fato gerador do Imposto Predial e Territorial Urbano – IPTU que é ser proprietário, ter o domínio útil ou a posse sobre o imóvel.

Acrescenta que não há posse em caso de locação ou concessão de uso, mas sim quando há de fato o exercício, pleno ou não, de algum dos poderes inerentes ao domínio ou a propriedade.

Conclui a defesa da Empresa que em razão de não ser proprietária da área, ela não pode ser incluída no polo passivo da obrigação tributária de pagar IPTU.

2.3.2. Município

Por outro lado, o Município sustentou que a imunidade recíproca prevista no artigo 150, VI, "a", da Constituição Federal[10] se propõe a proteger da tributação o patrimônio, a renda e os serviços dos entes públicos (União, Estados, Distrito Federal e Municípios).

Ademais, afirma que a Empresa exerce sim o domínio útil, ou ao menos a posse, o que configura ser a concessionária contribuinte do imposto, inclusive por previsão expressa do contrato de concessão.

Ressalta, ainda, que uma empresa privada que explora atividade econômica, com fim lucrativo, em imóvel cedido por ente público, jamais pode ser alcançada pelo benefício da imunidade, haja vista que os imóveis não estariam sendo utilizados para destinação pública, mas privada, visando lucro.

---

[10] BRASIL. *CONSTITUIÇÃO* da República Federativa do Brasil, promulgada em 02.10.1988. Disponível em: <http://www.planalto.gov.br/ccivil_03/Constituicao/ConstituicaoCompilado.htm>. Acesso em: 18.06.2013: "Art. 150. Sem prejuízo de outras garantias asseguradas ao contribuinte, é vedado à União, aos Estados, ao Distrito Federal e aos Municípios: VI – instituir impostos sobre: a) patrimônio, renda ou serviços, uns dos outros;"

3. Pressupostos para a Resolução do Problema

3.1. Análise do artigo 150, § 3º, da CF
A primeira análise refere-se ao artigo 150, parágrafo 3º, da Constituição Federal[11] que trata da imunidade recíproca:

> Art. 150, §3º As vedações do inciso VI, "a", e do parágrafo anterior não se aplicam ao patrimônio, à renda e aos serviços, relacionados com a exploração da atividade econômica regidas pelas normas aplicáveis a empreendimentos privados, ou em que haja contraprestação ou pagamento de preços ou tarifas pelo usuário, nem exonera o promitente comprador da obrigação de pagar imposto relativamente ao bem imóvel.

Apesar de instituir a "imunidade recíproca", a Constituição expressamente admite que os bens integrantes do patrimônio da entidade imune não estão ao abrigo da imunidade quando "relacionados à exploração de atividade econômica regida pelas normas aplicáveis a empreendimentos privados".

Destaca-se que a imunidade tributária recíproca prevista nesse artigo não é incondicionada, como quer fazer crer, indevidamente, a jurisprudência do Supremo Tribunal Federal.

A partir do momento que o Supremo faz essa interpretação extensiva ao instituto da imunidade, a Corte cria um entendimento que viola frontalmente a norma constitucional apontada, cuja interpretação é taxativa quanto a sua relativização nos casos em que o ente federado atue em atividade econômica. Desse modo, o ponto de vista a ser sustentado neste capítulo é de que a Corte precisa rever a sua jurisprudência para dar efetiva aplicabilidade ao propósito da Constituição.

A abrangência da imunidade ocorre em razão das funções típicas dos entes políticos, abrangendo somente as atividades que exercem nessa posição. A imunidade recíproca se deduz da superioridade do interesse público sobre o privado, beneficiando os bens, o patrimônio e os serviços de cada pessoa estatal interna, como instrumentalidade para o exercício

---

[11] BRASIL. *CONSTITUIÇÃO* da República Federativa do Brasil, promulgada em 02.10.1988. Disponível em: <http://www.planalto.gov.br/ccivil_03/Constituicao/ConstituicaoCompilado.htm>. Acesso em: 18.06.2013.

de suas funções públicas, em relação as quais não se pode falar em capacidade econômica, voltada a atividade lucrativa ou de caráter especulativo.[12]

A Constituição é clara ao estabelecer que a imunidade tributária recíproca não alcança a exploração de atividades econômicas regidas pela livre concorrência, ainda que exercidas pela União, Estados, Distrito Federal e Municípios.

3.2. Artigo 156, I, da CF

Com intuito de esclarecer o tema versado nesse capítulo deve-se explorar o artigo 156 da Constituição Federal[13]: "Compete aos Municípios instituir imposto sobre: I – propriedade predial e territorial urbana".

A Constituição Federal é clara ao dispor que o critério material adotado pelo legislador foi a propriedade, de modo que somente o proprietário pode ser sujeito passivo do imposto. Sobre o tema, Leandro Paulsen[14] se posiciona:

> Tenho que o legislador só pode indicar como contribuinte o proprietário e não o titular de outros direitos reais menos densos e que não revelam riqueza na condição de proprietário, ainda que seus titulares exerçam prerrogativas típicas de proprietário, pois sempre serão prerrogativas parciais ou temporárias, como o concessionário, locatário (...).

Assim, em que pese existir previsão no artigo 146, inciso III, "a", CF, de que cabe à lei complementar dispor sobre a definição de tributos e suas espécies, bem como, em relação aos impostos discriminados nesta Constituição, a dos respectivos fatos geradores, bases de cálculo e contribuintes, o legislador ordinário não pode ampliar os elementos material

---

[12] BALEEIRO. Aliomar. *Direito Tributário Brasileiro*. Atualizada por Misabel Abreu Machado Derzi – 12. Ed. Rio de Janeiro: Forense, 2013. p. 127.

[13] BRASIL. *CONSTITUIÇÃO* da República Federativa do Brasil, promulgada em 02.10.1988. Disponível em: <http://www.planalto.gov.br/ccivil_03/Constituicao/Constituicao Compilado.htm>. Acesso em: 18.06.2013: "Art. 156. Compete aos Municípios instituir impostos sobre: I – propriedade predial e territorial urbana;"

[14] PAULSEN, Leandro. Direito Tributário: Constituição e Código Tributário à luz da doutrina e da jurisprudência. 14. Ed. – Porto Alegre: Livraria do Advogado; ESMAFE, 2012. p. 405.

e pessoal da hipótese de incidência, como forma de criar uma pluralidade de fatos geradores e de contribuintes que não foram previstos na Carta Magna, como disposto nos "ainda" recepcionados artigos 32 e 34 do Código Tributário Nacional[15].

É o que se verifica da leitura destes dispositivos legais:

> Art. 32. O imposto, de competência dos Municípios, sobre a propriedade predial e territorial urbana tem como fato gerador a propriedade, o domínio útil ou a posse de bem imóvel por natureza ou por acessão física, como definido na lei civil, localizado na zona urbana do Município.
> (...)
> Art. 34. Contribuinte do imposto é o proprietário do imóvel, o titular do seu domínio útil, ou o seu possuidor a qualquer título.

O Código Tributário Nacional prevê como fato gerador do IPTU a propriedade, o domínio útil ou a posse de bem imóvel por natureza ou por acessão física, como definido na lei civil. Ademais, qualifica o contribuinte como proprietário do imóvel, o titular do seu domínio útil ou seu possuidor a qualquer título.

Com essa pluralidade de fatos geradores e de contribuintes criou-se um problema de grande relevância para o ordenamento jurídico.

O legislador infraconstitucional possuía apenas competência para definir o fato gerador, bem como o contribuinte, com base no critério material estabelecido pela Constituição.

Feitas essas considerações, conclui-se que os artigos 32 e 34 do Código Tributário Nacional não foram recepcionados pelo ordenamento constitucional, porquanto somente o proprietário pode ser considerado contribuinte, e não o possuidor ou aquele detentor de domínio útil.

A riqueza revelada pela propriedade predial e territorial urbana é que é dada à tributação. Assim, não se pode tributar senão a propriedade. A titularidade de qualquer outro direito real revela menor riqueza e, o que importa, não são os demais direitos reais previstos constitucionalmente como ensejadores da instituição de impostos.

---

[15] BRASIL. *Lei nº 5.172*, de 25 de outubro de 1966. Código Tributário Nacional. Acesso em 10.06.2013. Disponível em <http://www.planalto.gov.br/ccivil_03/leis/L5172Compilado.htm>.

3.3. Artigos 173, § 2º [16] e 170, VI, da CF[17]

A regra de imunidade contida no artigo 150 da CF deve ser interpretada consoante o artigo 173, §2º da CF. A restrição imposta, de que as empresas públicas e sociedades de economia mista não poderão gozar de privilégios extensíveis às do setor privado, certamente pressupõe atividade econômica e livre concorrência.

Para Hugo de Brito Machado[18], aplicar a imunidade tributária ao patrimônio, à renda e aos serviços de entidades públicas que desempenham atividade econômica sob o mesmo regime aplicado às empresas privadas, significaria estabelecer um desequilíbrio concorrencial entre as empresas públicas e as empresas privadas, evidenciando uma violação frontal ao princípio da livre iniciativa, dentre outros.

O fato de um ente público exercer **atividade imobiliária** regida sob o regime de direito privado já configura a descaracterizada atuação do poder público em cumprimento às finalidades essenciais.

Assim, nos casos em que os entes públicos exerçam atividades voltadas à exploração econômica deverão concorrer em regime de igualdade com a iniciativa privada, devendo ser aplicada a regra do § 2º.

O Estado, na posição de titular da competência tributária, só pode exercer seu poder interventivo e fomentador respeitando a legalidade, a capacidade contributiva, e os demais princípios constitucionais, inclusive, o da neutralidade concorrencial.

---

[16] BRASIL. *CONSTITUIÇÃO* da República Federativa do Brasil, promulgada em 02.10.1988. Disponível em: <http://www.planalto.gov.br/ccivil_03/Constituicao/ConstituicaoCompilado.htm>. Acesso em: 18.06.2013: "Art. 173. Ressalvados os casos previstos nesta Constituição, a exploração direta de atividade econômica pelo Estado só será permitida quando necessária aos imperativos da segurança nacional ou a relevante interesse coletivo, conforme definidos em lei. § 2º – As empresas públicas e as sociedades de economia mista não poderão gozar de privilégios fiscais não extensivos às do setor privado."

[17] BRASIL. *CONSTITUIÇÃO* da República Federativa do Brasil, promulgada em 02.10.1988. Disponível em: <http://www.planalto.gov.br/ccivil_03/Constituicao/ConstituicaoCompilado.htm>. Acesso em: 18.06.2013: "Art. 170. A ordem econômica, fundada na valorização do trabalho humano e na livre iniciativa, tem por fim assegurar a todos existência digna, conforme os ditames da justiça social, observados os seguintes princípios: IV – livre concorrência;"

[18] MACHADO, Hugo de Brito. *Curso de Direito Tributário*. 27ª Edição. São Paulo: Malheiros. 2006. p. 297.

A função deste princípio é impedir que os entes estatais interfiram de forma negativa na livre concorrência. O ente público deve atuar perante os agentes econômicos em igualdade de condições, numa atitude imparcial de garantidor do equilíbrio da concorrência.[19]

4. Análise Jurisprudencial

As decisões dos tribunais demonstram que a problemática está tanto na inconstitucionalidade dos artigos 32 e 34 do CTN, como na interpretação da imunidade tributária recíproca como incondicionada (artigo 150, §3º, da CF).

Isso é comprovado com a Jurisprudência tanto do STF como do STJ. Enquanto o STF prestigia os interesses da União, rechaçando as tentativas municipais de tributar os titulares do domínio e os possuidores de bens da União, o STJ aceita a tributação sobre o domínio útil, mesmo quando o proprietário é a União.

Em decorrência disso, surgem aberrações jurídicas: (1) o STF reconhece a imunidade à Companhia Docas do Estado de São Paulo – CODESP[20], aplicando o artigo 150 da Constituição Federal; e (2) o STJ mantém a cobrança de IPTU contra a Companhia Docas do Estado da Bahia – CODEBA[21], com fundamento no artigo 34 do Código Tributário Nacional.

5. Proposta de Solução

A interpretação que deve ser dada, à possibilidade de reconhecimento da imunidade tributária recíproca à Empresa Privada ocupante de bem público, encontra-se alicerçada no parágrafo terceiro do artigo 150 da Constituição Federal.

---

[19] TORRES, Ricardo Lobo. *Interação entre princípios constitucionais tributários e princípios da ordem econômica*. In Princípios e Limites da Tributação 2 – Os princípios da ordem econômica e da tributação. Coordenação: Roberto Ferraz. São Paulo: Quartier Latin. 2009. p. 494.
[20] BRASIL. Supremo Tribunal Federal. *RE nº 253.472 – São Paulo*. DJe de 10.11.2011. Relator Ministro Joaquim Barbosa.
[21] BRASIL. Superior Tribunal de Justiça. *REsp nº 1.222.141 – Bahia*. DJe de 17.12.2010. Relator Ministro Herman Benjamin.

O ente público proprietário do bem não pode usufruir do benefício da imunidade tributária recíproca em razão do exercício de atividade imobiliária (concessão, locação, arrendamento), por não estar abrangida pelas funções típicas dos entes políticos.

Além disso, o contrato de concessão de uso celebrado a título oneroso reveste-se da natureza de exploração da atividade econômica, pois se aufere renda e há concorrência com a livre iniciativa, situação em que deverão ser obedecidas as regras de mercado.

Dessa forma, no caso do RE que foi considerado o *leading case* para discussão deste assunto seria a União a responsável pelo pagamento do IPTU, tendo em vista sua condição de proprietária do imóvel.

As premissas adotadas concluem pela inconstitucionalidade dos artigos 32 e 34 do Código Tributário Nacional, em razão da competência material prevista no artigo 156 da CF.

Finaliza-se corroborando que a ocupação de imóvel público não gera posse, mas mera detenção, o que confirma que a ocupação de bem público por particular não configura fato gerador de IPTU.

6. Referências Bibliográficas

BALEEIRO, Aliomar. *Direito Tributário Brasileiro*. Atualizada por Misabel Abreu Machado Derzi – 12. Ed. Rio de Janeiro: Forense, 2013.

MACHADO, Hugo de Brito. *Curso de Direito Tributário*. 27ª Edição. São Paulo: Malheiros. 2006.

PAULSEN, Leandro. *Direito Tributário: Constituição e Código Tributário à luz da doutrina e da jurisprudência*. 14. Ed. – Porto Alegre: Livraria do Advogado; ESMAFE, 2012.

PAULSEN, Leandro e MELO, José Eduardo Soares de. IMPOSTOS Federais, Estaduais e Municipais. 7ª Ed. Porto Alegre: Livraria do Advogado, 2012.

TORRES, Ricardo Lobo. *Interação entre princípios constitucionais tributários e princípios da ordem econômica*. In Princípios e Limites da Tributação 2 – Os princípios da ordem econômica e da tributação. Coordenação: Roberto Ferraz. São Paulo: Quartier Latin. 2009.

BRASIL. Supremo Tribunal Federal. Repercussão geral em *RE nº 601.720 – Rio de Janeiro*. DJe 27.06.2011. Publicação. 28.06.2011. Ementário nº 2552-1. Relator Ministro Ricardo Lewandowski.

BRASIL. Supremo Tribunal Federal. *RE nº 253.472 – São Paulo*. DJe de 10.11.2011. Relator Ministro Joaquim Barbosa.

BRASIL. Superior Tribunal de Justiça. *RESP nº 1.222.141 – Bahia*. DJe de 17.12.2010. Relator Ministro Herman Benjamin.

BRASIL. CONSTITUIÇÃO da República Federativa do Brasil, promulgada em 02.10.1988.

BRASIL. Lei 5.869, de 11 de janeiro de 1973. *Código de Processo Civil*.

BRASIL. Supremo Tribunal Federal. *Regimento Interno*.

BRASIL. Lei nº 5.172, de 25 de outubro de 1966. *Código Tributário Nacional*.

PARTE III

OUTROS TEMAS CONSTITUCIONAIS

TEMAS GERAIS

Capítulo XII
A Elisão Abusiva como Afronta ao Dever de Pagar Tributos

HADASSAH LAÍS DE SOUSA SANTANA[*]
MARCOS AURÉLIO PEREIRA VALADÃO[**]

Sumário: 1. Introdução; 2. Brasil: Estado Social Democrático de Direito; 3. Estado Fiscal de Direito, Garantia do Estado Social Democrático de Direito; 4. A Imposição de Limites à Elisão como Fundamento ao Direito/Dever de Pagar Impostos; 5. Considerações Finais; 6. Referencias Bibliográficas.

1. Introdução

O presente capítulo pretende contrapor a liberdade do contribuinte em seu legítimo direito/dever de economizar tributos com os limites impostos pelo ordenamento que coadunam com o Estado Fiscal e com

---

[*] Advogada. Mestre em Direito Tributário pela Universidade Católica de Brasília – UCB. Especialista em Direito Tributário e Finanças Públicas pela Escola de Administração Fazendária – ESAF. Professora Universitária. E-mail: hadassah.santana@gmail.com.
[**] Doutor em Direito (SMU – EUA, 2005); Mestre em Direito Publico (UnB, 1999); Especialista em Administração Tributaria (UCG, 1992); MBA em Administração Financeira (IBMEC – DF, 1996); Professor e Pesquisador do Curso de Direito da Universidade Católica de Brasília (UCB) – Graduação e Mestrado. Presidente da 1a Secao do Conselho Administrativo de Recursos Fiscais – CARF. E-mail: valadao@ucb.br

o direito/dever do contribuinte em pagar tributos. O capítulo delimitará preliminarmente o ordenamento brasileiro como Estado Social Democrático de Direito e permeará a consecução do Estado Fiscal. Depois será delineada a tese acerca do dever/direito fundamental de pagar tributos e posteriormente abordar-se-á os limites à relação privada e em que medida surge a afronta ao dever fundamental de pagar tributos na prática da elisão abusiva.

2. Brasil: Estado Social Democrático de Direito

Antes de falar sobre Elisão abusiva e contrapô-la ao ordenamento jurídico brasileiro, faz-se importante delinear o presente ordenamento jurídico brasileiro e a relação deste ordenamento com a tributação.

A tributação permeou a história oscilando entre castigo ou contribuição para determinado desenvolvimento ou prestação do Estado. Hoje a tributação é necessidade vital para manutenção do Estado.

Anderson Teixeira[1] afirma a vinculação do homem ao instituto de tributação fazendo referência a Cesare Beccaria[2], quando o fisco era um mecanismo penal, em que os crimes dos súditos eram pagos com excessivos castigos pecuniários. Anderson ainda exemplifica o nascimento do tributo, quando, ainda na caça como condição de sobrevivência, os mais fortes dominavam determinado lugar que era melhor para caça e, para que os mais fracos pudessem caçar ali, teriam de oferecer uma parte da presa.

Um recorte da revolução francesa traz a insurgência popular com a tributação que àquela época servia para sustentar o poder e os benefícios da nobreza, revoltando a população que era arbitrariamente tributada sem que participasse de qualquer benesse social, pois o Estado não servia a estes, mas àqueles.

O direito visto a partir da revolução francesa tem uma marca própria que está estampada na subordinação deste aos Direitos Humanos. Não se fala em Direito sem aludir ao ser humano. É o direito de todos serem reconhecidos por si, por serem humanos. É o direito à diferença e por ser diferente o Direito a uma chamada igualdade.

---

[1] TEIXEIRA, Anderson. *O tributo na formação histórica do Estado Moderno*. Revista de Direito Tributário da APET (12), 2007, p. 13-44.
[2] BECCARIA, Cesare. *Dos delitos e das penas*. São Paulo: Hemus, 1974, p. 19-21.

A revolução francesa deu a constituição à nação e posteriormente, Rousseau a deu ao povo. E sob este paradigma surgem as limitações ao poder de tributar e a ampliação da liberdade individual em contraponto a um Estado intervencionista. É a minimização dos poderes do Estado e ampliação dos direitos individuais.

Sobre a evolução do Estado é possível dizer em 3 tônicas, sendo que a primeira tônica foi de um Estado absolutista, conservador, em que a base estava em uma ordem imperativa, dada pelo monarca. O Estado Liberal assegurou os direitos do indivíduo, mas a concretização destes direitos firmou um Estado social, que se inicia em meados do século XVIII e se expande no século XIX. A constituição de 1988 surge no século XIX dentro de uma perspectiva e expansão do Estado Social.

A Constituição da República Federativa do Brasil de 1988 emerge no afã do liberalismo mitigado pelo resplendor do Estado social e sob uma visão dual em que ao mesmo tempo em que o Estado é interventor, seus poderes são limitados, pois sua intervenção se propõe a garantir a liberdade e propiciar a igualdade às minorias.

Gilmar Mendes[3] afirma a transposição do Estado absolutista ao Estado liberal cujos fundamentos são o absenteísmo do Estado na esfera econômica e privada.

Alcunhada de Constituição Cidadã, por Ulysses Guimarães, em que o cidadão é o ser humano objeto de sua proteção, a Constituição de 88 conforma um Estado Social Democrático de Direito e descreve tal diretriz logo em seu preâmbulo destinando como função do estado: "assegurar o exercício dos direitos sociais e individuais, a liberdade, a segurança, o bem-estar, o desenvolvimento, a igualdade e a justiça como valores supremos de uma sociedade fraterna, pluralista e sem preconceitos".

É a garantia do exercício dos direitos sociais e individuais, da liberdade, da segurança, do bem-estar. Os direito sociais apesar de inicialmente, sob um viés positivista, serem relegados à diretrizes de interpretação, o pós-positivismo os elevou a condição de efetividade no que tange a concretizar princípios constitucionais.

---

[3] MENDES, Gilmar Ferreira.. *Curso de Direito Constitucional*. In: G. F. Mendes, & P. G. Branco, *Curso de Direito Constitucional* . São Paulo: Saraiva, 2012, p. 4-5.

E sob essa perspectiva, a constitucionalização dos direitos sociais confirma o Estado de Direito Social que pode ser visto como precursor do Estado Democrático de Direito. Sendo assim corrobora-se com o pensamento de José Passos[4], quando afirma que o Estado de Direito Social é uma realidade mais recente do que as reflexões sobre os chamados direitos sociais. E que, embora precursor do Estado Democrático de Direito, não há como excluir a questão social, que conforme Moreira (2011:31), recebe a qualificação do ideal de igualdade inscrito no Estado Democrático.

Ainda sobre a simbiose do Estado de Direito e Estado Democrático, Gomes Canotilho[5] abre uma discussão que se concentra em liberdades positivas e negativas, quando esta se insere dentro do Estado de Direito e aquela, dentro do Estado Democrático, sendo a liberdade o exercício democrático do poder.

Conforme Luís Roberto Barroso[6], a legitimidade do Estado de Direito é dada pelo Estado Democrático de Direito, que está circunscrito ao grau de exercício dessa liberdade positiva que legitima e subordina a legalidade de uma constituição rígida e a validade das leis compatível com as normas constitucionais, imperativo peculiar ao Direito.

A afirmação de que o ordenamento jurídico brasileiro conforma um Estado Social Democrático de Direito tem por base o próprio texto constitucional e o não rompimento da função do Estado e proteger os direitos sociais num sentido formal e em seu aspecto material.

3. Estado Fiscal de Direito, Garantia do Estado Social Democrático de Direito

A passagem do Estado patrimonial para o Estado Fiscal tem grande relação com o Estado absolutista em simetria com o primeiro e o Estado democrático de Direito em simetria com o último.

---

[4] PASSOS, José. Joaquim Calmon de. *A constitucionalização dos direitos sociais*. Acesso em: 12 de junho de 2013. Revista Diálogo Jurídico, Salvador, CAJ – Centro de Atualização Jurídica, v. I, nº 6, setembro, 2001. Disponível em: http://www.direitopublico.com.br.

[5] CANOTILHO, José Joaquim Gomes. *Direito Constitucional e Teoria da Constituição*, 6ª edição. Portugal. Coimbra: Almedina, 2002, p. 98.

[6] BARROSO, Luís Roberto. *Curso de direito constitucional contemporâneo: os conceitos fundamentais e a construção do novo modelo*. São Paulo. Ed. Saraiva, 2010, p.244-245.

Ricardo Lobo Torres[7] no livro, A idéia de Liberdade no Estado Patrimonial e no Estado Fiscal, afirma ser o Estado Fiscal, específica figuração do Estado de Direito e, demonstra isso a partir da conceituação de receita pública, que hodiernamente se funda nos empréstimos, autorizados e garantidos pelo Legislativo, e principalmente nos tributos – ingresso do trabalho do patrimônio do contribuinte.

Torres descreve, no livro supracitado, que o processo de formação do Estado em Estado Patrimonial, corresponderia à liberdade estamental, quando o Estado vivia com as rendas do príncipe e com a fiscalidade da nobreza e do clero e, posteriormente, no Estado de Polícia, em que a liberdade do príncipe corresponderia ao aumento das receitas tributárias em prol do monarca; já no Estado Fiscal, há predominância da liberdade individual e a receita é oriunda do patrimônio do cidadão, mas a despesa se conforma em prol deste cidadão/contribuinte.

O tributo tem, como apresenta Marciano de Godoi[8], a característica de *consentimento do sacrifício*, em que a limitação ao Poder de Tributar do Estado assegura a garantia de liberdade desse contribuinte, conforme anota Ricardo Lobo Torres[9]:

> O tributo, no Estado Fiscal, deixa de ser forma de opressão de direitos e passa a se constituir em preço da liberdade: estimula-se a riqueza da nação, adota-se a ética do trabalho e alivia-se a crítica à usura e se permite o consumo suntuário.

O tributo cumpre um papel social quando entregue pela sociedade de forma consentida, sob a natureza de receita pública, é base de financiamento do Estado enquanto agente de transformação social, quando

---

[7] TORRES, Ricardo Lobo. *A idéia de liberdade no Estado Patrimonial e no Estado Fiscal*. Rio de Janeiro: Renovar, 1991.
[8] GODOI, Marciano Seabra de... *Justiça, Igualdade e Direito Tributário*. São Paulo: Dialética, 1999.
[9] TORRES, Ricardo Lobo. *A idéia de liberdade no Estado Patrimonial e no Estado Fiscal*. Rio de Janeiro: Renovar, p. 150, 1991.

da utilização desta receita em despesa pública que configure necessidade pública.

O Estado Fiscal tem três grandes acentos, o primeiro coincide com um Estado minimalista ou Liberal, no qual a estrutura de arrecadação limita-se no poder de polícia do Estado que garante a liberdade individual e assegura minimamente os que estão em situação de miserabilidade.

O segundo acento molda o Estado Social Fiscal e firma-se no período de 1947 a 1973, correspondendo ao Estado Pós-Liberal. Godoi[10] pontua que a intervenção estatal visa uma sociedade de maior igualdade de fato. É a atividade estatal financiada pelos impostos, cuja existência está preenchida por sua finalidade social que garante serviços, regula e intervém na economia.

O terceiro acento perfaz o Estado Fiscal Democrático e social, cuja dimensão é refletida na concepção da Constituição da República Federativa do Brasil de 1988. Há uma reestruturação do Estado Fiscal Social, cujas bases são minimizadas para atender garantias sociais, mas com o enxugamento do patrimônio do Estado, que na seara econômica, se limita à regulação.

Os impostos ampliam a base de prestações sociais, inclusive quanto a investimentos da seguridade social e no que tange aos subsídios fiscais que inserem incentivos a grupos econômicos mais frágeis.

O Estado Democrático de Direito conserva características do Estado social e abranda a intervenção do Estado, mas repete o paradigma de Estado Fiscal do governo Americano e Inglês, sob a influência do Neoliberalismo, neste ponto, Ricardo Lobo Torres afirma[11]:

> O Estado Fiscal brasileiro nasce com a Constituição Fiscal de 1824, subsistema da Constituição Liberal do país. Funda-se no relacionamento entre liberdade e tributo, em que este é o preço da autolimitação daquela, transfigurando-se a liberdade em fiscalidade. Mas convive com o Estado Corporativo, com o Estado Cartorial, com o Estado Empresário e com o Estado Assistencialista, constituído pela persistência de diversas características do patrimonialismo luso-brasileiro.

---

[10] GODOI, Marciano Seabra. *Justiça, Igualdade e Direito Tributário*. São Paulo: Dialética, 1999.
[11] TORRES, Ricardo Lobo. *A idéia de liberdade no Estado Patrimonial e no Estado Fiscal*. Rio de Janeiro: Renovar, 1991, p. 151.

A constituição então cumpre um papel de contrapor as liberdades e garantias do cidadão em face do Estado, quando fundado na soberania consentida pelo seu povo e no contrato social deste povo com o Estado que lhe é inerente. É a conseqüência dos indivíduos que, sob a égide do Estado, partilham parte de seus bens para conservar sua liberdade.

A transformação do imposto em coisa pública é, no dizer de Torres[12], o preço mínimo da liberdade. Denomina-se tal circunstancia de publicização do tributo.

Os limites dados pela constituição respaldam a liberdade individual e as balizas à atuação do Estado. Sacha Calmon Coêlho[13] afirma a preferência do constituinte sobre o campo da tributação, por duas razões, a primeira porque o exercício da tributação é fundamental aos interesses do Estado, tanto para auferir as receitas necessárias à realização de seus fins, sempre crescentes, quanto para utilizar do tributo como instrumento extrafiscal, técnica em que o Estado intervencionista é pródigo; e a segunda razão porque tamanho poder há de ser disciplinado e contido em prol da segurança dos cidadãos.

A segurança jurídica dos cidadãos está no limite que condiciona a atuação destes e do próprio Estado composto de suas entidades federativas. Além dos limites propostos, há o que se chama de função da tributação, que pode ser fiscal ou extrafiscal, pois a tributação não se confina à finalidade arrecadatória.

Sob este ponto, interessante a visão de José Casalta Nabais[14], na seguinte circunspecção:

> (...) a atividade impositiva, quer vista em seu conjunto (sistema fiscal), quer vista nos seus elementos (os impostos), sofreu uma profunda alteração na sua função (instrumental). De um lado, há uma alteração quantitativa que se prende com um fato de a assunção de mais tarefas pelo estado – tarefas de direção global da economia e de conformação social – implicar mais despe-

---

[12] TORRES, Ricardo Lobo. *A idéia de liberdade no Estado Patrimonial e no Estado Fiscal*. Rio de Janeiro: Renovar, 1991, p. 245.
[13] COÊLHO, Sacha Calmon Navarro. *Curso de Direito Tributário Brasileiro*. 5ª ed. Rio de Janeiro: Forense, 2000, p. 36.
[14] NABAIS, José Casalta. *O dever fundamental de pagar impostos: contributo para a compreensão constitucional do Estado fiscal contemporâneo*. Coimbra: Almedina: Almedina, 1998, p. 203.

sas e, consequentemente, mais impostos, alargando-se deste jeito o domínio da fiscalidade. De outro lado, verifica-se uma alteração qualitativa traduzida no fato de, através dos impostos, poderem ser prosseguidos, direta e autonomamente, as tarefas constitucionalmente imputadas ao estado, sejam de ordenação econômica, sejam de conformação social.

Surge sobre essa visão de funcionalidade dos impostos um chamado Estado Providência que busca igualdade de condições assegurada pelo sistema tributário que, tutelando o mínimo das relações econômicas, e criando condições de minimizar a desigualdade econômica para equacionar a riqueza no que tange à distribuição de renda, corrobora com o objetivo da República Federativa do Brasil de construir uma sociedade igualitária e erradicar a pobreza e a desigualdade social e regional.

Mizabel Derzi, comentando a obra de Aliomar Baleeiro[15] confirma essa visão quando afirma:

> O Estado deve pôr-se a serviço de uma nova ordem social e econômica, mais justa, menos desigual, em que seja possível a cada homem desenvolver digna e plenamente sua personalidade. Prejudicadas ficam, dessa forma, as teorias de política econômica ou de política fiscal incompatíveis com o Estado Democrático de Direito.

Os tributos passam, por esse viés, a uma função maior, que incorpora uma finalidade de propiciar um espaço seguro para as relações sociais: o Estado intervém para equilibrar relações e atenuar contrastes sociais.

4. A Imposição de Limites à Elisão como Fundamento ao Direito/Dever de Pagar Impostos

Os direitos sociais inscritos na constituição comportam limites, de ordem econômica, política e jurídica. A limitação econômica decorre da máxima que prediz a insuficiência de recursos para atender a todas as necessidades discriminadas na constituição, e por isso impõe escolhas públicas para tais necessidades. A limitação política se circunscreve do jogo eleitoral, em que a escolha de determinadas políticas públicas podem signi-

---

[15] BALEEIRO, Aliomar. *Limitações constitucionais ao poder de tributar*. 7ª ed. rev. e compl. por DERZI, Mizabel Abreu Machado. Rio de Janeiro: Forense, 2005, p. 11.

ficar a vitória ou a derrota na eleição seguinte. A limitação jurídica está qualificada na natureza do Estado de Direito, em que para a administração agir é preciso que uma lei autorize a ação.

O dever de pagar tributos tem como expoente, o professor Casalta Nabais[16] dimensionando a imposição constitucional de pagar tributos como um dever fundamental àquele considerado cidadão.

Além de direitos fundamentais, a Constituição estabelece alguns deveres fundamentais. O dever de pagar impostos se filia à limitação de ordem econômica e passa a impor uma atuação do cidadão com vistas a honrar seus deveres fundamentais e, dentro desses deveres, está o financiamento do Estado pelo cidadão. É o cidadão que ao cumprir com seu dever fundamental de pagar tributo se torna o garante de seu próprio Direito a um Estado Social e democrático.

A tributação, como engrenagem para a eficiência do sistema, viabiliza instrumentos que promovem o desenvolvimento. Casalta Nabais[17] coloca em discussão o estatuto constitucional do indivíduo, um ser livre e responsável e, que por ser pessoa é sujeito de direitos e deveres. Dentre esses deveres fundamentais há uma categoria jurídico-constitucional autônoma que torna o dever de pagar impostos ínsito ao Estado contemporâneo. Isso, por força de um Estado que tem nos impostos o seu principal suporte financeiro.

Paulo Caliendo[18] aborda na Obra: Direito Tributário e Análise Econômica do Direito: uma visão crítica, a perspectiva do professor Nabais na teoria econômica denominada Nova Economia Institucional, tratada por Oliver Williamson ao trabalhar os conceitos de Ronald Coase e Douglas North enfatizando o papel das instituições em relação aos aspectos políticos e sociais.

Paulo Caliendo[19] enfatiza a teoria da Nova Economia Institucional quando considera o rompimento do pensamento neoclássico sobre Estado entendido sob a forma de contrato ou de ordem violenta e afirma

---

[16] NABAIS, José Casalta. *O dever fundamental de pagar impostos: contributo para a compreensão constitucional do Estado fiscal contemporâneo*. Coimbra: Almedina: Almedina, 1998.
[17] Ibid.
[18] SILVEIRA, Paulo Antônio Caliendo Velloso da. *Direito tributário e análise econômica do Direito: uma visão crítica*. Rio de Janeiro: Elsevier, 2009.
[19] Ibid.

o Estado sob um aspecto contratual. Sob esta perspectiva, suas instituições são como um terceiro perante o indivíduo e as trocas entre estes indivíduos ocorrem dentro de um ambiente favorável, garantido pelo Estado, reflexo de uma passagem da servidão (tirania) para a cidadania (democracia e Estado de Direito), envolvendo o significado da tributação como instituição.

A Nova Economia Institucional surge como uma lente para observação dos fenômenos econômicos que ocorrem dentro do Estado e Paulo Caliendo[20] traz na perspectiva de North e Davis a definição de ambiente institucional e arranjo institucional, em que o primeiro seria as regras que podem ser explícitas (códigos, leis) ou implícitas (regras morais), que orientariam o comportamento do indivíduo; e a segunda seriam as escolhas realizadas pelos indivíduos para determinar relações econômicas específicas (contratos).

A Constituição de 88 prevê como uma regra-princípio a liberdade, seria o supedâneo ao livre arranjo institucional, desde que estivesse dentro do ambiente institucional.

Então, estar dentro do ambiente institucional seria o único limite ao arranjo institucional. Este ambiente envolve regras explícitas e implícitas e permeando tais regras está o dever/direito fundamental de pagar impostos.

Entretanto, falar em Estado Democrático é falar de cidadãos e a dimensão de cidadania no que tange ao aspecto da tributação pode ampliar a limitação aos arranjos institucionais, pois o tratamento de dever fundamental de pagar impostos para sustentar a envergadura constitucional dos direitos sociais diz respeito a uma função da tributação.

Dizer ser a tributação funcional traz à baila a concretização de alguns princípios constitucionais e eleva o dever de pagar impostos a um direito de pagar impostos, e isso, decorrente da própria natureza de cidadão.

Quando o modelo neoclássico afirma um Estado sob a forma de contrato e a visão da Nova Economia Institucional traz a tributação como instituição, ou como terceiro perante os indivíduos. A tributação no ordenamento pátrio está delineada constitucionalmente e isso abre um

---

[20] SILVEIRA, Paulo Antonio Caliendo Velloso da. *Direito tributário e análise econômica do Direito: uma visão crítica*. Rio de Janeiro: Elsevier, 2009.

espaço para repensarmos a tributação como instituição a partir da teoria de Abade Sieyes.

A constituição é o documento que se origina de um poder constituinte que tem duas faces: o poder constituinte originário e o poder constituinte derivado reformador. A primeira inaugura uma nova ordem institucional a segunda cria modificações, mas que estão sujeitas às delimitações da primeira face. Para esta digressão, importa a primeira face, porque irá se tratar da instituição chamada tributação dentro do ambiente institucional que irá reger os arranjos institucionais.

A titularidade do poder constituinte originário caminha historicamente em consonância com a perspectiva de Estado. No Estado absolutista o poder constituinte originário pertencia ao Monarca ou figura equivalente, mas isso foi modificado quando da Revolução Francesa. Sob este aspecto, Abade Sieyes traz o poder constituinte originário como pertencente à nação. Rousseau amplia essa visão e dá ao povo a titularidade do poder constituinte originário. O povo como elemento do Estado reafirma a soberania primária, conforme aponta MALBERG[21-22].

O Brasil, em sua nuance jurídica nasce em 1988 e origina um Estado Democrático de Direito. A democracia representativa concede o poder do povo à terceiros que definem as estruturas e características deste Estado Brasileiro. E, se o povo, formado por indivíduos, constitui elemento do Estado e detém o poder constituinte originário, este mesmo povo não tem no Estado um terceiro, mas tem em si a natureza deste Estado.

O Estado deixa de ser um ente estranho ao indivíduo e passa a fazer parte deste, quando investido na condição de cidadão. A tributação como sustentáculo deste Estado não sustenta a um terceiro, mas sustenta a estes indivíduos, que formam o povo, detentor do poder constituinte originário.

Falar em um dever/direito de pagar impostos torna cíclica a condição de cidadão, que não está pressuposta na democracia representativa, mas

---

[21] MALBERG, Raymond Carré de.. *Teoría General del Estado*. (J. L. Depetre, Trad.) México: Fondo de Cultura Económica, 2001, p.1163.
[22] Sob este aspecto ressalta-se a mudança no eixo da titularidade com a proposta de Constituição Européia. Autores como Härberle afirmam uma titularidade que ultrapassa o povo de um determinado Estado e abrange um território multiculturalista, como por exemplo, a União Européia.

em uma democracia republicana, a democracia como coisa pública, pertencente ao povo e por conseqüência aos indivíduos, que formam este povo e, por conseguinte fazem parte do Estado.

O Direito de pagar impostos lhe torna credor e devedor deste Estado, ou seja, conforma uma ação individual perante os demais indivíduos que também compõem o Estado. É a contribuição individual para formação deste estado. E tal contribuição não se pode dizer consentida, porque se o constituinte originário é o povo, a tributação não é fruto de um consentimento, mas de uma ação democrática representativa, que em 1988, criou um Brasil e delimitou as funções institucionais e individuais de cada um pertencente a este Estado. Seja de forma individualizada ou coletiva ou mesmo em blocos institucionais, como, por exemplo, entes federativos.

O direito de pagar o imposto amplia a cidadania e confere legitimidade à liberdade na condição de fomento à democracia. O tributo que antes era característica de um subjugar, hoje caracteriza a liberdade democrática e constrói uma nova nuance ao conceito de cidadão. Ao pagar o imposto há liberdade e o Estado é seu, faz parte do indivíduo na medida em que este faz parte daquele como cidadão.

Rompe-se com a idéia de indivíduos que sustentam o Estado como se fosse um reino e este Estado oferecia aos seus um espaço para convivência harmônica. A característica que se impõe é do cidadão não como dono do Estado, mas como parte integrante e indissociável deste na condição de povo.

A tributação como função sustenta os direitos sociais, mas como elemento de ligação, confere cidadania e liberdade àqueles que por pagarem determinado imposto se sentem partes do Estado e requerem uma atuação transparente, contraprestação própria à democracia presente.

Portanto, se o indivíduo forma o povo, que é elemento do Estado, o indivíduo não é estranho a este Estado. Não é um elemento a parte, mas é inerente, ou não existe sem este. O elemento de ligação pode ser dado com a sustentação deste Estado, qual seja a tributação.

O Estado não se sustenta dos recursos naturais, ele precisa de uma fonte de receita para lhe compor as estruturas e essa fonte vem da tributação, por isso, a percepção deste instituto como elemento de ligação.

Talvez seja interessante a ideia de um Estado pertencente ao povo, e sendo assim, o direito daquele que é povo de ser dono deste Estado

Republicano, lhe perfaz em um papel similar ao do acionista. O indivíduo tem uma cota parte deste Estado e a sua cota parte é paga por meio de impostos. Essa nuance de titularidade do Estado amplia a noção de cidadania e diz ao indivíduo: tome conta do que é seu, porque você paga para isso. No atual Estado Social Democrático de Direito, a cidadania dá condição ao indivíduo de fazer parte do Estado e não de ser vassalo deste Estado.

Ser contribuinte-cidadão dá direito à liberdade, que propugna uma ação em consonância com o ordenamento jurídico escolhido. A escolha do ordenamento se deu no exercício do poder constituinte originário.

Este momento de escolha é possível de ser comparado com os ensinamentos da Odisséia de Homero, no episódio das Sereias, canto XII, quando Ulisses, ciente do perigo de sucumbir ao canto das sereias, pede aos seus grumetes para ser amarrado no mastro e que sob hipótese alguma, obedecessem a ordem contrária a esta, mesmo que fosse dada pelo próprio Ulisses. Essa era a forma de sobrevivência desse herói homérico.

Em contraponto com a constituição, os limites traçados pelo constituinte originário podem ser comparados à primeira ordem de Ulisses. Eles limitam os interesses e mudanças que vão ocorrendo ao longo da história de um Estado. Isso não impede as emendas constitucionais, que reformam o texto; ou a própria hermenêutica, que confere, amplia ou restringe valores às normas constitucionais.

De todo modo, as limitações iniciais asseguram longevidade ao Estado escolhido na medida em que limita os interesses que vão surgindo sem que isso desconfigure ou leve à morte, o Estado concebido. É o ambiente institucional balizando os arranjos institucionais.

A liberdade não é fugir dos limites traçados pelo povo que forma este Estado e aí sob este aspecto é possível falar em submissão consentida a uma ordem anterior. Essa submissão não é imutável, mas enquanto não houver nova constituinte, e privilegiando a segurança jurídica, a atuação do indivíduo não pode subsumir ao Estado que este compõe.

O limite à atuação do indivíduo no usufruto de sua liberdade encontra limites na própria democracia e em sua condição de cidadão. O indivíduo que compõe o povo, não pode minar a existência deste próprio povo quando usa de instrumentos, apesar de lícitos, para agir em confronto com o dever de todos de contribuírem para este Estado.

BECKER[23],[24] cita Baleeiro e tece como finalidade aos tributos a de instrumento não apenas a arrecadação para custeio das despesas públicas, mas de instrumento de intervenção no meio social e na economia privada.

Este trabalho traz o imposto (e não o tributo de maneira geral) como elemento de ligação entre o Estado e o cidadão como integrante do povo. E a partir desta consideração o planejamento tributário, apesar de legítimo, encontra limites quando mesmo lícito fere as regras morais que conformam o ambiente institucional e permeiam uma interpretação sistêmica do ordenamento.

Ricardo Lobo Torres[25] analisa o liame entre elisão abusiva e evasão e situa no livro: Planejamento Tributário: Elisão abusiva e evasão fiscal, o problema no limite da expressividade da lei em consonância com essa interpretação sistêmica do ordenamento.

O autor esboça preliminarmente a recente preocupação com o tema, pois somente a partir da década de 70, nos Estados Unidos, foi possível pinçar com mais clareza a categoria da elisão abusiva. Apesar disso, no Brasil foi ainda mais tardia a consideração sobre o tema, estando a doutrina e a jurisprudência arraigadas no positivismo, seja formalista e civilista que defendia o espectro da elisão como instrumento lícito de planejamento de empresas; seja historicista ou economicista que rejeitava qualquer prevalência da forma sobre o conteúdo.

Antes de 2001 apregoava-se a ideia de que toda Elisão seria lícita pois não havia legislação sobre o assunto e a elisão consubstanciava a liberdade de iniciativa, mas com a edição da Lei Complementar 104/2001 foi aberta a discussão e inserido no Código Tributário Nacional o parágrafo único do art. 116, denominado norma antielisiva.

Tem-se a percepção de que a globalização impõe a necessidade de norma geral antielisiva,[26] havendo um contraponto interessante entre os

---

[23] Becker se filia à tese de que não há possibilidade do juiz julgar a elisão abusiva por esta se situar no campo do que é moral e a moralização do direito daria ao judiciário a possibilidade de criar novas regras, e essa função seria exclusiva do Poder Legislativo.
[24] BECKER, Alfredo Augusto. *Teoria Geral do Direito Tributário*. São Paulo: Lejus, 1998.
[25] TORRES, Ricardo Lobo. *Planejamento Tributário: Elisão abusiva e evasão fiscal*. Rio de Janeiro: Elsevier, 2012, p. 3.
[26] VALADÃO, Marcos Aurélio Pereira.. *Efeitos da Globalização no Sistema Tributário Brasileiro*. In: M. A. Valadão, & A. M. Borges, *Brasil, Rússia, Índia e China (BRIC)*: Estruturas dos Siste-

países do sistema *Common Law* e do sistema *Civil Law*, em que naqueles vigora a teoria do *business purpose*, ou substância sobre a forma e neste considera a significação econômica do ato prevenindo o abuso de formas, e reitera que entre um e outro sistema há dificuldade em distinguir atividades elisivas legítimas de atividades elisivas abusivas.

Alberto Xavier[27], por exemplo, articula a tese de que se trata de uma norma antievasiva. Xavier aborda ser impróprio cogitar de abuso de direito em caso de planejamento tributário.

Ricardo Lobo Torres[28] se filia à corrente de Marco Aurélio Greco que considera ser constitucional o parágrafo único do art. 116, para conformar que a norma é antielisiva e não antievasiva ou antissimulação.

Esta corrente pode ser chamada de jurisprudência dos valores e pós-positivista que aceitam o planejamento fiscal como forma de economizar imposto, desde que não haja abuso de direito.

O Código Tributário estabelece o momento de ocorrência do fato gerador no art. 116 e no parágrafo único abre a possibilidade de desconsideração de atos ou negócios jurídicos com a finalidade de dissimular a ocorrência do fato gerador:

> Art. 116. Salvo disposição de lei em contrário, considera-se ocorrido o fato gerador e existentes os seus efeitos:
>
> I – tratando-se de situação de fato, desde o momento em que se verifiquem as circunstâncias materiais necessárias a que se produza os efeitos que normalmente lhe são próprios;
>
> II – tratando-se de situação jurídica, desde o momento em que esteja definitivamente constituída, nos termos do direito aplicável.
>
> Parágrafo Único. A autoridade administrativa poderá desconsiderar atos ou negócios jurídicos praticados com a finalidade de dissimular a ocorrência do fato gerador do tributo ou a natureza dos elementos constitutivos da obrigação tributária, observados os procedimentos a serem estabelecidos em lei ordinária

---

mas Tributários e suas Implicações no Desenvolvimento e na Performance do Comércio Exterior (Vol. 1, pp. 1-37). Brasília: ABDI, 2011, p. 19.

[27] XAVIER, Alberto. *Tipicidade da Tributação, Simulação e Norma Antielisiva*. São Paulo: Dialética, 2001.

[28] TORRES, Ricardo Lobo. *Planejamento Tributário: Elisão abusiva e evasão fiscal*. Rio de Janeiro: Elsevier, 2012.

A obrigação tributária portanto, nasce com a ocorrência da hipótese de incidência determinada em lei. Não é qualquer fato, seja jurídico ou uma situação de fato, como descrito no inciso primeiro do artigo ora analisado, que dará origem à obrigação tributária correspondente.

O planejamento tributário consiste em condutas omissivas ou comissivas, que podem ser a *priori* ou a posteriori do fato gerador. As condutas anteriores ao fato gerador são classificadas no entendimento majoritário como Elisão e as condutas a *posteriori* seriam Evasão, porque teriam atingido a forma prescrita em lei como originária da obrigação ou como impedimento à atuação do contribuinte.

O entendimento majoritário e exposto de forma simplória é de que Elisão se refere à prática de agir em conformidade com a lei para economia de tributos; e Evasão consubstanciaria a prática ilícita, porque contrária à literalidade da lei.

Ricardo Lobo Torres[29] entende a elisão ilícita como aquela que se ampara no abuso de direito e da forma com planejamentos inconsistentes e que a evasão ilícita se daria pela ocultação do fato gerador através da sonegação e da fraude contra a lei. A fraude à lei seria elisão abusiva e a fraude contra a lei configuraria a evasão ilícita.[30]

Uma metodologia comum na doutrina e na jurisprudência para caracterizar a existência de abuso é a ausência de proposito negocial (*business purpose*), que se configura quando o contribuinte obtém somente vantagens fiscais, sem buscar obter vantagem negocial.

O direito/dever de pagar impostos como elemento de ligação entre o cidadão e o Estado mitiga o propósito abusivo de obtenção de vantagens fiscais daquele que manipulam a legitimidade do planejamento tributário.

Sob este aspecto é interessante trazer a análise de Arnaldo Godoy[31] acerca da tese de Mangabeira, que refuta debates internos que se carac-

---

[29] TORRES, Ricardo Lobo. *Planejamento Tributário: Elisão abusiva e evasão fiscal*. Rio de Janeiro: Elsevier, 2012, p. 219-220.

[30] Heleno Torres traz outro termo para o ordenamento. Ele denomina de elusão a elisão ilícita.

[31] GODOY, Arnaldo Sampaio. *O Direito e o problema do Fetichismo institucional no pensamento de Roberto Mangabeira Unger*. (U. C. Brasília, Ed.) Acesso em 20 de junho de 2013, disponível em Revista do Mestrado em Direito da Universidade Católica de Brasília: http://portal revistas.ucb.br/index.php/rvmd/article/view/2566, 2009.

terizam por discussões utópicas e centradas em problemas de antinomias e lacunas ou mesmo afetas à filosofia da linguagem e eleva o direito a uma função que transborda em si, cumprindo um papel de transformação social.

Limitar a elisão coaduna com a reaproximação do Direito à Moral. Não adianta os discursos vazios em torno da lei, quando maniqueísmos usurpam a liberdade para fazer frente a atitudes incompatíveis com a moralidade do sistema.

5. Considerações Finais

Analisando tudo que fora dito acima, observa-se que o sistema tem uma moralidade dada pelo povo que o instituiu, que reflete os seus indivíduos e a sociedade conformada em um ordenamento jurídico constitucionalmente definido.

A segurança jurídica representada no positivismo jurídico ou em um legalismo estrito não coaduna com a velocidade do Estado hodierno. Qualificar situações como lícitas, mas abusivas está na mesma tônica do cidadão que exige transparência institucional, porquanto paga ou financia esta instituição.

Portanto, a limitação da liberdade encontra seu fundamento no próprio dever/direito de pagar tributos, quando se permite, inclusive com determinação legal, que haja um planejamento tributário e que os contribuintes não paguem além do que deveriam pagar, mas aquilo que se deve pagar não pode ser subvertido, porque se volta contra o próprio contribuinte e o afasta da perspectiva de cidadão, quebrando o elo da tributação como elemento de ligação entre o Estado e o indivíduo como contribuinte-cidadão, impactando a participação democrática, que se dá também pela contribuição com a sustentação do Estado.

6. Referências Bibliográficas

BALEEIRO, Aliomar. *Limitações Constitucionais ao poder de tributar.* 7ª ed. rev. e compl. por DERZI, Mizabel Abreu Machado. Rio De Janeiro: Forense, 200.

BARROSO, Luís Roberto. *Curso de direito constitucional contemporâneo: os conceitos fundamentais e a construção do novo modelo.* São Paulo. Ed. Saraiva, 2010.

BECCARIA, Cesare. *Dos delitos e das penas.* São Paulo: Hemus, 1974.

Becker, Alfredo Augusto. *Teoria Geral do Direito Tributário*. São Paulo: Saraiva, 1972.

—. *Teoria Geral do Direito Tributário*. São Paulo: Lejus, 1998.

Brasil. *Constituição da República Federativa do Brasil.*, Disponível em Portal do Planalto: http://www.planalto.gov.br/ccivil_03/Constituicao/Constituicao.htm. 1988. Acesso em 20 jun. de 2013

Canotilho, José Joaquim Gomes. *Direito Constitucional e Teoria da Constituição*, 6ª edição. Portugal. Coimbra: Almedina, 2002.

Coêlho, Sacha Calmon Navarro.. *Curso de Direito Tributário Brasileiro*. 5ª ed. Rio de Janeiro: Forense, 2000.

Godoi, Marcelo Seabra. *Justiça, Igualdade e Direito Tributário*. São Paulo: Dialética, 1999.

Godoy, Arnaldo Sampaio. *O Direito e o problema do Fetichismo institucional no pensamento de Roberto Mangabeira Unger*. (U. C. Brasília, Ed.). 2009. Disponível em Revista do Mestrado em Direito da Universidade Católica de Brasília: Didponível em: http://portalrevistas.ucb.br/index.php/rvmd/article/view/2566. Acesso em 20 jun. de 2013.

Malberg, Raymond Carré de. *Teoría General del Estado*. (J. L. Depetre, Trad.) México: Fondo de Cultura Económica. 2001

Mendes, Gilmar Ferreira. *Curso de Direito Constitucional*. In: G. F. Mendes, & P. G. Branco, Curso de Direito Constitucional (pp. 4-5). São Paulo: Saraiva, 2012.

Nabais, José Casalta. *O dever fundamental de pagar impostos: contributo para a compreensão constitucional do Estado fiscal contemporâneo*. Coimbra: Almedina: Almedina, 1998.

Passos, José Joaquim Calmon de. *A constitucionalização dos direitos sociais*. Revista Diálogo Jurídico, Salvador, CAJ – Centro de Atualização Jurídica, v. I, nº 6, setembro, 2001. Disponível em: http://www.direitopublico.com.br. Acesso em 12 de jun de 2013.

Silveira, Paulo Antônio Caliendo Velloso da. *Direito tributário e análise econômica do Direito: uma visão crítica*. Rio de Janeiro: Elsevier, 2009.

Teixeira, Anderso. *O tributo na formação histórica do Estado Moderno*. Revista de Direito Tributário da APET (12), 2007.

Torres, Heleno Taveira. (2001). *Limites do Planejamento Tributário e a Norma Brasileira Anti-simulação* (LC104/2001). In: V. d. Rocha, Grandes Questões Atuais do Direito Tributário. São Paulo: Dialética.

Torres, Ricardo Lobo. (1991). *A idéia de liberdade no Estado Patrimonial e no Estado Fiscal.* Rio de Janeiro: Renovar.

—. (2006). *Normas de Interpretação e Integração do Direito Tributário.* Rio de Janeiro: Renovar.

—. (2012). *Planejamento Tributário: Elisão abusiva e evasão fiscal.* Rio de Janeiro: Elsevier.

Valadão, Marcos Aurélio Pereira. *Efeitos da Globalização no Sistema Tributário Brasileiro.* In: M. A. Valadão, & A. M. Borges, Brasil, Rússia, Índia e China (BRIC): Estruturas dos Sistemas Tributários e suas Implicações no Desenvolvimento e na Performance do Comércio Exterior (Vol. 1, pp. 1-37). Brasília: ABDI, 2011.

Xavier, Alberto. Tipicidade da Tributação, Simulação e Norma Antielisiva. *São Paulo: Dialética, 2001.*

Capítulo XIII

O Dever Fundamental de Pagar Tributos e a Teoria do Limite dos Limites aos Direitos Fundamentais

RICARDO BISPO FARIAS[*]

Sumário: 1. Breves Considerações Acerca da Evolução do Paradigma Constitucional do Estado; 1.1. Estado Liberal; 1.2. Estado Social; 1.3. Estado Democrático de Direito. 2. Os Direitos e os Deveres Fundamentais; 2.1. Direitos Fundamentais; 2.2. Deveres Fundamentais. 3. O Dever Fundamental de Pagar Tributos e a Teoria do Limite dos Limites aos Direitos Fundamentais. 4. Conclusões. 5. Referências Bibliográficas.

1. Breves Considerações Acerca da Evolução do Paradigma Constitucional do Estado

Para a realização de estudo acerca do tema ora proposto faz-se necessário o enfretamento de questão preliminar. Trata-se da evolução do paradigma constitucional a partir da evolução do modelo estatal, isto é, do Estado Liberal ao Estado Democrático de Direito, passando-se pelo Estado Social.

Não se busca esgotar a temática, pois esse não é o desiderato deste capítulo. O que se pretende é iniciar o debate que levará a compreender

---

[*] Bacharel em Direito. Especialista em Direito, Estado e Constituição. Especialista em Direito Penal e Processual Penal. Mestrando em Direito. Advogado.

os direitos fundamentais e deveres fundamentais e a sua relação com a teoria do limite dos limites.

Como se trata de matéria eminentemente constitucional, o enfoque neste capítulo se dará, sobretudo, na evolução do Estado a partir da ótica constitucional e das conquistas relativas aos direitos fundamentais.

1.1. Estado liberal

Inicialmente, convém frisar que o Estado Liberal detinha em seu núcleo um tratamento diferenciado a ser dispensado ao indivíduo, sendo notório que nesse paradigma o indivíduo deveria ser tratado como um sujeito de direitos.

O tratamento dispensando pelo Estado ao indivíduo possuía grande carga negativista ou abstencionista, pois lhe era concedida uma margem de liberdade para que pudesse executar o seu projeto de vida. Havia, portanto, uma compatibilização do interesse pessoal com o interesse coletivo mediante a previsibilidade abstrata e geral do Direito Positivo, por meio do qual se garantia, em suma, a liberdade, a igualdade e a propriedade, afirmando-se o viés Constitucional Liberal do Estado.[1]

Importante salientar que durante o período em comento, destacou-se a ideia do *"Laissez-Faire, Laissez-Passer"*, segundo a qual quaisquer medidas estatais que visassem a intervenção estatal na liberdade individual deveria desaparecer, prevalecendo a ordem natural das coisas.[2]

Não obstante a suposta compatibilização de interesses individuais e coletivos levada a efeito pelo liberalismo, percebeu-se que tal posicionamento estatal eliminara de seu campo de abrangência parcela considerável do corpo social, notadamente pela exploração capitalista dos mais fracos, o que ensejou, certamente, um dos cenários de maior exploração do homem pelo homem na história.[3]

---

[1] CATTONI DE OLIVEIRA, Marcelo Andrade. *Tutela jurisdicional e estado democrático de direito*: por uma compreensão constitucionalmente adequada do mandado de injunção. Belo Horizonte: Del Rey, 1998, p. 37.

[2] ROLL, Eric. *História das doutrinas econômicas*; tradução de Cid Silveira. 2ª ed. São Paulo: Nacional, 1962, p. 72.

[3] FERNANDES, Bernardo Gonçalves. *Curso de Direito Constitucional*. 5ª ed. Salvador: JusPodivm, 2013, p. 68.

Com a noticiada injustiça tem-se a crise do Estado Liberal, a partir da qual surge um forte movimento tendente a transmudar o conceito estatal para aquele com forte carga social, o que representou, no Direito Constitucional, o nascimento do Constitucionalismo Social.

1.2. Estado social

Com o surgimento do Estado Social, supera-se a ideia de que a postura estatal deve ocorrer somente de forma abstencionista, não sendo possível conceber que o Estado apenas assista ao indivíduo na busca da concretização de seu projeto de vida pessoal.

A partir dessa nova concepção, o Estado não mais poderia ser considerado como um mero ente neutro diante dos anseios da sociedade como se via à época do Estado Liberal. Surge, então, a necessidade de atuação estatal na função de verdadeiro condutor social, premissa na qual se baseara o Estado Constitucional Social.[4]

O Estado se concretiza na posição Social quando, impulsionado pelas diversas forças da sociedade, estende os direitos e garantias a todas as camadas do povo, colocando-as sob a dependência de seu poderio econômico, político e social.[5]

A partir desse modelo estatal, que fora confirmado após a Segunda Guerra, não se buscou a destruição da livre concorrência e da livre iniciativa conquistadas (ou confirmadas) no período do liberalismo. Assentou-se a ideia de bem-estar, cujo enfoque se dava na compensação das desigualdades mediante o reconhecimento e a concessão dos direitos sociais, redefinindo, outrossim, a leitura que se dava aos direitos oriundos da posição abstencionista do Estado.[6]

Ocorre que, em meados da década de 1970, o modelo Social do Estado começou a enfrentar grave problema com a prestação dos direitos sociais, porquanto o indivíduo foi alçado à condição de verdadeiro cliente do

---

[4] CATTONI DE OLIVEIRA, Marcelo Andrade. *Direito Constitucional*. Belo Horizonte: Mandamentos, 2002, p. 58.
[5] BONAVIDES, Paulo. *Do Estado Liberal ao Estado Social*. 7ª ed. São Paulo: Malheiros, 2004, p. 186.
[6] FERNANDES, Bernardo Gonçalves. *Curso de Direito Constitucional*. 5ª ed. Salvador: JusPodivm, 2013, p. 70.

Estado, o que motivara constantes crises econômicas e profunda reflexão acerca do paradigma instalado.[7]

Ademais, verificou-se que a busca pela cidadania não foi exitosa, vez que os membros da sociedade, naquele momento meros clientes do Estado, não possuíam condições de se autodeterminar e definir os seus projetos de vida.[8]

Assim sendo, ante a falibilidade do modelo, diversos movimentos sociais que compunham a nova esquerda (não-estalinista) lapidaram a expressão "Estado Democrático de Direito" como modelo alternativo aos malfadados Estado Liberal e Estado Social.[9]

1.3. Estado democrático de direito

O modelo do Estado Democrático de Direito surge com a ideia de releitura da noção de cidadania. A partir de tal perspectiva, a cidadania deve ser visualizada não como uma vantagem a ser distribuída aos indivíduos mais necessitados, mas sim como um processo de luta pelo reconhecimento de direitos e anseios dos membros da sociedade.[10]

Nesse ponto, segundo a teoria discursiva da democracia, a Constituição passou a ser visualizada como instituidora de um sistema de direitos fundamentais instrumentais à própria democracia, tanto no âmbito legislativo quanto no jurisdicional e no administrativo, cujo objetivo é propiciar a participação e manifestação igualitária daqueles que serão afetados pelos rumos a serem seguidos pelo Estado.[11]

---

[7] CARVALHO NETTO, Menelick de. *Requisitos pragmáticos da interpretação jurídica sob o paradigma do estado democrático de direito*. Revista de Direito Comparado. 3º v. Belo Horizonte: Mandamentos, 1999, p. 110.

[8] HABERMAS, Jürgen. *Facticidad y validez: sobre ele derecho y el Estado democrático de derecho en términos de teoría del discurso*; tradução de Manuel Jiménez Redondo. Madrid: Trotta, 1998, p. 487-498.

[9] CATTONI DE OLIVEIRA, Marcelo Andrade. *Direito Constitucional*. Belo Horizonte: Mandamentos, 2002, p. 43.

[10] FERNANDES, Bernardo Gonçalves. *Curso de Direito Constitucional*. 5ª ed. Salvador: JusPodivm, 2013, p. 72.

[11] HABERMAS, Jürgen, op. cit., p. 502.

A concepção do Estado Democrático de Direito Constitucional, portanto, não se restringe a um sistema de normas positivas e obrigatórias, devendo também ser observada a legitimidade do ordenamento jurídico de modo a preservar a autonomia dos indivíduos enquanto sujeitos de direito.[12]

A partir desse paradigma constitucional, surge a ideia de autonomia privada relacionada às liberdades subjetivas de ação (contornos do paradigma liberal efetivados mediante os direitos fundamentais de abstenção estatal) e a ideia de autonomia pública que, por sua vez, está intimamente ligada ao direito de participação dos indivíduos no processo de formação do ordenamento jurídico. Nessa ótica, os sujeitos são visualizados como autores das normas a que estão submetidos.[13]

2. Os Direitos e os Deveres Fundamentais

2.1. Direitos fundamentais

De início, cumpre ressaltar que, malgrado a constante renovação dos direitos fundamentais fazer crer que essa temática é recente nos estudos do Direito, noticia-se que o conteúdo dos direitos fundamentais possui origem na concepção do direito natural e do homem nos seculares estudos da filosofia cristã.[14]

Modernamente, entende-se que o avanço do Direito Constitucional encontra sedimentação na própria evolução dos direitos fundamentais, notadamente no que se refere à explanação de tais direitos na Carta Constitucional e no âmbito de proteção que circunda a dignidade da pessoa humana.[15]

No mesmo vértice, sustenta-se que os direitos fundamentais passam a encontrar posição de destaque no âmbito social a partir do momento em que a relação tradicional entre o Estado e o indivíduo se inverte, o que

---

[12] HABERMAS, Jürgen. *A inclusão do outro*: estudos de teoria política; tradução de George Speiber e Paulo Astor Soethe. São Paulo: Loyola, 2002, p. 286.
[13] FERNANDES, Bernardo Gonçalves. *Curso de Direito Constitucional*. 5ª ed. Salvador: JusPodivm, 2013, p. 73.
[14] MARITAIN, Jacques. *Los derechos del hombre*. Madrid: Biblioteca Palavra, 2001, p. 69.
[15] MENDES, Gilmar Ferreira; BRANCO, Paulo Gustavo Gonet. *Curso de Direito Constitucional*. São Paulo: Saraiva, 2012, p. 153.

enseja o reconhecimento de direitos e, depois, dos deveres que o sujeito possui para com o Estado.[16]

Lado outro, há grande discussão se os direitos fundamentais seriam sinônimos dos intitulados direitos humanos. No entanto, prevalece na melhor doutrina o entendimento que as classes retrocitadas se separam no plano de positivação. Enquanto os direitos fundamentais são exigíveis no plano interno do Estado, os direitos humanos são positivados nos instrumentos internacionais.[17]

A título de conceituação, importante destacar que os direitos fundamentais são direitos público-subjetivos dos indivíduos que, a partir do texto constitucional, possuem a função de limitar o poder estatal exercido em face da liberdade individual.[18]

Lembre-se, ainda, que, segundo a doutrina moderna, há falar também em eficácia dos direitos fundamentais nas relações entre particulares, a qual recebe a denominação de eficácia horizontal ou privada dos direitos fundamentais.[19] Entretanto, essa visão não será abordada neste trabalho.

Não obstante, uma das questões mais importantes a serem destacadas sobre o tema é aquela relativa às dimensões ou funções subjetiva e objetiva dos direitos fundamentais. Essa classificação ganhou força com a evolução dos modelos estatais já estudados em capítulo anterior.

A função ou dimensão subjetiva dos direitos fundamentais guarda íntima relação com a posição abstencionista do Estado, isto é, com o direito de o indivíduo se contrapor ao interesse intervencionista estatal. Trata-se, claramente, de dimensão com raízes na teoria liberal dos direitos fundamentais.[20]

Outrossim, frise-se que a função subjetiva também está, por vezes, ligada à atuação positiva do Estado, notadamente quando o indivíduo

---

[16] MENDES, Gilmar Ferreira; BRANCO, Paulo Gustavo Gonet. *Curso de Direito Constitucional.* São Paulo: Saraiva, 2012. p. 155.
[17] SARLET, Ingo Wolfgang. *A eficácia dos Direitos Fundamentais.* 10ª ed. Porto Alegre: Livraria do Advogado, 2011, p. 30-31.
[18] DIMOULIS, Dimitri; MARTINS, Leonardo. *Teoria Geral dos Direitos Fundamentais.* 4ª ed. São Paulo: Atlas, 2012, p. 40.
[19] SARLET, Ingo Wolfgang, op. cit., p. 383.
[20] DIMOULIS, Dimitri; MARTINS, Leonardo, op. cit., p. 110.

adquire determinado direito que pressupõe ação estatal, do que decorre a proibição de omissão do Estado.[21]

A dimensão objetiva dos direitos fundamentais, por sua vez, tem como característica principal ser efetivada aos titulares independentemente da vontade deles.[22] No que se refere a essa dimensão (ou função) objetiva dos direitos fundamentais, impende verificar alguns aspectos importantes.

Em primeiro lugar, tem-se que os direitos fundamentais, em sua função objetiva, apresentam normas de competência negativa, ou seja, as liberdades do sujeito são extraídas do âmbito do Estado independentemente de qualquer provocação por parte do indivíduo. Veja que, embora tal caráter pareça aproximar essa função daquela de cunho subjetivo, isso não faz com que ela perca a sua natureza.[23]

Em segundo, extrai-se da dimensão objetiva dos direitos fundamentais importante critério de interpretação e configuração do direito infraconstitucional, segundo o qual as normas inferiores àquelas previstas no Texto Constitucional devem com estas guardar compatibilidade, constituindo o que se conhece como eficácia irradiante dos direitos fundamentais.[24]

Por outro lado, em terceiro plano, tem-se que a dimensão objetiva permite que os titulares dos direitos fundamentais limitem os próprios direitos quando isso for de seu interesse, o que ocorreria mediante intervenção estatal fundamentada no fato de que o sujeito do direito ficará mais bem protegido se não exercê-lo naquelas circunstâncias.[25]

Em último lugar, vislumbra-se a partir da dimensão objetiva dos direitos fundamentais o dever estatal de tutela dos direitos fundamentais.[26]

Nesse sentido, diante das características apresentadas, percebe-se que os direitos fundamentais não devem ser visualizados apenas como garantias negativas (abstencionistas) ou de prestações positivas para o exercício das liberdades. A dimensão objetiva serve de verdadeiro vetor

---

[21] DIMOULIS, Dimitri; MARTINS, Leonardo. *Teoria Geral dos Direitos Fundamentais*. 4ª ed. São Paulo: Atlas, 2012, p. 111.
[22] Ibid., p. 111.
[23] Ibid., p. 112.
[24] Ibid., p. 112.
[25] MENDES, Gilmar Ferreira; COELHO, Inocêncio Mártires; BRANCO, Paulo Gonet. *Curso de Direito Constitucional*. São Paulo: Saraiva, 2008, p. 266.
[26] DIMOULIS, Dimitri; MARTINS, Leonardo, op. cit., p. 114.

a ser observado pelo Poder Público e pelos particulares, atuando como reforço de juridicidade dos direitos fundamentais.[27]

Por oportuno, convém salientar que os direitos fundamentais, além de significarem valores relativos ao sujeito individualmente considerado, também representam vetores da comunidade vista sob um enfoque coletivo, os quais também devem ser respeitados pelo Estado e pela sociedade. A partir dessa concepção, depreende-se que não há falar em direitos fundamentais sem o reconhecimento e o respeito aos deveres fundamentais.[28]

2.2. Deveres fundamentais

O tema em destaque neste tópico, embora seja dotado de notável relevância, é praticamente esquecido pelos doutrinadores constitucionalistas contemporâneos.[29]

O noticiado "esquecimento" encontra-se relacionado com o próprio paradigma do Estado Liberal, momento em que se destacou, conforme já frisado, a liberdade do indivíduo frente ao Estado.[30] Esse aspecto, aliás, contribui para uma compreensão de que a dimensão subjetiva dos direitos fundamentais do indivíduo é quase absoluta em detrimento aos deveres fundamentais.[31]

Não custa repisar, por oportuno, que o individualismo acima visualizado, caracterizado pela ausência de compromisso do indivíduo para com a coletividade, já fez com que se rompesse com o paradigma liberal do Estado mediante o surgimento do Estado Social.[32]

---

[27] SILVA, José Afonso da. *Curso de direito constitucional positivo*. 25ª ed. São Paulo: Malheiros, 2005, p. 164-165.
[28] SARLET, Ingo Wolfgang. *A eficácia dos Direitos Fundamentais*. 11ª ed. Porto Alegre: Livraria do Advogado, 2012, p. 227.
[29] NABAIS, José Casalta. *O dever fundamental de pagar impostos*. Coimbra: Livraria Almedina, 1998, p. 15.
[30] ANDRADE, José Carlos Vieira de. *Os Direitos Fundamentais na Constituição Portuguesa de 1976*. Coimbra: Livraria Almedina, 1987, p. 162.
[31] NABAIS, José Casalta, op. cit., p. 16.
[32] NABAIS, José Casalta. *O dever fundamental de pagar impostos*. Coimbra: Livraria Almedina, 1998, p. 59.

A atenção atribuída aos deveres fundamentais tem a sua gênese incerta nos sistemas normativos. No entanto, calha salientar que importante marco para os deveres adveio com a Declaração Universal dos Direitos Humanos de 1948 que, em seu artigo XXIX, item 1, dispôs que "Toda pessoa tem deveres para com a comunidade, em que o livre e pleno desenvolvimento de sua personalidade é possível".

Diante do cenário que se apresenta, percebe-se que os deveres fundamentais são vistos como verdadeiro dever de empenho solidário, por parte dos indivíduos, cujo desiderato é a transformação do Estado e da sociedade.[33] O referido dever de empenho passa a justificar, inclusive, limitações ao exercício dos direitos fundamentais, o que ocorre não somente em função dos direitos subjetivos de outrem, mas também por razões de ordem objetiva, sobretudo pela busca de uma sociedade democrática.[34]Alguns pontos dos deveres fundamentais merecem ser destacados neste capítulo, notadamente aqueles relativos à sua tipologia (tipos de deveres). Os deveres fundamentais são, inicialmente, visualizados na condição de deveres conexos (ou correlatos) e deveres autônomos.

Os deveres conexos são aqueles ligados materialmente a um determinado direito fundamental, constituindo os chamados direitos-deveres. Exemplo clássico de direito-dever é o direito fundamental ao meio-ambiente equilibrado, pois traz consigo a obrigação de tutela ambiental por parte de toda a coletividade e não apenas do Estado.[35] Não obstante, salienta-se que a existência de deveres correlatos não afasta a autonomia de que são dotados os deveres fundamentais.[36]

Por outro lado, os deveres autônomos não possuem relação direta com direitos fundamentais, que é o caso, por exemplo, do direito fundamental de pagar impostos.[37]

---

[33] ANDRADE, José Carlos Vieira de. *Os Direitos Fundamentais na Constituição Portuguesa de 1976*. Coimbra: Livraria Almedina, 1987, p. 155.
[34] NABAIS, José Casalta, op. cit., p. 30-31.
[35] SARLET, Ingo Wolfgang. *A eficácia dos Direitos Fundamentais*. 11ª ed. Porto Alegre: Livraria do Advogado, 2012, p. 227, p. 229.
[36] CANOTILHO, Joaquim José Gomes; MOREIRA, Vital. *Constituição da República Portuguesa Anotada*. 4ª ed. Coimbra: Coimbra Editora, 2007, p. 320-321.
[37] SARLET, Ingo Wolfgang. *A eficácia dos Direitos Fundamentais*. 11ª ed. Porto Alegre: Livraria do Advogado, 2012, p. 229.

Importa frisar, também, que os deveres fundamentais podem ser classificados como de natureza defensiva ou prestacional, tendo em vista a possibilidade de imposição ao indivíduo de comportamento com características negativas ou positivas, respectivamente. Nessa linha, surgem os chamados deveres fundamentais defensivos e os direitos fundamentais prestacionais.[38]

Ademais, distinção bastante utilizada é aquela que divide os deveres fundamentais em expressos e implícitos, sobretudo em função da baixa incidência de deveres que estejam expressamente previstos no texto constitucional.[39]

Em outro vértice, cumpre ressaltar que, no Brasil, a Constituição Federal de 1988, no Capítulo I do Título II, fez menção expressa aos direitos e deveres fundamentais, tanto individuais quanto coletivos. No entanto, lembre-se que os deveres fundamentais não estão previstos somente no citado capítulo, mas sim espalhados pelo texto constitucional.[40]

Não obstante, os deveres fundamentais, diferentemente do que acontece com os direitos fundamentais, são indireta ou mediatamente aplicáveis, especialmente quando tratarem de imposições sancionatórias, sejam de natureza penal, administrativa ou econômica, medidas estas que exigem obediência ao princípio da legalidade.[41]

A partir do que se disse a respeito dos deveres fundamentais, nota-se que eles podem exercer aparente limitação dos direitos fundamentais. Entretanto, os deveres fundamentais e as limitações aos direitos fundamentais não se confundem, apesar de a limitação poder buscar a sua justificação nos multicitados deveres baseada na chamada responsabilidade comunitária dos indivíduos.[42]

O fato é que a restrição aos direitos fundamentais em razão dos valores comunitários e dos deveres fundamentais interfere diretamente no conteúdo dos direitos. Contudo, essa restrição não pode ser total, devendo

---

[38] SARLET, Ingo Wolfgang. *A eficácia dos Direitos Fundamentais*. 11ª ed. Porto Alegre: Livraria do Advogado, 2012, p. 229-230.
[39] Ibid., p. 230.
[40] FERNANDES, Bernardo Gonçalves. *Curso de Direito Constitucional*. 5ª ed. Salvador: JusPodivm, 2013, p. 330.
[41] SARLET, Ingo Wolfgang, op. cit., p. 231.
[42] Ibid., p. 231.

ser resguardado, sempre, o núcleo essencial do direito fundamental em razão do que a doutrina denomina de limite dos limites.[43]

3. O Dever Fundamental de Pagar Tributos e a Teoria do Limite dos Limites aos Direitos Fundamentais

Após verdadeira evolução acerca do sistema de obtenção de recursos por parte do Estado, a exação tributária nos moldes atuais passa a ganhar relevo a partir do Estado contemporâneo, no qual se considera a tributação como principal fonte de receita estatal.[44] Trata-se do Estado Fiscal, desdobramento natural do Estado Democrático de Direito.

Com base nessa concepção, tem-se que o pagamento do imposto é indispensável para a organização e manutenção do Estado, não podendo ser visualizado como mero sacrifício para os indivíduos e nem como mero exercício do poder estatal, sendo mais adequado considerá-lo como verdadeiro dever fundamental.[45]

Impende verificar que autorizada doutrina sustenta o dever fundamental de pagar impostos.[46] Não obstante, respeitável posição também admite ser possível estender essa concepção aos demais tributos, mormente em razão de eles também estarem ligados à necessidade pública.[47]

A tributação, embora seja considerada como um importante pilar sustentador do Estado contemporâneo, não pode ocorrer de forma ilimitada. Para evitar eventual agressão desarrazoada a direitos fundamentais mediante a tributação, há diversos princípios e regras positivados na Constituição Federal de 1988 e outros princípios que, apesar de não positivados, possuem clara efetividade.[48]

Ademais, ressalta-se que diversas são as limitações tributárias previstas constitucionalmente visando assegurar a efetividade dos direitos fun-

---

[43] SARLET, Ingo Wolfgang. *A eficácia dos Direitos Fundamentais*. 11ª ed. Porto Alegre: Livraria do Advogado, 2012, p. 232.
[44] VALADÃO, Marcos Aurélio Pereira. *Direitos humanos e tributação*: uma concepção integradora. Revista Direito em Ação. Vol. 2. Brasília: Universa, 2001, p. 225.
[45] NABAIS, José Casalta. *O dever fundamental de pagar impostos*. Coimbra: Livraria Almedina, 1998, p. 679.
[46] Ibid., p. 679.
[47] VALADÃO, Marcos Aurélio Pereira, op. cit., p. 226.
[48] VALADÃO, Marcos Aurélio Pereira. *Direitos humanos e tributação*: uma concepção integradora. Revista Direito em Ação. Vol. 2. Brasília: Universa, 2001, p. 228.

damentais. Têm-se, como exemplo, as imunidades tributárias, o princípio da legalidade, o princípio da anterioridade, dentre outros.

Por oportuno, ressalta-se que nem sempre o constituinte pode prever as situações que demandariam limitação expressa no texto constitucional. A partir dessa visão, ganha especial relevância os princípios da proporcionalidade e da razoabilidade, os quais podem servir de parâmetro contra eventuais excessos tributários.[49]

Em outro vértice, sustenta-se que não há falar em direito fundamental de não pagar tributos, pois para a garantia dos direitos fundamentais por parte do Estado seria imprescindível a tributação.[50] Entretanto, também não se mostra razoável defender a limitação de direitos fundamentais baseada na primazia do dever fundamental de pagar tributos quando o indivíduo tiver o núcleo de seu direito fundamental atingido pela tributação, o que violaria, necessariamente, a teoria do limite dos limites.

O entendimento moderno acerca dos direitos fundamentais é no sentido de que eles não são absolutos, isto é, podem sofrer relativizações mediante a análise do caso concreto. Todavia, a limitação ao direito fundamental não pode ocorrer de modo a amesquinhá-lo de tal forma a ensejar a inconstitucionalidade do ato legislativo ou administrativo.[51]

Nessa senda, surge a chamada teoria do limite dos limites, que, com base em alguns critérios, trabalha o limite a ser observado para a restrição dos direitos fundamentais.

O primeiro critério a ser observado é aquele que traz a proibição de a limitação ao direito fundamental atingir o núcleo essencial desse direito, o que abalaria, por derivação, a dignidade da pessoa humana. Em segundo lugar, tem-se que a limitação deve ser estabelecida de forma explícita no texto normativo de modo a resguardar a segurança jurídica. Em terceiro, devem as limitações possuir cunho geral e abstrato, não sendo possível a criação de restrições casuísticas e arbitrárias. Por último, verifica-se a necessidade de obediência ao princípio da proporcionalidade.[52]

---

[49] VALADÃO, Marcos Aurelio Pereira. *Direitos humanos e tributação*: uma concepção integradora. Revista Direito em Ação. Vol. 2. Brasília: Universa, 2001, p. 228.
[50] Ibid., p. 237.
[51] FERNANDES, Bernardo Gonçalves. *Curso de Direito Constitucional*. 5ª ed. Salvador: JusPodivm, 2013, p. 341-343.
[52] Ibid., p. 343-344.

Assim sendo, para que não haja restrição indevida aos direitos fundamentais, ainda que baseada no multicitado dever fundamental de pagar tributos, faz-se necessária a obediência aos critérios supramencionados.

Imperioso reconhecer, de antemão, que há respeitável posição doutrinária no sentido de que, ante a ausência de previsão expressa da teoria do limite dos limites no ordenamento jurídico brasileiro, tal limitação não seria aplicável, mormente em face das intervenções legislativas, tendo em vista que essa teoria possibilitaria o risco de avaliações subjetivas no que se refere à constitucionalidade das leis que regulam direitos fundamentais.[53]

Não obstante, importante parcela da doutrina nacional afirma ser perfeitamente aplicável a teoria do limite dos limites no ordenamento jurídico pátrio, considerando que o conteúdo essencial inatacável pela limitação deve ser analisado e fixado em cada caso específico.[54]

Nessa linha, impende destacar o critério segundo o qual a limitação não poderá atingir o núcleo essencial do direito fundamental, sob pena de violação à própria dignidade da pessoa humana.

A dignidade da pessoa humana, base do conteúdo essencial do direito fundamental, consoante autorizada doutrina, é verdadeiro meta-princípio, isto é, irradia valores e vetores interpretativos para todos os outros direitos.[55] Ademais, a dignidade da pessoa humana possui carga integradora e hermenêutica não somente em face dos direitos fundamentais e demais normas constitucionais, mas para todo o ordenamento jurídico.[56]

Sustenta-se, contudo, não haver consenso acerca de como se daria a concretização e densificação da dignidade da pessoa humana. Entretanto, há parâmetros mínimos de aferição do respeito a esse meta-princí-

---

[53] DIMOULIS, Dimitri; MARTINS, Leonardo. *Teoria Geral dos Direitos Fundamentais*. 4ª ed. São Paulo: Atlas, 2012, p. 160-161.
[54] BARROS, Suzana de Toledo. O princípio da proporcionalidade e o controle de constitucionalidade das leis restritivas de direitos fundamentais. Brasília: Brasília Jurídica, 2003, p. 100-104.
[55] FERNANDES, Bernardo Gonçalves. *Curso de Direito Constitucional*. 5ª ed. Salvador: JusPodivm, 2013, p. 360.
[56] SARLET, Ingo Wolfgang. Dignidade da Pessoa Humana e Direitos Fundamentais na Constituição Federal de 1988. Porto Alegre: Livraria do Advogado, 2004, p. 80.

pio, destacando-se a não instrumentalização do ser humano, a autonomia existencial e o direito ao reconhecimento.[57]

A não instrumentalização consiste na ideia de que cada indivíduo deve ser tratado como um fim em si mesmo e não como mero instrumento a ser utilizado para o alcance de objetivos outros.[58]

A autonomia existencial, por sua vez, é entendida como sendo o direito de o indivíduo optar por fazer as próprias escolhas, desde que tal opção não recaia sobre práticas ilícitas.[59]

E, por fim, tem-se que o direito ao reconhecimento que está intimamente ligado ao olhar lançado por um indivíduo sobre os demais, que deve sempre respeitar as identidades singulares.[60]

Dessa feita, sobretudo com espeque na ideia de não instrumentalização do ser humano, percebe-se claramente que a tributação, ainda que baseada no dever fundamental de pagar tributos, não pode atingir o núcleo essencial dos direitos fundamentais do indivíduo, o que ocasionaria verdadeira agressão à própria dignidade da pessoa humana, pois o indivíduo seria utilizado como simples meio para a obtenção dos objetivos estatais.

Por outro lado, é possível verificar que, na forma trabalhada pela doutrina, a utilização dos princípios e regras que limitam as restrições aos direitos fundamentais, sejam eles expressos ou implícitos, ocorre somente em face de excesso estatal manifestado em normas ou medidas consideradas violadoras das referidas limitações. Não há, portanto, especial atenção no que se refere à situação particularizada do indivíduo e do seu direito fundamental em detrimento a critérios de tributação que, em tese, obedecem às regras limitadoras do poder estatal.

Não obstante, a dignidade da pessoa humana, que, repise-se, determina seja considerado o indivíduo um fim em si mesmo, não pode (e não deve) ser afastada com fundamento no dever fundamental de pagar tributos ainda que a tributação não esteja, *a priori*, violando as limitações constitucionais ao poder de tributar, devendo a situação particularizada do indivíduo ser observada e respeitada para o fim de limitar a restrição ao seu direito fundamental ocorrida mediante a tributação.

---

[57] FERNANDES, Bernardo Gonçalves, op. cit., p. 362.
[58] Ibid., p. 362.
[59] Ibid., p. 363.
[60] Ibid., p. 363.

A crítica acima apresentada pode levar à noção de que essa consideração particularizada do indivíduo ensejaria verdadeira tributação customizada, a qual seria economicamente inviável para o Estado. No entanto, tal posição somente seria sustentável se a Administração tributária fosse instada a verificar as condições individuais dos contribuintes antes de realizar a tributação. Esse não é o ponto defendido neste trabalho.

Na verdade, apesar de a dignidade da pessoa humana ser de observância obrigatória para todos os poderes instituídos, entende-se que cabe ao Poder Judiciário, precipuamente, analisar eventual violação e afastá-la no caso concreto.

Averbe-se, em tempo, que mesmo ocorrendo a referida análise por parte do Poder Judiciário, é possível argumentar no sentido de que afastar a tributação mediante a análise particularizada do indivíduo seria economicamente inviável e poderia ensejar a falência estatal. Contudo, defender tal posição seria sustentar a impossibilidade de teoria moral oferecer base sólida para a um juízo moral, atacando, consequentemente, o academicismo teórico do Direito em prol da defesa dos imperativos de mercado, na relação de lucro e prejuízo.[61]

Afastadas as críticas que buscam defender os tributos a qualquer custo, o fato é que a dignidade da pessoa humana, aqui considerada como critério limitador das limitações aos direitos fundamentais, inviabiliza a tributação quando esta, em determinadas situações concretas, seja capaz de atingir o núcleo essencial do direito fundamental. Posição contrária, aliás, desprezaria toda a evolução do paradigma estatal constitucional e exumaria o individualismo próprio do Estado Liberal, porquanto, baseada na compatibilização do interesse pessoal com o interesse coletivo, levaria o indivíduo isoladamente considerado à sua própria destruição.

Nesse diapasão, entende-se que o dever fundamental de pagar tributos não deve se sobrepor à teoria do limite dos limites, ainda que a tributação esteja em perfeita sintonia com as limitações que lhes são impostas pelo texto constitucional, haja vista a evidente prevalência da dignidade da pessoa humana em detrimento à captação de receitas por parte do Estado.

---

[61] FERNANDES, Bernardo Gonçalves. *Curso de Direito Constitucional*. 5ª ed. Salvador: JusPodivm, 2013, p. 217.

4. Conclusões

A evolução do modelo estatal ensejou considerável modificação do paradigma constitucional. O Estado Liberal, buscando prestigiar a liberdade do indivíduo, fora superado pelo Estado Social em função do grave desrespeito aos direitos sociais que passaram, a partir de então, a ser reconhecidos. Não obstante, o Estado Social também fora suplantado, máxime em razão da transformação do cidadão em mero cliente estatal. A partir do Estado Democrático de Direito surgiu a concepção atual de cidadania, que garante aos indivíduos autonomia e participação na formação do ordenamento jurídico positivado no Estado.

Os direitos fundamentais também evoluíram com a modificação do paradigma constitucional. Na mesma linha, foram dotados de grande importância os deveres fundamentais que os indivíduos possuem para com o Estado e a sociedade, dentre os quais se destaca o dever fundamental de pagar tributos.

Ocorre que o dever fundamental de pagar tributos não pode conduzir o Estado a limitar o direito fundamental do indivíduo a ponto de atingir o núcleo essencial desse direito, sob pena de violação à dignidade da pessoa humana.

A dignidade da pessoa humana ordena que o sujeito deve ser tratado como um fim em si mesmo e não como instrumento hábil à facilitação ou ao atingimento de determinado objetivo, seja ele privado ou público.

Assim, percebe-se que o Estado não pode, ainda que baseado no dever fundamental de pagar tributos, exercer tributação que venha a atingir o núcleo essencial de direito fundamental do indivíduo, violando, consequentemente, a sua dignidade.

Igualmente, frise-se que essa tributação não pode inutilizar o direito fundamental do indivíduo mesmo que ela respeite às limitações constitucionais aplicáveis ao poder de tributar. Isso porque, determinada situação concreta pode demandar o afastamento do interesse arrecadatório do Estado em homenagem à dignidade da pessoa humana.

5. Referências Bibliográficas

ANDRADE, José Carlos Vieira de. *Os Direitos Fundamentais na Constituição Portuguesa de 1976*. Coimbra: Livraria Almedina, 1987.

BARROS, Suzana de Toledo. *O princípio da proporcionalidade e o controle de constitucionalidade das leis restritivas de direitos fundamentais*. Brasília: Brasília Jurídica, 2003.

BONAVIDES, Paulo. *Do Estado Liberal ao Estado Social*. 7ª ed. São Paulo: Malheiros, 2004.

CANOTILHO, Joaquim José Gomes; MOREIRA, Vital. *Constituição da República Portuguesa Anotada*. 4ª ed. Coimbra: Coimbra Editora, 2007.

CATTONI DE OLIVEIRA, Marcelo Andrade. *Direito Constitucional*. Belo Horizonte: Mandamentos, 2002.

—. *Tutela jurisdicional e estado democrático de direito*: por uma compreensão constitucionalmente adequada do mandado de injunção. Belo Horizonte: Del Rey, 1998.

CARVALHO NETTO, Menelick de. *Requisitos pragmáticos da interpretação jurídica sob o paradigma do estado democrático de direito*. Revista de Direito Comparado. 3º v. Belo Horizonte: Mandamentos, 1999.

DIMOULIS, Dimitri; MARTINS, Leonardo. *Teoria Geral dos Direitos Fundamentais*. 4ª ed. São Paulo: Atlas, 2012.

FERNANDES, Bernardo Gonçalves. *Curso de Direito Constitucional*. 5ª ed. Salvador: JusPodivm, 2013.

HABERMAS, Jürgen. *A inclusão do outro*: estudos de teoria política; tradução de George Speiber e Paulo Astor Soethe. São Paulo: Loyola, 2002.

—. *Facticidad y validez*: sobre ele derecho y el Estado democrático de derecho en términos de teoría del discurso; tradução de Manuel Jiménez Redondo. Madrid: Trotta, 1998.

MARITAIN, Jacques. *Los derechos del hombre*. Madrid: Biblioteca Palavra, 2001.

MENDES, Gilmar Ferreira; BRANCO, Paulo Gustavo Gonet. *Curso de Direito Constitucional*. São Paulo: Saraiva, 2012.

MENDES, Gilmar Ferreira; COELHO, Inocêncio Mártires; BRANCO, Paulo Gonet. *Curso de Direito Constitucional*. São Paulo: Saraiva, 2008.

NABAIS, José Casalta. *O dever fundamental de pagar impostos*. Coimbra: Livraria Almedina, 1998.

ROLL, Eric. *História das doutrinas econômicas*; tradução de Cid Silveira. 2ª ed. São Paulo: Nacional, 1962.

SARLET, Ingo Wolfgang. *A eficácia dos Direitos Fundamentais*. 10ª ed. Porto Alegre: Livraria do Advogado, 2011.

—. *A eficácia dos Direitos Fundamentais*. 11ª ed. Porto Alegre: Livraria do Advogado, 2012.

—. *Dignidade da Pessoa Humana e Direitos Fundamentais na Constituição Federal de 1988*. Porto Alegre: Livraria do Advogado, 2004.

SILVA, José Afonso da. *Curso de direito constitucional positivo*. 25ª ed. São Paulo: M

VALADÃO, Marcos Aurélio Pereira. Direitos humanos e tributação: uma concepção integradora. *Revista Direito em Ação*. Vol. 2. Brasília: Universa, 2001.

Capítulo XIV
O Dever de Informação acerca da Carga Tributária como Instrumento de Justiça Fiscal

CELSO ANTONIO PIRES FERREIRA*

Sumário: 1. Introdução. 2. Dos Fundamentos da Justiça e sua Extensão Fiscal e Tributária; 2.1. Contornos históricos e ideológicos da concepção de justiça; 2.2. Contornos históricos e ideológicos da concepção de justiça; 2.3. Consciência e cidadania sob uma perspectiva tributária; 2.4. O estado fiscal e o dever fundamental de pagar tributos; 2.5. O Estado organizado como garantidor dos direitos humanos. 3. O Dever de Informação Acerca da Carga Tributária, Sua Positivação Constitucional e Instrumentalização Legal. 4. Pirâmide do Ideário de Justiça Fiscal. 5. Ciclo Virtuoso da Justiça Fiscal. 6. Conclusões. 7. Referências Bilbiográficas; 7.1. Fontes Digitais.

1. Introdução

O presente capítulo versa sobre a perene e necessária busca por Justiça em todos os ramos do ordenamento jurídico, trazendo noções mais específicas para sua instrumentalização no Direito Tributário e Fiscal.

---

* Advogado, aluno especial do Mestrado em Direito pela Universidade Católica de Brasília, Especialista em Direito Tributário e em Direito Público, *Master in Business Administration* (MBA) pela Fundação Getúlio Vargas (FGV).

O escopo principal visa mostrar a importância do auferimento de informações por parte dos cidadãos-contribuintes em relação aos gravames que lhes são imputados.

Preliminarmente, será apresentado um arcabouço teórico sobre noções de justiça, cidadania e consciência individual/coletiva como formas de integração harmônica de um tecido social probo e equilibrado. Demonstrando como todos esses conceitos estão interligados e dificilmente poderiam subsistir de forma estanque. Vislumbramos que ao conectá-los obtemos um padrão exequível de justiça fiscal, alcançando assim um ideal aproximado ao pretenso desejo comum a qualquer sociedade moderna: Proceder de modo justo.

Depois, ao derivarmos da seara geral, questionamos seu envolvimento no setor da tributação. Tendo como convicção que a repartição da carga tributária de forma justa entre os cidadãos contribuintes passa pela conscientização dos mesmos e estímulo ao efetivo exercício de sua cidadania fiscal. Com tais referenciais expomos como implementar tais estruturas teóricas apoiando-se em garantias constitucionais de forma a motivar bases sólidas que evoluam e deem suporte a um Estado Fiscal consciente, organizado e tendo a justiça fiscal como sua finalidade precípua a ser atingida. A Constituição Brasileira de 1988[1] assegura meios de perpetrar o que sugerimos ao longo de todo seu corpo e de forma mais específica em seu art. 150, § 5º.[2]

Por fim exponho conclusões sobre o andamento dessa vagarosa, porém necessária, mudança de paradigma social e legal como meio de alcançar uma justiça fiscal realizável. No âmbito legal, perquirindo quais legislações já foram criadas ou estão em processo de criação, perscrutando suas funções como estimuladora de debates no seio social. Tais suscitações incitam a sociedade a se movimentar quando se fizer imperativo ou se rebelar quando se sentirem injustiçados.

Não restam dúvidas que a estrada para as transformações sociais é pavimentada mais com um rápido asfalto de populismos facilmente tragáveis, do que com as duras pedras de um realismo duro e profundamente transformador; mas temos que acreditar, concordando com o que

---

[1] Promulgada em 08 de outubro de 1988.
[2] "A lei determinará medidas para que os consumidores sejam esclarecidos acerca dos impostos que incidam sobre mercadorias e serviços".

disse Calamandrei: *"Para encontrar a justiça, é necessário ser-lhe fiel. Ela, como todas as divindades, só se manifesta a quem nela crê."*³

2. Dos Fundamentos da Justiça e Sua Extensão Fiscal e Tributária

2.1. Contornos históricos e ideológicos da concepção de justiça

A problematização em volta da definição conceitual de justiça e de seus contornos de aplicação remontam as origens do direito. A sua noção varia conforme o tempo e cultura, mas seu ideário permanece desde momentos imemoriais. Isso ocorre desde a pré-história do direito, antes mesmo do aparecimento da escrita e consequente aparição dos primeiros textos jurídicos. Tais compilações em torno do ideal de justiça emergem em épocas diferentes, variando conforme cada civilização.

O certo a se dizer, sem digressões exacerbadas, é que instituições de direito público já existiam antes mesmo da escrita como forma de regular a vida nessas sociedades primitivas e nestas organizações relativamente desenvolvidas e de difícil estudo, em seu "direito arcaico", já se buscava noções de justiça. Enfatizando-se porém que a abstração conceitual do seu conteúdo varia conforme o tempo ou contexto social de sua perspectiva interpretativa. Citamos aqui a análise histórica feita por Gilissen:

> [...] Admite-se assim que não existe uma noção universal e eterna de justiça, podendo essa noção variar com o tempo e com o espaço. Nos sistemas arcaicos de direito é justo tudo aquilo que interessa para a manutenção da coesão do grupo social, e não para o que tende para o respeito dos direitos individuais; daí uma grande severidade em relação a todo o comportamento anti-social, quer dizer contrário aos interesses do grupo, e, pelo contrário, uma tendência a procurar conciliação para resolver todo o conflito no seio do grupo; a função de julgar não consiste em resolver um litígio segundo regras pré-estabelecidas, mas em tentar obter o acordo das partes por concessões recíprocas; donde, a importância das negociações que podem durar dias, e também a ausência de qualquer noção de autoridade do caso julgado.⁴

---

³ CALAMANDREI, Piero. *Eles, os juízes,* **vistos por um advogado**. 1 ed. São Paulo: Martins Fontes, 1995, p. 4.
⁴ GILISSEN, John. *Introdução Histórica ao Direito*. 4 ed. Lisboa: Fundação Calouste Gulbenkian, 2003, p.36.

Essa variação conceitual da concepção de justiça é consequência de uma mutação corrente no seio das relações sociais humanas. Exemplo disso são os elementos jurídico-positivos introduzidas pelo direito romano, que trouxeram noções de valores como a que " todos são iguais perante a lei" e "todos tem direitos iguais"; tendo como simbolismo máximo a justiça retratada como a estátua de "olhos vendados" e "espada em punho". A Igreja Católica contribuiu para uma formatação do ideal de justiça ao dispor como sendo uma de suas quatro *virtudes cardinais*, consistindo na *"constante e firme vontade de dar aos outros o que lhes é devido"*[5]. O processo de transformação pode ser lento, mas é perene.

Dentro desta evolução foram teorizadas variadas concepções de justiça. John Rawls[6], um dos mais influentes, conceituou justiça como equidade, retomando a "teoria do contrato social" propôs uma situação hipotética similar ao estado de natureza na qual certos indivíduos escolhiam princípios de justiça. Os mesmos eram tidos como "racionais" e "equilibrados", estando ainda condicionados a uma condição, chamada por Rawls, de "véu de ignorância"; sendo definido como uma condição de desconhecimento das vantagens e desvantagens da vida em sociedade (sistema de classes, educação, balizas morais, etc.).

Nestas condições eles foram tidos como "livres e iguais", elegendo assim princípios de justiça, cuja percepção de Rawls, assim seriam: Princípio da liberdade, aonde cada pessoa deve ter um direito igual de liberdades básicas iguais que sejam compatíveis umas com as outras e princípio da igualdade, aonde as desigualdades econômicas e sociais devem ser ordenadas de tal modo que sejam consideradas vantajosas para todos dentro do limite do razoável (princípio da diferença) e vinculadas a posições e cargos acessíveis a todos (princípio da igualdade de oportunidades). Tais princípios exercem a função de julgar os padrões de "justiça" dentro da sociedade, regulando a repartição de direitos e deveres da coletividade.

Outro importante jurista a dedicar-se as complexas fronteiras conceituais da justiça foi Ronald Dworkin[7]. Sua teorização reportar-se em duas

---

[5] Compêndio do Catecismo da Igreja Católica, n.381.
[6] Sua obra clássica "Uma Teoria da Justiça", originalmente publicada no ano de 1971.
[7] Analisou a obra de John Rawls, sobre o conceito de justiça, em dois livros já clássicos modernos: "A Virtude Soberana", publicada originalmente no ano de 2000 e "A Justiça para

premissas fundamentais: As repartições das riquezas sociais devem conjecturar as preferências das pessoas, de forma que uma repartição idêntica não seria necessariamente justa (*equal concern*) e as desigualdades materiais não seriam justificadas se não pudessem ser atribuídas as escolhas das pessoas ou estivessem fora de seu controle (*special responsability*).

Igualdade para Dworkin, se manifesta nos recursos que as pessoas têm para alcançar suas escolhas e não no bem-estar que elas poderiam possivelmente obter com esses recursos. O governo, dentro desta concepção, teria um papel fundamental de prover uma "igualdade material" na qual ele chama de "justiça distributiva".

Outra perspectiva na qual pode ser analisada a justiça é a econômica, sendo o seu maior expoente Richard Posner[8]. Em sua teoria, a base normativa para o conceito de justiça envolve a maximização da riqueza, sendo ocorrido no momento em que os bens materiais e outras fontes de satisfação são distribuídas de modo que seu valor agregado é maximizado. Essa maximização pode ser facilitada por três categorias de direitos fundamentais: segurança pessoal, liberdade pessoal e propriedade privada. O Estado, na perspectiva de Posner, não apenas distribui riqueza, pode também criá-la através de suas instituições e benefícios à população.

A compreensão de justiça advinda deste enfoque se utiliza da maximização da riqueza como juízo crítico para análise da existência da justiça em atos e instituições. Para Posner, esse discernimento admitiria harmonizar as abordagens de utilidade, liberdade e equidade.

O intento do presente estudo não é discorrer sobre a teorias de justiça que se desenvolveram ao longo da história; em virtude disso, esses breves comentários se limitaram a erguer idéias gerais daqueles que se revelaram mais importantes.

Terminamos o presente tópico ressaltando as noções gerais de **justiça** aqui desenvolvidas, quais sejam: Uma ponderação com bastante carga de abstração, referente a um estado idealizado de inter-relação social, em que existe uma estabilização plausível e até certo ponto imparcial entre

---

Porcos-espinhos", publicada originalmente no ano de 2011. Apenas a título de curiosidade, informamos que, infelizmente, o Professor Ronald Dworkin faleceu em fevereiro de 2013.

[8] O seu livro clássico tem por título: "Análise Econômica do Direito" (*Economic Analysis of Law*), originalmente publicado no ano de 1972.

os interesses dos envolvidos e variando conforme a época e a cultura em que se apresentem.

Tais elementos que traçam os contornos de justiça, apesar da polissemia do termo, são notáveis por nortear os desígnios a serem alcançados em um Estado Democrático de Direito.

2.2. Consciência e Cidadania sob uma Perspectiva Tributária

Não restam dúvidas que a consciência é uma estrutura muito complexa, através dela perscrutamos o mundo que nos rodeia. Conforme afirma Steven Pinker[9], ninguém pode ter consciência sobre alguma coisa no primeiro contato com essa coisa, no máximo podendo referenciá-la com outros registros próximos, permitindo afirmar que a coisa é parecida com essa ou com aquela de outro domínio.

A implementação desse primeiro contato ao cidadão foi, historicamente, muitas vezes negada; não sabendo ele a justificativa para o pagamento de tributos. Com a evolução dos processos democráticos isso foi se transformando, até julgar-se, hodiernamente, essencial o estabelecimento de uma consciência fiscal para medir o grau de desenvolvimento social de um Estado. Nas precursoras linhas do Professor Aliomar Baleeiro:

> Os escritores de língua inglesa chamam de "tax consciousness", que se pode traduzir pela expressão "consciência fiscal", o estado de espírito de quem sabe em quanto montam aproximadamente os seus sacrifícios em dinheiro para manutenção dos serviços públicos.[10]

Persiste objurgando, o Mestre:

> O grosso da população, sob o peso regressivo de impostos de venda, consumo, selo, etc., supõe que os tributos recaem sobre os ombros dos grandes

---

[9] Steven Pinker é Psicólogo, Professor da Universidade de Harvard, e traz essas noções sobre "consciência" em seu livro intitulado: Como a Mente Funciona, edição brasileira do ano de 2009. Ed. Companhia das Letras.

[10] BALEEIRO, Aliomar. *Uma Introdução à Ciência das Finanças*. 16º ed. Rio de Janeiro: Forense, 2002, p.196.

contribuintes ou não pensa de modo algum sobre nesses assuntos. Acredita que seus interesses não são comprometidos pelas medidas financeiras.[11]

Para o funcionamento pleno de um Estado faz-se imperativo que seus cidadãos se sintam responsáveis por ele, essa responsabilidade advém de um conhecimento das justificativas pelos quais os mesmos se enquadram como contribuintes. Até a etimologia da palavra nos traz essa noção de contribuir, ou seja participar com algo. Para se sentir como contribuinte o cidadão tem que ter consciência da necessidade de estar contribuindo, conhecer o porquê.

Essa consciência fiscal deve ser levada aos cidadãos-contribuintes, não podendo em hipótese alguma faltar-lhes. Nas didáticas observações do Professor Hugo de Brito Machado:

> Para que todos os cidadãos se sintam contribuintes, na verdade, falta a denominada *consciência fiscal*, a consciência que a carga tributária não pesa apenas nos ombros de quem tem o dever legal de efetuar o pagamento de tributos, mas também sobre os ombros de quem, como comprador de mercadorias ou tomador de serviços, paga um preço no qual estão embutidos os tributos.[12]

Aspecto inovador apresentado pelo Professor Hugo de Brito é o uso da consciência do contribuinte como meio de limitar o poder de tributar. Abrangendo uma concepção subjetiva que jamais poderá ser elidida. Assevera com precisão:

> A consciência fiscal é a mais importante das limitações do poder de tributar. Mais importante porque é uma limitação substancial, e, sendo assim, sua remoção pelo governante é praticamente impossível. Enquanto as limitações formais de maior alcance, como os princípios da legalidade e da anterioridade, podem eventualmente ser removidas da Constituição, a consciência

---

[11] O Professor Aliomar Baleeiro mostrou sua preocupação com a "anestesia fiscal" (conforme suas próprias palavras) e a consciência fiscal do cidadão-contribuinte desde a primeira publicação de seu livro: Uma Introdução a Ciência das Finanças. Isso foi no longínquo ano de 1955, ou seja, fazem 60 anos que não despertamos para tão importante tema.
[12] MACHADO, Hugo de Brito. *Curso de Direito Constitucional Tributário*. 1ed. São Paulo: Malheiros, 2012, p. 284.

fiscal não pode ser removida e pode chegar, mesmo, a impedir a remoção daquelas limitações formais.[13]

A consciência fiscal, gera uma maior participação do cidadão-contribuinte em seu meio social, participando mais ativamente da busca de melhorias para qualidade de vida da coletividade; se mostrando muito eficaz no pleno alcance dos Direitos Humanos. Traz questionamentos inclusive em relação ao tamanho do Estado e principalmente, ao seu custo para os cidadãos; ou seja serve como obtemperações para análise de reais obrigações de aumento da receita tributária.

O exercício dos direitos e deveres civis, políticos e sociais estabelecidos na constituição estarão sendo instrumentalizados; e a consequência disso é a plena conceituação de cidadania. A consciência e a cidadania devem andar sempre juntas, uma vez que ao acerca-se de consciência nos permitiremos legitimar através da nossa cidadania as ações dos nossos representantes e do Estado.

2.3. O Estado Fiscal e o Dever Fundamental de Pagar Tributos

Afastando casos excepcionais de Estados que não se utilizam de ingressos e receitas primárias de forma corrente, aonde poderíamos citar países com grandes reservas naturais de petróleo ou gás; os governos ao longo do tempo se utilizaram de alguns meios universais como: Esbulhar outros povos ou receber doações, produzir renda através de bens e empresas estatais, tomar ou forçar empréstimos e finalmente, estabelecer coativamente tributos. Nos ensina o Professor Marcos Valadão:

> Para auferir as receitas necessárias ao desempenho das funções que lhe são inerentes o Estado utiliza-se do poder de tributar, que lhe é intrínseco. Evidentemente que a evolução do conceito de Estado fez-se acompanhar de modificações na forma de arrecadar recursos e, ao longo dessa evolução, nem sempre as exações fiscais constituíram principais fontes de receita dos Estados.[14]

---

[13] MACHADO, Hugo de Brito. *Curso de Direito Constitucional Tributário*. 1ed. São Paulo: Malheiros, 2012, p. 286.
[14] VALADÃO, Marcos Aurélio Pereira. *Limitações Constitucionais ao Poder de Tributar e Tratados Internacionais*. Belo Horizonte: Del Rey, 2000, p. 21.

Os Estados modernos são majoritariamente ditos fiscais, ou seja, se utilizam dos tributos como fonte de custeio para toda sua organização e funcionamento, avocando-se um poder de imposição frente a seus cidadãos e legitimados por eles, de cobrar tributos. Nos ensinamentos de Albert Hensel:

> *La palabra poder tributario designa, de acuerdo com la moderna concepción del Estado, la soberanía estatal general aplicada a una concreta materia de la actividad estatal: la imposición. El objetivo de estas líneas es clarificar qué particularidades presenta esta manifestación de la soberanía del Estado.*[15]

Contrabalançando poder do estado com critérios mais definidores de sua aplicação no âmbito dos tributos, ensina o Professor Casalta Nabais:

> [...] todos os cidadãos se encontram adstritos ao cumprimento do dever de pagar impostos, e da uniformidade, a exigir que semelhante dever seja aferido por um mesmo critério – o critério da capacidade contributiva. Este implica assim igual imposto para os que dispõe de igual capacidade contributiva (igualdade horizontal) e diferente imposto (em termos qualitativos e quantitativos) para os que dispõe de diferente capacidade contributiva na proporção desta diferença (igualdade vertical).[16]

A atividade estatal impositiva do dever de pagar tributos decorre da soberania. Não resta dúvidas em relação a isso. O que temos que esclarecer é a imperativa necessidade de legitimidade democrática, como sustentáculo desses Estados modernos. Essa legitimidade emana de seus cidadãos, e ela só se valida através da consciência (explorando/indagando/estudando) desses cidadãos, referente ao que está ocorrendo em seu meio social e o exercício de sua cidadania.

---

[15] HENSEL, Albert. *Derecho Tributario*. Madrid: Marcial Pons, 2005, p.107. (Tradução da reimpressão de 1986, da 3ª edição da obra original *"Steuerrecht"*. Berlin/Heidelberg, 1933.)
[16] NABAIS, José Casalta. *O Dever Fundamental de Pagar Impostos*. Coimbra: Almedina, 2012, p. 687.

Em um Estado fiscal legítimo e democrático termos a percepção de vermos garantidos nossos direitos, mas antes, não podemos nos escusar de exercer nossos deveres.

Liberalismos que só reconhecem direitos não cabe mais em sociedades modernas. As responsabilidades do cidadão devem ser instadas como forma de equilíbrio entre liberdades pessoais e necessidades comunitárias. Essa ponderação de interesses é de suma importância para estabilização das relações sociais do Estado.

Não se trata de negar direitos aos cidadãos, tais direitos já se encontram protegidos no corpo constitucional como forma de defesa a iminentes agressões do Estado fiscal. O que se busca é uma assunção de responsabilidades por parte do cidadão-contribuinte, como forma de balanceamento na sociedade, estipulando-se o fim dessa rejeição social a figura do tributo.

O tributo não é puro poder do Estado, nem mero sacrifício do cidadão; o tributo deve ser encarado como um dever fundamental, fazendo parte de um ciclo virtuoso de consciência a estimular cidadania. Legitima-se assim as ações do Estado a garantir os direitos fundamentais e sociais do cidadão-contribuinte.

Pondera a Professora Regina Helena Costa:

> Vale salientar a existência de uma outra tensão, de caráter permanente, observada entre a imposição de tributos e o exercício de direitos fundamentais. Se, de um lado, a exigência daqueles pode, inadequadamente, dificultar ou mesmo inviabilizar o exercício destes, de outro, parece evidente que vários dos direitos assegurados no ordenamento jurídico dependem, para sua proteção, dos recursos advindos da receita tributária.[17]

As idéias de cidadania e tributação devem andar juntas, o ato de um cidadão contribuir para as despesas do Estado representa uma exterioridade da cidadania.

---

[17] COSTA, Regina Helena. *Curso de Direito Tributário – Constituição e Código Tributário Nacional*. São Paulo: Saraiva, 2012, 2º ed. p. 24.

2.4. O Estado Organizado como Garantidor dos Direitos Humanos

Os agrupamentos sucessivos de serem humanos em várias partes do mundo derem origem as cidades e posteriormente chegando a ideia de Estado como aspecto máximo de aparelhamento humano, transcendendo a ele apenas a concepção moderna de comunidade internacional. Ensina Fustel de Coulanges:

> Assim, a sociedade humana, nesta raça, não se expandiu de um círculo que se alastrasse paulatinamente, de um lugar a outro, mas ao contrário, pela junção de pequenos grupos, já constituídos há muito tempo. Muitas famílias formaram a fratria, muitas fratrias a tribo, e muitas tribos a cidade. Família, tribo, cidade são, portanto, sociedades perfeitamente análogas e nascidas umas das outras por uma série de federações.
>
> [...] Este foi o modo de criação do Estado entre os antigos; o seu estudo tornava-se indispensável para nos elucidar inteiramente sobre a natureza e instituições da cidade.[18]

Superado essa rápida descrição histórica social adentramos a seara que nos cabe, afirmando que a base de sustentação dessa organização estatal passa pelo tributo. Essas prescrições jurídicas que regulamentam a vida em sociedade, garantindo e assegurando os direitos dos seus cidadãos, asseverando liberdades públicas, direitos individuais e sociais; demandam o tributo como indispensável. Através dele organizamos o aparelho social e solvemos todos os seus custos.

Didaticamente nos ensina o Professor Marcos Valadão:

> O Estado, para fazer face às demandas sociais, aí incluída a garantia dos direitos humanos, incorre em diversos gastos, tais como pagamento de funcionários, a manutenção de estruturas de controle, investimentos públicos, etc. Tais gastos são as despesas estatais, que devem ser pagas com receitas estatais. Daí a necessidade da atividade financeira do estado, na qual se compreende o auferimento dessas receitas, onde se contem a tributação.[19]

---

[18] COULANGES, Numa Denis Fustel de. *A Cidade Antiga*. São Paulo: Martins Fontes, 2000, p. 134, 135 – 141.

[19] VALADÃO, Marcos Aurélio Pereira. *Direitos Humanos e Tributação: Uma Concepção Integradora*. Direito em Ação (UCB/DF), Brasília – DF, V.2, n.1, P. 224.

Resta evidente que a tributação interfere nos direitos do indivíduo, mas, por outro lado, na linha defendida pelo Professor Marcos Valadão, funciona como um pressuposto necessário a garantia e manutenção dos próprios direitos, pois, sem tributos não haveria Estado e sem Estado não existiria o próprio direito.

Na medida de suas condições, faz imperativo a contribuição dos cidadãos ao suporte financeiro do Estado. Um Estado preocupado com o bem estar dos que compõe só se realiza com a responsabilização dos mesmos com esse suporte. Temos que acabar com a concepção liberal exacerbada, possivelmente trazida em virtude de traumas por períodos históricos fascistas, de teorias em torno apenas de direitos dos cidadãos.

O Estado que busca realizar a justiça faz-se por oportuno teorizar os deveres do cidadão. É dever de todos contribuírem, garantindo seus direitos através da assunção de seus deveres; podemos falar, "*in medio virtus*", em um dever fundamental de pagar tributos como forma de financiar o Estado e garantir os direitos fundamentais.

Explana Alessandro Cardoso:

> Pode-se afirmar, assim, que existe um direito de todos os indivíduos e da sociedade, de que cada um cumpra o seu dever de recolher tributos. Isso porque o cumprimento desse dever está diretamente vinculado a possibilidade concreta de efetivação dos direitos fundamentais assegurados aos cidadãos brasileiros. Em vez de uma dualidade direito x dever, tem-se na verdade uma interface, em que o dever de contribuir de cada um, corresponde a um direito dos demais. Trata-se de uma verdadeira responsabilidade social, e não mais de simples dever em face do aparato estatal.[20]

O tributo não pode mais ser interpretado pelo cidadão como algo ruim, uma ação a ser rejeitada, um sacrifício sem retorno. Em uma concepção do sempre atual, "*no taxation without representation*", trata-se de conceber-se em um Estado democrático de direito os tributos como consentidos; sendo eles legitimados por seus cidadãos, não cabendo aos

---

[20] CARDOSO, Alessandro Mendes. *O Dever Fundamental de Recolher Tributos*. Porto Alegre: Livraria do Advogado, 2014, p. 147.

mesmos negar-lhes, mas sim questionar-lhes quando apresentar perante a sociedade com injustos.

Quando censuráveis, como cidadãos, lutemos por perquirir justeza e não aceitar a injustiça e ficar a reclamar passivos encarando o tributo como puro alvedrio do poder estatal; ou como mero sacrifício unilateral nosso, como contribuinte. O tributo se consolida como um poder jurídico em função do cidadão e não o contrário.

3. O Dever de Informação Acerca da Carga Tributária, Sua Positivação Constitucional e Instrumentalização Legal

Nossa carga tributária no Brasil é tida como elevada, mas quando analisamos com mais acuidade essa afirmação, resta patente que elevado é a desproporção entre o investido a título de tributos e o seu retorno como melhoria de vida na sociedade. Existe um imenso abismo entre investimento e retorno.

Como forma de progresso social, sustentamos ao longo desse capítulo, a busca por um ideal de justiça tributária mostrando que o alcance dessa necessidade passa pelo exercício da cidadania fiscal, sendo sua obtenção abarcada apenas depois de uma tomada de consciência por parte dos cidadãos. Chegamos assim ao ponto decisivo para se chegar a consciência fiscal: o imprescindível dever de informação.

A informação refere-se ao efeito sucedido da manipulação e processamento de dados, de tal forma que importe uma transformação seja quantitativa, seja qualitativa na pessoa que o aufere.

No âmbito do Direito Tributário o dever de informações acerca da carga tributária são os contornos primários que levam a justiça fiscal. Através dele o cidadão-contribuinte toma consciência do porquê da necessidade da exação a ele imputada, a consentindo. Em decorrência disso, toda a normatização da legislação tributária se assiste legitimada.

A Constituição Federal de 1988 traz um artigo que devidamente implementado pode fazer muito para instrumentalizar toda a teorização de justiça fiscal trazida por nós.

Expressa o art. 150, § 5º CF/88: *"A lei determinará medidas para que os consumidores sejam esclarecidos acerca dos impostos que incidam sobre mercadorias e serviços."*

Esse preceito propugna a transparência da carga tributária incidente principalmente sobre bens e serviços (tributação indireta); quando analisamos o fenômeno da repercussão financeira, verificamos que tais impostos são suportados pelo consumidor final dos bens e serviços por eles onerados.

O que acontece rotineiramente é o fato da grande maioria dos cidadãos nem perceber esse ônus; mas baseado neste artigo constitucional o consumidor, contribuinte de fato do imposto, precisará ser explicado a respeito da carga tributária integrante do preço final dos produtos e serviços que adquira.

A predileção do legislador brasileiro pelos tributos indiretos impossibilita a identificação por parte dos contribuintes do que está pagando. O que não ocorre no tributo direto, onde ele tem essa perfeita noção.

Didaticamente explica o Professor Andrei Pitten:

> E o legislador, consciente da ignorância do contribuinte acerca da carga tributária que suporta, explora-a, optando por instituir e majorar tributos indiretos, cujo ônus econômico é suportado pelo passivo e desinformado consumidor final, em detrimento da instituição ou majoração de tributos que onerem de forma direta. Com isso, logra a aprovação de leis tributárias gravosas em meio à passividade dos cidadãos afetados indiretamente pela medida, os quais normalmente crêem que a questão sequer lhes diz respeito.[21]

Essa determinação trazida pelo art. 150, § 5º da Constituição Federal é fundamental ao escopo de justiça fiscal, pois visa conscientizar o cidadão do gravame econômico que lhe é atribuído. Pedimos vênia para expor as lições esclarecedoras do Professor Sacha Calmon:

> A meta desejada é a conscientização do cidadão-contribuinte. Sabemos bem a quantidade de tributos que incidem sobre o nosso patrimônio e a nossa renda aos fazermos uma aplicação financeira, ao celebrarmos contratos, ao formularmos uma declaração de renda, ao recebermos nosso salário e assim por diante. As contribuições previdenciárias, o imposto de renda, o IPTU, o ITR, o IPVA, o imposto sobre heranças e doações, o ITBI inter vivos não oferecem problemas. Todavia, há um rol de impostos "indiretos"

---

[21] VELLOSO, Andrei Pitten. *Constituição Tributária Interpretada*. Porto Alegre: Livraria do Advogado, 2012, p. 338-339.

ou "de mercado" que muita vez passam despercebidos ao consumidor de mercadorias e serviços em função do fenômeno financeiro da "repercussão" ou "translação" dos encargos fiscais. Quem recolhe o imposto, isto é, o "contribuinte *de jure*", necessariamente não é quem suporta financeiramente o encargo financeiro, e sim o "contribuinte de fato". Muita gente desconhece que ao comprar uma gravata, um sapato, uma camisa, um gênero alimentício, uma geladeira, está pagando ICMS e quiçá IPI. As pessoas devem saber que no preço do combustível há imposto (IVV e ICMS) e que nas contas de luz e telefone, às vezes nas prestações da locação, nos aluguéis, numa passagem de ônibus, estão incluídas nos preços parcelas tributárias. Para clarificar este fenômeno, resolveu o contribuinte obrigar as pessoas politicas a esclarecer os contribuintes. É uma determinação cabal e inarredável, não uma mera recomendação vazia. Aplica-se aos impostos cuja natureza contempla a repercussão jurídica. [...].[22]

Diante da importância do dever de informação acerca da carga tributária como forma de concretizar direitos e deveres constitucionais em uma sociedade de direito democrática e compromissada com o bem estar dos seus cidadãos, vamos além. Essa lealdade e franqueza do Poder Público com o contribuinte tem que ser estendida a todos os tributos, elevando-se a um ideário de dever geral de informação, conforme elucida o Professor Pitten:

> O dever geral de informação não se limita aos impostos não cumulativos, aplicando-se a todas as espécies tributárias. Impõe que se esclareça o contribuinte de fato acerca da repercussão jurídico-econômica e, também, da repercussão exclusivamente econômica. Exige que se informe, dentro do possível, qual é a carga tributária efetivamente suportada pelo contribuinte de fato.[23]

Em termos práticos não restam dúvidas acerca da dificuldade de se decompor o preço de determinadas mercadorias e serviços, em vista da

---

[22] COÊLHO, Sacha Calmon Navarro. *Comentários à Constituição de 1988 – Sistema Tributário*. Rio de Janeiro: Forense, 2005, 9º ed. p. 395.
[23] VELLOSO, Andrei Pitten. *Constituição Tributária Interpretada*. Porto Alegre: Livraria do Advogado, 2012, p. 339. Destaques no original.

complexidade da sistemática de substituições tributárias por exemplo; mas mesmo não sendo possível o provimento de uma indicação precisa, será sim plausível propiciar ao consumidor-contribuinte uma noção geral dos contornos da carga tributária, deveras cominada. Admoesta o Professor Marco Aurélio Greco:

> Porém, com este alcance, o dispositivo apresenta-se de difícil operacionalização em razão da complexidade da tributação, particularmente das contribuições. Embora seja aparentemente simples dizer que também as contribuições deveriam ser objeto de destaque para que a população pudesse diretamente saber a dimensão da oneração que suporta, isto esbarra com a sistemática adotada pela legislação que institui – p.ex., no caso da COFINS – três regimes de tributação: não cumulativa, monofásica e cumulativa com alíquotas distintas, momentos de cobranças diferentes em função do tipo de atividade ou produto negociado. Como determinar claramente no caso concreto o que onerou a mercadoria ou serviço?[24].

Resta evidente que em um ideal de isonomia deveria se tributar mais fortemente os tributos diretos, utilizando-se da técnica de progressividade. Nesta sistemática, tributamos desigualmente os que se encontram em situação econômica distinta, segundo a premissa que deve pagar mais quem pode pagar mais. Fazendo importante lembrar, que a disponibilidade efetiva de renda do indivíduo aumenta mais que proporcionalmente ao acréscimo de sua renda global.

A crítica que fazemos, refere-se a péssima prática de nossos representantes legisladores; que na maioria das vezes preferem nos ver alienados em relação a pesada carga tributária que suportamos nos tributos indiretos, nos deixando a vagar na insensibilidade fiscal dos mesmos; do que cumprir o preceito constitucional e nos aclarar a situação das incidências tributárias dentro do fenômeno da repercussão. Entretanto, isto está mudando.

Dentro dos conceitos acerca do dever de informação da carga tributária como instrumento ao alcance de uma efetiva participação do con-

---

[24] GRECO, Marco Aurélio. Comentário ao artigo 150, § 5º CANOTILHO, J.J. Gomes; MENDES, Gilmar F.; SARLET, Ingo W.; STRECK, Lenio L. (Coords.). *Comentários à Constituição do Brasil*. São Paulo: Saraiva/Almedina, 2013. p. 1664-1665.

tribuinte, ensejando a consciência e a cidadania fiscal como interstício a justiça fiscal, trazemos o exemplo da lei complementar nº 107/2005 do Estado do Paraná, que trata em seu art. 2º e § 5º, *in verbis*:

> Art. 2º A instituição ou majoração de tributo atenderá aos princípios da eficiência econômica, da simplicidade administrativa, da flexibilidade, da responsabilidade e da justiça. (...)
> § 5º *O tributo deve ser e parecer justo*, atendendo aos critérios da isonomia, da capacidade contributiva, da equitativa distribuição do seu ônus, da generalidade, da progressividade e da não confiscatoriedade.

Esta legislação pioneira do Estado do Paraná traz margem ao operador da lei para cobrar a aplicação dos ideais universais de justiça, aplicados a seara tributária. A intenção da lei de cumprir tais ideais era tão forte, que ela chega a pronunciar que o tributo deve ser e parecer justo.

Além disso, resta clara a finalidade em viabilizar o atingimento do desígnio imposto pelo preceito constitucional ao prever medidas pertinentes a exigência de transparência e esclarecimento acerca da carga tributária.

Seguindo as mesmas diretrizes encontramos o projeto de lei complementar do senado nº 646/1999, chamado de "Código de Defesa do Contribuinte", que em seu artigo 2º, expressa:

> Art. 2º A instituição ou majoração de tributos atenderá aos princípios da justiça tributária.
> Parágrafo Único. Considera-se justa a tributação que atenda aos princípios da isonomia, da capacidade contributiva, da equitativa distribuição da carga tributária, da generalidade, da progressividade e da não confiscatoriedade.

Mais uma vez a observância desses dispositivos nos conduz a balizas ético-jurídicas para justiça fiscal, estabelecendo preceitos para que o operador da lei possua contornos de aplicação que o norteei a esse ideal. Essa associação a justa tributação nos leva ao acolhimento dos princípios constitucionais da isonomia, capacidade contributiva, equitativa distribuição da carga tributária, generalidade, progressividade e não-confisco.

O fator mais importante em colocar tais conceitos expressos na lei, diz respeito a levar para o cidadão-contribuinte a certeza que a justiça não pode estar longe da tributação.

Continuando na instrumentalização do ideal de justiça fiscal, destacamos a lei 12.741/2012[25], que dispõe sobre medidas de esclarecimento ao consumidor referente ao quanto os tributos influenciam na formação do preço dos produtos e serviços. Logo em seu artigo 1º, expressa a lei:

> Art. 1º Emitidos por ocasião da venda ao consumidor de mercadorias e serviços, em todo o território nacional, deverá constar, dos documentos fiscais ou equivalentes, a informação do valor aproximado correspondente à totalidade dos tributos federais, estaduais e municipais, cuja incidência influi na formação dos respectivos preços de venda.

Segundo essa lei, deve-se constar no documento fiscal a ser entregue ao consumidor-contribuinte a informação adequada e clara a respeito dos tributos incidentes sobre os produtos e serviços. Os tributos a serem divulgados, conforme a lei 12.741/2012, são[26]: ICMS, ISS, IPI, IOF, PIS/PASEP, COFINS, CIDE, II, PIS/PASEP – IMPORTAÇÃO e COFINS – IMPORTAÇÃO.

Resta patente a intenção do legislador ordinário de buscar os ideais de justiça fiscal trazidos pela norma constitucional, fazendo sua implementação através dessa lei, que pode tornar-se um marco na constante busca por justiça a que deve nortear o operador do direito.

O fator mais importante nesta lei, foi poder ascender a nível federal, a possibilidade a agregar de forma mais objetiva ao direito tributário um elemento que deve ser intrínseco ao Direito: a justiça. Desse modo, por parte do cidadão, estimula a efetiva participação popular a relação tributária descortinando-se ensejo a cidadania e a consciência fiscal; por parte do operador do direito balizas bem definidas a aplicação da justiça tributária. Certifica o Professor Klaus Tipke:

---

[25] *Lei nº 12.741, de 8 de Dezembro de 2012.* Dispõe sobre as medidas de esclarecimento ao consumidor, de que trata o § 5º do artigo 150 da Constituição Federal; altera o inciso III do art. 6º e o inciso IV do art. 106 da Lei nº 8.078, de 11 de setembro de 1990 – Código de Defesa do Consumidor.

[26] Art. 1º, § 5º da Lei 12.741/2012.

Em um Estado de Direito tudo deve ser o quanto possível ocorrer com justiça. Essa é a mais alta exigência, que se pode fazer perante. Essa exigência não pode em sua essência ser anulada ou deslocada por outras exigências. Daí partem também as constituições que expressis verbis invocam a Justiça ou Justiça Tributária.[27]

Assim, uma tributação adequada é uma tributação aceita por todos os cidadãos como justa. Uma tributação necessária a manutenção do interesse público, que se mostre de boa-fé, proporcional e razoável.

4. Pirâmide do Ideário de Justiça Fiscal

Os tributos como garantidores do estado e suporte para os direitos fundamentais. Interpretando a necessidade de uma tributação justa.

Consciência Fiscal do contribuinte para a Justiça Fiscal do Estado

Estado Organizado – Garantir os Direitos Humanos demandam custos

Estado Fiscal – O dever fundamental de pagar tributos

O objetivo da pirâmide do ideário da justiça fiscal, por nós criada, é procurar organizar de forma didática tudo que foi aqui explanado. Através dela interpretamos os vários conceitos aqui expostos.

---

[27] TIPKE, Klaus. *Moral Tributária do Estado e dos Contribuintes* (*Besteuerungsmoral und Steuermoral*). Trad. Luiz Dória Furquim. Porto Alegre: Sergio Antonio Fabris, 2012. p. 13.

Em sua base encontra-se o Estado Fiscal, fundado na demanda financeira necessária para suprir suas tarefas através dos tributos. Sem tributos e contribuintes não há como construir um Estado, muito menos um Estado de Direito garantidor dos direitos e deveres dos seus cidadãos. Há muito tempo já afirmava Montesquieu:

> As rendas do Estado são uma porção que cada cidadão dá de seus bens para ter a segurança da outra ou para gozar dela agradavelmente. Para estabelecer corretamente esta receita, devem-se considerar tanto as necessidades do Estado quanto as necessidades dos cidadãos. Não se deve tirar das necessidades reais do povo para dar as necessidades imaginárias do Estado.[28]

Em consequência ao Estado Fiscal, enxergamos um Estado organizado com suas instituições sólidas e garantias dos direitos fundamentais de seus cidadãos. Para isso vislumbra-se, esquivando de princípios exacerbadamente liberais; a necessidade de um equilíbrio entre direitos e deveres, onde o "dever" se equivale ao "direito" em um balanceamento contínuo na busca pelos valores da Justiça. Evoca-se neste momento o dever fundamental ao pagamento de tributos, onde o cidadão garante seus direitos através do cumprimento de seus deveres. Conforme esse equilíbrio, desponta ao Estado o dever de informação acerca da carga tributária como forma de legitimar esta estabilização social.

Chegamos ao topo da pirâmide, onde nesta sociedade ideal alcançaríamos a justiça fiscal através de um processo onde o cidadão informado de seus direitos e deveres, teria consciência dos mesmos, participando e legitimando os mesmos através de sua cidadania. Os cumpriria plenamente, pois participou, consentiu e induziu todo o processo acerca da informação, conscientização, exercício da cidadania, legitimação e consequente justiça tributária.

---

[28] MONTESQUIEU, Charles de Secondat, Baron de. *O Espírito das Leis*. São Paulo: Martins Fontes, 2000, p. 221.

5. Ciclo Virtuoso da Justiça Fiscal

O escopo do ciclo virtuoso da justiça fiscal é complementar o entendimento de como é possível a pretensão de uma sociedade justa e melhor, com a transposição de uma realidade tida como imaginária para uma perfeitamente factível, através de um comportamento, deveras ausente em nosso meio: A assunção de responsabilidades por parte dos cidadãos, tentando superar ao menos parcialmente sua subjetividade e focar na coletividade. A idéia de dignidade da pessoa humana passa por esse tênue equilíbrio entre o individualismo de direitos e o coletivismo de deveres.

6. Conclusões

O mais palpitante na temática da justiça fiscal é a convicção de que através de referenciais teóricos podemos buscar a sua instrumentalização na vida prática. Em um mundo que a tomada de decisões dos governantes gira em torno de questões econômicas e desde sempre, ao longo da história, as grandes revoluções e transformações se deram em virtude de demandas fiscais/tributárias faz-se imperativo a propagação de um ambiente propício a justiça fiscal.

Ensina o Professor Niall Ferguson[29] que "A melhor maneira de entender a história do fisco é ver nela a busca intangível de uma justa medida:

---

[29] FERGUSON, Niall. A Lógica do Dinheiro: Riqueza e Poder no Mundo Moderno 1700 – 2000. Rio de Janeiro: Record, 2007. p. 78.

um sistema que maximize a obtenção de receita e ao mesmo tempo minimize a inibição do crescimento da economia, [...]". A eterna busca por equilíbrio e justiça.

Iniciamos discorrendo sobre justiça, tecendo seus contornos através de influentes pensadores. Fizemos explanações sobre a consciência fiscal e sua fundamental importância no desenvolvimento da cidadania. Ponderamos sobre o essencial uso das informações acerca da carga tributária como indutor de consciência e posterior cidadania fiscal.

Entramos na conceituação de Estado fiscal como sendo aquele que por meio do tributo provém a sua subsistência e através dele se aparelha de forma a garantir direitos e deveres dos seus cidadãos. Mostramos que dentre os deveres fundamentais do cidadão, encontra-se aquele de pagar seus tributos como forma de aprovisionar o Estado organizado e garantidor.

Finalmente, fizemos anotações acerca do dever de informações sobre carga tributária, que principalmente em tributos indiretos, se faz de suma importância. Essa insensibilidade fiscal decorrente da omissão desses dados por parte de legisladores que nos preferem no desconhecimento.

Mostramos que a garantia ao fornecimento de informações encontra guarida constitucional no art. nº 150, § 5º; e paulatinamente está sendo regulamentado através de legislações infra constitucionais.

O dever de informações, foi visto, como meio a uma dissonância cognitiva que induziria a conscientização do cidadão ao exercício de sua cidadania, assim legitimando e consentindo a cobrança do tributo. Dentro desse sistema balanceado obtemos a transposição de um mundo ideal para um mundo real alcançando uma justiça praticável.

Alfredo Augusto Becker, alicerçado nas lições do Professor Jean Dabin, afirma: "O Direito não existe para moralizar o homem, mas para ser instrumento praticável que promova um Bem Comum (autêntico ou falso) realizável (não apenas ideal ou utópico)."[30]

Este assunto é muito fecundo e longe de nós tentarmos exaurir a matéria. Na verdade nosso intuito gira em torno do estímulo ao debate,

---

[30] BECKER, Alfredo Augusto. *Teoria Geral do Direito Tributário*. São Paulo: Lejus, 2002. 3.ed. p. 85.

para que através dele possamos aperfeiçoar o embasamento teórico sobre o tema e obter formas de aplicá-lo em nosso cotidiano.

7. Referências Bibliográficas

BALEEIRO, Aliomar. *Uma Introdução à Ciência das Finanças*. (Atualizador: Dejalma de Campos). 16ª ed. Rio de Janeiro: Forense, 2002.

BECKER, Alfredo Augusto. *Teoria Geral do Direito Tributário*. São Paulo: Lejus, 2002. 3.ed.

CALAMANDREI, Piero. *Eles, os juízes, vistos por um advogado*. 1 ed. São Paulo: Martins Fontes, 1995.

CARDOSO, Alessandro Mendes. *O Dever Fundamental de Recolher Tributos*. Porto Alegre: Livraria do Advogado, 2014.

COÊLHO, Sacha Calmon Navarro. *Comentários à Constituição de 1988 – Sistema Tributário*. Rio de Janeiro: Forense, 2005, 9ª ed.

COSTA, Regina Helena. *Curso de Direito Tributário – Constituição e Código Tributário Nacional*. São Paulo: Saraiva, 2012, 2ª ed.

COULANGES, Numa Denis Fustel de. *A Cidade Antiga*. São Paulo: Martins Fontes, 2000.

DWORKIN, Ronald. *O Direito da Liberdade – A Leitura Moral da Constituição Norte-Americana*. São Paulo: Martins Fontes, 2006.

DWORKIN, Ronald. *O Império do Direito*. São Paulo: Martins Fontes, 2014, 3ª ed.

FERGUSON, Niall. *A Lógica do Dinheiro: Riqueza e Poder no Mundo Moderno 1700 – 2000*. Rio de Janeiro: Record, 2007.

GILISSEN, John. *Introdução Histórica ao Direito*. 4ª ed. Lisboa: Fundação Calouste Gulbenkian, 2003.

GRECO, Marco Aurélio. Comentário ao artigo 150, § 5º In: CANOTILHO, J.J. Gomes; MENDES, Gilmar F.; SARLET, Ingo W.; STRECK, Lenio L. (Coords.). *Comentários à Constituição do Brasil*. São Paulo: Saraiva/Almedina, 2013.

HENSEL, Albert. *Derecho Tributario*. Madrid: Marcial Pons, 2005. (Tradução da reimpressão de 1986, da 3ª edição da obra original "*Steuerrecht*". Berlin/Heidelberg, 1933.)

MACHADO, Hugo de Brito. *Curso de Direito Constitucional Tributário*. 1ª ed. São Paulo: Malheiros, 2012.

MONTESQUIEU, Charles de Secondat, Baron de. *O Espírito das Leis*. São Paulo: Martins Fontes, 2000.

MORAES, Guilherme Peña de. *Constituição da República Federativa do Brasil e Legislação Correlata*. 6ª ed. São Paulo: Atlas, 2013.

NABAIS, José Casalta. *O Dever Fundamental de Pagar Impostos*. Coimbra: Almedina, 2012.

PINKER, Steven. *Como a Mente Funciona*. São Paulo: Companhia das Letras, 2009.

RAWLS, John. *Justiça e Democracia*. São Paulo: Martins Fontes, 2000.

TIPKE, Klaus. *Moral Tributária do Estado e dos Contribuintes (Besteuerungsmoral und Steuermoral)*. Trad. Luiz Dória Furquim. Porto Alegre: Sergio Antonio Fabris, 2012.

VALADÃO, Marcos Aurélio Pereira. *Direitos Humanos e Tributação: Uma Concepção Integradora*. Direito em Ação (UCB/DF), Brasília – DF, V.2, n.1.

VALADÃO, Marcos Aurélio Pereira. *Limitações Constitucionais ao Poder de Tributar e Tratados Internacionais*. Belo Horizonte: Del Rey, 2000.

VELLOSO, Andrei Pitten. *Constituição Tributária Interpretada*. Porto Alegre: Livraria do Advogado, 2012.

7.1. Fontes Digitais

BRASIL. *Constituição da República Federativa do Brasil de 1988*. Disponível em: <http://www.planalto.gov.br/ccivil_03/constituicao/constituicao.htm>. Acesso em: 12 mar. 2014.

—. *Lei nº 12.741, de 8 de dezembro 2012*. Disponível em: <http://www.planalto.gov.br/ccivil_03/_ato2011-2014/2012/lei/l12741.htm>. Acesso em: 12 mar. 2014.

—. *Projeto de Lei Complementar nº 646, de 25 de novembro de 1999*. Disponível em: <http://www.senado.gov.br/atividade/materia/detalhes.asp?p_cod_mate=42572>. Acesso em: 12 mar. 2014.

PARANÁ. *Lei Complementar nº 107, de 11 de janeiro de 2005*. Disponível em:<http://www.alep.pr.gov.br/web/baixarArquivo.php?id=23503&tipo=LM&tplei=0&arq=6289> Acesso em: 12 mar. 2014.

Capítulo XV

As Decisões do Conselho Administrativo de Recursos Fiscais Desfavoráveis ao Fisco e o Acesso ao Poder Judiciário

MARCOS PAULO DE ARAÚJO SANTOS*

Sumário: 1. Introdução. 2. Processo e Procedimento Administrativo Tributário. 3. Princípios Inerentes ao Processo Administrativo Fiscal. 4. Órgãos de Julgamento Administrativo Tributário no Brasil. 5. Entendimento Doutrinário Sobre o Tema; 5.1. Adeptos da Possibilidade de Recurso à Via Judicial; 5.2. Adeptos da Não Possibilidade de Recurso à Via Judicial. 6. Entendimento Jurisprudencial Sobre o Tema. 7. A Ação Popular Como Meio de Desconstituição das Decisões Terminativas Proferidas pelo Conselho Administrativo de Recursos Fiscais. 8. Conclusões. 9. Referências Bibliográficas.

1. Introdução

O presente estudo tem por objetivo fazer uma análise sobre a possibilidade ou não do Fisco recorrer ao Judiciário quando, ainda na seara do

---

* Advogado, Professor em cursos de graduação e pós-graduação e Procurador do município de Santana-BA, mestrando em Direito tributário pela Universidade Católica de Brasília.

Conselho Administrativo de Recursos Fiscais (CARF), obtiver decisões desfavoráveis. Assim sendo, sem qualquer pretensão de esgotar o tema, face sua controvérsia em âmbito nacional e ainda com poucos julgados nesse sentido, ao término, conclui-se pela impossibilidade de interposição de medidas na esfera judicial, sem se cogitar de eventual violação do princípio da inafastabilidade da jurisdição estampado no inciso XXXV do artigo 5º da Constituição Federal de 1988.

Nesse contexto, inegável é que o Estado existe com o escopo de assegurar o bem comum. Entretanto, para alcançar tal desiderato, mister se faz a obtenção de recursos financeiros a fim de viabilizar o exercício de políticas públicas em favor dos administrados.

Assim sendo, nasce o Direito Tributário com o intuito de regular a atividade financeira do Estado no pertinente à tributação[1] e tem como escopo não somente arrecadar dinheiro ao erário, mas, também, impor limites à sede arrecadatória do próprio Estado, estabelecendo limites e assegurando as garantias individuais inerentes aos contribuintes.

O direito processual, via de regra, visa instrumentalizar o procedimento para dirimir as resistências surgidas *inter pars*, tanto no âmbito administrativo quanto no judicial, face o caráter contencioso de duas alegações que se opõem.

Em se tratando de Direito Processual Tributário, o processo administrativo se torna ainda mais peculiar, vez que se sujeita não apenas à regência das normas principiológicas do Direito Administrativo e Processual, mas também àquelas que limitam o poder de tributar do Estado, tendo como escopo resguardar o contribuinte de eventuais abusos cometidos pelo poder público, em razão da posição de supremacia que ocupa o Fisco na relação jurídico-obrigacional firmada frente ao particular. Nesse contexto, mister se faz uma análise da natureza das decisões proferidas no âmbito dos processos administrativos fiscais, questionando-se, a possibilidade de serem consideradas definitivas, fazendo coisa julgada, à semelhança dos julgados oriundos do Poder Judiciário.

O artigo 5º da Constituição Federal de 1988, traz, ainda que de forma ampla, alguns direitos e garantias fundamentais, dentre eles o de petição, e do processo administrativo em seu inciso LIV.

---

[1] MACHADO, Hugo de Brito. *Curso de Direito Tributário*. São Paulo: Malheiros, 2010, p. 57.

O processo administrativo tributário, também conhecido como processo administrativo fiscal, tem como premissa dirimir conflitos possivelmente existentes entre Fisco e Contribuinte. Dessa forma, não implica em dizer que aquele deverá ser desprovido de regras ou normas que fujam da sistemática legal previamente estabelecida em âmbito constitucional.

Com efeito, o processo administrativo tributário deve obediência, como toda e qualquer norma existente no sistema jurídico pátrio, aos princípios elencados na Magna Carta de 1988, de modo especial, os do contraditório e da ampla defesa, bem como o da legalidade.

Não é menos curial ressaltar que o processo administrativo tem reconhecimento expresso nos incisos LV e LXXVIII do artigo 5º da CRFB/88, sendo, portanto, indubitável sua existência e validade. Por conseguinte, forçoso é concluir que o processo administrativo tributário deve obediência, aos demais princípios que norteiam o processo judicial, bem como os princípios constitucionais existentes no ordenamento jurídico pátrio que servem de sustentáculo para os demais ramos do direito.

Conforme preleciona Lídia Maria Ribas[2], o processo administrativo tributário possui importância como instrumento para aplicabilidade tanto do direito material quanto alternativo em matéria tributária, sendo, portanto, indissociável a clareza, a lógica e que obedeça aos princípios da ordem jurídica constitucional. Notório é que, em tempos atuais, a busca pela composição e dissolução das querelas fora do âmbito judicial tem ganhado relevo, pois, as demandas de pequena monta têm sobrecarregado de sobremaneira o exercício da atividade judicante, por conseguinte, tornando, *concessa vênia*, impossível alcançar a razoabilidade na duração dos processos, tanto na esfera administrativa quanto judicial, tornando assim ineficaz o comando constitucional do inciso LXXVIII do artigo 5º.

Outro ponto relevante é a menor onerosidade na tramitação do feito e a obediência aos ditames legais, nesse contexto Lídia Maria Ribas[3], prescreve que, em se tratando de matéria de direito tributário, a opção pela via administrativa é mais vantajosa, pois, além de resguardar as garantias constitucionais, há a gratuidade, ou seja, sem custas às partes e é assegu-

---

[2] RIBAS, Lídia Maria L. R. *Processo Administrativo Tributário*. 1ª edição. São Paulo: Malheiros, 2008, p. 17.
[3] Ibid., p. 17.

rado o efeito suspensivo aos recursos viabilizando o acesso ao duplo grau para apreciação.

A opção pela via administrativa no âmbito tributário, malgrado tenha seu reconhecimento como mais favorável e atrativa para dirimir querelas da seara tributária, mister se faz destacar que as decisões proferidas em última instância administrativa têm ensejado controvérsias quanto à possibilidade do ingresso na via judicial por parte do Fisco quando a referida decisão administrativa lhes for desfavorável. Ao revés, em sendo desfavorável ao Contribuinte, é lhe assegurado à interposição da medida judicial cabível, sob o argumento da inafastabilidade do acesso ao judiciário. Contudo, obstar o acesso do Fisco ao Judiciário faz nascer a coisa julgada administrativa, bem como viola, concessa *vênia*, o princípio constitucional de que a lei não excluirá da apreciação do Poder Judiciário lesão ou ameaça a direito.

É justamente a partir desse questionamento que se desenvolve o presente capítulo, visando à análise do processo administrativo fiscal e das decisões dele decorrentes, sob o escopo de averiguar sua possível definitividade e suas repercussões no que tange a possível violação de princípio constitucional, qual seja, do acesso ao Judiciário.

Por fim, não é menos curial trazer à baila que a Constituição da República Federativa do Brasil de 1988 estabelece de forma cristalina em seu inciso XXXV, artigo 5º, de que a lei não excluirá da apreciação do Poder Judiciário lesão ou ameaça a direito, conhecido, também, como princípio da inafastabilidade da jurisdição.

Muito embora tal mandamento seja constitucional, tem parte da doutrina, bem como a jurisprudência entendido de forma diversa, gerando, óbvio, controvérsia sobre sua aplicabilidade no que tange as decisões proferidas pelos conselhos de contribuintes, atualmente denominado Conselho Administrativo de Recursos Fiscais, sendo, portanto, necessário melhor estudo sobre o tema.

2. Processo e Procedimento Administrativo Tributário

É inquestionável que a vida em sociedade não é isenta de litígios, pois, o homem por si só é envolvido de desejos e conquistas que muitas vezes na busca de tais realizações extrapola o limite dos padrões legais e procedimentais preestabelecidos em normas. Assim, via de regra, tais excessos geram conflitos que são submetidos ao crivo do Poder Judiciário a serem dirimidos, porém, atualmente, tal perfil vem mudando. A busca pela resolução dos conflitos fora dos olhos do Poder Judiciário tem aumentado e muito, sendo inclusive fomentada pelo próprio Poder Público, através de legislações e políticas voltadas a soluções das querelas de modo extrajudicial, mas, ainda assim, sem se olvidar das diretrizes traçadas na legislação vigente.

O processo administrativo, malgrado esteja fora do Judiciário, no Brasil tem seu reconhecimento expresso na Magna Carta de 1988, sendo, portanto, assegurado às partes envolvidas princípios constitucionais como, por exemplo, o do contraditório e da ampla defesa.

De um modo geral, o processo administrativo é o meio pelo qual a Administração Pública tem o controle de seus atos, dos administrados e é o instrumento que viabiliza as discussões que envolvem Administração e administrados. Todavia, faculta aos administrados a possibilidade de discutirem e encontrarem soluções possíveis e legais que melhor atendam tanto aos interesses da Administração, quanto aos interesses dos administrados, contudo, dentro de um padrão razoável e legal.

Nesse contexto, Maria Di Pietro afirma ser o processo administrativo imprescindível à Administração no que tange a sua funcionalidade, *verbis*:

> [...] instrumento indispensável para o exercício de função administrativa; tudo o que a Administração Pública faz, operações materiais ou atos jurídicos, fica documentado em um processo; cada vez que ela for tomar uma decisão, executar uma obra, celebrar um contrato, editar um regulamento, o ato final é sempre precedido de uma série de atos materiais ou jurídicos, consistentes em estudos, pareceres, informações, laudos, audiências, enfim tudo o que for necessário para instruir, preparar e fundamentar o ato final objetivado pela Administração.[4]

Não é menos curial ressaltar que imperioso é não confundir processo administrativo com procedimento administrativo, pois, segundo Theodoro Jr, o processo "é o método jurídico utilizado pelo Estado para

---

[4] DI PIETRO, Maria Sylvia Zanella. *Direito Administrativo*. 15. ed. São Paulo: Editora Atlas, 2003. P. 506.

desempenhar a função jurisdicional e procedimento a maneira de estipular os atos necessários e de concatená-los, de forma estabelecer o iter a ser percorrido pelos litigantes."[5]

Como se não bastasse, a Professora Di Pietro, em outras palavras, manifesta-se sobre o tema, *verbis*:

> O procedimento é o conjunto de formalidades que devem ser observadas para a prática de certos atos administrativos; equivale a rito, a forma de proceder; o procedimento se desenvolve dentro de um processo administrativo.[6]

A diferença entre processo e procedimento é de relevo, pois, principalmente no tocante a garantia constitucional do contraditório e da ampla defesa. Malgrado pouco perceptível, a diferenciação entre processo e procedimento é necessária, inclusive no que pertine a competência para legislar sobre o tema, haja vista quando se tratar de processo a competência é exclusiva da União conforme preceito constitucional e, ao revés, quando se tratar de *procedimento*, a competência será concorrente entre União, Estados, Distrito Federal e Municípios.

Outro ponto a ser destacado é a existência do contraditório, pois ante a inexistência desse estaremos diante do procedimento. Por outro lado, quando houver a existência do contraditório forçoso é reconhecer o processo.

Nessa linha de intelecção, Lídia Maria Lopes Rodrigues Ribas, assim expõe:

> (...) Processo é procedimento animado pela relação processual, regida pelo contraditório. A distinção entre estas figuras consiste na regência deste princípio. É comum a confusão terminológica no emprego de processo, procedimento e autos. Sendo procedimento um aspecto formal do processo, os autos são a materialidade dos documentos que se configuram nos atos do

---

[5] THEODORO JÚNIOR, Humberto. *Curso de Direito Processual Civil – procedimentos especiais*. 42ª edição. Rio de Janeiro: Forense, 2010. P. 01.
[6] DI PIETRO. Maria Sylvia Zanella. *Direito Administrativo*. 15. ed. São Paulo: Editora Atlas, 2003. P. 506.

procedimento. Assim, por exemplo, as fases são do procedimento e a consulta se faz dos autos.[7]

Com efeito, o processo administrativo é indubitavelmente um gênero, vez que existem variadas espécies, como, por exemplo, processo administrativo disciplinar, processo administrativo de trânsito e processo administrativo fiscal ou tributário.

Malgrado haja variadas espécies, nosso estudo tem como objetivo a espécie processual administrativa tributária ou fiscal. Todavia, segundo (RIBAS, 2008) o processo administrativo tributário serve como instrumento de atuação do direito material e alternativo em matéria tributária em que o contribuinte tem um espaço de exercício de cidadania. Para José Soares de Melo, o processo administrativo tornou-se imprescindível em razão de sua dignidade constitucional[8]. Entretanto, face a constitucionalidade do processo administrativo fiscal, inevitável é que este seja eivado de inúmeros princípios constitucionais, sendo apenas alguns ressaltados neste capítulo, por entender ser de maior relevância, por óbvio não que haja sobreposição de princípios, mas, como é cediço, em havendo dicotomias há de prevalecer o de melhor interesse, havendo óbvio uma ponderação de valores no caso concreto.

Destarte, o escopo do processo administrativo tributário é pôr fim a uma lide existente entre o fisco e o administrado em razão de possível divergência existente, no que tange à aplicabilidade e/ou interpretação de norma tributária.

3. Princípios Inerentes ao Processo Administrativo Fiscal

Segundo Theodoro Júnior, os princípios fundamentais inspiradores da legislação processual atual são informativos do processo ou informativos do procedimento.[9]

---

[7] RIBAS, Lídia Maria L. R. *Processo Administrativo Tributário*. 1ª edição. São Paulo: Malheiros, 2008. P. 55.

[8] MELO, José Eduardo Soares de. A Coexistência dos Processos Administrativo e Judicial Tributário. *In* Processo Administrativo Fiscal. Vol. 2. São Paulo: Revista dos Tribunais, 2002. P. 70.

[9] THEODORO JÚNIOR, Humberto. Curso de Direito Processual Civil. *Teoria geral do direito processual civil e processo de conhecimento*. 48ª edição. Rio de Janeiro: Forense, 2008, p. 29.

A Carta Magna de 1988 consagra nos incisos LIV e LV do artigo 5º, o princípio do contraditório e da ampla defesa como sendo inerentes também ao processo administrativo, *verbis*:

> LIV – ninguém será privado da liberdade ou de seus bens sem o devido processo legal; LV – aos litigantes, em processo judicial ou administrativo, e aos acusados em geral são assegurados o contraditório e a ampla defesa, com os meios e recursos a ela inerentes.

Em lição sobre o tema, Theodoro Júnior ensina que o conjunto das normas processuais modernas propiciam as partes plena defesa de seus interesses, sem lesão aos direitos individuais dos litigantes.[10]

Nesse diapasão, o princípio do devido processo legal apresenta-se como instrumento apto a impedir possíveis ilegalidades perpetradas pelo ente público, possibilitando o autocontrole dos atos praticados pela Administração. É nesse contexto que é assegurado ao administrado em ser notificado para, querendo, apresentar sua defesa sobre os fatos que lhe estão sendo imputados, oportunizando, assim, a produção da prova em contrário, cabendo ao administrado manifestar-se sobre a ação administrativa.

Todavia, é cediço que para solucionar um conflito de interesse, mister se faz um processo legalmente preestabelecido, ou seja, fulcrado em formalidades, tendo como escopo final, assegurar a oportunidade de defesa e manifestação das partes envolvidas no contexto processual. Desta forma, tanto o devido processo legal quanto seus corolários do contraditório e da ampla defesa permitem às partes litigantes em um processo quer seja no âmbito administrativo ou judicial, a oportunidade de se manifestar e de se defender no todo e de qualquer ato decisório, bem como de manifestação da parte contrária. Entretanto, no que tange de modo específico ao processo administrativo tributário, por ser objeto deste estudo, o direito de se insurgir contra uma atuação do Fisco, por meio da impugnação, o contribuinte tem assegurada a possibilidade de se pronunciar e ser ouvido durante todo processo, sob pena de invalidação do mesmo.

---

[10] THEODORO JÚNIOR, Humberto. Curso de Direito Processual Civil. *Teoria geral do direito processual civil e processo de conhecimento*. 48ª edição. Rio de Janeiro: Forense, 2008, p. 29.

Na seara do Direito Constitucional e Tributário, o princípio da legalidade consiste na garantia de inexigibilidade de tributo sem expressa disposição legal. Não é menos curial ressaltar que tanto os artigos 5º, inciso II, artigo 150, inciso I, ambos da Carta Magna de 1988, quanto o artigo 3º do Código Tributário Nacional, traz o conceito de tributo como sendo *toda prestação pecuniária compulsória instituída em lei*. Com efeito, assim reza os aludidos dispositivos constitucionais sobre princípio da legalidade no sistema tributário nacional, *verbis*:

> Art. 5º (omissis)
> [...]
> II – ninguém será obrigado a fazer ou deixar de fazer alguma coisa senão em virtude de lei.
> Art. 150. Sem prejuízo de outras garantias asseguradas ao contribuinte, é vedado à União, aos Estados, ao Distrito Federal e aos municípios:
> I – exigir ou aumentar tributo sem lei que o estabeleça.

Consoante dispositivos supra, forçoso é concluir que o contribuinte só será compelido a pagar um tributo se houver uma lei instituindo-o anteriormente. Segundo Sacha Calmon, "o princípio da legalidade significa que a tributação deve ser decidida não pelo chefe do governo, mas pelos representantes do povo, livremente eleitos para fazer leis claras."[11] Por outro ângulo, a autorização para instituição ou majoração, bem como exigibilidade do tributo emana do próprio povo ao indicarem seus representantes parlamentares.

4. Órgãos de Julgamento Administrativo Tributário no Brasil

Indubitável é que a existência de órgãos administrativos de julgamento tributários no Brasil só reflete avanços na legislação pátria, pois, é cediço que tal possibilidade facultada ao administrado em discutir exigência estatal que lhe é imposta unilateralmente, tem demonstrado um importante avanço para o Estado Democrático de Direito, haja vista a defesa dos direitos e garantias fundamentais do administrado. Nesse contexto,

---

[11] COÊLHO, Sacha Calmon Navarro. *Manual de Direito Tributário*. Rio de Janeiro: Forense, 2002. P. 94.

não é menos curial ressaltar que a Administração Pública deve estrita obediência ao princípio da legalidade, sendo, portanto, ainda possível, fazendo uso do autocontrole, rever a prática de seus atos quando eivados de vícios que violem princípios constitucionais de modo especial os contidos no artigo 37 da Magna Carta de 1988, que norteiam a Administração Pública.

O processo administrativo é o meio democrático utilizado para emprego do autocontrole pela Administração, exprimindo a ideia de jurisdicionalização, pois, o processo administrativo se desenvolve de forma semelhante à utilizada no processo judicial, sendo que, em determinadas ocasiões mister se faz a presença de direitos indispensáveis, face a imparcialidade que deverá ser inerente a autoridade julgadora.

No âmbito do direito pátrio, a referida jurisdicionalização está estampada no inciso LV do artigo 5º da Magna Carta de 1988, ao afirmar que "aos litigantes, em processo judicial ou administrativo, e aos acusados em geral são assegurados o contraditório a ampla defesa, com os meios e recursos a ela inerentes". O direito de defesa emana do devido processo legal, haja vista que ninguém poderá ser privado da liberdade ou de seus bens sem lhe ser oportunizado defesa.

No âmbito da Administração não se deve praticar atos suscetíveis de produzir consequências em desfavor do administrado, principalmente, quando não lhe houver concedido à oportunidade de apresentar novos fatos ou provas que entender convenientes à sua defesa e de seus interesses.

No Brasil, a jurisdição é reservada ao Poder Judiciário, conhecida como reserva absoluta de jurisdição, haja vista ser o direito brasileiro regido pelo sistema de jurisdição única, cuja apreciação não pode ser excluída qualquer lesão ou ameaça de direito individual, ainda que tal lesão ou ameaça seja decorrente de ato da Administração, conforme dispõe o inciso XXXVI do artigo 5º da Magna Carta de 1988. Todavia, por outro prisma, não importa em dizer que a justiça tributária, seja concretizada tão somente pelo Poder Judiciário, uma vez que na seara constitucional, há o autocontrole, podendo o contribuinte de forma livre optar pela via impugnativa administrativa ou valer-se da judicial do lançamento tributário, almejando a certeza do lançamento, bem como a garantia de seus direitos, sem, contudo, esgotado ou não a instância administrativa, submeter à demanda ao crivo do Judiciário.

É cediço que, atualmente, as funções estatais não são restritas entre os Poderes, consoantes dispõe o artigo 2º da Constituição Federal de 1988, não sendo, portanto, absolutas, vez que, por outro prisma existem as funções atípicas inerentes também a Administração. Assim sendo, ainda que de forma indireta o Judiciário, além da função preponderante de julgar, edita normas e, também, pratica atos de gestão. O Poder Legislativo tem como função precípua editar normas, porém, administra, e também julga, e o Executivo tendo como função precípua administrar a *res* pública, edita normas e por fim julga quando nos processos envolvendo seus servidores ou até mesmo entre a Administração e um administrado.

O julgamento na esfera administrativa no ordenamento pátrio ocorre como função atípica, uma vez que a jurisdição é restrita ao Judiciário, assim o Poder Executivo exerce apenas uma aparência jurisdicional, porém, de grande relevo social equilibrando as relações entre o Poder Público e os cidadãos. Nesse contexto, não se pode olvidar de que as decisões administrativas têm relevância, e não devem ser desprestigiadas, inclusive a possibilidade da existência do processo administrativo é autorizado por lei e fora criado por vontade do próprio legislador, descabido, portanto, qualquer argumento no sentido de eventual irrelevância e/ou inobservância das decisões emanadas dos colegiados na seara administrativa.

5. Entendimento Doutrinário Sobre o Tema

a. Adeptos da possibilidade de recurso à via judicial

Malgrado o entendimento dessa corrente seja um tanto quanto relevante, indubitável é que não reflete o pensamento majoritário, haja vista ser a possibilidade de reforma das decisões dos conselhos de contribuintes pelo Judiciário uma minoria. Contudo, segundo José Alfredo Borges, o que distingue a decisão proferida no curso do processo administrativo e no judicial é que em um far-se-á a coisa julgada e noutro não, sendo, portanto, o que há de diferente entre eles.

Todavia, cita que:

> (...) a Administração Federal, bem como Estadual e Municipal não têm provocado o Judiciário quando vencida na esfera administrativa, seja por entender que o assinalado caráter definitivo da decisão administrativa, determinado pelo dispositivo mencionado, obstaria tal provocação, seja por moti-

vos de conveniência, supondo que a provocação do Judiciário por ela, que mantém o órgão julgador administrativo, abalaria a credibilidade do mesmo, credibilidade esta que lhe interessa salvaguardar.[12]

Entende, ainda, que essa regra:

(...) face ao princípio da inafastabilidade da apreciação judicial de lesão ou ameaça de direito, há de ser compreendida não como uma vedação de provocação do Judiciário a respeito da matéria julgada no âmbito administrativo, mas como o encerramento do processo administrativo. No seio da Administração é que não haverá mais possibilidade de se suscitar a questão. Perante o Judiciário, contudo, qualquer dos vencidos, se julgar-se lesado em seu direito, poderá levantar novamente a questão, buscando um pronunciamento definitivo, efetivamente, a respeito da norma.[13]

Com efeito, consoante entendimento de Souto Maior, é inadmissível sob a égide do Estado Democrático de Direito tratamento não isonômico entre Fisco e contribuinte, por ser assegurado a este o acesso à via judicial e aquele obstado.

Concessa vênia, a tese sustentada nesse sentido não abarca o princípio da inafastabilidade da jurisdição, previsto no inciso XXXV do artigo 5º da Constituição Federal de 1988. Ao revés, o princípio da inafastabilidade da jurisdição aplica-se tão somente ao administrado, pois, encontra-se previsto no capítulo dos Direitos e Garantias Fundamentais previstos, também, na Magna Carta de 1988, sendo, portanto, utilizados como artifícios, ou seja, meios para proteger o indivíduo dos arbítrios estatal, não cabendo assim a Administração invocá-los contra os Administrados. Entretanto, ainda assim, para Souto Maior, essa crítica é impertinente, pois, os Entes podem fazer uso, por exemplo, do mandado de segurança que se encontra, também, no mesmo capítulo, destacando que, se os Entes podem fazer uso do mandado de segurança, da mesma

---

[12] BORGES, José Alfredo. *Anotações acerca do Direito Processual Tributário Brasileiro*. Revista Internacional de Direito Tributário. Vol. I. Belo Horizonte: Del Rey, janeiro – junho de 2004, p. 186.
[13] Ibid., p. 185-186.

forma, também, podem fazer uso dos outros remédios constitucionais ali previstos.

Por outro prisma, não é menos curial ressaltar que há disposição legal que vai de encontro à tese pela possibilidade de interpor recurso à via judicial com o escopo de contestar a decisão emanada de seus próprios órgãos que vão de encontro aos interesses da própria Administração. Todavia, dispõe o artigo 156, IX do Código Tributário Nacional, que ora se reproduz, *verbis*:

> Art. 156. Extinguem o crédito tributário:
> I a VIII – (omissis)
> IX – a decisão administrativa irrevogável, assim entendida a definitiva na órbita administrativa, que não mais possa ser objeto de ação anulatória"
> X a XI – (omissis)

Ora, uma vez esgotada a via administrativa e em havendo decisão favorável ao contribuinte, indubitável é que, consoante entendimento supra, há extinção do crédito tributário, inexistindo, portanto, possibilidade de se discutir judicialmente o mesmo. Segundo Souto Maior Borges, o dispositivo legal supra, *in fine*, permitiria o ingresso em Juízo, pois, há disposição expressa pela possibilidade da propositura de uma ação anulatória, o que, diga-se de passagem, é cabível somente em processo judicial e não em processo administrativo, assim sendo, não há que se cogitar de tal impossibilidade de rediscutir a referida decisão.

Nessa senda, Maria Beatriz M. Leitão, após diferençar administração ativa, que tem como escopo o interesse público da administração judicante, por conseguinte o interesse da ordem jurídica, aduz que os órgãos de julgamento administrativos face a sua imparcialidade, autonomia e por permitir que seus conselheiros decidam de forma independente, são órgãos públicos heterodoxos, pois não estão adstritos ao princípio próprio da administração ativa, qual seja, o da Hierarquia. Entretanto, ainda segundo a autora, a referida heterodoxia implica em não caracterização dos órgãos como partes da administração ativa. Com efeito, a decisão proferida pelo Conselho de Contribuintes passaria a ser um ato administrativo cumpridor de mera formalidade, e seu conteúdo não expressa a vontade da administração direta ativa, pois é oriunda de órgão estranho ao seu quadro. Em arremate, afirma:

(...) que as decisões dos Conselhos de Contribuintes se situam num patamar diverso dos atos administrativos proferidos pela administração ativa, não podendo, então, ser qualificadas como atos provenientes dessa administração. Com efeito, poder-se-ia afirmar que se cuidam de atos administrativos formais, mas cujo conteúdo não se confunde, entretanto, com os atos administrativos exarados pela administração ativa, tendo em vista a natureza singular dos órgãos que a proferem. Ora, tendo em vista a peculiaridade das decisões em questão, não há como se afirmar a ausência do interesse de agir por parte da Administração, ao querer discutir essas decisões perante o Poder Judiciário. Com efeito, ao submeter esses atos ao Poder encarregado de proferir a última palavra nos litígios existentes, nada mais faz a Administração que não seja contrapor o seu interesse (decorrente da interpretação da lei, da aplicação da lei que lhe parece correta) ao interesse do particular, contribuinte em fazer valer a decisão, que, embora originária de um tribunal administrativo, não corresponde a ato administrativo substancial. Note-se que, ao contrário do que preconizam alguns, a hipótese em apreço não se confunde com o ajuizamento de uma ação pelo Poder Público, objetivando a desconstituição de, por exemplo, uma instrução normativa por ele próprio expedida. Aí sim teríamos uma demanda proposta contra si próprio, o que, evidentemente, se traduz como uma teratologia inaceitável em nosso ordenamento jurídico. Até porque, nesse caso, bastaria a revogação do ato administrativo normativo. A situação aqui examinada é bem diferente. O ato contra o qual se insurge a administração, embora proferido por órgão pertencente a outra estrutura, não pode ser por ela própria revisto, e nem vincula os outros órgãos e setores a ela pertencentes, como é o caso da instrução normativa do exemplo acima citado. Como então afirmar que se trata de ação contra ato próprio?[14]

Maria Beatriz, ainda se debruçando sobre o tema, manifestou seu entendimento a respeito da tese, de modo especial no que tange a garantia de livre acesso ao judiciário, não seria extensiva ao Poder Público. Nesse ponto, manifesta-se no sentido de que essa garantia constitucional

---

[14] LEITÃO, Maria Beatriz Mello. *A possibilidade Revisão pelo Poder Judiciário das Decisões do Conselho de Contribuintes Contrárias à Fazenda Pública*. In ROCHA, Sergio André. Processo Administrativo Tributário. 1ª ed. São Paulo: Quartier Latin, 2007, p.506-507.

depreende-se de um princípio mais amplo, qual seja, o da Jurisdição una, concluindo que:

> (...) o direito brasileiro, desde a Constituição Republicana, é denominado pelo princípio da universalidade da jurisdição, princípio da garantia jurisdicional ou sistema de jurisdição única, segundo o qual a função jurisdicional é monopólio do Poder Judiciário, tratando-se, portanto, de uma reserva absoluta de jurisdição dos órgãos desse poder, que tem como corolário a impossibilidade de atribuição de poderes jurisdicionais aos órgãos de outros poderes. Ora, se, de acordo com a nossa Constituição, ao Poder Judiciário é concedido o monopólio da função jurisdicional, sendo-lhe acordado, como acima referido, o monopólio da última palavra, como se conceber que, em determinadas hipóteses, esse monopólio possa ser dispensado, havendo, assim, nesses casos, a atribuição da última palavra a tribunais que não detêm essa função jurisdicional? O valor jurídico em questão, que visa a ser protegido é o acesso ao Judiciário, já que lhe cabe o monopólio de decidir conflitos de maneira definitiva, sendo o detentor da última palavra acerca do litígio, não podendo esse acesso ser defeso a qualquer pessoa, seja natural, jurídica, de direito privado ou de direito público. Não se trata, pois, de uma garantia do particular apenas, mas o reconhecimento de que vivemos ao abrigo do princípio da jurisdição única, ainda que não esteja, nesse princípio, formulado de maneira expressa na nossa Constituição, defluindo, todavia, de nosso ordenamento jurídico. Assim, a possibilidade do Poder Público ir a juízo, nessas situações, não decorre da garantia prevista pelo art. 5º, mas sim em razão de um princípio maior que está por trás dela, isto é, o princípio da jurisdição una, que, por sua vez, é, de certa forma, correlato aos princípios basilares do Estado de Direito, tais como o princípio da separação dos Poderes.[15]

Ao final, ressalta a inexistência na Constituição qualquer óbice no sentido de que impeça a Administração Pública de valer-se das garantias da defesa plena ou do livre acesso ao Judiciário, não restando, pois, qualquer vedação expressa ao ajuizamento de ação, por parte da Fazenda Pública, contra decisão administrativa a ela desfavorável.

---

[15] LEITÃO, Maria Beatriz Mello. *A possibilidade Revisão pelo Poder Judiciário das Decisões do Conselho de Contribuintes Contrárias à Fazenda Pública*. In ROCHA, Sergio André. Processo Administrativo Tributário. 1ª ed. São Paulo: Quartier Latin, 2007. P. 510-512.

Prima facie, cumpre ressaltar que o acesso do Ente ao Poder Judiciário, está muito aquém de constituir direito de ampla dimensão, sendo que necessário sujeitar-se às limitações relevantes e necessárias. Com o escopo de firmar sua tese, a Professora Maria Beatriz Leitão, sobre os efeitos preclusivos das decisões não favoráveis à Fazenda Pública, ao entender que o próprio artigo 156, IX, *in fine* do CTN admite a possibilidade da ação anulatória, não distinguindo se a legitimidade para propô-la seria do contribuinte ou do Fisco. Ao revés, aduz ainda que, logicamente, há a possibilidade dessa ação ser manejada pela Fazenda Pública muito maior, haja vista ser a decisão extintiva do crédito tributário, por conseguinte, sendo sempre favorável ao contribuinte e contrária ao Fisco, a quem restaria o interesse eventual de anulá-la.

Nesse diapasão, aduz ser incorreto entender que o artigo 45 do Decreto 70.235/72 impeça a impetração de ação por parte do Poder Público, haja vista ser um comando dirigido à autoridade administrativa, sendo, portanto, sem o devido alcance que se lhe almeja emprestar. Prescreve o artigo 45 do Dec. 70.235/72: "no caso de decisão definitiva favorável ao sujeito passivo, cumpre à autoridade preparadora exonerá-lo, de ofício, dos gravames decorrentes do litígio." Em sentido contrário, manifesta Hugo de Brito Machado, sobre a impossibilidade de questionamento judicial pela própria Administração, consoante razões apresentadas adiante.

José Augusto Delgado[16] manifesta que a decisão administrativa contrária à Fazenda Pública é de natureza relativa, sendo, portanto, desprovidas da imutabilidade inerentes às sentenças judiciais transitadas em julgado, via de regra imutabilidade não atribuída também às decisões interlocutórias. Entretanto, caso o Fisco observe que houve violação a princípios tributários pela decisão proferida, de modo especial o da legalidade, não há como afastar a possibilidade de acertá-la em juízo.

Nesse diapasão Antônio José da Costa[17] se posiciona alegando que:

---

[16] DELGADO. *Reflexões sobre o Processo Administrativo Tributário. In* MARTINS, Ives Gandra da Silva (coord.). Processo Administrativo Tributário. 2ª ed. São Paulo: RT, 2002, p. 114-115.
[17] COSTA, Antônio José da. *Reflexões sobre o Processo Administrativo Tributário. In* MARTINS, Ives Gandra da Silva (coord.). Processo Administrativo Tributário. 2ª ed. São Paulo: RT, 2002, p. 271.

se o direito à prestação jurisdicional é colocado como garantia fundamental, se o Estado se submete às leis que edita e às decisões judiciais, como decorrência do Princípio do Estado de Direito, não se pode negar o direito à jurisdição, se existentes a ameaça ou a lesão a direito a que se refere o art. 5º, XXXV, da CF. Por outro lado, se o exercício do direito de ação deve conformar-se aos pressupostos de admissibilidade, o Estado, além da existência de tais pressupostos, deve, sem dúvida alguma, obedecer ao requisito específico da autorização legislativa, isto é, nos casos em que a lei permite, como é o caso do art. 149 do CTN.

Por fim, Ichihara[18] manifesta que a Fazenda Pública somente pode ir a juízo pedir a anulação de decisão administrativa favorável ao contribuinte nos casos em que a lei trouxer de forma expressa, consoante já disposto no artigo 149 do CTN, haja vista ter os atos da administração, bem como suas formas e prazos previstos em lei, como decorrência direta do Devido Processo Legal, sendo vinculados. Com efeito, por inexistir pressupostos legais, é inadmissível a revogação ou anulação de qualquer ato administrativo, haja vista ser corolário do Princípio da Segurança Jurídica.

b. Adeptos da não possibilidade de recurso à via judicial

Indubitável é a relevância dos argumentos jurídicos trazidos à baila fomentando o debate acerca do tema. Não obstante as argumentações jurídicas expostas pela corrente favorável à tese da possibilidade de revisão judicial das decisões administrativas contrárias à Fazenda Pública, mister se faz destacar também outros doutrinadores tributaristas que discordam desse entendimento.

Malgrado seja inúmeros argumentos expendidos em desfavor da tese, por parte desses abalizados autores, mister se faz uma síntese daquilo que tais autores têm sustentado. Nesse contexto, Ives Gandra da Silva Martins[19] manifesta ser o processo administrativo conclusivo contra o Estado, pois este é seu condutor, seus funcionários os julgadores de

---

[18] ICHIARA, Yoshiaki. *Processo Administrativo Tributário*. In MARTINS, Ives Gandra da Silva (Coord.) Processo Administrativo Tributário. 2ª edição. São Paulo: Revista dos Tribunais, 2002, p. 358-359.

[19] MARTINS, Ives Gandra da Silva (coord). *Processo Administrativo Tributário*. 2ª edição. São Paulo: Revista dos Tribunais, 2002. P. 79

1ª Instância, e como se não bastasse o órgão colegiado de 2ª Instância, conforme a esfera de governo, encontra-se submetido a uma confirmação da autoridade fazendária máxima. Destarte, para o ilustre jurista, o Estado é parte e juiz, ao menos na 1ª Instância, inexistindo no Brasil, de fato, um contencioso administrativo que seja independente, como existe na França. Portanto, sendo assim, não haveria, após todos os privilégios que a Fazenda Pública possui na condução do processo, como permitir que o Estado ainda tenha "... o direito de ingressar em juízo para desconstituir a decisão administrativa favorável ao contribuinte".[20] Ademais, manifesta que o artigo 145 do CTN impede tal prática, e que o artigo 142, também do CTN, não admite que lançamento seja efetuado por magistrado, o que ocorreria numa eventual *reconstituição do crédito tributário*. Como se não bastasse, por fim, alega que o artigo 5º, XXXV da CF não pode ser invocado nessa situação, pois [...] a lesão ao direito foi sanada pela própria Fazenda, e não pode a Fazenda entender que tem o direito de se "autocontestar", discordando de decisão que proferiu, por pretensa lesão a um direito que teria e que ela própria reconheceu que não tem.[21]

Abordando sobre o tema, Diva Malerbi, em uma análise superficial, menciona que apenas existe a coisa julgada na esfera judicial, sendo, portanto, os atos administrativos passíveis de revisão em juízo. Destarte, após analisar as características inerentes ao ato administrativo, como sua revisibilidade no âmbito da própria administração, e no âmbito do Poder Judiciário, arremata que:

> (...) se não fazem coisa julgada, as decisões administrativas, no entanto, produzem efeitos vinculativos à Administração Pública. E, ao menos nesses pontos, não se pode recusar ao processo tributário a equiparação de suas decisões aos atos jurisdicionais. Quanto à possibilidade de vinculação da Administração Pública às suas próprias decisões, concorre ainda o princípio da segurança jurídica, desdobrado no princípio da irretroatividade a exigir a proteção da confiança que o cidadão depositou na lei suprema ao buscar o processo administrativo para dirimir controvérsias com o Fisco. Deste modo,

---

[20] MARTINS, Ives Gandra da Silva (coord). *Processo Administrativo Tributário*. 2ª edição. São Paulo: Revista dos Tribunais, 2002, p. 79.
[21] Ibid., p. 80.

as decisões administrativas são vinculadas à Administração Pública sempre que se lhes deva imputar tal atributo em benefício e para o respeito de situações jurídicas delas oriundas ao particular. Não pode, portanto, a Fazenda Pública ir a juízo pedir a anulação de decisão administrativa a ela contrária, se coberta pelo manto do princípio da irretroatividade.[22]

Adepto dessa corrente encontra-se o mestre, Hugo de Brito Machado, manifestando que tanto no âmbito doutrinário quanto na prática, estar-se-iam diante de um contrassenso, eis que:

> O órgão de julgamento administrativo integra a Administração Pública. Admitir que esta ingresse em juízo para pedir a desconstituição de atos seus levaria a admitir a inutilidade do princípio segundo o qual a Fazenda Pública está autorizada a desfazer seus próprios atos, quando ilegais.[23]

Ademais, critica ainda os defensores da tese da possibilidade da revisão judicial, que, no seu entendimento:

> (...) partem de equívocos que se somam, gerando uma postura que termina sendo, a rigor, teratológica. O primeiro e mais grave desses equívocos consiste na visão que têm do Direito, da qual decorre a suposição de que a Fazenda pode sempre equiparar-se ao cidadão, para desfrutar de todas as garantias que a ordem jurídica a este oferece. O segundo desses equívocos consiste em pensar que a Administração, quando julga um processo administrativo fiscal, assume personalidade autônoma. O terceiro, finalmente, consiste em esquecer que o Direito é instrumento, o melhor, senão o único, capaz de preservar a harmonia entre os homens, mas a teorização deste não pode divorciar-se de suas consequências de ordem prática. O Direito é instrumento de limitação de poder. Sua finalidade essencial consiste em proteger contra quem não tem, aquele que não tem, ou tem menos poder. Por isto mesmo o Estado, o maior centro de poder institucional do planeta, não pode invocar a seu favor as garantias que a ordem jurídica institui para proteger o cidadão, entre as quais se destaca o direito à jurisdição. As garantias constitucionais são des-

---

[22] MALERBI, Diva. *Processo Administrativo Tributário*. São Paulo: RT, 1999, p. 133.
[23] MACHADO, Hugo de Brito. *Curso de Direito Tributário. In* MARTINS, Ives Gandra da Silva. Processo Administrativo Tributário. 2ª ed. São Paulo: Revista dos Tribunais, 2002. P. 156.

tinadas ao cidadão, e não ao próprio Estado, salvo, é claro, aquelas a este expressa e explicitamente destinadas que funcionam como instrumento de preservação da ordem institucional.[24]

Para além da questão constitucional, outro óbice, de natureza administrativa, é apontado por Hugo de Brito. Segundo o renomado jurista,

> (...) admitir que a Administração Pública ingresse em juízo para questionar os atos do órgão de julgamento que a integra é admitir um redobrado absurdo que esse órgão de julgamento seja uma pessoa distinta daquela. O Estado, enquanto titular de direitos, é corporificado pela Administração Pública, conceito no qual se encartam inclusive os órgãos dos Poderes Legislativo e Judiciário, que não estejam no exercício das respectivas funções, legislativa e jurisdicional. O Estado Administração, por seu turno, pratica funções de controle de legalidade, por meio dos órgãos de julgamento administrativo. Não está, porém, exercitando função jurisdicional, no sentido da garantia constitucional segundo a qual nenhuma lesão ou ameaça a direito pode ser subtraído da apreciação do Judiciário. Só o Estado Jurisdição, corporificado pelos órgãos do Poder Judiciário, presta essa importante garantia. Assim, quando um órgão de julgamento administrativo decide um conflito entre um particular e o Estado Administração, é o próprio Estado titular de relações jurídicas que está manifestando sua vontade. Não se compreende que possa, portanto, pedir proteção ao Estado Jurisdição, que por ficção jurídica foi criado tão-só para proteger aqueles que não são dotados de poder, contra aqueles que, corporificando o Estado Administração, eventualmente estabelecida.[25]

Ao final, arremata que:

> (...) se a Administração pudesse ir a juízo contra os atos dos órgãos de julgamento que a integram, ter-se-ia decretada a absoluta inutilidade desses órgãos. Na prática, por razões óbvias, todas as suas decisões seriam levadas ao crivo do Judiciário. As contrárias ao contribuinte seriam discutidas em

---

[24] MACHADO, Hugo de Brito. *Curso de Direito Tributário*. 31ª edição. São Paulo: Malheiros, 2010. p. 483.
[25] Ibid., p. 483.

ações por estes movidas para obter o respectivo anulamento, e as contrárias à Fazenda também seriam levadas a juízo pelos que titularizam o interesse secundário do Estado na busca de maiores recursos financeiros.[26]

Ricardo Lobo Torres menciona que esse tema está diretamente ligado à extinção do recurso hierárquico para a autoridade fazendária singular. Entretanto, posiciona-se firme pela impossibilidade da Fazenda Pública ingressar em juízo, por entender que a característica mais importante do processo judicial tributário, qual seja, seu início, depende sempre da vontade do contribuinte. Com efeito, a este incumbe opor-se ao ato administrativo, requerendo a declaração do seu direito. Segundo o Professor Ricardo Torres:

> (...) assim ocorre com a ação anulatória de débito, com a ação de repetição de indébito, com a ação declaratória e com o mandado de segurança. O mesmo ocorre na execução fiscal: o Estado exibe o seu crédito, dotado de executoriedade, para que o juiz determine a execução do patrimônio do devedor; qualquer exame de legitimidade do crédito há de ser procedida de iniciativa do devedor; só com os embargos opostos pelo contribuinte é que se inaugura o juízo de cognição. A Fazenda, por conseguinte, não dá início jamais ao Processo Judicial, eis que prescinde do Poder Judiciário para constituir seu crédito.[27]

Ademais, entende Ricardo Torres que a ação de invalidade de atos administrativos, proposta pela Fazenda, não está compreendida no direito genérico de ação, garantido a qualquer titular de bem jurídico. Valendo-se da lição de Seabra Fagundes, ressalta que a utilização da ação ordinária pela Administração Pública é quase sem restrição, porém para forçar o indivíduo ao cumprimento de suas obrigações. Por outro prisma, quando o escopo é excepcionar o princípio da autotutela e da legalidade deferida à administração, mister se faz que o recurso ao Poder

---

[26] MACHADO, Hugo de Brito. *Curso de Direito Tributário*. 31ª edição. São Paulo: Malheiros, 2010. p. 483.
[27] TORRES, Ricardo Lobo. *Processo Administrativo Fiscal: caminhos para o seu desenvolvimento*. In Revista Dialética de Direito Tributário. São Paulo: Dialética, 2005. p. 179.

Judiciário haja previsão legal. Por último, nem por isso menos importante, manifesta que há diversos óbices de natureza processual, pois a eficácia constitutiva positiva da sentença que acolhe uma ação anulatória proposta pela Fazenda vai de encontro com nosso sistema constitucional de separação de poderes. Todavia, a ação teria não somente que anular a decisão do Conselho Administrativo, mas também constituir o crédito pelo lançamento, que é atividade tipicamente administrativa, fugindo a seara jurisdicional.

Segundo Sacha Calmon a possibilidade não existe pois ninguém pode ir a juízo contra seus próprios atos, haja vista a falta do interesse de agir. Conclui afirmando que:

> (...) a decisão administrativa definitiva, contra a Fazenda Pública, certa ou errada, constitucional ou não, extingue a obrigação tributária. Inexiste no Direito Brasileiro ação anulatória de ato administrativo formalmente válido praticado pela administração, sendo ela própria a autora.[28]

Ricardo Mariz de Oliveira[29], manifesta inexistir qualquer sentido lógico na afirmação de que a Fazenda Pública deva, ou mesmo possa ir a juízo requerer anulação de decisão administrativa contrária a ela. De início pela falta de interesse de agir por parte da Fazenda Pública para anular ato do próprio Poder Executivo. Por outro lado, defende que o princípio da inafastabilidade da jurisdição, ou seja, a garantia constitucional do livre acesso ao Judiciário é direito individual, não sendo, portanto, permitido que a União ou qualquer outra instituição do Poder Público se beneficie. E mais, menciona que "... não há qualquer senso em a pessoa jurídica de direito público declarar uma situação de direito e pretender desconstituir judicialmente sua própria declaração". Para o ilustre jurista, não é cabível o pretexto de que há inúmeros órgãos dentro do mesmo poder, e diante disso poderia ensejar a um deles, discordar do outro, e invocar um direito para ver dirimida a discordância pela via judicial, haja vista ser os atos administrativos passíveis de serem revis-

---

[28] Coêlho, Sacha Calmon Navarro. *Manual de Direito Tributário*. Rio de Janeiro: Forense, 2002, p. 193.
[29] Oliveira, Ricardo Mariz. *Processo Administrativo Tributário. In* Martins, Ives Gandra da Silva (coord.). Processo Administrativo Tributário. 2ª ed. São Paulo: RT, 2002, p. 217.

tos, porém esta possibilidade não é posta ao alcance de todos, assim, em matéria tributária, compete exclusivamente à autoridade administrativa (CTN, art. 142) sendo que sua revisão está disciplinada pelo art. 149 do CTN, onde, *concessa vênia*, estabelece, *numerus clausus*, as hipóteses em que ela deve ser feita.

Para Marco Aurélio Greco[30], é impossível a Fazenda Pública ser parte na ação anulatória de decisão administrativa que ela própria exarou. Entretanto, caso a decisão seja eivada de ilegalidade, é possível à aplicação do contido na Súmula 473 do Supremo Tribunal Federal, ou seja, a administração pode anular seus próprios atos, com a ressalva, nesse caso, sobre a possibilidade de apreciação judicial dessa anulação. Ademais disso, existe obstáculo processual ao pretendido, pois a mesma Pessoa Jurídica seria autora e ré. Por outro prisma, leciona Francisco de Assis Praxedes[31] em sentido contrário a tal possibilidade, ensinando que, por determinação do art. 156, IX, do CTN, a decisão administrativa irreformável, é aquela que não mais possa ser objeto de ação anulatória, retira, em ato diferente do lançamento, este do mundo jurídico, assim, não cabe ao Poder Judiciário revitalizá-lo.

Maria Lobo[32] leciona que:

> (...) a insuscetibilidade da revisão judicial decorre em linha reta da estrutura organizativa da Administração, de obrigação funcional que lhe incumbe de respeitar e executar as decisões definitivas tomadas no âmbito de sua esfera judicante. A decisão definitiva da administração judicante, se não constitui coisa julgada material, dada a possibilidade de sua revisão judicial, garantia constitucional conferida ao contribuinte, configura, todavia, coisa julgada formal, no sentido de sua imutabilidade para a Administração, dado o caráter vinculante da decisão administrativa.

---

[30] GRECO, Marco Aurélio. *Processo Administrativo Tributário*. In MARTINS, Ives Gandra da Silva (coord.). Processo Administrativo Tributário. 2ª ed. São Paulo: RT, 2002, p. 708-709.
[31] PRAXEDES, Francisco de Assis. *Processo Administrativo Tributário*. In MARTINS, Ives Gandra da Silva (coord.). Processo Administrativo Tributário. 2ª ed. São Paulo: RT, 2002, p. 670.
[32] LOBO, Maria Tereza de Carcomo. *Processo Administrativo Tributário*. In MARTINS, Ives Gandra da Silva (coord.). Processo Administrativo Tributário. 2ª ed. São Paulo: RT, 2002, p. 252.

Acertado é o entendimento pela impossibilidade de revogação de decisão proferida no âmbito do processo administrativo. Segundo Miguel Reale[33], "o ato de revogar, como ato discricionário que é, exaure-se integralmente no processo administrativo de cada Poder do Estado, visto como todos possuem certa órbita de ação administrativa, vedada qualquer contestação alheia, inclusive por parte do Judiciário."

Ainda sobre o tema, José Eduardo Soares de Melo[34], manifesta ser as decisões fiscais definitivas e, portanto, devem ser obedecidas pela Administração Pública, haja vista serem emanadas da própria, com o escopo até mesmo de prestigiar os próprios órgãos julgadores, de modo especial os de composição paritária, "(...) uma vez que suas manifestações consubstanciam prudente e equilibrada atuação, após debates dos diversos ângulos processuais, mantendo a perfeita integração entre Fisco e contribuinte". Ainda segundo o autor, tanto o recurso hierárquico quanto a avocatória, são instrumentos inconstitucionais e autoritários, devido à inexistência do contraditório, haja vista inobservarem a função dos órgãos julgadores, e, por conseguinte, serem ofensivas ao artigo 5º, LV, da CF, bem como ante a inexistência de previsão legal para a ação anulatória de decisão administrativa por parte da Fazenda Pública, o que constituiria violação ao Princípio da Moralidade.

Para Kiyoshi Harada[35]:

(...) a chamada coisa julgada administrativa vincula a Fazenda Pública que proferiu a decisão. Permitir que ela pleiteie sua revisão judicial seria atentar contra o princípio da moralidade administrativa, pois implicaria autodestruição do poder que ela exercita validamente.

Assim, por fim, entende Hugo de Brito[36]:

---

[33] REALE, Miguel. *Revogação e Anulamento do Ato Administrativo*. 2ª ed. Rio de Janeiro: Forense, 1980, p. 31.
[34] MELO, José Eduardo Soares de. *A Coexistência dos Processos Administrativo e Judicial Tributário*. Processo Administrativo Fiscal. Vol. II. São Paulo: Revista dos Tribunais, 2002, p. 306.
[35] HARADA, Kyoshi. *Direito Financeiro e Tributário*. 17ª edição. São Paulo: Atlas, 2008. p. 535.
[36] MACHADO, Hugo de Brito. *Curso de Direito Tributário*. 31ª edição. São Paulo: Malheiros, 2010, p. 180.

a preclusão administrativa e a impossibilidade de impugnação judicial por parte da administração decorrem, em última análise, de uma questão de atribuição de competência. O Poder Público é composto de órgão, cada um dotado de competência para o exercício de determinadas funções. Quando há decisão administrativa definitiva, tem-se que foi a administração, através do órgão competente, que decidiu pela validade, ou invalidade, do ato impugnado pelo contribuinte. Assim, outros órgãos, como Procuradorias de Fazenda, Coordenações de Arrecadação etc., simplesmente não têm competência para rever tal decisão, e o ente público por eles integrado não tem interesse de agir para questionar judicialmente um ato dele próprio.

6. Entendimento Jurisprudencial Sobre o Tema

Não é menos curial ressaltar que a matéria foi pouco enfrentada pelos Tribunais Pátrios, talvez o referido questionamento tenha sido limitado com o escopo de evitar o desprestígio dos órgãos administrativos, ao ver suas decisões sendo alteradas pelo Poder Judiciário, ou até mesmo, por entenderem pela existência da coisa julgada administrativa, sendo estas, irretratáveis e irrevogáveis.

O Supremo Tribunal Federal ao enfrentar o tema, manifestou que a decisão proferida pelo Conselho Administrativo, embora em instância administrativa, tem em relação ao Fisco força vinculatória, o que equivale dizer, faz coisa julgada, pois, gera a referida decisão direito subjetivo para o contribuinte.[37]

Por sua vez, o Superior Tribunal de Justiça[38] debruçando sobre o tema, porém, no que se refere ao recurso hierárquico, asseverou que a decisão proferida pelo Conselho de Contribuinte é irrecorrível, desde que competência ministerial para controlar os atos da administração pressupõe a existência de algo descontrolado, não incidindo, portanto, nas hipóteses

---

[37] (BRASIL 1970) RE 68253/PR – Paraná. DJ 08/05/1970 Ementa: RECURSO EXTRAORDINÁRIO Relator (a): Ministro Barros Monteiro Julgamento: 02/12/1969 Órgão Julgador: Primeira Turma.
[38] (BRASIL 2003). Processo: MS 8810/DF MANDADO DE SEGURANÇA Relator (a): Ministro Humberto Gomes de Barros Julgamento: 13/08/2003 Órgão Julgador: Primeira Seção Publicação: DJ 06/10/2003 e (BRASIL 2006) Processo: REsp 572358/CE RECURSO ESPECIAL Relator (a): Ministro João Otávio de Noronha Julgamento: 10/10/2006 Órgão Julgador: Segunda Turma Publicação: DJ 16/12/2006.

em que o órgão controlado se conteve no âmbito de sua competência e do devido processo legal. Desta forma, o controle do Ministro da Fazenda (arts. 19 e 20 do DL 200/67) sobre os acórdãos do Conselho de Contribuintes tem como escopo e limite o reparo de nulidades. Não sendo lícito ao Ministro cassar tais decisões, sob o argumento de que o colegiado errou na interpretação da Lei.

Nesse contexto, as decisões do Conselho de Contribuintes, quando não recorridas, tornam-se definitivas, cumprindo à Administração, de ofício, "exonerar o sujeito passivo dos gravames decorrentes do litígio" (Dec. 70.235/72, art. 45). Por fim, conclui o Superior Tribunal de Justiça que ao dar curso a apelo contra decisão definitiva do Conselho de Contribuintes, o Ministro da Fazenda põe em risco direito líquido e certo do beneficiário da decisão recorrida.

Em outra oportunidade, debruçando ainda sobre o mesmo tema, manifestou-se novamente o Superior Tribunal de Justiça[39], em sentido contrário, pois, permitiu a reapreciação da decisão através de recurso hierárquico para o Secretário de Estado da Fazenda quando a decisão do Conselho de Contribuintes do estado do Rio de Janeiro for prejudicial ao ente público não fere os princípios constitucionais da isonomia processual, da ampla defesa e do devido processo legal, porque é estabelecida por lei e, ao possibilitar a revisão de decisão desfavorável à Fazenda, consagra a supremacia do interesse público, mantido o contraditório.

Nesse sentido, assevera Hely Lopes Meirelles, ao citar os recursos hierárquicos, que:

(...) são perfeitamente admissíveis, desde que estabelecidos em lei ou no regulamento da instituição, uma vez que tramitam sempre no âmbito do Executivo que cria e controla essas atividades. O que não se permite é o recurso de um poder a outro, porque isto confundiria as funções e comprometeria a independência que a Constituição da República quer preservar.[40]

---

[39] (BRASIL 2004) "Processo: RMS 12386/RJ RECURSO ORDINÁRIO EM MANDADO DE SEGURANÇA Relator (a): Ministro Franciulli Netto Julgamento: 19/02/2004 Órgão Julgador: Segunda Turma Publicação: DJ 19/04/2004.
[40] MEIRELLES, Hely Lopes. *Direito Administrativo Brasileiro*. 17ª edição. São Paulo: Malheiros, 1998, p. 652.

Além disso, o contribuinte vencido na esfera administrativa sempre poderá recorrer ao Poder Judiciário para que seja reexaminada a decisão administrativa. Já a Fazenda Pública não poderá se insurgir caso seu recurso hierárquico não prospere, uma vez que não é possível a Administração propor ação contra ato de um de seus órgãos. Recurso não provido.

Assim sendo, embora reconheça a admissibilidade do recurso hierárquico, o Superior Tribunal de Justiça, afirma a inadmissibilidade da Fazenda Pública ingressar em Juízo pleiteando reverter decisões proferidas pelo Conselho Administrativo.

7. A Ação Popular Como Meio de Desconstituição das Decisões Terminativas Proferidas Pelo Conselho Administrativo de Recursos Fiscais

Malgrado seja o debate acerca da possibilidade das revisões das decisões do Conselho Administrativo de Recursos Fiscais pelo Judiciário quando favoráveis aos contribuintes, é salutar trazer à baila hipótese recente em que, não a Fazenda Pública Federal, mas sim terceiros, via ações populares buscam reformular as decisões proferidas pelo Conselho sob o argumento da existência de lesividade ao erário.

É cediço e indubitável que as decisões proferidas pelo Conselho Administrativo de Recursos Fiscais proferidas em processos administrativos tributários, podem, em tese, gerar prejuízos ao erário. Entretanto, nessa hipótese, é possível o ajuizamento de ações populares por qualquer cidadão, com fulcro no artigo 5º inciso LXXIII, da Constituição Federal de 1988.

Por outro prisma, observa-se que tal conduta não derruba nem tampouco modifica a ideia de definitividade das decisões proferidas pelo Conselho Administrativo de Recursos Fiscais, ao revés, só corrobora que a decisão administrativa proferida é terminativa. Ademais, o motivo que será levado na ação popular à apreciação do Judiciário não será lesão ou ameaça a direito do Ente Tributante, mas, sim, o fato dela vir a causar lesão ao patrimônio público ou erário, a moralidade administrativa, e, frisa-se, quem está legitimado para propositura da ação não é o Poder Público, mas, sim, o cidadão.

A despeito do tema, inúmeras ações populares foram interpostas com o escopo de desconstituir acórdão proferido pelo Colegiado Administrativo.[41] Ocorre que, malgrado não haja o trânsito em julgado, após análise em uma delas, entendeu o julgador que não houve demonstração inequívoca ou até mesmo indícios apresentados pela autora de atos lesivos ao patrimônio público que teriam sido praticados pelos conselheiros que participaram do julgamento que se quis anular, consignando, ainda, que a ação popular não deve apenas indicar qual a tese jurídica melhor, sob o ponto de vista do autor, no que se refere ao julgamento de um colegiado.

Em que pese a possibilidade da interposição da ação popular com o escopo de impedir abusos tidos como supostamente ilegais e lesivos ao patrimônio público, mister se faz um cotejo detalhado das ações propostas, impedindo-se assim uma enxurrada de ações populares que teriam como supostos fundamentos cassação dos acórdãos, como por exemplo, do Tribunal de Contas União, do Conselho Administrativo de Defesa Econômica.

Desta forma, cabe ação popular quando de fato ocorrer lesividade ou no mínimo indícios veementes e não apenas suposições, com o escopo de que o Judiciário se pronuncie acerca de determinadas decisões proferidas pelo Órgão administrativo. Concedendo-se assim, maior credibilidade e liberdade aos julgadores administrativos no exercício de seu mister.

8. Conclusões

Em que pese às posições divergentes, indubitável é que, em se tratando de processo administrativo fiscal, as decisões proferidas pela Fazenda Pública, ou seja, pelo Conselho Administrativo de Recursos Fiscais são vinculantes e inadmissíveis quaisquer retratações no que fora proferido pelo Órgão Julgador. Destarte, tal fato, nos induz a uma eventual coisa julgada em sentido formal. Com efeito, mesmo que haja discordância por parte do Fisco da decisão que fora proferida pelo Conselho Administrativo de Recursos Fiscais, inexiste, com a devida *vênia*, a capacidade processual postulatória para reivindicar em juízo a reforma da decisão, sendo que, *in casu* somente tem a referida capacidade postulatória o próprio Ente, ou seja, a União, que em última análise é a pessoa jurídica sob

---

[41] (BRASIL2014) http://processual.trf1.jus.br/consultaProcessual/processo.php?proc=609654120124013400&secao=TRF1&nome=RENATO CHAGAS ANGEL&oab=RJ00148 65 8&mostrarBaixados=N

a qual funcionam os conselhos de contribuintes, atualmente conhecido com Conselho Administrativo de Recursos Fiscais (CARF).

O Superior Tribunal de Justiça já decidiu a questão da definitividade das decisões proferidas pelos Conselhos de Contribuintes, quando favoráveis aos contribuintes, uma vez que há a preclusão de seu critério jurídico para a Fazenda, de forma que a mesma se torna imutável para a Administração Pública (a teor do art. 45 do Decreto n. 70.235/72), salvo se eivada de vícios e ilegalidades patentes.

Por fim, nem por isso menos importante, salvo hipóteses de ilegalidade, as decisões proferidas pelo Conselho Administrativo de Recursos Fiscais em favor dos contribuintes, não são passíveis de reabertura da discussão na esfera judicial, sendo, portanto, indubitável a inexistência de violação do princípio da inafastabilidade da jurisdição. Por outro prisma, com o escopo da mantença da "segurança jurídica", há que se reafirmar que a referida pretensão é rechaçada, pois, instaurar-se-ia, de modo especial em relação ao contribuinte, a indesejada insegurança absoluta, uma vez que todo processo que a Fazenda desenvolveu de forma essencial os papéis de "parte e juiz", poder-se-ia ser reaberto, a qualquer momento, reiniciando-se assim uma discussão infindável.

9. Referências Bibliográficas

BORGES, José Alfredo. *Anotações acerca do Direito Processual Tributário Brasileiro*. Revista Internacional de Direito Tributário. Vol. 1. Belo Horizonte: Del Rey, janeiro-junho de 2004.

BRASIL. *Constituição da República Federativa do Brasil de 1988*. In ANGHER, Anne Joyce (Org.). Vade mecum acadêmico de direito. 2ª ed. São Paulo: Rideel, 2005.

COÊLHO, Sacha Calmon Navarro. *Manual de Direito Tributário*. Rio de Janeiro: Forense, 2002.

COSTA, Antônio José da. *Processo Administrativo Tributário*. In MARTINS, Ives Gandra da Silva (Coordenador). Processo Administrativo Tributário. 2ª Ed. Atualizada por Edison Pereira Rodrigues. São Paulo: Revista dos Tribunais, 2002.

DELGADO, José Augusto. *Reflexões sobre o Processo Administrativo Tributário. In* MARTINS, Ives Gandra da Silva (Coordenador). Processo Administrativo Tributário. 2ª Ed. Atualizada por Edison Pereira Rodrigues. São Paulo: Revista dos Tribunais, 2002.

Di Pietro, Maria Sylvia Zanella. *Direito Administrativo*. 15. ed. São Paulo: Editora Atlas, 2003.

Greco, Marco Aurélio. *Processo Administrativo Tributário*. In Martins, Ives Gandra da Silva (Coordenador). Processo Administrativo Tributário. 2ª Ed. Atualizada por Edison Pereira Rodrigues. São Paulo: Revista dos Tribunais, 2002.

Harada, Kiyoshi. *Direito Financeiro e Tributário*. 17. ed. São Paulo: Atlas, 2008.

Ichihara, Yoshiaki. *Processo Administrativo Tributário*. In: Martins, Ives Gandra da Silva (Coordenador). Processo Administrativo Tributário. 2ª Edição, atualizada por Edison Pereira Rodrigues. São Paulo: Revista dos Tribunais, 2002.

Leitão, Maria Beatriz Mello. *A possibilidade de Revisão pelo Poder Judiciário das Decisões do Conselho de Contribuintes Contrárias à Fazenda Pública*. In: Rocha, Sérgio André. Processo Administrativo Tributário. 1ª Ed. São Paulo: Quartier Latin, 2007.

Lobo, Maria Tereza de Carcomo. *Processo Administrativo Tributário*. In Martins, Ives Gandra da Silva (Coordenador). Processo Administrativo Tributário. 2ª Ed. Atualizada por Edison Pereira Rodrigues. São Paulo: Revista dos Tribunais, 2002.

Machado, Schubert de Farias. *A Decisão Definitiva no Processo Administrativo Tributário e o Ingresso da Fazenda Pública em Juízo*. Revista Dialética de Direito Tributário. Nº 76. São Paulo: Dialética, 2002.

Machado, Hugo de Brito. *Curso de Direito Tributário*. 31ª ed. São Paulo: Malheiros, 2010.

Malerbi, Diva. *Processo Administrativo Tributário*. São Paulo: RT, 1999.

Martins, Ives Gandra da Silva (Coord.). *Processo Administrativo Tributário*. São Paulo: Saraiva, 2002.

Meirelles, Hely Lopes. *Direito Administrativo Brasileiro*. 17. ed. São Paulo: Malheiros, 1998.

Melo, José Eduardo Soares de. *A Coexistência dos Processos Administrativo e Judicial Tributário*. In Processo Administrativo Fiscal, vol. 2. São Paulo: Revista dos Tribunais, 2002.

Oliveira, Ricardo Mariz de. *Processo Administrativo Tributário*. In Martins, Ives Gandra da Silva (Coordenador). Processo Administrativo Tributário. 2ª Ed. Atualizada por Edison Pereira Rodrigues. São Paulo: Revista dos Tribunais, 2002.

PRAXEDES, Francisco de Assis. *Processo Administrativo Tributário. In* MARTINS, Ives Gandra da Silva (Coordenador). Processo Administrativo Tributário. 2ª Ed. Atualizada por Edison Pereira Rodrigues. São Paulo: Revista dos Tribunais, 2002.

REALE, Miguel. *Revogação e Anulamento do Ato Administrativo.* 2ª ed. Rio de Janeiro: Editora Forense, 1980.

RIBAS, Lídia Maria L. R. *Processo Administrativo Tributário.* 1ª ed. São Paulo: Malheiros, 2008.

THEODORO JÚNIOR, Humberto. *Curso de Direito Processual Civil: teoria geral do direito processual civil e processo de conhecimento.* 48ª ed. Rio de Janeiro: Forense, 2008.

—. *Curso de Direito Processual Civil: procedimentos especiais.* 42ª ed. Rio de Janeiro: Forense, 2010.

TORRES, Ricardo Lobo. *Processo Administrativo Fiscal: caminhos para o seu desenvolvimento.* Revista Dialética de Direito Tributário 46/78-83. São Paulo: Dialética, 1999.

Capítulo XVI

O Planejamento Tributário e o Propósito Negocial em Face do Princípio da Legalidade

ARI CARRION FRANDOLING*

Sumário: 1. Introdução; 2. Planejamento Tributário: Breves Considerações; 3. Doutrina do Propósito Negocial; 4. Norma Geral Antielisão Brasileira; 5. Princípio da Legalidade; 6. Propósito Negocial, Simulação e Dissimulação; 7. Considerações Finais; 8. Referências Bibliográficas.

1. Introdução

Este capítulo tem por objetivo analisar os impactos causados pela ausência de norma geral antielisiva no ordenamento jurídico brasileiro, cuja função seria delimitar de forma clara e objetiva os direitos de os contribuintes organizarem suas atividades econômicas mediante a escolha dos

---

* Mestrando em Direito pela Universidade Católica de Brasília; Pós-Graduado em Educação a Distância (UGF, 2011); MBA Executivo em Finanças e Negócios (ESAB, 2007); Pós-Graduado em Direito do Trabalho (Uninove, 1999); Bacharel em direito (1996); Contabilista (1995); Diretor do departamento de consultoria tributária da PwC – Brasília; e Professor de Planejamento Tributário no curso de MBA do Ibmec-DF.

atos e negócios jurídicos que resultam na menor carga tributária possível, dentro da legalidade.

Considerando a atual carga tributária, da ordem de 36% do PIB, o planejamento tributário de uma empresa é fundamental para uma administração proativa dos encargos tributários por ela assumidos. Reduzir o ônus tributário com o menor risco possível, mitigando os riscos de autuações fiscais é um dos grandes desafios dos atuais gestores empresariais.

Gerenciar recursos financeiros de forma eficiente e eficaz é obrigação de todo gestor empresarial, familiar e público. A própria Lei 6.404/76 (Lei das Sociedades Anônimas) determina que os administradores devem exercer suas funções com o cuidado e diligência que todo homem íntegro e honesto costuma administrar os seus próprios negócios.

Um planejamento tributário bem estruturado que envolve análises de curto, médio e longo prazo, quando desenvolvido nos termos da legislação em vigor será perfeitamente aceitável pelas autoridades fiscais, pois trata-se de elisão fiscal. No entanto, esses fatores nem sempre são observados pelos contribuintes, resultando, muitas vezes, em excessos na interpretação ou na utilização das opções tributárias disponíveis na legislação, ou seja, evasão fiscal.

Nesse contexto, entram em cena as autoridades fiscais com a função de 'testar' a validade ou veracidade dos planejamentos tributários implementados pelos contribuintes. Sob essa ótica dos processos de fiscalização e respectivas desconsiderações dos planejamentos tributários operacionalizados, este trabalho tem a pretensão de analisar a doutrina do propósito negocial utilizada pelo fisco como fundamentação legal das operações classificadas como evasão fiscal.

Adicionalmente, faz-se uma reflexão sobre a tentativa de inserção do Brasil no rol dos países que disciplinaram a elisão fiscal, face a inacabada criação de uma norma geral antielisiva no ordenamento jurídico brasileiro – paragrafo único, artigo 116, do Código Tributário Nacional (CTN) – que ainda carece de aplicabilidade em razão da ausência de normatização complementar através de lei ordinária, que originariamente ocorreria através da Medida Provisória (MP) 66/2002, porém, rejeitada pelo Congresso Nacional quando de sua conversão na Lei nº 10.637/2002.

Sobre esse aspecto, apesar de a normatização antielisão contida na MP 66/2002 não ter sido convertida em lei, verifica-se que seus princípios vêm sendo utilizados nas autuações fiscais, bem como nas decisões do antigo Conselho de Contribuintes, sob o manto da doutrina do propósito negocial, porém juridicamente fundamentados como abuso de direito, fraude à lei, negócio indireto, simulação, dentre outros argumentos expressamente previsto no ordenamento jurídico brasileiro.

Em seguida, faz-se uma breve análise da amplitude do princípio da legalidade em relação as duas correntes de interpretação da norma tributária: interpretação restritiva e interpretação econômica da lei tributária e sua integração analógica.

Finaliza-se comparando a aplicabilidade da doutrina norte-americana do propósito negocial e os normativos de simulação e dissimulação, constantes no Código Civil Brasileiro (CC), visando identificar a real necessidade de 'importarmos' doutrinas estrangeiras oriundas de evolução jurisprudencial de *common law* para nosso ordenamento jurídico baseado na *civil law*, sendo que o ordenamento jurídico brasileiro prevê mecanismos eficazes para a desconsideração de atos ou negócios jurídicos praticados com a finalidade de dissimular a ocorrência do fato gerador do tributo ou a natureza dos elementos constitutivos da obrigação tributária.

2. Planejamento Tributário: Breves Considerações

Há décadas, o planejamento tributário tem sido objeto de inúmeros debates, tanto no meio acadêmico quanto no meio empresarial e governamental, especificamente no âmbito da fiscalização. O ponto central dessas discussões reside nos limites legais aplicáveis ao direito da auto--organização, à liberdade de contratar, negociar, cambiar ou abrir mão de determinados direitos[1], ou seja, o planejamento tributário em análise estaria amparado por atos e fatos que correspondem a elisão ou evasão fiscal?

Mas o que seria planejamento tributário? Algumas definições do verbo 'planejar' podem ser encontradas nos dicionários da língua portuguesa, a saber:

---

[1] Quando se menciona "planejamento", o foco de preocupação é a conduta de alguém (em geral, o contribuinte); por isso, a análise desta figura dá maior relevo para as qualidades de que se reveste tal conduta, bem como para os elementos: liberdade contratual, licitude da conduta, momento em que ela ocorre, outras qualidades de que se revista etc. GRECO, Marco Aurélio. *Planejamento tributário*. 2. Ed. São Paulo: Dialética, 2008. p.81.

Aurélio[2]
Traçar; fazer o plano de./Projetar, fazer tensão de./Programar, planificar./Planear.

Houaiss[3]
Elaborar o plano ou planta de./Projetar./Organizar plano ou roteiro de./Programar./Ter a intenção de./Tencionar.

No sentido de antever os fatos que estão por vir, o contribuinte tem a liberdade de se programar, de elaborar um "plano de ação" o qual, baseado na legislação tributária em vigor, garanta-lhe a incidência da menor carga tributária possível sobre seus rendimentos, ganhos de capital e negócios em geral. Exemplo disso seria o contribuinte pessoa física "planejar", com a antecedência necessária, preferencialmente no início do ano-calendário, como será o preenchimento da sua declaração de Imposto de Renda[4] (IRPF) a ser entregue até o término do mês de abril do ano-calendário seguinte à obtenção dos rendimentos e ganhos em geral.

Nesse planejamento prévio poderá avaliar, no seu contexto de rendimentos e gastos dedutíveis do imposto, qual seria a melhor opção de declaração do IRPF que resulte na menor tributação ou mesmo na maior restituição do imposto. Em outras palavras, deverá concluir, nos termos da legislação de imposto de renda aplicável às pessoas físicas, se utilizará o formulário da declaração simplificada[5], cujo desconto padrão corres-

---

[2] FERREIRA, Aurélio Buarque de Holanda. *Novo dicionário da língua portuguesa*. 2. ed. São Paulo: Nova Fronteira, 1998. p. 810.

[3] HOUAISS, Antonio. *Dicionário Houaiss da Língua Portuguesa*. São Paulo: Objetiva, 2004.

[4] Art. 7º A pessoa física deverá apurar o saldo em Reais do imposto a pagar ou o valor a ser restituído, relativamente aos rendimentos percebidos no ano-calendário, e apresentar anualmente, até o último dia útil do mês de abril do ano-calendário subsequente, declaração de rendimentos em modelo aprovado pela Secretaria da Receita Federal. IRPF – Imposto sobre a Renda das Pessoas Físicas. Lei nº 9.250, de 26 de dezembro de 1995, art. 7º.

[5] Art. 10. O contribuinte poderá optar por desconto simplificado, que substituirá todas as deduções admitidas na legislação, correspondente à dedução de 20% (vinte por cento) do valor dos rendimentos tributáveis na Declaração de Ajuste Anual, independentemente do montante desses rendimentos, dispensadas a comprovação da despesa e a indicação de sua espécie, limitada a: [...] VIII – R$ 15.880,89 (quinze mil, oitocentos e oitenta reais e

ponde a até 20% de deduções sem a necessidade de comprovação das despesas ou o formulário da declaração completa, no qual o contribuinte deve comprovar os gastos com educação, saúde, previdência privada complementar, pensão alimentícia, entre outros.

Digamos que, identificada a melhor opção como sendo a declaração completa, o contribuinte tomará as devidas providências para a boa e perfeita implementação de seu planejamento tributário pessoal, o que irá além da simples obtenção e guarda dos comprovantes de pagamento das despesas dedutíveis do imposto. Isso porque, nos termos da legislação vigente tal contribuinte não é impedido de fazer cálculos, ou seja, planejar, tanto em relação aos valores quanto ao melhor momento de incorrer em gastos dedutíveis.

Assim, o contribuinte tem liberdade para decidir sobre a conveniência de fazer um tratamento médico no final do ano-calendário 20X1 ou, nas situações em que for possível, aguardar o início de 20X2, período em que a dedutibilidade com despesas médicas será melhor aproveitada em seu imposto de renda. Poderá também decidir por investir em previdência privada complementar no formato de PGBL[6] analisando a conveniência de deduzir do imposto agora os aportes feitos na previdência privada e no futuro tributar os saques mensais nos moldes da tabela progressiva do imposto de renda ou não deduzi-los agora, aportando no formato de VGBL[7] visando usufruir dos benefícios futuros relacionados a tabela

---

oitenta e nove centavos) para o ano-calendário de 2014; e IX – R$ 16.595,53 (dezesseis mil, quinhentos e noventa e cinco reais e cinquenta e três centavos) a partir do ano-calendário de 2015. Lei nº 9.250, de 26 de dezembro de 1995, art.10, com redação dada pela Lei nº 11.482, de 31 de maio de 2007, alterada pela Lei nº 12.469, de 26 de agosto de 2011.

[6] Plano Gerador de Benefício Livre (PGBL). Lei nº 9.250, de 26 de dezembro de 1995, art. 8º, inciso II, letra 'e'. Art. 8º A base de cálculo do imposto devido no ano-calendário será a diferença entre as somas: I – de todos os rendimentos percebidos durante o ano-calendário, exceto os isentos, os não-tributáveis, os tributáveis exclusivamente na fonte e os sujeitos à tributação definitiva; II – das deduções relativas: (...) e) às contribuições para as entidades de previdência privada domiciliadas no País, cujo ônus tenha sido do contribuinte, destinadas a custear benefícios complementares assemelhados aos da Previdência Social;

[7] Vida Gerador de Benefício Livre (VGBL). Lei nº 11.053, de 29 de dezembro de 2004, art. 1º. Art. 1º É facultada aos participantes que ingressarem a partir de 1º de janeiro de 2005 em planos de benefícios de caráter previdenciário, estruturados nas modalidades de contribuição definida ou contribuição variável, das entidades de previdência comple-

regressiva do imposto de renda incidente sobre os rendimentos vinculados aos respectivos saques à época de sua aposentadoria.

Sobre os exemplos retro mencionados, quais seriam os riscos de questionamento por parte das autoridades fiscais? Houve algum excesso, alguma transgressão à literalidade da lei? É obvio que não[8].

O principal problema que ocorre nos planejamentos tributários reside nos excessos. Ainda utilizando o exemplo do imposto de renda da pessoa física, conforme já visto, a opção por utilizar o formulário completo da declaração estaria perfeitamente alinhada com a legislação em vigor, no entanto, a partir do momento que o contribuinte declara despesas inexistentes ou mesmo utiliza documentos inidôneos ou adulterados, estaríamos diante de uma evasão fiscal.

No plano corporativo, não restam dúvidas que em termos de competitividade e gestão de negócios, uma atenção especial deve ser dada aos encargos tributários que oneram o preço final dos produtos e serviços vendidos, diminuindo consideravelmente as margens de lucro das empresas[9]. Isso significa dizer que não basta ser um bom fabricante, bom vendedor ou bom prestador de serviços. Se o gestor empresarial não tiver um controle efetivo sobre a área tributária da empresa, seus negócios estarão fadados ao insucesso.

---

mentar e das sociedades seguradoras, a opção por regime de tributação no qual os valores pagos aos próprios participantes ou aos assistidos, a título de benefícios ou resgates de valores acumulados, sujeitam-se à incidência de imposto de renda na fonte às seguintes alíquotas: I – 35% (trinta e cinco por cento), para recursos com prazo de acumulação inferior ou igual a 2 (dois) anos; II – 30% (trinta por cento), para recursos com prazo de acumulação superior a 2 (dois) anos e inferior ou igual a 4 (quatro) anos; III – 25% (vinte e cinco por cento), para recursos com prazo de acumulação superior a 4 (quatro) anos e inferior ou igual a 6 (seis) anos; IV – 20% (vinte por cento), para recursos com prazo de acumulação superior a 6 (seis) anos e inferior ou igual a 8 (oito) anos; V – 15% (quinze por cento), para recursos com prazo de acumulação superior a 8 (oito) anos e inferior ou igual a 10 (dez) anos; e VI – 10% (dez por cento), para recursos com prazo de acumulação superior a 10 (dez) anos.

[8] Planejamento tributário ou "elisão fiscal" envolve a escolha, entre alternativas igualmente válidas, de situações fáticas ou jurídicas que visem reduzir ou eliminar ônus tributários, sempre que isso for possível nos limites da ordem jurídica. ANDRADE FILHO, Edmar Oliveira. *Imposto de renda das empresas*. 10ª Ed. São Paulo: Atlas, 2013. p. 982.

[9] Fonte: https://www.ibpt.org.br/noticia/1613/Pesquisa-do-IBPT-revela-que-os-produtos-da-pascoa-podem-ter-mais-de-50-de-tributos. Acessado em 23/05/2014.

Considerando a atual carga tributária brasileira da ordem de 36% do PIB, pode-se afirmar que o planejamento tributário é uma excelente ferramenta para o acompanhamento da situação fiscal da empresa e para uma administração proativa dos encargos tributários por ela assumidos, o que se faz imperativo em função da real necessidade de reduzir o ônus tributário com o menor risco possível, bem como identificar e eliminar eventuais contingências fiscais, visando tornar a empresa competitiva e rentável, sem surpresas desagradáveis, como por exemplo, autuações fiscais.[10]

No contexto das pessoas jurídicas, a legislação em vigor prevê inúmeras opções de ordem tributária, cabendo ao contribuinte planejar-se de modo a identificar quais seriam as melhores formas para estruturar seus negócios face as alternativas tributárias disponíveis, como por exemplo, lucro real ou lucro presumido[11]; aquisição de bens duráveis através de financiamento bancário ou contrato de *leasing*; os acionistas receberem a totalidade do lucro na forma de dividendos ou parte dele na forma de juros sobre o capital próprio[12], dentre outras hipóteses previstas na legislação.

Gerenciar recursos financeiros de forma eficiente e eficaz é obrigação de todo gestor empresarial, gestor familiar e, por que não dizer, de todo gestor público. Sobre esse último, através da Emenda Constitucional nº

---

[10] Adaptado de artigo do próprio autor, publicado em: http://ogerente.com.br/rede/economia-financas/gestao-tributaria. Acessado em 23/05/2014.

[11] Lei nº 9.718, de 27 de novembro de 1998, arts. 13 e 14. Art. 13. A pessoa jurídica cuja receita bruta total no ano-calendário anterior tenha sido igual ou inferior a R$ 78.000.000,00 (setenta e oito milhões de reais) ou a R$ 6.500.000,00 (seis milhões e quinhentos mil reais) multiplicado pelo número de meses de atividade do ano-calendário anterior, quando inferior a 12 (doze) meses, poderá optar pelo regime de tributação com base no lucro presumido. Art. 14. Estão obrigadas à apuração do lucro real as pessoas jurídicas [....].

[12] Lei nº 9.249, de 26 de dezembro de 1995, arts. 9º e 10. Art. 9º A pessoa jurídica poderá deduzir, para efeitos da apuração do lucro real, os juros pagos ou creditados individualizadamente a titular, sócios ou acionistas, a título de remuneração do capital próprio, calculados sobre as contas do patrimônio líquido e limitados à variação, pro rata dia, da Taxa de Juros de Longo Prazo – TJLP.(...) Art. 10. Os lucros ou dividendos calculados com base nos resultados apurados a partir do mês de janeiro de 1996, pagos ou creditados pelas pessoas jurídicas tributadas com base no lucro real, presumido ou arbitrado, não ficarão sujeitos à incidência do imposto de renda na fonte, nem integrarão a base de cálculo do imposto de renda do beneficiário, pessoa física ou jurídica, domiciliado no País ou no exterior. [...]

19, de 1998, foi inserido ao artigo 37, da CF, o princípio da eficiência[13] o qual remete o administrador público ao dever de gerir os recursos financeiros do Estado com eficiência. No mesmo sentido, a Lei das Sociedades Anônimas (Lei nº 6.404/76) prevê na Seção IV – Deveres e Responsabilidades (artigo 153, Lei das SAs), que o administrador da companhia deve exercer suas funções com o cuidado e diligência que todo homem íntegro e honesto costuma administrar os seus próprios negócios.

Em suma, pode-se afirmar que um planejamento tributário bem estruturado que envolve análises de curto, médio e longo prazo, quando desenvolvido nos termos da legislação em vigor será perfeitamente aceitável pelas autoridades fiscais, pois trata-se de elisão fiscal. No entanto, esses fatores nem sempre são observados pelos contribuintes quando da elaboração de seus "pseudos planejamentos tributários", resultando muitas vezes em excessos na interpretação ou na utilização das opções tributárias disponíveis na legislação[14], ou seja, evasão fiscal.

Sob essa ótica dos excessos, passamos a analisar a doutrina do propósito negocial, largamente utilizada por nossas autoridades fiscais para "testar" a validade ou veracidade dos planejamentos tributários implementados pelos contribuintes.

3. Doutrina do Propósito Negocial

Relativamente à evasão fiscal, inúmeras têm sido as fundamentações jurídicas aplicadas pelas autoridades fiscais brasileiras para a desconsideração dos planejamentos tributários: abuso de forma, fraude à lei, simulação, dissimulação, sonegação, negócio jurídico indireto, prevalência da essência sobre a forma e, por fim, ausência de propósito nego-

---

[13] Constituição da República Federativa do Brasil de 1988, art. 37. A administração pública direta e indireta de qualquer dos Poderes da União, dos Estados, do Distrito Federal e dos Municípios obedecerá aos princípios de legalidade, impessoalidade, moralidade, publicidade e eficiência e, também, ao seguinte [...]

[14] Excluir do campo do planejamento os atos ilícitos é entendimento que penso ser unânime na doutrina brasileira. Desde os que defendem as posições mais liberais, até os que examinam o planejamento a partir de ótica mais abrangente, passando pelos formalistas, todos – que eu saiba – sustentam que praticar ilícitos contamina o planejamento descaracterizando-o. GRECO, Marco Aurélio. *Planejamento tributário*. 2. Ed. São Paulo: Dialética, 2008. p.85.

cial. Sendo esse último, definido como escopo para estudo detalhado nesta oportunidade.

O caso Gregory *versus* Helvering[15], trata-se de uma decisão histórica da Suprema Corte norte-americana sobre imposto de renda. O caso é citado como parte da base de duas doutrinas jurídicas: *i*) *'economic substance doctrine'* – doutrina da substância econômica ou da essência sobre a forma – o contribuinte é obrigado a observar a essência e realidade econômica da operação realizada, e não meramente sua forma legal; e *ii*) *'business purpose doctrine'* – doutrina do propósito negocial – se a operação não tem qualquer finalidade comercial substancial que não seja a prevenção ou redução de imposto, a lei fiscal não considerará a transação.

Nos termos da sentença proferida pela Suprema Corte norte-americana, a Sra. Gregory era proprietária da totalidade das ações da *United Mortgage Company* (UMC), que por sua vez, era a única proprietária de

---

[15] [...] "Quando a Subdivisão B* fala de uma transferência de ativos por uma empresa para outra, isso significa uma transferência feita "em cumprimento de um plano de reorganização" seção 112, g, dos negócios sociais, e não uma transferência de ativos por uma corporação para outro, em termos de um plano de não ter relação com o negócio de qualquer um, como claramente é o caso aqui. Pondo de lado, então, a questão da motivação em relação à tributação em conjunto, e corrigir o caráter do processo com o que de fato ocorreu, o que encontramos? Simplesmente uma operação sem nenhum negócio ou propósito, com uma das empresas sendo mero dispositivo colocado na forma de uma reorganização societária como um disfarce para esconder seu verdadeiro caráter, e o único objetivo e realização do que foi a consumação de um preconcebido plano, não para reorganizar um negócio ou qualquer parte de um negócio, mas para transferir uma parcela de ações corporativas ao peticionário. Sem dúvida, uma nova e válida corporação foi criada. Mas essa empresa não era nada mais do que um artifício para o fim último descrito. Ela foi trazida à existência para nenhuma outra finalidade; realizada, como foi planejado desde o início, não teve nenhuma outra função. Quando essa função limitada tinha sido exercida, ela imediatamente foi condenada à morte. Nestas circunstâncias, os fatos falam por si e são suscetíveis de uma só interpretação. Todo o empreendimento, embora realizado de acordo com os termos da Subdivisão B, foi de fato uma forma elaborada e tortuosa de transporte que aparece como uma reorganização societária, e nada mais. A regra que exclui da conta o motivo de evasão fiscal não é pertinente para a situação, porque a transação após a sua cara está fora da intenção clara do estatuto. Para segurar o contrário seria exaltar artifício acima da realidade e privar a disposição estatutária em questão de todo a propósito sério. * Seção 112 da Lei de Receita de 1928."[...]. U.S. Supreme Court – GREGORY v. HELVERING, 293 U.S. 465 (1935) http://caselaw.lp.findlaw.com/scripts/getcase.pl?court=US&vol=293&invol=465. Acessado em 24/05/2014.

1.000 ações da *Monitor Securities Corporation* (MSC). Em dado momento, a Sra. Gregory decidiu vender as ações da MSC e apropriar-se dos respectivos recursos financeiros na pessoa física.

Considerando a estrutura societária existente à época, a UMC pagaria imposto de renda sobre os ganhos auferidos na venda das ações de sua subsidiária integral, a MSC, e a Sra. Gregory também pagaria imposto de renda sobre os dividendos que receberia da UMC, havendo assim, dupla incidência tributária sobre os ganhos oriundos da alienação das ações da MSC. Nesse contexto, visando reduzir a carga tributária do imposto de renda incidente sobre tal alienação, a Sra. Gregory elaborou uma "reorganização societária", baseada na seção 112, g, da legislação do imposto de renda vigente em 1928.

Para tanto, em 18 de setembro de 1928, a Sra. Gregory constituiu uma nova empresa denominada Averill Corporation. Três dias depois, no dia 21 de setembro, a UMC transferiu para a Averill as 1.000 ações da MSC, sem qualquer incidência tributária, conforme previa a legislação vigente sobre "reorganizações societárias".

Em 24 de setembro, a Averill foi dissolvida e liquidada através da distribuição de todos os seus ativos, ou seja, as 1.000 ações da MSC foram transferidas para a Sra. Gregory. Imediatamente após tal transferência, a contribuinte vendeu as ações da MSC e recolheu o imposto de renda sobre o ganho líquido de capital incidente sobre a operação, havendo dessa forma incidência do imposto de renda uma única vez, na pessoa física.

Face ao exposto, pode-se depreender que referido processo judicial teve como pano de fundo uma reestruturação societária expressamente permitida no ordenamento jurídico norte-americano. No entanto, o caso em comento demonstra que a aplicação da literalidade da lei tributária não foi suficiente para sustentar como válida a economia tributária oriunda dessa reestruturação. Isso porque, a interpretação da lei ocorreu de forma induzida, conforme a conveniência da contribuinte, resultando em uma operação sem substância econômica ou proposito negocial.

Nesse sentido, a sentença da Suprema Corte destacou que nenhum outro negócio foi realizado ou transacionado pela Averill durante sua curta existência. Toda a operação, embora realizada de acordo com os termos da Subdivisão B, da legislação fiscal vigente, foi de fato uma forma elaborada e tortuosa de transferência de titularidade das ações, disfarçada de reorganização societária. Assim, a regra que excluía de tributação as reorganizações societárias não seria aplicável ao caso, uma vez que as transações realizadas pela Sra. Gregory não condiziam com a real intenção prevista na legislação fiscal voltada às reestruturações societárias.

A partir dessa histórica decisão da Suprema Corte norte-americana, inúmeros países passaram a discutir a validade jurídica das operações negociais que visivelmente não tenham qualquer finalidade comercial (substância econômica) que não seja a prevenção ou redução de tributos, ou seja, ausência de propósito negocial.

Porém, décadas após a mencionada decisão, no ano-calendário 2000, a própria Suprema Corte norte-americana manifestou opinião no sentido de "não haver nenhuma linha clara" de interpretação sobre a aplicabilidade da *business purpose doctrine*[16]. O que em outras palavras significa dizer que, se faz necessário analisar caso a caso visando obter evidências de propósito negocial nas transações que resultarem em economia tributária aos contribuintes envolvidos na negociação.

No Brasil, têm-se evidências da aplicação da doutrina do propósito negocial desde a década de 1980, em julgado do 1º Conselho de Contribuintes, a saber:

> Se os negócios não são efetuados com o único propósito de escapar ao tributo, mas sim efetuados com objetivos econômicos e empresariais verdadeiros, embora com recursos e formas jurídicas que proporcionam maior economia tributária, há elisão fiscal e não evasão ilícita. De se aceitar, portanto, a cisão como regular e legítima, no caso dos autos.
>
> 1º Conselho de Contribuintes Acórdão nº 101 – 77.837, de 11/07/88. Decisão unânime. Relator – Urgel Pereira Lopes. D.O.U. 30/08/88 p. 16.606.

Até então, as reorganizações das atividades empresariais implementadas pelos contribuintes mediante a utilização da literalidade da legislação fiscal aplicável às respectivas estruturas por eles delineadas com o intuito de economizar tributos eram submetidas de forma empírica ao crivo do instituto jurídico da simulação, conforme veremos mais adiante.

---

[16] Decisão da Corte Americana sobre *business purpose* doctrine: *"There is no clear line"*. ASA *Investerings Partnership v. Commissioner*, 201 F. 3d 505 (D.C. Cir. 2000).

4. Norma Geral Antielisiva Brasileira

Visando a inserção de uma norma geral antielisiva no ordenamento jurídico brasileiro, através da Lei Complementar 104, de 10 de janeiro de 2001, foi inserido o parágrafo único, no artigo 116, do CTN[17], prevendo a possibilidade de as autoridades fiscais desconsiderarem atos ou negócios jurídicos praticados com a finalidade de dissimular a ocorrência do fato gerador do tributo ou a natureza dos elementos constitutivos da obrigação tributária.

No entanto, a aplicabilidade dessa norma geral antielisiva ficou condicionada a normatização complementar através de lei ordinária, cuja tentativa de implementação ocorreu através da Medida Provisória nº 66, de 29 de agosto de 2002, porém, não aprovada pelo Congresso Nacional quando da sua conversão na Lei nº 10.637, de 30 de dezembro de 2002.

Nos termos da Exposição de Motivos nº 211, que amparou a Medida Provisória nº 66/2002, ficou claro que os seus artigos 13 a 19 teriam a função de suprir a exigência contida no parágrafo único, do art. 116, do CTN, inserindo assim, o Brasil no rol dos países que disciplinaram a elisão fiscal[18].

A MP nº 66/2002 intitulava esses artigos em comento como "Procedimentos Relativos à Norma Geral Anti-elisão", os quais traziam detalhes sobre as hipóteses e condições em que as autoridades fiscais poderiam

---

[17] Art. 116. [...] Parágrafo único. A autoridade administrativa poderá desconsiderar atos ou negócios jurídicos praticados com a finalidade de dissimular a ocorrência do fato gerador do tributo ou a natureza dos elementos constitutivos da obrigação tributária, observados os procedimentos a serem estabelecidos em lei ordinária. Código Tributário Nacional – CTN, Lei nº 5.172, de 25 de outubro de 1966.

[18] 11. Os arts. 13 a 19 dispõem sobre as hipóteses em que a autoridade administrativa, apenas para efeitos tributários, pode desconsiderar atos ou negócios jurídicos, ressalvadas as situações relacionadas com a prática de dolo, fraude ou simulação, para as quais a legislação tributária brasileira já oferece tratamento específico. 12. O projeto identifica as hipóteses de atos ou negócios jurídicos que são passíveis de desconsideração, pois, embora lícitos, buscam tratamento tributário favorecido e configuram abuso de forma ou falta de propósito negocial. 13. Os conceitos adotados no projeto guardam consistência com os estabelecidos na legislação tributária de países que, desde algum tempo, disciplinaram a elisão fiscal. 14. Os arts. 15 a 19 dispõem sobre os procedimentos a serem adotados pela administração tributária no tocante à matéria, suprindo exigência contida no parágrafo único do art. 116 do Código Tributário Nacional." Fonte: http://www.planalto.gov.br/ccivil_03/Exm/2002/211-MF-02.htm. Acessado em 23/05/2014.

desconsiderar os atos ou negócios jurídicos praticados com a finalidade de dissimular a ocorrência do fato gerador dos tributos ou a natureza dos elementos constitutivos de obrigações tributárias, bem como os planejamentos tributários cujos atos ou negócios jurídicos tivessem por objetivo reduzir o valor de tributos, evitar ou postergar o seu pagamento ou mesmo ocultar os verdadeiros aspectos do fato gerador ou a real natureza dos elementos constitutivos da obrigação tributária[19].

A MP 66/2002 partia do pressuposto que havendo indícios de problemas na "sinceridade" dos atos ou negócios jurídicos, estaríamos diante de um planejamento tributário evasivo, visando obter vantagens econômico-tributárias mediante excessos na interpretação ou na utilização das opções tributárias disponíveis na legislação vigente.

Nos termos do parágrafo 1º, do artigo 14, da MP 66/2002, para a desconsideração de ato ou negócio jurídico, a autoridade fiscal deveria observar a ocorrência de um dos seguintes ilícitos tributários: i) falta de propósito negocial; ou ii) abuso de forma.

Vemos então, a real intenção do Poder Executivo em inserir no ordenamento jurídico brasileiro a doutrina do propósito negocial. Lembrando que, nos termos da Exposição de Motivos 211, da MP 66/2002,

---

[19] Medida Provisória nº 66, de 29 de agosto de 2002, arts. 13 e 14.
Art. 13. Os atos ou negócios jurídicos praticados com a finalidade de dissimular a ocorrência de fato gerador de tributo ou a natureza dos elementos constitutivos de obrigação tributária serão desconsiderados, para fins tributários, pela autoridade administrativa competente, observados os procedimentos estabelecidos nos arts. 14 a 19 subsequentes. Parágrafo único. O disposto neste artigo não inclui atos e negócios jurídicos em que se verificar a ocorrência de dolo, fraude ou simulação. Art. 14. São passíveis de desconsideração os atos ou negócios jurídicos que visem a reduzir o valor de tributo, a evitar ou a postergar o seu pagamento ou a ocultar os verdadeiros aspectos do fato gerador ou a real natureza dos elementos constitutivos da obrigação tributária.
§ 1º Para a desconsideração de ato ou negócio jurídico dever-se-á levar em conta, entre outras, a ocorrência de: I – falta de propósito negocial; ou II – abuso de forma.
§ 2º Considera-se indicativo de falta de propósito negocial a opção pela forma mais complexa ou mais onerosa, para os envolvidos, entre duas ou mais formas para a prática de determinado ato.
§ 3º Para o efeito do disposto no inciso II do § 1º, considera-se abuso de forma jurídica a prática de ato ou negócio jurídico indireto que produza o mesmo resultado econômico do ato ou negócio jurídico dissimulado. Fonte: http://www.planalto.gov.br/ccivil_03/mpv/Antigas_2002/66impressao.htm. Acessado em 23/05/2014.

para as situações relacionadas com a prática de dolo, fraude ou simulação, a legislação tributária brasileira já oferece tratamento específico.

Na obra "Planejamento Tributário e o Propósito Negocial", coordenada pelo Professor Luís Eduardo Schoueri, foram objeto de mapeamento 1.041 decisões do antigo Conselho de Contribuintes, relativas ao período compreendido entre 2002 e 2008, das quais foram selecionados 76 Acórdãos para análise minuciosa, que compõem referida obra.

Dos resultados obtidos em tais análises, verificou-se que, apesar de os artigos 13 a 19 da MP 66/2002 não terem sido convertidos em lei, seus princípios vêm sendo utilizados nas autuações fiscais, bem como nas decisões do antigo Conselho de Contribuintes, porém, sob a argumentação de abuso de direito, fraude à lei, negócio indireto, simulação, dentre outros argumentos expressamente previsto no ordenamento jurídico brasileiro[20].

Nesse sentido, sobre a aplicabilidade da doutrina do propósito negocial no Brasil, na retro mencionada obra, o Professor Schoueri questiona os riscos de "importarmos" doutrinas estrangeiras oriundas de evolução jurisprudencial de *common law* para nosso ordenamento jurídico baseado na *civil law*.

Em suma, independentemente da criação dos procedimentos previstos no parágrafo único, do art.116, do CTN, as autoridades fiscais têm desconsiderado atos e/ou negócios jurídicos que aparentam não representar

---

[20] Não surpreende, por isso, que a análise dos casos levantados tenha revelado resultados contraditórios, nem sempre se recusando a operação diante da falta de motivos extratributários. Curiosamente, embora a falta do propósito se revelasse como a efetiva razão para a recusa do planejamento, os julgadores procuravam justificar sua decisão com base em teorias como o abuso do direito, a fraude à lei, o negócio indireto e quejandas, chegando-se à situação paradoxal de que circunstâncias semelhantes eram afastadas, por fundamentos diversos. Evidentemente, o antigo Conselho de Contribuintes não se sentia à vontade para revelar que, em verdade, aplicava a doutrina desenvolvida no *common law*, não obstante a ausência de previsão legal. De todo modo, em termos proporcionais, não se pode negar a clara tendência do antigo Conselho de Contribuintes em recusar as estruturas criadas pelo contribuintes, quando os julgadores não vislumbram o propósito negocial, bem como a aceitação da operação, quando se identifica aquele propósito. SCHOUERI, Luís Eduardo (coord.): FREITAS, Rodrigo de (org.). *Planejamento Tributário e o "Propósito Negocial"* – Mapeamento de Decisões do Conselho de Contribuintes de 2002 a 2008 – São Paulo: Quartier Latin, 2010. p. 18.

a verdadeira intenção das partes contratantes, sob a ótica de que tais instrumentos jurídicos – geralmente complexos – jamais seriam utilizados pelos contribuintes envolvidos na negociação, caso sua tributação fosse igual ou superior a outras hipóteses de contratação.

5. Princípio da Legalidade

Exaustivamente disciplinado pela doutrina, o princípio da legalidade pode ser encontrado expressamente previsto no inciso II, do artigo 5º, da CF, o qual dispõe que "ninguém será obrigado a fazer ou deixar de fazer alguma coisa senão em virtude de lei". Adicionalmente, alguns juristas afirmam que tal preceito constitucional corresponde ao princípio da legalidade "geral", uma vez que para fins tributários existiria o princípio da "estrita legalidade"[21], expresso no inciso I, do artigo 150, da CF, vedando aos entes da Federação a exigência ou aumento de tributos sem lei que o estabeleça.[22]

Um tributo só poderá ser cobrado se instituído (criado) por lei. Se ainda não existe lei prevendo sua cobrança, não há que se falar em incidência tributária.[23] Trata-se de um princípio fundamental, uma garantia mínima do cidadão contra o Estado.

---

[21] Não é por outro motivo que se tem sustentado que em nosso ordenamento jurídico vige, mais do que o princípio da legalidade tributária, o princípio da estrita legalidade. Aliás, hoje mais do que nunca, como logo veremos, juristas de tomo têm feito empenho no sentido de que os tributos só podem ser criados ou aumentados por meio de lei ordinária, exceção feita aos empréstimos compulsórios, aos impostos residuais da União e ás contribuições sociais previstas n § 4º do art. 195 da CF, que demanda lei complementar para serem validamente instituídos. CARRAZZA, Antonio Roque. *Curso de direito constitucional tributário*. 23. Ed. São Paulo: Malheiros 2007.

[22] Art. 150. Sem prejuízo de outras garantias asseguradas ao contribuinte, é vedado à União, aos Estados, ao Distrito Federal e aos Municípios: I – exigir ou aumentar tributo sem lei que o estabeleça; [...].

[23] A regra jurídica de tributação incide sobre o suporte fático, como todas as regras jurídicas. Se ainda não existe o suporte fático, a regra jurídica de tributação não incide: se não se pode compor tal suporte fático, nunca incidirá. O crédito do tributo (imposto ou taxa) nasce do fato jurídico, que se produz com a entrada do suporte fático no mundo jurídico. Assim, nascem o débito, a pretensão e a obrigação de pagar o tributo, a ação e as exceções. O direito tributário é apenas ramo do direito público; integra-se, como os outros, na Teoria Geral do Direito. MIRANDA, Pontes de. *Comentários à Constituição de 1967, com a Emenda 1 de 1969*, Ed. RT, t. II, p. 366.

Para o professor Hugo de Brito Machado a criação de um tributo consiste em estabelecer, detalhadamente, todos os elementos necessários para sua existência[24], ou seja, a correta e perfeita criação do fato gerador do tributo ou como alguns juristas costumam denominar: hipótese de incidência ou fato imponível.

No ordenamento jurídico brasileiro, a norma geral de direito tributário que regulamenta os critérios e premissas exigidos para os tributos e respectivas relações jurídicas a eles pertinentes, consta do artigo 97, CTN.[25]

Infelizmente, nem sempre a identificação do fato gerador criado pela lei ocorre de forma clara (taxativa) e de fácil aceitação pelos operadores do direito. Em muitos casos a literalidade da lei menciona um simples "nome de evento" (exemplificativo)[26], o qual dependerá da reunião de outros elementos jurídico-econômicos para sua conceituação. Nesse contexto surgem teorias diametralmente opostas sobre a "interpretação

---

[24] Criar um tributo é estabelecer todos os elementos de que se necessita para saber se este existe, qual é o seu valor, quem deve pagar, quando e a quem deve pagar. Assim, a lei instituidora do tributo há de conter: (a) a descrição do fato tributável; (b) a definição da base de cálculo e da alíquota, ou outro critério a ser utilizado para o estabelecimento do valor do tributo; (c) o critério para a identificação do sujeito passivo da obrigação tributária: (d) o sujeito ativo da relação tributária, se for diverso da pessoa jurídica da qual a lei seja expressão de vontade. MACHADO, Hugo de Brito. *Curso de direito tributário*. 13. Ed. São Paulo: Malheiros 1998. p. 28.

[25] Art. 97. Somente a lei pode estabelecer: I – a instituição de tributos, ou a sua extinção; II – a majoração de tributos, ou sua redução, ressalvado o disposto nos artigos 21, 26, 39, 57 e 65; III – a definição do fato gerador da obrigação tributária principal, ressalvado o disposto no inciso I do § 3º do artigo 52, e do seu sujeito passivo; IV – a fixação de alíquota do tributo e da sua base de cálculo, ressalvado o disposto nos artigos 21, 26, 39, 57 e 65; V – a cominação de penalidades para as ações ou omissões contrárias a seus dispositivos, ou para outras infrações nela definidas; VI – as hipóteses de exclusão, suspensão e extinção de créditos tributários, ou de dispensa ou redução de penalidades. § 1º Equipara-se à majoração do tributo a modificação da sua base de cálculo, que importe em torná-lo mais oneroso. § 2º Não constitui majoração de tributo, para os fins do disposto no inciso II deste artigo, a atualização do valor monetário da respectiva base de cálculo.

[26] "A caracterização do fato gerador nem sempre, entretanto, se faz extensivamente na lei. Muitas vezes limita-se o legislador a mencionar um simples *nomem juris*, ou a fazer uma enumeração meramente exemplificativa, deixando ao intérprete a tarefa de, com base na norma, conceituar concretamente o fato gerador em cada caso." FALCÃO, Amilcar. *Fato gerador da obrigação tributária*. 6. Ed. Rio de Janeiro: Forense 1999, p. 13.

estrita ou restritiva" e a "interpretação econômica da lei tributária e sua integração analógica".

Em defesa da interpretação estrita ou restritiva podemos encontrar Geraldo Ataliba[27] que afirma ocorrer a subsunção do ato ou fato jurídico somente quando esse corresponder rigorosa e integralmente à descrição e características previstas na lei como fato imponível do tributo. Seria a tipicidade, do direito penal, aplicada ao fato gerador, no direito tributário.

Por sua vez, o Ilustríssimo ex-Ministro do STF, Aliomar Baleeiro, defendia a aplicação dos métodos de hermenêutica previstos no artigo

---

[27] 23. Fato imponível e sua subsunção à hipótese de incidência. 23.1 Fato imponível é o fato concreto, localizado no tempo e no espaço, acontecido efetivamente no universo fenomênico, que – por corresponder rigorosamente à descrição prévia, hipoteticamente formulada pela h.i. – dá nascimento à obrigação tributária. Cada fato imponível determina o nascimento de uma obrigação tributária. 23.2 A lei h.i. descreve hipoteticamente certos fatos, estabelecendo a consistência de sua materialidade. Ocorridos concretamente estes fatos *hic et nunc*, com a consistência prevista na lei e revestindo a forma prefigurada idealmente na imagem legislativa abstrata, reconhece-se que desses fatos nascem obrigações tributárias concretas. A esses fatos, a cada qual, designamos "fato imponível" (ou fato tributário). No momento em que, segundo o critério legal (aspecto temporal da h.i.), se consuma um fato imponível, nesse momento nasce uma obrigação tributária, que terá a feição e características que a h.i. ditar. 23.3. O fato imponível é, pois, um fato jurígeno (fato juridicamente relevante) a que a lei atribui a consequência de determinar o surgimento da obrigação tributária concreta. Em termos kelsenianos: é um suposto a que a lei imputa a consequência de causar o nascimento do vínculo obrigacional tributário. Para que um fato (estado de fato, situação) seja reputado fato imponível, deve corresponder integralmente às características previstas abstrata e hipoteticamente na lei (h.i.). 23.4 Diz-se que o fato, assim, se subsume à imagem abstrata da lei. Por isso, se houver subsunção do fato à h.i., ele será fato imponível. Se não houver subsunção, estar-se-á diante de fato irrelevante para o direito tributário. [...] 25.1 Subsunção é o fenômeno de um fato configurar rigorosamente a previsão hipotética da lei. Diz-se que um fato se subsume à hipótese legal quando corresponde completa e rigorosamente à descrição que dele faz a lei. É fato imponível um fato concreto, acontecido no universo fenomênico, que configura a descrição hipotética contida na lei. É a realização da previsão legal. O fato imponível está para a hipótese legal assim como, logicamente, o objeto está para o conceito. ATALIBA, Geraldo. *Hipótese de Incidência Tributária*. 6ª ed. São Paulo: Malheiros, 2013, p. 69.

108, do CTN[28], desde que observada sua respectiva ordem de aplicação[29], bem como a inadmissibilidade de exigir-se tributo não previsto em lei mediante o emprego da analogia ou mesmo dispensar do pagamento de tributo devido mediante o emprego da equidade. No RE nº 29.990/GB, julgado em 20 de junho de 1966, o Ministro manifestou-se contrário ao "farisaísmo hermenêutico no direito tributário", alegando que a interpretação gramatical da literalidade da lei seria a pior das interpretações, uma vez que "ela se limita às palavras da lei, sabendo que sempre são mau veículo do pensamento do legislador ou da política legislativa, que ele pretende alcançar".[30]

6. Propósito Negocial, Simulação e Dissimulação

Em razão da ausência de norma geral antielisiva no Brasil, regulamentando o parágrafo único, do artigo 116, CTN, bem como das controversas teorias de "interpretação estrita ou restritiva" e "interpretação econômica da lei tributária e sua integração analógica", passando pela tipicidade, subsunção e o artigo 108, do CTN, resta a desconfortável incerteza

---

[28] Art. 108. Na ausência de disposição expressa, a autoridade competente para aplicar a legislação tributária utilizará sucessivamente, na ordem indicada: I – a analogia; II – os princípios gerais de direito tributário; III – os princípios gerais de direito público; IV – a equidade. § 1º O emprego da analogia não poderá resultar na exigência de tributo não previsto em lei. § 2º O emprego da equidade não poderá resultar na dispensa do pagamento de tributo devido.

[29] O CTN, no art. 108, não dá livre e indiscriminada escolha dos vários métodos de hermenêutica, que oferece à autoridade aplicadora ou aos intérpretes. Pelo contrário, impõe-lhe uma ordem de preferência, que os intérpretes e aplicadores deverão utilizar *sucessivamente*. Cada uma depois de esgotada a anterior. Todavia, o dispositivo se refere à autoridade competente, parecendo alcançar só os agentes do Fisco. BALEEIRO, Aliomar. *Direito tributário brasileiro*. 10. Ed. rev. e atualizada por Flávio Bauer Novelli. Rio de Janeiro, Forense, 1983.

[30] Contra o farisaísmo hermenêutico no Direito Tributário. RE n. 29.990/GB, Relator o Ministro Victor Nunes, julgado em 20 de junho de 1966. "À primeira vista, pareceria que a questão insinuava uma observância religiosa da forma literária ou gramatical da lei. Ninguém sustenta isso. Todos os comentaristas, constitucionalistas e juristas, pelo contrário, têm dito que a pior das interpretações é a chamada judaica. Ela se limita às palavras da lei, sabendo que sempre são mau veículo do pensamento do legislador ou da política legislativa, que ele pretende alcançar." AMARAL JUNIOR, José Levi Mello do. *Memória jurisprudencial: Ministro Aliomar Baleeiro*/José Levi Mello do Amaral Júnior. – Brasília: Supremo Tribunal Federal, 2006. p. 31 – (Série memória jurisprudencial).

da legalidade perante o ordenamento jurídico brasileiro de se desconsiderar atos e negócios jurídicos com base na doutrina do propósito negocial, dada a ausência de previsão legal específica para tanto.

No entanto, destaca-se a existência de uma doutrina pátria consolidada sobre as métricas aplicáveis à identificação de uma simulação ou dissimulação, institutos jurídicos expressamente definidos no Código Civil, Lei nº 10.406, de 10 de janeiro de 2002, resumidamente analisados a seguir.

Na língua portuguesa, o verbo simular tem o significado literal de "dar aparência de realidade ao que não seria; arremedar; imitar". Já o verbo dissimular significa "não deixar aparecer; ocultar; disfarçar; encobrir; fingir; esconder".[31]

Como se pode depreender existe uma sutil diferença entre simulação e dissimulação. Na simulação, falsamente se declara o que não existe de fato. Trata-se de um comportamento inadequado, discrepante, entre a forma jurídica sob a qual o negócio se apresenta e a substância ou natureza do fato jurídico efetivamente realizado.

Na dissimulação, procura-se ocultar, encobrir o que existe de fato. Contém em seu núcleo um disfarce, no qual se esconde uma operação em que o fato revelado não guarda correspondência com a efetiva realidade propositalmente encoberta.

Em linhas gerais, tanto na simulação quanto na dissimulação, a intenção é enganar ou confundir terceiros.

Segundo a doutrina, a simulação consiste em uma falsa declaração da vontade, cujo intuito seria o de produzir efeito diverso do demons-

---

[31] simular (lat simulare) vtd 1 Dar aparência de realidade (àquilo que não a tem); fazer o simulacro de: Simular uma batalha. Simular um contrato. vtd e vpr 2 Aparentar(-se), fingir(-se): Simular entusiasmo, simular ignorância. Simular-se assustado. vtd 3 Arremedar, imitar: Simular vozes de animais. vtd 4 Disfarçar, dissimular: Simular o pensamento; dissimular (lat dissimulare) vtd 1 Não dar a perceber; calar: Dissimulou o seu despeito. vint 2 Não revelar seus sentimentos ou desígnios; ter reserva: Ela sabia dissimular. vtd 3 Não deixar aparecer; ocultar, disfarçar, encobrir: Dissimular uma verruga. Com um chinó dissimularia a calva. vtd 4 Afetar com artifício; fingir: Dissimular indiferença. vtd 5 Atenuar o efeito de: Dissimular culpas. vti 6 Usar de dissimulação: Dissimular sobre algo. Dissimular com alguém. vpr 7 Esconder-se, ocultar-se: Dissimulou-se por trás da árvore. http://michaelis.uol.com.br/moderno/portugues/index.php?lingua=portugues-portugues&palavra=dissimular. Acessado em 31/05/2014.

trado[32]. Em outras palavras, para se afirmar a ocorrência da simulação, faz-se necessário identificar os seguintes elementos: i) acordo clandestino entre os contratantes, incluindo uma possível conivência da parte inerte na trama; ii) desconformidade consciente entre a real vontade das partes e as declarações constantes nos atos negociais; e iii) propósito de enganar ou iludir terceiros.[33]

Nas palavras do ilustre mestre, Pontes de Miranda[34]:

> [...] a simulação quer-se o que não aparece e não se quer o que aparece [...] a simulação é absoluta quando não se quis outro ato jurídico nem aquele que se simula. Será relativa, quando se simula ato jurídico para se dissimular, ou simplesmente dissimulando-se outro ato jurídico.

Segundo o artigo 167, do Código Civil, o negócio jurídico simulado será considerado nulo (simulação absoluta), mas subsistirá o que se dissimulou, desde que confirmada sua validade em relação a substância e forma (simulação relativa). Ainda nos termos do parágrafo 1º, do referido artigo, a simulação nos negócios jurídicos ocorrerá das seguintes situações: i) falsidade em relação a pessoa que realmente será parte na contra-

---

[32] Negócio simulado, portanto, é aquele que oferece uma aparência diversa do efeito querer das partes. Estas fingem um negócio que na realidade não desejam. Encontram-se aí os elementos básicos caracterizadores da simulação, pois nela é elementar a existência de uma aparência contrária à realidade. Tal disparidade é produto da deliberação dos contratantes... Na simulação relativa, encontram-se dois negócios: um simulado, ostensivo, aparente, que não representa o íntimo querer das partes; e outro, dissimulado, oculto, que justamente constitui a relação jurídica verdadeira. RODRIGUES, Silvio. *Direito Civil* V.1. Parte geral. 32. ed. São Paulo: Saraiva, 2002. p.294.

[33] Procura-se com a simulação iludir alguém por meio de uma falsa aparência que encobre a verdadeira feição do negócio jurídico. [...] Na simulação a vontade se conforma com a intenção das partes que combinam entre si no sentido de manifestá-la de determinado modo, com o escopo de prejudicar terceiro que ignora o fato. DINIZ, Maria Helena. *Curso de direito civil brasileiro*, 1º volume: teoria geral do direito civil. 24. ed. Rev. e atual. de acordo com a Reforma do CPC. São Paulo: Saraiva, 2007. p. 473.

[34] MIRANDA, Pontes de. *Tratado de Direito Privado* – Parte Geral – tomo IV. Rio de Janeiro: Borsoi, 1954, p. 376.

tação; ii) falsidade nas declarações, condições ou cláusulas contratadas; iii) instrumentos particulares antedatados, ou pós-datados.[35]

Para fins de análise da existência ou não de simulação ou mesmo dissimulação, o julgador deve se abstrair dos atos formais praticados (cisão, incorporação, compra e venda, entre outros), ou seja, deve desconsiderar os atos legais aparentes praticados e analisar minuciosamente os reais efeitos jurídico-econômicos oriundos dessas transações negociais. Cumpre examinar a validade do que restou, o conteúdo despido, o cerne da operação.

Se não houve prejuízo a terceiros, ou violação a dispositivo legal, os atos praticados, ainda que dissimulados poderão ser considerados válidos. Do contrário, sendo o cerne enquadrado como ilícito, tais atos negociais serão anuláveis.

Aplicando os retro mencionados institutos jurídicos ao caso norte-americano Gregory v. Helvering, estaríamos claramente diante de uma simulação relativa, denominada dissimulação, a qual envolveu duas ou mais pessoas que em comum acordo fingiram realizar determinado negócio jurídico, visando encobrir o real ato praticado, gerando assim, prejuízos a terceiros (fisco). Isso porque, a real intenção da contribuinte (Sra. Gregory) era desde o início alienar as ações da empresa MSC. Para tanto, com o intuito de pagar menos imposto de renda, revestiu a operação com instrumentos jurídicos de reestruturação societária, os quais seriam plenamente lícitos, desde que utilizados em situações reais de reestruturação.

No contexto brasileiro, encontramos iniciativas do Poder Executivo visando coibir simulações em matéria tributária semelhantes ao caso Gregory v. Helvering. O Parecer Normativo CST nº 46, de 17 de agosto de 1987, descreve em seus itens 2 e 3 um caso concreto de operação simulada identificada pelas autoridades fiscais. Nos termos do referido Parecer Normativo, trata-se de uma suposta operação de compra e venda de

---

[35] Art. 167. É nulo o negócio jurídico simulado, mas subsistirá o que se dissimulou, se válido for na substância e na forma. § 1º Haverá simulação nos negócios jurídicos quando: I – aparentarem conferir ou transmitir direitos a pessoas diversas daquelas às quais realmente se conferem, ou transmitem; II – contiverem declaração, confissão, condição ou cláusula não verdadeira; III – os instrumentos particulares forem antedatados, ou pós-datados.

participação societária sem o envolvimento de terceiros, ou seja, operação "dentro de casa".

Inicialmente a empresa "A" foi cindida em "A" e "B", continuando ambas pertencentes ao mesmo controlador (empresa sediada no exterior). Posteriormente, a empresa "A" adquiriu parte do capital da empresa "B" (pertencente aos mesmos acionistas de "A") o que resultou em uma remessa de numerários ao exterior a título de retorno de capital (pagamento do preço das ações de "B"); remessa não sujeita ao imposto de renda na fonte, nos termos da legislação vigente à época.

Sobre tais operações, as autoridades fiscais manifestaram o entendimento de que a real intenção ocultada nessa complexa reestruturação societária seria de remeter lucros da empresa "A" aos acionistas sediados no exterior, sem a respectiva incidência do imposto de renda, conforme previsto pela legislação vigente à época.[36]

Comparando as conclusões do fisco brasileiro sobre o caso concreto narrado nos itens 2 e 3 do Parecer Normativo CST nº 46/87 com a sentença proferida pela Suprema Corte norte-americana no caso Gregory v. Helvering, não restam dúvidas que, embora ambas reestruturações societárias (americana e brasileira) tenham sido realizadas de acordo com a legislação fiscal vigente à época, os instrumentos jurídicos praticados (atos negociais) não manifestaram a real intenção das partes envolvidas, mas coincidentemente, ambas apresentaram simulações de rees-

---

[36] 2. Em caso concreto, foi identificada transação em que certa pessoa jurídica 'A' domiciliada no país, com capital inteiramente pertencente a grupo sediado no exterior, constituiu a sociedade 'B' mediante cisão parcial de seu patrimônio, mantendo-se nas sociedades 'A' e 'B' a mesma participação acionária dos investidores estrangeiros. Posteriormente, a empresa cindida 'A' adquiriu dos acionistas alienígenas (também seus próprios acionistas) parcela do capital da empresa 'B', pretendendo remeter para o exterior o valor da transação, a título de retorno de capital, com o que não haveria incidência do imposto de renda. 3. O artifício engendrado carrega subjacentemente a intenção de realizar negócio entre as mesmas pessoas, que assumem simultaneamente posição de compradora e vendedora, adquirindo para si mesma quotas de capital que já lhes pertence. O objetivo rela é promover uma remessa de lucros para o exterior sem pagamento do imposto de renda, ao mesmo tempo que fica mantida intacta a participação acionária dos investidores estrangeiros, sem alteração do controle das duas empresas envolvidas nas transações, modificando-se apenas a forma de controle, que seria indireta na empresa 'B'.

truturações societárias visando a incidência da menor carga tributária do imposto de renda sobre o resultado final pretendido pelos interessados.

Tanto com fundamento nos institutos da simulação e dissimulação, constantes no Código Civil, quanto mediante a aplicação da doutrina do propósito negocial, as autoridades fiscais brasileiras e a Suprema Corte norte-americana chegaram à mesma conclusão. Em ambos os casos de reestruturação societária a aplicação da literalidade da legislação em vigor para a prática de seus negócios jurídicos não foi suficiente para sustentar como válidas as economias tributárias oriundas dessas reestruturações. Isso porque, a interpretação da lei ocorreu de forma induzida, distorcida e inverídica, sendo os negócios jurídicos revestidos de falsas solenidades, conforme a conveniência dos contribuintes, resultando em operações desvirtuadas, abusivas e lesivas ao ordenamento jurídico-tributários dos respectivos países; verdadeiros atos de evasão fiscal.

7. Considerações Finais

Em razão da atual ausência de uma norma geral antielisiva no ordenamento jurídico brasileiro, na visão dos contribuintes todos os planejamentos tributários são considerados elisão fiscal, uma vez que a astúcia e habilidade do contribuinte em identificar o melhor caminho na lei não se confundem com simulação. No entanto, na visão do fisco, a maioria dos planejamentos tributários é considerada como evasão fiscal, até que se prove o contrário.

Dada essa ausência de norma geral antielisiva e a recorrente aplicação por parte das autoridades fiscais do extinto parágrafo 1º, do artigo 14, da MP 66/2002 para desconsiderar atos ou negócio jurídicos, com base em falta de propósito negocial ou abuso de forma, surge uma insegurança jurídica por parte dos contribuintes sobre a correta interpretação das normas aplicáveis a cada caso objeto de fiscalização quanto aos seguintes aspectos:

i) observância do princípio da legalidade em matéria tributária com base na 'interpretação restritiva' ou na 'interpretação econômica da lei tributária e sua integração analógica';
ii) métricas a serem observadas pelas autoridades fiscais para fins de constatação de que os atos ou negócios jurídicos não foram efetuados com o único propósito de escapar ao tributo, mas sim efetua-

dos com objetivos econômicos e empresariais verdadeiros, embora tenham proporcionado economia tributária às partes envolvidas;
iii) relevância dos elementos: intervalo temporal entre as operações; independência entre partes envolvidas; e coerência dos atos e fatos, visando garantir a consistência de um planejamento tributário;
iv) situações específicas em que os atos ou negócios jurídicos serão desconsiderados sob a forma de dolo, fraude ou simulação, conforme expressamente previsto no ordenamento jurídico pátrio.

Ademais, dada a quantidade de subjetividade envolvida em sua aplicação, aparentemente, a doutrina do propósito negocial corresponde a uma mera metodologia de integração das normas de interpretação legal, não tendo aplicabilidade isolada ou autônoma, haja vista que mesmo no ordenamento jurídico norte-americano (*common law*), essa doutrina geralmente é aplicada em conjunto com outras doutrinas, tais como: essência econômica das operações, análise passo a passo das operações realizadas, constatação de empresas de fachada (fantasmas), entre outras.[37]

Em suma, até que ponto as autoridades fiscais brasileiras precisam utilizar desse expediente hermenêutico "importado" dos Estados Unidos e não regulamentado em nosso ordenamento jurídico? A legislação brasileira oferece tratamento específico para as situações relacionadas a abuso de direito, fraude à lei, negócio jurídico indireto e simulação. A utilização desses dispositivos legais para fins tributários serve perfeitamente para desconsiderar os atos ou negócios jurídicos praticados com exclusivo propósito de reduzir ou mesmo eliminar a incidência tributária sobre determinadas situações de fato. Inclusive, sendo essa a prática adotada pelo antigo Conselho de Contribuintes para a fundamentação legal de suas decisões, conforme Schoueri[38].

---

[37] Vale salientar que, no direito americano, a doutrina do propósito negocial é normalmente conjugada com outras doutrinas (economic substance doctrine; step-transaction doctrine; sham-transaction doctrine e phantom corporation doctrine). (HOGROIAN, 2002, p. 2). CAVALCANTE, Miquerlam Chaves. *Revista da PGFN*/Procuradoria-Geral da Fazenda Nacional – v. 1, n. 1 (jan./jun. 2011). – Brasília: PGFN, 2011-Semestral.

[38] SCHOUERI, Luis Eduardo (coord.): FREITAS, Rodrigo de (org.). *Planejamento Tributário e o "Propósito Negocial" – Mapeamento de Decisoes do Conselho de Contribuintes de 2002 a 2008*. Sao Paulo: Quartier Latin, 2010, p. 18.

Nesse sentido, seria mais razoável que nossas autoridades fiscais não entrassem em questões controversas de direito aplicáveis no ordenamento jurídico de outros países, mas sim, aplicassem a literalidade do parágrafo único, do artigo 116, CTN, em conjunto com o Código Civil Brasileiro para desconsiderar atos ou negócios jurídicos praticados com a finalidade de dissimular a ocorrência do fato gerador do tributo ou a natureza dos elementos constitutivos da obrigação tributária.

Sem dúvida, a criação de uma norma geral antielisiva estabelecendo regras plausíveis e bem definidas geraria enormes benefícios aos operadores do direito, resultando em maior segurança jurídica para os contribuintes, menos casos de autuações fiscais, e por consequência, menor volume de processos administrativos tributários, bem como judiciais.

Porém, não adianta criar norma genérica e subjetiva, semelhante ao extinto artigo 14, da MP 66/2002, o qual concedia poderes às autoridades fiscais para desconsiderar os supostos ilícitos tributários praticados pelos contribuintes com base na "falta de propósito negocial" ou "abuso de forma". Em outras palavras, referida norma geral deverá estabelecer regras antielisivas claras, plausíveis e bem definidas, cuja apuração e mensuração de abusos ou desvios seja perfeitamente factível.

8. Referências Bibliográficas

AMARAL JÚNIOR, José Levi Mello do. *Memória jurisprudencial: Ministro Aliomar Baleeiro*/José Levi Mello do Amaral Júnior – Brasília: Supremo Tribunal Federal, 2006.

ANDRADE FILHO, Edmar Oliveira. *Imposto de renda das empresas.* 10. ed. São Paulo: Atlas, 2013.

ATALIBA, Geraldo. *Hipótese de Incidência Tributária.* 6. ed. São Paulo: Malheiros, 2013.

BALEEIRO, Aliomar. *Direito tributário brasileiro.* 10. ed. rev. e atualizada por Flávio Bauer Novelli. Rio de Janeiro, Forense, 1983.

CARRAZZA, Antonio Roque. *Curso de direito constitucional tributário.* 23. ed. São Paulo: Malheiros 2007.

CAVALCANTE, Miquerlam Chaves. *Revista da PGFN*/Procuradoria-Geral da Fazenda Nacional – v. 1, n. 1 (jan./jun. 2011). Brasília: PGFN, 2011-Semestral.

DINIZ, Maria Helena. *Curso de direito civil brasileiro,* 1º volume: teoria geral do direito civil. 24. ed. rev. e atual. de acordo com a Reforma do CPC. São Paulo: Saraiva, 2007.

FALCÃO, Amilcar. *Fato gerador da obrigação tributária*. 6. ed. Rio de Janeiro: Forense 1999.

FERREIRA, Aurélio Buarque de Holanda. *Novo dicionário da língua portuguesa*. 2. ed. São Paulo: Nova Fronteira, 1998.

GRECO, Marco Aurélio. *Planejamento tributário*. 2. ed. São Paulo: Dialética, 2008.

HOUAISS, Antonio. *Dicionário Houaiss da Língua Portuguesa*. São Paulo: Objetiva, 2004.

MACHADO, Hugo de Brito. *Curso de direito tributário*. 13. ed. São Paulo: Malheiros 1998.

MICHAELIS, Dicionário online. Fonte: http://michaelis.uol.com.br/mo. Acessado em 31/05/2014.

MIRANDA, Pontes de. *Comentários à Constituição de 1967, com a Emenda 1 de 1969 – tomo II*. São Paulo: RT, 1969.

—. *Tratado de Direito Privado – Parte Geral – tomo IV*. Rio de Janeiro: Borsoi, 1954.

RODRIGUES, Silvio. *Direito Civil* V.1. Parte geral. 32. ed. São Paulo: Saraiva, 2002.

SCHOUERI, Luís Eduardo (coord.): FREITAS, Rodrigo de (org.). *Planejamento Tributário e o "Propósito Negocial"* – Mapeamento de Decisões do Conselho de Contribuintes de 2002 a 2008. São Paulo: Quartier Latin, 2010.

PARTE III

TRIBUTOS ESPECÍFICOS

Capítulo XVII
A Não-Cumulatividade no PIS e na COFINS: O Alcance do Conceito Jurídico de Insumos

FILLIPE LEAL LEITE NÉAS*

Sumário: 1. Introdução. 2. Não-Cumulatividade: Breves Aspectos Gerais. 3. Não-Cumulatividade no PIS e COFINS. 4. Da Celeuma Jurisprudencial na Aplicação da Não-Cumulatividade do PIS e da COFINS: amplitude e variabilidade do conceito jurídico de insumos; 4.1. Insumos como bens e serviços que incorporam ao produto final; 4.2. Insumos como bens e serviços expressa e taxativamente previstos na legislação tributária; 4.3. Insumos como bens e Serviços relacionados ao processo produtivo e consequente obtenção de receita – análise caso a caso. 5. Hipótese Defendida. 6. Conclusões. 7. Referências; 7.1. Referências eletrônicas; 7.2. Referências bibliográficas.

1. Introdução

O Direito Tributário, desde sua ruptura com o Direito Financeiro consolidada pela Lei nº 5.172, de 22 de outubro de 1966, apresenta-se de forma extremamente complexa. Guarda em seu âmago a medular fun-

---

* Advogado. Mestrando em Direito pela Universidade Católica de Brasília – UCB. Pós-graduado em Direito Tributário pelo Instituto Brasileiro de Estudos Tributários – IBET.

ção de impor limites ao poder de tributar, notadamente pela estrutura analítica conferida pela Constituição Federal de 1988 ao normatizar o Sistema Tributário Nacional, delimitando competências e impondo limites ao seu exercício. A festejada doutrina de Marcos Aurélio Pereira Valadão bem sintetiza as normas constitucionais próprias do Sistema Tributário Nacional.

> "De maneira resumida, entende-se que há duas categorias de normas constitucionais que regem o Sistema Tributário Nacional: as normas de competência, que fixam a discriminação das rendas tributárias (competência para instituir tributos e os critérios de partição de receitas), e normas que impõem limitações ao poder de tributar, limitações constitucionais ao poder de tributar em sentido estrito. Essas últimas compreendem as limitações genéricas, de natureza principiológica e as imunidades (de natureza normativa)."[1]

Como se vê, essa complexidade se justifica na sobrelevada importância que a arrecadação tributária detém à manutenção do Estado e consecução de seus deveres constitucionalmente estabelecidos. O direito/dever de arrecadar, contudo, é delimitado por preceitos constitucionais igualmente de alta carga valorativa, como a livre iniciativa (artigo 1º, IV, da CF/88), o direito de propriedade (artigo 5º, XXII, e 170, II, da CF/88) e da livre concorrência (artigo 170, IV, CF/88), e.g., os quais protegem liberdade da economia e patrimônio privado contra o próprio Estado *Leviatã*[2] em seu afã arrecadatório.

Referidos preceitos também podem ser considerados como verdadeiras limitações ao poder de tributar, numa acepção ampla, que são os dispositivos constitucionais que interferem na atividade exacional do Estado, de forma a conter sua ação[3].

Está clarividente a mensagem transparecida pelo constituinte de que, ao Estado, é garantido intervir no patrimônio privado para obtenção de

---

[1] VALADÃO, Marcos Aurélio Pereira. *Limitações constitucionais ao poder de tributar.* Belo Horizonte: Del Rey, 2000, p. 29-30.
[2] HOBBES, Thomas. *Matéria, Forma e Poder de um Estado Eclesiástico e Civil*,Tradução de João Paulo Monteiro e Maria Beatriz Nizza da Silva. In http://www.dhnet.org.br/direitos/anthist/marcos/hdh_thomas_hobbes_leviatan.pdf
[3] VALADÃO, Marcos Aurélio Pereira. op. cit., p. 26.

riqueza a permitir a consecução dos fins de sua própria existência. Com limites, todavia, eis que o desenvolvimento de um país está visceralmente ligado ao dinamismo de seu mercado e economia privada, os quais também merecem fomento e proteção do Estado, ainda que contra si.

Um desses limites é manifestado pela não-cumulatividade.

Neste contexto, é proposto no presente estudo investigar o alcance da terminologia insumos descrita nas Leis nº 10.637, de 30 de dezembro de 2002 e 10.833, de 29 de dezembro de 2003, para fins da concretização da não-cumulatividade na Contribuição para o Programa de Integração Social – PIS e Contribuição para o Financiamento da Seguridade Social – COFINS.

Inicialmente, será perpetrada breve análise sobre a não-cumulatividade, com exposição de aspectos históricos, sobretudo no que concerne a sua institucionalização na ordem constitucional brasileira, bem como se buscará uma definição de sua natureza jurídica (se princípio ou técnica de arrecadação).

Adiante será apurada a forma com que as Leis nº 10.637/2002 e 10.833/2003 buscaram a implementação da não-cumulatividade no PIS e COFINS, em breve cotejo com sistemas não-cumulativos do IPI e ICMS, para que, então, se inicie a análise do alcance jurídico da terminologia insumos.

No item seguinte, será exposto o imbróglio jurídico existente no ordenamento brasileiro, no que concerne a definição de insumos para fins de realização da não-cumulatividade do PIS e da COFINS. Serão apresentadas três expressivas e contrastantes correntes jurisprudenciais de alguns dos Tribunais Regionais Federais e do Conselho Administrativo de Recursos Fiscais, ao certo que duas delas já foram encampadas pelo Superior Tribunal de Justiça sem pronunciamento conclusivo daquela Egrégia Corte, contudo.

Ao fim, será explicitada e justificada a corrente jurisprudencial a que se tem apego, dialogando-se criticamente com as demais hipóteses suscitadas e que aqui são entendidas como inaplicáveis.

2. Não-Cumulatividade: Breves Aspectos Gerais

Exsurgida na França, em 1954, quando da implementação da reforma fiscal, na qual transformou seu antigo imposto sobre volume de negócios (*Taxe sur le chiffre d'affaire*) num tributo sobre valor agregado (*Taxe sur la*

Valuer Ajoutée – TVA), com o intuito de desonerar a produção atingida pela incidência cumulativa de tributos.

Inaugurou-se na ordem constitucional brasileira[4] a partir da Emenda Constitucional nº 18/65 (Reforma Tributária de 1965), aplicando-se ao imposto sobre produtos industrializados (IPI) e ao imposto sobre operações relativas à circulação de mercadorias, realizadas por comerciantes, industriais e produtores (ICM).

A não-cumulatividade se manteve na Constituição de 1967 e na Emenda Constitucional nº 1, de 17 de outubro de 1969. Houve, contudo, após a Emenda Constitucional nº23/83, restrição no ICM com relação a créditos oriundos de isenção e não-incidência.

Na Constituição Federal de 1988, originariamente, restou prevista norma garantidora da não-cumulatividade apenas ao imposto sobre circulação de mercadorias e prestação de serviços de transporte interestadual e intermunicipal e de comunicação (ICMS), ao imposto sobre produtos industrializados (IPI), impostos de competência residual e as contribuições sobre novas fontes de custeio da seguridade social (artigos 153, §3º, II, 155, § 2º, I, 154, I, e 195, § 4º).

Entretanto, não só a tais tributos se instituiu o regime da não-cumulatividade.

Sucessivas alterações legais que também cuidaram de modificar a regra-matriz de incidência da contribuição para o programa de integração social (PIS) e contribuição para o financiamento da Seguridade Social – COFINS, a tornar como base de cálculo o total das receitas das empresas (ou equiparados, após a Emenda Constitucional nº 20, de 1998), o que representou elevado ônus econômico às cadeias industriais, comerciais e de serviços. Sobretudo aos exportadores que viam seu produto pesadamente onerado na origem e, com esse aumento de custo, perdia força no mercado internacional.

---

[4] Segundo explicita Alcídes Jorge Costa "a primeira manifestação da regra da não cumulatividade se deu em 30 de dezembro de 1958, quando a Lei 3.520, que tratava do antigo imposto de consumo, incidente sobre o ciclo da produção industrial, dispôs que, do imposto devido em cada quinzena, fosse deduzido o valor do imposto que, no mesmo período, houvesse incidido sobre matérias-primas e outros produtos empregados na fabricação e acondicionamento dos produtos tributados." (*ICM na Constituição e na lei complementar*, São Paulo: Resenha Tributária, 1978, p. 6.).

Frente a esse quadro e a pretenso[5] fim de atender aos clamores dos contribuintes, notadamente para redução da tributação sobre as receitas oriundas de exportação, sobreveio a Medida Provisória nº 66, de 29 de agosto de 2002, convertida na Lei nº 10.637, de 30 de dezembro de 2002, a qual cuidou de instituir diversas medidas destinadas a implementar a não-cumulatividade da contribuição ao PIS que seria posteriormente aplicada à COFINS, o que se firmou após a Medida Provisória nº 135 de 30 de outubro de 2003, convertida na Lei nº 10.833, de 29 de dezembro de 2003. É deveras esclarecedora a exposição de motivos da primeira MP:

> [...] 2. A proposta, de plano, dá curso a uma ampla reestruturação na cobrança das contribuições sociais incidentes sobre o faturamento. Após a instituição da cobrança monofásica em vários setores da economia, o que se pretende, na forma desta Medida Provisória, é, gradativamente, proceder-se à introdução da cobrança em regime de valor agregado – inicialmente com o PIS/Pasep para, posteriormente, alcançar a Contribuição para o Financiamento da Seguridade Social (Cofins).

Adiante, exsurgiu a Lei nº 10.865, de 30 de abril de 2004, que tracejou novos aspectos ao regime não-cumulativo das sobreditas contribuições após alterar dispositivos das Leis nºs 10.637/2002 e 10.833/2003, concluindo-se pela previsão de verdadeiras regras de abatimento de créditos, desenhando modelo próprio do sistema não-cumulativo do PIS e da COFINS.

Somente com a Emenda Constitucional nº 42, de 19 de dezembro de 2003 se fez incluir o parágrafo 12 ao artigo 195 da Constituição Federal de 1988[6]. Restou constitucionalizada a não-cumulatividade da contribuição ao PIS e COFINS. O constituinte derivado reformador cuidou, ainda, de submeter ao legislador infraconstitucional tão somente a defi-

---

[5] O pretexto de reduzir a oneração de tais tributos pela não-cumulatividade acabou por não se concretizar, efetivamente, na medida em que, concomitantemente à sua estipulação, aumentou-se a alíquota das exações: quanto ao PIS de 0,65% para 1,65% e, para COFINS, da alíquota originária de 2% (Lei Complementar nº 07/1991) chegou a 7,6% pela Medida Provisória nº 497/2010.

[6] "§ 12. A lei definirá os setores de atividade econômica para os quais as contribuições incidentes na forma dos incisos I, b; e IV do caput, serão não-cumulativas. (Incluído pela Emenda Constitucional nº 42, de 19.12.2003)"

nição dos setores de atividade econômica em que o regime de recolhimento das contribuições incidentes sobre receita ou faturamento, ou na importação de bens ou serviços, serão não-cumulativos.

Visto o contexto histórico da não-cumulatividade, impende ressaltar que sua natureza jurídica ainda é muito investigada na doutrina brasileira: se é princípio constitucional ou mera técnica de arrecadação (ou desoneração fiscal).

A não-cumulatividade enquanto princípio[7], na forma em que leciona Paulo de Barros Carvalho, seria "do tipo objetivo: impõe técnica segundo a qual o valor de tributo devido em cada operação será compensado com a quantia incidente sobre as anteriores."[8] Complementa aduzindo que "preordena-se à concretização de valores como o da justiça da tributação, respeito à capacidade contributiva e uniformidade da distribuição da carga tributária sobre as etapas de circulação e industrialização de produtos."[9]

Hugo de Brito Machado, por seu turno, defende que a não-cumulatividade manifesta-se como princípio quando enunciado de maneira genérica, como nas disposições constitucionais dos artigos 153, §3º, II, 155, § 2º, I. Ao seu ver, é possível abstrair o conceito da não-cumulatividade, mas não a técnica de sua concretização.[10] Enquanto técnica, por seu turno, se apresenta como o modo pelo qual se realiza o princípio. O método pelo o qual se executa. Conclui com precisão, o precitado autor, que a expressão não-cumulatividade pode ter vários significados. Um deles seria o de que sobre o mesmo fato não poderiam incidir vários tributos. Outro seria o de que um tributo sobre fato integrante de uma sucessão de fatos da mesma natureza não pode incidir sobre cada um desses fatos de forma autônoma, acumulando-se cada incidência com as incidências anteriores.[11]

---

[7] Cf. MELO, José Eduardo Soares. *ICMS – Teoria e Prática*, 2. Ed., São Paulo: Dialética, 1996, p. 153; e GRECO, Marco Aurélio e ZONARI, Ana Paula. *ICMS – Materialidade e princípios constitucionais, Curso de Direito Tributário*, Belém/São Paulo: CEJEP/CEEU, 1993, p. 141.
[8] CARVALHO, Paulo de Barros. *Curso de Direito Tributário*, 23ª Ed: Saraiva, 2011, p. 220.
[9] Ibid., p. 220.
[10] MACHADO, Hugo de Brito. *O princípio da Não-Cumulatividade*. Coordenador Ives Gandra da Silva Maritins – São Paulo: Editora Revista dos Tribunais: Centro de Extensão Universitária, 2004. p. 68.
[11] No mesmo sentido: BONILHA, Paulo Celso Bergstrom. *IPI e ICM – Fundamentos da Técnica Não-Cumulativa*, São Paulo: Resenha Tributária, 1979.

O Supremo Tribunal Federal, entretanto, tem historicamente avaliado a não-cumulatividade como norma constitucional instituidora de verdadeiro princípio[12]. É seguro, assim, entende-la por norma principiológica no presente estudo.

Relevante que é consenso no Direito Positivo entender por princípio um enunciado lógico, implícito ou explicito que, por sua grande generalidade, ocupa posição de preeminência nos vastos quadrantes do direito e, por isso mesmo, vincula, de modo inexorável, o entendimento e a aplicação das normas jurídicas que com ela sem conectar.[13] Consequentemente, à não-cumulatividade há que ser empregado o maior alcance possível, dada sua generalidade, abstração e papel no sistema de descrição do desenho normativo no sistema jurídico brasileiro.

Entrementes, como bem observado por Vitório Cassone, "seja como for, a denominação não tem a força de mudar a natureza jurídica da 'não-cumulatividade, isto é, seu real conteúdo e os efeitos tributários que irradia."[14]

Verificada a não-cumulatividade como imperativo constitucional, designado individualmente a cada tributo em que é aplicada, já nos é sinalizado que a Constituição Federal não pretendeu dar-lhe regramento único, aplicável de forma idêntica aos impostos e contribuições. Resta perquirir, pois, como se implementa o referido princípio nas contribuições ao PIS e COFINS, com breve diálogo comparativo com a sistemática própria do IPI e ICMS.

3. Não-Cumulatividade no PIS e COFINS

Vimos de ver que a não-cumulatividade passou a fazer parte do sistema de incidência destas contribuições a partir da MP nº 66/2002, convertida na Lei nº 10.637/2002, e MP nº 135/2003, convertida na Lei nº 10.833, de 29 de dezembro de 2003. Na Constituição Federal, foi integrado pela Emenda Constitucional nº 42/2003.

---

[12] Nesse sentido: RE nº 723651 RG, Relator(a): Min. MARCO AURÉLIO, publicado em 29-05--2013; e RE nº 627844 AgR, Rel. Min. CELSO DE MELLO, 2ª T., publicado em 12-11-2012.
[13] CARRAZZA. Roque Antonio. *Curso de direito constitucional tributário*. 23. Ed. São Paulo: Malheiros, 2007, p. 39.
[14] CASSONE, Vitório. *Curso de Direito Tributário*. 20ª ed. São Paulo: Atlas, 2009, p. 116.

As pessoas jurídicas de direito privado e as que lhe são equiparadas pela legislação do imposto de renda, as quais apuram o IRPJ com base no Lucro Real, estão sujeitas à incidência não-cumulativa, com exceção das instituições financeiras, cooperativas de crédito, pessoas jurídicas que tenham por objeto a securitização de créditos imobiliários e financeiros, as operadoras de planos de assistência à saúde, as empresas particulares que exploram serviços de vigilância e de transporte de valores de que trata a Lei 7.102/1983, e as sociedades cooperativas (exceto as sociedades cooperativas de produção agropecuária e as sociedades cooperativas de consumo). Há, ainda, a submissão de determinadas receitas à incidência não-cumulativa do PIS e COFINS, conforme prescrevem os artigos 8º, da Lei nº 10.637/2002[15] e 10 da Lei nº 10.833/2003[16].

---

[15] "Art. 8º Permanecem sujeitas às normas da legislação da contribuição para o PIS/Pasep, vigentes anteriormente a esta Lei, não se lhes aplicando as disposições dos arts. 1º a 6º:
I – as pessoas jurídicas referidas nos §§ 6º, 8º e 9º do art. 3º da Lei nº 9.718, de 27 de novembro de 1998 (parágrafos introduzidos pela Medida Provisória no 2.158-35, de 24 de agosto de 2001), e Lei nº 7.102, de 20 de junho de 1983;
II – as pessoas jurídicas tributadas pelo imposto de renda com base no lucro presumido ou arbitrado; (Vide Medida Provisória nº 497, de 2010)
III – as pessoas jurídicas optantes pelo Simples;
IV – as pessoas jurídicas imunes a impostos;
V – os órgãos públicos, as autarquias e fundações públicas federais, estaduais e municipais, e as fundações cuja criação tenha sido autorizada por lei, referidas no art. 61 do Ato das Disposições Constitucionais Transitórias da Constituição de 1988;
VI – (VETADO)
VII – as receitas decorrentes das operações:
a) (Revogado pela Lei nº 11.727, de 2008)
b) sujeitas à substituição tributária da contribuição para o PIS/Pasep;
c) referidas no art. 5o da Lei no 9.716, de 26 de novembro de 1998;
VIII – as receitas decorrentes de prestação de serviços de telecomunicações;
IX – (VETADO)
X – as sociedades cooperativas; (Incluído pela Lei nº 10.684, de 30.5.2003)
XI – as receitas decorrentes de prestação de serviços das empresas jornalísticas e de radiodifusão sonora e de sons e imagens. (Incluído pela Lei nº 10.684, de 30.5.2003)
XII – as receitas decorrentes de operações de comercialização de pedra britada, de areia para construção civil e de areia de brita. (Incluído pela Lei nº 12.693, de 2012) (Vide Lei nº 12.715, de 2012)."
[16] Art. 10. Permanecem sujeitas às normas da legislação da COFINS, vigentes anteriormente a esta Lei, não se lhes aplicando as disposições dos arts. 1º a 8º:

Com efeito, a legislação prevê que determinados bens e serviços, dentre os quais alguns juridicamente qualificados como insumos, uma

I – as pessoas jurídicas referidas nos §§ 6º, 8º e 9º do art. 3º da Lei nº 9.718, de 1998, e na Lei nº 7.102, de 20 de junho de 1983;
II – as pessoas jurídicas tributadas pelo imposto de renda com base no lucro presumido ou arbitrado; (Vide Medida Provisória nº 497, de 2010)
III – as pessoas jurídicas optantes pelo SIMPLES;
IV – as pessoas jurídicas imunes a impostos;
V – os órgãos públicos, as autarquias e fundações públicas federais, estaduais e municipais, e as fundações cuja criação tenha sido autorizada por lei, referidas no art. 61 do Ato das Disposições Constitucionais Transitórias da Constituição;
VI – sociedades cooperativas, exceto as de produção agropecuária, sem prejuízo das deduções de que trata o art. 15 da Medida Provisória no 2.158-35, de 24 de agosto de 2001, e o art. 17 da Lei no 10.684, de 30 de maio de 2003, não lhes aplicando as disposições do § 7o do art. 3o das Leis nos 10.637, de 30 de dezembro de 2002, e 10.833, de 29 de dezembro de 2003, e as de consumo; (Redação dada pela Lei nº 10.865, de 2004)
VII – as receitas decorrentes das operações:
a) referidas no inciso IV do § 3º do art. 1º; (Vide Lei nº 11.727, de 2008)
b) sujeitas à substituição tributária da COFINS;
c) referidas no art. 5o da Lei no 9.716, de 26 de novembro de 1998;
VIII – as receitas decorrentes de prestação de serviços de telecomunicações;
IX – as receitas decorrentes de venda de jornais e periódicos e de prestação de serviços das empresas jornalísticas e de radiodifusão sonora e de sons e imagens; (Redação dada pela Lei nº 10.865, de 2004)
X – as receitas submetidas ao regime especial de tributação previsto no art. 47 da Lei nº 10.637, de 30 de dezembro de 2002;
XI – as receitas relativas a contratos firmados anteriormente a 31 de outubro de 2003:
a) com prazo superior a 1 (um) ano, de administradoras de planos de consórcios de bens móveis e imóveis, regularmente autorizadas a funcionar pelo Banco Central;
b) com prazo superior a 1 (um) ano, de construção por empreitada ou de fornecimento, a preço predeterminado, de bens ou serviços;
c) de construção por empreitada ou de fornecimento, a preço predeterminado, de bens ou serviços contratados com pessoa jurídica de direito público, empresa pública, sociedade de economia mista ou suas subsidiárias, bem como os contratos posteriormente firmados decorrentes de propostas apresentadas, em processo licitatório, até aquela data;
XII – as receitas decorrentes de prestação de serviços de transporte coletivo rodoviário, metroviário, ferroviário e aquaviário de passageiros;
XIII – as receitas decorrentes de serviços: (Redação dada pela Lei nº 10.865, de 2004)
a) prestados por hospital, pronto-socorro, clínica médica, odontológica, de fisioterapia e de fonoaudiologia, e laboratório de anatomia patológica, citológica ou de análises clínicas; e (Incluído pela Lei nº 10.865, de 2004)

vez adquiridos na atividade empresarial, darão direito ao abatimento da receita apurada na estipulação do critério quantitativo – base de cálculo

b) de diálise, raios X, radiodiagnóstico e radioterapia, quimioterapia e de banco de sangue; (Incluído pela Lei nº 10.865, de 2004)
XIV – as receitas decorrentes de prestação de serviços de educação infantil, ensinos fundamental e médio e educação superior.
XV – as receitas decorrentes de vendas de mercadorias realizadas pelas pessoas jurídicas referidas no art. 15 do Decreto-Lei no 1.455, de 7 de abril de 1976; (Incluído pela Lei nº 10.865, de 2004)
XVI – as receitas decorrentes de prestação de serviço de transporte coletivo de passageiros, efetuado por empresas regulares de linhas aéreas domésticas, e as decorrentes da prestação de serviço de transporte de pessoas por empresas de táxi aéreo; (Incluído pela Lei nº 10.865, de 2004)
XVII – as receitas auferidas por pessoas jurídicas, decorrentes da edição de periódicos e de informações neles contidas, que sejam relativas aos assinantes dos serviços públicos de telefonia; (Incluído pela Lei nº 10.865, de 2004)
XVIII – as receitas decorrentes de prestação de serviços com aeronaves de uso agrícola inscritas no Registro Aeronáutico Brasileiro (RAB); (Incluído pela Lei nº 10.865, de 2004)
XIX – as receitas decorrentes de prestação de serviços das empresas de call center, telemarketing, telecobrança e de teleatendimento em geral; (Incluído pela Lei nº 10.865, de 2004)
XX – as receitas decorrentes da execução por administração, empreitada ou subempreitada, de obras de construção civil, até 31 de dezembro de 2015; (Redação dada pela Lei nº 12.375, de 2010)
XXI – as receitas auferidas por parques temáticos, e as decorrentes de serviços de hotelaria e de organização de feiras e eventos, conforme definido em ato conjunto dos Ministérios da Fazenda e do Turismo. (Incluído pela Lei nº 10.865, de 2004)
XXII – as receitas decorrentes da prestação de serviços postais e telegráficos prestados pela Empresa Brasileira de Correios e Telégrafos; (Incluído pela Lei nº 10.925, de 2004) (Vide Lei nº 10.925, de 2004)
XXIII – as receitas decorrentes de prestação de serviços públicos de concessionárias operadoras de rodovias; (Incluído pela Lei nº 10.925, de 2004)
XXIV – as receitas decorrentes da prestação de serviços das agências de viagem e de viagens e turismo. (Incluído pela Lei nº 10.925, de 2004)
XXV – as receitas auferidas por empresas de serviços de informática, decorrentes das atividades de desenvolvimento de software e o seu licenciamento ou cessão de direito de uso, bem como de análise, programação, instalação, configuração, assessoria, consultoria, suporte técnico e manutenção ou atualização de software, compreendidas ainda como softwares as páginas eletrônicas. (Incluído pela Lei nº 11.051, de 2004)
XXVI – as receitas relativas às atividades de revenda de imóveis, desmembramento ou loteamento de terrenos, incorporação imobiliária e construção de prédio destinado à

– da regra-matriz de incidência do PIS e COFINS. Portanto, dentre as diversas previsões legais sobre os bens e serviços adquiridos que darão direito ao creditamento na forma da não-cumulatividade, destaca-se das Leis 10.637/2002 e 10.833/2003, respectivamente, o que se segue:

Art. 3º Do valor apurado na forma do art. 2º a pessoa jurídica poderá descontar créditos calculados em relação a:
[...];
II – bens e serviços, utilizados como insumo na prestação de serviços e na produção ou fabricação de bens ou produtos destinados à venda, inclusive combustíveis e lubrificantes, exceto em relação ao pagamento de que trata o art. 2º da Lei no 10.485, de 3 de julho de 2002, devido pelo fabricante ou importador, ao concessionário, pela intermediação ou entrega dos veículos classificados nas posições 87.03 e 87.04 da TIPI; (Redação dada pela Lei nº 10.865, de 2004)
[...].
§ 1º O crédito será determinado mediante a aplicação da alíquota prevista no caput do art. 2º desta Lei sobre o valor: (Redação dada pela Lei nº 10.865, de 2004)
I – dos itens mencionados nos incisos I e II do caput, adquiridos no mês;
[...].

Art. 3º Do valor apurado na forma do art. 2º a pessoa jurídica poderá descontar créditos calculados em relação a:
[...];

venda, quando decorrentes de contratos de longo prazo firmados antes de 31 de outubro de 2003; (Incluído dada pela Lei nº 11.196, de 2005)
XXVII – (VETADO) (Incluído e vetado pela Lei nº 11.196, de 2005)
XXVIII – (VETADO); (Incluído e vetado pela Lei nº 12.766, de 2012)
XXIX – as receitas decorrentes de operações de comercialização de pedra britada, de areia para construção civil e de areia de brita. (Incluído pela Lei nº 12.766, de 2012)
§ 1º Ficam convalidados os recolhimentos efetuados de acordo com a atual redação do inciso IX deste artigo. (Redação dada pela Lei nº 11.051, de 2004)
§ 2º O disposto no inciso XXV do caput deste artigo não alcança a comercialização, licenciamento ou cessão de direito de uso de software importado." (Incluído pela Lei nº 11.051, de 2004)

II – bens e serviços, utilizados como insumo na prestação de serviços e na produção ou fabricação de bens ou produtos destinados à venda, inclusive combustíveis e lubrificantes, exceto em relação ao pagamento de que trata o art. 2º da Lei no 10.485, de 3 de julho de 2002, devido pelo fabricante ou importador, ao concessionário, pela intermediação ou entrega dos veículos classificados nas posições 87.03 e 87.04 da Tipi; (Redação dada pela Lei nº 10.865, de 2004)

[...];

§ 1º Observado o disposto no § 15 deste artigo, o crédito será determinado mediante a aplicação da alíquota prevista no caput do art. 2o desta Lei sobre o valor: (Redação dada pela Lei nº 11.727, de 2008)

I – dos itens mencionados nos incisos I e II do caput, adquiridos no mês;

[...].

No exercício regulamentar, sobrevieram a Instrução Normativa SRF nº 247, de 21 de novembro de 2002 (PIS) e Instrução Normativa SRF nº 404, de 12 de março de 2004 (COFINS), onde se pretendeu especificar o alcance da terminologia "insumos" para fins de creditamento no sistema não-cumulativo do PIS e da COFINS. Respectivamente:

Instrução Normativa SRF nº 247, de 21 de novembro de 2002
PIS/Pasep Não-cumulativo
Cálculo do Crédito
Art. 66. A pessoa jurídica que apura o PIS/Pasep não-cumulativo com a alíquota prevista no art. 60 pode descontar créditos, determinados mediante a aplicação da mesma alíquota, sobre os valores:

§ 5º Para os efeitos da alínea "b" do inciso I do caput, entende-se como insumos: (Incluído pela IN SRF 358, de 09/09/2003)

I – utilizados na fabricação ou produção de bens destinados à venda: (Incluído pela IN SRF 358, de 09/09/2003)

a) as matérias primas, os produtos intermediários, o material de embalagem e quaisquer outros bens que sofram alterações, tais como o desgaste, o dano ou a perda de propriedades físicas ou químicas, em função da ação diretamente exercida sobre o produto em fabricação, desde que não estejam incluídas no ativo imobilizado; (Incluído pela IN SRF 358, de 09/09/2003)

b) os serviços prestados por pessoa jurídica domiciliada no País, aplicados ou consumidos na produção ou fabricação do produto; (Incluído pela IN SRF 358, de 09/09/2003)

II – utilizados na prestação de serviços: (Incluído pela IN SRF 358, de 09/09/2003)

a) os bens aplicados ou consumidos na prestação de serviços, desde que não estejam incluídos no ativo imobilizado; e (Incluído pela IN SRF 358, de 09/09/2003)

b) os serviços prestados por pessoa jurídica domiciliada no País, aplicados ou consumidos na prestação do serviço. (Incluído pela IN SRF 358, de 09/09/2003).

Instrução Normativa SRF nº 404, de 12 de março de 2004

Art. 8º Do valor apurado na forma do art. 7º, a pessoa jurídica pode descontar créditos, determinados mediante a aplicação da mesma alíquota, sobre os valores:

I – das aquisições efetuadas no mês:

b) de bens e serviços, inclusive combustíveis e lubrificantes, utilizados como insumos:

b.1) na produção ou fabricação de bens ou produtos destinados à venda; ou

b.2) na prestação de serviços;

§ 4º Para os efeitos da alínea "b" do inciso I do caput, entende-se como insumos:

I – utilizados na fabricação ou produção de bens destinados à venda:

a) a matéria-prima, o produto intermediário, o material de embalagem e quaisquer outros bens que sofram alterações, tais como o desgaste, o dano ou a perda de propriedades físicas ou químicas, em função da ação diretamente exercida sobre o produto em fabricação, desde que não estejam incluídas no ativo imobilizado;

b) os serviços prestados por pessoa jurídica domiciliada no País, aplicados ou consumidos na produção ou fabricação do produto;

II – utilizados na prestação de serviços:

a) os bens aplicados ou consumidos na prestação de serviços, desde que não estejam incluídos no ativo imobilizado; e

b) os serviços prestados por pessoa jurídica domiciliada no País, aplicados ou consumidos na prestação do serviço.

Como se vê, o sistema de creditamento pela não-cumulatividade do PIS e da COFINS é de todo peculiar: a legislação permite que do valor devido a título dos tributos em alusão sejam deduzidos créditos atribuídos ao contribuinte, calculados com base no custo das aquisições de bens e serviços, todos necessários à atividade da pessoa jurídica. O crédito será apurado com a aplicação, sobre referidos dispêndio, da mesma alíquota utilizada na mensuração do critério quantitativo da regra-matriz de incidência das contribuições.

A título de exemplo, imaginemos uma sociedade empresária que obteve faturamento mensal de R$ 100.000,00 (cem mil reais), o que representa a base de cálculo de ambas as contribuições. Aplicando-se as respectivas alíquotas de 1,65% (PIS) e 7,6% (COFINS), chegar-se-á ao *quantum debeatur* das exações de R$ 1.650,00 (PIS) e R$ 7.600,00 (COFINS). N'outra banda, no mesmo mês, dita sociedade empresária obteve um custo de R$ 50.000,00 (cinquenta mil reais) na aquisição de insumos para a consecução do seu objeto social. Assim, para se apurar o valor a ser creditado, deve-se aplicar as mesmas alíquotas ao valor do dispêndio, cujo produto será R$ 825,00 e R$ 3.800,00, para abatimento contra o crédito fiscal de PIS e COFINS, respectivamente. O valor a pagar, pelo contribuinte será o resultado da subtração de R$ 1.650,00 – R$ 825,00 e R$ 7.600,00 – R$ 3.800,00, que totalizará R$ 825,00 de crédito tributário relativo ao PIS e R$ 3.800,00 quanto à COFINS.

Pode-se dizer que, aqui, a expressão da não-cumulatividade se concretiza por um sistema de créditos legalmente previstos, adquiridos na realização da atividade empresarial, os quais, após a apuração do *quantum debeatur* da obrigação tributária, são confrontados com o estrito fim de reduzir a carga fiscal. Vale dizer, deduzindo-se do valor da produção aferida em determinado lapso temporal o montante gasto na aquisição de matéria-prima e outros materiais usados no processo produtivo, do qual o contribuinte auferirá sua receita.

Esse sistema é de todo divergente do sistema aplicável ao IPI (artigo 153, § 3º, II, da CF/88[17]) e ao ICMS (artigo 155, § 2º, I, da CF/88[18]).

---

[17] "§ 3º – O imposto previsto no inciso IV:
II – será não-cumulativo, compensando-se o que for devido em cada operação com o montante cobrado nas anteriores; [...]."
[18] "§ 2º O imposto previsto no inciso II atenderá ao seguinte:
I – será não-cumulativo, compensando-se o que for devido em cada operação relativa à

Em apertada síntese, ao IPI aplica-se a denominada regra da não-cumulatividade integral ou pura que, prevista expressamente pela Constituição Federal, independe de regulamentação, pela qual o valor devido a título do imposto em cada operação será compensado com o valor pago nas operações anteriores. Trata-se do método imposto contra imposto.

Em exemplo teríamos que a sociedade empresária "B" adquiriu insumos da empresa "A" e credita-se do IPI que a segunda lhe cobrou, com destaque no documento fiscal (R$10,00, p.e.). A empresa B prossegue em seu processo de industrialização e vende o resultado de sua atividade à empresa C, debitando-se do IPI devido (R$ 30,00, p.e.) e recolhe o saldo de (R$ 20,00).

Com o ICMS, resguardadas algumas nuances previstas na própria Constituição Federal, notadamente acerca da abertura ao legislador infraconstitucional para regulamentação, a não-cumulatividade é deveras semelhante, porquanto se manifesta também pelo método imposto contra imposto. Vale dizer, o imposto incidirá sobre o valor total das mercadorias quando de sua saída, compensando-se com o que foi pago na entrada, também a título de ICMS nas operações anteriores (que é destacado na nota de entrada).

Avaliadas ligeiramente as premissas conceituais, sobretudo as normas próprias da não-cumulatividade do PIS, COFINS, IPI e ICMS, importa rememorar que não há nenhuma condicionante legal, para as contribuições, que não seja a aquisição dos bens e serviços a gerar direito de crédito ao contribuinte, ou seja, não se exige entrada tributada, por exemplo. Há, apenas, a previsão de eventos econômicos que, uma vez realizados, darão ao contribuinte o direito de crédito a ser oposto contra seu débito tributário das contribuições ao PIS e COFINS.

O problema normativo surge, consoante já antecipado, quando as Leis nº 10.637/2002 e 10.833/2003 garantem o creditamento de insumos adquiridos, eis que tal terminologia admite conceito jurídico de

---

circulação de mercadorias ou prestação de serviços com o montante cobrado nas anteriores pelo mesmo ou outro Estado ou pelo Distrito Federal;
II – a isenção ou não-incidência, salvo determinação em contrário da legislação:
a) não implicará crédito para compensação com o montante devido nas operações ou prestações seguintes;
b) acarretará a anulação do crédito relativo às operações anteriores;"

considerável amplitude, variável de acordo com o contexto em que analisado, o que não se resolveu com a edição das Instruções Normativas alhures colacionadas.

Resta perquirir, assim, se há um conceito jurídico único para insumos, bem como seu alcance na aplicação da não-cumulatividade do PIS e da COFINS.

4. Da Celeuma Jurisprudencial na Aplicação da Não-Cumulatividade do PIS e da COFINS: Amplitude e Variabilidade do Conceito Jurídico de Insumos

O ordenamento jurídico pátrio vive verdadeiro cenário de insegurança jurídica, ante a ausência de padronização da regra jurídica a ser aplicada aos contribuintes. Significa dizer que não há uma construção sólida da norma jurídica, veiculada pelas Leis nº 10.637/02 e 10.833/03, que preveja os créditos do contribuinte para fins da não-cumulatividade. Sobretudo no que concerne ao alcance jurídico da terminologia insumos, que é elemento componente da norma em alusão.

Possivelmente tal dificuldade reside no fato de não existir lei que estabeleça conceito preciso para insumo. Em verdade,

> o conceito de insumo decorre da ciência econômica e representa um tipo especial de consumo, direcionado para a produção, em contraposição a outros tipos, como os voltados para o estabelecimento ou para as vendas, por exemplo, o insumo é gasto da produção. Porém, [...] o insumo é um conceito muito mais amplo do que meramente matéria-prima que se integra fisicamente ao produto e à mão-de-obra diretamente ligada à produção.[19]

Insumo, a bem da verdade, revela a tradução da expressão inglesa "*input*" (entrada) e dela se origina. Esclareceu Aliomar Baleeiro que se trata de

> [...] uma algaravia de origem espanhola, inexistente em português, empregada por alguns economistas para traduzir a expressão inglesa 'input', isto é,

---

[19] SCHOUERI, Luís Eduardo. *A Não-Cumulatividade do PIS – Aspectos controvertidos*. Direito Tributário: homenagem a Alcides Jorge Costa. São Paulo: Quartier Latin, 2003, vol. 2, p. 692.

o conjunto dos fatores produtivos, como matérias-primas, energia, trabalho, amortização do capital, etc., empregados pelo empresário para produzir o 'output' ou o produto final. [...].[20]

Na linguagem das ciências contábeis, foi revelado no Pronunciamento Conceitual Básico[21] (CPC, de 2008) que a terminologia insumos detém conceito amplo, abrangendo todos os gastos necessários à atividade empresarial, a alinhar-se ao conceito de despesas, segundo o qual:

> As despesas que surgem no curso das atividades ordinárias da entidade incluem, por exemplo, o custo das vendas, salários e depreciação.
> Geralmente, tomam a forma de um desembolso ou redução de ativos como caixa e equivalentes de caixa, estoques e ativo imobilizado.
> Perdas representam outros itens que se enquadram na definição de despesas e podem ou não surgir no curso das atividades ordinárias da entidade, representando decréscimos nos benefícios econômicos e, como tal, não são de natureza diferente das demais despesas. Assim, não são consideradas como um elemento à parte nesta Estrutura Conceitual.

Em vista do alinhamento do conceito contábil de insumos com despesas, seria possível concluir, naquela ciência de conhecimento, que para o primeiro são considerados todos os eventos ligados à diminuição do patrimônio líquido da empresa, ou seja, os esforços despendidos para a geração de receita.[22]

Contudo, não se pode perder de vista que, a despeito dos conceitos empregados por outros ramos da Ciência, o Direito Positivo é autônomo em sua estrutura, embora se correlacione com outros campos do conhecimento, para a própria construção de sua linguagem de expressão (a norma jurídica).[23]

---

[20] *Direito Tributário Brasileiro*, 9ª ed. Rio de Janeiro: Forense, 1980, p. 214.
[21] Aprovado pela Deliberação CVM nº 539, de 14 de março de 2008.
[22] KAM, Vernon. **Accounting Theory**. 2nd ed. New York: John Wiley & Sons. 1990, p. 582.
[23] Sobre esse aspecto, preleciona Paulo de Barros Carvalho: "Neste esforço à busca do sentido jurídico, é importante pôr em evidência, ainda que a breve trecho, a autonomia do direito em relação a outras matérias que lhe são próximas, firmando premissas no caráter sintaticamente homogêneo que o direito positivo apresenta enquanto sistema empírico,

Nesse diapasão, considerada a infinidade de interpretações possíveis de serem empregadas num dado texto legal, marcadas pela subjetividade do agente hermeneuta, diversas são as significações jurídicas empregadas à terminologia insumos, na forma em que prescrito nas leis veiculadoras da não-cumulatividade do PIS e da COFINS, d'onde exsurge a celeuma jurídica na aplicação do princípio da não-cumulatividade nos tributos em alusão.

Das diversas teses elaboradas sobre o tema, pretende-se, aqui, destacar três posições assentes nos Tribunais Regionais Federais e no Conselho Administrativo de Recursos Fiscais, antagônicas entre si. São elas: (i) insumos como bens e serviços que integram fisicamente ou modificam a natureza do produto final – sistema de crédito físico, aplicado tipicamente (e como regra) ao IPI e ICMS; (ii) insumos como todos os bens e serviços expressa e taxativamente previstos em atos normativos (leis e instruções normativas) e que integram o custo da produção; e (iii) insumos representando todos os bens e serviços que, de algum modo, estão diretamente relacionados ao processo produtivo e, portanto, à realização do objeto social da sociedade empresária e consequente obtenção de receita, o que há que ser avaliado caso a caso.

Conforme se verá, duas delas chegaram a ser manifestadas no âmbito do Superior Tribunal de Justiça sem que fosse proferido precedente conclusivo daquela Corte Superior sobre o tema, contudo.

Passemos à exposição das teses.

---

formado por unidades atômicas – as normas jurídicas – expressas verbalmente por meio de proposições prescritivas. [...]. Agora, transportadas essas noções para os campos das Ciências descritivas da disciplina do direito, como metalinguagens da linguagem jurídica, iremos nos deparar com os limites sistêmicos de cada uma dessas 'línguas científicas' e a possibilidade de elas 'conversarem' entre si. A escolha do caráter disciplinar ou interdisciplinar, como estratégia para a construção do discurso científico, além de opção incontornável, continua sendo tema discutido nos círculos epistemológicos, juntamente com a própria amplitude da inter-relação das disciplinas, conteúdo de outra decisão a ser tomada pelo cientista. Tudo para perseguir aquele quantum de objetividade que pretende ter contraparte na carga mínima de subjetividade no agente do conhecimento" (*Curso de Direito Tributário*, 23ª ed. São Paulo: Saraiva. 2011, p. 166/167.)

4.1. Insumos como bens e serviços que incorporam ao produto final

Na hipótese em exame, considera-se insumo todo bem e serviço que, adquiridos pela sociedade empresária contribuinte do PIS e da COFINS no sistema não-cumulativo, incorporará ao produto final que será objeto de mercancia.

Forçoso é concluir que esse raciocínio demandará a avaliação do ciclo econômico que envolve o bem ou serviço que será objeto de venda pelo contribuinte. O foco da norma, aqui, seria o bem ou serviço tão somente, pois somente aquilo que lhe incorporar é considerado insumo.

Nesta linha de intelecção, interessante o seguinte julgado da Terceira Turma do Tribunal Regional Federal da 3ª Região:

> MANDADO DE SEGURANÇA. TRIBUTÁRIO. PIS E COFINS. REGIME NÃO CUMULATIVO. LEIS Nº 10.637/02 E 10.833/03. CONCEITO DE INSUMOS. ART. 66 DA IN SRF Nº 247/02 E ART. 8º DA IN SRF Nº 404/04. ILEGALIDADE. NÃO OCORRÊNCIA. COMISSÕES PAGAS A REPRESENTANTES COMERCIAIS. INVIABILIDADE. [...]. 8. Apesar da sistemática da não-cumulatividade do IPI e ICMS ser distinta no caso do PIS/COFINS, o conceito de insumos deve ser o mesmo ali empregado, a saber, todos os elementos que se incorporam ao produto final, desde que vinculados à atividade da empresa. [...].[24]

No Conselho Administrativo de Recursos Fiscais há precedentes que, embora não mencionem expressamente a aplicação do mesmo conceito de insumos descrito na legislação do IPI e ICMS para a contribuição ao PIS e COFINS, acabam por confirmar a importância da inerência do bem ou serviço produzido para que as aquisições da empresa sejam consideradas como insumo. A exemplo, citamos o seguinte precedente da 2ª Turma Ordinária, da 1ª Câmara, 3ª Seção de Julgamento, do Conselho Administrativo de Recursos Fiscais:

---

[24] TRF3, AMS 00065645120104036102, JUIZ CONVOCADO ROBERTO JEUKEN, TERCEIRA TURMA, e-DJF3 Judicial 1 DATA:10/01/2014.

ASSUNTO: CONTRIBUIÇÃO PARA O FINANCIAMENTO DA SEGURIDADE SOCIAL COFINS
Período de apuração: 01/01/2007 a 31/12/2007
INSUMOS. NÃO CUMULATIVIDADE.
Sob o regime de incidência não cumulativa e para fins de dedução de créditos, para verificar se determinado bem ou serviço pode ser qualificado como insumo, é necessário analisar seu grau de inerência (um tem a ver com o outro) com a produção ou o produto, e o grau de relevância desta inerência (em que medida um é efetivamente importante para o outro ou se é apenas um vínculo fugaz sem maiores consequências).
[...].[25]

Nesta linha de intelecção, percebe-se a tentativa de unificar um conceito jurídico para insumos sob a óptica do ciclo econômico que envolve o bem ou serviço produzido pela empresa contribuinte. Entretanto, essa linha de intelecção acaba por ignorar que referida terminologia não reside isoladamente no Direito Positivo brasileiro, mas faz parte da composição de norma jurídica de alcance mais amplo, concretizadora da não-cumulatividade do PIS e da COFINS que diverge daquela própria do IPI e ICMS, conforme se verá oportunamente.

4.2. Insumos como bens e serviços expressa e taxativamente previstos na legislação tributária
Nesta hipótese, insumos seriam todos os bens e serviços expressa e taxativamente previstos em atos normativos em geral, na forma do artigo 97 do Código Tributário Nacional[26], e que integram o custo da produção.
Relevante, aqui, a expressa previsão normativa dos bens em serviços para que qualquer bem ou serviço seja considerado insumo.
É de conferir os seguintes precedentes da Quinta Turma do Tribunal Regional Federal da 1ª Região e da Primeira Turma Ordinária, da Ter-

---

[25] CARF – Acórdão nº 3102-002.042, 2ª TO, 1ª CAM., 3ª SECJUL, Rel. Conselheira ANDREA MEDRADO DARZE, Sessão de 25.09.2013
[26] "Art. 96. A expressão 'legislação tributária' compreende as leis, os tratados e as convenções internacionais, os decretos e as normas complementares que versem, no todo ou em parte, sobre tributos e relações jurídicas a eles pertinentes."

ceira Câmara, Terceira Seção de Julgamento do Conselho Administrativo de Recursos Fiscais[27]. Respectivamente:

> TRIBUTÁRIO. PIS E COFINS. NÃO-CUMULATIVIDADE. LEIS 10.63702 e 10.833/03. EMPRESA COMERCIAL. ATIVIDADE-FIM. DISTINÇÃO ENTRE INSUMOS E CUSTOS E DESPESAS. JURISPRUDÊNCIA. [...].4 – Quando pretende se creditar dos valores relativos aos bens que não sejam diretamente utilizados na fabricação de produtos destinados à venda, a autora quer o alargamento do conceito de insumo tal como previsto nas Leis nºs 10.637/02 e 10.833/03. As limitações impostas pelos arts. 3º, VI e 15, II, da Lei n. 10.833/03 devem ser respeitadas porquanto o conceito de insumo, no regime da não-cumulatividade, é taxativo. Se o legislador quisesse alargar o conceito de insumo para abranger todas as despesas do prestador de serviço, o artigo 3º das Leis nº 10.637/2002 e 10.833/2003 não traria um rol detalhado de despesas que podem gerar créditos ao contribuinte. Por ser *numerus clausus*, a norma não comporta ampliação. [...].[28]

> Contribuição para o Financiamento da Seguridade Social – Cofins Período de apuração: 01/07/2006 a 30/09/2006 Ementa: REGIME NÃO CUMULATIVO. APURAÇÃO. CRÉDITO. INSUMOS. CONCEITO. O sistema não cumulativo de apuração da Contribuição para o PIS/PASEP admite que seja descontado do valor devido o crédito apurado com base nos gastos expressamente previstos em Lei, entre os quais se incluem os gastos incorridos na compra de bens e serviços utilizados como insumo na fabricação dos bens.[29]

O Superior Tribunal de Justiça possui precedente de sua Primeira Turma que segue no mesmo sentido:

---

[27] No mesmo sentido: AC n. 2005.71.00.017148-9, Rel. Des. Fed. Vilson Darós, 1ª Turma do e. T.R.F. da 4ª Região, D.E. de D.E. 25/11/2008.
[28] TRF1, AC 200538100031218, JUIZ FEDERAL GRIGÓRIO CARLOS DOS SANTOS, 5ª TURMA SUPLEMENTAR, e-DJF1 DATA:16/11/2012 PAGINA:1108
[29] CARF, Acórdão nº 3301-002.154, 1ªTO, 3ªCAM, 3ªSECJUL, Rel. Conselheiro BERNARDO MOTTA MOREIRA, Sessão de julgamento de 28.01.2014.)

PROCESSUAL CIVIL E TRIBUTÁRIO. PIS E COFINS. CREDITAMENTO. LEIS Nº 10.637/2002 E 10.833/2003. NÃO-CUMULATIVIDADE. ART. 195, § 12, DA CF. MATÉRIA EMINENTEMENTE CONSTITUCIONAL. INSTRUÇÕES NORMATIVAS SRF 247/02 e SRF 404/04. EXPLICITAÇÃO DO CONCEITO DE INSUMO. BENS E SERVIÇOS EMPREGADOS OU UTILIZADOS DIRETAMENTE NO PROCESSO PRODUTIVO.
BENEFÍCIO FISCAL. INTERPRETAÇÃO EXTENSIVA. IMPOSSIBILIDADE. ART.111 CTN.

1. A análise do alcance do conceito de não-cumulatividade, previsto no art. 195, § 12, da CF, é vedada neste Tribunal Superior, por se tratar de matéria eminentemente constitucional, sob pena de usurpação da competência do Supremo Tribunal Federal.

2. As Instruções Normativas SRF 247/02 e SRF 404/04 não restringem, mas apenas explicitam o conceito de insumo previsto nas Leis 10.637/02 e 10.833/03.

3. Possibilidade de creditamento de PIS e COFINS apenas em relação aos bens e serviços empregados ou utilizados diretamente sobre o produto em fabricação.

4. Interpretação extensiva que não se admite nos casos de concessão de benefício fiscal (art. 111 do CTN). Precedentes: AgRg no REsp 1.335.014/CE, Rel. Ministro Castro Meira, Segunda Turma, DJe 8/2/13, e REsp 1.140.723/RS, Rel. Ministra Eliana Calmon, Segunda Turma, DJe 22/9/10.

5. Recurso especial a que se nega provimento.[30]

Sob essa óptica, verifica-se que os precedentes em exame pretenderam prestigiar o princípio da legalidade tributária (artigo 150, II, da CF/1988) e uma talvez possível interpretação literal das disposições legais prescritivas da não-cumulatividade no PIS e COFINS, bem como supostamente descritivas da definição jurídica de insumos.

Curioso notar que a Instrução Normativa SRF nº 247, de 21 de novembro de 2002 (artigo 66, § 5º) e Instrução Normativa SRF nº 404, de 12 de março de 2004 (artigo 8º § 4º) acabaram por seguir a definição de produto intermediário próprio da legislação do Imposto Sobre Produ-

---

[30] REsp 1020991/RS, Rel. Ministro SÉRGIO KUKINA, PRIMEIRA TURMA, julgado em 09/04/2013, DJe 14/05/2013

tos Industrializados (IPI)[31], na tentativa de descrever os bens que garantiriam créditos pela não-cumulatividade no PIS e COFINS. Acaba por aproximar-se, assim, da hipótese antecedente, não fosse pela premissa de que os bens e serviços que geram crédito necessitam estar expressamente dispostos na legislação.

Todavia, cumpre anteciparmo-nos defendendo que o princípio da legalidade, a bem da verdade, se presta a compelir "o intérprete, como é o caso dos julgadores, a procurar frases prescritivas, única e exclusivamente, entre as introduzidas no ordenamento positivo por via de lei ou de diploma que tenha o mesmo status."[32] Não obriga, contudo, que o hermeneuta deixe de debruçar-se sobre o texto posto para construir a norma jurídica. Sobretudo quando a lei não possui imperativo delimitador de uma única definição para determinado fato descrito na norma.

Ademais, sobreleva ressaltar ser de sabença geral que a interpretação literal e gramatical é a mais pobre e perigosa das interpretações, ante o risco de desvio de finalidade da própria norma, com desastrosas consequências jurídicas, econômicas, dentre outras, de maneira que, entre duas interpretações possíveis, deve-se preferir aquela que dê efetividade à norma e não a que lhe torne inócua ou nula[33], o que pode ocorrer com restrições indevidas.

Portanto, a atribuição de roupagem de taxatividade à legislação tributária deve ser vista com prudência.

---

[31] Decreto nº 7.212, de 15 de junho de 2010: "Art. 226. Os estabelecimentos industriais e os que lhes são equiparados poderão creditar-se (Lei nº 4.502, de 1964, art. 25):
I – do imposto relativo a matéria-prima, produto intermediário e material de embalagem, adquiridos para emprego na industrialização de produtos tributados, incluindo-se, entre as matérias-primas e os produtos intermediários, aqueles que, embora não se integrando ao novo produto, forem consumidos no processo de industrialização, salvo se compreendidos entre os bens do ativo permanente; [...]."
[32] CARVALHO, Paulo de Barros. *Direito Tributário Linguagem e Método*. 4ª ed. São Paulo: Noeses, 2011, p. 299.
[33] MAXIMILIANO, Carlos. *Hermenêutica e aplicação do Direito*. 19ª ed. Rio de Janeiro, Forense, 2002, p. 204.

4.3. Insumos como bens e serviços relacionados ao processo produtivo e consequente obtenção de receita – análise caso a caso

Nesta hipótese, a terminologia insumos comportaria conceito mais amplo, mostrando-se impossível a previsão exaustiva de bens e serviços que seriam considerados insumos.

Em suma, para fins de creditamento no sistema não-cumulativo do PIS e COFINS, insumos representariam todos os bens e serviços que, de algum modo, estariam diretamente relacionados ao processo produtivo e, portanto, à realização do objeto social da sociedade empresária e consequente obtenção de receita, elemento econômico que compõe a hipótese de incidência das exações.

Verifica-se que tal diretriz foi utilizada pela Primeira Turma do Tribunal Regional da 4ª Região e, igualmente, pelo Conselho Administrativo de Recursos Fiscais, no seio da Segunda Turma Ordinária, da Terceira Câmara, Terceira Seção de Julgamento.

> [...]. É necessário abstrair a concepção de materialidade inerente ao processo industrial, porque a legislação também considera como insumo os serviços contratados que se destinam à produção, à fabricação de bens ou produtos ou à execução de outros serviços. Serviços, nesse contexto, são o resultado de qualquer atividade humana, quer seja tangível ou intangível, inclusive os que são utilizados para a prestação de outro serviço. 5. As Instruções Normativas SRF nº 247/2002 e 404/2004, que admitem apenas os serviços aplicados ou consumidos na produção ou fabricação do produto como insumos, não oferecem a melhor interpretação ao art. 3º, inciso II, das Leis nº 10.637/2002 e 10.833/2003. A concepção estrita de insumo não se coaduna com a base econômica de PIS e COFINS, cujo ciclo de formação não se limita à fabricação de um produto ou à execução de um serviço, abrangendo outros elementos necessários para a obtenção de receita com o produto ou o serviço. 6. O critério que se mostra consentâneo com a noção de receita é o adotado pela legislação do imposto de renda. Insumos, então, são os gastos que, ligados inseparavelmente aos elementos produtivos, proporcionam a existência do produto ou serviço, o seu funcionamento, a sua manutenção ou o seu aprimoramento. Sob essa ótica, o insumo pode integrar as etapas que resultam no produto ou serviço ou até mesmo as posteriores, desde que seja imprescindível para o funcionamento do fator de produção. 7. As despesas com serviços de armazenagem, expedição de produtos e controle de estoques,

enquadram-se no conceito de insumos, uma vez que são necessárias e indispensáveis para o funcionamento da cadeia produtiva.[34]

Contribuição para o PIS/Pasep Período de apuração: 31/10/2004 a 31//12/2004 PIS NÃO CUMULATIVO. CONCEITO DE INSUMOS. APLICAÇÃO CASO A CASO. Não se aplica, para apuração do insumo de PIS não cumulativo previsto no inciso II, artigo 3º, Lei nº 10.637/02, o critério estabelecido para insumos do sistema não cumulativo de IPI/ICMS, uma vez que não importa, no caso das contribuições, se o insumo consumido obteve ou não algum contato com o produto final comercializado. Da mesma forma não interessa em que momento do processo de produção o insumo foi utilizado. Por outro giro, também não se aplica o conceito específico de imposto de renda que define custo e despesas necessárias. O conceito de insumo para o sistema não cumulativo do PIS é próprio, sendo que deve ser considerado insumo aquele que for UTILIZADO direta ou indiretamente pelo contribuinte na produção/fabricação de produtos//serviços; for INDISPENSÁVEL para a formação do produto/serviço final e for RELACIONADO ao objeto social do contribuinte. Em virtude destas especificidades, os insumos devem ser analisados caso a caso. [...].[35]

É possível admitir que própria Primeira Turma do Superior Tribunal de Justiça também já se valeu desse mesmo raciocínio jurídico, ocasião em que afirmou:

> Para fins de creditamento de PIS e COFINS (art. 3º, II, da Leis 10.637/02 e 10.833/03), a ideia de insumos, ainda que na sua acepção mais ampla, está relacionada com os elementos essenciais à realização da atividade fim da empresa.[36]

Crível afirmar que, sob essa óptica, o conceito jurídico de insumos se aproximaria ligeiramente àquele conferido pelas Ciências Contábeis,

---

[34] TRF4, AC 00290404020084047100, JOEL ILAN PACIORNIK, PRIMEIRA TURMA, D.E. 20/07/2011.
[35] CARF, Acórdão nº 3302-002.263, 2ªTO, 3ª CÂMARA, 3ª SECJUL, Rel. Conselheira FABIOLA CASSIANO KERAMIDAS, Sessão de 20.08.2013
[36] AgRg no REsp 1244507/SC, Rel. Ministro BENEDITO GONÇALVES, PRIMEIRA TURMA, julgado em 21/11/2013, DJe 29/11/2013

eis que previsto de forma ampla, malgrado não seja toda e qualquer despesa que assim seria considerada, mas aquelas intimamente ligadas à realização da atividade empresarial típica da pessoa jurídica, ainda que oriunda de aquisições de bens e serviços que não serão agregados produto que será comercializado pela empresa contribuinte.

Destarte, a qualificação de bens e serviços como insumos, por esta corrente jurisprudencial, varia de caso a caso e tem como condicionante o grau de relevância que as aquisições da pessoa jurídica contribuinte tem em seu processo produtivo e, portanto, na realização de seu objeto social. Consequentemente, guarda pertinência com o evento econômico "obtenção de receita", próprio da regra-matriz de incidência do PIS e COFINS.

5. Da Hipótese Defendida

Dentre as hipóteses aqui expostas, as quais não exaurem todas as aplicações que tem sido conferidas à terminologia insumos para efetivação da não-cumulatividade do PIS e COFINS, entende-se que a terceira melhor se coaduna com o sistema jurídico brasileiro.

É que, a nosso ver, a análise do alcance da definição jurídica de insumos demanda um prévio esclarecimento do sistema específico da não-cumulatividade de cada tributo, bem como correlação lógica com a norma de incidência do tributo avaliado.

Embora a relação jurídica tributária, cujo objeto é uma obrigação de pagar tributo, deriva de normas tributárias em sentido estrito específicas, diferente das normas que introduzem no ordenamento a relação jurídica de direito creditório do contribuinte, onde o particular figura como sujeito ativo (ao contrário das primeiras), fato é que todas elas devem guardar íntima correlação lógica entre si. É dizer, as relações são frutos de normas jurídicas autônomas, mas que devem possuir interconexão e pertinência jurídica uma com a outra, sob pena de se quebrar a simetria do próprio sistema jurídico.

Dito isso, verifica-se que tanto a regra-matriz de incidência tributária do IPI, quanto do ICMS, possuem como critério material e critério quantitativo quanto à base de cálculo a produção de bens e mercadorias e circulação das mesmas. Por esse motivo, o direito creditório do contribuinte derivado da não-cumulatividade se refere aos bens e serviços que foram adquiridos na etapa anterior e que integrarão ao produto final da atividade do contribuinte ou que são consumidos no exercício desta.

Portanto, não poderia ser outra a definição de insumos que gerariam créditos na saída tributada pelos impostos em alusão. Representam, assim, os bens e serviços utilizados no processo produtivo que incorporem fisicamente o produto final, ou que sejam consumidos no processo de industrialização do mesmo.

Entretanto, esse critério é de todo inaplicável ao PIS e à COFINS, ao contrário do que se decidiu nos precedentes descritos na primeira hipótese acima aventada.

O critério material das regras-matrizes de incidência das contribuições ao PIS e COFINS é obter receita, conforme o campo de incidência delineado pela Constituição Federal em seus artigos 195, I, "b" e 239, devidamente delimitado pelos artigos 1º de ambas as leis de incidência (Leis nºs 10.637/2002 e 10.833/2003).

E, como visto, ao disciplinar a forma pela qual o crédito será calculado, as Leis nº 10.833/2003 e 10.637/2002 não prescrevem a compensação dos valores incidentes nas etapas anteriores com aqueles devidos nas operações subsequentes. Diferentemente do que ocorre com o IPI ou com o ICMS, tais contribuições não têm por pressupostos de fato um ciclo econômico representado pelo encadeamento de operações ou negócios jurídicos tendo por objeto uma coisa, e sim uma realidade ligada única e exclusivamente à pessoa do contribuinte, qual seja, a percepção de receita e faturamento.[37]

Exige-se, apenas, que os bens e serviços sejam utilizados na atividade da empresa. É dizer, o legislador adotou o chamado sistema de crédito financeiro, autorizando o abatimento de valores relativos não apenas aos bens e serviços que se integram ao produto da atividade do contribuinte ou que são consumidos no exercício desta, tal qual no crédito físico, mas também todos os bens e serviços que, de algum modo, estão diretamente relacionados ao processo produtivo e, portanto, à realização do objeto social da sociedade empresária.

Nessa linha de intelecção, esclarece José Antônio Minatel:

---

[37] SOUZA, Fátima Fernandes Rodrigues de. *O princípio da Não-Cumulatividade*. Coordenador Ives Gandra da Silva Martins – São Paulo: Editora Revista dos Tribunais: Centro de Extensão Universitária, 2004, p. 258.

Não sendo esse o espaço para aprofundamento do tema da não-cumulatividade, quer-se unicamente consignar que essa técnica adotada para a neutralização da incidência daqueles impostos, que como se disse, gravam a circulação de bens (aqui tomada no seu sentido lato), não tem a mesma pertinência que a recomende para ser introduzida no contexto da tributação da receita, por absoluta falta de afinidade entre os conteúdos do pressuposto material das diferentes realidades. Receita, como já dito, pressupõe conteúdo material de mensuração instantânea, revelado pelo ingresso de recursos financeiros decorrentes de esforço ou exercício de atividade empresarial, materializadora de disponibilidade pessoal para quem a aufere, conteúdo de avaliação unilateral que não guarda relação de pertinência que permita confrontá-la com qualquer operação antecedente, contrariamente ao que acontece dom o valor da operação de produtos industrializados e mercadorias[38]

Com efeito, aplicar os conceitos delineados para o sistema da não-cumulatividade próprio de outros tributos, cujas regras-matrizes de incidência são completamente diferentes daquelas empregadas ao PIS e COFINS, representa interpretação que contraria até mesmo as disposições literais das Leis nºs 10.637/2002 e 10.833/2003.

Malfere, ainda, a lógica do sistema por desconsiderar que tais contribuições incidem sobre a receita, de maneira que todos os elementos e terminologias contidas nas respectivas normas veiculadoras da não-cumulatividade devem guardar pertinência com tal fenômeno econômico eleito pelo constituinte e legislador infraconstitucional.

De outra sorte, não é crível admitir que a legislação seja exaustiva nas previsões de todas as aquisições que dariam direito de crédito ao contribuinte na construção do sistema não-cumulativo do PIS e da COFINS, como quer a interpretação conferida na segunda hipótese acima apresentada.

A uma, pela própria ambiguidade dos termos utilizados no texto das Leis nº 10.637/2002 e 10.833/2003 (artigos 3º, inciso II), quando fazem alusão a "bens e serviços utilizados como insumo na prestação de serviços e na produção ou fabricação de bens ou produtos destinados à venda". Não define nem pontifica quais bens e serviços seriam qualificáveis como

---

[38] MINATEL, José Antônio. *Conteúdo do conceito de receita e regime jurídico para sua tributação*, São Paulo: MP, 2005, p. 180.

insumo, a exemplo do que se fez na Lei Complementar nº 116, de 31 de julho de 2003, onde, numa outra realidade, descreveu cada serviço passível de ser tributado pelo Imposto Sobre Serviços de Qualquer Natureza.

Com efeito, a generalidade do texto legal é incompatível com qualquer tentativa de atribuir-lhe roupagem de esgotabilidade dos fenômenos que descreve e, consequentemente, de exigir do hermeneuta interpretação literal.

A bem da verdade, considerada que fosse a possível eloquência do texto legal, somada à abstração de seu texto e interpretação gramatical a ser-lhe empregada, chegar-se-ia à própria hipótese ora defendida, pela qual todo e qualquer bem utilizado no processo produtivo, que por esse motivo está intimamente ligado ao resultado "obtenção de receita" pela empresa, seria considerado como insumo.

A duas, porque não é crível exigir do legislador que preveja todos os eventos sociais possíveis na atividade legislativa de descrever os campos hipotéticos das leis, em virtude da dinâmica com que a sociedade se conduz e evolui.

A análise da aplicação do texto legal, caso a caso, pelo aplicador do Direito, com o cuidadoso labor de investigar os eventos sociais ocorridos para, após a compreensão do alcance da norma jurídica, subsumi-los a fim de que a norma surta seus efeitos, confere maior segurança jurídica aos súditos do Estado.

Imaginemos o seguinte: uma sociedade empresária contribuinte do PIS e COFINS não-cumulativos que detenha como seu objeto social a prestação de serviço de consultoria na área de desenvolvimento de softwares e assessoramento em manutenção de sistemas informatizados, ou seja, uma atividade integralmente intelectual. Dentre as aquisições de bens e serviços que incorre no mês, destaca-se a compra de produtos de limpeza para a manutenção do espaço físico onde seus empregados exercem suas atividades. Ora, indene de dúvidas que, neste caso, a aquisição de produtos de limpeza não guarda nenhuma pertinência com a realização do objeto social da empresa e, portanto, com a obtenção de sua receita. Jamais a aquisição de tais produtos poderia ser qualificada como insumos.

Contudo, n'outro cenário, imaginemos uma sociedade empresária que tem por objetivo social a produção de álcool e açúcar, isto é, atividade agroindustrial e que incorra no mês com despesas derivadas da aquisição de produtos de limpeza para suas máquinas e equipamentos. É de fácil percepção que, nesse caso, embora não seja objeto social da contribuinte a prestação de serviços de limpeza, a aquisição de tais produtos é essencial não só à manutenção do maquinário, mas ao próprio processo produtivo que deles dependem diretamente, sem o qual não obterá receita. Portanto, é crível admitir que, ao contrário do primeiro caso hipotético e embora os produtos de limpeza não incorporem ao produto final por ela produzido, tampouco estejam expressamente previstos na legislação tributária como geradores de crédito do contribuinte, eles consistem em verdadeiros insumos à empresa agroindustrial para fins da não-cumulatividade do PIS e COFINS.

A propósito, o Conselho Administrativo de Recursos Fiscais assim já se manifestou numa situação deveras análoga:

> Assunto: Contribuição para o Financiamento da Seguridade Social – Cofins Período de apuração: 01/03/2008 a 30/09/2009 [...]. PIS/COFINS NÃO-CUMULATIVO. HIPÓTESES DE CRÉDITO. ART. 3º, II, DAS LEIS 10.637/2002 E 10.833/2003. CONCEITO DE INSUMO. APLICAÇÃO E PERTINÊNCIA COM AS CARACTERÍSTICAS DA ATIVIDADE PRODUTIVA. DEMONSTRAÇÃO. O conceito de insumo, que confere o direito de crédito de PIS/Cofins não-cumulativo, não se restringe aos conceitos de matéria-prima, produto intermediário e material de embalagem, tal como traçados pela legislação do IPI. A configuração de insumo depende da demonstração da aplicação do bem e serviço na atividade produtiva concretamente desenvolvida pelo contribuinte. A falta desta demonstração impede o reconhecimento do direito de crédito. PIS/COFINS NÃO-CUMULATIVO. AGROINDÚSTRIA. USINA DE AÇUCAR E ÁLCOOL. HIPÓTESES DE CRÉDITO. INSUMO. Em relação à atividade agroindustrial de usina de açúcar e álcool, configuram insumos as aquisições de serviços de análise de calcário e fertilizantes, serviços de carregamento, análise de solo e adubos, transportes de adubo/gesso, transportes de bagaço, transportes de barro/argila, transportes de calcário/fertilizante, transportes de combustível, transportes de sementes, transportes de equipamentos/materiais agrícola e industrial, transporte de fuligem,/cascalho/pedras/terra/tocos, transporte de materiais diversos, transporte de mudas de cana, transporte de resíduos industriais, transporte de torta de filtro, transporte de vinhaças, serviços de carregamento e serviços de movimentação de mercadoria, bem como os ser-

viços de manutenção em roçadeiras, manutenção em ferramentas e manutenção de rádios-amadores, e a aquisição de graxas e de materiais de limpeza de equipamentos e máquinas. [...]". Recurso Voluntário Provido em Parte Direito Creditório Reconhecido em Parte.[39]

Em outra situação análoga, a Câmara Superior de Recursos Fiscais do CARF decidiu sob a mesma óptica. Valiosa a leitura da ementa:

> COFINS. INDUMENTÁRIA. INSUMOS. DIREITO DE CRÉDITO.ART. 3º da LEI 10.833/03.
> Os dispêndios, denominados insumos, dedutíveis da Cofins não cumulativa, são todos aqueles relacionados diretamente com a produção do contribuinte e que participem, afetem, o universo das receitas tributáveis pela referida contribuição social. A indumentária imposta pelo próprio Poder Público na indústria de processamento de alimentos exigência sanitária que deve ser obrigatoriamente cumprida é insumo inerente à produção da indústria avícola, e, portanto, pode ser abatida no cômputo de referido tributo.
> Recurso Especial do Procurador Negado.[40]

Diversos são os exemplos de situações em que determinado bem ou serviço seja absolutamente essencial ao processo produtivo da empresa, sem que haja expressa previsão normativa de que seriam insumos para fins da não-cumulatividade do PIS e CONFIS. Tampouco que possa ser abstraído da análise de qualquer comando normativo, sem consideração dos elementos factuais, de que eles revestir-se-iam dessa qualificação jurídica.

Assim, é humanamente impossível se prever exaustivamente tudo aquilo que será bem e serviço de aquisição essencial ao processo produtivo de toda e qualquer sociedade empresária.

É possível, ao revés, que o legislador delimite conceitos para fins de determinada realidade jurídica normatizada, o que não se fez no artigo 3º das Leis nº 10.637/2002 e 10.833/2003.

---

[39] CARF, Acórdão nº 3403-002.319, 3ª TO, 4ª CÂMARA, 3ª SECJUL, Rel. Conselheiro IVAN ALLEGRETTI, Sessão de 22.05.2013.
[40] CARF, Acórdão nº 930301.740, 3ª Turma, CSRF, Rel. Conselheira NANCI GAMA, Sessão de 09.11.2011.

Demais disso, ainda que tivesse pretendido as sobreditas leis definir juridicamente insumos, o que acabou por se tentar fazer nas Instruções Normativas regulamentadoras, não se pode perder de vista que ao legislador *lato sensu* não é dado restringir preceitos antepostos hierarquicamente ao texto legal produzido, notadamente quando se tem na lei a concretização de um princípio constitucional, na intelecção do Supremo Tribunal Federal. E, como vimos de ver, a não-cumulatividade é encarada no sistema jurídico brasileiro como norma constitucional principiológica, na medida em que, malgrado inaugurada na ordem jurídica nacional por intermédio Medidas Provisórias nºs 66/2002 e 135/2003, passou a ingressar na Constituição Federal a partir da Emenda Constitucional nº 42/2003 e, portanto, a deter maior abrangência em sua aplicação e espaço de delimitação pelo legislador infraconstitucional de seu alcance.

De qualquer sorte, é preciso deixar claro que a lei, como texto (forma ou suporte físico) somente se tornará norma jurídica após o trabalho do intérprete que, ao debruçar-se sobre ela, impregnado de seus valores sociológicos, culturais, políticos, dentre outros, abstrair-lhe-á seu conteúdo.

Em outras palavras, é necessário interpretar a forma para outorgar à lei o conteúdo. E, ao atribuir conteúdo, dá-se vida à forma pela ação de interpretar. A forma passa a implicar um conteúdo.[41]

Interpretar o direito é conhecê-lo, atribuindo valores aos símbolos, isto é, adjudicando-lhes significações e, por meio dessas, fazer referência aos objetos do mundo, na linha dos ensinamentos de Lourival Vilanova.[42]

Obviamente que o intérprete necessita de limites na sua atividade hermenêutica, eis que a atividade de interpretar é marcada pela infinidade de possibilidades. Na proposta de Paulo de Barros Carvalho, a interpretação é marcada pela intertextualidade e inesgotabilidade, mas se limita nos elementos contidos no próprio texto e no sistema que compõe. Prossegue o autor:

> A intertextualidade é formada pelo intenso diálogo que os textos mantém entre si, sejam eles passados, presentes ou futuros, pouco importando

---

[41] CARVALHO, Paulo de Barros. *Direito Tributário Linguagem e Método*, 4ª ed. São Paulo: Noeses, 2011, p. 183.
[42] VILANOVA, Lourival. *Apud* CARVALHO, Paulo de Barros. Id., p. 196.

as relações de dependência estabelecidas entre eles. Assim que inseridos no sistema, iniciam a conversação com outros conteúdos, intrassistêmicos e extra-sistêmicos, num denso intercâmbio de comunicação. [...] A inesgotabilidade, por sua vez, é a ideia de que toda a interpretação é infinita, nunca restrita a determinado campo semântico.

[...]. não significam ausência de limites para a tarefa interpretativa. A interpretação toma por base o texto: [...]. Ora, o texto de que falamos é o jurídico-positivo e o ingresso no plano de seu conteúdo tem de levar em conta as diretrizes do sistema.[43]

Neste diapasão, ao interpretar o alcance jurídico da terminologia insumos, há que se avaliar o comando legal no contexto em que inserido no sistema.

É válida a repetição: para fins da não-cumulatividade do PIS e da COFINS, há que se retornar à análise da regra-matriz de incidência, d'onde se extrai como elemento de maior relevância uma situação pessoal do contribuinte, qual seja, obtenção de receita. Por esse motivo, a não-cumulatividade dos tributos há de guardar pertinência com a mesma realidade econômica "receita" e não com os elementos que incidem no bem objeto de produção da empresa.

Caso contrário, haveria duas prescrições normativas (norma de incidência tributária e norma concretizadora da não-cumulatividade) que pressupõem uma mesma realidade factual hipoteticamente considerada (obtenção de receita), mas que não guarnecem pertinência uma com a outra. Uma norma prescreveria uma realidade pessoal do contribuinte para fazer incidir o tributo, ao passo que a outra um ciclo produtivo de um bem para dedução do débito tributário, desconsiderando por completo a primeira norma.

Esse cenário de colisão normativa que versam sobre um mesmo evento econômico, ora para fazer incidir tributo sobre ele, ora para garantir direito de crédito ao contribuinte, afronta diretamente o princípio da segurança jurídica.

A potencialidade normativa do referido princípio se identifica na matéria tributária a partir de seus conteúdos, quais sejam: certeza do

---

[43] VILANOVA, Lourival. *Apud* CARVALHO, Paulo de Barros. *Direito Tributário Linguagem e Método*, 4ª ed.: São Paulo: Noeses, 2011, p. 197.

direito, intangibilidade das posições jurídicas, estabilidade das situações jurídicas, confiança no tráfego jurídico e devido processo legal, consoante explicita Leandro Paulsen[44]. Sobre a certeza do direito, aclara o autor afirmando dizer respeito ao conhecimento do direito vigente e aplicável aos casos, de modo que as pessoas possam orientar suas condutas conforme os efeitos jurídicos estabelecidos, buscando determinado resultado jurídico ou evitando consequência indesejada.

Forçoso concluir, em vista de todo o exposto, que caberá ao aplicador da lei demonstrar o alcance do texto legal e, assim, definir a abrangência da terminologia insumos e quais bens e serviços, individualmente avaliados, serão assim considerados, dada sua essencialidade ao processo produtivo da empresa contribuinte e correspondente obtenção de receita. E essa atividade se revela intimamente conectada com os contextos social em que aplicada a norma (atividade empresária) e sistêmico-normativo em que inserido o comando da não-cumulatividade (ligado ao subsistema das normas próprias aos tributos PIS e COFINS). Caso não seja assim, o cenário jurídico estará marcado pela insegurança jurídica, contrariando a ordem constitucional brasileira.

Sabe-se que, atualmente, está pendente de julgamento o mérito Recurso Especial nº 11.221.170/PR, de relatoria do Ministro Napoleão Nunes Maia Filho, afetado ao regime dos recursos repetitivos (artigo 543-C do Código de Processo Civil). Entretanto, manifestamos nossa expectação de que aquela Corte Superior siga a linha de raciocínio aqui defendido, sobretudo para homenagear a simetria e segurança jurídica do sistema.

6. Conclusões

A não-cumulatividade, mesmo que manifestada como princípio ou como técnica (embora sedimentado pelo STF se tratar da primeira categoria), decorre de previsão normativa constitucional e, dado seu conteúdo semântico, acaba por limitar o próprio exercício da competência de tributar.

---

[44] *Curso de Direito Tributário*, 3ª ed. Porto Alegre: ed. Livraria do Advogado, 2010. Trecho extraído de http://www.leandropaulsen.com/site/textos_detalhe.asp?ID=37.

Seja consignada na redação original da Constituição Federal de 1988, seja incluída por meio de emenda, consoante se fez com a não-cumulatividade do PIS e COFINS, não pode o legislador *latu sensu* emitir quaisquer disposições normativas tendenciosas a delimitá-la sem amparo em prévio comando constitucional que o habilite a assim proceder. Devem os aplicadores do direito, outrossim, buscar conferir-lhe sempre maior efetividade, em homenagem à própria supremacia da Constituição.

Com efeito, as Leis nºs 10.637/2002 e 10.833/2003, ao fazerem alusão à terminologia *insumos* para garantir o direito de crédito do contribuinte na sua aquisição a ser confrontado com o *quantum debeatur* de PIS e COFINS, acabou por demandar fosse-lhe conferido amplo alcance jurídico, diferentemente do que o sistema jurídico determina seja feito no sistema não-cumulativo próprio do IPI e ICMS.

Como dito, tratam-se de sistemas diversos, tal qual o são as respectivas regras-matrizes de incidência tributária dos impostos e das contribuições. Não há linha de intersecção entre elas que permita a conexão entre seus sistemas da não-cumulatividade e, por corolário, que autorize seja empregado o mesmo conteúdo jurídico de insumos utilizados para não-cumulatividade do IPI e ICMS nas normas atinentes à concretização da não-cumulatividade do PIS e COFINS.

De igual forma não se pode admitir que o legislador *latu sensu* tenha pretendido descrever exaustivamente tudo aquilo que há que ser considerado como insumo no âmbito normativo da não-cumulatividade do PIS e da COFINS. Tampouco no que se referem às Instruções Normativas SRF nº 404, de 12 de março de 2004 e nº 247, de 21 de novembro de 2002, as quais, inclusive, possuem sua legitimidade questionada nos Tribunais pátrios, conforme alhures percebido.

Portanto, defende-se que insumos representariam todos os bens e serviços que, de algum modo, estão diretamente relacionados ao processo produtivo e, portanto, à realização do objeto social da sociedade empresária e consequente obtenção de receita, o que há que ser avaliado caso a caso, a fim de conferir maior efetividade ao comando constitucional do artigo 195, § 12, da *Cartha* de 1988.

7. Referências

7.1. Referências Eletrônicas

BRASIL. Constituição Federal de 1988. Disponível em: <http://www.planalto.gov.br/ccivil_03/constituicao/constituicao.htm>. Acesso em: 7 de agosto de 2013.

BRASIL. Emenda Constitucional nº 42, de 19 de setembro de 2003. Disponível em: <http://www.planalto.gov.br/ccivil_03/constituicao/Emendas/Emc/emc42.htm>. Acesso em: 19 de maio de 2014.

BRASIL. Código Tributário Nacional. Disponível em: <http://www.planalto.gov.br/ccivil_03/leis/l5172.htm>. Acesso em: 7 de agosto de 2013.

BRASIL. Medida Provisória nº 66, de 29 de agosto de 2002. Disponível em: <http://www.planalto.gov.br/ccivil_03/mpv/Antigas_2002/66.htm>. Acesso em: 7 de agosto de 2013.

BRASIL. Medida Provisória nº 135 de 30 de outubro de 2003. Disponível em: <http://www.planalto.gov.br/ccivil_03/mpv/Antigas_2003/135.htm>. Acesso em: 19 de maio de 2014.

BRASIL. Lei nº 10.637, de 30 de dezembro de 2002. Disponível em: < http://www.planalto.gov.br/ccivil_03/leis/2002/l10637.htm>. Acesso em: 7 de agosto de 2013.

BRASIL. Lei nº 10.833, de 29 de dezembro de 2003. <http://www.planalto.gov.br/ccivil_03/leis/2003/l10.833.htm>. Acesso em: 7 de agosto de 2013.

BRASIL. Lei nº 10.865, de 30 de abril de 2004. Disponível em: <http://www.planalto.gov.br/ccivil_03/_ato2004-2006/2004/lei/l10.865.htm>. Acesso em: 7 de agosto de 2013.

BRASIL. Instrução Normativa SRF nº 247, de 21 de novembro de 2002. Disponível em: <http://www.receita.fazenda.gov.br/Legislacao/ins/2002/in2472002.htm>. Acesso em: 7 de outubro de 2013.

BRASIL. Instrução Normativa SRF nº 404, de 12 de março de 2004. Disponível em: <http://www.receita.fazenda.gov.br/Legislacao/Ins/2004/in4042004.htm>. Acesso em: 19 de maio de 2014.

BRASIL. Decreto nº 7.212, de 15 de junho de 2010. Disponível em: <http://www.planalto.gov.br/ccivil_03/_ato2007-2010/2010/decreto/d7212.htm>. Acesso em: 19 de maio de 2014.

BRASIL. Pronunciamento Conceitual Básico, 2008 – Aprovado pela Deliberação CVM nº 539, de 14 de março de 2008. Disponível em: <http://www.cvm.gov.br/port/snc/Normas.asp.>. Acesso em: 19 de maio de 2014.

Hobbes, Thomas. Matéria, Forma e Poder de um Estado Eclesiástico e Civil,Tradução de João Paulo Monteiro e Maria Beatriz Nizza da Silva. Disponível em: <http://www.dhnet.org.br/direitos/anthist/marcos/hdh_thomas_hobbes_ leviatan.pdf>. Acessado em 14 de abril de 2014.

Paulsen, Leandro. Curso de Direito Tributário, 3ª ed. Porto Alegre: ed. Livraria do Advogado, 2010. Trecho extraído de: <http://www.leandropaulsen.com/site/textos_detalhe.asp?ID=37>. Acesso em: 19 de maio de 2014.

Brasil. Supremo Tribunal Federal. Disponível em www.stf.jus.br.

Brasil. Superior Tribunal de Justiça. Disponível em www.stj.jus.br.

Brasil. Tribunal Regional Federal da Primeira Região. Disponível em www.trf1.jus.br.

Brasil. Tribunal Regional Federal da Terceira Região. Disponível em www.trf3.jus.br.

Brasil. Tribunal Regional Federal da Terceira Região. Disponível em www.trf4.jus.br.

Brasil. Conselho Administrativo de Recursos Fiscais. Disponível em www.carf.fazenda.gov.br.

7.2. Referências Bibliográficas

Baleeiro, Aliomar. *Direito Tributário Brasileiro*, 9ª ed. Rio de Janeiro: Forense, 1980.

Bonilha, Paulo Celso Bergstrom. *IPI e ICM – Fundamentos da Técnica Não-Cumulativa*, São Paulo: Resenha Tributária, 1979.

Carrazza. Roque Antonio. *Curso de direito constitucional tributário*. 23. Ed. São Paulo: Malheiros, 2007.

Cassone, Vitório. *Direito Tributário*. 20ª ed. São Paulo: Atlas, 2009.

Carvalho, Paulo de Barros. *Curso de Direito Tributário*, 23ª ed.: Saraiva. 2011.

Carvalho, Paulo de Barros. *Direito Tributário Linguagem e Método*, 4ª ed.: Noeses, 2011.

Costa, Alcídes Jorge. *ICM na Constituição e na lei complementar*, São Paulo: Resenha Tributária, 1978.

Greco, Marco Aurélio e Zonari, Ana Paula. **ICMS** – *Materialidade e princípios constitucionais*, Curso de Direito Tributário, Belém/São Paulo: CEJEP/CEEU, 1993.

Machado, Hugo de Brito. *O princípio da Não-Cumulatividade*. Coordenador Ives Gandra da Silva Maritins – São Paulo: Editora Revista dos Tribunais: Centro de Extensão Universitária, 2004.

MAXIMILIANO, Carlos. *Hermenêutica e aplicação do Direito*. 19ª ed. Rio de Janeiro, Forense, 2002.

KAM, Vernon. *Accounting Theory*. 2nd ed. New York: John Wiley & Sons. 1990.

MELO, José Eduardo Soares. *ICMS – Teoria e Prática*, 2. Ed., São Paulo: Dialética, 1996, p. 153.

MINATEL, José Antônio. *Conteúdo do conceito de receita e regime jurídico para sua tributação*, São Paulo: MP, 2005.

SCHOUERI, Luís Eduardo. *A Não-Cumulatividade do PIS – Aspectos controvertidos. Direito Tributário: homenagem a Alcides Jorge Costa*. São Paulo: Quartier Latin, 2003, vol. 2.

SOUZA, Fátima Fernandes Rodrigues de. *O princípio da Não-Cumulatividade*. Coordenador Ives Gandra da Silva Martins – São Paulo: Editora Revista dos Tribunais: Centro de Extensão Universitária, 2004.

VALADÃO, Marcos Aurélio Pereira. *Limitações constitucionais ao poder de tributar*. Belo Horizonte: Del Rey, 2000.

Capítulo XVIII
Aspectos Constitucionais da Tributação em Bases Universais do Imposto de Renda das Pessoas Jurídicas

RÔMULO PINTO RAMALHO[*]

Sumário: 1. Introdução. 2. Conjunto das Normas Brasileiras de Transparência Fiscal Internacional; 2.1. Lei nº 9.249/953; 2.2. IN SRF nº 38/96; 2.3. Lei nº 9.532/97; 2.4. Lei complementar nº 104/01; 2.5. MP nº 2.158-35/01; 2.6. IN SRF nº 213/02. 3. A Tributação da Renda Versus a de Lucros, Rendimentos, Ganhos de Capital e Dividendos; 3.1. Da definição de renda; 3.2. Da definição de lucros; 3.3 Da definição de rendimentos; 3.4. Da definição de ganhos de capital; 3.5. Da definição de dividendos. 4. Análise das Normas Brasileiras de Transparência Fiscal Internacional; 4.1. Lei nº 9.249/95; 4.2. IN nº 38/96; 4.3. Lei nº 9.532/97; 4.4. Lei complementar nº 104/2001; 4.5. IN nº 213/2002; 4.6. Exame do artigo 74 da MP nº 2.158-35/2001. 5. Análise do Voto de Cada Ministro no Julgamento da Nº 2.588-1/DF; 5.1. Ministra Ellen Gracie; 5.2. Ministro Nelson Jobin; 5.3. Ministro Marco Aurélio; 5.4. Ministro Sepúlveda Pertence; 5.5. Ministro Ricardo Lewandowski; 5.6. Ministro Ayres Britto; 5.7. Ministro Cezar Peluso; 5.8. Ministro Eros Grau; 5.9. Ministro Celso de Mello; 5.10. Ministro Joaquim Barbosa. 6. As Principais Disposições Trazidas Pela Lei Nº 12.973/2014. 7. Conclusões. 8. Referências Bibliográficas.

---

[*] Mestre em Direito pela Universidade Católica de Brasília – UCB. Especialista em Direito Tributário – UCB. Advogado. Economista.

1. Introdução

Sob o discurso da ameaça à erosão da base fiscal, o governo brasileiro adotou, a partir de 1995, diversas medidas legais com a finalidade de migrar a tributação da renda produzida apenas em seu território, para alcançar aquela gerada em qualquer localidade do planeta. A partir daí, o Brasil incorporou a chamada tributação universal da renda.[1] Até os dias de hoje, entre as orientações legislativas editadas com essa característica, a de maior controvérsia surgiu com a Medida Provisória – MP nº 2.158-35, de 24 de agosto de 2001, até meados de novembro de 2013, quando o governo editou a MP nº 627, de 11 de novembro de 2013, convertida na Lei nº 12.973, de 13 de maio de 2014, novo carro-chefe entre as normas brasileiras de transparência fiscal internacional.

Essa lei, assim como a medida provisória, revela intenção do país em antecipar o momento de ocorrência do fato gerador do Imposto de Renda e da Contribuição Social Sobre o Lucro de sociedades empresárias, por meio de ficção jurídica aplicada ao resultado positivo gerado por controladas e coligadas no exterior.[2] A nova regra impossibilitou postergar o repatriamento da riqueza gerada no estrangeiro. É uma sistemática conhecida como antidiferimento.

Agindo assim, o legislador modulou o momento de ocorrência do fato gerador da obrigação tributária (imposto de renda) para momento anterior a sua efetiva ocorrência. Somou-se a esse cenário, diversos questionamentos oriundos do acréscimo dos parágrafos 1º e 2º ao artigo 43 do Código Tributário Nacional – CTN,[3] necessários a efetivação da imposição legal contida no artigo 25 da sobredita Lei nº 9.249/95.

Do ponto de vista legislativo, o conjunto de leis brasileiras, veículo das normas de transparência fiscal internacional, contempla robusto arsenal

---

[1] A tributação universal da renda tem por fim assegurar a neutralidade na exportação de capital, para contrabalançar a tributação de investimentos efetuados nos países da fonte e de residência. Cf. MACIEL, Taísa Oliveira. *Tributação dos lucros das controladas e coligadas estrangeiras*. Rio de Janeiro: Renovar, 2007, p. 77.

[2] Esta é uma ficção não permitida pelo sistema constitucional tributário brasileiro: a previsão legal de um critério material que não se realizou. Cf. PACHECO, Angela Maria da Motta. *Ficções tributárias: identificação e controle*. São Paulo: Noeses, 2008, p. 344.

[3] BRASIL. *Lei nº 5.172, de 1966*. Disponível em<http://www.planalto.gov.br/ccivil_03/leis/L5172.htm>. Acesso em: 17 set. 2014.

legal para a tributação da renda empresarial gerada em bases universais. No entanto, essa característica, só por si, não é suficiente a respaldar a eficácia dessas normas. Bem assim, o aspecto essencial a ser analisado engloba o escrutínio da estrutura nuclear dessas regras, de modo a aferir se no bojo delas há linguagem jurídica violadora do arcabouço constitucional tributário.

Nesse sentido, as ficções e presunções jurídicas podem macular o cerne das normas brasileiras que dão azo à tributação de empresas nacionais controladas e coligadas, com atividades no exterior.

Posta assim a questão, examinam-se, aqui, as características das normas brasileiras ajustadas à chamada transparência fiscal internacional. O item 2 versa a respeito do conjunto das normas de transparência fiscal internacional. No item 3, avalia-se o legado das normas brasileiras de transparência fiscal internacional. Analisa-se, no item 4, a tributação da renda *versus* a de lucros, rendimentos, ganhos de capital e de dividendos. No item 5, examina-se o alcance das normas brasileiras de transparência fiscal internacional. No item 6, discorre-se acerca das novas regras consoante a Lei nº 12.973/2014. Em seguida, ofertam-se as conclusões.

2. Conjunto das Normas de Transparência Fiscal Internacional

No âmbito do direito brasileiro tem-se que, até 1987, o país trilhava o caminho da territorialidade, em face da não tributação da renda produzida no exterior, por pessoas jurídicas, com sede no Brasil.[4]

Contudo, é com a Lei nº 9.249, de 26 de dezembro de 1995, que o Brasil deu uma guinada rumo à tributação da renda em base mundial ou universal (artigo 25). Tal empreitada foi severamente revestida de incertezas jurídicas ao novo regime implementado, o qual, na prática introduziu a sistemática conhecida como antidiferimento.

Ao modular o momento de ocorrência do fato gerador da obrigação tributária (imposto de renda) para momento anterior a sua efetiva ocorrência, os legisladores se depararam com a falta de aderência da pretensão introduzida com a redação do artigo 43 do Código Tributário Nacio-

---

[4] Anota-se que, às pessoas físicas, o Brasil já adotava o princípio da universalidade por meio do Decreto-Lei nº 1.168/1939. Atualmente esse princípio encontra-se consagrado no §4º do artigo 3º da Lei 7.713/1988, consoante regulamentação contida no artigo 38 do Decreto 3.000/1999 – Regulamento do Imposto de Renda.

nal – CTN. Em situação equivalente, o Supremo Tribunal Federal – STF sentenciou com a inconstitucionalidade tributar lucros não distribuídos aos sócios, consoante artigo 35 da Lei nº 7.713, de 22 de dezembro de 1988.

Com a finalidade de suprir a ausência de previsão legal indicada a partir do julgamento do STF, o órgão fiscal editou a Instrução Normativa nº 38, de 27 de junho de 1996, a qual tentou conciliar a orientação legislativa da Lei nº 9.249/95 com a definição contida no artigo 43 do CTN, para demarcar o que seria lucro disponibilizado.

De qualquer forma, observa-se que apenas a lei tem o condão de definir o fato gerador da obrigação tributária. Essa prerrogativa não é estendida às normas inferiores. Mais precisamente verifica-se que Instrução Normativa não possui aptidão para deliberar acerca de matéria reservada à legislação ordinária.

Com isso, do ponto de vista legislativo, o conjunto de leis brasileiras adaptadas às normas de transparência fiscal internacional contempla robusto arsenal legal para a tributação da renda empresarial gerada em bases universais. Da totalidade das leis brasileiras que possuem a marca transparência fiscal internacional, tem-se a vacilante MP 2.158-35/2001, em razão da aparente desincompatibilidade das disposições contidas em seu artigo 74 com o ordenamento jurídico.

Frisa-se, em suma, que as normas brasileiras que ostentem os fundamentos de validade das normas de transparência fiscal internacional não se confundem com aquelas emanadas pelas regras CFC (*Controlled Foreign Corporations*). Isso advém do fato que as regras CFC's terem escopo limitado, pois combatem práticas abusivas, enquanto que as contrapartes operam de forma irrestrita, alcançando tantos os fatos abusivos, quanto aqueles totalmente despidos de mau uso. São as normas voltas à tributação em bases universais.

2.1. Lei nº 9.249/95

A edição da Lei 9.249/95 instituiu, terminantemente, a tributação da renda em base mundial ou universal. O artigo 25 desse diploma legal determina o momento no qual o Brasil tributará a renda produzida no exterior por coligadas e controladas (31 de dezembro do próprio ano de apuração).

Essa orientação legislativa é controversa, pois conflita com a redação do artigo 43 do CTN. Bem assim, o fato gerador do Imposto de Renda somente ocorreria quando da aquisição de disponibilidade econômica ou jurídica da renda, ao passo em que a simples apuração de lucro por controlada ou coligada no exterior não implicava na ocorrência da hipótese prevista no artigo 43 do CTN.

Tanto é verdade que a Corte Suprema, na apreciação do RE 172.058-1/SC,[5] ao versar sobre a constitucionalidade do artigo 35 da Lei nº 7.713/88,[6] julgou inconstitucional a percussão do imposto de renda na fonte sobre o lucro líquido das empresas, assentando ser descabida incidência do imposto de renda quando da indisponibilidade de lucros, pois estes ainda não foram objetos de distribuição.

Do exposto tem-se que a pretensão legislativa em gravar lucros não disponibilizados, por meio da Lei nº 9.249/95, possuía o vício da inconstitucionalidade, em vista da incongruência existente entre o fato gerador definido por essa lei e aquele já prescrito pelo Código Tributário Nacional (artigo 43).

Esta norma revela-se ainda cristalina na intenção do governo brasileiro em proibir tanto a evasão quanto a elisão fiscais, com nítido objetivo arrecadatório. Para tanto, tentou confeccionar arcabouço jurídico que julgava adequado à satisfação de suas necessidades.

2.2. IN SRF nº 38/96[7]

A Secretaria da Receita Federal – SRF, já sabendo das fragilidades da Lei nº 9.249/95, se apressou em regulamentar as orientações introduzidas nos artigos 25 a 27 dessa norma.[8] Tinha por finalidade remediar agres-

---

[5] BRASIL. *Supremo Tribunal Federal – RE 172.058-1 SC*. Disponível em <http://redir.stf.jus.br/paginadorpub/paginador.jsp?docTP=AC&docID=219411>. Acesso em: 7 fev. 2013.

[6] BRASIL. *Lei nº 7.713, de 1988*. Disponível em<http://www.planalto.gov.br/ccivil_03/leis/L7713.htm>. Acesso em 23 set. 2014.

[7] BRASIL. *Instrução Normativa nº 38, de 1997*. Disponível em <http://www.receita.fazenda.gov.br/legislacao/ins/ant2001/1997/insrf03897.htm>. Acesso em: 23 set. 2014.

[8] [...] por desconsiderar o conceito de renda, como a disponibilidade jurídica ou econômica representada pelo efetivo acréscimo patrimonial, a Lei nº 9.249/1995 foi amplamente combatida, e seria facilmente afastada judicialmente, razão pela qual as autoridades fiscais editaram logo em seguida a Instrução Normativa (SRF) nº 38, de 27 de junho de 1996. PEREIRA, Marco Antônio Chazaine. A Tributação de Lucros Auferidos no Exterior e a

são à regra difundida na Constituição e no artigo 43 do CTN.⁹ De forma incauta, o órgão fiscal compôs a Instrução Normativa – IN de nº 38, em 27 de junho de 1996, para contornar as imperfeições existentes.

O esforço realizado pela SRF acabou por mutilar definitivamente o empenho dedicado à sobrevida das disposições transmitidas pelos artigos 25 a 27, em face do conceito de renda inserto no CTN, conforme se aduz em seguida.

1. O artigo 2º da IN traz hipóteses de disponibilização (§4º; §5º; §7º; §8º; e §9º) não inclusas na Lei 9.249/95, contrárias à moldura de renda fixada na Carta de 1988 e regulada pelo CTN.
2. A IN feriu norma constitucional de reserva específica de lei direcionada ao sistema tributário, quando adulterou o aspecto temporal da disponibilização de lucros, rendimentos e ganhos de capital.

Com efeito, a Instrução Normativa nº 38/1996 foi além de tentar conciliar a orientação legislativa da Lei nº 9.249/95 com a definição contida no artigo 43 do CTN. A IN apresentou novas hipóteses de incidência equivalentes à disponibilização de lucros, rendimentos ou ganhos de capital.

Porém, o grande pecado normativo da IN 38/96 foi contrariar a Lei nº 9.249/95 no que se refere ao momento da disponibilização de lucros, rendimentos e ganhos de capital, nos termos do artigo 2º daquela IN.

Essa tentativa de alinhar o fato gerador do imposto de renda aos ditames do CTN, por intermédio da manipulação do aspecto temporal para

---

Aplicação Individualizada dos Tratados Internacionais – Críticas ao Entendimento do CARF. *Revista de Estudos Tributários – RET*, Porto Alegre: v. 15, n. 85, p. 24, mai./jun. 2012.

⁹ Art. 43. O imposto, de competência da União, sobre a renda e proventos de qualquer natureza tem como fato gerador a aquisição da disponibilidade econômica ou jurídica:I – de renda, assim entendido o produto do capital, do trabalho ou da combinação de ambos;II – de proventos de qualquer natureza, assim entendidos os acréscimos patrimoniais não compreendidos no inciso anterior.§ 1o A incidência do imposto independe da denominação da receita ou do rendimento, da localização, condição jurídica ou nacionalidade da fonte, da origem e da forma de percepção.

§ 2o Na hipótese de receita ou de rendimento oriundos do exterior, a lei estabelecerá as condições e o momento em que se dará sua disponibilidade, para fins de incidência do imposto referido neste artigo.

o instante subsequente ao prescrito na lei ordinária, demonstrou amadorismo. Em verdade, a IN não se presta para alargar as premissas de ocorrência do fato gerador do imposto de renda e da contribuição social.

As deficiências apresentadas ilustram como o órgão fiscal se valeu da IN n º 38/96 para tentar validar, mesmo que sem fundamento legal, a tributação de controladas e coligadas no exterior. Sabe-se que esta IN era benéfica aos contribuintes, comparada à mudança que esta fez em relação ao a reviver o diferimento do fato gerador.

2.3. Lei nº 9.532/97

A Lei nº 9.532/97 teve como missão precípua sanar as deficiências existentes na Lei 9.249/95 e na IN SRF 38/96. Para isso tratou de replicar no seu artigo 1º, texto objeto do artigo 2º da IN SRF 38/96, concedendo suposta validade legal a dispositivos tidos como sem a devida eficácia jurídica. Isto mesmo, porquanto lei ordinária não possui requisitos legais para tratar de matérias reservadas à lei complementar.

De mais a mais, demonstrou certo recuo do governo em tributar, via preceito da universalidade da renda, os lucros, rendimentos e ganhos de capital produzidos por controladas ou coligadas no exterior. Isso indicou que a renda produzida no exterior, por pessoas jurídicas controladas ou coligadas brasileiras seriam tributadas, no Brasil, somente no momento de sua efetiva distribuição para a matriz brasileira. Isso representou posicionamento contrário ao propagado pelo artigo 25 da Lei nº 9.249/95.[10]

---

[10] "[...] no caso das filiais e sucursais, os lucros do exercício consideravam-se disponibilizados em 31 de dezembro do respectivo período, e, no caso de sociedades coligadas e controladas de sociedades brasileiras, a tributação passou a se dar somente quando da disponibilização, nos mesmo termos anteriormente estabelecidos pela Instrução Normativa (SRF) nº 213/2002: pagamento ou crédito. Ainda pretendendo alcançar um número maior de operações, além do efetivo pagamento ou crédito dos lucros pela sociedade estrangeira, o art. 3º da Lei nº 9.959/2000 ampliou o momento de caracterização da disponibilização dos lucros nas hipóteses de: (1) contratação de operações de mútuo, se a mutuante, coligada ou controlada possuir lucros ou reservas de lucros; ou (2) adiantamentos de recursos, efetuado pela coligada ou controlada, por conta de venda futura, cuja liquidação, pela remessa do bem ou serviço vendido, ocorra em prazo superior ao ciclo de produção do bem ou serviço." (PEREIRA, Marco Antônio Chazaine. *A Tributação de Lucros Auferidos no Exterior e a Aplicação Individualizada dos Tratados Internacionais – Críticas ao Entendimento do CARF. Revista de Estudos Tributários – RET*, Porto Alegre: v. 15, n. 85, p. 25, mai./jun. 2012.

No rol das alterações propostas por este conduto legal (Lei nº 9.532/97) havia exigência vinculando o direito à compensação, no Brasil, de crédito oriundo de imposto pago no exterior à repatriação de lucros, no prazo máximo de 2 anos. Escoado este prazo, e na ausência de tratado para evitar a dupla tributação da renda, o contribuinte seria bitributado.

A Lei 9.532/97 também introduziu outros temas, com a redução no percentual de benefícios fiscais; amortização do ágio/deságio na incorporação ou fusão societária – visando estimular privatizações; adoção de regras mais austeras para a concessão de isenção de imposto de renda sobre rendimentos provenientes de Fundos de Investimento, entre outras regras.

2.4. Lei complementar nº 104/01

Do conjunto de alterações promovidas pela Lei Complementar 104, de 10 de janeiro de 2001, algumas das listadas adiante impactaram na intenção governamental em consolidar a tributação da renda em bases universais:

1. Definição de requisitos para a fruição de imunidades das entidades de assistência social, beneficentes e filantrópicas.
2. Mudança no critério quantitativo da hipótese de incidência do imposto de renda.
3. Adoção de norma geral antievasiva no CTN, embora seja comumente chamada de antielisiva.
4. Medidas judiciais na seara tributária.

Essa norma complementar criou preceito estéril quando da adição do parágrafo único ao artigo 166 do CTN. Buscava tão somente reforçar o poder de fiscalização do fisco, para atingir necessidade fiscalista. Criou vácuo jurídico.

Essa via legal também acrescentou os parágrafos 1º e 2º ao artigo 43 do CTN.[11] A meta do governo era abrir sólido caminho para a implementação das orientações legislativas contidas nos artigos 25 a 27 da Lei 9.249/95.

---

[11] A publicação da Lei Complementar nº 104/2001, portanto, abriu espaço para que a lei ordinária definisse, para fins tributários, o momento em que seria considerada a "disponibilidade" da renda auferida no exterior. PEREIRA, Marco Antônio Chazaine. A Tributação de Lucros Auferidos no Exterior e a Aplicação Individualizada dos Tratados Internacionais

Não foi esse o resultado produzido, ao passo em que a Lei Complementar nº 104/2001 fomentou inclusive a confecção de norma legal destinada a solidificar a tributação da renda auferida por controladas e coligadas no exterior: MP 2.158-35/01.

2.5. MP nº 2.158-35/01

O artigo 74 da MP nº 2.158-35/01 representou deliberação governamental em corrigir falhas anteriores no que diz respeito à tributação da renda em bases universais. De todo o arcabouço legal criado para o governo expandir suas receitas fiscais, a MP nº 2.158-35/01 pretendia ser a cereja do bolo, no que atine à percussão de lucros, rendimentos e ganhos de capital produzidos por empresas brasileiras controladas ou coligadas, operando no exterior.

Amparada na regra societária da equivalência patrimonial para avaliação do investimento no estrangeiro, essa medida provisória anulou (uma verdadeira revogação tácita) o disposto no artigo 1º da Lei 9.532/97, ao banir qualquer possibilidade de diferimento.

Desse modo, a MP 2.158-35/01 fez com que as sociedades controladas ou coligadas no exterior submetessem, antecipadamente, a tributação de seus resultados positivos, quando do levantamento de balanços contábeis, tendo por referência a legislação brasileira, a qual determina como datas inicial e final do exercício fiscal.[12]

– Críticas ao Entendimento do CARF. *Revista de Estudos Tributários – RET*, Porto Alegre: v. 15, n. 85, p. 25, mai./jun. 2012.

[12] [...] com isso, a legislação brasileira passou a considerar ficticiamente disponibilizados os lucros auferidos no exterior por sociedades investidas de pessoas jurídicas brasileiras (correspondente ao final de cada exercício), independentemente da distribuição efetiva de tais lucros ou do cumprimento dos preceitos e das formalidades legais do país em que estiver localizada a empresa investida. [...] quando nos referimos à disponibilização imediata dos lucros auferidos no exterior instituída pela medida provisória. Enquanto a legislação anterior (Lei nº 9.532/1997) estabelecida as situações em que o lucro seria considerado disponibilizado (pagamento, crédito, extinção da empresa no exterior, etc.), a medida provisória estabelece que, caso não tenha sido disponibilizado por alguma dessas formas previstas na lei, no momento da apuração do balanço esses lucros serão considerados (automaticamente) disponibilizados para fins tributários. Ou seja, sabe-se que tal disponibilização não ocorreu, porém, por ficção legal; considera-se que a empresa brasileira já tem a disponibilidade sobre tais lucros para fins de incidência do Imposto de Renda

Tal imposição apenas fomentou o aperfeiçoamento das técnicas de planejamento tributário, ao fazer com que as empresas brasileiras com controladas e coligadas no estrangeiro partissem para a exploração dos tratados internacionais destinados a barrar a dupla tributação.

2.6. IN SRF nº 213/02[13]

As disposições da tributação da renda em bases universais, nos termos delineados no artigo 74 da MP nº 2.158-35/2001, foram regulamentadas pela IN SRF nº 213/2002. As principais diretrizes desta instrução normativa são:

1. Não vinculação entre o fato gerador de lucros, rendimentos e ganhos de capital à efetiva disponibilização econômica ou jurídica da renda.
2. O artigo 4º desta IN veicula mesma orientação contida na Lei no 9.249/96 no que se refere a impossibilidade de compensação de prejuízos incursos no exterior com aqueles apurados pela sociedade controladora ou coligada no Brasil.
3. A neutralidade fiscal externada pela IN 38/96 fora abandonada, alterando, por conseguinte a regra de avaliação de investimentos pelo método da equivalência patrimonial – MEP.
4. Resgate das hipóteses de disponibilização de lucros, rendimentos e ganhos de capital objetos na IN nº 38/96, as quais tinham sido, de forma tácita, revogadas pela Lei nº 9.532/97 em seu artigo 1º.

3. A Tributação da Renda Versus a de Lucros, Rendimentos, Ganhos de Capital e Dividendos

É questão central contida nas normas brasileiras de transparência fiscal internacional a natureza jurídica sobre a qual recai o fato tributável. Aí existe diversidade de manifestações a respeito da configuração dada à

---

brasileiro. Marco Antônio Chazaine. A Tributação de Lucros Auferidos no Exterior e a Aplicação Individualizada dos Tratados Internacionais – Críticas ao Entendimento do CARF. *Revista de Estudos Tributários – RET*, Porto Alegre: v. 15, n. 85, p. 26, mai./jun. 2012.

[13] BRASIL. *Instrução Normativa nº 213, de 2002*. Disponível em <http://www.receita.fazenda.gov.br/legislacao/ins/2002/in2132002.htm>. Acesso em: 23 set. 2014.

riqueza produzida por sociedades brasileiras controladas ou coligadas no exterior.[14]

Desse modo, indica-se que a riqueza oriunda do exterior, produzida por empresas controladas ou coligadas brasileiras assume, na legislação tributária pátria – artigo 74 da MP 2.158-35/2001, definição imprecisa, pois seus contornos são apontados muitas vezes com a acepção de renda, dividendos ou de lucros, embora seja muito comum nas decisões administrativas e judiciais menções ao binômio lucros e dividendos, inclusive por força de tratados internacionais.[15]

Nota-se ainda ser comum mensuração a lucros, rendimentos ou ganhos de capital, na legislação pátria, inclusive no corpo dos tratados internacionais destinados a evitar a bitributação. Com isso, destaca-se que tanto lucros quanto rendimentos e ganhos de capital são subconjuntos da renda produzida.

De qualquer sorte, quando se trata da diferenciação entre esses signos a discussão não é pacífica entre doutrinadores, cortes administrativa e judiciária. No entanto, isso não embaraça a realização de exame acerca das diferenças jurídicas entre os conceitos de renda, lucros, rendimentos, ganhos de capital e dividendos. Destaca-se menção a este assunto quando da análise do caso Eagle2, conforme trecho a seguir.

> Não há como se presumir que, numa hipótese em que sequer foi deliberada a destinação de lucros auferidos por empresas coligadas ou controladas, tais lucros seriam transmudados para dividendos em virtude de a pretensão fiscal se instaurar em função de uma ficção legal.

---

[14] [...] É de notar também que, diversamente do que dispunha a Lei 9.249, a tributação pelo IRPJ e da CSL não incidem sobre o lucro da Iliama Espanha, mas sim sobre os dividendos disponibilizados à Refratec (art. 1º da Lei 9.532 e art. 74 e § ún. da MP 2.158-34). JÚNIOR, Ataíde Marcelino. Caso Eagle1: Interpretação das normas brasileiras de tributação de lucros e rendimentos oriundos do exterior pelo CARF. In: *Tributação internacional*: análise de casos/organizador, Leonardo Freitas de Moraes e Castro; Ailton Cláudio Ribeiro..[et al.]. São Paulo: MP Ed., 2010, p. 273.

[15] No Acórdão nº 101-95.802 (Caso Eagle1) houve embate indicando que a Lei 9.532/97 tributaria dividendos, ao passo em que a partir da MP 2.158-35/2001, a tributação incidiria sobre lucros, ainda que fictos. BRASIL. Conselho Administrativo de Recursos Fiscais – *CARF*: Acórdão Eagle1. Disponível em <http://carf.fazenda.gov.br/sincon/public/pages/ConsultarJurisprudencia/consultarJurisprudenciaCarf.jsf>. Acesso em 23 set. 2014.

O que se quer dizer é que, seja pelo fato de que o artigo 74 da Medida Provisória n. 2.158-35/2001 (ou mesmo as demais normas a respeito do assunto) não trata os rendimentos expressamente como dividendos, seja porque a tributação recai sobre valores que não foram apurados mediante deliberação societária que tenha determinado o respectivo pagamento ou crédito aos sócios, inviabilizando o seu enquadramento como dividendos, a conclusão mais adequada é no sentido de que a regra de transparência fiscal brasileira atingiria lucros auferidos no exterior.[16]

Portanto, determinar a natureza jurídica na qual as normas brasileiras de transparência fiscal internacional delimitam, quando de sua aplicação ao produto aziendal gerado no exterior, é tarefa crucial para aqueles que apreciarão casos concretos.

3.1. Da definição de renda

Diz-se que renda é figura ilustrativa de acréscimo ao patrimônio preexistente, em decorrência do produto do capital, do trabalho ou da associação de ambos, circunscrito a lapso temporal específico. É nessa linha que a Corte Política sedimentou, no julgamento do Recurso Extraordinário nº 117.887/SP, os contornos constitucionais da definição de renda, nos termos de trecho desse julgado, apresentado adiante.

> [...] não me parece possível a afirmativa no sentido de que possa existir renda ou provento sem que haja acréscimo patrimonial, acréscimo patrimonial que ocorre mediante o ingresso ou o auferimento de algo, a título oneroso. Não me parece, pois, que poderia o legislador, anteriormente ao CTN, diante do que expressamente dispunha o art. 15, IV, da CF/46, estabelecer, como renda, uma ficção legal.[17]

---

[16] SILVEIRA, Rodrigo Maito da. Caso Eagle 2: tributação de lucros auferidos no exterior em virtude de participações societárias. In: *Tributação internacional*: análise de casos/organizador, Leonardo Freitas de Moraes e Castro; Ailton Cláudio Ribeiro..[et al.]. São Paulo: MP Ed., 2010, p. 299.

[17] BRASIL. *Supremo Tribunal Federal – Recurso Extraordinário nº 117.887 – SP*. Disponível em <http://www.jusbrasil.com.br/jurisprudencia/750151/recurso-extraordinario-re-117887--sp-stf>. Acesso em 23 set. 2014.

Portanto, renda atrai para si, necessariamente, a incorporação de nova riqueza ao acervo patrimonial existente, sob a forma pecuniária ou que nesta possa ser manifestada. Por certo, a mencionada riqueza decorre da remuneração aos fatores de produção capital, trabalho ou da intersecção destes. Nesse contexto, tem-se que a novel renda gerada está sob a forma bruta, salvo hipóteses de isenção ou de imunidade.

Com isso, os novos incrementos patrimoniais são aqueles ainda não tributados, pois se fossem acréscimos líquidos ter-se-ia simples aumento patrimonial. De fato, a ampliação patrimonial dá-se por meio de nova renda líquida de encargo tributário, resguardadas as exceções.

Oportuno, ainda, mencionar acerca da existência de renda ativa e passiva.[18] Por essência, as normas brasileiras que tributam a renda produzida no exterior não versam a respeito da tipologia do incremento patrimonial oriundo do estrangeiro. De fato, isso é irrelevante uma vez que é mera conveniência das jurisdições tributárias não incluir na base de cálculo, certos tipos de renda, como aquelas de atributo ativo ou passivo.

Rendas ativas decorrem de relação linear com atividades empresariais. A seu turno, rendas passivas, distintas daquelas relacionadas à produção, têm na mobilidade máxima razão pela qual são comumente remetidas para corporações sediadas em localidades com baixa tributação, com a finalidade de desviar-se do pagamento de imposto no território de residência da controladora ou coligada.

A contrário senso do exposto tem-se que discriminar rendas passivas é opção não acertada. O simples fato de exportar capital para remunerá-lo e depois aloca-lo em território com tributação favorecida é prerrogativa legítima e, em si, não denota prática desleal por sociedades controladas ou coligadas.

3.2. Da definição de lucros

Lucro é a renda desnuda de custos e despesas. E que não se confunda renda com lucro. Enquanto a primeira tem origem em novos ingressos a

---

[18] São geralmente classificadas como rendas passivas: juros, aluguéis, contraprestações pagas pelo uso de bens materiais ou imateriais, dividendos, ganhos de capital. ANCELES, Eliana Karsten. *Transparência fiscal internacional (ControlledForeignCorporations – CFC)*: uma visão analítica à luz da sistemática jurídico-tributário brasileira. Revista Fórum de Direito Tributário – RFDT. Ano 2, n. 8, mar./abr., 2004, p. 106.

patrimônio existente, pela manipulação dos elementos capital, trabalho ou da mescla destes, a contraparte surge da retirada de custos e despesas permitidos em lei, da renda bruta.

À apuração do lucro deve-se observar o disposto tanto em normas societárias, quanto fiscais, pois há possibilidade de existir prejuízo contábil e lucro fiscal, concomitantemente. Assinala-se que a recíproca é verdadeira.

Esse fato ocorre por força da regra de apuração das empresas sujeitas ao regime do lucro real. Aí, o ponto de partida é o resultado contábil, calculado nos termos da legislação societária, não importando se houve lucro ou prejuízo contábil.

Esse resultado é levado ao Livro de Apuração do Lucro Real – LALUR, sendo que, consoante as diretrizes das normas fiscais, são efetuadas adições e exclusões. Com isso, chega-se à base de cálculo do Imposto de Renda – IRPJ. Aplica-se a respectiva alíquota e, sendo o caso, o adicional de IR. Em seguida, remete-se o resultado apurado de volta à contabilidade. Posteriormente, parte-se novamente da contabilidade para o cálculo da Contribuição Social sobre o Lucro Líquido, sendo que nesta não há adicional.

Por fim, retorna-se à contabilidade para finalizar o cálculo do lucro líquido referente ao período de apuração. Desta forma, fica claro o porquê de lucro, com renda, não se confundirem.

3.3. Da definição de rendimentos

Os frutos gerados pelo produto do capital, do trabalho ou da união destes são os rendimentos. Portanto, nada mais são do que subprodutos da renda, a qual, uma vez empregada, totaliza-se por diversos incrementos que irão compô-la. É comum intitular essas adições de receitas.

No círculo empresarial, o sentido lato de rendimento expressa resultado obtido por cada unidade de capital ou trabalho empregado. Todavia, são frutos em sua acepção bruta, pois, quando líquidos convolam-se em dividendos, por via da distribuição.[19]

---

[19] Há que se destacar, no plano das aplicações financeiras, a existência da expressão rendimentos líquidos, implicando diferença entre o capital inicial investido e a quantia resgatada ou tomada por base entre dois instantes. Há que se observar ainda a dedução de todos os custos para a correta mensuração do rendimento de determinada aplicação

3.4. Da definição de ganhos de capital

Ganhos de capital decorrem de alguns fatos consumados por pessoas físicas ou jurídicas. Esses fatos, comumente denominados de operações, compreendem alienações a qualquer título, nos termos das Instruções normativas da SRF nº 118 de 2000 e nº 84 de 2001, artigo 3º, conforme se observa.[20]

> I – alienação, a qualquer título, de bens ou direitos ou cessão ou promessa de cessão de direitos à sua aquisição, tais como as realizadas por compra e venda, permuta, adjudicação, desapropriação, dação em pagamento, procuração em causa própria, promessa de compra e venda, cessão de direitos ou promessa de cessão de direitos e contratos afins;
> II – transferência a herdeiros e legatários na sucessão causa mortis, a donatários na doação, inclusive em adiantamento da legítima, ou atribuição a ex-cônjuge ou ex-convivente, na dissolução da sociedade conjugal ou união estável, de direito de propriedade de bens e direitos adquiridos por valor superior àquele pelo qual constavam na Declaração de Ajuste Anual do de cujus, do doador, do ex-cônjuge ou ex-convivente que os tenha transferido;
> III – alienação de bens ou direitos e liquidação ou resgate de aplicações financeiras, de propriedade de pessoa física, adquiridos, a qualquer título, em moeda estrangeira.

Desta forma, para identificar a existência de ganhos de capital é preciso observar ações como "aliena'" e "transferir", praticadas por pessoas físicas ou jurídicas. É crucial examinar o valor de entrada ou do custo de aquisição, em contraposição ao valor de saída ou da alienação, segundo as previsões normatizadas.

Há que se considerar também que somente existe ganho de capital quando resultar diferença positiva entre os valores de entrada e de saída. Caso contrário, existe o risco de onerar a perda de capital ou ainda o próprio valor de entrada, quando inalterado o custo de aquisição. Ademais,

---

financeira. Portanto, se o resultado for superior ao investido, menos todas as despesas, o rendimento líquido será positivo.

[20] BRASIL. *Receita Federal*: Perguntas e Respostas. <http://www.receita.fazenda.gov.br/pessoafisica/irpf/2006/perguntas/ganhocapital.htm>. Acesso em: 23 set. 2014.

a regulamentação das diversas possibilidades de alienar ou de transferir bens e direitos encontra-se definida pelo órgão fiscal, consoante disposto.

Ganhos de capital se distinguem de rendimentos porque valorizam-se, alterando o valor pelo qual foram adquiridos. O acréscimo incorporado ao preço de aquisição ou custo de aquisição externa oscilação positiva a bens tangíveis ou intangíveis. Se essa diferença positiva se mantiver quando da alienação ou transferência de bens tangíveis ou não, deverá tal incremento ser ofertada à tributação pelo imposto de renda.

Com isso, pode-se dizer que ganhos de capital têm natureza jurídica circunscrita à valorização positiva incorporada ao custo de aquisição de bens tangíveis ou não, de direitos ou transferências, pelo acréscimo agregado a bem ou direito preexistente. Também não se confunde com renda, por não se tratar de acréscimos patrimoniais fruto do capital, trabalho ou da fusão de ambos, mas tão somente da apreciação ou do aumento de valor em comparação ao custo de aquisição.

Tão pouco se assemelha a rendimentos, uma vez que não são frutos proporcionados por bens, direito ou transferências. Ganhos de capital são mensurados entre duas datas focais, a de aquisição e a da alienação, ressalvados os testes de *impairment*, no caso de algumas pessoas jurídicas.[21]

3.5. Da definição de dividendos

Dividendos, por sua vez, com renda não se confunde. Enquanto aqueles são representativos da remuneração ao capital dos sócios empregado nas atividades fins da empresa, esta contém os ingredientes capital e trabalho, os quais atuam individualmente ou de forma conjunta, na produção de riqueza bruta ou incremento patrimonial total.

Alternativamente, tem-se que dividendos simbolizam alocação do lucro colhido no respectivo exercício social ou das reservas de lucros, aos acionistas da companhia.

> Os dividendos representam uma destinação do lucro do exercício, dos lucros acumulados ou de reservas de lucros aos acionistas da companhia.

---

[21] BRASIL. *Comitê de Pronunciamentos Contábeis – CPC*: Redução ao valor recuperável de ativos – CPC 01. Disponível em <http://www.cpc.org.br/cpc01.html>. Acesso em: 23 set. 2014.

Em casos especiais, poderão ser utilizados as reservas de capital para o pagamento de dividendos às ações preferenciais. [22]

Entretanto, faz-se oportuno distinguir a remuneração fruto de participação societária (dividendo) daquela oriunda do labor de pessoas contratadas pelas companhias, por força contratual ou ainda junto a órgãos sindicais ou mesmo homologado perante tribunal trabalhista. Nesta, a importância paga assemelha-se à gratificação.[23]

Em suma, acréscimos gerados pelo produto do labor, do capital ou da junção destes, os quais, depois de tributados poderão ser incorporado ao acervo existente, consumidor ou reinvestido. Dividendos, a seu turno, denotam os frutos líquidos colhidos, livres de quaisquer ônus ou encargos.

4. Alcance das Normas Brasileiras de Transparência Fiscal Internacional

Do elenco cronológico de normas brasileiras[24] publicadas com o emblema da transparência fiscal internacional, destacam-se suas principais lacunas.

4.1. Lei nº 9.249/95

Lei nº 9.249/95 (artigos 25 a 27):

1. Tentativa de alcançar lucros ainda não disponibilizados, por via da regra antidiferimento, engendrada por ficção jurídica; e
2. Inconstitucionalidade dessa lei ao proclamar como fato gerador do imposto de renda conceito distinto daquele contido no artigo 43 do CTN.

---

[22] IUDÍCIBUS, Sérgio de; MARTINS, Eliseu; GELBCKE, Ernesto Rubens. *Manual de Contabilidade das Sociedades por Ações*: aplicáveis às demais sociedades – FIPECAFI, 5. Ed. Ver. E atual. São Paulo: Atlas, página 273.

[23] JÚNIOR, Pedro Anan; FLORENTINO, Fabio Luis. *A Lei nº 11.051/04 e a Distribuição de Dividendos*. Fiscosoft, São Paulo, ano 18, n. 1024, 31 mai. 2005. Disponível em: < http://www.fiscosoft.com.br/a/2te2/a-lei-n-1105104-e-a-distribuicao-de-dividendos-pedro-anan-jr-fabio-luis-florentino>. Acesso em: 23 set. 2014.

[24] Conforme lista de normas dispostas no item. Outrossim, os comentários à MP nº 2.158-35/2001 serão realizados em apartado, por mera comodidade.

4.2. IN nº 38/96
IN nº 38/96:

1. Fracassou na regulamentação do regime de tributação em bases universais, visto não possuir requisitos jurídicos para tratar de matérias reservadas à lei;
2. Retrocedeu a regra antidiferimento contida na Lei nº 9.249/96, deslocando o aspecto temporal do fato gerador para momento ulterior ao fixado pela lei ordinária; e
3. Criou cinco novas hipóteses automáticas de disponibilização da renda, assentadas no curso de seu parágrafo 2º, para tentar contornar as fragilidades do artigo 25 da Lei nº 9.249/95.

4.3. Lei nº 9.532/97
Lei nº 9.532/97:

1. Esta lei nada mais foi do que a IN nº 38/96 (artigo 2º) de roupa nova, eis que trouxe ao mundo jurídico, pela via do adequado conduto legal, orientações legislativas;
2. Instituiu quatro hipóteses de disponibilização econômica ou jurídica da renda (parágrafo 1º do artigo 1º desta norma, com redação oriunda da Lei nº 9.959/00), em descompasso com a Lei nº 9.249/96; e
3. O artigo 1º difundiu certa indecisão do governo quanto à manutenção do regime de tributação em bases universais, ao sujeitar a percussão tributária de lucros, rendimentos e ganhos de capital produzidos no exterior à efetiva disponibilização (econômica ou jurídica) em detrimento daquela automática (regra antidiferimento).

4.4. Lei complementar nº 104/2001
Lei complementar nº 104/2001:

1. Tentou instituir regras intituladas de antielisivas (antievasivas, em realidade) consoante artigo introdução do parágrafo 2º ao artigo 43, bem como do parágrafo único ao artigo 116, ambos do CTN, sem, no entanto, tratar de forma técnica acerca dos limites à elisão fiscal, via planejamentos tributários.
2. Criou norma estéril (parágrafo único do artigo 116 do CTN).

4.5. IN nº 213/2002
IN nº 213/2002:

1. Tentou validar o teor do artigo 74 da MP nº 2.158-35/2001, em decorrência do parágrafo 2º do artigo 43 do CTN (adicionado pela LC nº 104/2001).
2. Manteve regra oriunda da Lei nº 9.249/95 no que atine à impossibilidade de compensação de prejuízos fiscais tidos no exterior, com os lucros havidos por sociedades controladoras ou coligadas com residência no Brasil.

Ao fim e ao cabo, o conjunto normativo brasileiro instituidor das regras de transparência fiscal internacional revelou vil esforço governamental no aumento da carga tributária, tão somente. Além disso, mesmo que de forma atabalhoada, as normas sob comento delinearam as etapas legais do ambiente para a introdução da malsinada MP nº 2.158-35/2001, a qual será comentada adiante.

4.6. Exame do artigo 74 da MP nº 2.158-35/2001
Na tributação da renda produzida por sociedades controladas ou coligadas no exterior há intenso debate referente à regra do artigo 74 da MP 2.158-35/2001, decorrentes dos defeitos jurídicos contidos neste conduto legal. A seguir examinam-se as fragilidades do citado artigo.

1. Faz confusão entre os institutos renda, lucros e dividendos e a fonte interpretativa para elucidar as respectivas controvérsias.
2. Desconsidera a personalidade jurídica da sociedade controlada ou coligada no exterior para assenhoramento, pelo Estado brasileiro, do lucro produzido além-mar, a partir do encerramento de balanço contábil na localidade produtora do acréscimo patrimonial, por via de presunção absoluta.
3. Ignora o disposto nos artigos 201 a 205 da Lei 6.404/76, no que atine a dividendos.
4. Desrespeita tratados internacionais para evitar da dupla tributação, mesmo em face do artigo 98 do CTN.
5. Afronta regra constitucional contida no artigo 146, III, 'a', ao criar novo fato gerador (ficto) para a espécie tributária imposto, por intermédio da previsão de disponibilidade imediata da renda pro-

duzida por unidade controlada ou coligada no exterior, a partir da delegação da lei complementar à ordinária, de base de cálculo e de contribuinte do imposto de renda.

6. Ofende o princípio da irretroatividade das leis tributárias conforme artigo 150, III, 'a' e 'b' da Constituição Federal, ao tentar gravar lucros produzidos em exercícios anteriores ao de 2001.
7. Infringe o princípio da capacidade contributiva, nos termos do artigo 145, §1º da Carta Política, por meio da regra antidiferimento.
8. Transgride o teor do artigo 2º, §3º, da Lei de Introdução às Normas do Direito Brasileiro – LINDB (Lei 12.376/2010), ao represtinar hipóteses de disponibilização automática de lucros, rendimentos e ganhos de capital, inaugurado com a Lei nº 9.249/95, e alargadas com outras suposições de equiparação à disponibilização automática pela IN SRF nº 38/1996 (artigo 2º); todavia, Lei 9.532/97 (artigo 1º), invalidou a regra da disponibilização automática do objeto tributável.

O item (1), supra, trata das dificuldades enfrentadas por julgadores na apreciação de lides que encerram debates discordes a respeito do que efetivamente deve recair a tributação da renda auferida no exterior.[25] Tal controvérsia persiste quando do exame de tratados ou convenções para evitar a dupla tributação, inclusive com amparo nos comentários à convenção-modelo da OCDE, mesmo esta sendo fonte imediata.

Traz o item (2) a desconsideração da personalidade da sociedade controlada ou coligada no exterior, para que a tributação recaia na figura dos sócios. A regra é que a desconsideração da personalidade jurídica ocorra

---

[25] Entre diversos julgados sobre o tema destaca-se o Acórdão nº 1101-00.365, fruto da sessão de 10 de novembro 2010, pela 1ª Turma Ordinária da 1ª Câmara do Conselho Administrativo de Recursos Fiscais (CARF). Nesta lide a Camargo Correa Brasil foi autuada por meio de lançamento formalizado em 18-nov-2006, em virtude de falta de recolhimento de IRPJ e CSLL nos anos-calendário 2002 e 2003, decorrente da ausência de adição ao lucro líquido do período, na determinação do Lucro Real, de lucros auferidos no exterior por suas filiais, sucursais, coligadas e controladas. SILVEIRA, Rodrigo Maito da; MORAES E CASTRO, Leonardo Freitas de. Tributação de lucros de controladas e coligadas no exterior diante da existência de tratado contra a bitributação: análise crítica a partir do Acórdão nº 1101-00.365/2010 julgado pelo CARF. *Revista de Estudos Tributários – RET*, Porto Alegre: v. 15, n. 87, p. 23, set./out. 2012.

nas hipóteses do artigo 50 do Código Cidadão.[26] Não se observa existir abuso da personalidade jurídica pelo simples fato de constituir controlada ou coligada no exterior; intencionar pagar menos tributos, por si só, é ato legítimo. De mais a mais, esta MP utiliza presunção absoluta, a qual é incompatível com a ordem constitucional brasileira.

No item (3) observa-se que o Estado ignora liberdade dos sócios para deliberar acerca do montante de dividendos a serem distribuídos, juntamente com o momento no qual estes serão efetivamente pagos aos titulares de participações societárias, mesmo sabendo que a prerrogativa à distribuição de dividendos é regida pelo mandamento da boa-fé, nos termos dos estatutos das companhias.

Além disso, o *caput* do artigo 202 da Lei nº 6.404/76, só por si, abre caminho para que os acionistas recebam dividendo obrigatório em cada exercício, relativa à parcela do lucro constante no estatuto e, mesmo na omissão deste, tal direito não seria obstado. Ainda assim, excetua-se o asseverado por força das hipóteses contidas nos parágrafos 3º, 4º e 5º do citado artigo da Lei nº 6.404/76.[27]

---

[26] Art. 50. Em caso de abuso da personalidade jurídica, caracterizado pelo desvio de finalidade, ou pela confusão patrimonial, pode o juiz decidir, a requerimento da parte, ou do Ministério Público quando lhe couber intervir no processo, que os efeitos de certas e determinadas relações de obrigações sejam estendidos aos bens particulares dos administradores ou sócios da pessoa jurídica. BRASIL. *Lei nº 10.406, de 2002*. Disponível em <http://www.planalto.gov.br/ccivil_03/leis/2002/L10406.htm>. Acesso em: 23 set. 2014.

[27] Art. 202. Os acionistas têm direito de receber como dividendo obrigatório, em cada exercício, a parcela dos lucros estabelecida no estatuto ou, se este for omisso, a importância determinada de acordo com as seguintes normas:
I – metade do lucro líquido do exercício diminuído ou acrescido dos seguintes valores:
a) importância destinada à constituição da reserva legal (art. 193); e
b) importância destinada à formação da reserva para contingências (art. 195) e reversão da mesma reserva formada em exercícios anteriores;
II – o pagamento do dividendo determinado nos termos do inciso I poderá ser limitado ao montante do lucro líquido do exercício que tiver sido realizado, desde que a diferença seja registrada como reserva de lucros a realizar (art. 197);
III – os lucros registrados na reserva de lucros a realizar, quando realizados e se não tiverem sido absorvidos por prejuízos em exercícios subsequentes, deverão ser acrescidos ao primeiro dividendo declarado após a realização.
§ 1º O estatuto poderá estabelecer o dividendo como porcentagem do lucro ou do capital social, ou fixar outros critérios para determiná-lo, desde que sejam regulados com

O item (4) transmite ofensa às convenções contra a dupla tributação, quando da aplicação da disposição incluída no artigo 74 da MP nº 2.158-35/2001, priorizando-a face à orientação advinda do artigo 98 do CTN. Não obstante isso escora-se na convenção-modelo da OCDE para dirimir pendengas tributárias, embora o Brasil não seja signatário desta convenção.

É cristalina a ofensa elencada no item (5), a qual denuncia que o governo valeu-se de norma ordinária, ao invés daquela de índole complementar, para manipular os elementos base de cálculo e contribuintes, afeitos ao imposto de renda.

O item (6) aborda a tentativa do governo de alcançar fatos geradores ocorridos em intervalo temporal passado, incorrendo em violação ao princípio da irretroatividade das leis tributárias (artigo 150, III, a, CF/88). De acordo com esse postulado, a lei tributária deve abranger apenas fatos geradores posteriores a sua edição.

---

precisão e minúcia e não sujeitem os acionistas minoritários ao arbítrio dos órgãos de administração ou da maioria.
§ 2º Quando o estatuto for omisso e a assembleia-geral deliberar alterá-lo para introduzir norma sobre a matéria, o dividendo obrigatório não poderá ser inferior a 25% (vinte e cinco por cento) do lucro líquido ajustado nos termos do inciso I deste artigo.
§ 3º A assembleia-geral pode, desde que não haja oposição de qualquer acionista presente, deliberar a distribuição de dividendo inferior ao obrigatório, nos termos deste artigo, ou a retenção de todo o lucro líquido, nas seguintes sociedades:
I – companhias abertas exclusivamente para a captação de recursos por debêntures não conversíveis em ações;
II – companhias fechadas, exceto nas controladas por companhias abertas que não se enquadrem na condição prevista no inciso I.
§ 4º O dividendo previsto neste artigo não será obrigatório no exercício social em que os órgãos da administração informarem à assembleia-geral ordinária ser ele incompatível com a situação financeira da companhia. O conselho fiscal, se em funcionamento, deverá dar parecer sobre essa informação e, na companhia aberta, seus administradores encaminharão à Comissão de Valores Mobiliários, dentro de 5 (cinco) dias da realização da assembleia-geral, exposição justificativa da informação transmitida à assembleia.
§ 5º Os lucros que deixarem de ser distribuídos nos termos do § 4º serão registrados como reserva especial e, se não absorvidos por prejuízos em exercícios subsequentes, deverão ser pagos como dividendo assim que o permitir a situação financeira da companhia.
§ 6º Os lucros não destinados nos termos dos arts. 193 a 197 deverão ser distribuídos como dividendos. Cf. BRASIL. *Lei nº 6.404, de 1976*. Disponível em <http://www.planalto.gov.br/ccivil_03/leis/L6404consol.htm>. Acesso em: 23 set. 2014.

Excepciona essa regra contexto no qual, se e somente se a lei disser expressamente ou ainda em decorrência da sua própria natureza, ela poderá retroagir. São exemplos dessas hipóteses o disposto no artigos 105, 106 e 116, todos do CTN.

No item (7) há indicação de ataque ao postulado da capacidade contributiva, uma vez que a disposição legal do artigo 74 da MP nº 2.158-35/2001 convalida prática de oneração de renda ainda não transmitida à propriedade dos sócios de controladas e coligadas no exterior. Em razão disso, essa legislação busca tributar capacidade contributiva inexistente, o que representa inequívoco ataque o princípio constitucional da capacidade contributiva.

Encerra o conjunto de fragilidades propagadas pelo mandamento do artigo 74 da citada MP, o disposto no item (8). No caso, o apontado artigo represtinou a regra da Lei nº 9.249/95 (artigo 25), a qual fora revertida pela Lei nº 9.532/97 (artigo 1º).[28]

Não obstante todo o exposto, o conflito normativo existente não pode ser solucionado com base no critério hierárquico, pois tais dispositivos legais são equânimes em relação à espécie de norma que encerram. Também não pode ser apontado como elemento de validação o critério cronológico ou da especialidade.

À solução deste embate reside na ausência de produção de efeitos consoante regra entabulada no artigo 74 da MP nº 2.158-35/2001, pois esta, além de não possuir o meio adequado para modular o aspecto temporal do fato gerador do imposto de renda, também não expressou em seu corpo desfazimento do preceito contido na Lei nº 9.532/97.

Porém, há que se pontuar que a doutrina, de forma majoritária, pende a rejeitar a orientação legislativa do artigo 74 da MP 2.158-35/2001. Sacha

---

[28] Maria Helena Diniz assim se manifesta a respeito do instituto da represtinação: Pelo art. 2º, §3º, ora comentado, a lei revogadora de outra lei revogadora não terá efeito represtinatório sobre a velha norma abolida, a não ser que haja pronunciamento expresso da lei a esse respeito. Esse dispositivo legal contém duas normas: a) proibição da represtinação, significando que a antiga lei não se revalidará pelo aniquilamento da lei revogadora, uma vez que não restitui a vigência da que ela revogou; b) restauração *ex nunc* da antiga lei, quando a norma revogadora tiver perdido a vigência, desde que haja disposição expressa nesse sentido. DINIZ, Maria Helena. *Código Civil anotado*. ed. rev. E atual. – São Paulo: Saraiva, 2010, p. 4.

Calmon[29] discorre acerca de vários defeitos jurídicos deste conduto legal, conforme se observa.

> A MP nº 2.158-35/2001 contém sérios defeitos jurídicos, a saber: desconsidera a personalidade jurídica da controlada ou coligada no exterior e acresce ao fato gerador da coligada ou controlada no Brasil os lucros havidos no exterior tão logo erguido o balanço; infringe o artigo 146, II 'a' da CF/88, e cria uma disponibilidade ficta, pois pretende tributar por ficção, retroativamente, parcela significativa dos contribuintes do imposto de renda; repristina o regime da Lei n. 9.249/95, claramente revogado, no particular pela lei 9.532/97; levando avante a inconstitucional delegação que lhe fez a Lei Complementar 104/2001, delega a competência invalidamente recebida ao regulamento, (...) o regulamento não podia dispor sobre base de cálculo e contribuintes do IR (CF, art. 146, III 'a'); e fere o principio da irretroatividade das leis tributárias (artigo 150, III, 'a' e 'b', da CF/88).

Para Luis Augusto da Silva Gomes, esse artigo é claramente ilegal e inconstitucional, pois fere os conceitos de disponibilidade jurídica e econômica previstos no caput do artigo 43 do CTN, porque utiliza-se da presunção de uma riqueza até então inexistente.[30]

Há, todavia, aqueles que proclamam a constitucionalidade do citado artigo da MP. Entende Hiromi Higuchi ser constitucional o art. 74 da MP nº 2.158-35/2001, tendo em vista ser este perfeitamente aplicável para tributar, no Brasil, no mesmo ano-calendário da apuração dos lucros pela controlada ou coligada no exterior, por vários motivos. Assevera Higuchi que a redação é infeliz, porque lucro é diferente de receita ou rendimento. O dividendo é rendimento, mas o lucro, não. A redação seria melhor se tivesse dito receitas, rendimentos ou lucros gerados no exterior. Para o autor, a tributação dos lucros de controladas ou coligadas no

---

[29] COÊLHO, Sacha Calmon Navarro; DERZI, Marisabel Abreu Machado. Tributação pelo IRPJ e pela CSLL de lucros auferidos por empresas controladas ou coligadas no exterior – inconstitucionalidade do art. 74 da Medida Provisória nº 2.158-35/2001. *Revista Dialética de Direito Tributário*, nº 130. São Paulo: Editora Dialética, 2006. p. 141.

[30] GOMES, Luiz Augusto da Silva Gomes. O imposto de renda, o art. 74 da MP nº 2.158/2001 e o conceito de disponibilidade econômica ou jurídica do art. 43 do CTN. *Revista Dialética de Direito Tributário*, nº 77 São Paulo: Editora Dialética, 2002. p. 88.

exterior, no mesmo exercício de apuração, equipara-se à percussão consolidada das empresas.[31]

Firme, aduz Higuchi que o acréscimo do § 2º no art. 43 do CTN não deve ocasionar a inconstitucionalidade do art. 74 da MP nº 2.158-35/2001, pelo STF. Higuchi arremata dizendo que se o Brasil tributar o lucro da coligada ou controlada no exterior e não tributar, a título de rendimento, o valor efetivamente distribuído, o imposto pago no exterior sobre a distribuição não poderá ser compensada no Brasil.

Apesar disso, Higuchi ressalta que a redação do § 2º no art. 43 do CTN é infeliz, pois seria melhor se tivesse dito receitas, rendimentos ou lucros gerados no exterior. Na categoria de norma de transparência fiscal internacional, a MP nº 2.158-35/2001, por meio de seu artigo 74, figura como tentativa desastrosa no papel de regra antidiferimento, inclusive para fatos geradores ocorridos antes da edição da citada MP.

5. Análise do Voto de Cada Ministro no Julgamento da Nº 2.588-1/DF

O exame do voto prolatado por cada Magistrado da Corte Suprema resulta do esforço em desvendar a construção jurisprudencial exarada pelos magistrados que participaram da votação. De mais a mais, é de fundamental importância identificar o modo como cada julgador enfrentou as questões integrantes da ADI nº 2.588-1-MC/DF.[32] Adicionalmente, o julgamento dessa ação foi pautado por diversas peculiaridades, como a demora em mais de uma década até a manifestação definitiva, a mudança na composição da Corte, e a inexistência de linha majoritária ao fim da ação declaratória de inconstitucionalidade.

Ademais, escrutina-se adiante cada voto emitido sob o ângulo investigativo com o objetivo de confrontar a controvérsia trazida pela ADI nº

---

[31] HIGUCHI, Hiromi; Fábio Hiroshi; Celso Hiroyuki. *Imposto de Renda das Empresas, Interpretação e Prática*. São Paulo: Editora IR Publicações, 2005. p. 101.

[32] Cf. Renata Elaine Silva, "a ação direta de inconstitucionalidade (ADI) é aquela que tem como objeto a norma geral e abstrata entendida como inconstitucional. Por ser uma ação sem partes, autor/réu, lide, direitos controversos envolvidos, alguns princípios como o contraditório e a ampla defesa não são aplicados. Dessa maneira, doutrinariamente existe posição no setnido de que não se trata de uma ação, mas sim de um remédio constitucional de controle legal". In: SILVA, Renata Elaine. *Decisões em matéria tributária*: jurisprudência e dogmática do Supremo Tribunal Federal em controle de constitucionalidade. São Paulo: Saraiva, 2009. p. 98.

2.588-1-MC/DF e a respectiva cognição formulada pelos julgadores, à luz da proposta delimitada nesta pesquisa. A sequência dos votos analisados obedece ao disposto no acórdão publicado.[33]

> ADI 2588/DF – DISTRITO FEDERAL
> AÇÃO DIRETA DE INCONSTITUCIONALIDADE
> Relator(a): Min. ELLEN GRACIE
> Relator(a) p/ Acórdão: Min. JOAQUIM BARBOSA
> Julgamento: 10/04/2013 Órgão Julgador: Tribunal Pleno
> Publicação
> DJe-027 DIVULG 07-02-2014 PUBLIC 10-02-2014
> EMENT VOL-02719-01 PP-00001
> Parte(s)
> REQTE.(S): CONFEDERAÇÃO NACIONAL DA INDÚSTRIA – CNI
> ADV.(A/S): GUSTAVO DO AMARAL MARTINS E OUTROS
> INTDO.(A/S): PRESIDENTE DA REPÚBLICA
> INTDO.(A/S): CONGRESSO NACIONAL
> Ementa
>
> Ementa: TRIBUTÁRIO. INTERNACIONAL. IMPOSTO DE RENDA E PROVENTOS DE QUALQUER NATUREZA. PARTICIPAÇÃO DE EMPRESA CONTROLADORA OU COLIGADA NACIONAL NOS LUCROS AUFERIDOS POR PESSOA JURÍDICA CONTROLADA OU COLIGADA SEDIADA NO EXTERIOR. LEGISLAÇÃO QUE CONSIDERA DISPONIBILIZADOS OS LUCROS NA DATA DO BALANÇO EM QUE TIVEREM SIDO APURADOS ("31 DE DEZEMBRO DE CADA ANO"). ALEGADA VIOLAÇÃO DO CONCEITO CONSTITUCIONAL DE RENDA (ART. 143, III DA CONSTITUIÇÃO). APLICAÇÃO DA NOVA METODOLOGIA DE APURAÇÃO DO TRIBUTO PARA A PARTICIPAÇÃO NOS LUCROS APURADA EM 2001. VIOLAÇÃO DAS REGRAS DA IRRETROATIVIDADE E DA ANTERIORIDADE. MP 2.158-35/2001, ART. 74. LEI 5.720/1966, ART. 43, § 2º (LC 104/2000). 1. Ao examinar a constitucionalidade do art. 43, § 2º do CTN e do art. 74 da MP 2.158/2001, o

---

[33] BRASIL. Supremo Tribunal Federal. Julgamento ADI nº 2.588-1-MC/DF. Disponível em: <http://redir.stf.jus.br/estfvisualizadorpub/jsp/consultarprocessoeletronico/ConsultarProcessoEletronico.jsf?seqobjetoincidente=1990416>. Acesso em: 22 ago. 2014.

Plenário desta Suprema Corte se dividiu em quatro resultados: 1.1. Inconstitucionalidade incondicional, já que o dia 31 de dezembro de cada ano está dissociado de qualquer ato jurídico ou econômico necessário ao pagamento de participação nos lucros; 1.2. Constitucionalidade incondicional, seja em razão do caráter antielisivo (impedir "planejamento tributário") ou antievasivo (impedir sonegação) da normatização, ou devido à submissão obrigatória das empresas nacionais investidoras ao Método de de Equivalência Patrimonial – MEP, previsto na Lei das Sociedades por Ações (Lei 6.404/1976, art. 248); 1.3. Inconstitucionalidade condicional, afastada a aplicabilidade dos textos impugnados apenas em relação às empresas coligadas, porquanto as empresas nacionais controladoras teriam plena disponibilidade jurídica e econômica dos lucros auferidos pela empresa estrangeira controlada; 1.4. Inconstitucionalidade condicional, afastada a aplicabilidade do texto impugnado para as empresas controladas ou coligadas sediadas em países de tributação normal, com o objetivo de preservar a função antievasiva da normatização. 2. Orientada pelos pontos comuns às opiniões majoritárias, a composição do resultado reconhece: 2.1. A inaplicabilidade do art. 74 da MP 2.158-35 às empresas nacionais coligadas a pessoas jurídicas sediadas em países sem tributação favorecida, ou que não sejam "paraísos fiscais"; 2.2. A aplicabilidade do art. 74 da MP 2.158-35 às empresas nacionais controladoras de pessoas jurídicas sediadas em países de tributação favorecida, ou desprovidos de controles societários e fiscais adequados ("paraísos fiscais", assim definidos em lei); 2.3. A inconstitucionalidade do art. 74 par. ún., da MP 2.158-35/2001, de modo que o texto impugnado não pode ser aplicado em relação aos lucros apurados até 31 de dezembro de 2001. Ação Direta de Inconstitucionalidade conhecida e julgada parcialmente procedente, para dar interpretação conforme ao art. 74 da MP 2.158-35/2001, bem como para declarar a inconstitucionalidade da clausula de retroatividade prevista no art. 74, par. ún., da MP 2.158/2001.

ACÓRDÃO

Vistos, relatados e discutidos estes autos, acordam os ministros do Supremo Tribunal Federal, em Sessão Plenária, sob a presidência do ministro Joaquim Barbosa, na conformidade da ata do julgamento e das notas taquigráficas, por maioria de votos em, julgar parcialmente procedente a ação para, com eficácia *erga omnes* e efeito vinculante, conferir interpretação conforme, no sentido de que o art. 74 da MP nº 2.158-35/2001 não se aplica às empresas "coligadas" localizadas em países sem tributação favorecida (não "paraísos fiscais"), e que o referido dispositivo se aplica às empresas "controladas" localizadas em países de tributação favorecida ou desprovidos de controles societários e fiscais adequados ("paraísos fiscais", assim definidos em lei). O Tribunal deliberou pela não aplicabilidade retroativa do parágrafo único do art. 74 da MP nº 2.158-35/2001.

Brasília, 10 de abril de 2013.

JOAQUIM BARBOSA – Presidente e redator p/ o acórdão

A CNI sustentou, por meio da ADI nº 2.588-1/DF, que as normas arguidas nesta ação contêm vícios, como por exemplo, descumprimento aos requisitos legais para e expedição de medida provisória; incidência de IRPJ e da CSLL na data do balanço no qual tiverem sido erguidos; e, violação ao conceito constitucional de renda. Ei-los.

Ante essa controvérsia, a corrente análise busca identificar o substrato pelo qual cada magistrado examinou a disciplina sob julgamento, de forma a observar as manifestações proferidas, em face do conjunto teórico eleito para estudo do problema ora examinado. Traz-se, inicialmente, excerto da ementa do voto que consolida a *ratio essendi*[34] construída por cada Magistrado, ao se tratar dos respectivos votos.

5.1. Ministra Ellen Gracie

A Ministra, em síntese, julgou as controvérsias acesas na ADI, conforme disposto adiante no trecho da ementa representativa do voto proferido.

[...]
6 – Diante do exposto, julgo procedente em parte a presente ação direta, para o fim de declarar inconstitucional a expressão "ou coligada" duplamente contida no caput do art. 74 da Medida Provisória nº 2.158-35/2001. Para empresas coligadas no exterior e para a tributação dos lucros dela auferidos pela coligada no Brasil (IR e CSLL), seguirá vigorando o disposto na Lei nº 9.532/97.

A Magistrada assentou, ao discorrer as inquirições objeto da ADI examinada, os seguintes pontos:

---

[34] Diz-se de expressão latina que significa "razão de ser".

1. Afastamento da preliminar de alegação de ofensa ao artigo 62 da Constituição, dada a ausência de plausibilidade jurídica. Disse que a Corte somente admite apreciar o mérito dos requisitos de relevância e urgência, na edição de medida provisória, em casos excepcionalíssimos – com a evidente existência do alegado, como no precedente ADI nº 1.753/DF (Min. Sepúlveda Pertence), entre outros.
2. Rejeitou, também, a preliminar de ausência de pertinência temática, considerando a CNI como entidade hábil a suscitar o controle abstrato de constitucionalidade em relação à matéria guerreada.

Quanto ao mérito, a Ministra assim se pronunciou:

1. Ausência de inconstitucionalidade no fato de a lei complementar remeter à ordinária as condições e o momento em que se dará a disponibilidade jurídica de receita ou de rendimento oriundo do exterior, nos termos do parágrafo segundo do artigo 43 do CTN.
2. No que atine a orientação legislativa estampada no *caput* do artigo 74 da medida provisória 2.158-35/2001, a julgadora optou por diferenciar sociedades coligadas das controladas. Quanto às primeiras, estabeleceu que em razão da ausência de controle acionário pela empresa brasileira que mantém relação de coligação com a contraparte no exterior, afastada deve ser a possibilidade dos tipos de disponibilidade aventados no artigo 43 do CTN. De outro lado assentou que lucros obtidos por sociedades controladas no exterior representam aquisição de disponibilidade jurídica, nos termos do apurado em balanço da controladora, a qual detém o poder decisório sobre o destino dos lucros.
3. Ellen Gracie não considerou violação constitucional aos postulados insertos nas alíneas "a" e "b" do inciso III do artigo 150 da Constituição, à tributação dos fatos geradores ocorridos anteriormente à vigência da lei, assim como no exercício de sua publicação.

Ante o voto proferido, destaca-se que o mesmo contempla elementos caracterizadores de um sofisma formal:[35]

---

[35] Cf. FERREIRA, Aurélio Buarque de Holanda. *Novo dicionário Aurélio da língua portuguesa*. 3. ed. rev. e atual. Curitiba: Positivo, 2004, p. 714. Registra-se que sofisma formal advém

1. No caso da preliminar, verifica-se que a ADI demorou mais de 10 anos para ser julgada. Portanto, a alegação de não existência dos elementos de relevância e urgência foi assertiva para com a qual não se demonstrou o contrário, sendo o argumento eleito deveras vago.
2. Em relação ao mérito anota-se, no que se refere ao fato da lei complementar investir a lei ordinária do encargo constitucional que a primeira detinha, não ser o entendimento encartado pela Ministra de melhor exegese.[36] Nesse sentido, os elementos indicadores das condições e do momento em que se afere a disponibilidade jurídica da receita ou do rendimento advindo do exterior são componentes do fato gerador[37] e, portanto, na visão de Heleno Torres,[38] impõe-

---

da lógica, implicando ser "raciocínio invalidado pela aplicação incorreta das regras de inferência".

[36] No ponto, Ellen Gracie fez distinção entre a incidência do imposto de renda à pessoas físicas, sócias de empresas (art. 35 da Lei nº 7.718/88), e às jurídicas, supostamente por outra sistemática (parágrafo segundo do artigo 43 do CTN, introduzido pela Lei Complementar 104/2000). À ocasião, a julgadora mencionou precedente demarcado no RE 192.711, no qual, na ausência de lei complementar para regular normas gerais, fora admitido que Estados e o Distrito Federal, temporariamente, legislassem acerca da matéria, antecipando o elemento temporal do fato gerador do ICMS, relativo ao recebimento de mercadoria importada do exterior.
Assinala-se que tal precedente não se amolda ao julgamento da ADI nº 2.588-1-MC/DF, visto que neste caso a lei complementar foi redigida para não demarcar o elemento temporal do fato gerador do imposto de renda, ao passo em que imputou à norma ordinária essa tarefa, afrontando, sim, à Lei Maior.

[37] Cf. julgamento do Recurso Extraordinário nº 172.058-1 RS, Rel. Min. Marco Aurélio, do qual se extrai de sua ementa: "[...] TRIBUTO RELAÇÃO JURÍDICA ESTADO-CONTRIBUINTE – PEDRA DE TOQUE. No embate diário Estado/Contribuinte, a Carta Política da República exsurge com insuplantável valia, no que, em prol do segundo, impõe parâmetros a serem respeitados pelo primeiro. Dentre as garantias constitucionais explícitas, e a constatação não exclui o reconhecimento de outras decorrentes do próprio sistema adotado, exsurge a de que somente à lei complementar cabe à definição de tributos e de suas espécies, bem como, em relação aos impostos discriminados nesta Constituição, a dos respectivos fatos geradores, bases de cálculo e contribuintes alínea a do inciso III do artigo 146 do Diploma Maior de 1988. [...]".

[38] Cf. TORRES, Heleno. *Comentários à Constituição do Brasil*. J.J. Gomes Canotilho...[et al.]. – São Paulo: Saraiva/Almedina, 2013, p. 1603.

-se a necessária preeminência de leis complementares à face das demais leis.
3. A diferenciação promovida pela Ministra entre controlada e coligada não contemplou a essência na destinação do resultado das empresas brasileiras que operam no exterior, nos termos dos artigos 201 a 205 da Lei nº 6.404/1976, onde se trata da destinação de dividendos (destinação do resultado positivo, apurado após o cálculo do lucro real de sociedades com controladas ou coligadas no exterior – artigo 394 do Regulamento do Imposto de Renda – RIR). Outrossim, não é razoável o apregoado pela Magistrada ao diferenciar disponibilidade econômica daquela jurídica, quando indicou que a disponibilidade econômica ocorreria nos exatos termos do artigo 35 da Lei nº 7.713/88, ao passo em que a disponibilidade jurídica decorreria do registro indicado no balanço erguido pela controladora, a qual tem poder de destinar lucros.
4. O entendimento da Ministra, ante o disposto nas letras "a" e "b" do inciso III do artigo 150 da CF/88, não se coaduna com o posicionamento majoritário, o qual assenta que leis tributárias impositivas somente entram em vigor quando em harmonia com esses princípios ou na qualidade de serem mais favoráveis aos contribuintes.[39]

5.2. Ministro Nelson Jobin

O Ministro demonstrou sua cognição às questões localizadas no bojo da ADI, conforme trecho conclusivo contido na ementa do voto prolatado. Ei-lo.

> [...].4. CONCLUSÃO.
> Por todo o exposto, entendo que a mudança empreendida na LC 104/01 e na MP 2158/01, respeitou os princípios constitucionais. Cumpriu a jurisprudência desta Corte e acompanhou a tendência mundial do direito tributário internacional e do direito comercial. Peço vênia à Ministra Relatora para julgar integralmente improcedente ação.

---

[39] Cf. TORRES, Heleno. *Comentários à Constituição do Brasil*. J.J. Gomes Canotilho...[et al.]. Op. Cit., p. 1607.

Faço a ressalva, entretanto, para aplicar ao caso a interpretação conforme a Constituição, no sentido de entender que somente estão submetidas ao regime da medida provisória ora sob exame aquelas empresas sujeitas ao Método de Equivalência Patrimonial (MEP), na linha da argumentação aqui desenvolvida.

É como voto.

O julgador deliberou, em essência, os seguintes entendimentos:

1. Nelson Jobim não vislumbrou ofensa constitucional, a definição do momento da disponibilidade da renda lei ordinária, por designação da lei complementar à lei ordinária.
2. Dispendeu longa cognição para explicar o Método da Equivalência Patrimonial (MEP),[40] trazendo à baila diversidade de conceitos oblíquos ao tema analisado. Concluiu pela sujeição dos ditames da MP nº 2.158/01 às sociedades obrigadas a adotar o MEP.

Destaca-se ainda que o Magistrado realizou ampla cognição em seu voto, revolvendo diversos institutos afeitos ao caso. Concluiu pela improcedência da ADI nº 2.588-1-MC/DF, realizando interpretação conforme a Constituição. Decidiu que as alterações promovidas pelas LC nº 104/2001 e MP nº 2.158-35/2001 amoldam-se plenamente ao texto constitucional.

Por consequência do voto proferido, anota-se as seguintes observações.

1. Em particular, de seu voto sobressai análise em que trata de diversidade de conceitos periféricos ao cerne da questão, para em seguida enfrentar o núcleo da ADI. Nessa esteira, o Ministro transitou do princípio da territorialidade ao da universalidade, assim

---

[40] Método da equivalência patrimonial é o método de contabilização por meio do qual o investimento é inicialmente reconhecido pelo custo e, a partir daí, é ajustado para refletir a alteração pós-aquisição na participação do investidor sobre os ativos líquidos da investida. As receitas ou as despesas do investidor incluem sua participação nos lucros ou prejuízos da investida, e os outros resultados abrangentes do investidor incluem a sua participação em outros resultados abrangentes da investida. Cf. BRASIL. *Comitê de Pronunciamentos Contábeis (CPC)*. Investimento em Coligada, em Controlada e em Empreendimento Controlado em Conjunto – CPC 18 (R2), aprovado em 7 de dezembro de 2012. Disponível em: <http://www.cpc.org.br/CPC/Documentos-Emitidos/Pronunciamentos/Pronunciamento?Id=49>. Acesso em: 25 ago. 2014.

como abordou do Método da Equivalência Patrimonial, regimes de caixa e de competência, e da sistemática de compensação, como forma de amparar seu entendimento. Ocorre que, por força do disposto no artigo 110 do CTN[41] os institutos de direito privado não podem ser alterados pelo legislador para ampliar o campo de incidência tributária.
2. Adiante, definiu renda e fluxo de riqueza, juntamente com os institutos da disponibilidade econômica e jurídica da renda, sendo que em ambos os conceitos, o Ministro fez correlação com o MEP. Ocorre que o Ministro não observou o teor do artigo 389 do Regulamento do Imposto de Renda (RIR), o qual, em suma, aduz que *"A contrapartida do ajuste de que trata o art. 388, por aumento ou redução no valor de patrimônio líquido do investimento, não será computada na determinação do lucro real [...]."*
3. Sopesou o precedente da Corte no julgamento do Recurso Extraordinário nº 172.058 (versa acerca do sócio-quotista), afastando seus efeitos ao presente caso. Ao comentar esse recurso, o Ministro Jobim concluiu que *"não houve invasão de área legislativa reservada à lei complementar, mas cumprimento daquilo que foi determinado por ela própria (LC 104/2001)"*. Anota-se ser cediço que a definição do momento no qual a disponibilidade jurídica ou econômica da renda auferida no exterior deva ser reconhecida, para efeitos tributários, é elemento integrante do fato gerador da obrigação tributária. Desse modo, o dispositivo constitucional do artigo 146, inciso III, alínea "a" da Constituição não outorga à lei ordinária, mas sim, à complementar para a definição da data focal para a caracterização do fato gerador da renda gerado no exterior.

---

[41] Art. 110. A lei tributária não pode alterar a definição, o conteúdo e o alcance de institutos, conceitos e formas de direito privado, utilizados, expressa ou implicitamente, pela Constituição Federal, pelas Constituições dos Estados, ou pelas Leis Orgânicas do Distrito Federal ou dos Municípios, para definir ou limitar competências tributárias. Cf. BRASIL. *Lei nº 5.172*, de 25 de outubro de 1966. Dispõe sobre o Sistema Tributário Nacional e institui normas gerais de direito tributário aplicáveis à União, Estados e Municípios. Presidência da República. Disponível em: <http://www.planalto.gov.br/ccivil_03/leis/l5172.htm>. Acesso em: 23 set. 2014.

5.3. Ministro Marco Aurélio

Marco Aurélio ponderou seu voto por meio de arguição jurídica que confrontou a matéria sob análise com elementos que podem distorcer a linguagem legal. Assim foi o voto vista no Magistrado.

> Voto Vista [...]
> Ante o quadro, empresto ao artigo 43, § 2º, do Código Tributário Nacional interpretação conforme a Constituição, ou seja, excluindo alcance que resulte no desprezo da disponibilidade econômica ou jurídica da renda.
> Quanto ao artigo 74 da Medida Provisória nº 2.158-35, em face das razões expostas, concluo pela inconstitucionalidade, o que implica dizer que a regência da matéria nele tratada – fato gerador do imposto de renda – continuará decorrendo da legislação então apanhada pela citada medida. É como voto no caso.

O Ministro abordou as questões centrais da ADI, destacando o seguinte:

1. O Ministro Marco Aurélio considerou procedente a ADI, interpretando parágrafo segundo do artigo 43 do CTN conforme a Carta da República. Com isso, repeliu toda e qualquer interpretação que veicule rejeição da disponibilidade econômica ou jurídica da renda, no que atine à incidência do imposto de renda. Declarou, por isso, inconstitucional o artigo 74 da MP nº 2.158-35/2001 e o seu parágrafo único.
2. Destaca-se que o Ministro, no curso de sua cognição, alegou que o artigo 74 da MP nº 2.1588-35 seria uma ficção jurídica. Assim é o trecho do voto com essa análise:

[...] e parte-se para a elucidação de precedente em que apreciada a constitucionalidade de lei de imposto de renda anterior ao Código Tributário Nacional – Recurso Extraordinário nº 117.8876/SP, reproduzindo-se o seguinte trecho do voto proferido pelo relator ministro Carlos Velloso:

> Convém esclarecer, de início, que a Lei 4.506, de 30.11.64, foi tirada a lume anteriormente ao Código Tributário Nacional, Lei 5.172, de 25.10.66, com vigência a partir de 01.01.67. Não obstante isso, não me parece possível a afirmativa no sentido de que possa existir renda ou provento sem que

haja acréscimo patrimonial, acréscimo patrimonial que ocorre mediante o ingresso ou o auferimento de algo, a título oneroso. Não me parece, pois, que poderia o legislador, anteriormente ao CTN, diante do que expressamente dispunha o art. 15, IV, da CF/46, estabelecer, como renda, uma ficção legal.

Segundo as razões expendidas, ter-se-ia disciplina a extravasar o que previsto no artigo 153, inciso III, da Constituição Federal, sendo que, para chegar-se à instituição de um novo imposto, deveria ser atendida a forma prescrita no artigo 154, inciso I, da Carta da República:

Art. 154. A União poderá instituir:
I – mediante lei complementar, impostos não previstos no artigo anterior, desde que sejam não-cumulativos e não tenham fato gerador ou base de cálculo próprios dos discriminados nesta Constituição;
O artigo 74 da Medida Provisória nº 2.158-35 encerraria ficção jurídica em que enquadrada como renda situação que não revela renda em si. Isso estaria evidenciado ao se prever a consideração, como disponibilizados, para a controladora ou coligada no Brasil, lucros constantes do balanço formalizado pela controlada ou coligada no exterior, ou seja, a simples apuração do resultado. O conceito constitucional de renda direcionaria à disponibilidade. Daí o Supremo ter decidido que resultado de atividade de pessoa jurídica não distribuído a acionistas e cotistas não constitui disponibilidade, deixando, assim, de se ter como legítima a cobrança de imposto de renda, salvo no caso de firma em nome individual, subsidiária integral ou sociedade de cotas em que haja, no contrato social, previsão de distribuição obrigatória de resultados. [...]

Em face do arrazoado, são as observações:

1. A explanação realizada pelo Magistrado denota que a utilização pelo legislador ordinário de qualquer ficção jurídica que amplie o campo de incidência tributária não se coaduna com a ordem tributária edificada na Constituição.
2. Deixou claro o Ministro inexistir renda ou proventos de qualquer natureza, na ausência de acréscimo patrimonial, eis que a Corte já deliberou a respeito do conceito constitucional de renda (RE 150.764- -1/PE e RE 117.887-6/SP). Mais do que isso, é necessário que a renda ingresse no território brasileiro para ser considerada disponível.

5.4. Ministro Sepúlveda Pertence

O Ministro pronunciou seu voto, deixando claro que a sua cognição trilhava os mesmos entendimentos já destacados por Marco Aurélio, conforme se observa do excerto da ementa com o seu voto.

> [...].
>
> Por outro lado, recusada que fosse a inconstitucionalidade da própria lei complementar e da Medida Provisória nº 2.158, no seu art. 1º, também me convenci da chapada inconstitucionalidade do seu parágrafo único. Certo é que nela se define, sem limitação temporal, toda a apuração do balanço de sociedades controladas ou coligadas, sediadas no exterior até 2002, como fato gerador do imposto de renda, o que, a não violar a regra. de reforçada retroatividade da legislação tributária, implicaria dizer que todo este imaginoso arsenal de legislação que estamos a examinar seria inócuo, porque essa falsa disponibilidade a partir do balanço das empresas sediadas no exterior já seria fato gerador de imposto de renda. Como obviamente não é o que ocorre, certo é que se mandou incidir uma nova definição da hipótese de incidência a fatos anteriores à lei.
>
> Por isso, desejando que seja provisório, por ora, adiro integralmente ao voto do Ministro Marco Aurélio.

A linha decisória traçada pelo Magistrado contemplou os seguintes posicionamentos:

1. O Magistrado tendo aderido ao voto do Ministro Marco Aurélio, reforçou, a seu turno, enxergar manifesta inconstitucionalidade tanto na lei complementar (LC 104/2001) quanto na medida provisória.
2. Destacou, ainda, tomar balanço erguido como referência temporal da estabelecer o fato gerador do imposto de renda, não tem o condão de caracterizar disponibilidade para efeitos de incidência do citado imposto.
3. Em mesmo sentido, aduziu que fere o princípio da irretroatividade a utilização de informações oriundas do balanço de coligadas e controladas no exterior, apurados até o exercício de 2002.
4. Conclui pela impossibilidade dos dispositivos legais atacados criarem noviça definição à hipótese de incidência em relação a fatos pretéritos à lei.

Do exposto, cabe anotar:

1. A lei complementar nº 104/2001 vulnerou dispositivo constitucional, ao remeter à lei ordinária incumbência de estabelecer o momento da disponibilização dos resultados auferidos no exterior por sociedades brasileiras coligadas ou controladas.
2. Não é possível presumir que informações contábeis, por si só, possuam aptidão para estabelecer a disponibilidade tipificadora do fato gerador do imposto de renda. A medida provisória atacada incorreu nesta falha.
3. Em mesma via de raciocínio anterior, é certo que exigir imposto (de renda) no mesmo exercício de instituição ou majoração deste tributo caracteriza afronta ao postolado da irretroatividade.

5.5. Ministro Ricardo Lewandowski

O voto proferido pelo Ministro Ricardo Lewandowski encontra-se, nos termos da síntese da respectiva ementa, assim articulado:

> [...].
> Ainda que se considere que o art. 74 da Medida Provisória 2.158-35 tenha o louvável escopo – ao menos segundo consta das informações – de combater a evasão e a elisão fiscal levada a efeito por meio de empresas localizadas nos chamados "paraísos fiscais", não há como deixar de constatar, com amparo em Luiz Eduardo Shoueri, que a abrangência do dispositivo é tal que acaba resultando em ofensa ao princípio. da proporcionalidade. De fato, diz ele, "a norma atinge, juntamente com os casos de diferimento de tributação por meio de paraísos fiscais, outros investimentos, estes produtivos e em países com tributação normal".
>
> De tudo o quanto exposto, julgo procedente a presente ação direta para declarar a inconstitucionalidade do art. 74 e seu parágrafo único da Medida Provisória 2.158-35, de 24 de agosto de 2001, emprestando interpretação conforme à Constituição ao § 2º do art. 43 do Código Tributário Nacional, de maneira a excluir de seu alcance qualquer entendimento que resulte na desconsideração da efetiva disponibilidade econômica ou jurídica da renda para os fins de incidência do imposto correspondente.

O Ministro estabeleceu as seguintes linhas mestras à apreciação da ADI:

1. O Ministro entendeu procedente a ADI, ao que declarou inconstitucional o artigo 74 e o parágrafo único da MP nº 2.158-35/2001. Dispensou, outrossim, interpretação conforme a Constituição ao preceptivo do parágrafo segundo do artigo 43 do CTN.
2. Suprimiu do raio de ação dessa orientação legislativa, qualquer interpretação que implique na desconsideração da efetiva disponibilidade econômica ou jurídica da renda, para os fins de incidência do respectivo imposto.

Extrai-se do entendimento assentado:

1. O Magistrado realizou interpretação em sintonia com os Ministros Marco Aurélio e Sepúlveda Pertence, ao que afastou os efeitos tanto da medida provisória, quanto da lei complementar, no que pertine a alteração produzida no artigo 43 do CTN.
2. O conceito de renda sedimento na Corte foi reforçado pelo Ministro, o qual estabeleceu não ser razoável definir como renda aquilo sabidamente que não o é.

5.6. Ministro Ayres Britto

O fragmento da ementa contendo o voto do Ministro consolidou o entendimento realizado, consoante se destaca:

> [...].
> 33. A conclusão a que chego é que o dispositivo não padece de inconstitucionalidade, pois não instituiu nem majorou tributo; ou seja, a lei não alterou a alíquota nem a base de cálculo para aumentar o resultado da operação tributária. Apenas disciplinou o momento em que se considera ocorrido o fato gerador de tributos já instituídos. Isso porque os lucros obtidos em 2001 (ano de edição da MP) somente foram passíveis de tributação em 2003, já que a disponibilização desses resultados foi diferida para 31 de dezembro de 2002. É dizer: a lei considerou ocorrido o fato gerador no exercício seguinte àquele em que foi editada. Logo, observou o mandamento constitucional que impede a sua retroeficácia, já que não apanhou fato gerador pretérito. Também não cobrou tributo no mesmo exercício em que ela passou a fazer parte do mundo jurídico. De igual modo, respeitou o período mínimo de noventa dias entre a sua edição e a cobrança da CSLL (art. 195, § 6º, da CF).

34. Com esses fundamentos, julgo improcedente esta ação direta de inconstitucionalidade.

É como voto, com o devido respeito às ilustradas opiniões em contrário.

São as principais deliberações acerca da matéria apreciada:

1. O Ministro entende que o artigo 74 e o seu parágrafo único não sofrem de inconstitucionalidade. Decerto não instituiu nem majorou tributo.
2. Não visualizou qualquer ofensa à irretroatividade, pois não abarcou fato gerador transcorrido. Dessa forma, firme nesses fundamentos, julgou improcedente a ADI.

Colhe-se do voto proferido:

1. O Magistrado deslocou o eixo de discussão das questões sob apreciação, realizando cognição nitidamente fiscalista, semelhante ao que realizou a Ministra Ellen Gracie, por via da utilização de "sofisma formal".
2. Ao abordar o instituto da irretroatividade, o Ministro aduziu não existir ofensa o fato da medida provisória definir o momento no qual ocorre o fato gerador de obrigação tributária. Esse posicionamento não se amolda ao disposto no texto constitucional (artigo 146, inciso III, alínea "a").
3. Ressalta-se como ponto de destaque contido no voto do julgador a menção feita na qual faz-se necessário obediência aos tratados assinados para evitar a dupla tributação.

5.7. Ministro Cezar Peluso

A cognição de Cezar Peluso encontra-se assim sumarizada:

> 12. Em resumo, entendo, em interpretação conforme, que o art. 74 da Medida Provisória nº 2.158-35 se aplica apenas em relação aos investimentos considerados relevantes (em coligada ou controlada no exterior), nos termos dos arts. 247, 248 e ss. da Lei nº 6.404/76, e, como tais, sujeitos ao método de avaliação pela equivalência patrimonial, porque existente o elemento de conexão entre o eventual lucro produzido no exterior e a pessoa jurídica situada no Brasil, sujeita à tributação pelo imposto sobre a renda.

Mas advirta-se que, por envolver outras contas do patrimônio líquido e, até variações cambiais ativas e passivas (decorrentes da diferença de câmbio no período), não é todo resultado (ganho) oriundo de avaliação por equivalência patrimonial que pode incluir-se na base de cálculo do imposto sobre a renda, mas apenas aquele advindo do lucro produzido no exterior.

O Ministro Cezar Peluso desenvolveu seu voto amparando-se nas seguintes premissas:

1. Entendeu ser constitucional o teor do artigo 74 da medida provisória guerreada, eis que esse ato extravagante obedeceu aos desígnios e amplitude constitucional ao estabelecer o aspecto temporal da incidência tributária da exação sobre a renda, assim como da contribuição sobre o lucro auferido no exterior.
2. O julgador enxergou ofensa aos princípios da irretroatividade e da anterioridade a exigência de tributos, uma vez que os fatos havidos antes das normas atacadas submetem-se aos citados princípios.

Frisa-se as seguintes notas acerca do voto proferido:

1. No que atine à prescrição contida no artigo 74 da medida provisória, o Magistrado percorreu os pontos jurídicos destacados pelo Ministro Ayres Britto, acompanhando-o.
2. Em relação a existência de ofensa aos princípios da irretroatividade e da anterioridade, para a renda gerada em momento anterior até o exercício de instituição da medida provisória, o Ministro vislumbrou agressão aos institutos constitucionais sobreditos, divergindo por sua vez do julgador Ayres Britto.

5.8. Ministro Eros Grau

As balizas cognitivas do voto do Ministro Eros Grau encontram-se no teor do extrato de ata, consoante disposto a seguir:

> Decisão: [...], e do voto do Senhor Ministro Eros Grau que, acompanhando a linha do voto do Senhor Ministro Nelson Jobim, julgava improcedente a ação, também para dar interpretação conforme à Constituição.

São os fundamentos jurídicos elencados pelo Magistrado:

1. Entendeu descabida a alegação de violação constitucional o fato da lei ordinária estabelecer o instante em que deva ocorrer a disponibilização da renda, por designação da lei complementar.
2. Indicou que as sociedades brasileiras controladas e coligadas no exterior devem inclinar-se ao preceptivo do artigo 74 da medida provisória nº 2.158/01.
3. Não enxergou afronta constitucional as modificações promovidas pela LC nº 104/2001, no artigo 43 do CTN.

Ante o exposto, destaca-se:

1. A fundamentação construída no curso do voto do Ministro demonstra que o Magistrado coadunou-se integralmente ao posicionamento encartado pelo Ministro Nelson Jobim. Desse modo, o Ministro Eros Grau assentiu que a lei ordinária trate de elementos afetos ao fato gerador, sem que isso implique usurpação de competência destinada à lei complementar;
2. Em mesmo sentido, Eros Grau não vislumbrou qualquer defeito legal no que atine a orientação contida no artigo 74 da MP, uma vez que a simples apuração de resultado contábil, pela sociedade estrangeira coligada ou controlada enseja ocorrência do fato gerador da obrigação tributária relativa ao IRPJ e à CSLL.
3. O Ministro também entendeu que a modificação no artigo 43 do CTN, incluindo os parágrafos primeiro e segundo, encontra-se alinhada à interpretação conforme a moldura constitucional. Com isso, destaca o Magistrado Eros Grau que a lei complementar pode delegar competência restrita a esse conduto legal, à lei ordinária.

Em suma, julgou totalmente improcedente a ação.

5.9. Ministro Celso de Mello

As linhas mestras do voto do Ministro Celso de Mello encontram-se no teor do extrato de ata, consoante coligido a seguir.

> Extrato da Ata: [...] Decisão: Após o voto-vista do Senhor Ministro Ayres Britto, julgando improcedente a ação direta para dar interpretação conforme ao artigo 74 da Medida Provisória nº 2.158-35/2001, no que foi acompanhado pelo Senhor Ministro Cezar Peluso (Presidente), e o voto do Senhor Minis-

tro Celso de Mello, julgando-a procedente para dar interpretação conforme ao § 2º do artigo 43 do Código Tributário Nacional [...].

Destacou o Magistrado como principais fundamentos ao seu entendimento:

1. O Ministro construiu seu voto destacando o teor do artigo 74 da medida provisória nº 2.158-35/01 é inconstitucional. Isso decorre do fato no qual o veículo utilizado para definir o aspecto temporal da incidência tributária de tributos sobre a renda, ou sobre o lucro produzido no exterior, não se acondicionar à regra constitucional.
2. Em mesmo sentido, o Magistrado vislumbrou ofensa na alteração realizada pela LC 104/2001 ao artigo 43 do CTN.
3. Celso de Mello entendeu que a exigência de tributos com fatos geradores havidos antes aprovação das normas atacadas fere os princípios da irretroatividade e da anterioridade.

Frisam-se as seguintes notas acerca do voto proferido:

1. Na construção de seu voto, o Ministro Celso de Mello julgou procedente a ADI, para declarar inconstitucional o artigo 74 e o parágrafo único da MP nº 2.158-35/2001.
2. Em veras, acompanhou os entendimentos assentados pelos Magistrados Ayres Britto e Cezar Peluso.

5.10. Ministro Joaquim Barbosa

O Ministro Joaquim Barbosa apresentou voto no qual a cognição realizada trouxe tese não abordada pelos julgadores anteriores. É o trecho conclusivo do voto do Magistrado:

> Da forma como redigida a norma brasileira, presume-se indistintamente que todas as controladas ou coligadas no exterior têm esse propósito elisivo ou evasivo.
>
> Penso ser plenamente possível conciliar a garantia de efetividade dos instrumentos de fiscalização aos princípios do devido processo legal, da proteção à propriedade privada e do exercício de atividades econômicas lícitas. A presunção do intuito evasivo somente é cabível se a entidade estrangeira estiver localizada em localizadas em países com tributação favorecida, ou que não imponham controles e registros societários rígidos ("paraísos fiscais").

A lista desses países é elaborada e atualizada pela Receita Federal do Brasil, e atualmente encontra-se na IN 1.037/2010. Não há qualquer dificuldade na atualização dessa lista.

Se a empresa estrangeira não estiver sediada em um "paraíso fiscal", a autoridade tributária deve argumentar e provar a evasão fiscal, isto é, a ocultação do fato jurídico tributário ou da obrigação tributária. Essa argumentação e essa prova fazem parte da motivação do ato de constituição do crédito tributário, que deve ser plenamente vinculado.

Ante o exposto, conheço da ação direta de inconstitucionalidade e a julgo parcialmente procedente, para dar interpretação conforme à Constituição ao art. 74 da MP 2.158-35, de modo a limitar sua aplicação à tributação das pessoas jurídicas sediadas no Brasil cujas coligadas ou controladas no exterior estejam localizadas em países de tributação favorecida ou desprovidos de controles societários e fiscais adequados, normalmente conhecidos por "paraísos fiscais".

É como voto.

Joaquim Barbosa assentou o seguinte entendimento:

1. O Ministro entendeu ser parcialmente procedente o disposto na MP nº 2.158-35/01, limitando a aplicação desse preceptivo às pessoas jurídicas sediadas no Brasil, mas que possuam coligadas ou controladas localizadas em países de tributação favorecida ou desprovidos de controles societários e fiscais adequados (paraísos fiscais).

Destaca-se os seguintes pontos em relação ao voto proferido:

1. No curso de sua cognição o Ministro desqualificou o MEP como mecanismo hábil a ensejar o nascimento da obrigação tributário, decorrente do estabelecimento do momento de ocorrência do fato gerador. Tal raciocínio desconstruiu a tese erguida por Nelson Jobim.
2. Restou assentado que descabe a incidência de IRPJ e de CSLL à renda auferida no exterior, desde que coligadas ou controladas não estejam localizadas em paraísos fiscais.

Em suma, o exame da ADI nº 2.588-1/DF assentou entendimento determinante do Supremo Tribunal Federal em relação à tributação de sociedades brasileiras controladas e coligadas no exterior. A postura adotada pela Suprema Corte, nesse julgado, surpreendeu pela ausência de vertente predominante. Talvez pela complexidade das matérias veiculadas no imo da ADI, a inexistência de entendimento majoritário neste julgamento ressoe a dificuldade dos ministros na apreciação do tema.

A verificação dos votos expedidos no julgamento da ADI nº 2.588-1/DF, ajuizada pela CNI, revela um pouco acerca do processo cognitivo na Suprema Corte e consolidação dos votos apresentados no julgamento da ADI nº 2.588 permitem afirmar que há cinco formas para a aplicação das normas brasileiras de transparência fiscal internacional, consoante se observa:

1. Quatro julgadores foram pelos autos, nos termos do pedido exordial, o que resultou na declaração de plena inconstitucionalidade do conteúdo impugnado. Construíram essa linha de raciocínio, os magistrados Sepúlveda pertence, Celso de Mello, Marco Aurélio e Ricardo Lewandowski. Isso advém do fato que as regras CFCs terem escopo limitado, pois combatem práticas abusivas, enquanto que as contrapartes operam de forma irrestrita, alcançando tantos os fatos abusivos, quanto aqueles totalmente despidos de mau uso;
2. Apenas a Ministra Ellen Gracie inclinou-se à inconstitucionalidade parcial, tão somente às sociedades coligadas sitas a não paraísos fiscais ou à localidades de tributação favorecida;
3. O Ministro Joaquim Barbosa filiou-se ao entendimento de que há inconstitucionalidade parcial quando tanto sociedades coligadas como controladas operantes em ambiente de tributação normal, o que implica em áreas não paraísos fiscais ou de tributação favorecida;
4. Votaram pela total constitucionalidade da norma combatida os Ministros Nelson Jobim, Eros Grau e Cezar Peluso; e,
5. Votou pela constitucionalidade parcial somente o julgador Ayres Britto. Entretanto, ressalvou observância aos tratados celebrados pelo Brasil para afastar a dupla tributação da renda.

Ressalta-se que a decisão no âmbito da ADI nº 2.588-1/DF pode afetar a aplicação dos ditames contidos na Lei n 12.973/2014, servindo de vetor interpretativo às questões equipolentes. A esse respeito, vê-se que existindo sociedade brasileira com controladas ou coligadas sediadas em paraísos fiscais ou regiões de tributação favorecida, a regra da disponibilidade imediata da renda poderá ser validada.

O mesmo raciocínio aplica-se às pessoas físicas com participações societárias em controladas ou coligadas no exterior. Em idêntico sentido, aplicam-se essas disposições às sociedades equiparadas às controladoras.

Entretanto, a remissão dos efeitos às orientações legislativas da novel norma pode ser obstada pelas premissas contidas na Lei nº 12.973/2014, a qual, para as pessoas jurídicas, prescreve a ocorrência do fato gerador do Imposto de Renda e da Contribuição Social sobre o Lucro quando do encerramento do exercício social, no Brasil. Além disso, para as controladas indiretas ou a ela equiparadas, quando a sociedade brasileira controladora mantenha controle direto ou não.

Portanto, no manejo das novas regras, diversas disposições poderão ser questionadas judicialmente, mesmo que o próprio judiciário já tenha se manifestado acerca de diversos temas versados na Lei n 12.973/2014.

6. As Principais Disposições Trazidas Pela Lei nº 12.973/2014

A Lei nº 12.973/2014, conversão da Medida Provisória nº 627/2013, modificou acentuadamente a legislação tributária atual. Do rol de alterações promovidas por essa orientação legislativa, há a tributação da pessoa jurídica domiciliada no Brasil, com relação ao acréscimo patrimonial decorrente de participação em lucros auferidos no exterior por controladas e coligadas.

Em relação a esse tema, buscar-se-á examinar as novas disposições legais no que respeita à presença de linguagem com carga de ficções e presunções jurídicas, nos exatos termos da metodologia proposta. Adiciona-se a isso, a simulação de impacto sob a ótica contábil, a qual será apresentada mediante abordagem de mutações patrimoniais, às empresas brasileiras que possuem controladas e coligadas no exterior. Esta proposta é agregativa à metodologia utilizada. Espera-se, com isso, selar o enfoque teórico utilizado neste capítulo, reforçando a união entre teoria e prática, adotada nesta análise.

A recente lei trouxe diversas condutas remissivas à transparência fiscal internacional, entre as quais destacam-se a manutenção da tributação de pessoas físicas com participações societárias no exterior, sob o regime de caixa. De modo oposto, as sociedades controladas permanecem sob o comando do regime de competência, ao passo em que as coligadas receberam tratamento nos termos do regime de caixa.

Mas não foi só isso. Essa MP introduziu tratamento específico às controladas indiretas. Em mesma linha, criou o instituto da equiparação à controlada. Instituiu distinção aos investimentos em jurisdições com baixa tributação ou não cooperativas. Apresentou rol taxativo ao reconhecimento de rendas ativas e passivas. Disciplinou o tratamento acerca da compensação de prejuízos no exterior e da consolidação de balanços.

Ao que parece, a Lei nº 12.973 contemplou diversos entendimentos consagrados ao término do julgamento da ADI nº 2.588-1/DF. Com isso, em tese haveria menor possibilidade de questionamentos por parte dos contribuintes. Não obstante isso, a medida provisória manteve os alicerces que distinguem o regime brasileiro de tributação em bases universais dos demais Estados soberanos, em razão da amplitude de incidência.

Do grupo de normas brasileiras de transparência fiscal internacional existente, a recente lei tributária revogou alguns dispositivos. Ainda assim, tomou o conjunto de regras voltadas às empresas controladas no exterior de outras jurisdições e verteu seus conteúdos, no que atine às diretrizes.

7. Conclusões

As normas brasileiras de transparência fiscal internacional representam verdadeiro esforço do legislador em efetivar, de maneira irrestrita, a tributação da renda, dividendos e de lucros, sob o crivo do princípio da universalidade.

É nesse ambiente, acentuadamente marcado pelo texto do artigo 74 da Medida Provisória nº 2.158-35/2001 e, recentemente pela Lei nº 12.973/2014, que vislumbra-se vontade legislativa para extinguir diferimento à repatriação de rendas produzidas no exterior, por sociedades controladas e coligadas brasileiras.

A dificuldade da Corte Suprema na apreciação do tema revela ponto de destaque, ao passo em que expõe obstáculos impostos aos magistrados na articulação de matérias que não comportam apenas exame sob o ângulo jurídico. Há que se compreender todo o contexto e alcance prático de regras tributárias na seara produtiva.

Em última instância, as normas brasileiras de transparência fiscal internacional, à luz do prisma constitucional, são como um cadinho em que se realiza a mistura de diversos ingredientes destinados a não apenas evitar a erosão da arrecadação estatal, mas primordialmente a aumentá-la. A aderência aos postulados constitucionais parece ser questão comezinha.

Nesse sentido, as novas disposições contidas nas regras de tributação em bases universais, trazidas a cabo pela conversão da medida provisória nº 627 de 2013, na Lei nº 12.973/2014, incorporaram no interior desta uma linguagem com substância infensa às demarcações da regra-matriz de incidência tributária. Isso gerou agressões irreparáveis à coexistência de conteúdo normativo permeado por ficções e presunções legais à casta dos fundamentos constitucionais.

Ao fim e ao cabo, destaca-se que a Carta Política contemplou com estima seus princípios edificadores, os quais desempenham a função de vetor essencial ao processo interpretativo, erguendo o juízo constitucional a uma ordem de valores. Ao largo desse entendimento, o processo de interpretar as normas tributárias perde sentido, como é o caso das novas métricas fiscais afeitas à tributação em bases universais, as quais não se harmonizam com as diretrizes do sistema positivo em vigor.

7. Referências Bibliográficas

ANCELES, Eliana Karsten. *Transparência fiscal internacional (ControlledForeignCorporations – CFC)*: uma visão analítica à luz da sistemática jurídico-tributário brasileira. Revista Fórum de Direito Tributário – RFDT. Ano 2, n. 8, mar./abr., 2004.

BRASIL. *Lei nº 5.172, de 1966*. Disponível em<http://www.planalto.gov.br/ccivil_03/leis/L5172.htm>. Acesso em: 23 set. 2014.

—. *Comitê de Pronunciamentos Contábeis (CPC)*: Redução ao valor recuperável de ativos – CPC 01. Disponível em <http://www.cpc.org.br/cpc01.html>. Acesso em: 23 set. 2014.

—. *Comitê de Pronunciamentos Contábeis (CPC)*. Investimento em Coligada, em Controlada e em Empreendimento Controlado em Conjunto – CPC 18 (R2), aprovado em 7 de dezembro de 2012. Disponível em: <http://www.cpc.org.br/CPC/Documentos-Emitidos/Pronunciamentos/Pronunciamento?Id=49>. Acesso em: 23 set. 2014

—. *Conselho Administrativo de Recursos Fiscais – CARF: Acórdão Eagle1*. Disponível em <http://carf.fazenda.gov.br/sincon/public/pages/ConsultarJurisprudencia/consultarJurisprudenciaCarf.jsf>. Acesso em 23 set. 2014.

—. *Instrução Normativa nº 38, de 1997*. Disponível em <http://www.receita.fazenda.gov.br/legislacao/ins/ant2001/1997/insrf03897.htm>. Acesso em: 23 set. 2014.

—. *Instrução Normativa nº 213, de 2002*. Disponível em <http://www.receita.fazenda.gov.br/legislacao/ins/2002/in2132002.htm>. Acesso em: 23 set. 2014.

—. *Lei nº 6.404, de 1976*. Disponível em <http://www.planalto.gov.br/ccivil_03/leis/L6404consol.htm>. Acesso em: 23 set. 2014.

—. *Lei nº 10.406, de 2002*. Disponível em <http://www.planalto.gov.br/ccivil_03/leis/2002/L10406.htm>. Acesso em: 23 set. 2014.

—. *Receita Federal: Perguntas e Respostas*. <http://www.receita.fazenda.gov.br/pessoafisica/irpf/2006/perguntas/ganhocapital.htm>. Acesso em: 23 set. 2014.

—. *Supremo Tribunal Federal – RE 172.058-1 SC*. Disponível em <http://redir.stf.jus.br/paginadorpub/paginador.jsp?docTP=AC&docID=219411>. Acesso em: 23 set. 2014.

—. *Supremo Tribunal Federal – Recurso Extraordinário nº 117.887 – SP*. Disponível em <http://www.jusbrasil.com.br/jurisprudencia/750151/recurso-extraordinario-re-117887-sp-stf>. Acesso em 23 set. 2014.

—. *Lei nº 7.713, de 1988*. Disponível em<http://www.planalto.gov.br/ccivil_03/leis/L7713.htm>. Acesso em 23 set. 2014

COÊLHO, Sacha Calmon Navarro; DERZI, Mirsabel Abreu Machado. Tributação pelo IRPJ e pela CSLL de lucros auferidos por empresas controladas ou coligadas no exterior – inconstitucionalidade do art. 74 da Medida Provisória nº 2.158-35/2001. *Revista Dialética de Direito Tributário*, nº 130. São Paulo: Editora Dialética, 2006.

DINIZ, Maria Helena. *Código Civil anotado*. ed. rev. E atual. – São Paulo: Saraiva, 2010.

FERREIRA, Aurélio Buarque de Holanda. *Novo dicionário Aurélio da língua portuguesa*. 3. ed. rev. e atual. Curitiba: Positivo, 2004.

FREITAS, Vladimir Passos de. *Código Tributário Nacional Comentado: doutrina e jurisprudência, artigo por artigo, inclusive ICMS e ISS*/Coordenador Vladimir Passos de Freitas. – 5. ed. ver., atual. eampl. – São Paulo: Editora Revista dos Tribunais, 2011.

GOMES, Luiz Augusto da Silva Gomes. O imposto de renda, o art. 74 da MP nº 2.158/2001 e o conceito de disponibilidade econômica ou jurídica do art. 43 do CTN. *Revista Dialética de Direito Tributário*, nº 77 São Paulo: Editora Dialética, 2002.

HIGUCHI, Hiromi; Fábio Hiroshi; Celso Hiroyuki. *Imposto de Renda das Empresas, Interpretação e Prática*. São Paulo: Editora IR Publicações, 2005.

IUDÍCIBUS, Sérgio de; MARTINS, Eliseu; GELBCKE, Ernesto Rubens. *Manual de Contabilidade das Sociedades por Ações*: aplicáveis às demais sociedades – FIPECAFI, 5. Ed. Ver. E atual. São Paulo: Atlas, página 273.

JÚNIOR, Ataíde Marcelino. Caso Eagle1: Interpretação das normas brasileiras de tributação de lucros e rendimentos oriundos do exterior pelo CARF. In: *Tributação internacional: análise de casos*/organizador, Leonardo Freitas de Moraes e Castro; Ailton Cláudio Ribeiro..[et al.]. São Paulo: MP Ed., 2010.

JÚNIOR, Pedro Anan; FLORENTINO, Fabio Luis. *A Lei nº 11.051/04 e a Distribuição de Dividendos*. Fiscosoft, São Paulo, ano 18, n. 1024, 31 mai. 2005. Disponível em: <http://www.fiscosoft.com.br/a/2te2/a-lei-n-1105104-e-a-distribuicao-de-dividendos-pedro-anan-jr-fabio-luis-florentino>. Acesso em: 23 set. 2014.

MACIEL, Taísa Oliveira. *Tributação dos lucros das controladas e coligadas estrangeiras*. Rio de Janeiro: Renovar, 2007.

PACHECO, Angela Maria da Motta. *Ficções tributárias*: identificação e controle. São Paulo: Noeses, 2008.

PEREIRA, Marco Antônio Chazaine. A Tributação de Lucros Auferidos no Exterior e a Aplicação Individualizada dos Tratados Internacionais – Críticas ao Entendimento do CARF. *Revista de Estudos Tributários – RET*, Porto Alegre: v. 15, n. 85, p. 24, mai./jun. 2012.

RENATA ELAINE. *Decisões em matéria tributária*: jurisprudência e dogmática do Supremo Tribunal Federal em controle de constitucionalidade. São Paulo: Saraiva, 2009.

SILVEIRA, Rodrigo Maito da; MORAES E CASTRO, Leonardo Freitas de. Tributação de lucros de controladas e coligadas no exterior diante da existência de tratado contra a bitributação: análise crítica a partir do Acórdão nº 1101-00.365/2010 julgado pelo CARF. *Revista de Estudos Tributários – RET*, Porto Alegre: v. 15, n. 87, p. 23, set./out. 2012.

—. Caso Eagle2: tributação de lucros auferidos no exterior em virtude de participações societárias. In: *Tributação internacional*: análise de casos/organizador, Leonardo Freitas de Moraes e Castro; Ailton Cláudio Ribeiro..[et al.]. São Paulo: MP Ed., 2010.

TORRES, Heleno. *Comentários à Constituição do Brasil*. J.J. Gomes Canotilho...[et al.]. – São Paulo: Saraiva/Almedina, 2013.

# Capítulo XIX
ICMS e (In)Constitucionalidade do Protocolo CONFAZ 21/2011: Levantamento Descritivo das Teses Jurídicas Sustentadas na ADI 4.628/DF

ANDERSON ZACARIAS LIMA[*]

Sumário: 1. Introdução. 2. Panorama Normativo do ICMS no Comércio Eletrônico. 3. O Protocolo ICMS 21 de 01 de Abril de 2011 do Conselho Nacional de Política Fazendária, Confaz. 4. Teses Jurídicas Sustentadas na Ação Direta de Inconstitucionalidade 4.628 DF; 4.1. Manifestação Da Cnc; 4.2. Manifestação Estado de São Paulo Como *Amicus Curiae*; 4.3. Teses Sustentadas Pelos Estados Signatários do Protocolo 21/2011 Confaz; 4.4. Manifestação da Advocacia Geral da União-AGU e Ministério Público Federal-MPF; 4.5. Decisão Ministro Luiz Fux – Análise do Pedido Cautelar. 5 Conclusões. 6 Referências Bibliográficas.

1. Introdução
A discussão trazida à lume é de elevada importância para o estado brasileiro pois toca em um tema que por décadas impacta as bases do pacto

---

[*] Bacharel em Direito e Especialista em Docência Virtual e Presencial no Ensino Superior, pela Universidade Católica de Brasília. Mestrando em Direito pela Universidade Católica de Brasília. Advogado. Docente no Curso de Direito da UCB.

federativo, a "guerra fiscal" entre Estados. Essencialmente, ela se consiste na disputa entre os estados-membros no sentido de atrair investimentos para seus territórios que permitam maior arrecadação tributária, oferta de trabalho, movimentação da economia etc, ainda que para isso tenha que abdicar da própria receita tributária (por meio de isenções) que na maioria dos casos são concedidas ao arrepio da Constituição Federal (art. 155, §2º, XII, alínea g[1]).

A temática específica que envolve o presente capítulo é a tributação sobre o comércio eletrônico, que figura como uma ramificação da citada disputa ente os Estados em face das distorções existentes no atual texto constitucional. Conforme se verificará, isso ocorre por conta da sistemática de competência tributária do ICMS disposta na Constituição Federal, que especifica que nas operações interestaduais destinadas a consumidores finais não contribuintes do tributo localizados em outro Estado a competência fiscal integral é da unidade federativa de origem da mercadoria. O tratamento para os consumidores contribuintes é diverso, devendo ser aplicada a alíquota interestadual em favor do Estado de origem, e a diferença da alíquota interna e a alíquota interestadual em favor do Estado destinatário.

Os Estados destinatários de mercadorias, ao identificarem a continuada e expressiva diminuição de arrecadação do ICMS, principal fonte de receita tributária estadual, por conta do advento do comércio eletrônico e a modificação nas formas de transação, em comum acordo, editaram em abril de 2011 o Protocolo ICMS 21/2011[2], no âmbito do Conselho Nacional de Política Fazendária, CONFAZ. O instrumento se propunha a estabelecer disciplina relacionada à exigência do ICMS nas operações interestaduais que destinem mercadoria ou bem ao consu-

---

[1] BRASIL, *Constituição da República Federativa do Brasil de 1988*, de 5 de outubro de 1988. Diário Oficial da República Federativa do Brasil. Brasília, DF, 5 out. 1988. Disponível em: <http://www.planalto.gov.br/ccivil_03/Constituicao/Constituiçao.htm>. Acesso em: 1 mai. 2014.

[2] CONFAZ, *Protocolo ICMS 21*, de 1º de abril de 2011. Estabelece disciplina relacionada à exigência do ICMS nas operações interestaduais que destinem mercadoria ou bem a consumidor final, cuja aquisição ocorrer de forma não presencial no estabelecimento remetente. Diário Oficial da República Federativa do Brasil. Brasília, DF, 07 abr. 2011. Disponível em: <http://www1.fazenda.gov.br/confaz/confaz/protocolos/ICMS/2011/pt021_11.htm>. Acesso em: 15 mai. 2014.

midor final, cuja aquisição ocorrer de forma não presencial no estabelecimento remetente.

Após a publicação do Protocolo ICMS 21/2011, foi ajuizada a Ação Direta de Inconstitucionalidade número 4.628[3], pela Confederação Nacional do Comércio, sustentando a inconstitucionalidade do acordo em face de vários dispositivos constitucionais.

Salienta-se que o mérito da ADI 4.628 foi julgado em 17 de setembro de 2014, tendo sido declarada a inconstitucionalidade do Protocolo 21/2011, CONFAZ, à unanimidade, com o reconhecimento da violação ao art. 155, §2º, VII, b, CF.

Diante do quadro posto, o presente capítulo terá como questão central a seguinte indagação: o Protocolo ICMS 21/2011, Confaz, viola a Constituição Federal ao estabelecer nova disposição de cobrança do ICMS no tocante às vendas de produtos ou serviços pelos meios não presenciais?

Assim, o trabalho se consiste metodologicamente em estudo de caso, especificamente a ADI 4.628, com a finalidade de realizar levantamento descritivo das teses jurídicas de mérito apresentadas pelos envolvidos, tanto no sentido da inconstitucionalidade quanto da constitucionalidade do Protocolo ICMS 21/2011. A coleta dos dados se restringirá à análise dos documentos integrantes do processo eletrônico da ADI 4.628, disponível ao público por meio do *site* do Supremo Tribunal Federal.

Cumpre esclarecer que a análise se concentrará nas manifestações da parte autora, os Estados diretamente envolvidos/interessados, os pronunciamentos da Advocacia Geral da União e Ministério Público Federal, e decisão monocrática do Ministro Relator ao analisar o pedido cautelar. Todavia, registra-se que a ação contou com várias manifestações de entidades interessadas integrantes da sociedade civil brasileira na condição de *amicus curiae*. Entretanto, tais manifestações não foram objeto de análise, com exceção da manifestação do Estado de São Paulo.

O tema proposto para estudo, em que pese o julgamento de mérito pelo Supremo Tribunal Federal declarando a inconstitucionalidade do Protocolo 21/2011, CONFAZ, é de elevada importância para a comunidade jurídica posto permanecer a divergência no texto constitucional

---

[3] BRASIL, *Ação Direta de Inconstitucionalidade n. 4.628*. Disponível em: <http://redir.stf.jus.br/estfvisualizadorpub/jsp/consultarprocessoeletronico/ConsultarProcessoEletronico.jsf?seqobjetoincidente=4105102>. Acesso em: 15 mai. 2014.

que acarreta a inequidade da competência para arrecadação do ICMS sobre o comércio eletrônico.

O capítulo foi estruturado em três partes, sendo a primeira destinada a situar o leitor quanto ao panorama normativo do ICMS nas operações do comércio eletrônico. A segunda parte tratará do Protocolo ICMS 21/2011, CONFAZ, e a inovação normativa por ele produzida. A terceira e última parte apontará as teses de mérito da constitucionalidade do Protocolo ICMS 21 discutidas na ADI 4.628.

2. Panorama Normativo do ICMS no Comércio Eletrônico

O ICMS é um imposto de competência estadual que incide sobre operações relativas à circulação de mercadorias e serviços de transporte interestadual e intermunicipal e de comunicação. Sua previsão normativa genérica é contemplada inicialmente pela Constituição Federal-CF, artigo 155, inciso II, que possui a seguinte redação:

> Art. 155. Compete aos Estados e ao Distrito Federal instituir impostos sobre:
> II – operações relativas à circulação de mercadorias e sobre prestações de serviços de transporte interestadual e intermunicipal e de comunicação, ainda que as operações e as prestações se iniciem no exterior;[4]

A matéria pertinente ao ICMS também é tratada pela Lei Complementar-LC 87/1996[5], conhecida como Lei Kandir.

Em que pese a competência hodierna para instituir o ICMS seja afeta aos Estados e ao Distrito Federal, a União também possui, excepcionalmente, competência para instituir tal imposto, é o caso dos tributos de

---

[4] BRASIL, *Constituição da República Federativa do Brasil de 1988*, de 5 de outubro de 1988. Diário Oficial da República Federativa do Brasil. Brasília, DF, 5 out. 1988. Disponível em: <http://www.planalto.gov.br/ccivil_03/Constituicao/Constituiçao.htm>. Acesso em: 1 mai. 2014.

[5] BRASIL, *Lei Complementar 87*, de 13 de setembro de 1996. Dispõe sobre o imposto dos Estados e do Distrito Federal sobre operações relativas à circulação de mercadorias e sobre prestações de serviços de transporte interestadual e intermunicipal e de comunicação, e dá outras providências. Diário Oficial da República Federativa do Brasil. Brasília, DF, 16 set. 1996. Disponível em: < http://www.planalto.gov.br/ccivil_03/leis/lcp/lcp87.htm>. Acesso em: 1 mai. 2014.

competência estadual no âmbito dos territórios federais, conforme art. 147, CF, que possui a seguinte redação: "competem à União, em Território Federal, os impostos estaduais e, se o Território não for dividido em Municípios, cumulativamente, os impostos municipais; ao Distrito Federal cabem os impostos municipais"[6]. Ainda, admite-se tal possibilidade na ocasião de guerra ou sua iminência. O art. 154, inciso II, CF, assim dispõe: "na iminência ou no caso de guerra externa, impostos extraordinários, compreendidos ou não em sua competência tributária, os quais serão suprimidos, gradativamente, cessadas as causas de sua criação"[7].

Várias são as hipóteses de incidência do ICMS, tendo o artigo 2º, LC 87/96 enumerado várias delas. Segundo Carrazza:

> A sigla ICMS alberga pelo menos cinco impostos diferentes; a saber: a) o imposto sobre operações mercantis (operações relativas à circulação de mercadorias); b) o imposto sobre serviços de transporte interestadual e intermunicipal; c) o imposto sobre serviços de comunicação; d) o imposto sobre produção, importação, circulação, distribuição ou consumo de lubrificantes e combustíveis líquidos e gasosos e de energia elétrica; e, e) o imposto sobre a extração, circulação, distribuição ou consumo de minerais.[8]

No tocante ao presente estudo, interessa a classificação pertinente à alínea "a" acima, qual seja, o imposto sobre operações mercantis, especificamente aquelas pertinentes ao comércio eletrônico.

Nesse caso, a Constituição Federal, art. 155, II, §2º, VII, estabelece:

> VII – em relação às operações e prestações que destinem bens e serviços a consumidor final localizado em outro Estado, adotar-se-á:

---

[6] BRASIL, *Constituição da República Federativa do Brasil de 1988*, de 5 de outubro de 1988. Diário Oficial da República Federativa do Brasil. Brasília, DF, 5 out. 1988. Disponível em: <http://www.planalto.gov.br/ccivil_03/Constituicao/Constituiçao.htm>. Acesso em: 1 mai. 2014.

[7] BRASIL, *Constituição da República Federativa do Brasil de 1988*, de 5 de outubro de 1988. Diário Oficial da República Federativa do Brasil. Brasília, DF, 5 out. 1988. Disponível em: <http://www.planalto.gov.br/ccivil_03/Constituicao/Constituiçao.htm>. Acesso em: 1 mai. 2014.

[8] CARRAZZA, Antonio Roque. ICMS. São Paulo: Editora Malheiros, 1994. p. 22.

a) a alíquota interestadual, quando o destinatário for contribuinte do imposto;

b) a alíquota interna, quando o destinatário não for contribuinte dele;[9]

Quanto ao critério estabelecido pelo legislador constituinte no art. 155, II, §2º, VII, para cobrança do ICMS quando o consumidor final estiver localizado em outro Estado, Carraza esclarece que:

> Ademais, quando as operações destinarem a mercadoria a consumidor final localizado em outro Estado, adotar-se-á obrigatoriamente a alíquota interestadual quando o destinatário for contribuinte do imposto (isto é, quando também ele praticar operações mercantis), e a alíquota interna quando não for (isto é, quando for um mero particular, que não pratica operações mercantis). Na primeira hipótese (quando o destinatário foi contribuinte do ICMS), o Estado da localização do destinatário (ou o Distrito Federal, no caso do destinatário lá estar localizado) é que tem jus à diferença entre a alíquota interna e a interestadual, se, obviamente, forem diversas.[10]

No mesmo sentido Coêlho:

> No art. 155, inciso VII, "a" e "b", ao contrário da imunidade das operações interestaduais com energia elétrica e combustíveis, o constituinte distinguiu entre consumidores finais noutro estado. Na hipótese deste não ser contribuinte, adotou o princípio do ICMS na origem, devendo o imposto pertencer ao estado da origem da operação. Na hipótese de o destinatário ser contribuinte, repartiu entre o estado do destino e o estado da origem da operação a receita do ICMS, cabendo ao estado do destino a diferença entre as suas alíquotas e a interestadual.[11]

---

[9] BRASIL, *Constituição da República Federativa do Brasil de 1988*, de 5 de outubro de 1988. Diário Oficial da República Federativa do Brasil. Brasília, DF, 5 out. 1988. Disponível em: <http://www.planalto.gov.br/ccivil_03/Constituicao/Constituiçao.htm>. Acesso em: 1 mai. 2014.

[10] CARRAZZA, Antonio Roque. ICMS. São Paulo: Editora Malheiros, 1994. p. 11.

[11] COÊLHO, Sacha Calmon Navarro. Comentários à Constituição de 1988. Rio de Janeiro: Forense, 2006. p. 472

Machado explicita o motivo pelo qual se estabeleceu o princípio da origem nas operações interestaduais:

> 4. Nas operações e prestações que destinem mercadorias e serviços a consumidor final localizado em outro Estado, adotar-se-á a alíquota interestadual, quando o destinatário for contribuinte do imposto, e a alíquota interna, quando o destinatário não for contribuinte dele.
> 5. Nas operações interestaduais em que o destinatário for contribuinte do imposto, caberá ao Estado no qual estiver localizado este a cobrança da diferença entre a alíquota interestadual e a interna.
>
> Sendo mais baixa a alíquota interestadual, os Estados pretendiam aplicar a alíquota interna, mais elevada, sempre que o bem fosse destinado a consumo ou ao ativo fixo do adquirente. O contribuinte, por seu turno, muitas vezes afirmava que a mercadoria se destinava ao consumo, ou ao ativo fixo, apenas para que o imposto fosse calculado pela alíquota interestadual, resultando, assim, menor. Para o Estado em que estava localizado o vendedor era praticamente impossível a fiscalização do comprador, para saber se na verdade a mercadoria tivera a destinação alegada. Daí a regra do art. 155, §2º, inciso VIII, já por nós sugerida em 1971, quando comentamos a lei do ICM do Ceará.
>
> Agora a questão ficou adequadamente solucionada. Se o adquirente de um bem destinado ao consumo ou ao ativo fixo não é contribuinte do imposto, a alíquota aplicável é a interna. É irrelevante o fato de estar o adquirente domiciliado, ou sediado, em outro Estado. Se o adquirente é contribuinte do imposto, fato que comprovará facilmente junto ao vendedor, a alíquota aplicável é a interestadual. Se o contribuinte do ICMS adquire mercadoria em outro Estado e a destina ao consumo próprio, ou ao ativo fixo, pagará ao Estado de sua sede a diferença respectiva.[12]

Assim, no tocante a tributação de operações mercantis destinadas a consumidores finais não contribuintes noutro estado, o constituinte originário contemplou o princípio da origem.

---

[12] MACHADO, Hugo de Brito. Curso de Direito Tributário. São Paulo: Editora Malheiros, 2010. p. 383-384

Entretanto, a regra geral estruturante de repartição do ICMS contempla o princípio do destino, o qual é explicado por Rezende da seguinte maneira:

> A lógica por detrás do principio do destino é a de que o imposto deve ser arrecadado no local onde o produto é consumido e não onde ele é produzido. Isso vale se o consumo ocorrer no estrangeiro ou em outro estado de uma Federação. A não obediência a esse principio era, aliás, a razão principal da briga que se verificou no Brasil por ocasião da criação do ICM, conforme observado no inicio deste texto. Como quem paga o imposto, ao fim e ao cabo, é o consumidor, a arrecadação deve pertencer integralmente à jurisdição em que ele vive, pois cabe ao poder público correspondente a tarefa de prover os serviços que dependem dessa arrecadação para serem devidamente ofertados. Assim, o que a transição da cobrança do ICMS para o destino estaria agora fazendo é corrigir um vício cuja origem remonta há mais de 40 anos e que ao perdurar durante todo esse tempo, tornou-se a causa de inúmeros conflitos e distorções. [13]

A celeuma jurídica que envolve o presente estudo ancora-se na característica do comércio eletrônico na atualidade cujas transações são realizadas diretamente entre o fornecedor da mercadoria e o consumidor final, valendo-se de meios não presenciais como *internet* ou telefone. Nesse caso, como abordado acima, a alíquota de incidência do ICMS deve ser a interna, ou seja, do Estado de origem da mercadoria, e, por força da maioria dos produtores e fornecedores estarem instalados em nos estados do Sul e Sudeste, os demais Estados destinatários das mercadorias não auferem receitas tributárias com a transação.

Esse foi o principal motivo que levou os Estados consumidores a editarem o Protocolo ICMS 21/2011, CONFAZ, que será abordado no capítulo seguinte.

---

[13] REZENDE, Fernando. *ICMS*: como era, o que mudou ao longo do tempo, perspectivas e novas mudanças. Disponível em: <http://www.esaf.fazenda.gov.br/estudos_pesquisas/forum-fiscal/publicacoes/cadernos-2004-a-2009/caderno-forum-fiscal-nb010--icms-como-era-o-que-mudou-ao-longo-do-tempo-perspectives-e-novas-mudancas>. Acesso em: 20 mai. 2014. p. 36.

3. O Protocolo ICMS 21 de 01 de Abril de 2011 do Conselho Nacional de Política Fazendária, CONFAZ

O Conselho Nacional de Política Fazendária-CONFAZ, é constituído por representantes de todos os Estados, DF e Governo Federal (art. 2º, Regimento CONFAZ)[14] e sua finalidade é promover ações necessárias à elaboração de políticas e harmonização de procedimentos e normas inerentes ao exercício da competência tributária dos Estados e DF, além de colaborar com Conselho Monetário Nacional na fixação da política de Dívida Pública Interna e Externa dos Estados e DF e na orientação às instituições financeiras públicas estaduais (Art. 1º, Regimento CONFAZ)[15].

Dentre as várias competências do CONFAZ, para o presente estudo, destaca-se a de promover a celebração de atos de matérias de interesse dos Estados e do Distrito Federal, nos termos do art. 3º, inciso II, do Regimento do CONFAZ[16].

Conforme o art. 38, Regimento do CONFAZ, os Estados e DF, por meio do CONFAZ, podem celebrar protocolos com escopo de estabelecer procedimentos comuns que visem:

I – a implementação de políticas fiscais;
II – a permuta de informações e fiscalização conjunta;
III – a fixação de critérios para elaboração de pautas fiscais;
IV – outros assuntos de interesse dos Estados e do Distrito Federal.[17]

---

[14] CONFAZ, *Convênio ICMS 133*, de 12 de dezembro de 1997. Aprova o Regimento do Conselho Nacional de Política Fazendária – CONFAZ. Diário Oficial da República Federativa do Brasil. Brasília, DF, 02 jan. 1998. Disponível em: <http://www1.fazenda.gov.br/confaz/confaz/convenios/ICMS/1997/CV133_97.htm>. Acesso em: 15 mai. 2014.

[15] CONFAZ, *Convênio ICMS 133*, de 12 de dezembro de 1997. Aprova o Regimento do Conselho Nacional de Política Fazendária – CONFAZ. Diário Oficial da República Federativa do Brasil. Brasília, DF, 02 jan. 1998. Disponível em: <http://www1.fazenda.gov.br/confaz/confaz/convenios/ICMS/1997/CV133_97.htm>. Acesso em: 15 mai. 2014.

[16] CONFAZ, *Convênio ICMS 133*, de 12 de dezembro de 1997. Aprova o Regimento do Conselho Nacional de Política Fazendária – CONFAZ. Diário Oficial da República Federativa do Brasil. Brasília, DF, 02 jan. 1998. Disponível em: <http://www1.fazenda.gov.br/confaz/confaz/convenios/ICMS/1997/CV133_97.htm>. Acesso em: 15 mai. 2014.

[17] CONFAZ, *Convênio ICMS 133*, de 12 de dezembro de 1997. Aprova o Regimento do Conselho Nacional de Política Fazendária – CONFAZ. Diário Oficial da República Federativa

Assim, em 1º de abril de 2011, os Estados de Acre, Alagoas, Amapá, Bahia, Ceará, Espírito Santo, Goiás, Maranhão, Mato Grosso, Pará, Paraíba, Pernambuco, Piauí, Rio Grande do Norte, Roraima, Rondônia e Sergipe e o Distrito Federal, firmaram acordo comum que estabelecia disciplina relacionada à exigência do ICMS nas operações interestaduais que destinem mercadoria ou bem a consumidor final, cuja aquisição ocorrer de forma não presencial no estabelecimento remetente. Tal acordo foi registrado como Protocolo ICMS 21, de 1º de Abril de 2011[18]. Posteriormente, os Estados de Mato Grosso do Sul e Tocantins aderiram ao protocolo em 25 de abril de 2011 e 15 de julho de 2011, respectivamente.

Registra-se que os Estados de Espírito Santo, Pernambuco e Distrito Federal, denunciaram o Protocolo 21/2011, CONFAZ, em 20 de abril de 2012[19], 11 de fevereiro de 2014[20] e 06 de setembro de 2013[21], respectivamente.

Outrossim, mister consignar que o Estado de Rondônia, em 26 de março de 2014, foi excluído do Protocolo 21/2011, CONFAZ[22], pelos

---

do Brasil. Brasília, DF, 02 jan. 1998. Disponível em: <http://www1.fazenda.gov.br/confaz/confaz/convenios/ICMS/1997/CV133_97.htm>. Acesso em: 15 mai. 2014.

[18] CONFAZ, *Protocolo ICMS 21*, de 1º de abril de 2011. Estabelece disciplina relacionada à exigência do ICMS nas operações interestaduais que destinem mercadoria ou bem a consumidor final, cuja aquisição ocorrer de forma não presencial no estabelecimento remetente. Diário Oficial da República Federativa do Brasil. Brasília, DF, 07 abr. 2011. Disponível em: <http://www1.fazenda.gov.br/confaz/confaz/protocolos/ICMS/2011/pt021_11.htm>. Acesso em: 15 mai. 2014.

[19] CONFAZ, *Denúncia, pelo Estado do Espírito Santo, do Protocolo ICMS 21/11*. Diário Oficial da República Federativa do Brasil. Brasília, DF, 09 mai. 2012. Disponível em: <http://www1.fazenda.gov.br/confaz/confaz/Atos/Despacho/2012/DP074_12.htm>. Acesso em: 15 mai. 2014.

[20] CONFAZ, *Denúncia, pelo Distrito Federal, do Protocolo ICMS 21/11*. Diário Oficial da República Federativa do Brasil. Brasília, DF, 17 set. 2013. Disponível em: <http://www1.fazenda.gov.br/confaz/confaz/Atos/Despacho/2013/DP185_13.htm>. Acesso em: 15 mai. 2014.

[21] CONFAZ, *Denúncia, pelo Estado de Pernambuco, do Protocolo ICMS 21/11*. Diário Oficial da República Federativa do Brasil. Brasília, DF, 27 fev. 2014. Disponível em: <http://www1.fazenda.gov.br/confaz/confaz/Atos/Despacho/2014/DP034_14.htm>. Acesso em: 15 mai. 2014.

[22] CONFAZ, *Exclui o Estado de Rondônia do Protocolo ICMS 21/2011, de 1º de abril de 2011, que estabelece disciplina relacionada à exigência do ICMS nas operações interestaduais que destinem mercadoria ou bem a consumidor final, cuja aquisição ocorrer de forma não presencial no estabelecimento*

Estados de Acre, Alagoas, Amapá, Bahia, Ceará, Goiás, Maranhão, Mato Grosso, Mato Grosso do Sul, Pará, Paraíba, Pernambuco, Piauí, Rio Grande do Norte, Rondônia, Roraima, Sergipe e Tocantins.
O Protocolo 21/2011, CONFAZ, possui o seguinte teor:

> Os Estados de Acre, Alagoas, Amapá, Bahia, Ceará, Espírito Santo, Goiás, Maranhão, Mato Grosso, Pará, Paraíba, Pernambuco, Piauí, Rio Grande do Norte, Roraima, Rondônia e Sergipe e o Distrito Federal, neste ato representados pelos Secretários de Fazenda, Finanças, Receita ou Tributação e Gerente de Receita, reunidos na cidade do Rio de Janeiro, no dia 1º de abril de 2011, fundamentados no disposto nos arts. 102 e 199 da Lei nº 5.172, de 25 de outubro de 1966 (Código Tributário Nacional), e no art. 9º da Lei Complementar nº 87, de 13 de setembro de 1996,
> considerando que a sistemática atual do comércio mundial permite a aquisição de mercadorias e bens de forma remota;
> considerando que o aumento dessa modalidade de comércio, de forma não presencial, especialmente as compras por meio da internet, telemarketing e showroom, deslocou as operações comerciais com consumidor final, não contribuintes de ICMS, para vertente diferente daquela que ocorria predominante quando da promulgação da Constituição Federal de 1988;
> considerando que o imposto incidente sobre as operações de que trata este protocolo é imposto sobre o consumo, cuja repartição tributária deve observar esta natureza do ICMS, que a Carta Magna na sua essência assegurou às unidades federadas onde ocorre o consumo da mercadoria ou bem;
> considerando a substancial e crescente mudança do comércio convencional para essa modalidade de comércio, persistindo, todavia, a tributação apenas na origem, o que não coaduna com a essência do principal imposto estadual, não preservando a repartição do produto da arrecadação dessa operação entre as unidades federadas de origem e de destino, resolve celebrar o seguinte
> PROTOCOLO
> Cláusula primeira Acordam as unidades federadas signatárias deste protocolo a exigir, nos termos nele previstos, a favor da unidade federada de des-

---

remetente. Diário Oficial da República Federativa do Brasil. Brasília, DF, 26 mar. 2014. Disponível em: <http://www1.fazenda.gov.br/confaz/confaz/protocolos/ICMS/2014/PT006_14.htm>. Acesso em: 15 mai. 2014.

tino da mercadoria ou bem, a parcela do Imposto sobre Operações Relativas à Circulação de Mercadorias e sobre Prestações de Serviços de Transporte Interestadual e Intermunicipal e de Comunicação – ICMS – devida na operação interestadual em que o consumidor final adquire mercadoria ou bem de forma não presencial por meio de internet, telemarketing ou showroom.

Parágrafo único. A exigência do imposto pela unidade federada destinatária da mercadoria ou bem, aplica-se, inclusive, nas operações procedentes de unidades da Federação não signatárias deste protocolo.

Cláusula segunda Nas operações interestaduais entre as unidades federadas signatárias deste protocolo o estabelecimento remetente, na condição de substituto tributário, será responsável pela retenção e recolhimento do ICMS, em favor da unidade federada de destino, relativo à parcela de que trata a cláusula primeira.

Cláusula terceira A parcela do imposto devido à unidade federada destinatária será obtida pela aplicação da sua alíquota interna, sobre o valor da respectiva operação, deduzindo-se o valor equivalente aos seguintes percentuais aplicados sobre a base de cálculo utilizada para cobrança do imposto devido na origem:

I – 7% (sete por cento) para as mercadorias ou bens oriundos das Regiões Sul e Sudeste, exceto do Estado do Espírito Santo;

II – 12% (doze por cento) para as mercadorias ou bens procedentes das Regiões Norte, Nordeste e Centro-Oeste e do Estado do Espírito Santo.

Parágrafo único. O ICMS devido à unidade federada de origem da mercadoria ou bem, relativo à obrigação própria do remetente, é calculado com a utilização da alíquota interestadual.

Cláusula quarta A parcela do imposto a que se refere a cláusula primeira deverá ser recolhida pelo estabelecimento remetente antes da saída da mercadoria ou bem, por meio de Documento de Arrecadação Estadual (DAE) ou Guia Nacional de Recolhimento de Tributos Estaduais (GNRE), exceto quando o remetente se credencie na unidade federada de destino, hipótese em que o recolhimento será feito até o dia nove do mês subseqüente à ocorrência do fato gerador.

Parágrafo único. Será exigível, a partir do momento do ingresso da mercadoria ou bem no território da unidade federada do destino e na forma da legislação de cada unidade federada, o pagamento do imposto relativo à parcela a que se refere a cláusula primeira, na hipótese da mercadoria ou bem estar desacompanhado do documento correspondente ao recolhimento do ICMS, na operação procedente de unidade federada:

I – não signatária deste protocolo;

II – signatária deste protocolo realizada por estabelecimento remetente não credenciado na unidade federada de destino.

Cláusula quinta O disposto neste Protocolo não se aplica às operações de que trata o Convênio ICMS 51/00, de 15 de dezembro de 2000.

Cláusula sexta Fica facultada à unidade federada signatária estabelecer, em sua respectiva legislação, prazos diferenciados para o início de aplicabilidade deste protocolo, relativamente ao tipo de destinatário: pessoa física, pessoa jurídica e órgãos da Administração Pública Direta e Indireta, inclusive suas autarquias e fundações.

Cláusula sétima Este protocolo entra em vigor na data de sua publicação no Diário Oficial da União, produzindo efeitos a partir do 1º dia do mês subsequente ao da publicação.

Destaca-se, inicialmente, que os entes federados signatários do Protocolo 21/2011, CONFAZ, justificaram o referido acordo diante da problemática de que o ICMS foi originariamente concebido na CF de 1988 com a finalidade de permitir a repartição da sua receita no Estado do consumo da mercadoria ou bem, e, com o crescimento e característica do comércio não presencial realizado com a participação do consumidor final, principalmente por meio da *internet, telemarketing* e *showroom*, a essência de cobrança do imposto não estaria sendo respeitada, pois a arrecadação do tributo se revestiria integralmente para o Estado de origem, ao passo que o Estado de destino, local do consumo, não receberia nenhuma parcela da arrecadação.

Em suma, o Protocolo 21/2011, CONFAZ, conferiu aos Estados signatários o direito de exigir uma parcela do ICMS, na oportunidade da entrada da mercadoria ou bem em seu território, quando a operação for interestadual e realizada por meios não presenciais pelo consumidor final. Tal exigência seria possível inclusive quando a mercadoria fosse proveniente de Estado não signatário do acordo.

A parcela do ICMS ao Estado de destino seria apurada por meio da aplicação da alíquota interna sobre o valor da operação, deduzindo-se o valor correspondente ao imposto devido na origem. A dedução seria de 7% para as mercadorias ou bens oriundos das Regiões Sul e Sudeste, exceto do Estado do Espírito Santo; e 12% (doze por cento) para as mercadorias ou bens procedentes das Regiões Norte, Nordeste e Centro-Oeste e do Estado do Espírito Santo. Para o Estado de origem restaria a parcela do ICMS correspondente à alíquota interestadual.

O estabelecimento comercial remetente da mercadoria ou bem seria o responsável pelo recolhimento da parcela do ICMS a ser repassada ao Estado destinatário na qualidade de substituto tributário.

Na prática, as disposições do Protocolo 21/2011, CONFAZ, traria nova forma de cobrança para o ICMS nas operações interestaduais a despeito da norma contida no art. 155, incisos VII e VIII, CF. Diante disso, foi ajuizada a ADI 4.628 perante o STF, a qual será descrita no próximo capítulo.

4. Teses Jurídicas Sustentadas na Ação Direta de Inconstitucionalidade 4.628 DF

Após a edição e publicação do Protocolo 21/2011, CONFAZ, vários procedimentos judiciais foram iniciados com o propósito de invalidá-lo. O primeiro feito judicial proposto perante o Supremo Tribunal Federal foi a Ação Direta de Inconstitucionalidade-ADI, número 4.628, autuada em 01/07/2011, sob a Relatoria do Ministro Luiz Fux, proposta pela Confederação Nacional do Comércio de Bens, Serviços e Turismo-CNC, em face dos Estados signatários do protocolo.

A seguir serão sintetizadas as teses de mérito sustentadas pelos principais envolvidos com o processo, excluindo-se as manifestações das instituições que figuram na condição de *amicus curiae*, incluindo apenas a manifestação do Estado de São Paulo, bem como a decisão interlocutória proferida pelo Relator na oportunidade de análise do pedido de concessão de medida cautelar que objetivava a suspensão imediata dos efeitos do Protocolo 21/2011, CONFAZ.

4.1. Manifestação CNC

A petição inicial da ação iniciou com a tratativa acerca da legitimidade da autora e exposição dos argumentos quanto ao cabimento da ação. Em seguida, abordou a temática da carga tributária do Brasil, o ICMS, guerra fiscal, comércio eletrônico, o Protocolo 21/2011, CONFAZ. Quanto aos dispositivos constitucionais tidos como violados, apontou: art. 155, §2º, inciso VII, alínea b; art. 150, inciso IV, V e §7º Por fim, justificou o pleito de liminar.

4.1.1. Violação ao art. 155, §2º, inciso VII, alínea b, CF

A violação ao art. 155, §2º, inciso VII, alínea b, CF, é sustentada pelo raciocínio de que os Estados (e Distrito Federal) signatários do Protocolo 21/2011, CONFAZ, estariam aplicando a alíquota interestadual para todas as operações mercantis destinadas aos consumidores finais, sejam eles contribuintes ou não, enquanto que a norma constitucional estabelece que a alíquota interestadual deveria ser aplicada apenas no caso de o consumidor final ser contribuinte do imposto, ao passo que para os consumidores não contribuintes deveria ser aplicada a alíquota interna. Assim, o Estado signatário do protocolo ao invadir a competência tributária do Estado de origem da mercadoria estaria promovendo bitributação, pois o contribuinte seria obrigado a recolher o ICMS para o Estado de origem pela alíquota interna e também para o Estado de destino pela sistemática do Protocolo 21/2011, CONFAZ.

A CNC argumenta que a desigualdade regional gerada pela forma de tributação na origem sobre o comércio eletrônico não pode ser sanada por meio de acordo unilateral de vontade entre os Estados, necessário se faz alterar o texto constitucional por meio de emendas, valendo-se os Estados inclusive dos seus representantes parlamentares perante o Senado Federal.

Citou que o STF já se manifestou pela concessão de liminar na ADI 4.565, cuja matéria é semelhante com a ADI em discussão.

4.1.2. Violação ao art. 150, inciso IV, CF

A violação ao art. 150, inciso IV, CF, é afirmada pela perspectiva de que há no Brasil várias empresas de médio e pequeno porte que, se obrigadas a arcar na mesma operação com a tributação na origem e no destino, poderão sofrer com o encerramento das suas atividades, evidenciando o efeito confiscatório do tributo, vedado pela Constituição Federal.

4.1.3. Violação ao art. 150, inciso V, CF

A argumentação utilizada para justificar a violação ao art. 150, inciso V, CF, consiste em reconhecer que a bitributação que ocorrerá por força da aplicação das disposições constantes do Protocolo 21/2011, CONFAZ, imporá restrições ao tráfego de bens entre as unidades federadas, em face da sua abusividade.

4.1.4. Violação ao art. 150, §7º, CF

A sustentação de violação ao art. 150, §7º, CF, é embasada na constatação de que a substituição tributária elencada na Cláusula 2º do Protocolo 21/2011, CONFAZ, se trata de substituição tributária pra frente. Nesse caso, considerando que a operação em discussão ocorre com o consumidor final, presume-se que não haverá outras operações tributáveis posteriores que justifiquem a substituição tributária. Igualmente, assevera que seria necessário que a substituição tributária fosse estabelecida por meio de Lei Complementar Federal, com base na disposição do art. 155, §2º, inciso XII, alínea "b", CF, bem como Lei Estadual, embasada no art. 6º, Lei Complementar 87/1996.

4.2. Manifestação estado de São Paulo como *amicus curiae*

O Estado de São Paulo requereu seu ingresso na lide na condição de *amicus curiae*, pleito que foi deferido pelo ministro relator.

A manifestação ratificou todas as teses de inconstitucionalidade sustentadas pela CNC, além de acrescer novos argumentos jurídicos.

Acresceu o Estado de São Paulo que o Protocolo 21/2011, CONFAZ, violou o princípio da não diferenciação, previsto no art. 152, CF, ao estabelecer distinção do bem em razão da sua procedência.

Argumentou também que haveria inconstitucionalidade orgânica do Protocolo 21/2011, CONFAZ, ao se estabelecer um novo conceito de estabelecimento, o virtual, no qual as vendas devem ser reconhecidas como interestaduais entre contribuintes, em face do estabelecimento virtual se deslocar até o domicílio do adquirente. Nesse caso, estariam os Estados signatários do instrumento invadindo a competência legislativa da União em matéria de direito civil e comercial. O raciocínio é complementado com a afirmativa de o estabelecimento virtual não tem personalidade jurídica própria e distinta do estabelecimento físico, não passando de um bem incorpóreo atrelado ao estabelecimento físico. Outra inconstitucionalidade orgânica estaria afeta à necessidade da disciplina do ICMS se operar por meio de lei complementar, cuja abrangência é nacional.

4.3. Teses sustentadas pelos estados signatários do protocolo 21/2011, CONFAZ

O Protocolo 21/2011, CONFAZ, foi editado contando com a participação de 20 Estados mais o Distrito Federal. Em que pese todos os signatários terem sido oficialmente notificados da ADI 4.628, pelo STF, apenas 12 Estados (Acre, Piauí, Espírito Santo, Roraima, Pará, Bahia, Maranhão, Sergipe, Pernambuco, Paraíba, Ceará, Goiás) e o Distrito Federal apresentaram manifestação expondo suas razões fáticas e de direito pela quais pugnaram pelo não conhecimento da ação, bem como seu indeferimento cautelar e de mérito.

As teses jurídicas desenvolvidas pelos Estados e o Distrito Federal para rechaçar a arguição de inconstitucionalidade do Protocolo 21/2011, CONFAZ, pode ser divida em cinco grandes eixos, quais sejam: a realidade do comércio eletrônico e a lacuna constitucional para tributação do ICMS nas operações interestaduais; o novo conceito de estabelecimento comercial, o virtual; efeitos do Protocolo 21/2011 e a sua similaridade com o Convênio 51/2000, CONFAZ; a contrariedade aos princípios do federalismo, territorialidade e diminuição das desigualdades regionais com a incidência da tributação na origem sobre o comércio eletrônico nas operações interestaduais; a mutação constitucional como técnica hermenêutica.

4.3.1. A realidade do comércio eletrônico e a lacuna constitucional para tributação do ICMS nas operações interestaduais

Sustentaram os estados que o legislador constituinte originário ao estabelecer a disposição do art. 155, §2º, alínea b, contemplando a incidência do ICMS pelo princípio da origem apenas estava considerando o modo tradicional de compra e venda, aquele em que o consumidor final não contribuinte do tributo se deslocava até o estabelecimento comercial do fornecedor instalado em outro Estado e lá realizava a operação mercantil. Daí a necessidade de toda a arrecadação tributária proveniente da operação ser auferida pelo Estado fornecedor posto que em seu território concretizou-se o fato gerador. Nessa perspectiva, a interpretação autêntica do dispositivo acima citado correspondia à essência de distribuição do ICMS entre os entes federados, respeitando as bases constitucionais do pacto federativo.

Entretanto, o meio tradicional de compra e venda na atualidade tem sofrido substancial alteração com o advento do comércio eletrônico, no qual o consumidor consegue realizar compras sem necessitar de contato físico com o fornecedor, tudo pelo meio virtual. Assim, o consumidor não mais necessita se deslocar fisicamente para outro Estado, basta realizar o pedido e pagar pela própria *internet* que a mercadoria ou bem lhe será entregue. Tal modalidade tem aumentado exponencialmente principalmente pelos recursos de transparência e segurança das operações, bem como pelo crescente número de brasileiros com acesso à *internet*.

No novo cenário do comércio eletrônico, sustenta os Estados haver uma distorção na essência do ICMS que tem acarretado significativa redução de arrecadação em face da interpretação autêntica do art. 155, §2º, alínea b, CF, pois apenas os Estados dotados de parque industrial é que estão se beneficiando da arrecadação do tributo com a aplicação do princípio da origem, ainda que o consumo se realize no Estado destinatário da mercadoria ou bem.

Assim, entendem os Estados e o DF que a interpretação literal da Constituição Federal, no que tange ao comércio eletrônico, está contrariando o princípio da distribuição justa de arrecadação do ICMS entre os entes federados, acarretando instabilidade na federação e aumento das desigualdades regionais.

4.3.2. O novo conceito de estabelecimento comercial, o virtual

Os Estados asseveraram que o conceito clássico de estabelecimento comercial precisa ser reinterpretado pelo direito tributário para englobar a característica do comércio eletrônico.

O Estado de Sergipe noticiou que há empresas que montam em seu território verdadeiros pontos de venda para exposição de mercadorias e induzem os consumidores a efetivar a operação por meio do seu *site*, e, sob a fachada de transação não presencial, deixa de recolher o ICMS para o Estado de Sergipe.

Estados como Bahia e Maranhão apregoam que há o estabelecimento comercial virtual, o qual se distingue do estabelecimento físico apenas no tocante às instalações físicas, contudo, em todas as demais características são completamente similares. O *site* da empresa seria uma espécie de filial, preposto. Diante de tal constatação, seria necessário que estes estabelecimentos virtuais possuíssem uma inscrição em cada Estado da Federação para passar a recolher o ICMS para estas unidades. Tal entendimento é abalizado pelo raciocínio de que o fornecedor, pelo meio virtual, desloca-se até o local em que o consumidor estiver conectado ao desenvolver a operação não presencial. Assim, o início e o fim da operação ocorrem completamente no Estado destinatário da mercadoria, e apenas a sua saída se realiza no Estado de origem. O Estado do Pará conclui que a rigor, toda a arrecadação do ICMS nas operações não presenciais deveria ser revestida para o Estado no qual ocorre o consumo, mas pelo fato da saída realizar-se em outro Estado, reconhece que a justiça tributária seria alcançada com a repartição da receita.

Portanto, os Estados signatários do Protocolo 21/2011, CONFAZ, concluem que deve ser considerada a realidade fática tributável, considerando o Estado onde o fato gerador ocorreu para atribuir a receita tributária, e não exclusivamente o Estado de origem onde a empresa está instalada.

4.3.3. Efeitos do Protocolo 21/2011 e a sua similaridade com o Convênio 51/2000, CONFAZ

Os Estados, uniformemente, afirmam que o Protocolo 21/2011, CONFAZ, se resume a tratar acerca da forma de distribuição do ICMS sem afetar as alíquotas dispostas em lei, tampouco cria nova hipótese de incidência, minoração ou majoração do tributo.

Ainda, apontam que a solução jurídica apresentada pelo Protocolo 21/2011, CONFAZ, não é novidade no Ordenamento Jurídico nacional, pois o Convênio 51/2000, CONFAZ, tratou do rateio da arrecadação do ICMS entre o Estado do destino e de origem nas operações de venda de veículos pela *internet*, sem que houvesse sido discutida a sua constitucionalidade. Assim, tanto o Protocolo 21/2011, quanto o Convênio 51/2000, tratam de resoluções semelhantes para corrigir as distorções provenientes da interpretação literal da Constituição Federal.

4.3.4. A contrariedade aos princípios do federalismo, territorialidade e diminuição das desigualdades regionais com a incidência da tributação na origem sobre o comércio eletrônico nas operações interestaduais

O Estado do Pará apontou que a repartição de competência tributária nacional é baseada nos princípios federativo, caracterizado pela autonomia do ente federado garantindo a parcela que lhe cabe da distribuição de receitas, e da territorialidade, que assegura aos entes federados cobrar tributos cujos fatos geradores ocorrerem em seus territórios.

A Constituição Federal atribuiu a competência para instituir o ICMS em favor prioritariamente aos Estados e ao Distrito Federal, de maneira que a competência tributária será do ente federado do local em que ocorreu o fato gerador. Portanto, a impossibilidade de tributação pelo Estado destinatário da mercadoria ou bem nas operações interestaduais no meio virtual lesionará os Estados impedindo-os de exercer a sua competência tributária.

Destarte, as distorções provenientes da interpretação literal da Constituição Federal com a incidência do princípio da origem, apenas beneficiam os Estados fornecedores de mercadorias ou bens e propicia evasão de receitas dos Estados consumidores. Tendo em conta que a tendência é que o comércio eletrônico cresça ainda mais no futuro, os efeitos danos para os Estados só se acirrarão.

A diminuição da arrecadação dos Estados destinatário de mercadorias enfraquecerá a sua autonomia tornando-os mais dependentes da União e todo esse quadro contraria frontalmente o pacto federativo, segundo o qual busca-se paridade e autonomia entre os entes federados, e vai de encontro ao objetivo da federação de diminuir as desigualdades regionais e sociais.

4.3.5. A mutação constitucional como técnica hermenêutica

Os Estados concluem que a interpretação constitucional realizada pela CNC é puramente gramatical e literal.

Entretanto, argumentam que a análise para o caso deve considerar o contexto do fenômeno do comércio eletrônico e as distorções geradas ao sistema de repartição das receitas do ICMS contemplados originalmente na Constituição Federal.

Para o deslinde do caso, sugerem a utilização da técnica de interpretação da mutação constitucional, considerando que o comércio eletrônico é fato superveniente não previsível pelo legislador constituinte originário, de maneira que a interpretação autêntica do art. 155, §2º, alínea b, CF, não representa justiça fiscal para os estados federados.

Assim, serve o Protocolo 21/2011, CONFAZ, para corrigir tal distorção, materializando uma mutação constitucional com escopo de restituir ao Estado destinatário o diferencial da alíquota que lhe cabia originalmente.

4.4. Manifestações da Advocacia Geral da União-AGU e MINISTÉRIO PÚBLICO FEDERAL-MPF

As duas instituições foram uníssonas ao reconhecer que as normas contidas no Protocolo 21/2011, CONFAZ, são incompatíveis com os princípios da não diferenciação tributária (art. 152, CF), da liberdade de tráfego (art. 150, inciso V), art. 150, inciso IV e §7º, do pacto federativo (art. 1º e 18º, CF) e art. 155, §2º, incisos IV e VII, alínea b, CF.

O MPF reconheceu que mesmo sendo nobres os objetivos dos Estados signatários do Protocolo 21/2011, CONFAZ, eles usurparam a sua competência tratando de matéria de índole exclusivamente constitucional apenas passível por modificação mediante emenda.

AGU aponta que o Protocolo 21/2011, CONFAZ, foi editado com o propósito de alterar o regime constitucional de incidência do ICMS. Analisando o Regimento do CONFAZ, constata que o acordo entre os Estados não configura Convênio, tampouco respeita o art. 38, que trata da edição de protocolos.

Constata que as disposições do Protocolo 21/2011, CONFAZ, agrava a carga tributária do ICMS nas operações interestaduais, ao inserir a hipótese de incidência do imposto quando a mercadoria ou bem ingressar no território do Estado destinatário signatário.

Assevera que o princípio da autonomia, art. 25, CF, também é violado em face da disposição do Protocolo 21/2011, CONFAZ, de que o acordo terá vigência inclusive em relação ao Estado que não o anuiu.

Reconhece que a pretensão dos Estados no Protocolo 21/2011, CONFAZ, é assegurar parcela do ICMS nas operações interestaduais que não lhe foi atribuída constitucionalmente, fato que acarreta inevitavelmente a bitributação, por força da tributação incidente na origem e no destino.

A AGU apontou também que os Estados violaram o art. 155, §2º, IV, CF, em razão de competir ao Senado Federal definir os percentuais de alíquota do ICMS nas operações interestaduais, cujas definições foram realizadas por meio da Resolução 22/89 do Senado Federal.

4.5. Decisão ministro Luiz Fux – análise do pedido cautelar

O Ministro Relator da ADI 4.628, monocraticamente analisou o pedido cautelar formulado deferindo-o para suspender os efeitos *ex tunc* da aplicação do Protocolo ICMS 21/2011.

Reconheceu que a matéria tratada é similar a que foi discutida na ADI 4.565 e ADI 4.705, ambas de relatoria do Min. Joaquim Barbosa, cujo plenário também concedeu a liminar suspendendo os efeitos da Lei 6.041/2010, do Estado do Piauí, e Lei 9.582/2011, do Estado da Paraíba, respectivamente.

O Ministro Relator foi enfático ao reconhecer que não podem os Estados instituir novas normas de cobrança do ICMS, mesmo estando diante de um cenário que lhes é desfavorável, em contrariedade ao sistema vigente constitucional.

Aduziu que não é legítimo que os Estados alterem as regras constitucionais em relação ao ICMS, pois conspurcaria a sistemática de repartição de competências tributárias.

O cumprimento das normas do ICMS previstas na Constituição Federal é um instrumento de preservação da higidez do pacto federativo.

As distorções existentes na regra constitucional somente podem ser solucionadas por emenda à constituição, respeitando-se a competência legislativa do constituinte derivado, devendo ser rechaçado qualquer outro ato normativo, pois, admitir-se o contrário é ter instalado um quadro de anarquia normativa em que os maiores prejudicados serão os consumidores finais que suportarão a elevação indevida da caga tributária.

Portanto, concluiu pela colisão frontal do Protocolo 21/2011, CONFAZ, aos seguintes artigos da Constituição Federal: 150, incisos IV e V, §7º;155, § 2º, VII, alínea b;

4.6. Julgamento do mérito da ADI 4.628

O mérito da ADI 4.628 foi analisado pelo plenário do STF em 17 de setembro de 2014, tendo sido declarada a inconstitucionalidade do Protocolo 21/2011, CONFAZ, à unanimidade, com o reconhecimento da violação ao art. 155, §2º, VII, b, CF.

O Min. Luiz Fux, relator, reconheceu haver uma inconstitucionalidade material no Protocolo 21/2011, de maneira que os estados signatários estariam exercendo uma autotutela das receitas do ICMS, além de concluir que o protocolo instituiu modalidade de substituição tributária, sem previsão legal.[23]

5. Conclusões

As teses de mérito discutidas na ADI 4.628 apontam o quão controverso é o tema que envolve a incidência do ICMS nas operações interestaduais

---

[23] Notícia STF. *STF declara a inconstitucionalidade do Protocolo ICMS 21 do Confaz*. Disponível em: <http://www.stf.jus.br/portal/cms/verNoticiaDetalhe.asp?idConteudo=275382&caixaBusca=N>. Acesso em: 20 set. 2014.

destinadas ao consumidor final não contribuinte por ocasião do fenômeno do comércio eletrônico. Entretanto, em resposta à indagação inicial do trabalho, acredita-se que não há outra alternativa, no momento, senão reconhecer a inconstitucionalidade do Protocolo ICMS 21/2011.

Os argumentos em favor da constitucionalidade e contrários são fortes e substanciosos. Contudo, o principal equívoco dos Estados signatários foi o vício de forma, por meio do qual tentou-se reparar as distorções na sistemática do ICMS nas operações interestaduais.

É incontroverso que o cenário normativo contemporâneo sobre a temática em discussão gera todas as distorções sustentadas pelos Estados signatários do Protocolo 21.

Não pairam dúvidas quanto ao significado, pujança e relevância do comércio eletrônico para a arrecadação do ICMS pelos Estados, principalmente porque tal modalidade está em completa ascensão e a tendência é o meio tradicional/físico de compra e venda de mercadorias ou bens ser substituído no todo ou em grande parte por essa nova modalidade. Daí a necessidade de discussão e resolução do problema de pesquisa aqui discutido.

Outrossim, é latente que apenas os Estados detentores de grandes parques industriais estão se beneficiando em grande escala da tributação na origem do ICMS nas operações não presenciais com consumidores finais, posto que a figura do intermediário já não mais é relevante no dinamismo das operações. Porquanto, aos Estados destinatários das mercadorias o que resta é amargar a expressiva redução da arrecadação do ICMS. Nesse cenário, a autonomia desses Estados a cada dia se torna mais limitada, e eles passam a ser cada vez mais dependentes da União.

As distorções na tributação do ICMS perante o comércio eletrônico acarreta inevitavelmente o avassalamento das desigualdades entre os entes federados, conspurcando um dos objetivos da República Federativa do Brasil conforme art. 3º, inciso III, CF.

Machado, ao tratar dos nefastos incentivos fiscais por parte dos Estados, leciona:

> A Constituição Federal consagra como um dos objetivos fundamentais de nossa República erradicar a pobreza e *reduzir as desigualdades sociais e regionais* (art. 3º, inc. III). Quando veda à União instituir tributo que não seja uniforme em todo o território nacional ou implique distinção ou preferência

em relação a Estado, ao Distrito Federal ou a Município, em detrimento de outro, faz expressa ressalva, asseverando ser *admitida a concessão de incentivos fiscais destinados a promover o equilíbrio do desenvolvimento sócio-econômico entre as diferentes regiões do País* (art. 151, inc. I). Ao tratar dos orçamentos fiscal e de investimentos, diz que estes, compatibilizados com o plano plurianual, terão entre suas funções a de reduzir desigualdades *inter-regionais* (art. 165, §7º). Finalmente, consagra como princípio retor (sic) da ordem econômica e financeira a *redução das desigualdades regionais e sociais* (art. 170, inc. VII).

Diante de tão evidente e eloquente consagração, pela Lei Maior, do propósito de reduzir as desigualdades sócio-econômicas regionais, tem-se de concluir que a concessão de incentivos fiscais por Estados ricos, porque tende a agravar as desigualdades sócio-econômicas regionais, é inconstitucional, enquanto os incentivos fiscais concedidos por Estados pobres, porque tendem a reduzir aquelas desigualdades, realizam o princípio constitucional.[24]

Veja-se que o autor acima trata dos incentivos fiscais como forma de desequilíbrio na igualdade entre os Estados, assim como também persiste o descompasso com a arrecadação concentrada em favor de poucos Estados.

Infelizmente, a famosa "guerra fiscal", em todos os sentidos, nunca trará benefícios para a federação. Mister registrar que os mesmo Estados que se dizem injustiçados com a má repartição da receita do ICMS no comércio eletrônico, hodiernamente valem-se de subterfúgios para beneficiar-se em detrimento dos demais, apenas fomentando a contenda. Portanto, a responsabilidade pelo atual cenário deletério, também recai sobre os próprios estados-membros que hoje figuram como vítimas.

Como dito alhures, o principal equívoco dos Estados signatários do Protocolo 21 diz respeito à forma escolhida para sanar o problema. Conforme fora amplamente descrito no Capítulo 3 do presente estudo, o único meio apto a alterar a sistemática de repartição do ICMS no comércio eletrônico é por meio de emenda à Constituição Federal, posto tratar-se da norma matriz regente da estrutura da Federação. Não podem os Estados, ainda que fundamentadas e substanciosas suas alegações e constatações, alterar a normativa constitucional por ato deliberativo

---

[24] MACHADO, Hugo de Brito. *Curso de Direito Tributário*. São Paulo: Editora Malheiros, 2010. p. 383

individual e unilateral. Registra-se inclusive que os Estados possuem representantes no Congresso Nacional, especificamente no Senado Federal, os quais deveriam, no exercício das suas atribuições, fomentar e efetivar a alteração da Constituição Federal para atender aos anseios que ora se debate.

Os Estados signatários do Protocolo 21, reiteradamente professaram que não havia no instrumento editado nova hipótese de incidência do ICMS, mas somente a regulamentação da repartição da receita. Entretanto, tal argumentação é falha e vazia ao se verificar que a própria matéria de repartição da receita já foi contemplada pela Constituição Federal, razão pela qual dispor de maneira diversa é desprezar a norma constitucional com base em nova ordem/sistemática, e nesse caso, ilegítima, como apontado pelo Min. Luiz Fux.

Outro argumento utilizado é o de que a solução apresentada não é novidade no ordenamento pátrio, citando como paradigma o Convênio 51/2000, que versou sobre a repartição da arrecadação do ICMS nas compra e venda de veículos novos diretamente ao consumidor final. Entretanto, é importante frisar que naquela oportunidade o instrumento utilizado foi um Convênio, portanto, um acordo comum entre os Estados. Ainda, se analisada a própria natureza jurídica dos protocolos conforme regimento do Confaz, os quais destinam-se a estabelecer procedimentos fiscais comuns e possuem eficácia apenas para os estados signatários, percebe-se que o Protocolo 21 ultrapassou sobremaneira tal finalidade pois adentrou normativamente de seara restrita constitucional. Portanto, ainda que se pretenda os mesmos resultados com os dois diplomas normativos, eles não podem ser tidos como similares.

Diferentemente do que foi registrado pelos Estados destinatários de mercadorias, a constatação da inconstitucionalidade do Protocolo 21 não é alcançada por mera interpretação literal/gramatical do art. 155, §2º, inciso VII, alínea b, CF, posto que a norma lá contida representa uma sistemática de competência tributária nas operações interestaduais com o consumidor final. Negar vigência ao referido texto, sem o processo legislativo adequado, significaria desestabilizar a própria federação brasileira em face da rígida distribuição de competência legislativa. Além de estabelecer o que o Min. Luiz Fux denominou de anarquia normativa.

Por fim, registra-se que a decisão de mérito proferida pelo STF não poderia ter sido outra, senão, reconhecer a inconstitucionalidade do Protocolo 21/2011, CONFAZ, principalmente para manter uma harmonia entre as várias decisões proferidas ao se analisar as medidas cautelares requeridas nas ações que tratavam sobre o tema.

6. Referências Bibliográficas

BRASIL, *Ação Direta de Inconstitucionalidade n. 4.628*. Disponível em: <http://redir.stf.jus.br/estfvisualizadorpub/jsp/consultarprocessoeletronico/ConsultarProcessoEletronico.jsf?seqobjetoincidente=4105102>. Acesso em: 15 mai. 2014.

—. *Constituição da República Federativa do Brasil de 1988*, de 5 de outubro de 1988. Diário Oficial da República Federativa do Brasil. Brasília, DF, 5 out. 1988. Disponível em: <http://www.planalto.gov.br/ccivil_03/Constituicao/Constituiçao.htm>. Acesso em: 1 mai. 2014.

—. *Lei Complementar 87*, de 13 de setembro de 1996. Dispõe sobre o imposto dos Estados e do Distrito Federal sobre operações relativas à circulação de mercadorias e sobre prestações de serviços de transporte interestadual e intermunicipal e de comunicação, e dá outras providências. Diário Oficial da República Federativa do Brasil. Brasília, DF, 16 set. 1996. Disponível em: <http://www.planalto.gov.br/ccivil_03/leis/lcp/lcp87.htm>. Acesso em: 1 mai. 2014.

CARRAZZA, Antonio Roque. *ICMS*. São Paulo: Editora Malheiros, 1994.

COÊLHO, Sacha Calmon Navarro. *Comentários à Constituição de 1988*. Rio de Janeiro: Forense, 2006.

CONFAZ. *Protocolo ICMS 21*, de 1º de abril de 2011. Estabelece disciplina relacionada à exigência do ICMS nas operações interestaduais que destinem mercadoria ou bem a consumidor final, cuja aquisição ocorrer de forma não presencial no estabelecimento remetente. Diário Oficial da República Federativa do Brasil. Brasília, DF, 07 abr. 2011. Disponível em: <http://www1.fazenda.gov.br/confaz/confaz/protocolos/ICMS/2011/pt021_11.htm>. Acesso em: 15 mai. 2014.

—. *Convênio ICMS 133*, de 12 de dezembro de 1997. Aprova o Regimento do Conselho Nacional de Política Fazendária – CONFAZ. Diário Oficial da República Federativa do Brasil. Brasília, DF, 02 jan. 1998. Disponível em: <http://www1.fazenda.gov.br/confaz/confaz/convenios/ICMS/1997/CV133_97.htm>. Acesso em: 15 mai. 2014.

—. *Denúncia, pelo Estado do Espírito Santo, do Protocolo ICMS 21/11*.

Diário Oficial da República Federativa do Brasil. Brasília, DF, 09 mai. 2012. Disponível em: <http://www1.fazenda.gov.br/confaz/confaz/Atos/Despacho/2012/DP074_12.htm>. Acesso em: 15 mai. 2014.

—. *Denúncia, pelo Distrito Federal, do Protocolo ICMS 21/11*. Diário Oficial da República Federativa do Brasil. Brasília, DF, 17 set. 2013. Disponível em: <http://www1.fazenda.gov.br/confaz/confaz/Atos/Despacho/2013/DP185_13.htm>. Acesso em: 15 mai. 2014.

—. *Denúncia, pelo Estado de Pernambuco, do Protocolo ICMS 21/11*. Diário Oficial da República Federativa do Brasil. Brasília, DF, 27 fev. 2014. Disponível em: <http://www1.fazenda.gov.br/confaz/confaz/Atos/Despacho/2014/DP034_14.htm>. Acesso em: 15 mai. 2014.

—. Exclui o Estado de Rondônia do Protocolo ICMS 21/2011, de 1º de abril de 2011, que estabelece disciplina relacionada à exigência do ICMS nas operações interestaduais que destinem mercadoria ou bem a consumidor final, cuja aquisição ocorrer de forma não presencial no estabelecimento remetente. Diário Oficial da República Federativa do Brasil. Brasília, DF, 26 mar. 2014. Disponível em: <http://www1.fazenda.gov.br/confaz/confaz/protocolos/ICMS/2014/PT006_14.htm>. Acesso em: 15 mai. 2014.

MACHADO, Hugo de Brito. *Curso de Direito Tributário*. São Paulo: Editora Malheiros, 2010.

Notícia STF. *STF declara a inconstitucionalidade do Protocolo ICMS 21 do Confaz*. Disponível em: <http://www.stf.jus.br/portal/cms/verNoticiaDetalhe.asp?idConteudo=275382&caixaBusca=N>. Acesso em: 20 set. 2014.

REZENDE, Fernando. ICMS: como era, o que mudou ao longo do tempo, perspectivas e novas mudanças. Disponível em: <http://www.esaf.fazenda.gov.br/estudos_pesquisas/forum-fiscal/publicacoes/cadernos-2004-a-2009/caderno-forum-fiscal-nb010-icms-como-era-o-que-mudou-ao-longo-do-tempo-perspectivas-e-novas-mudancas>. Acesso em: 20 mai. 2014.

Capítulo XX

CIDE – Royalties: Um Tributo "Tipicamente" Brasileiro

PAULA GONÇALVES F. SANTOS[*]

Sumário: 1. Introdução; 2. O Arcabouço Jurídico da Cide; 3. A Cide Royalties; 4. O Problema a Ser Solucionado: A Falta de Desenvolvimento Tecnológico e Científico no Brasil; 5. Conclusões; 6. Referências Bibliográficas.

1. Introdução

A idéia para este texto apareceu da leitura de um artigo na revista inglesa *The economist*[2]. O artigo tenta explicar o porquê da produtividade do trabalhador brasileiro ser tão baixa. De acordo com a revista, poucas culturas oferecem uma receita melhor para se divertir. No entanto, a noção de custo oportunidade parece estar perdida entre os brasileiros[3].

---

[*] Pós-graduada em Direito Constitucional pelo Instituto Brasiliense de Direito Público (IDP); Mestranda do Curso de Direito Tributário da Universidade Católica de Brasília (UCB).
[2] The 50-year snooze. *The Economist*, London, Apr 19, 2014.
[3] "Few cultures offer a better recipe for enjoying life. But the notion of opportunity cost seems lost on most Brazilians".

Fora um breve estímulo nos anos 1960 e 1970, a produtividade por trabalhador tem ou diminuído ou estagnado no último meio século, em contraste com outras economias emergentes[1]. Contudo, a falta de custo oportunidade não é só do trabalhador ou da indústria brasileira. O Brasil investe tão somente 2,2% do seu PIB em infraestrutura, longe da média dos países em desenvolvimento, de 5,1%. Das 278.000 patentes concedidas no ano passado pela agência de patentes dos Estados Unidos, somente 254 vieram de inventores brasileiros, não obstante, o Brasil é responsável por 3% da produção e das pessoas do mundo. O dispêndio do Brasil com educação em relação ao PIB tem aumentado para níveis de países desenvolvidos, todavia a qualidade não, com alunos que têm as piores performances em testes padronizados[2].

Realmente o raciocínio gera um impacto surpreendente e a possibilidade de refletir sobre o mesmo deve ser para os brasileiros uma necessidade. Há muito é notória a nossa vontade de crescer, como também é patente o pouco resultado obtido com as diversas tentativas. No entanto, o país como um todo não deve se contentar com esses resultados pífios, e buscar a natureza dos mesmos pode fazer com que sejam corrigidos. Se o brasileiro não tem noção do custo oportunidade, é importante lutar contra o fato, mesmo que se apresente como um aspecto cultural. O mais racional e efetivo é buscar a origem de cada problema e corrigi-lo, de modo que o Brasil comece a utilizar melhor seus recursos, mas também voltar a crescer aos níveis dos anos de 1960 e de 1970.

Como não poderia deixar de ser, a revista adentra na seara tributária. Descreve que tratamentos tributários preferenciais para empresas que detém receita menor que 3.6 milhões de reais tem trazido para a formalidade muitos empreendimentos irregulares. Contudo, desencoraja

---

[1] "Apart from a brief spurt in te 1960s and 1970s, output per worker has either slipped or stagnated over the past half century, in constrast to most other big emerging economies. (The 50-year snooze". *The Economist,* London, Apr 19, 2014)

[2] "Brazil invests just 2.2% of its GDP in infrastructure, well below the developing-world average of 5.1%. Of the 278,000 patents granted las year by the United States patent office, just 254 went to inventors from Brazil, which accounts for 3% of the world's output and people. Brazil's spending on education as a share of GDP has risen to rich-world levels, but quality has not, wigh pupils among the worst-performing in standardised tests". (The 50-year snooze". *The Economist,* London, Apr 19, 2014)

as empresas a crescerem. Por outro lado, os grandes, em áreas como o varejo, ao ganharem em eficiência passam a necessitar de menos trabalhadores, que migram para empresas menos produtivas. Muitos preferem contratar amigos de confiança ou parentes, ao invés de um estranho mais bem qualificado, com o fulcro de limitar o risco de ser assaltado ou processado por empregados protegidos por leis trabalhistas notoriamente protetoras dos trabalhadores. O resultado é ainda mais ineficiência[3].

A *The Economist* faz parte da imprensa de opinião, por isso, seus textos às vezes parecem exagerados. Sem embargo, refletem a visão do mundo para com o Brasil, reflexo que muitas das vezes se tem vergonha de olhar, mais que nem sempre se pode ignorar.

A matéria pontua, ainda, que em vez de entrar em colapso, as empresas mais fracas agradecem as mais variadas formas de proteção do Estado, que lhes dá escudo contra a concorrência. O protecionismo pesa de outras maneiras, também. Altas e punitivas tarifas na importação de tecnologia, como os gritantes 80% de imposto cumulativo sobre a compra internacional de smartphones estrangeiros – torna muitos aparelhos que aumentam a produtividade proibitivamente caros. Ao invés de comprar produtos melhores e mais baratos lá de fora, as empresas têm de pagar mais, por incrível que pareça, por produtos locais de qualidade inferior[4].

Afora a linguagem apelativa do texto produzido pela revista, resta claro que o direito tributário não escapa a perda relativa ao custo oportunidade. No entanto, a matéria não explica, provavelmente porque é

---

[3] "Preferential tax treatment for firms with turnovers of no more than 3.6m reais ($1.6m) has reeled many irregular enterprises into the formal economy. But it descourages companies form growing. And as big fish in areas like retail make efficiency gains they need fewer workers, who instead swell the shoals of less productive ninnowl. Many hire trusted kith or kin rather than a better-qualifeid stranger, to limit the risk of being robbed or sued by employed for fouting notoriously worker-friendly labour laws. The upshot is even more inefficiency". (The 50-year snooze". *The Economist*, London, Apr 19, 2014)

[4] "Instead of collapsing, feeble firms plod on thanks to various forms of state protection, which shields them form competition. Protectionim wighs on productivity in other ways, too. Punitively high tariffs on imported technology – such as the whopping 80% cumulative tax slapped on foreign smartphones – make many productivity-enhancing gizmos prohibitively expensive, says José Sheinkman of Columbia University. Rather than buy cheaper and better products from abroad, firms have to pay over the odds for lower-quality local ones". (The 50-year snooze". *The Economist*, London, Apr 19, 2014)

difícil para qualquer um ver em uma análise perfunctória, aonde se erra no custo oportunidade. Ora, tem-se de convir, que o Brasil não faz política pensando em ficar para trás. Ao se confeccionar as políticas se pensa sempre em andar para frente, entretanto, qualquer um sabe que o país poderia/deveria estar crescendo muito mais do que o faz no atual contexto. Assim, uma das questões que se pretende colocar aqui é: o que está errado nas políticas públicas do Brasil, pelo menos no que concerne ao direito tributário, quanto ao custo oportunidade de sua confecção?

A resposta a essa pergunta não será colocada de modo genérico, mesmo porque fugiria ao escopo deste capítulo, que é colocar de maneira simples uma verdade escondida que aflige o direito tributário. Para isso, será utilizado o método indutivo. Será selecionado um tributo, a Cide-Royalties (Contribuição de Intervenção no Domínio Econômico sobre a tecnologia), e, explicitando o contexto de sua criação e vigência, será demonstrando como o custo oportunidade foi perdido.

A segunda pergunta reclama a constitucionalidade da instituição da Cide-Royalties. Não sua constitucionalidade formal, relativa aos requisitos de sua constituição, mas a constitucionalidade material. Quer se saber: será que é constitucional a criação de uma Cide (Contribuição de Intervenção no Domínio Econômico) que termine por ser um entrave ao setor da economia que ensejou uma intervenção motivadora?

A resposta a essa pergunta resvala em um ponto crucial deste estudo. A natureza jurídica das Cides. Aqui se defende uma natureza extrafiscal, no sentido de que a sua criação deve ser feita com o fulcro sempre inibidor e nunca arrecadatório. A hipótese da incidência da Cide será tal que fará inibir uma operação em detrimento de outra, torna-se mais dispendiosa a alternativa ao contribuinte. A criação de uma Cide com fulcro de intervenção no domínio econômico, utilizando-se de uma finalidade arrecadatória, é uma contradição em si mesma, a uma que o direito tributário, como meio de intervenção em uma área específica do domínio econômico, pode servir para desestimular, por meio da incidência de um tributo, ou para estimular uma determinada operação mercantil, por meio de sua desoneração, isenção, crédito presumido, etc. Não há que se falar em uma intervenção do direito tributário com finalidade arrecadatória, criação de fundo, pois a utilização da receita arrecadada não cabe ao direito tributário, mas ao direito financeiro. A duas que, ao se fazer incidir um tributo sobre uma operação que se quer ver estimulada, faz-se recair duas forças em sentido contrário, e o dinheiro arrecadado com a tributação terá que ser utilizado no sentido de recuperar o dano provocado pela própria incidência do tributo. A incidência feita por meio de uma Cide deve ser inibidora.

2. O Arcabouço Jurídico da CIDE

O embasamento jurídico das Cides (Contribuições de Intervenção no Domínio Econômico) está no art. 149 da Constituição Federal[5]. A União se encontra por ele autorizada a utilizar uma Cide como instrumento de intervenção no domínio econômico, intervenção esta que deve estar em harmonia com os demais dispositivos constitucionais. Isso porque, em se tratando de um tributo com finalidade vinculada, tal finalidade não pode ir de encontro a outros preceitos da norma maior.

Nesse sentido, o perfil constitucional das contribuições de intervenção no domínio econômico está submetido ao estipulado no Título VII da Magna Carta (Da ordem Econômica e Financeira), e, em especial, à dualidade da iniciativa econômica. Expressando melhor, a ordem econômica comporta duas claras atuações do Estado, na figura da União, uma na ponta da exploração direta de atividades de conteúdo mercantil e outra na ponta da regulação[6]. Bem assim, a instituição de uma Cide está estreitamente ligada à regulação e ao planejamento da atividade econômica, operações que devem ser realizadas pelo Estado sob a égide do caput do art. 174 da Constituição Federal[7].

Como instrumento de intervenção no domínio econômico, e pregando-se a necessidade de coerência no sistema constitucional, a contribuição não pode ser utilizada de forma determinante para o setor pri-

---

[5] Art. 149. Compete exclusivamente à União instituir contribuições sociais, de intervenção no domínio econômico e de interesse das categorias profissionais ou econômicas, como instrumento de sua atuação nas respectivas áreas, observado o disposto nos arts. 146, III, e 150, I e III, e sem prejuízo do previsto no art. 195, § 6º, relativamente às contribuições a que alude o dispositivo.

[6] MARTINS, Ives Gandra da Silva. O perfil constitucional das contribuições de intervenção no domínio econômico. In: ROCHA, Valdir de Oliveira (Coord.). *Questões atuais de direito tributário*. São Paulo: Dialética, 2001. v. 5, p. 183.

[7] Art. 174. Como agente normativo e regulador da atividade econômica, o Estado exercerá, na forma da lei, as funções de fiscalização, incentivo e planejamento, sendo este determinante para o setor público e indicativo para o setor privado.

vado. O agir constitucional do Estado demanda, tendo em vista se dirigir ao setor privado, que seja tão somente indicativo do caminho desejado, planejado. Desta forma, sua utilização deve ser excepcional, para setores que estejam desregulados, descompassados ou vivenciando evidente crise de competitividade ou de subsistência[8].

De acordo com o Ministro do STF Senhor Ilmar Galvão, para que seja configurada uma intervenção no domínio econômico, deve-se estar obviamente diante de uma atividade de natureza econômica, sendo que a intervenção ocorreria com o fulcro de melhor organizar serviço de interesse nacional cuja execução é de incumbência da iniciativa privada[9].

Luiz Fernando Schuartz entendeu muito bem essa relação entre tributação e ordem econômica quando da criação da Cide. O autor releva que, para a validade jurídica da sua norma instituidora, os efeitos econômicos do tributo são aspectos potencialmente relevantes. A compatibilidade funcional com o disposto no artigo 170[10] da Constituição Federal deve ser feita confrontando-se a finalidade presumida em variáveis econômi-

---

[8] MARTINS, Ives Gandra da Silva. O perfil constitucional das contribuicões de intervenção no domínio econômico. In: ROCHA, Valdir de Oliveira (Coord.). *Questões atuais de direito tributário*. São Paulo: Dialética, 2001. v. 5, p. 185.

[9] BRASIL. Supremo Tribunal Federal. RE nº 209.365-3/São Paulo. Tribunal Pleno. Relator: Min. Carlos Velloso. Sessão de 04 de março de 1999. Disponível em: <http://redir.stf.jus.br/paginadorpub/paginador.jsp?docTP=AC&docID=242239>

[10] Art. 170. A ordem econômica, fundada na valorização do trabalho humano e na livre iniciativa, tem por fim assegurar a todos existência digna, conforme os ditames da justiça social, observados os seguintes princípios:
I – soberania nacional;
II – propriedade privada;
III – função social da propriedade;
IV – livre concorrência;
V – defesa do consumidor;
VI – defesa do meio ambiente, inclusive mediante tratamento diferenciado conforme o impacto ambiental dos produtos e serviços e de seus processos de elaboração e prestação;
VII – redução das desigualdades regionais e sociais;
VIII – busca do pleno emprego;
IX – tratamento favorecido para as empresas de pequeno porte constituídas sob as leis brasileiras e que tenham sua sede e administração no País.
Parágrafo único. É assegurado a todos o livre exercício de qualquer atividade econômica, independentemente de autorização de órgãos públicos, salvo nos casos previstos em lei.

cas com as possíveis conseqüências da sua implementação, projetando um estado de coisas futuras[11]. Não adianta a finalidade exposta à norma estar em acordo com a Magna Carta, necessário se faz que, ao se projetar as conseqüências de sua aplicação, a previsão se mostre em linha com o art. 170 da norma maior.

A finalidade apesar de ser vista como ponto essencial para a caracterização das contribuições de intervenção no domínio econômico por grande parte da doutrina é vista de forma diferente no que se concebe como as possíveis maneiras de atingi-la.

Alguns autores, como Shoueri[12], entendem que as Cides, apesar de caracterizadas por sua finalidade, podem ser criadas com caráter arrecadatório, contanto que o produto da arrecadação seja direcionado ao fim estipulado na norma e que a hipótese de incidência na lei não contradiga sua própria finalidade (desestimulando o que veio estimular). Sublinhe-se, é imprescindível que o motivo que deu ensejo à criação do tributo não seja contrariado pelas conseqüências econômicas advindas de suas imposição.

Outros autores, como Heleno Tavares de Souza[13], reclamam o caráter extrafiscal das Cides. Um dos pressupostos materiais do tributo seria então a exigência de que a hipótese normativa esteja vinculada a atuação da União na respectiva área econômica, o destino da receita seria irrelevante para a definição da contribuição de intervenção no domínio econômico. Para essa corrente, a criação de uma Cide com materialidade diferente do motivo que justifica a sua criação, seria inconstitucional, pois tratar-se-ia de típico imposto com destinação especial, clara afronta ao art. 167, IV, da CF[14]. Tal inteligência é a que se coaduna com o esposado

---

[11] SCHUARTZ, Luiz Fernando. Contribuições de Intervenção ao Domínio Econômico e Atuação do Estado no Domínio Econômico, In:. GRECO, Marco Aurelio. (Coord.) *Contribuições de Intervenção no Domínio Econômico e Figuras Afins*. São Paulo: Dialética, 2001, pp. 61 a 78, fl. 69.

[12] SCHOUERI, Luís Eduardo. *Normas tributárias indutoras e intervenção econômica*. Rio de Janeiro: Editora Forense, 2005, fl. 202.

[13] TORRES, Heleno. Pressupostos constitucionais das constribuições de intervenção no domínio econômico. A CIDE-tecnologia. In: *Grandes questões atuais do direito Tributário*. São Paulo: Dialética, 2003, v. 7, p. 107-172, fl. 143.

[14] "Art. 167. São vedados:
(...)

aqui. Sem desconsiderar o pensamento defendido por Shoueri e parcela da doutrina.

A intervenção por meio da norma tributária pode-se dar em face de estímulos ou desincentivos do Estado. A isenção e o crédito presumido são espécies de normas tributárias estimuladoras para quem recebe esses benefícios, mas importa em agravamento da carga tributária para os que estão fora do âmbito de incidência do preceito isentivo. Por conseguinte, a isenção deve ser utilizada para incentivar um grupo específico em prol da coletividade. Já a imposição de tributo é uma norma desestimuladora à atividade ou mercadoria que se busca inibir e estimuladora para os que não são alcançados pelo seu campo de incidência. Ou seja, o tributo deve ser utilizado para tornar onerosa uma precisa atividade em benefício de toda a sociedade. Assim, no estudo das normas tributárias indutoras, deve-se ter em mente que quando uns são estimulados, outros são desestimulados na mesma medida[15].

Os tributos extrafiscais são orientados para que possam inibir comportamento específico, vis-à-vis aumentarem a carga tributária para a qual o contribuinte está sujeito. Por outro lado, ao fomento, incentivo ou estímulo de determinado comportamento, são utilizados os benefícios fiscais[16]. Uma Cide só pode ser imposta, considerando sua finalidade e seu caráter extrafiscal, com o escopo de desincentivar uma determinada atividade econômica, em face de uma intervenção com caráter indutor. A intenção é fazer com que o mercado se volte a outra opção, mas desejável ao Estado, voz da coletividade como um todo.

Tendo em vista a sua natureza extrafiscal, a norma instituidora de uma Cide, por ser uma norma indutora, deve ter como objetivo precípuo

---

IV – a vinculação de receita de impostos a órgão, fundo ou despesa, ressalvadas a repartição do produto da arrecadação dos impostos a que se referem os arts. 158 e 159, a destinação de recursos para as ações e serviços públicos de saúde, para manutenção e desenvolvimento do ensino e para realização de atividades da administração tributária, como determinado, respectivamente, pelos arts. 198, § 2º, 212 e 37, XXII, e a prestação de garantias às operações de crédito por antecipação de receita, previstas no art. 165, § 8º, bem como o disposto no § 4º deste artigo";

[15] SCHOUERI, Luís Eduardo. *Normas tributárias indutoras e intervenção econômica*. Rio de Janeiro: Editora Forense, 2005, fl. 54.

[16] NABAIS, José Casalta. *O Dever Fundamental de Pagar Impostos*. Coimbra: Livraria Almedina, 1998, p. 630.

induzir comportamento. Apesar da obviedade do afirmado, deve-se relevar que existe uma função arrecadatória, no entanto, esta não pode ser seu fim principal, porquanto a natureza jurídica do tributo, se fiscal ou se extrafiscal, está exatamente na opção feita pelo legislador[17]. Opção esta que, para estar em acordo com a Constituição, deve ser indutiva, no caso das Cides.

A imposição de uma Cide deve advir de situação excepcional e extraordinária, em face de marcante descompasso do mercado. Fora deste restrito contexto, não é possível a utilização de tal mecanismo tributário para aumentar a receita, sua atuação deve estar adstrita aos casos de relevante interesse coletivo ou imperativos de segurança nacional (art. 173 da Constituição Federal)[18].

A finalidade indutiva constitui uma espécie do gênero extrafiscalidade, considerando que esta inclui todos os casos que não estão vinculados à distribuição equitativa da carga tributária ou à simplificação do sistema tributário. Ao caráter indutor da norma tributária (extrafiscalidade em sentido estrito), podem ser somados outros caracteres que não o relativo ao impulsionamento econômico por parte do estado[19]. No entanto, o elemento finalístico indutor é o que dá a Cide a sua natureza de tributo extrafiscal e por isso deve ser relevado.

Ao criar uma Cide, de acordo com Marco Aurélio Greco[20], quatro elementos fundamentais devem ser respeitados pelo legislador para que sua constituição esteja em acordo com os ditames constitucionais, a saber:

a) a finalidade a ser buscada;
b) a atuação da União;
c) a circunscrição de uma determinada área; e
d) a congruência entre os três elementos anteriores.

---

[17] SCHOUERI, Luís Eduardo. *Normas tributárias indutoras e intervenção econômica*. Rio de Janeiro: Editora Forense, 2005, fl. 17.
[18] MARTINS, Ives Gandra da Silva. As Contribuições de Intervenção no Domínio Econômico e a Constituição. *Sciencia Júris*, v. 7/8. Londrina: UEL, 2004, fl. 42.
[19] SCHOUERI, Luís Eduardo. *Normas tributárias indutoras e intervenção econômica*. Rio de Janeiro: Editora Forense, 2005, fl. 32.
[20] GRECO, Marco Aurélio. Contribuição de Intervenção no Domínio Econômicos sobre Royalties. *Revista Dialética de Direito Tributário*, nº 99. Pgs 133-151, fl. 134.

A finalidade é o elemento básico das Cides e já foi largamente analisada aqui. A necessária atuação da União na área está na literalidade do art. 149 da Constituição Federal, que prevê que a contribuição é "instrumento de sua (da União) atuação". Essa atuação, além de existir, deve estar dentro dos parâmetros constitucionais.

A área em que deve atuar interpreta-se como sendo de setor econômico, tendo em vista se tratar de uma contribuição de intervenção. Por último, a congruência é a necessidade de harmonia entre a sua instituição e ao fim a que se destina[21].

Apesar da importância da finalidade, a congruência está também em foco neste capítulo, pois uma das perguntas iniciais diz respeito exatamente a constitucionalidade de uma Cide que em sua hipótese de incidência termine por acarretar efeitos adversos ao setor que intenta estimular. Nesse caso claramente não há congruência, e estar-se-á de frente a uma norma inconstitucional. Resta saber se a Cide-Royalties é um caso de incongruência.

3. A Cide Royalties

A Cide Royalties já foi objeto de diversos trabalhos doutrinários, que, na sua maioria, a considerou inconstitucional. No que concerne à materialidade, um dos pontos mais analisados pelos autores é que, por ter como base de cálculo a remessa de valores monetários relativos à transferência de tecnologia, se trata em verdade de um imposto de renda sobre a pessoa estrangeira que detém a tecnologia em comércio. Ocorre que, em acordo com o inciso III do § 2º do art. 149[22] da Magna Carta, as Cides só

---

[21] Marco Aurélio Greco preleciona que: "não basta haver uma finalidade compatível com a Constituição, nem uma atuação da União em área legalmente desenhada, pois, na medida em que o artigo 149 as exige e determina que a contribuição é o instrumento dessa atuação, isto significa que entre as duas primeira e entre elas e a Cide deve haver necessariamente congruência no sentido de 'harmonia duma coisa [Cide] com o fim a que se destina'". (GRECO, Marco Aurélio. Contribuição de Intervenção no Domínio Econômicos sobre Royalties. in Revista Dialética de Direito tributário, nº 99. Pgs 133-151, fl. 134)

[22] § 2º As contribuições sociais e de intervenção no domínio econômico de que trata o *caput* deste artigo:
I – não incidirão sobre as receitas decorrentes de exportação;
II – incidirão também sobre a importação de produtos estrangeiros ou serviços;
III – poderão ter alíquotas:

poderiam incidir sobre a operação, faturamento ou receita bruta e nunca sobre a conseqüência do negócio, manifesta na renda. Ou, ainda, o fato de ser um imposto sob a renda com vinculação de recursos obtidos a um fundo fere o art. 167, IV[23], da Constituição Federal. Por isso a inconstitucionalidade. Assim pensam: Marco Aurélio Greco[24], Sacha Calmon Navarro Coelho[25] e Heleno Taveira Torres[26].

Em detrimento da tese relativa à inconstitucionalidade demonstrada, aqui se busca um outro fundamento, que de modo algum vai de encontro ao estabelecido pelas mencionadas doutrinas, mas que toca em ponto

---

a) *ad valorem*, tendo por base o faturamento, a receita bruta ou o valor da operação e, no caso de importação, o valor aduaneiro;
b) específica, tendo por base a unidade de medida adotada.

[23] Vide citação 10.

[24] "No caso em exame, o imposto sobre a renda, assim como a Contribuição em questão, por terem idêntica hipótese de incidência (pagamento, remessa etc.) alcançam esse efeito do negócio celebrado, mas o § 2º, III do artigo 149 da CF/88 só autoriza a tributação do próprio negócio (a operação).
Por esta razão, há um conflito material entre o § 3º do artigo 2º da Lei nº 10.168/2000 e o inciso III do § 2º do artigo 149 da CF/88 o que me leva à conclusão de que a norma original da Lei foi revogada pela Emenda Constitucional superveniente a a norma introduzida pela Lei nº 10.332/2001 (posterior à Emenda) é inconstitucional". (GRECO, Marco Aurélio. Contribuição de Intervenção no Domínio Econômicos sobre Royalties. in Revista Dialética de Direito tributário, nº 99. Pgs 133-151. fl. 150)

[25] "Em sendo assim, forçoso é concluir – na linha do exposto no item 3.1 – que se trata de tributo não vinculado a qualquer atuação estatal, ou seja as leis nº 10.168/00 e 10.332/01 previram a criação de imposto afetado a um fundo (FNDCT), violando o disposto no art. 167, IV da Constituição Federal". (MOREIRA, André Mendes e COÊLHO, Sacha Calmon Navarro. Inconstitucionalidades da Contribuição de Intervenção no Domínio Econômico Incidente sobre Remessas ao Exterior – CIDE Royalties. *Revista Dialética de Direito Tributário*. São Paulo: Dialética, nº 89, fev/2003, pp. 71-84, fl. 78).

[26] "Em se tratando de uma espécie de adicional de imposto sobre a renda, é notória sua inconstitucionalidade, pois afronta diretamente os limites do art. 154, I, da Constituição, ao não ter vindo sob a forma de Lei Complementar e ao ter como base de cálculo situação já contemplada nos impostos previstos na Constituição (Imposto sobre a Renda). Agregue-se a isto a superação que promove sobre a restrição do art. 167, IV, que veda a vinculação de receita de impostos a órgão, fundo ou despesa;". (TORRES, Heleno. Pressupostos constitucionais das contribuições de intervenção no domínio econômico. A CIDE-tecnologia. In: *Grandes questões atuais do direito Tributário*. São Paulo: Dialética, 2003, v. 7, p. 107-172, fl. 149)

distinto. O que se quer saber é, primeiro, sobre o custo oportunidade da Cide-Royalties. Segundo, se a Cide-Royalties é um tributo que peca por incoerência e, por isso, inconstitucional, segundo a doutrina de Marco Aurélio Greco, a qual esposamos neste capítulo. Para isso, vamos iniciar com o estudo da finalidade deste tributo, tanto na visão do legislador, como no da doutrina e no da jurisprudência.

A lei que instituiu a Cide Royalties é a de nº 10.168, de 30 de dezembro de 2000. Apesar de ter tido a sua incidência alargada nos termos da Lei nº 10.332, de 19 de dezembro de 2001, não teve as suas linhas gerais modificadas até os dias de hoje. Assim, para este capítulo, será considerado o delineamento jurídico atual, porquanto as mudanças não alteram o foco da análise e podem ser desconsideradas.

Reclama o art. 1º da Lei 10.168/2000 que o Programa de Estímulo à Interação Universidade-Empresa para o Apoio à Inovação foi instituído com o objetivo, principal, de estimular o desenvolvimento tecnológico brasileiro, mediante programas de pesquisa científica e tecnológica cooperativa entre universidades, centros de pesquisa e o setor produtivo.

O art. 2º define como será atendido o Programa referido no art. 1º, por meio da instituição de uma contribuição de intervenção no domínio econômico, a qual será devida pela pessoa jurídica detentora de licença de uso ou adquirente de conhecimentos tecnológicos, bem como aquela signatária de contratos que impliquem transferência de tecnologia, firmados com residentes ou domiciliados no exterior.

Dos dois artigos se retira, primeiro, a finalidade entabulada na lei da Cide Royalties, que é "estimular o desenvolvimento tecnológico brasileiro"[27]; segundo, o sujeito passivo da obrigação tributária que é a "pessoa jurídica detentora de licença de uso ou adquirente de conhecimentos tecnológicos, bem como aquela signatária de contratos que impliquem transferência de tecnologia, firmados com residentes ou domiciliados no exterior[28]".

---

[27] BRASIL. *Lei nº 10.168*, de 29 de dezembro de 2000. Institui constribuição de intervenção de domínio econômico destinada a financiar o Programa de Estímulo à Interação Universidade-Empresa para o Apoio à Inovação e dá outras providências. Diário Oficial [da] Republica Federativa do Brasil. Brasília, DF, 30 de dezembro de 2000. Disponível em: < http://www.planalto.gov.br/ccivil_03/leis/l10168.htm>. Acesso em: 02 de junho de 2014.
[28] Ibid.

A jurisprudência do Superior Tribunal de Justiça (STJ), ao analisar o teor da Lei nº 10.168/2000, entendeu que a Cide-Royalties "tem nítido intuito de fomentar o desenvolvimento tecnológico nacional por meio da intervenção em determinado setor da economia, a partir da tributação da remessa de divisas ao exterior, propiciando o fortalecimento do mercado interno de produção e consumo dos referidos serviços, bens e tecnologia".[29] Interessante notar que essas divisas, sobre as quais incide o tributo, se referem ao pagamento pela "licença de uso ou adquirente de conhecimentos tecnológicos, bem como aquela signatária de contratos que impliquem transferência de tecnologia" (art. 2º da Lei nº 10.128/2000). Ao comprar conhecimento, a pessoa jurídica é tributada, fato que, em acordo com o Tribunal, propicia a produção e consumo dos referidos serviços, bens e tecnologia. É fácil perceber que existe uma análise simplista da finalidade da norma e da projeção das possíveis conseqüências com a sua aplicação. Conforme explicitado acima, a luz da doutrina de Luiz Fernando Shuartz, não basta que a lei diga a que veio. É necessário que a projeção de sua aplicação revele um resultado que não seja contraditório ao fulcro da norma[30]. Ora, tributar a compra de tecnologia, de conhecimento, não induz a produção de mais conhecimento. É um raciocínio até lógico que ninguém parte do nada, o inventor, o cientista, a doutrina, parte de um conhecimento prévio para chegar a um novo conhecimento. Assim, a primeira vista, o Superior Tribunal se apressou ao revelar que a Cide-Royalties serve para fomentar o desenvolvimento tecnológico nacional. Esse raciocínio errôneo repete-se igualmente na doutrina, e serve para demonstrar que a falta de noção do custo oportunidade não se encontra só nos políticos, mas está intrincada em nossa cultura, permeando qualquer tipo de decisão.

---

[29] BRASIL. Superior Tribunal de Justiça. REsp 1186160/SP, Rel. Ministro MAURO CAMPBELL MARQUES, Segunda Turma, julgado em 26/08/2010, DJe 30/09/2010. Disponível em: https://ww2.stj.jus.br/revistaeletronica/ita.asp?registro=201000534632&dt_publicacao=30/09/2010. Acessado em 03-06-20014.
[30] SCHUARTZ, Luiz Fernando. Contribuições de Intervenção ao Domínio Econômico e Atuação do Estado no Domínio Econômico, In: GRECO, Marcos Aurelio (Coord.). *Contribuições de Intervenção no Domínio Econômico e Figuras Afins*. São Paulo, Dialética, 2001, pp. 61 a 78 (69).

A doutrina, aqui na figura de Heleno Taveira Tôrres, chega a louvar a iniciativa do legislador em intervir no domínio econômico da produção de tecnologia com o objetivo de promover o desenvolvimento nacional, independente de tecnologia importada[31]. Ora, existe um engodo nesse raciocínio, não há como se desenvolver tecnologia independente de qualquer tecnologia. Aliás, pensando em tecnologia como matéria correlata à ciência (o que efetivamente é, pois uma sem a outra não existe), Heleno Taveira Tôrres, neste artigo em que defende a tributação da compra de tecnologia estrangeira, cita pelo menos 20 autores alienígenas. Imagine se houvesse uma Cide incidente sobre a compra de conhecimento tributário, como ou quedariam pobres os ensinamentos do nobre professor ou ainda o próprio professor quedaria pobre.

Não é só Heleno Taveira Tôrres, pode-se dizer que a doutrina de direito tributário em peso coaduna com a inteligência simplista de que se deve produzir tecnologia própria independente de qualquer influência do exterior. Marco Aurélio Greco estabelece que "conhecer a tecnologia é permitir que outros produzam a mesma obra e o País alavanque seu desenvolvimento; por isso, é tão importante que desenvolvamos nossa própria tecnologia e não a adquiramos de terceiros"[32]. De novo pode-se constatar o raciocino desacertado de que o país consegue produzir tecnologia alijado dos outros, como se atualmente os países não trocassem constantemente conhecimento tecnológico a fim de permanecer na ponta do que há de mais desenvolvido em ciência.

O ensinamento que mais próximo chegou do que se postula neste estudo é o de Luis Eduardo Schouri, o autor leciona sobre a coerência do legislador em escolher como sujeito passivo da exação a pessoa jurídica, "pois as empresas ali arroladas, por necessitarem de tecnologia, beneficiar-se-ão da existência desta no território nacional". Já os pesquisadores nacionais, que não sofrem a exação, terão a pesquisa incentivada, o que

---

[31] TORRES, Heleno. Pressupostos constitucionais das constribuições de intervenção no domínio econômico. A CIDE-tecnologia. IN: *Grandes questões atuais do direito Tributário.* São Paulo: Dialética, 2003, v. 7, p. 107-172, fl. 142.

[32] GRECO, Marco Aurélio. Contribuição de Intervenção no Domínio Econômicos sobre Royalties. *Revista Dialética de Direito Tributário,* nº 99. Pgs 133-151, fl. 139.

dá coerência ao objetivo da própria intervenção estatal[33]. Ainda que faça considerações a respeito da não incidência sobre o pesquisador pessoa física, ouvida-se Shouri que empresas também produzem pesquisas e que, mesmo não perfazendo a investigação científica, ao trazerem a tecnologia, possibilitam a inovação de outras pessoas físicas ou jurídicas que não têm acesso a fonte estrangeira.

Resta demonstrado o posicionamento do legislador, por meio da confecção da Lei 10.168/2000, da jurisprudência e da doutrina no que concerne à tributação da aquisição de tecnologia do detentor estrangeiro. O custo oportunidade foi perdido, quando da confecção da lei e agora da sua manutenção por mais de 14 (quatorze) anos, por se entender que se pode fazer valer da tributação com finalidade indutora para arrecadar recursos com finalidade especifica.

O que se quer evidenciar agora é o problema que deveria ter sido enfrentado com a intervenção feita pela Cide-Tecnologia, a falta de investimento em pesquisa e desenvolvimento no país, e fazer um paralelo com um país que se encontra em situação bem diversa do Brasil, visto que trata tecnologia de um modo muito distinto, a China.

4. O Problema a Ser Solucionado: A Falta de Desenvolvimento Tecnológico e Científico no Brasil

É importante entender o tamanho do problema enfrentado pelo país em 2000 quando da edição da Lei nº 10.168. Somente identificando exatamente a questão é que se pode fazer qualquer inferência sobre o acerto ou desacerto da medida tomada.

Há época, pesquisadores reclamavam que a lacuna da inovação científica e tecnológica no Brasil se originava em vários fatores, mas principalmente devido à estrutura da economia brasileira, aos baixos investimentos em pesquisa industrial (feita por empresas) e ao fraco sistema de proteção de patentes. A estrutura da economia brasileira só começou a se internacionalizar nos anos 90. Não obstante a ameaça de

---

[33] SCHOUERI, Luís Eduardo. *Normas tributárias indutoras e intervenção econômica*. Rio de Janeiro: Editora Forense, 2005, fl. 200.

competição global, poucas companhias brasileiras se comprometiam com a pesquisa nacional para desenvolver produtos e processos tecnológicos[34].

A Lei nº 10.168 veio então em boa hora, o país estava realmente necessitando de intervenção nessa área, o que resta saber é se a modalidade de intervenção criada, uma Cide-Royalties, cumpre satisfatoriamente com a missão a ser desempenhada.

De acordo com Schouri, existem vários tipos de falhas de mercado em que a tributação poderia exercer um papel indutor corretivo. No caso de falha na mobilidade de fatores, a intervenção estatal deve dar a necessária velocidade aos movimentos de crescimento ou redução de oferta e demanda. No caso de falha no acesso à informação, o Estado pode agir no âmbito regulamentar, impondo aos agentes obediência a certas regras. No caso de falha relativa à concentração econômica, a intervenção estatal pode-se dar de diversas maneirar, de modo imediato ou mediato, inclusive com instrumentos constitucionais (§4º, art. 173[35]). No caso de falha atinente à promoção de bens coletivos, a intervenção estatal deve se dar por meio da própria oferta. No caso de falha relativa às externalidades, vai depender do seu tipo. Externalidades são custos ou ganhos da atividade privada que, em virtude de uma falha do mecanismo de mercado, são fruídos ou suportados pela coletividade[36]. Nas linhas do pensamento do autor, a pesquisa em tecnologia e desenvolvimento é uma externalidade positiva, pois provoca frutos usufruídos por toda a coletividade, e deve ser incentivada pela população em geral.

O raciocínio é de fácil compreensão. Quando uma empresa desenvolve uma nova tecnologia, por exemplo, a cura para uma doença antes tida por incurável, toda a sociedade usufrui daquele bem. Não só os doentes que poderão se fazer valer do medicamento, mas seus parentes e até mesmo pessoas que não conhecem aquele indivíduo, pode-se pensar que um dos indivíduos que se veja acometido pela doença seja uma personalidade querida por todos, para não haver controvérsias, Madre Tereza

---

[34] ZANOTTO, E. D. Scientific an technological development in Brazil, *Scientometrics*, Vol. 55, nº 3(2002) 383-391, 385.

[35] § 4º – A lei reprimirá o abuso do poder econômico que vise à dominação dos mercados, à eliminação da concorrência e ao aumento arbitrário dos lucros.

[36] SCHOUERI, Luís Eduardo. *Normas tributárias indutoras e intervenção econômica*. Rio de Janeiro: Editora Forense, 2005, fl. 76.

de Calcutá. Bem assim, apesar da empresa sozinha investir na confecção deste novo medicamento, toda a sociedade será beneficiada com a nova tecnologia. Por isso, esse tipo de falha de mercado, externalidade positiva, deve ser arcada por toda a sociedade por meio de incentivos. Nas palavras de Shouri, "cabe ao Estado, por meio de vantagens econômicas, incrementar os ganhos daqueles que as provocam, de modo a permitir a contabilidade das vantagens geradas".[37]

Nesse sentido, vale a pena conferir o trabalho realizado por Harman, no início da década de 80, com o fulcro de aumentar a produção do trabalho inventivo nos Estados Unidos da época. Mesmo em se tratando de pesquisa feita a mais 30 anos, já se relevava que barreiras tarifárias para o encorajamento ocasional e temporário do desenvolvimento de pesquisas tanto na área científica como tecnológica são indesejáveis. A mobilidade do capital e da mão de obra envolvida nesses trabalhos como também o desenvolvimento de um mundo mais economicamente integrado tornam ineficazes medidas de proteção[38].

A solução para o problema do incentivo a pesquisa tecnológica é freqüentemente apontada pelos economistas como sendo o subsídio às firmas que estão ainda se iniciando na indústria tecnológica. Para Harman, uma medida eficiente seria um desconto no imposto de renda a ser pago pelos pesquisadores[39].

De uma forma ou de outra, a externalidade positiva deve ser tratada com incentivos tributários, econômicos ou fiscais, mas nunca com a imposição de um tributo com finalidade arrecadatória. As empresas que investem no desenvolvimento de tecnologia no país se vêem desestimuladas, ainda mais se se tiver em conta que em outros países a importação de tecnologia não é somente desonerada, mas é dado diversos incentivos às empresas que decidem por importá-las.

O caso da China é paradigmático. Os líderes chineses dão incentivos e acesso ao seu extenso mercado para empresas de nações desenvolvidas em troca de conhecimento tecnológico e know-how. O negócio é simples: as empresas estrangeiras obtêm os benefícios se trouxerem suas

---

[37] Ibid, fl. 78.
[38] Harman, Alvin Jay: Towards a US tax police for innovative labor, *Technology in Society*, 1981, Vol. 3(1), pp. 123-139.
[39] Ibid.

melhores tecnologias para a China e compartilharem a propriedade de patente e para qualquer avanço tecnológico feito na China. Com a troca, a China moderniza sua economia e, simultaneamente, está garantindo os investimentos necessários nos seu capital humano para tornar-se um centro de classe mundial em pesquisa e desenvolvimento tecnológico.[40]

Para comparar os resultados obtidos pelos dois países, China e Brasil, em face da adoção dessas diferentes abordagens políticas em relação à tecnologia e à inovação, pode-se utilizar a velocidade de transformações como parâmetro. Segundo dados do Banco Mundial (2012), entre 2000 e 2009, período que compreende momento posterior à edição da Lei 10.168, de 29 de dezembro de 2000, a China praticamente dobrou seus investimentos em P&D (pesquisa e desenvolvimento), enquanto que o Brasil pouco cresceu. A China em 2009 investia um volume 6,5 vezes maior que o montante investido pelo Brasil no mesmo período. Dessa forma, além de um desempenho econômico superior, o esforço realizado pela China nesse curto período mostra que o Brasil foi ultrapassado tanto em investimentos absolutos quando em investimentos em proporção do PIB. A China, no ano 2000, investia 0,9% do seu PIB em P&D, enquanto que o Brasil investia 1,0%. No ano de 2009, a China passou a investir 1,7% de seu PIB, e o Brasil 1,2%. Com relação a números absolutos, em 2000, a China investia 0,9 PPC (paridade do poder de compra), enquanto que o Brasil investia 1,0 PPC. Em 2009, a China passou a investir 5,1 PPC, e o Brasil 1,9 PPC[41].

As diferenças entre os dois países, gerada em período imediatamente posterior à criação da Cide-Royalties, demonstram que as políticas de abertura da China deram muito mais resultado que as políticas protecionistas do Brasil. É indiscutível que a criação do tributo não foi a única razão desse descompasso. O que não pode levar a sua desconsideração. A Cide-Royalties foi concebida no bojo de uma política voltada para a proteção da produção de tecnologia nacional, política esta que, como já visto, confronta com o preconizado pelos economistas contemporaneamente.

---

[40] Pat Choate, Ph.D., Director, Manufacturing Policy Project: Brazil's 'Open and Universal Acess' Agenda Undermines its Own Technological Future, *International Journal of Economic Development*, Volume Eight, Numbers 1-2, pp. 1-4, 2006, fl. 3.

[41] Leite, Alexandre Cesar Cunha. Investimentos em P&D no Brasil e na China: uma questão de estrutura. *Boletim Meridiano 47 14.137* (2013): 13-19, fl. 14.

O Brasil perdeu o custo oportunidade de conseguir desenvolver mais pesquisas tecnológicas no país. A escolha de se fazer incidir um tributo (Cide-Royalties) sobre a aquisição de tecnologias no mundo de hoje é um contrassenso. A mobilidade de mão de obra e de capital faz com que o Brasil seja evitado por dois importantes substratos ao desenvolvimento da tecnologia.

5. Conclusões

O capítulo foi introduzido com a afirmação da revista inglesa *The economist* de que a noção do custo oportunidade parece perdida entre os brasileiros. Vários exemplos foram dados pela revista, o que levou a seguinte pergunta: o que está errado nas políticas públicas do Brasil, pelo menos no que concerne ao direito tributário, quanto ao custo oportunidade de sua confecção?

Partindo de um caso particular, a Cide-Royalties, tendo em vista um raciocínio indutivo, chegou-se a conclusão de que o erro nas políticas públicas está na visão estreita que acompanha tanto o legislador como a doutrina e a jurisprudência do direito tributário. Ora uma Cide tem natureza extrafiscal e, como visto, só deve ter como função precípua a inibição de determinada atividade. A uma porque não faz sentido utilizar-se do direito tributário com uma intervenção com função arrecadatória, se a intervenção está na vinculação da receita, o que se tem é o direito fiscal exercendo a intervenção, porquanto ao direito tributário não interessa em que será gasto o arrecadado. Assim, para se fazer uma intervenção relativa ao direito tributário, deve-se ou fazer incidir um tributo, com função inibidora, ou criar um benefício fiscal, com função de incentivo. A duas porque ao se criar uma Cide com função arrecadatória, tendo como base de cálculo operação relativa à atividade que se quer incentivar, termina-se por inibir o que se quer estimular.

A Cide-Royalties tem como hipótese de incidência a importação de conhecimento tecnológico. A doutrina de direito tributário, tal qual a jurisprudência e o legislador, entende salutar proteger o mercado interno para que os produtores nacionais consigam aflorar sem concorrência. Viu-se que o raciocínio vai de encontro ao que se propugna no mundo como política que dá ensejo à produção tecnológica e científica. Para que consiga recuperar o tempo perdido, o Brasil deve se abrir e permitir que o conhecimento entre livremente no país. Ou melhor, deveria fazer mais ainda, como outras economias em desenvolvimento, aqui foi analisado o caso chinês, deve promover incentivos para que o conhecimento seja direcionado ao país e compartilhado com os pesquisadores nacionais.

Desta forma, tem-se que o custo oportunidade foi perdido no momento da confecção da lei. A idéia era incentivar a produção tecnológica, contudo utilizou-se de um instrumento que, por sua natureza, termina por desestimular a atividade. Esse foi o momento em que o custo oportunidade foi perdido e, em face da escolha, o desenvolvimento de tecnologia no país continua incipiente.

A segunda pergunta respondida no âmbito deste capítulo é de fácil solução quando se conclui que a incidência da Cide-Royalties acaba por inibir a atividade que veio para promover. Nesse sentido, tratou-se de esclarecer: será que é constitucional a criação de uma Cide que termine por ser um entrave ao setor da economia que ensejou uma intervenção motivadora?

Como visto, a congruência é um dos elementos essenciais de uma Cide, juntamente com a finalidade, a área e a atuação. No entanto, Falta congruência a uma norma que cria incidência tributária com o objetivo de intervir de forma motivadora em uma área e, da sua projeção ao futuro, termina por embaraçar o seu desenvolvimento. Por ser um dos elementos essenciais das Cides, quando ausente, acarreta a sua inconstitucionalidade.

Aliás, mesmo considerando o entendimento de Shoueri de que as contribuições de intervenção no domínio econômico não estão limitadas por uma incidência indutora, a Cide- Royaltes é inconstitucional. É inconstitucional porque, como visto anteriormente, condição imprescindível para que o tributo seja válido é de que a hipótese de incidência prevista na norma não possa contradizer o fim nela exposto. Não faz sentido algum criar uma Cide para incentivar a produção tecnológica e a sua incidência, como vimos, provocar o desestimulo a própria inovação. Não se salva o tributo nem mesmo nessa visão ampla de Shoueri.

A constatação final deste capítulo é a de que a Cide-Royalties deve ser extinta para que o país possa realmente crescer em produção tecnológica sem nenhum entrave. Essa extinção pode-se dar tanto por meio do legislador, com a revogação da parte da Lei nº 10.168, de 2000, responsável pela gênese do tributo, como pelo Supremo Tribunal Federal (STF) por meio de uma declaração de inconstitucionalidade. Apesar de ter-se perdido em custo oportunidade quando da criação da Cide-Royalties, perde-se ainda mais com a sua manutenção.

6. Referências Bibliográficas

BRASIL. Lei nº 10.168, de 29 de dezembro de 2000. Diário Oficial [da] Republica Federativa do Brasil. Brasília, DF, 30 de dezembro de 2000. Disponível em: < http://www.planalto.gov.br/ccivil_03/leis/l10168.htm>. Acesso em: 02 de junho de 2014.

BRASIL. Supremo Tribunal Federal. RE nº 209.365-3/São Paulo. Tribunal Pleno. Relator: Min. Carlos Velloso. Sessão de 04 de março de 1999. Disponível em: http://redir.stf.jus.br/paginadorpub/paginador.jsp?docTP=AC&docID=242239

BRASIL. Superior Tribunal de Justiça. REsp 1186160/SP. Rel. Ministro MAURO CAMPBELL MARQUES, Segunda Turma, julgado em 26/08/2010, DJe 30/09/2010. Disponível em: https://ww2.stj.jus.br/revistaeletronica/ita.asp?registro=201000534632&dt_publicacao=30/09/2010. Acessado em 03-06-20014.

BRASIL. *Constituição da República Federativa do Brasil.* (1988, 5 de outubro). Recuperado em 03 de junho, 2014. Disponível em http://www.planalto.gov.br/ccivil_03/constituicao/constituicaocompilado.htm.

GRECO, Marco Aurélio. Contribuição de Intervenção no Domínio Econômicos sobre Royalties. *Revista Dialética de Direito Tributário*, nº 99. p 133-151.

LEITE, Alexandre Cesar Cunha. Investimentos em P&D no Brasil e na China: uma questão de estrutura. *Boletim Meridiano 47 14.137* (2013): 13-19.

MARTINS, Ives Gandra da Silva. *As Contribuições de Intervenção no Domínio Econômico e a Constituição.* Sciencia Júris, v. 7/8. Londrina: UEL, 2004.

MARTINS, Ives Gandra da Silva. O perfil constitucional das contribuições de intervenção no domínio econômico. In: ROCHA, Valdir de Oliveira (Coord.). *Questões atuais de direito tributário.* São Paulo: Dialética, 2001. v. 5.

MOREIRA, André Mendes e COÊLHO, Sacha Calmon Navarro. Inconstitucionalidades da Contribuição de Intervenção no Domínio Econômico Incidente sobre Remessas ao Exterior – CIDE Royalties. *Revista Dialética de Direito Tributário.* São Paulo: Dialética, nº 89, fev/2003, pp. 71-84..

NABAIS, José Casalta. *O Dever Fundamental de Pagar Impostos.* Coimbra: Livraria Almedina, 1998.

PAT CHOATE, Ph.D., Director, Manufacturing Policy Project: Brazil's 'Open and Universal Acess' Agenda Undermines its Own Technological Future, *Inter-*

national Journal of Economic Development, Volume Eight, Numbers 1-2, pp. 1-4, 2006.

SCHOUERI, Luís Eduardo. *Normas tributárias indutoras e intervenção econômica*. Rio de Janeiro: Editora Forense, 2005.

SCHUARTZ, Luiz Fernando. *Contribuições de Intervenção ao Domínio Econômico e Atuação do Estado no Domínio Econômico*, In: GRECO, Marco Aurelio. (Coord.) *Contribuições de Intervenção no Domínio Econômico e Figuras Afins*. São Paulo: Dialética, 2001, pp. 61 a 78.

The 50-year snooze. *The Economist*, London, Apr 19, 2014.

TORRES, Heleno. *Pressupostos constitucionais das contribuições de intervenção no domínio econômico*. A CIDE-tecnologia. IN: Grandes questões atuais do direito Tributário. São Paulo: Dialética, 2003, v. 7, p. 107-172.

ZANOTTO, E. D. Scientific an technological development in Brazil. *Scientometrics*, Vol. 55, nº 3(2002) 383-391.

ÍNDICE

APRESENTAÇÃO 17

Capítulo I – O Artigo 146-A da Constituição Federal e os Princípios
da Livre Concorrência e da Livre Iniciativa: Extrafiscalidade Explícita
e Suas Consequências 21

Capítulo II – O Princípio da Legalidade e a Segurança Jurídica Tributária ... 61

Capítulo III – Direitos Humanos e Tributação: Uma Análise
do Cumprimento do Principio da Igualdade Tributária à Luz
de Hannah Arendt 81

Capítulo IV – A Violação aos Princípios da Proteção à Propriedade
Privada, Livre Iniciativa e Razoabilidade como Determinantes
da Inconstitucionalidade da Multa Fiscal Excessivamente Onerosa 101

Capítulo V – O Princípio da Igualdade e as Imunidades Tributárias
Subjetivas Referentes às Taxas: Uma Aproximação Inicial 123

Capítulo VI – Os Princípios Constitucionais do Direito Adquirido
e da Irretroatividade das Normas que Prejudiquem os Beneficiários dos
Programas de Incentivo à Emissão de Nota Fiscal (O Caso do Programa
Nota Legal do DF) 159

Capítulo VII – O Principio da Anterioriedae Nonagesimal e Efeitos
de Medida Provisória que Majora IPI   177

Capítulo VIII – A Imunidade Instituída pela Emenda Constitucional
Nº 75/2013 (Imunidade Musical) e sua Caracterização no Ordenamento
Jurídico Nacional   197

Capítulo IX – Imunidades Tributárias e Fatos Jurídicos Tributários:
Crítica à Jurisprudência do Supremo Tribunal Federal   243

Capítulo X – Não Incidência de Contribuição Previdenciária Patronal
Sobre Verbas de Natureza Indenizatória   263

Capítulo XI – Possibilidade de Reconhecimento da Imunidade Tributária
Recíproca à Empresa Privada Ocupante de Bem Público   289

Capítulo XII – A Elisão Abusiva como Afronta ao Dever de Pagar Tributos   309

Capítulo XIII – O Dever Fundamental de Pagar Tributos e a Teoria
do Limite dos Limites aos Direitos Fundamentais   329

Capítulo XIV – O Dever de Informação Acerca da Carga Tributária
como Instrumento de Justiça Fiscal   347

Capítulo XV – As Decisões do Conselho Administrativo de Recursos
Fiscais Desfavoráveis ao Fisco e o Acesso ao Poder Judiciário   371

Capítulo XVI – O Planejamento Tributário e o Propósito Negocial
em Face do Princípio da Legalidade   403

Capítulo XVII – A Não-Cumulatividade no PIS e na COFINS:
O Alcance do Conceito Jurídico de Insumos   431

Capítulo XVIII – Aspectos Constitucionais da Tributação em Bases
Universais do Imposto de Renda das Pessoas Jurídicas   469

Capítulo XIX – ICMS e (In)Constitucionalidade do Protocolo CONFAZ 21/2011: Levantamento Descritivo das Teses Jurídicas Sustentadas na ADI 4.628/DF — 519

Capítulo XX – CIDE – Royalties: Um Tributo "Tipicamente" Brasileiro — 547